Entscheidungen

des

Reichsgerichts.

Herausgegeben

von

**den Mitgliedern des Gerichtshofes
und der Reichsanwaltschaft.**

Entscheidungen in Zivilsachen.

Neue Folge.

Siebzehnter Band.

Der ganzen Reihe siebenundsechzigster Band.

Leipzig,
Verlag von Veit & Comp.
1908

Entscheidungen

des

Reichsgerichts

in

Zivilsachen.

Neue Folge.

Siebzehnter Band.

Der ganzen Reihe siebenundsechzigster Band.

Leipzig,
Verlag von Veit & Comp.
1908

Druck von Metzger & Wittig in Leipzig.

Inhalt.

I. Reichsrecht.

II. Gemeines Recht.

III. Preußisches Recht.

IV. Rheinisches Recht.

V. Prozeßrecht.

1. Erlischt die Verpflichtung der Frau, aus dem Vorbehaltsgut einen Beitrag zur Bestreitung des ehelichen Aufwandes zu leisten, durch das Getrenntleben der Ehegatten?

B.G.B. §§ 1371, 1427, 1428.

IV. Zivilsenat. Urt. v. 27. Mai 1907 i. S. H. (Bekl.) w. H. Ehefr. (Kl.). Rep. IV. 489/06.

I. Landgericht Potsdam.
II. Kammergericht Berlin.

Die Frage ist verneint aus folgenden

Gründen:

... „Gemäß dem im Tatbestand erwähnten Ehevertrage verbunden mit Art. 45 § 1 Abs. 1 des preuß. Ausf.-Ges. zum B.G.B. und § 1371 B.G.B. ist die Klägerin verpflichtet, aus ihrem Vorbehaltsgut dem Beklagten einen Beitrag zur Bestreitung des ehelichen Aufwandes, und zwar, da Nutzungen des eingebrachten Gutes im Streitfalle nicht in Frage stehen, im vollen Umfange des § 1427 Abs. 2 B.G.B., zu leisten. Mit Unrecht behauptet sie, diese ihre Verpflichtung sei dadurch erloschen, daß sie von ihrem Ehemann getrennt lebt und, wie der Berufungsrichter anerkennt, zur Herstellung der häuslichen Gemeinschaft nicht verpflichtet ist. Wortlaut und Entstehungsgeschichte des Gesetzes bieten keinerlei Anhalt dafür, daß unter dem ehelichen Aufwand (§§ 1371, 1389, 1427, 1441, 1458, 1529 B.G.B.) nur der durch die tatsächliche Ausübung der ehelichen Lebensgemeinschaft, nicht schlechthin der durch den Bestand der Ehe verursachte Aufwand zu verstehen sei. Schon die Schließung der Ehe bringt die Notwendigkeit der Einrichtung eines Haushaltes, ihr Fortbestehen diejenige der Erhaltung der Wirtschaft mit sich (§§ 1620, 1624 B.G.B.). Der ganze hierdurch gegebene Lebenszuschnitt kann nicht von heute auf morgen und kann auf absehbare Zeit überhaupt nicht geändert werden, wenn, wie im Streitfalle, eheliche, der häuslichen Erziehung bedürftige Kinder vorhanden sind. Das Fernsein der Hausfrau und Mutter pflegt erfahrungsmäßig sogar eine Steigerung statt einer Verminderung der Haushaltskosten zur Folge zu haben. Sowenig daher im gesetzlichen Güterstande das Verwaltungs- und Nutznießungsrecht des Mannes, womit gemäß § 1389 B.G.B. die Pflicht zur Tragung des ehelichen Aufwandes in engster Verbindung steht, durch das tatsächliche Getrenntleben der Ehegatten beeinträchtigt wird, so wenig ist auch im getrennten Güterstande die Frau berechtigt, während des Getrenntlebens den Zuschuß zu verweigern, den ihr das Gesetz als Ausgleich für die ihr selbst vorbehaltenen Vermögensnutzungen auferlegt. Inwieweit sie ausnahmsweise den Beitrag zurückbehalten darf, bestimmt § 1428 B.G.B. Es gereicht deshalb der Klägerin nur zugunsten, wenn ihr der Berufungsrichter zu Zwecken ihres eigenen Unterhalts einen Abzug von jährlich 1000 *M* gestattet hat, ohne erst zu untersuchen, ob eine erhebliche Gefährdung ihres Anspruchs auf die Unterhaltsrente (§ 1361 B.G.B.) vorliege. Im übrigen ist zwar richtig, daß der Begriff des ehelichen Aufwandes den eigenen Unterhalt sowohl der Ehegatten als der gemeinschaftlichen, mindestens der den elterlichen Haushalt teilenden Abkömmlinge mitumfaßt. Er wird aber damit nicht erschöpft. Es ist deshalb unrichtig, wenn die Klägerin glaubt, statt des Beitrags den Mann wie die Kinder auf Erhebung des gesetzlichen Unterhaltsanspruchs gegen sie verweisen zu dürfen. Die auch vom Gesetz anerkannte Regel bildet vielmehr, daß die Frau gerade durch Zahlung des Beitrags den Mann in den Stand setzt, unter anderem auch seinen Unterhaltsverpflichtungen sowohl ihr als den Kindern gegenüber nachzukommen. Wäre sie tatsächlich genötigt worden, ihren Kindern unmittelbar den Unterhalt zu gewähren, so könnte allerdings in Frage kommen, ob sie die hierzu gemachten Aufwendungen dem Manne gegenüber am Beitrage kürzen dürfe. Mit Recht hat aber der Berufungsrichter ihren Einwand zurückgewiesen, daß sie von den Kindern auf Unterhalt verklagt sei, da sie dieser Klage ja gerade durch Zahlung des Beitrags an den Mann wirksam begegnen könne. Jedenfalls hat sie nicht behauptet, daß auch in diesem Falle der Unterhalt der Kinder gefährdet sein würde, und daß sie deshalb den

Beitrag zur eigenen Verwendung zurückbehalten dürfe (§ 1428 Abs. 1 B.G.B.). Es kann deshalb auf sich beruhen, ob ihr, wie der Berufungsrichter annimmt, bezüglich des Beitrags der Rechtsbehelf aus § 323 Z.P.O. ohne weiteres zur Seite stehen würde." ...

2. Steht dem Prinzipale für die Dauer des Dienstverhältnisses gegen den Handlungsgehilfen, der ihm die versprochenen Dienste, insbesondere infolge unbefugten Eintritts in den Dienst eines anderen, nicht leistet, ein klagbarer Erfüllungsanspruch aus dem Dienstvertrage auch auf Unterlassung der Leistung von Diensten für den anderen Prinzipal zu?

B.G.B. § 611.
H.G.B. § 60.

III. Zivilsenat. Urt. v. 20. September 1907 i. S. K. (Bekl.) w. S. & L. (Kl.). Rep. III. 59/07.

I. Landgericht I Berlin.
II. Kammergericht daselbst.

Der Beklagte befand sich seit dem 1. Januar 1905 bei der Klägerin, die eine Damenmäntelfabrik betreibt, als Konfektionär und Verkäufer gegen ein Jahresgehalt von 10000 ℳ und 2 v. H. Provision von den von ihm abgeschlossenen Geschäften in Stellung. Nach dem zwischen den Parteien geschlossenen Vertrage sollte vom 1. Januar 1906 ab das Dienstverhältnis von beiden Seiten zum Ersten eines jeden Kalendervierteljahres unter Einhaltung einer vierteljährigen Kündigungsfrist kündbar sein. Im Mai 1906 nahm der Beklagte bei der Firma J. & L., die ein Wettbewerbsunternehmen betrieb, zum 1. Juli 1906 eine Stellung als Konfektionär an. Er erklärte dem Mitinhaber der klagenden Firma L., daß er eine andere Stellung mit einem um 5000 ℳ jährlich höheren Verdienste gefunden habe, und bat um seine Entlassung zum 1. Juli 1906. Diese wurde ihm mit Rücksicht auf die bevorstehende Saison verweigert. Da der Beklagte, wie die Klägerin behauptet, seitdem nicht mehr arbeitete, so erhob diese Klage auf Verurteilung des Beklagten zur Unterlassung jeder geschäftlichen Tätigkeit für die Firma J. & L. in der Zeit vom 1. Juli bis zum 30. September 1906. Am 4. Juli 1906 stellte darauf der Beklagte seine Tätigkeit bei der Klägerin überhaupt ein und trat in den Dienst der Firma J. &. L. Er behauptete, das Dienstverhältnis ohne Einhaltung einer Kündigungsfrist zu verlassen berechtigt gewesen zu sein, weil er nicht angemessen behandelt und beschäftigt worden sei. Das Landgericht wies die Klage ab. Hiergegen legte die Klägerin Berufung ein, und beantragte nunmehr, nachdem inzwischen der 30. September 1906 herangekommen war: unter Abänderung des ersten Urteils festzustellen, daß der Beklagte ihr gegenüber verpflichtet gewesen sei, in der Zeit vom 1. Juli bis zum 30. September 1906 eine geschäftliche Tätigkeit bei der Firma J. & L. zu unterlassen.

Das Berufungsgericht hat diesem Antrage gemäß erkannt.

Die gegen dieses Urteil von dem Beklagten eingelegte Revision ist zurückgewiesen. In den

Gründen

wird zunächst die Rüge der Revision erörtert, daß die Voraussetzungen der Feststellungsklage nicht gegeben seien. Sie wird für unbegründet erklärt, und es wird fortgefahren:

„Aber auch die materielle Beschwerde der Revision, daß es kein Klagerecht des Prinzipals gegen seinen Handlungsgehilfen gebe, während der Vertragsdauer seine Dienste nicht einem anderen Prinzipale zu leisten, kann nicht für begründet erachtet werden. Allerdings hat das Berufungsgericht den Anspruch, der dem Feststellungsverlangen der Klägerin zugrunde liegt, als Erfüllungsanspruch betrachtet. Ein solcher ist er aber auch in der Tat. Denn wie das Berufungsgericht mit Recht angenommen hat, beschränkt sich der Erfüllungsanspruch des Prinzipals gegen den Handlungsgehilfen nicht auf das Verlangen, daß dieser seine Vertragspflichten positiv, durch Leistung der versprochenen Dienste, erfülle, sondern er umfaßt auch negativ die Forderung auf Unterlassung jedes Verhaltens, das diesen Pflichten zuwiderläuft. Allerdings kann der Anspruch im vorliegenden Falle nicht auf § 60 H.G.B. gestützt werden, weil der Beklagte bei J. & L. als bloßer Konfektionär weder für eigene noch für fremde Rechnung „Geschäfte macht“.

Wohl aber folgt er aus § 611 B.G.B., weil der Handlungsgehilfe danach während der Dauer des Vertragsverhältnisses zur Leistung der versprochenen Dienste verpflichtet ist. Denn hierin liegt, daß der Gehilfe innerhalb der Vertragsdauer verbunden ist, seine Arbeitskraft während der Geschäftszeit zur Verfügung des Prinzipals zu halten. Er darf daher, solange er aus irgendeinem Grunde diesem die versprochenen Dienste nicht wirklich leistet, insbesondere, wenn er sie infolge unbefugten Verlassens seiner Stellung zu leisten unterläßt, nicht einem anderen Dienste leisten. Er verletzt damit das dem Prinzipale zustehende ausschließliche Recht auf seine, des Handlungsgehilfen, Arbeitskraft. Auf ein der Pflicht des letzteren entsprechendes Verhalten kann daher der Prinzipal im gegebenen Falle auch Klage erheben. Die gegenteilige Ansicht Staub's, Komm. zum H.G.B. 8. Aufl. Anm. 15 zu § 70, auf die sich die Revision beruft, ist ohne jede Begründung hingestellt. Zudem erkennt Staub selbst an, der Prinzipal könne die Erfüllung aller Vertragsverbindlichkeiten, also auch Einhaltung des § 60 H.G.B., verlangen. Es gewinnt den Anschein, als habe hier die Auffassung eingewirkt, daß, weil die Zwangsvollstreckung aus einem solchen auf Unterlassung der Dienste bei einem anderen gerichteten Urteile nicht unmittelbar statthaft ist (§ 890 Z.P.O.), auch eine Verurteilung zur Unterlassung ausgeschlossen sei. Jedenfalls hat dieser Gedanke die bei Staub a. a. O. angezogene Entscheidung des Oberlandesgerichts in Dresden vom 1. November 1902 (Sächs. Archiv Bd. 13 S. 377) unzutreffenderweise bestimmt. Denn gerade die Bestimmung des § 890 Z.P.O. ergibt, daß auch Klagen und Verurteilungen auf Unterlassung einer Handlung statthaft sind." ...

---

3. Findet der § 326 B.G.B. auch auf positive Vertragsverletzungen Anwendung? Ist das Rücktrittsrecht auf die Fälle andauernder oder wiederholter Vertragsverletzungen beschränkt?

VII. Zivilsenat. Urt. v. 8. Oktober 1907 i. S. Gewerkschaft B. (Bekl.) w. R. & K. (Kl.). Rep. VII. 545/06.

I. Landgericht Magdeburg.
II. Oberlandesgericht Naumburg a. S.

In einem von den Parteien im Januar 1901 geschlossenen Vertrag, durch den die Beklagte der Klägerin die Lieferung der maschinellen Einrichtung ihrer zu errichtenden Brikettfabrik übertrug, verpflichtete sich die Beklagte, alle weiteren Bestellungen auf maschinelle Anlagen, die innerhalb der ersten fünf Jahre gemacht würden, jedenfalls aber die zwei noch aufzustellenden Brikettpressen nebst Zubehör ohne weiteres bei der Klägerin zu bestellen, unter Zugrundelegung der jeweiligen Materialpreise. Im Februar 1905 übertrug gleichwohl die Beklagte die Lieferung einer Presse nebst Zubehör einer anderen Firma. Die Klägerin fordert deshalb im gegenwärtigen Rechtsstreit als Schadensersatz den ihr entgangenen Gewinn. Beide Vorinstanzen haben den Anspruch dem Grunde nach für berechtigt erklärt. Das Berufungsurteil wurde aufgehoben aus folgenden

Gründen:

„Der Vertrag vom 11. Januar 1901 enthält in Ansehung der später von der Beklagten anzuschaffenden Einrichtungen nicht eine sofortige feste Bestellung, sondern einen Vorvertrag, kraft dessen sich die Beklagte verpflichtete, seinerzeit, wenn sie zur Anschaffung weiterer Brikettpressen schreiten würde, mit der Klägerin einen endgültigen Werkvertrag über deren Lieferung noch abzuschließen. Die Beklagte hält diesen Vorvertrag für nichtig, einmal wegen Unbestimmtheit der Preisabrede, sodann weil er den guten Sitten widerspreche. Das Berufungsgericht hat diese Einwendungen unter irrtumsfreier Begründung zurückgewiesen." (Wird näher ausgeführt.)

„Zur Aufhebung des Urteils führt aber die rechtliche Würdigung, die das Berufungsgericht dem weiteren Grunde, auf den die Beklagte ihr Recht zum Rücktritt vom Vertrage stützt, angedeihen läßt. Die Beklagte macht geltend, die Klägerin habe die Hauptleistung aus dem Vertrage vom 11. Januar 1901 (die Einrichtung der Brikettfabrik) so mangelhaft ausgeführt, daß begründeter Anlaß zu der Annahme bestanden habe, sie werde auch die jetzt in Frage stehende weitere Werklieferung nicht vertragsgemäß ausführen. Es könne deshalb ihr, der Beklagten, die Bestellung dieses Werkes bei der Klägerin nicht zugemutet werden; sie sei vielmehr auf Grund des § 326 B.G.B. zum Rücktritt vom Vertrage berechtigt. Es kann sich zunächst fragen, ob der ausdrücklich nur von dem *Verzuge* des einen Teils handelnde § 326 auch auf positive Vertragsverletzungen Anwendung findet. Die Frage ist in der Literatur streitig. Der II. Zivilsenat des Reichsgerichts hat sie in einer grundlegenden Entscheidung vom 6. März 1903 (Entsch. in Zivils. Bd. 54 S. 98 flg.) bejaht und hat an seiner Ansicht in dem Urteile vom 23. Februar 1904 (Entsch. in Zivils. Bd. 57 S. 114 flg.) festgehalten. Der erkennende Senat trägt kein Bedenken, diesen Entscheidungen und ihrer überzeugenden Begründung beizutreten. Anscheinend stellt sich auch das Berufungsgericht grundsätzlich auf denselben Standpunkt; es hält ihn aber auf den vorliegenden Fall deshalb nicht für anwendbar, weil bei Sukzessivlieferungsgeschäften nur eine dauernde vertragswidrige Lieferung den Rücktritt rechtfertige, während es sich hier nur um eine einmalige Vertragsverletzung handle. In dieser Ausführung tritt eine rechtsirrige Auffassung des von dem II. Zivilsenate entwickelten Rechtsgrundsatzes zutage. Dieser Grundsatz geht dahin, daß bei gegenseitigen Verträgen „auch wegen positiver Vertragsverletzungen des einen Teiles, welche die Erreichung des Vertragszweckes gefährden", der andere Teil unter entsprechender Anwendung des § 326 B.G.B. vom Vertrage zurücktreten könne. Allerdings heißt es in dem erwähnten Urteile vom 23. Februar 1904, alle Voraussetzungen für Anwendung dieses Grundsatzes seien gegeben, wenn bei einem Sukzessivlieferungsgeschäfte in einer die Erreichung des Vertragszweckes gefährdenden Weise andauernd mangelhaft geliefert werde; in den Fällen andauernd fehlerhafter Leistungen beim Sukzessivlieferungsgeschäft werde gerade das Hauptanwendungsgebiet des erwähnten Grundsatzes liegen. Diese Ausführungen haben indessen keineswegs den ihnen vom Berufungsgerichte beigelegten Sinn. Das Reichsgericht spricht von andauernd mangelhaften Lieferungen ersichtlich nur deshalb, weil in dem damals zu entscheidenden Falle eben andauernd fehlerhaft geliefert war; es will aber nicht eine wiederholte positive Vertragsverletzung zur unbedingten rechtlichen Voraussetzung des Rücktrittsrechtes machen. Wäre die Auffassung des Berufungsgerichtes zutreffend, so würde der mehrerwähnte Grundsatz überhaupt niemals Anwendung finden können, wenn der Vertrag den einen Teil nur zu zwei Leistungen, nicht zu mehreren, verpflichtet. Also beispielsweise nicht in dem Falle, daß der Leistungspflichtige nacheinander zwei große kostspielige Wohngebäude herzustellen hat und das erste so mangelhaft ausführt, daß mit Grund auch die fehlerhafte Herstellung des zweiten zu befürchten ist. Es ist aber kein vernünftiger

Grund auffindbar, diesen Fall rechtlich anders zu behandeln, als die Lieferung einer größeren Zahl geringwertiger Objekte. Richtig ist nur, daß in dem letzteren Falle eine einmalige Vertragsverletzung in der Regel noch nicht den Schluß auf die Fehlerhaftigkeit der künftigen Leistungen gestatten wird. Dieser Schluß läßt sich aber sehr wohl unter Umständen auch schon aus der ersten Vertragsverletzung ziehen; die gleiche Bedeutung, die dort der Wiederholung der Vertragsverletzung zukommt, kann hier in dem Umfange, der Schwere, der größeren oder geringeren Verbesserungsfähigkeit der Mängel und ähnlichen Umständen gefunden werden. Es kommt hierbei in der Hauptsache auf die besondere Beschaffenheit des einzelnen Falles an. Betrachtet man von diesem Gesichtspunkte aus den hier zu entscheidenden Fall, so kann das Berufungsurteil nicht zu Recht bestehen. Die Hauptleistung der Klägerin aus dem Vertrage vom 11. Januar 1901 war die Lieferung einer Fabrikeinrichtung zum Preise von rund 270000 ℳ; die jetzt streitige Nachbestellung würde rund 100000 ℳ gekostet haben. Ob der Beklagten nach Treu und Glauben zugemutet werden konnte, trotz der behaupteten schlechten Ausführung der Hauptleistung die Nachbestellung bei der Klägerin zu machen, hängt von dem Umfang und der Art der Mängel ab. Das Berufungsgericht hat hierüber eine tatsächliche Feststellung nicht getroffen; es kann deshalb nicht gesagt werden, daß aus der Vertragsverletzung der Schluß, die Klägerin werde auch künftig in einer den Vertragszweck gefährdenden Weise liefern, nicht gezogen werden könne. Das Berufungsgericht hält vielmehr diesen Schluß aus dem oben als irrig erwiesenen Rechtsgrunde — weil nur eine einmalige Vertragsverletzung vorliege — für unzulässig. Aus diesen Gründen war das Berufungsurteil aufzuheben, und die Sache an das Berufungsgericht zurückzuverweisen."

4. Ist im Sinne des § 407 B.G.B. die Mitteilung gemäß § 25 Abs. 2 H.G.B. als ein „Rechtsgeschäft", und der für die Geschäftsverbindlichkeiten haftende neue Geschäftsinhaber als „Schuldner" anzusehen?

I. Zivilsenat. Urt. v. 12. Oktober 1907 i. S. F. H. (Bekl.) w. F. (Kl.). Rep. I. 605/06.

I. Landgericht Duisburg.
II. Oberlandesgericht Düsseldorf.

Der verklagte Kaufmann hatte sein Handelsgeschäft mit Firma am 26. Mai 1905 von dem Kaufmann A. erworben. Die Klägerin hatte für Verbindlichkeiten des A. bei der D. Bank Bürgschaft übernommen und am 22. Mai 1905 die Bank befriedigt. Sie machte die infolge der Befriedigung nach § 774 B.G.B. auf sie übergegangene Forderung der Bank auf Grund des § 25 H.G.B. gegen den Beklagten geltend. Dieser erhob u. a. den Einwand, daß seine Haftung für die Schuld des A. bei der Bank durch Vereinbarung mit A. ausgeschlossen worden sei, und daß er von dieser Vereinbarung der Bank sofortige Mitteilung gemacht habe.

Der Einwand wurde vom Reichsgericht für durchgreifend erachtet.

Aus den Gründen:

... „Der Berufungsrichter hat der Benachrichtigung deswegen die Wirksamkeit abgesprochen, weil sie der Bank, nicht aber der Klägerin gegenüber geschehen sei; der § 407 (§ 412) B.G.B. komme nicht zur Anwendung, weil die nach § 25 Abs. 2 H.G.B. zu machende Mitteilung keine rechtsgeschäftliche Willenserklärung, sondern „lediglich die Mitteilung einer Tatsache" sei, und weil die Mitteilung auch nicht von dem derzeitigen „Schuldner" der Klägerin, sondern vom Beklagten, als dem Erwerber der Firma, bewirkt worden sei. Dem ersten vom Berufungsrichter gegen die Anwendbarkeit des § 407 B.G.B. geltend gemachten Grunde, der von der Revision als rechtsirrig angegriffen wird, darf zweifellos nicht beigetreten werden. Wenn einmal mit der allgemein herrschenden Ansicht angenommen werden muß, daß im Sinne des § 407 Abs. 1 unter einem „Rechtsgeschäft, das zwischen dem Schuldner und dem bisherigen Gläubiger vorgenommen wird", auch die rechtsgeschäftliche Willenserklärung, die einseitig und empfangsbedürftig ist, zu verstehen ist, so muß auch die Ansicht für richtig gehalten werden, daß die erwähnte Mitteilung als ein solches Rechtsgeschäft anzusehen ist. Diese Mitteilung enthält zwar die Nachricht von einem vorhergegangenen Rechtsgeschäfte, der Vereinbarung über den Ausschluß der Haftung, so daß man insofern von der „Mitteilung einer Tatsache" sprechen kann; dies schließt aber nicht aus, daß die Mitteilung zugleich selber den

Charakter des Rechtsgeschäftes trägt, d. h. einer Willenserklärung, die Rechtsfolgen herbeiführen kann und soll.

Vgl. Goldmann, Kommentar zum H.G.B. Anm. 21. 2a zu § 25. Auch gegen den zweiten vom Berufungsrichter gegen die Anwendung des § 407 B.G.B. angeführten Grund erhebt sich ein entscheidendes Bedenken. Wenn die Klägerin den Beklagten, weil er neben dem Schuldner A. infolge der Geschäftsübernahme für dessen Schuld hafte, auf Grund des § 25 H.G.B. in Anspruch nehmen will, so erscheint es ungerechtfertigt, dem neuen Schuldner die Befugnisse abzusprechen, die das Gesetz in §§ 407, 412 allgemein zugunsten des Schuldners gewährt." . . .

5. Rechtliche Natur des Schleppvertrages. Kann ein ganzes Schiff Frachtgut sein?

I. Zivilsenat. Urt. v. 16. Oktober 1907 i. S. N. (Bekl. u. Widerkl.) w. Vereinigte Bugsier- u. Frachtschiffahrtsgesellschaft (Kl. u. Widerbekl.). Rep. I. 39/07.

I. Landgericht Hamburg, Kammer für Handelssachen.
II. Oberlandesgericht daselbst.

Durch Vertrag vom 29. Januar 1904 hatte die Klägerin es übernommen, den Kabeldampfer „Chiltern", den die Beklagte auf Abbruch gekauft hatte, von Plymouth nach Harburg zu verholen, und zwar zum Preise von £ 135 einschließlich Schlepptrossen und Gestellung der Bemannung und unter der Klausel „no cure no pay". Sie ließ den „Chiltern" von ihrem Schlepper „Diomedes" ins Tau nehmen. Da der „Chiltern" aber auf der Fahrt sehr viel Wasser machte und zu sinken drohte, wurde Portland als Nothafen angelaufen, dort der „Chiltern" repariert, und auf Rat der Experten nach der Reparatur eine Extrapumpe mit Donkeykessel für ihn gemietet, und ein zweiter Schlepper, „Gladiator", zur Begleitung und Assistenz des Schleppzuges zugezogen.

Die Klägerin, die den Schlepplohn nach Ausführung der Reise bezahlt erhalten hatte, beanspruchte mit der Klage weitere 4468,80 ℳ für Miete der Extrapumpe, für deren Rückfracht, für die Begleitung durch den „Gladiator" und für Extraunkosten in Portland. Die Beklagte beantragte die Klage abzuweisen und erhob Widerklage auf Zahlung von 3200 *M*. Nach ihrer Auffassung lag ein Frachtvertrag vor, der die Klägerin zu den gemachten Aufwendungen ohne weiteres verpflichtet habe. Sie behauptete überdies, daß ein Verschulden der Besatzung des „Chiltern" vorliege: diese habe den Donkeykessel ohne Wasser geheizt. Die Besatzung gehöre nach dem Vertrage zu den Leuten der Klägerin. Der „Chiltern" sei vor der Abfahrt von Plymouth seetüchtig gewesen, und der Kessel habe einen Wert von 3600 *M* gehabt. Nach der Ankunft in Harburg sei er nur noch 400 *M* wert gewesen. Nach § 606 H.G.B. hafte die Klägerin für den entstandenen Schaden. Die Klägerin bestritt, daß sie als Frachtführerin hafte und für ein Verschulden der Besatzung des „Chiltern" verantwortlich sei.

Das Landgericht erklärte die Klage und die Widerklage dem Grunde nach für berechtigt. Das Oberlandesgericht wies die Berufung der Beklagten zurück, hob aber auf die Berufung der Klägerin das Urteil des Landgerichts insoweit auf, als dieses die Widerklage dem Grunde nach für berechtigt erklärt hatte, und wies die Widerklage ab.

Auf die Revision der Beklagten hat das Reichsgericht das Berufungsurteil aufgehoben und die Sache zurückverwiesen.

Aus den Gründen:

„Die Revision wendet sich zunächst gegen die Auffassung des Oberlandesgerichts, daß der am 29. Januar 1904 zwischen den Parteien abgeschlossene Vertrag über die Verholung des Dampfers „Chiltern" kein Frachtvertrag sei. Der Angriff ist begründet. Der Vertrag ist in der Tat ein Frachtvertrag, weil er dessen wesentliche Kriterien — Übergabe eines Gutes in die Custodia des Transportunternehmers zum Zwecke der Beförderung — in sich trägt. Man hat mehrfach versucht, Schleppvertrag und Frachtvertrag begrifflich in einen Gegensatz zu stellen.

Vgl. Entsch. des R.O.H.G.'s Bd. 23 S. 320; Seuffert's Archiv Bd. 46 Nr. 50; Hanseatische Gerichtszeitung Hauptblatt 1900 Nr. 103; ferner Lewis-Boyens, Seerecht Bd. 2 S. 93; Mittelstein, Binnenschiffahrtsgesetz (2. Aufl.) Bd. 1 S. 53.

Der Sprachgebrauch ist dieser Unterscheidung nicht gefolgt, und es ist richtiger, davon auszugehen, daß der Ausdruck „Schleppvertrag“ überhaupt keine juristisch-technische, sondern eine rein tatsächliche Bezeichnung ist, die sinngemäß auf alle Verträge Anwendung findet, welche die Benutzung der Schleppkräfte eines Transportunternehmers zum Gegenstande haben.

Vgl. Entsch. des R.G.'s in Zivils. Bd. 6 S. 99.

Der Schleppvertrag wird in der Regel ein gewöhnlicher Werkvertrag, er kann aber auch ein Dienstvertrag oder ein Frachtvertrag sein. Frachtvertrag ist er dann, wenn der Transportunternehmer nicht nur die bewegende Kraft zum Zwecke der Beförderung zur Verfügung stellt, sondern wenn ihm der zu befördernde Gegenstand außerdem zum Zwecke der Beförderung in seine Obhut übergeben wird. Ist dieser ein Schiff, so wird es damit Frachtgut und fährt unter ausschließlicher Leitung, Obhut und Verantwortlichkeit des Transportunternehmers.

Vgl. Schaps, Seerecht, Vorbem. zum IV. Abschn. Anm. 29 S. 297; Förtsch, Binnenschiffahrtsgesetz (2. Aufl.) S. 96; Staub, Kommentar zum H.G.B. (8. Aufl.) § 425 Anm. 4; Makower (13. Aufl.), § 425 Bem. II c, 4; Düringer-Hachenburg, Bd. 3 S. 534.

Mit Unrecht legt das Oberlandesgericht für seine gegenteilige Annahme entscheidendes Gewicht darauf, daß ein großes Schiff nicht, wie sonstiges Frachtgut, ein- und abgeladen werden kann, und daß eine Reihe von hiermit in Zusammenhang stehenden Bestimmungen des Handelsgesetzbuchs keine Anwendung finden können, wenn ein ganzes Schiff Gegenstand der Beförderung ist. Daraus folgt, wie die Revision zutreffend ausführt, nicht die Exemtion dieses Falles aus dem Frachtrecht überhaupt, und das Oberlandesgericht hat selbst nicht verkannt, daß seine Auffassung mit der bisherigen Judikatur, die bei Übergabe des Schiffes in die Custodia des Schleppschiffahrtsunternehmers gleichfalls Frachtvertrag annahm,

vgl. die oben angeführten Urteile, insbesondere Entsch. in Zivils. Bd. 6 S. 99,

nicht im Einklang steht.

Die rechtsirrtümliche Annahme, daß der Vertrag vom 29. Januar 1904 kein Frachtvertrag sei, obwohl der „Chiltern“ der Klägerin zum Transporte „übergeben“ war, und sie Schlepptrosse und Bemannung zu stellen hatte, hat aber die Entscheidung des Oberlandesgerichts in allen wesentlichen Punkten beeinflußt. Die mit der Klage beanspruchten Kosten können von der Klägerin neben der Fracht nur unter dem Gesichtspunkte gefordert werden, daß sie Auslagen sind, die zur Erhaltung des Frachtgutes notwendig waren (vgl. §§ 535, 621 Abs. 3 H.G.B.). Für die Ersatzpflicht der Beklagten ist aber die Verteidigung erheblich, daß die Beschädigung des Kessels des „Chiltern" auf ein Verschulden seiner Besatzung zurückzuführen sei. Für dieses Verschulden würde die Klägerin haften, da sie sich der Besatzung zur Erfüllung ihrer Verpflichtungen aus dem Frachtvertrage bediente (§ 278 B.G.B., eventuell §§ 485, 486 H.G.B.). Hinsichtlich des Widerklaganspruchs ergibt sich die gesetzliche Haftung der Klägerin aus § 606 H.G.B. Wird nachgewiesen, daß der „Chiltern" während der Zeit, in der er sich unter der Custodia der Klägerin befand, eine Beschädigung erlitten hat, die durch die in Portland vorgenommene Reparatur nicht ausgeglichen wurde, so ist die Klägerin hierfür verantwortlich, sofern ihr nicht der in § 606 nachgelassene Exkulpationsbeweis gelingt. In allen diesen Beziehungen bedarf das Streitverhältnis noch weiterer Erörterung und Feststellung, da Behauptung und Gegenbehauptung sich gegenüberstehen." ...

6. Inwieweit sind Ansprüche eines Gesellschafters auf Zahlungen aus der Gesellschaftskasse als „Ansprüche auf einen Gewinnanteil" abtretbar?

B.G.B. §§ 717, 400.
Einf.-Ges. zum B.G.B. Art. 170.

I. Zivilsenat. Urt. v. 23. Oktober 1907 i. S. K. Kl. (Bekl.) w. B. M. St. (Kl.). Rep. I. 30/07.

I. Landgericht Düsseldorf, Kammer für Handelssachen in München-Gladbach.
II. Oberlandesgericht Cöln.

Durch Urkunde vom 26. September 1900 trat der Kommanditist der Beklagten, der Kaufmann D., an die Klägerin, die ihm einen Kredit eingeräumt hatte, Ansprüche ab. Es hieß in der Urkunde:

„Ich bin bei der Kommanditgesellschaft K. Kl. mit 48000 ℳ beteiligt. Als solcher habe ich in Anrechnung auf meinen Gewinnanteil und auf das, was mir sonst als Kommanditisten gebührt, jährlich 4000 ℳ in vierteljährlichen Teilbeträgen zu beanspruchen. — Zur Sicherung der Handelsgesellschaft B. M. St. (der Klägerin) wegen der zwischen ihr und mir bestehenden Geschäftsverbindung trete ich ihr hiermit meine Ansprüche aus der vorbezeichneten kommanditarischen Beteiligung, insbesondere den Anspruch auf die jährliche Zahlung von 4000 ℳ, ab.“ Die Beklagte wurde durch die Klägerin von der Abtretung in Kenntnis gesetzt.

Über die dem Kommanditisten gegen die Gesellschaft zustehenden Ansprüche bestimmte der erste Gesellschaftsvertrag vom 23. Dezember 1893, daß jedesmal nach dem Ablaufe des den Zeitraum vom 1. Oktober bis zum 30. September umfassenden Geschäftsjahres ein Abschluß und die Gewinn- und Verlustrechnung aufgestellt werde. Nachdem die erforderlichen Abschreibungen vorgenommen seien, gelte der dann verbleibende Rest als Rohgewinn, von welchem zunächst 4 Prozent Zinsen für die Gesellschaftseinlagen zu vergüten seien. . . . Darauf werde der dann verbleibende Reingewinn, wie folgt, verteilt: 1. der persönlich haftende Gesellschafter erhalte vorab 20 Prozent, 2. der Rest werde zu prozentualen Teilen unter die Gesellschafter verteilt, bzw. denselben gutgebracht. Am 28. Dezember 1899 wurden in einer Gesellschafterversammlung folgende Bestimmungen getroffen: „Für etwaige Schulden an das Geschäft sollen die Beteiligten mit dem an das Bankhaus P. & Co. zu zahlenden Zinssatz belastet werden. Diese Schuldner sollen aber auf keinen Fall mehr als 1000 ℳ im Vierteljahr dem Geschäft entnehmen dürfen, so daß der Gewinn vor allen Dingen zur Tilgung der Schuld zu verwenden ist.“ Vom 1. Oktober 1902 an trat unter den Gesellschaftern ein neuer Gesellschaftsvertrag in Wirksamkeit. In diesem war die Bestimmung wiederholt, daß der nach Abzug aller Geschäftsunkosten verbleibende Rest als Rohgewinn gelte, von welchem zunächst 4 Prozent Zinsen für die Gesellschaftseinlagen zu vergüten seien, und daß der dann verbleibende Reingewinn in einer der oben angeführten Verteilungsvorschrift entsprechenden Weise zur Verteilung komme.

Die Beklagte hatte an die Klägerin am 12. Februar, 4. April und 4. Juli 1901 je 1000 ℳ gezahlt, weitere Zahlungen jedoch abgelehnt. Sie berief sich namentlich darauf, daß in dem Geschäftsjahre 1. Oktober 1900/01 und auch in den folgenden Jahren 1902 und 1903 ein Gewinn nicht erzielt worden sei.

Mit der im Januar 1904 erhobenen Klage verlangte die Klägerin von der Beklagten die Zahlung von 5000 *M* nebst Zinsen. Während die erste Instanz die ganze Entscheidung von einem Eide abhängig machte, erwog das Oberlandesgericht, daß die Beklagte auf jeden Fall dem Kommanditisten D. für die Zeit vom 1. Oktober 1901 bis 1. Januar 1903 4 Prozent Zinsen von 48000 *M*, zusammen 2400 *M*, schuldig geworden sei. Hiernach wurde die Beklagte unbedingt verurteilt, an die Klägerin 2400 *M* zu zahlen. Die Entscheidung über den Restbetrag von 2600 *M* blieb von der Leistung eines Eides abhängig.

Der Revision der Beklagten ist stattgegeben worden aus folgenden

Gründen:

„Die Beklagte rügt Verletzung des § 717 B.G.B., indem sie behauptet, daß nach dieser Gesetzesvorschrift die von der Klägerin gegen sie geltend gemachten Zinsansprüche des Kommanditisten D. überhaupt nicht übertragbar seien. Das Berufungsgericht hat es unterlassen, die Übertragbarkeit dieser Ansprüche einer Prüfung zu unterziehen. Diese Prüfung hätte aber vom Standpunkte sowohl des alten als des neuen Rechtes aus eintreten müssen.

Die verklagte Gesellschaft ist im Jahre 1893, also unter der Herrschaft des alten Rechtes, gegründet worden, und die bisherigen Feststellungen des Berufungsgerichts ergeben, daß erst vom 1. Oktober 1902 an ein neuer Gesellschaftsvertrag wirksam geworden ist. Da ferner angenommen wird, daß die eingeklagten, von dem Kommanditisten D. abgetretenen Ansprüche auf fünf Teilbeträge von je 1000 *M* am 1. Januar, 1. April, 1. Juli, 1. Oktober 1902 und 1. Januar 1903 fällig geworden sind, so ergibt sich nach Art. 170 Einf.-Ges. zum B.G.B., daß wenigstens die Ansprüche auf die ersten drei Raten der Herrschaft des alten Rechtes unterstehen. Für diese Ansprüche gilt daher der bereits in einem Urteile des erkennenden Senats vom 25. Januar 1905 (Rep. I. 314/04) ausgesprochene allgemeine Grundsatz, daß ihre Übertragbarkeit nach altem Rechte zu beurteilen ist. Die Ansprüche wurden freilich erst voll wirksam, als das neue Recht bereits in Geltung war; aber der Grund für ihre Entstehung war früher gelegt worden; sie gingen hervor aus dem nach altem Rechte zu beurteilenden Gesellschaftsvertrage. Das alte Handelsgesetzbuch enthält über die Abtretbarkeit keine besonderen Vorschriften, und auch in dem daneben in Betracht kommenden französischen Rechte finden sich solche nicht.

Vgl. C. Crome, Die Grundlehren des französ. Obligationenrechts § 21 V. S. 256.

Nach den Art. 169, 119 des alten Handelsgesetzbuchs ist aber in Ansehung der Privatgläubiger eines Gesellschafters nur dasjenige Gegenstand der Zwangsvollstreckung, „was der Gesellschafter an Zinsen und an Gewinnanteilen zu fordern berechtigt ist". Das Verhältnis zwischen Zinsen und Gewinn wird näher durch die Art. 161, 106 des alten Handelsgesetzbuchs geregelt. Nach diesen Bestimmungen bezieht der Kommanditist zunächst von seiner Einlage 4 Prozent Zinsen, und vor Deckung dieser Zinsen wird ein Gewinn als vorhanden nicht angenommen. Die Vorschriften der angeführten Art. 169, 119 beziehen sich unmittelbar nur auf die Zwangsvollstreckung, und nach französ. Rechte schloß ein Vollstreckungsverbot ein Abtretungsverbot nicht in sich. Jene Vorschriften gewinnen indessen unter Berücksichtigung des § 400 B.G.B. auch Bedeutung für die Frage der Abtretbarkeit. Der oben für die Anwendung des alten Rechtes angeführte Grundsatz schließt nämlich — worauf schon in dem angezogenen Urteile des Reichsgerichts hingewiesen wird — nicht aus, daß das neue Recht dort angewendet wird, wo dieses im Interesse des Gläubigers aus sozialen Erwägungen die Abtretung nicht zuläßt. Und diese Voraussetzung trifft bei dem § 400 B.G.B. zu, nach dem „eine Forderung nicht abgetreten werden kann, soweit sie der Pfändung nicht unterworfen ist".

Vgl. auch Habicht, Einwirkung des Bürgerlichen Gesetzbuchs auf zuvor entstandene Rechtsverhältnisse (3. Aufl.) S. 226.

Es decken sich also, auch soweit grundsätzlich altes Recht angewendet ist, infolge der Einwirkung des § 400 B.G.B. die Grenzen der Pfändbarkeit mit den Grenzen der Abtretbarkeit.

Was die eingeklagten beiden Teilbeträge zu je 1000 ℳ, die am 1. Oktober 1902 und 1. Januar 1903 fällig geworden sein sollen, anlangt, so scheint es sich hier um Ansprüche zu handeln, die auf den Rechnungsabschluß des Geschäftsjahres 1. Oktober 1901/02 gegründet sind. Andererseits ist es nach den bisherigen Feststellungen nicht ausgeschlossen, daß sämtliche Entnahmen der Gesellschafter schon vom 1. Oktober 1902 an nach dem neuen Gesellschaftsvertrage, der vor der Fälligkeit der beiden Beträge geschlossen sein wird, sich richten sollten und dem neuen Rechte unterworfen wurden. Es muß daher weiter geprüft werden, inwieweit die Ansprüche des Kommanditisten D. nach neuem Rechte abtretbar waren.

Bei dieser Prüfung tritt die Frage in den Vordergrund, ob der Wortlaut des § 717 B.G.B. maßgebend bleiben muß, oder ob über seinen Wortlaut hinaus den Ansprüchen auf einen Gewinnanteil gleichgestellt werden dürfen die von Gewinn und Verlust unabhängigen und im Einzelfalle durch Gewinn nicht gedeckten Ansprüche eines Kommanditisten auf bestimmte Entnahmen aus der Gesellschaftskasse, die durch den Gesellschaftsvertrag unter dem Titel sog. fester Zinsen oder in anderer Form zugelassen sind. In den Motiven zum § 644 des I. Entwurfs des Bürgerlichen Gesetzbuchs, der seinem wesentlichen Inhalte nach dem § 717 des geltenden Gesetzes entspricht, wird hervorgehoben, daß der im ersten Satze dieser Gesetzesstelle ausgesprochene Grundsatz der Unübertragbarkeit der den Gesellschaftern zustehenden Ansprüche gewissen Ausnahmen unterliegen müsse. Für die Umgrenzung dieser Ausnahmen wird der folgende allgemeine Gesichtspunkt als leitend hingestellt: „Ein Gesellschafter kann infolge des Gesellschaftsvertrages gegen den anderen Gesellschafter einen nicht unmittelbar aus dem Gesellschaftsvertrage entspringenden, sondern nur infolge desselben entstandenen Anspruch erwerben, welcher sich als aus dem Gesellschaftsverhältnisse losgelöst und als ein davon unabhängiger und selbstständiger ergibt, dessen Übertragbarkeit auszuschließen daher nicht gerechtfertigt wäre." Hierauf fahren die Motive fort: „Dahin gehören unbedenklich die Forderungen, welche einen Gewinnanteil zum Gegenstande haben." ... Es könnte versucht werden, auf die Ausführungen der Motive eine Auslegung des Gesetzes in dem angegebenen weiteren Sinne zu stützen. Der Versuch hätte jedoch keine Berechtigung. Denn das Gesetz selbst hat durch die im zweiten Satze des § 717 aufgestellten und deutlich abgegrenzten Einzelbestimmungen darüber Entscheidung getroffen, welche Ausnahmen von dem bezeichneten leitenden Gesichtspunkte aus zuzulassen sind. Das Gesetz hat nur die „unbedenklichen" Ausnahmen machen wollen, und es könnte nicht als gerechtfertigt angesehen werden, über die einzelnen vom Gesetze zugelassenen Ausnahmen hinaus zu anderen, mehr oder minder bedenklichen Ausnahmen von der Regel des § 717 Satzes 1 fortzuschreiten. Das erscheint um so weniger gerechtfertigt, als die Zahlung sog. fester Zinsen oder ähnlicher Bezüge, die dem Gesellschafter ohne Rücksicht auf wirklich erzielten Gewinn zustehen, zu dem Zwecke zu geschehen pflegt, den laufenden Lebensunterhalt des Gesellschafters zu decken. Von bestimmendem Einflusse ist hierbei das innere Verhältnis der Gesellschafter. Auf anderem Gebiete liegt aber die Frage, ob solche Bezüge abtretbar sein und damit dem zwangsmäßigen Zugriffe der Privatgläubiger des Gesellschafters ausgesetzt werden sollen, oder ob nicht die Interessen der Gläubiger durch die ihnen im § 135 H.G.B. (vgl. § 725 B.G.B.) gewahrten Rechte genügende Berücksichtigung erfahren.

Der Sinn des Gesetzeswortlautes bietet in Ansehung der hier in Betracht kommenden Ausnahme keine Zweifel. Ist ein Gewinn nicht gemacht worden, indem die Bilanz für das betreffende Geschäftsjahr keine Vermehrung des in der Gesellschaft liegenden Kapitals ergibt, so kann auch von einem Anteil am Gewinne oder von einem Anspruch auf einen Gewinnanteil keine Rede sein. Dem Falle, daß kein Gewinn erzielt worden ist, steht selbstverständlich der andere gleich, daß der erzielte Gewinn nicht zur Verteilung unter die Gesellschafter bestimmt, sondern über ihn anderweit verfügt wird. Das Gesagte gilt sowohl für die Entnahme sog. fester Zinsen als bestimmter Raten. Die Richtigkeit dieser Auffassung wird auch dadurch bestätigt, daß in den Vorschriften des neuen Handelsgesetzbuchs über die offene Handelsgesellschaft, die Aktiengesellschaft, die stille Gesellschaft, sowie über die Kommanditgesellschaft die Ausdrücke „Gewinn" und „Gewinnanteil" dort gebraucht werden, wo ein wirklicher Gewinn vorhanden ist, nicht ein Gewinn als vorhanden nur unterstellt wird (vgl. insbesondere §§ 120—122, 168, 169, 172, 213—217, 329, 336, 337). Kann somit ein Anspruch auf einen Gewinnanteil nur unter der Voraussetzung eines tatsächlich vorhandenen Gewinns anerkannt werden, so lassen andererseits die angeführten §§ 168, 169, welche die Ansprüche der Kommanditisten regeln, in Verbindung mit den §§ 121, 122 H.G.B. deutlich erkennen, daß, wie die auszuzahlenden bestimmten Raten, so auch die von den Einlagen zu erhebenden vertragsmäßigen festen Zinsen, soweit sie aus dem Gewinn entrichtet werden, Gewinnanteile im Sinne des Gesetzes sind. Wenn insbesondere der § 121 Abs. 1, welcher nach § 168 auch für die Kommanditgesellschaft gilt, bestimmt:

„Von dem Jahresgewinne gebührt jedem Gesellschafter zunächst ein Anteil in Höhe von vier vom Hundert seines Kapitalanteils. Reicht der Jahresgewinn hierzu nicht aus, so bestimmen sich die Anteile nach einem entsprechend niedrigeren Satze",

so ergibt sich klar, daß die sog. Kapitaldividende zu 4 Prozent oder zu einem dem gemachten Gewinn entsprechenden niedrigeren Satze einen Gewinnanteil darstellt. Dagegen bildet der einem Kommanditisten nach dem Gesellschaftsvertrage ... zustehende Anspruch auf feste Zinsen insoweit keinen Anspruch auf einen Gewinnanteil, als ein Gewinn von der Gesellschaft nicht erzielt worden ist.

Nach den vorhergehenden Ausführungen zeigt sich zwischen den Vorschriften des alten und des neuen Handelsgesetzbuchs der auch in der Denkschrift zu dem Entwurfe des neuen Gesetzbuchs hervorgehobene Unterschied, daß nach altem Rechte der Gewinn erst nach Deckung der vierprozentigen Einlagezinsen beginnt, während nach neuem Rechte diese Zinsen bereits als innerhalb der Gewinngrenze liegend betrachtet werden. Es ergibt sich ferner, daß, soweit das alte Recht anzuwenden ist, die Einlagezinsen, von besonderen Abmachungen abgesehen, als abtretbar angesehen werden müssen, wogegen nach neuem Rechte die Einlagezinsen nur insoweit abtretbar sind, als sie in dem unter die Gesellschafter zu verteilenden Gewinne ihre Deckung finden. Im übrigen kommen altes und neues Recht in Ansehung der nach dem 1. Januar 1900 erfolgten Abtretungen darin überein, daß sonstige Entnahmen nur abgetreten werden können, soweit sie durch Gewinn gedeckt sind.

Es erhellt hiernach, daß die rechtliche Beurteilung, die der Berufungsrichter seiner Entscheidung zugrunde gelegt hat, nicht ausreichend ist. Die Entscheidung hängt ... in erster Linie unter dem neuen Rechte davon ab, ob und wieviel Gewinn von der Beklagten gemacht worden ist, unter dem alten Rechte davon, ob und wieviel Gewinn über die Einlagezinsen hinaus erzielt worden ist. Das Berufungsgericht hat angenommen, daß in dem für die eingeklagten Beträge in Betracht kommenden Zeitraum von der verklagten Gesellschaft ein Gewinn nicht erzielt worden ist. Es ist aber nicht mit Sicherheit zu erkennen, ob das Berufungsgericht den Begriff „Gewinn" im Sinne des neuen, oder des alten Handelsgesetzbuchs versteht. Im ersten Falle nähme das Gericht an, daß selbst ein Gewinn, der nur die Einlagezinsen ganz oder zum Teile gedeckt hätte, nicht vorläge; es wären dann von den Ansprüchen des D. nur die Einlagezinsen zu 4 Prozent, und auch diese nur insoweit abtretbar, als die Forderungen des D. dem alten Rechte unterstehen. Im zweiten Falle wären außer diesen Zinsen auch in betreff der Teilbeträge, für die neues Recht gilt, die Einlagezinsen ganz oder zum Teile abtretbar. . . .

Nach allem verfällt das angefochtene Urteil der Aufhebung. Die Sache ist aber zur Endentscheidung noch nicht reif. Sie war daher zur anderweiten Verhandlung und Entscheidung an die Vorinstanz zurückzuverweisen."

---

7. Kann die Veräußerung von Sachen, die der veräußernde Gemeinschuldner unter Eigentumsvorbehalt seines Verkäufers erworben hatte, vom Konkursverwalter angefochten werden? Kann der Anfechtungsbeklagte sich auf den Eigentumsvorbehalt berufen? Lebt der Vorbehalt durch die erfolgreiche Anfechtung wieder auf?

K.O. § 30.

VII. Zivilsenat. Urt. v. 29. Oktober 1907 i. S. B. Konk. (Kl.) w. Br. (Bekl.). Rep. VII. 44/07.

I. Landgericht Verden.
II. Oberlandesgericht Celle.

Der Gemeinschuldner B. hatte kurz vor der Konkurseröffnung an die verklagte Firma eine Motorbauwinde mit fünfpferdekräftigem Gasmotor und verschiedene andere Gegenstände verkauft und übergeben, wobei die Käuferin nicht wußte, daß die Firma F. & W., von der B. die Sachen im Jahre vorher gekauft hatte, sich bis zur Zahlung des Kaufpreises das Eigentum vorbehalten hatte, und der Kaufpreis noch nicht völlig bezahlt war. Die auf den § 30 K.O. gestützte Anfechtungsklage des Konkursverwalters wurde von den Vorinstanzen abgewiesen, das Berufungsurteil aber auf die Revision des Klägers aufgehoben aus folgenden

Gründen:

... „Sachlich erweist sich die Revision als begründet. Das Berufungsgericht weist die Klage deshalb ab, weil die Firma F. & W. seinerzeit sich bei dem Verkauf der streitigen Sachen an den späteren Gemeinschuldner das Eigentum bis zur Bezahlung des Kaufpreises vorbehalten hatte. Es folgert hieraus, daß der Gemeinschuldner durch die Weiterveräußerung nichts aus seinem Vermögen weggegeben habe, die Konkursgläubiger nicht auf Kosten der Konkursmasse benachteiligt seien. An der Rücklieferung eines Gegenstandes zur Masse, den ihr ein Aussonderungsberechtigter sofort wieder entziehen würde, könnten die Konkursgläubiger kein Interesse haben. Diese Ausführungen sind rechtlich nicht haltbar. Es kann dahingestellt bleiben, ob sie zuträfen, wenn sich die Gegenstände im Besitze des Gemeinschuldners etwa nur leihweise oder auf Grund eines sonstigen Verhältnisses befunden hätten, das eine Verwertung zugunsten der Masse ausschließen würde. In diesem Falle ließe sich wohl mit dem Berufungsgerichte sagen, durch die Veräußerung sei nur eine Schadensersatzforderung des Eigentümers begründet worden, und mehr als die Befreiung der Masse von dieser Ersatzforderung könne der Konkursverwalter nicht verlangen. Beim Eigentumsvorbehalt liegt aber die Sache wesentlich anders. Der Käufer hat die Sachen im Besitz mit dem Rechte, jeden Augenblick durch Zahlung des jeweiligen Kaufpreisrestes das volle Eigentum daran zu erwerben. Er kann auch nachträglich, nachdem er die Sachen anderweit veräußert hat, den früheren Eigentümer durch Zahlung des Kaufpreisrestes befriedigen. Gesetzt, es sei nur noch ein geringer Teil des Kaufpreises rückständig, so würde der Vermögenswert, den der Besitz auf Grund des Kaufes für den Käufer hat, dem vollen Sachwert nahe kommen. Unter solchen Umständen kann nicht gesagt werden, daß die Sachen nicht zum Vermögen des Käufers und Weiterverkäufers gehört haben. Und ebenso ist klar, daß durch eine Weiterveräußerung die Gläubiger des Gemeinschuldners geschädigt sind; denn auch der Konkursverwalter könnte durch Zahlung des Kaufpreisrestes das volle Eigentum erwerben. Nun steht hier allerdings nicht fest, wieviel von dem Kaufpreise an die Firma F. & W. bereits bezahlt, wieviel noch rückständig ist. Für die Frage, ob die Anfechtung im Endergebnisse den Gläubigern einen Vorteil bringen wird, kann dies von Erheblichkeit sein. Für das Rechtsverhältnis des Verwalters gegenüber der Beklagten aber ist es ohne Bedeutung. Hier kommt nur die angefochtene Rechtshandlung und deren Erfolg in Betracht. Durch die Veräußerung an die Beklagte hat der Gemeinschuldner die Sachen weggegeben und ist dafür durch Verrechnung einer Schuld von 2500 *M* dieser Schuld ledig geworden. Im Falle erfolgreicher Anfechtung erhält die Konkursmasse die Sachen zurück und hat an die Beklagte die Konkursdividende auf 2500 *M* zu zahlen, ist also offenbar günstiger gestellt. Und ebenso wäre der Stand der Masse, wenn die angefochtene Veräußerung überhaupt nicht stattgefunden hätte. Wieviel die Masse an die Firma F. & W. zu zahlen hätte, um die Rücknahme der Sachen zu hindern, ist der Beklagten gegenüber gleichgültig; die Berufung auf dieses Verhältnis ist für die Beklagte eine unzulässige Einrede aus dem Rechte eines Dritten. Diese Einrede ist aber auch sachlich gar nicht begründet. Denn die Firma F. & W. hat im Laufe des Rechtsstreits, noch vor Erlassung des erstinstanzlichen Urteils, auf ihren Eigentumsvorbehalt ausdrücklich verzichtet. Aber auch ohne solchen Verzicht würde sie ihn nicht geltend machen können; denn die Anfechtung wirkt nicht dinglich; sie hat nicht zur Folge, daß das durch die Veräußerung an die gutgläubige Beklagte untergegangene Eigentum der Firma F. & W. wieder auflebt. Die Verpflichtung der Beklagten aus der Anfechtung geht nicht auf Rückübertragung des Eigentums, sondern nur auf Duldung der Verwertung der Kaufgegenstände für die Konkursmasse (vgl. Entsch. des R.G.'s in Zivils. Bd. 56 S. 143)."

---

8. Zum Begriff des Generalbevollmächtigten im Sinne von § 173 Z.P.O. Findet die Bestimmung in § 917 Abs. 2 Z.P.O. auch dann Anwendung, wenn der im Auslande wohnhafte Schuldner in Deutschland Vermögen besitzt, aus dem der Gläubiger Befriedigung zu erlangen vermag?

VI. Zivilsenat. Urt. v. 30. Oktober 1907 i. S. V. (Kl.) w. Herzog v. S. (Bekl.). Rep. VI. 81/07.

I. Landgericht Glogau.
II. Oberlandesgericht Breslau.

Der in Paris wohnhafte Beklagte ist Besitzer des Fürstentums S., eines preußischen Thronlehns; er ist 1899 von dem zuständigen Pariser Gericht entmündigt worden; sein Vormund ist der Graf v. T.-P. in Paris. Dieser hat bezüglich des genannten Lehnfürstentums dem in Deutschland wohnenden Grafen v. H. umfassende Verwaltungs- und Vertretungsvollmacht erteilt.

Der Kläger, ein in Paris wohnender Kaufmann, erwirkte wegen einer hohen ihm an den Beklagten zustehenden Kaufpreisforderung im Juni 1906 einen Beschluß des Landgerichtes, durch den wegen der Forderung nebst Anhang der dingliche Arrest in die angeblich dem Beklagten aus dem Lehnsfürstentum zustehenden Einkünfte angeordnet, und die dem Beklagten an den Generalbevollmächtigten Grafen v. H. zustehende Forderung auf Auszahlung der Einkünfte gepfändet wurde. Der Vertreter des Klägers ließ den Arrest- und Pfändungsbeschluß innerhalb der in § 929 Abss. 2, 3 Z.P.O. bestimmten Frist nur dem Grafen v. H., nicht auch dem Vormunde des Beklagten zustellen.

Auf den von diesem erhobenen Widerspruch hob das Landgericht den Arrestbefehl auf, und das Oberlandesgericht bestätigte diese Entscheidung. Die hiergegen von dem Kläger eingelegte Revision wurde zurückgewiesen.

Aus den Gründen:

„Das Oberlandesgericht hat in Übereinstimmung mit der ersten Instanz angenommen, der Arrestbefehl müsse schon deshalb aufgehoben werden, weil er innerhalb der in § 929 Abs. 2 Z.P.O. bestimmten Frist dem Vormunde des Beklagten nicht zugestellt worden sei; die Zustellung an den Grafen v. H. könne diejenige an den Vormund nicht ersetzen, weil Graf v. H. nach der ihm erteilten Vollmacht nur zur Verwaltung des dem Beklagten gehörigen Lehns und zu seiner Vertretung in den diese Verwaltung betreffenden Rechtsangelegenheiten ermächtigt gewesen sei; darunter falle nicht die Entgegennahme eines Arrestbefehls, der wegen einer rein persönlichen, mit dem Lehn in keinem Zusammenhang stehenden Geldforderung erlassen worden sei und nur die künftige Befriedigung des Klägers aus den Einkünften des Lehns sichern solle.

Dieser Auffassung ist nicht beizutreten. Wie auch die Vorinstanz annimmt, ist die Zulässigkeit der in § 173 Z.P.O. geregelten Zustellung an den Generalbevollmächtigten einer Partei nicht auf die Fälle zu beschränken, in denen die Vollmacht schlechthin alle Vermögensangelegenheiten des Vollmachtgebers umfaßt. Nach dem Sprachgebrauche wird im Rechtsleben der Ausdruck „Generalvollmacht" allgemein auch dann angewendet, wenn sich die Vollmacht nur auf einen bestimmten, durch objektive Merkmale begrenzten größeren Kreis von Vermögensangelegenheiten des Vollmachtgebers bezieht, wenn sie nur den Bevollmächtigten ermächtigt, innerhalb dieses Kreises den Vollmachtgeber bei allen Angelegenheiten zu vertreten und in diesem Umfange alle seine Geschäfte zu besorgen. Es liegt kein Grund vor, den Ausdruck „Generalbevollmächtigter" in § 173 in einem anderen, engeren Sinne zu verstehen; auch bei der dort mitbehandelten Zustellung an den Prokuristen eines Kaufmanns handelt es sich um einen Bevollmächtigten, der zur Vertretung seines Vollmachtgebers nur für einen begrenzten Interessen- und Geschäftskreis, nämlich die Geschäfte und Rechtshandlungen, die der Betrieb eines Handelsgewerbes mit sich bringt, berechtigt ist.

Im vorliegenden Falle ist der Graf v. H. durch die ihm von dem Vormunde des Beklagten — übrigens unter Beitritt des diesem als Lehnsvormund bestellten Grafen v. K. — erteilte Vollmacht keineswegs nur zur Besorgung derjenigen Angelegenheiten berufen worden, welche durch die besondere Natur der deutschen Besitzung des Beklagten als eines Thronlehns gegeben waren, sondern ganz allgemein dazu, „auf der Aktiv- wie auf der Passivseite das ganze Vermögen und alle Geschäfte des Lehnsfürstentums S. zu verwalten und zu führen," und die im Anschluß an diese allgemeine Ermächtigung als deren Ausfluß in der Urkunde aufgeführten Befugnisse, die der Graf v. H. haben sollte, ergeben, daß er in umfassendster Weise zur Besorgung aller Angelegenheiten, welche das Lehnsfürstentum betreffen, ermächtigt worden ist.

Nach dem vom Kläger gestellten Antrage sollte nun der Arrest, den er zur Sicherung der Zwangsvollstreckung wegen der ihm an den Beklagten aus Kaufverträgen über Edelsteine und Juwelierwaren zustehenden Forderungen erwirkt hatte . . . nur in die dem Schuldner aus dem Lehnsfürstentume S. zustehenden Einkünfte verhängt, und dementsprechend dem Grafen v. H. die Aushändigung der in seinen Händen befindlichen, bzw. in seine Hände gelangenden, aus den Einkünften des von ihm verwalteten Lehnsfürstentums stammenden Beträge an den Beklagten und seinen Vormund im Wege der Pfändung untersagt werden. Dieser Beschränkung gemäß ist auch in dem von dem Landgerichte erlassenen Beschlusse der Arrest nur in die angeblich dem Schuldner aus dem Lehnsfürstentum zustehenden Ansprüche, nicht im allgemeinen in das Vermögen des Beklagten verfügt worden. Bei dieser Beschränkung des Arrestes auf eine bestimmte Vermögensmasse des Beklagten, gegen deren Zulässigkeit kein Bedenken vorliegt, konnte der Arrestbeschluß rechtswirksam für den Beklagten dem Grafen v. H. zugestellt werden. Mit Unrecht haben beide Vorinstanzen ihre gegenteilige Meinung damit begründet, daß es sich bei den Forderungen des Klägers nicht um eine Lehns- oder eine mit dem Lehn in rechtlichem Zusammenhange stehende Schuld des Beklagten gehandelt habe. Denn da, wie oben dargelegt ist, die Vollmacht des Grafen v. H. sich keineswegs auf die Besorgung der mit der Lehnseigenschaft des Fürstentums S. zusammenhangenden Angelegenheiten beschränkte, kommt es hier auf die Art der Entstehung der zu sichernden Forderung und deren rechtlichen Charakter nicht an; entscheidend ist allein, ob die Vermögensmasse, in welche der Arrest angeordnet wurde, der Verwaltung des Grafen v. H. unterstand, und ob er insbesondere kraft der ihm erteilten Vollmacht die tatsächliche Verfügung über die aus dieser Vermögensmasse stammenden Einkünfte hatte, bezüglich deren eine den Interessen des Klägers nachteilige Verwendung von seiten des Vormundes des Beklagten durch den Arrest verhindert werden sollte. Diese Voraussetzungen treffen überall zu.

Die Revision des Klägers mußte indes gleichwohl ohne Erfolg bleiben, weil der Vorinstanz darin beizustimmen ist, daß ein zureichender Arrestgrund nicht vorliegt, wenigstens nicht glaubhaft gemacht ist.

Der Kläger hat sich insoweit vor allem auf die Bestimmung in § 917 Abs. 2 Z.P.O. berufen; sie kann ihm aber nach der besonderen Lage des Falles nicht zustatten kommen. Nach der angezogenen Vorschrift soll ein zureichender Arrestgrund ohne weiteres dann als vorliegend angesehen werden, wenn unter den gegebenen Verhältnissen die Annahme gerechtfertigt erscheint, daß ohne die Verhängung des

Arrestes eine — Erfolg versprechende — Vollstreckung desjenigen Urteils, dessen spätere Vollziehung durch den Arrest gesichert werden soll, in Deutschland nicht werde erfolgen können, der Gläubiger daher darauf angewiesen sein werde, Befriedigung wegen seiner Forderung durch im Auslande zu beantragende Vollstreckungsmaßregeln zu suchen. Diese Voraussetzungen liegen nicht vor, wenn der Schuldner im Inlande ausreichendes Vermögen besitzt, und kein Grund zu der Annahme besteht, daß dieses Vermögen, wenn der Arrest nicht verhängt würde, von dem Schuldner oder dritten Personen unrechtmäßig dem Zugriffe des Gläubigers werde entzogen werden; jedenfalls aber fehlt es an jenen Voraussetzungen dann, wenn nach der besonderen Art des inländischen Vermögens eine solche Entziehung durch Wegschaffung aus dem Machtbereiche der deutschen Gerichte als ausgeschlossen anzusehen ist. Ein Fall der zuletzt erwähnten Art liegt hier vor. Das der Veräußerung durch den Beklagten nicht zugängliche Thronlehn S., das, wie bei dem Revisionsgerichte offenkundig ist, insbesondere eine große Zahl wertvoller Landgüter in Schlesien umfaßt, bringt wiederkehrende Einkünfte, die dauernd der Zwangsvollstreckung in Deutschland nicht entzogen werden können. Aus der Versagung des Arrestes ist also für den Kläger nach dem, was bisher vorliegt, nur der Nachteil zu erwarten, daß er Befriedigung erst aus Reineinkünften des Fürstentums zu erwarten hat, die zu und bzw. nach der Zeit gewonnen werden, zu welcher er einen in Deutschland vollstreckbaren Schuldtitel gegen den Beklagten erlangt haben wird, möglicherweise auch, daß ihm andere Gläubiger durch früher gestellte Vollstreckungsanträge zuvorkommen. Die letztere Möglichkeit ist überhaupt kein Arrestgrund, und der ersterwähnte Nachteil begründet nicht ohne weiteres die Gefahr der Vereitelung oder auch nur der wesentlichen Erschwerung der künftigen Zwangsvollstreckung. Ob sich eine solche Gefährdung unter Umständen daraus hätte herleiten lassen, daß das Recht des Beklagten auf die Nutzungen des Lehnfürstentums durch seine Lebensdauer begrenzt ist, kann dahingestellt bleiben; denn der Versuch, das Vorliegen einer Gefahr aus diesem Gesichtspunkte zu begründen und glaubhaft zu machen, ist von dem Kläger nicht unternommen worden (vgl. übrigens Entsch. des R.G.'s in Zivils. Bd. 32 S. 270 flg.). Wenn der Kläger einen Arrestgrund auf die Behauptung zu stützen gesucht hat, der Vormund des Beklagten verwende die ihm von dem Grafen v. H. abgelieferten und nach Frankreich gesendeten Einkünfte des Lehnsfürstentums nicht in dem Maße, wie es geschehen müßte, zur Befriedigung der Gläubiger des Beklagten, so kann dieses Anführen für die Beachtung der Revision schon deshalb nicht in Betracht kommen, weil es von der Vorinstanz auf Grund einwandsfreier tatsächlicher Erwägungen als nicht glaubhaft gemacht angesehen worden ist; es kann deshalb dahingestellt bleiben, ob demselben nach der besonderen Gestaltung des Falles, insbesondere mit Rücksicht darauf, daß der Beklagte in Deutschland ausreichendes Vermögen besitzt, für die Annahme eines Arrestgrundes selbständige Bedeutung überhaupt beigemessen werden könnte." ...

---

9. Ist einem Bankier, welcher Inhaberpapiere in Pfand nimmt, von denen er weiß, daß sie zu einem Nachlasse gehören, der gute Glaube zu versagen, weil er nicht geprüft hat, ob die mit ihm in Verhandlung getretenen Erben allein zur Verfügung über den Nachlaß berechtigt sind?

VII. Zivilsenat. Urt. v. 1. November 1907 i. S. W. (Bekl.) w. St. u. Gen. (Kl.). Rep. VII. 68/07.

I. Landgericht I München.
II. Oberlandesgericht daselbst.

Die fünf Kläger waren die gesetzlichen Erben ihrer am 20. Januar 1901 verstorbenen Halbschwester Z. Vier von ihnen hatten am 25./26. Januar 1901 mit dem Kommissionär H. ein Abkommen getroffen, nach welchem H. die Verwaltung des Nachlasses übernehmen und zur Erledigung der nächsten Geschäfte erforderlichenfalls zum Nachlasse gehörige Wertpapiere verpfänden sollte. H. hatte bei dem Beklagten infolgedessen im Nachlasse befindliche Inhaberpapiere verpfändet und auf sie bis Ende März 1901 Darlehne im Betrage von 5500 *M* erhalten.

Im März 1901 war die dem H. erteilte Vollmacht widerrufen; alle Erben hatten den Justizrat R. mit der Verwaltung des Nachlasses beauftragt. Letzterer hatte den Beklagten durch Schreiben vom 31. März 1901 davon benachrichtigt, daß die dem H. erteilte Vollmacht widerrufen sei. Beklagter hatte gleichwohl mit H. über die zum Nachlasse gehörigen Wertpapiere weitere Rechtsgeschäfte vorgenommen.

Die Kläger forderten die von H. verpfändeten Wertpapiere zurück. Das Landgericht hat den Beklagten zur Herausgabe gegen Zahlung von 5500 ℳ verurteilt; das Oberlandesgericht hat diese Verurteilung ohne eine den Klägern obliegende Zahlungspflicht ausgesprochen. Auf die Revision des Beklagten ist das Berufungsurteil aufgehoben worden.

Aus den Gründen:

... „Der erste Angriff, daß das Berufungsgericht in der rechtlichen Beurteilung des Abkommens vom 25./26. Januar 1901 irre, konnte keinen Erfolg haben." (Folgt die Darlegung, daß das Abkommen rechtsunwirksam ist.)

„Wenn nun hiernach auch als Ausgangspunkt zu nehmen ist, daß H. durch das Abkommen objektiv nicht berechtigt worden ist, über die Wertpapiere zu verfügen, so ist doch die Beurteilung des Berufungsgerichts hinsichtlich der subjektiven Handlungsweise des Beklagten, die Verneinung seines guten Glaubens, gegenüber den Angriffen der Revision nicht aufrecht zu halten. Der gute Glaube ist ein Rechtsbegriff, und der Nachprüfung des Revisionsgerichts unterliegt es, ob bei Würdigung des festgestellten Sachverhaltes dieser Begriff verkannt ist. Das ist geschehen, indem das Berufungsgericht bei der Beurteilung dem Umstande, daß H. Inhaberpapiere, bei denen der bloße Besitz die Legitimation zur Verfügung über sie gibt, verpfändet hat, nicht die ihm zukommende Bedeutung beigemessen hat. Wird diese unstreitige Tatsache in der ihr gebührenden Weise gewürdigt, so stellt sich das Verhalten des Beklagten wesentlich anders dar, und auch unter Anwendung des Bürgerlichen Gesetzbuchs ist ihm Gutgläubigkeit bei denjenigen hier zunächst zu erörternden Verpfändungen, welche zeitlich vor dem Schreiben des Justizrats R. vom 31. März 1901 liegen, nicht zu versagen.

Das Berufungsgericht hat festgestellt, daß am 24. oder 25. Januar 1901 H. mit der Mitklägerin Sch., deren Mann und Sohn in das W.'sche Geschäft gekommen, daß über die Verpfändung von Wertpapieren für die Z.'schen Erben verhandelt sei, und daß Beklagter erklärt habe, er könne sich mit den einzelnen Erben nicht einlassen und mache das Geschäft nur mit H., um die weiteren Personen kümmere er sich nicht.

Nach diesem Gespräche hat dann H. — abgesehen von der ersten Verpfändung vom 21. Januar 1901 — zum Z.'schen Nachlasse gehörende Papiere verpfändet.

Die vom Berufungsgericht hieraus gezogene Folgerung, daß dem Beklagten, weil er von vornherein und aus diesem Gespräche gewußt habe, die Papiere gehörten zum Z.'schen Nachlasse, der gute Glaube zu versagen sei, verkennt die durch die Übergabe der Papiere an H. geschaffene neue Rechtslage. Die Papiere sind dem H. übergeben worden, um ihn für die von den Miterben gewünschten Verpfändungen zum Gegenkontrahenten des Beklagten zu machen; das ergab sich für den Beklagten daraus, daß H. in dem ihn legitimierenden Besitze der Papiere war. Es lag damit für den Beklagten die Sache gerade so, als wenn die Z.'schen Erben selbst, wie dies ursprünglich beabsichtigt war, die Papiere verpfändet hätten. Aus dem Umstande, daß Beklagter nur mit H. zu tun haben wollte, ist gegen seine Gutgläubigkeit nichts zu folgern; es ist dieses Verlangen aus dem Bestreben, das Geschäft einfacher zu gestalten, nur an die Dispositionen einer Person gebunden zu sein, wohl zu erklären. Bei dieser Beurteilung aber könnte die Kenntnis des Beklagten davon, daß die Papiere zum Nachlasse gehörten, gegen seine Gutgläubigkeit nur dann in Betracht kommen, wenn angenommen werden müßte, er habe schon grobfahrlässig dadurch gehandelt, daß er nicht geprüft hat, ob die ihm bekannt gewordenen Erben zur Verfügung über den Nachlaß und damit über die zu demselben gehörenden Wertpapiere allein berechtigt waren. Das nimmt das Berufungsgericht allerdings an und führt aus, daß Beklagter die Legitimation der Erben hätte prüfen müssen. Damit werden indessen die Anforderungen überspannt, die im Geschäftsleben an die Gutgläubigkeit gerade bei Geschäften mit Inhaberpapieren zu stellen sind. Es ist nicht angängig und würde den Geschäftsverkehr fast bis zur Unmöglichkeit erschweren, wenn einem Bankier Personen gegenüber, die an sich schon durch den Besitz der Inhaberpapiere zur Geltendmachung der Rechte aus denselben legitimiert sind, so weitgehende und in vielen Fällen gar nicht ausführbare Legitimationsprüfungen zur Pflicht gemacht werden, auch wenn, wie hier, sonst keinerlei verdächtige Umstände vorliegen.

Hieraus ergibt sich die Folgerung, daß, entgegen der Annahme des Berufungsgerichts, bei den bis zum 1. April 1901 vorgenommenen Verpfändungen Gutgläubigkeit des Beklagten zu bejahen ist....

Eine andere Beurteilung müssen diejenigen Verpfändungen und Rechtsgeschäfte erfahren, welche vorgenommen sind, nachdem der Justizrat R. dem Bankhause mitgeteilt hatte, daß er die Z.'schen Erben vertrete, und daß dieselben die Vollmacht zu ihrer Vertretung dem H. entzogen hätten. Über diese ihn über die veränderte Stellung der Erben zu H. aufklärende Mitteilung durfte der Beklagte, obschon es sich auch später um Inhaberpapiere handelte, nicht hinwegsehen. Die festgestellte Tatsache, daß er wußte, die von H. verpfändeten Papiere gehörten zum Z.'schen Nachlasse, schließt, nachdem ihm in glaubhafter Weise angezeigt war, H. sei nicht mehr Vertreter der Erben, Gutgläubigkeit bei den späteren Geschäften aus. Die Annahme des guten Glaubens bei den früheren Geschäften beruht ja gerade darauf, daß Beklagter den H. in dasselbe Rechtsverhältnis zu den Wertpapieren setzen durfte, wie die Erben selbst.

Aus dem Vorstehenden ergibt sich, daß Beklagter durch die bis zum 1. April 1901 erfolgten Verpfändungen gemäß § 1207 B.G.B. ein rechtsgültiges Pfandrecht erworben hat, und daß deshalb die Kläger die Wertpapiere nur gegen Erstattung der bis dahin auf sie gegebenen Darlehne im Betrage von 5500 *M* nebst Zinsen zurückverlangen können, daß dagegen wegen der späteren Darlehne dem Beklagten an den Wertpapieren ein Pfandrecht nicht zusteht." ...

---

10. Unter welchen Voraussetzungen sind Maschinen Bestandteile (Sachteile) eines gewerblichen Gebäudes, insbesondere einer Fabrik? B.G.B. §§ 93, 94, 98.

V. Zivilsenat. Urt. v. 2. November 1907 i. S. F. & Sch. Schnellpressenfabrik u. Gen. (Kl.) w. W. Ehel. (Bekl.). Rep. V. 53/07.

I. Landgericht Stuttgart.
II. Oberlandesgericht daselbst.

Die klagenden Maschinenfabriken verkauften an den Druckereibesitzer Sch. in L., den Vater der verklagten Ehefrau, in den Jahren

1903 und 1904 auf Abzahlung unter Eigentumsvorbehalt bis zur vollständigen Berichtigung des Kaufpreises Buch- und Steindruckmaschinen, und zwar die Klägerin zu 1 eine lithographische Schnellpresse für 10425 *M*, eine gebrauchte Schnellpresse für 4500 *M* und eine andere gebrauchte Schnellpresse für 4250 *M*, die Klägerin zu 2 eine Buchdruckschnellpresse für 7000 *M*, die Klägerin zu 3 eine Buchdruckschnellpresse für 8000 *M*, eine andere Buchdruckschnellpresse und zwei Steindruckschnellpressen für zusammen 20886 *M*, und die Klägerin zu 4 zwei Setzmaschinen für 5500 *M*, bzw. 4500 *M*. Diese Maschinen stellte Sch. in dem von ihm im Jahre 1902 erbauten Druckereigebäude auf. Nachdem er auf die Kaufpreise je nur einen kleinen Teilbetrag gezahlt hatte, geriet er am 28. Februar 1906 in Konkurs. Der Konkursverwalter lehnte die Erfüllung der Kaufverträge ab und erklärte, daß er keinerlei Ansprüche auf die Maschinen erhebe. Bei der demnächst stattgefundenen Zwangsversteigerung des Grundstücks wurde, nachdem durch Gerichtsbeschluß die Zwangsvollstreckung in die genannten Maschinen der Klägerinnen aufgehoben war, die Versteigerungsbedingung gesetzt, daß die Maschinen als Zubehör von der Versteigerung ausgeschlossen sein sollten. Der Zuschlag wurde der verklagten Ehefrau mit Genehmigung des Ehemannes für 172000 *M* erteilt. In dem Zuschlagsbeschlusse war ebenfalls erwähnt, daß die fraglichen Maschinen von der Versteigerung ausgeschlossen seien. Die Beklagten nahmen jedoch die Maschinen in Besitz und verweigerten ihre Herausgabe an die Klägerinnen. Letztere klagten darauf gegen die verklagte Ehefrau auf Herausgabe der Maschinen und gegen den verklagten Ehemann auf Duldung der Zwangsvollstreckung in das Ehegut. Die Beklagten wendeten ein, die Maschinen seien wesentliche Bestandteile des Druckereigebäudes und daher mit dem versteigerten Grundstück in das Eigentum der verklagten Ehefrau gekommen. Der erste Richter verurteilte die Beklagten nach dem Klagantrage. Der zweite Richter dagegen wies die Klägerinnen mit ihren Klagen ab. Auf die Revision der Klägerinnen wurde das Berufungsurteil aufgehoben, und die Sache an das Berufungsgericht zurückverwiesen.

Gründe:

„Der Berufungsrichter erachtet die in den Jahren 1903 und 1904 dem Druckereibesitzer Sch. unter Eigentumsvorbehalt von den vier Klägerinnen gelieferten acht Schnellpressen und zwei Setzmaschinen als wesentliche Bestandteile der im Jahre 1902 errichteten „Druckerei" des Sch. gemäß § 93 B.G.B. und erklärt danach die Klagansprüche auf Herausgabe dieser Maschinen für unbegründet, weil die verklagte Ehefrau trotz des Eigentumsvorbehalts und trotz der in dem Zuschlage enthaltenen Bestimmung, daß die Maschinen von der Versteigerung ausgeschlossen seien, durch den Zuschlag des betreffenden Grundstücks auch an den Maschinen Eigentum erworben habe.

Letzteres wäre nach der ständigen Rechtsprechung des Reichsgerichtes zutreffend, wenn die Maschinen durch ihre Einbringung in die Druckerei zu wesentlichen Bestandteilen geworden wären; denn das durch den Zuschlag von der Beklagten erworbene Eigentum an dem Grundstücke würde sich dann gemäß §§ 93, 946 B.G.B. mit rechtlicher Notwendigkeit auch auf die Maschinen erstrecken.

Vgl. Entsch. des R.G.'s in Zivils. Bd. 50, S. 241; Jur. Wochenschr. 1902 S. 229 Nr. 1.

Die Erwägungen des Berufungsrichters aber, die ihn zu der Annahme führen, daß die Maschinen wesentliche Bestandteile seien, unterliegen rechtlichen Bedenken. Um im einzelnen Falle Entscheidung darüber zu treffen, ob der im Streite befindliche Gegenstand nach § 93 oder nach dem hauptsächlich in Betracht kommenden § 94 B.G.B. wesentlicher Bestandteil einer Sache ist, muß man sich in erster Linie von der Vorstellung leiten lassen, daß der Gegenstand ein Bestandteil, ein Teil des Bestandes, sein, und daß dieser Teil mit anderen Teilen zusammen eine Sache bilden muß. Als Bestandteile einer Sache sind, wie der erkennende Senat wiederholt ausgesprochen hat,

vgl. Entsch. des R.G.'s in Zivils. Bd. 63 S. 173, 418,

diejenigen körperlichen Gegenstände anzusehen, die entweder von Natur eine Einheit bilden, oder durch Verbindung miteinander ihre Selbstständigkeit dergestalt verloren haben, daß sie fortan, solange die Verbindung dauert, als eine einzige Sache erscheinen. Und Sachen im Sinne des Bürgerlichen Gesetzbuchs sind nach § 90 nur körperliche Gegenstände. Zu den Sachen, also körperlichen Gegenständen, ist nach dem Bürgerlichen Gesetzbuch auch eine „Fabrik" zu zählen. Dies ergibt sich aus § 98 B.G.B., wonach eine Fabrik im Verhältnisse zu den Betriebsgerätschaften Hauptsache sein kann. Zugleich aber folgt aus diesem § 98, der von einem Gebäude, das für einen gewerblichen Betrieb dauernd eingerichtet ist, insbesondere einer

Fabrik, spricht, daß unter „Fabrik“ nur eine solche Sache zu verstehen ist, die sich als ein für einen gewerblichen Betrieb dauernd eingerichtetes Gebäude darstellt. Demnach ist eine Maschine nur dann als „Bestandteil einer Fabrik“ anzusehen, wenn sie dergestalt in den körperlichen Gegenstand dieses gewerblichen Gebäudes aufgegangen ist, daß nur noch ein Körper, nämlich das Gebäude, besteht. Jedoch ist zu bemerken, daß bei der Bestimmung, was Teil eines Gebäudes ist, im einzelnen Falle nicht von dem Begriff eines Gebäudes in abstracto, also etwa einer durch Wände und Dächer einen Raum von der Außenwelt abschließenden Baulichkeit, auszugehen, sondern die Zweckbestimmung des betreffenden Gebäudes als maßgebend in Betracht zu ziehen ist. Beispielsweise wird eine Kirche als Teile ihres Bestandes Gegenstände in sich schließen, die bei einem Wohngebäude oder bei einem landwirtschaftlichen Gebäude nicht in Frage kommen werden, und umgekehrt. Es kommt dabei wesentlich auf die Verkehrsauffassung an. Daß auch das Bürgerliche Gesetzbuch die Verkehrsauffassung als einen für diese Frage maßgebenden Faktor angesehen wissen will, ist besonders aus § 97 Satz 2 B.G.B. zu entnehmen, wonach eine Sache, bei der die äußerlichen Merkmale der Zubehöreigenschaft vorhanden sind, nicht Zubehör ist, wenn sie nach der Verkehrsauffassung nicht als Zubehör gilt. Als Beispiel hierfür werden in den Motiven (Bd. 3 S. 63) die Öfen angeführt, die im Verhältnisse zum Hause je nach der Verkehrsauffassung bald Bestandteile, bald Zubehörstücke, bald völlig gesonderte bewegliche Sachen seien. Danach ist für die Bestandteilseigenschaft einer Maschine im Verhältnisse zu einer Fabrik zu erfordern, daß beide miteinander derart vereinigt sind, daß nach der Verkehrsauffassung nur eine Sache, und zwar in Gestalt des für den betreffenden gewerblichen Betrieb dauernd eingerichteten Gebäudes, vorliegt. Weiter aber ist nicht außer acht zu lassen, daß § 98 B.G.B. bestimmt, daß bei einem gewerblichen Gebäude, insbesondere einer Fabrik, die zu dem Betriebe bestimmten Maschinen und sonstigen Gerätschaften Zubehör seien. Nach den Motiven (Bd. 3 S. 66) ist diese Vorschrift in das Gesetz aufgenommen worden, um der in den Gebieten des gemeinen Rechts verbreiteten Anschauung entgegenzutreten, daß das Inventar eines gewerblichen Gebäudes nicht Zubehör sei, weil es nur den persönlichen Zwecken des Grundstücksbesitzers diene. Es hat also der

Gesetzgeber es sogar für zweifelhaft erachtet, ob die zu dem Betriebe bestimmten Maschinen auch nur als Zubehör des gewerblichen Gebäudes angesehen werden würden, und hat deshalb eine ausdrückliche Bestimmung hierüber für erforderlich gehalten. Dies schließt allerdings, wie sich aus den Worten „ohne Bestandteile der Hauptsache zu sein" in dem den Begriff des Zubehörs bestimmenden § 97 B.G.B. ergibt,

vgl. Entsch. des R.G.'s in Zivils. Bd. 63 S. 418,

nicht aus, daß die Maschinen nach Lage des einzelnen Falles Bestandteile des gewerblichen Gebäudes sein können. Aber es darf den Maschinen nur dann Bestandteilseigenschaft beigelegt werden, wenn sie nach der Verkehrsauffassung zufolge der Vereinigung mit dem gewerblichen Gebäude nicht mehr selbständige Einzelkörper sind, sondern, solange die Vereinigung dauert, nur noch als Sachteile des gewerblichen Gebäudes gelten. Dazu wird freilich nicht immer unbedingt notwendig sein, daß die Maschinen in den Körper des Gebäudes völlig aufgenommen sind; vielmehr kann unter Umständen auch eine lose Verbindung genügen.

Vgl. Entsch. des R.G.'s in Zivils. Bd. 63 S. 173; Jurist. Wochenschr. 1904 S. 111 Nr. 4, S. 548 Nr. 2.

Dann muß aber die Art der Herstellung und Einrichtung der Maschinen oder des gewerblichen Gebäudes eine solche sein, daß der Verkehr trotz der losen Verbindung alles zusammen als nur eine Sache auffaßt. Dies kann beispielsweise der Fall sein, wenn die Maschinen nicht Marktwaren, sondern individuell für das betreffende gewerbliche Gebäude hergestellt sind, oder wenn das Gebäude eigens um eine Maschine herumgebaut ist.

Im gegebenen Falle erachtet der Berufungsrichter die in Rede stehenden Maschinen, von denen die von der Klägerin zu 4 gelieferten zwei Setzmaschinen durch Fundamentschrauben am Boden befestigt und durch Röhren und Schläuche an die im Gebäude angebrachten Wasser- und Gasleitungen angeschlossen, und die von den Klägerinnen zu 1, 2, 3 gelieferten acht Schnellpressen nur durch Treibriemen mit den durch die Triebkraft in Bewegung gesetzten Transmissionen verbunden sind, deswegen als Bestandteile der Druckerei, weil sie dem Fabrikbetriebe „zu dienen bestimmt" seien, mit dem Druckereigebäude ein „wirtschaftliches Ganzes" bildeten und Teile der als Einheit aufzufassenden „Fabrikanlage" seien. Hierdurch aber wird die Annahme der Bestandteilseigenschaft der Maschinen nicht gerechtfertigt. Eine Fabrikanlage kann aus einer Mehrheit beweglicher und unbeweglicher Sachen bestehen; ihr Begriff deckt sich nicht mit dem der Fabrik im Sinne einer einzigen Sache in Gestalt eines gewerblichen Gebäudes.

Vgl. Entsch. des R.G.'s in Zivils. Bd. 62 S. 408.

Ebensowenig wird durch die Bezeichnung „wirtschaftliches Ganzes" der Begriff einer einzigen, wenn auch zusammengesetzten, Sache richtig begrenzt; vielmehr kann ein „wirtschaftliches Ganzes" im Hinblick auf einen Fabrikbetrieb sich als eine Gesamtheit mehrerer, zwar zu einem bestimmten Zweck vereinigten, aber unter sich selbständigen Sachen darstellen.

Vgl. Entsch. des R.G.'s in Zivils. Bd. 63 S. 172.

Und wenn die Maschinen, ohne mit dem gewerblichen Gebäude zu einer Sache zusammengesetzt zu sein, nur dem Betriebe der Fabrik zu dienen bestimmt sind, so sind sie gemäß § 98 B.G.B. lediglich Zubehör. Ferner läßt der Berufungsrichter unerwogen, ob nicht die Maschinen, insbesondere die acht Schnellpressen durch Abnahme der Treibriemen, leicht ablösbar sind, und woraus, wenn dies der Fall ist, folgen soll, daß trotz der losen Verbindung nach der Verkehrsauffassung Maschinen und gewerbliches Gebäude zusammen nur eine Sache bilden. Daß etwa die Maschinen oder das Druckereigebäude eigens füreinander hergestellt worden sind, ist nicht festgestellt. Auch ist überhaupt nicht in Erörterung gezogen, ob das Gebäude, in das die Maschinen eingebracht worden sind, zum Betriebe einer Druckerei dauernd eingerichtet ist, und inwiefern es eine speziell aus dieser Zweckbestimmung sich ergebende Eigenart gegenüber anderen Gebäuden aufweist.

Danach erscheint die Annahme des Berufungsrichters, daß die fraglichen Maschinen Bestandteile der Druckerei des Sch. seien, von rechtsirrtümlicher Auffassung der Begriffe „Bestandteile" und „Sache", soweit sie eine „Fabrik" betreffen, beeinflußt. Zwar glaubt der Berufungsrichter sich für die Richtigkeit seiner Annahme auf eine Anzahl Entscheidungen des Reichsgerichtes stützen zu können. Tatsächlich aber hat das Reichsgericht immer die gleichen Grundsätze für die Bestimmung der Bestandteilseigenschaft von Maschinen im Verhältnisse zu Fabriken aufgestellt, insbesondere auch der erkennende Senat in den Entsch. des R.G.'s in Zivils. Bd. 50 S. 241, Bd. 63 S. 171, 173; Jurist. Wochenschr. 1904 S. 548 Nr. 2, 1906 S. 543 Nr. 6, 1907 S. 128 Nr. 6 und 7, und der VII. Zivilsenat in den Entsch. des R.G.'s in Zivils. Bd. 58 S. 338, Bd. 62 S. 406; Jurist. Wochenschr. 1904 S. 354 Nr. 2, 1905 S. 387 Nr. 2, 1906 S. 189 Nr. 3.

Nur ist nicht überall Veranlassung dazu gewesen, in gleicher Schärfe wie hier zu betonen, daß Maschinen nur dann als Bestandteile eines gewerblichen Gebäudes, insbesondere einer Fabrik, erachtet werden dürfen, wenn das Ganze nach der Verkehrsauffassung als eine Sache gilt. Auch ist zu bemerken, daß die von einer umfangreichen Literatur angefochtenen verschiedenartigen Ergebnisse in den einzelnen Fällen zumeist auf tatsächlichen Feststellungen der Berufungsgerichte beruhten, die eine Beeinflussung durch rechtsirrtümliche Auffassungen nicht erkennen ließen. Allerdings ist in dem der Entscheidung des VII. Zivilsenats Jurist. Wochenschr. 1906 S. 417 Nr. 2 zugrunde liegenden Falle eine auf einem massiven Fundamente festgeschraubte Hochdruckexpansionslokomobile als Bestandteil einer zur Herstellung von Steinschlag errichteten Schotteranlage, mit der sie durch einen Treibriemen verbunden war, angesehen worden; aber auch dort beruht die Entscheidung auf der tatsächlichen Feststellung des Berufungsgerichtes, daß das Ganze eine sachliche Einheit bilde.

Hiernach war das angefochtene Urteil aufzuheben." ...

11. Was ist unter „gleichartigen" Waren im Sinne des Gesetzes zum Schutz der Warenbezeichnungen vom 12. Mai 1894, insbesondere des § 9 Abs. 1 Nr. 1 desselben, wenn es sich um Waren derselben Gattung handelt, zu verstehen?

II. Zivilsenat. Urt. v. 5. November 1907 i. S. S. (Kl.) w. B. (Bekl.). Rep. II. 235/07.

I. Landgericht I Berlin.
II. Kammergericht daselbst.

Das Berufungsurteil wurde aufgehoben, und die Sache in die Vorinstanz zurückverwiesen.

Aus den Gründen:

... „Die Entscheidung über die Revision hängt an erster Stelle davon ab, ob das Kammergericht, das zugunsten der Klägerin die Verwechselungsgefahr an sich zwischen den streitigen Zeichen angenommen hat, in Hinsicht der Klagebegründung aus § 9 Nr. 1 des Warenzeichengesetzes mit Recht verneint hat, daß die in dieser Beziehung in Betracht kommenden Zeichen der Parteien, nämlich das Zeichen der Klägerin Nr. 68738 — Sunlight Seife — und das der Beklagten Nr. 75991 — Sunlight —, für gleichartige Waren eingetragen sind. Das klägerische Zeichen ist für Seife, Seifenpräparate, kosmetische, ätherische und technische Öle u. dgl., das Zeichen der Beklagten für Baumwollsaatöl zu Speisezwecken eingetragen. Das Warenzeichengesetz hat den Ausdruck „gleichartige" Waren in den §§ 4 Abſſ. 2, 5, 9 Nr. 1 und 15, und entsprechend Waren der „angemeldeten Art" in dem § 12 gebraucht, und zwar, wie der Inhalt dieser Vorschriften beweist, immer in der gleichen Bedeutung, ohne jedoch eine ausdrückliche Begriffsbestimmung des Wortes zu geben. Das Warenzeichen im Sinne des Gesetzes vom 12. Mai 1894 bezweckt aber, die Waren eines bestimmten Geschäftsbetriebes für den Verkehr kenntlich zu machen (§ 1). Dementsprechend haben denn auch die Regierungskommissare in der Reichstagskommission zur Beratung des Gesetzes, und zwar ohne Widerspruch zu finden, zu § 2 des Gesetzes auf die Äußerung eines Kommissionsmitgliedes, ob es nicht zweckmäßig sei, ein Zeichen überhaupt nur einmal zur Eintragung zuzulassen, die Erklärung abgegeben, bei Beantwortung des Erfordernisses der Gleichartigkeit sei der Hauptwert nicht darauf zu legen, ob die Waren, für welche ein Zeichen angemeldet sei, sich von den Waren, für welche es bereits geschützt sei, durch Herstellung und Material unterscheiden, sondern daß auch hier danach zu urteilen sei, ob die Möglichkeit einer Verwechselung oder Täuschung im Verkehr vorliege. Es wird also immer auf die tatsächlichen Verhältnisse des einzelnen Falles ankommen, ob dieselben so liegen, daß Verwechselungsgefahr im Verkehr anzunehmen ist, wenn das eingetragene Zeichen in einem anderen Geschäftsbetriebe zur Bezeichnung von Waren gebraucht wird, die an und für sich nicht mit den Waren übereinstimmen, für die das erstere Zeichen eingetragen ist. Von diesem rechtlichen Gesichtspunkte aus hat der erkennende Senat in der Entscheidung in Bd. 60 S. 324 flg. der Entsch. in Zivils. ausgesprochen, daß in der Regel nach der Auffassung des Verkehrs als gleichartig solche Waren anzusehen seien, die in den gleichen Geschäften an denselben Kundenkreis vertrieben zu werden pflegen. Dies trifft namentlich zu bei Waren derselben Gattung, die zu gleichen Zwecken verwendet werden, was nicht ausschließt, daß sie außerdem noch zu anderen Zwecken Verwendung finden. Das Kammergericht hat nun das Gutachten des vernommenen Sachverständigen dahin aufgefaßt, daß Cottonöle zu Speisezwecken und solche zu technischen Zwecken nach Gewinnungsart, nach Aussehen und inneren Verhältnissen, nach Verwendungszweck, nach Konsumtion und Kundenkreis als durchaus verschieden angesehen würden, und beide Warengattungen, die in Deutschland nur en gros gehandelt würden, so verschieden seien, daß auch bei ähnlich klingenden Warenzeichen eine Verwechselung von seiten der in Betracht kommenden Abnehmer völlig ausgeschlossen sei. Es hat dieses Gutachten als zutreffend erachtet und deshalb die Gleichartigkeit der beiderseitigen Waren verneint. Nun ist gewiß richtig, daß Cottonöle zu Speisezwecken und solche zu technischen Zwecken voneinander verschieden sind, und die ersteren einen anderen Kundenkreis haben als die letzteren. Allein dies ist nicht ausschlaggebend; vielmehr kommt es darauf an, ob im Verkehr die Gefahr besteht, daß jemand, der Cottonöl zu Speisezwecken unter der Marke „Sunlight" kauft, mit Rücksicht auf die Warenzeicheneintragung der Klägerin glauben kann, dieses Öl stamme aus dem Geschäftsbetriebe der Klägerin. Die Eintragungen der Parteien beziehen sich beiderseits auf Öle, also auf Waren derselben Gattung. Öle werden, wie der Berufungsrichter selbst angenommen hat, sowohl zur Bereitung von Speisefett, als auch zu technischen Zwecken, namentlich auch zur Seifebereitung, verwendet. Wenn es nun richtig sein sollte, wofür die Klägerin ausweislich des Tatbestandes des Berufungsurteils einen umfangreichen Zeugenbeweis angetreten hat, daß nämlich die Fabrikation von Seifen und die Herstellung von Fett und Öl für Speisezwecke vielfach in demselben Betriebe stattfinde, so ist nicht ausgeschlossen, daß der Berufungsrichter, eventuell nach Einholung eines weiteren Sachverständigengutachtens, zu der Feststellung gelangen kann, daß nach der Auffassung und den Gewohnheiten des Verkehrs jene Täuschung infolge der Zeicheneintragung der Beklagten eintreten kann. Ist dies aber der Fall, dann liegt Gleichartigkeit der beiderseitigen Waren im Sinne des Warenzeichengesetzes vor." ...

---

12. In welcher Weise kann zur Sicherung des Rückgewähranspruchs des anfechtenden Gläubigers durch einstweilige Verfügung eine Eintragung auf dem Grundbuchblatte des Grundstücks angeordnet werden?

Anfechtungsgesetz vom 20. Mai 1898 § 7.
B.G.B. §§ 883, 892, 894, 899.
Z.P.O. §§ 935 flg.

VII. Zivilsenat. Urt. v. 5. November 1907 i. S. H. (Bekl.) w. F. (Kl.).
Rep. VII. 149/07.

I. Landgericht III Berlin.
II. Kammergericht daselbst.

Durch Vertrag vom 3. April 1905 hatte H. das ihm gehörige Grundstück Nr. 2323 Groß-L. seiner Ehefrau geschenkt, die auf Grund erfolgter Auflassung vom 26. September 1906 als Eigentümerin im Grundbuch eingetragen worden war. Wegen zweier Forderungen, die die Witwe F. gegen H. zu haben behauptete, wurde auf deren Antrag durch einstweilige Verfügung des Landgerichts III in Berlin vom 18. Oktober 1906 ein Vermerk im Grundbuche des Inhalts angeordnet: daß der Eigentumsübergang auf die Ehefrau H. von der Antragstellerin angefochten sei. Dieser Vermerk wurde am 27. Oktober 1906 im Grundbuche eingetragen. Gegen die einstweilige Verfügung erhoben die Eheleute H. Widerspruch. Durch das Urteil der ersten Instanz wurde die einstweilige Verfügung aufrecht erhalten; die hiergegen von den Eheleuten H. eingelegte Berufung wurde zurückgewiesen. Auf ihre Revision ist, unter Aufhebung des Berufungsurteils, die einstweilige Verfügung aufgehoben, und die Löschung der erfolgten Eintragung angeordnet worden.

Gründe:

„Der Wortlaut des durch die einstweilige Verfügung vom 18. Oktober 1906 angeordneten und demgemäß in Abteilung II des Grundbuchs eingetragenen Vermerks:

„Der Eigentumsübergang auf Frau ... H. ... ist angefochten von der Kauffrau Witwe F. ...",

läßt so wenig wie die der einstweiligen Verfügung beigegebene Begründung klar erkennen, welche rechtliche Bedeutung nach der Absicht der einstweiligen Verfügung die angeordnete Eintragung haben sollte.

Am nächsten scheint der Gedanke zu liegen, daß die Eintragung als Vormerkung gedacht war. Das Berufungsgericht hat dies verneint. Es bemerkt, daß eine Vormerkung nicht zulässig gewesen sein würde, aber auch weder von der Klägerin beantragt gewesen, noch von dem Landgericht angeordnet worden sei. Die Unzulässigkeit der Vormerkung in einem Falle der vorliegenden Art kann in der Tat begründeten Zweifeln nicht begegnen. Die Vormerkung ist nach § 883 B.G.B. „zur Sicherung des Anspruchs auf Einräumung oder Aufhebung eines Rechtes an einem Grundstück oder an einem das Grundstück belastenden Rechte oder auf Änderung des Inhalts oder des Ranges eines solchen Rechtes" bestimmt. Hätte die Klägerin vermöge des Anfechtungsrechts einen Anspruch auf Rückauflassung des erworbenen Grundstücks an den Schuldner, so wäre die Voraussetzung des § 883 erfüllt; es wäre dann der Anspruch auf eine dingliche Rechtsänderung vorhanden, die im Grundbuche vorgemerkt werden könnte, weil sie nach rechtskräftiger Durchführung der Anfechtung der endgültigen Eintragung im Grundbuche fähig wäre. Diesen dinglichen Charakter hat aber, wie in beständiger Rechtsprechung des Reichsgerichts feststeht, das Anfechtungsrecht nicht, jedenfalls nicht, soweit es sich um die Anfechtung außerhalb des Konkurses handelt, wie hier. Nach § 7 Anf.G. kann der Gläubiger, soweit es zu seiner Befriedigung erforderlich ist, beanspruchen, daß dasjenige, was durch die anfechtbare Handlung aus dem Vermögen des Schuldners veräußert, weggegeben oder aufgegeben ist, als noch zu demselben gehörig von dem Empfänger zurückgewährt werde. Dies hat den Sinn, daß der Empfänger sich die Zwangsvollstreckung für den Gläubiger in das empfangene Vermögensstück gefallen lassen muß, gleich als ob dieses noch zu dem Vermögen des Schuldners gehörte. Ein Anspruch auf Einräumung eines dinglichen Rechtes besteht sonach vermöge der Anfechtung nicht, und zwar weder der Anspruch auf Rückübertragung des Eigentums an den Schuldner, noch etwa auf Bewilligung der Eintragung einer Hypothek für den anfechtenden Gläubiger (Entsch. des R.G.'s in Zivils. Bd. 60 S. 424). Wäre also, abweichend von der erwähnten Auffassung des Berufungsgerichts, in der angeordneten und erfolgten Eintragung in Wahrheit eine Vormerkung zu erblicken, so könnte nicht zweifelhaft sein, daß die durch das Berufungsurteil erfolgte Aufrechterhaltung der einstweiligen Verfügung das Gesetz verletze.

Die Revision findet in der durch die einstweilige Verfügung angeordneten Eintragung nicht eine Vormerkung, sondern einen Widerspruch im Sinne der §§ 892, 894, 899 B.G.B. Auch diese Auffassung erscheint nicht schlechthin unmöglich. Entspräche sie der Absicht der einstweiligen Verfügung, so würde die Entscheidung des Berufungsgerichts wiederum auf Gesetzesverletzung beruhen. Die Eintragung eines Widerspruchs setzt nach den angezogenen Gesetzesbestimmungen die Unrichtigkeit des Grundbuchs in Ansehung eines Rechtes an dem Grundstück, eines Rechtes an einem solchen Rechte oder einer Verfügungsbeschränkung der in § 892 Abs. 1 bezeichneten Art voraus; nur der kann sie fordern, für den ein der Eintragung fähiges, aber noch nicht oder noch nicht richtig eingetragenes Recht besteht, oder dessen Recht durch die Eintragung einer nicht bestehenden Belastung oder Beschränkung beeinträchtigt ist. Daß von diesen Voraussetzungen keine auf den Anfechtungsanspruch der Klägerin zutrifft, ergibt sich aus den früheren Ausführungen.

Klar ist, daß die Verwirklichung des Anfechtungsrechts in einem Falle der vorliegenden Art leicht vereitelt werden könnte, wenn dem Grundstückserwerber bis zur rechtskräftigen Durchführung des Anfechtungsprozesses die rechtliche Möglichkeit bliebe, mit Wirksamkeit auch dem Anfechtenden gegenüber das Grundstück weiter zu veräußern oder bis an die Wertgrenze zu belasten. Zum Schutze gegen diese Gefahr fehlt es aber nicht an dem gesetzlichen Mittel. Das Berufungsgericht hat zutreffend auf die Bestimmung des § 935 Z.P.O. hingewiesen, wonach einstweilige Verfügungen in Beziehung auf den Streitgegenstand zulässig sind, wenn zu besorgen ist, daß durch eine Veränderung des bestehenden Zustandes die Verwirklichung des Rechtes einer Partei vereitelt oder wesentlich erschwert werden könnte. Für solche Fälle ist in § 938 Abs. 2 Z.P.O. noch besonders bestimmt, daß durch die einstweilige Verfügung die Veräußerung, Belastung oder Verpfändung eines Grundstücks untersagt werden kann. Hier war für den vorliegenden Fall der richtige Weg gewiesen. Eine einstweilige Verfügung solchen Inhalts hätte, wenn die sonstigen gesetzlichen Voraussetzungen dafür vorhanden waren, auf entsprechenden Antrag erlassen werden müssen; die Zulässigkeit der Eintragung der durch eine solche einstweilige Verfügung angeordneten Verfügungsbeschränkung konnte ebenfalls nicht zweifelhaft sein (§ 892 Abs. 1 Satz 2 B.G.B.). Das Berufungsgericht scheint denn auch in dem eingetragenen Vermerk eine Verfügungsbeschränkung dieser Art finden zu wollen. Eine solche Auslegung muß aber nach dem Wortlaute der Eintragung, wie auch nach dem Inhalte der einstweiligen Verfügung als unmöglich bezeichnet werden; sie würde eine unzulässige Umdeutung bilden.

Das Ergebnis ist hiernach, daß das, was zulässig gewesen wäre, nicht angeordnet, und das, was angeordnet ist, nicht zulässig ist. Das Berufungsurteil mußte deshalb aufgehoben, und zugleich (§ 565 Abs. 3 Nr. 1 Z.P.O.) auch die erlassene einstweilige Verfügung aufgehoben, und die Löschung des im Grundbuch eingetragenen Vermerks angeordnet werden. Die Löschung auf Grund dieser Anordnung bei dem Amtsgerichte zu betreiben, bleibt den Beklagten überlassen."

13. Unterliegt der Vertrag über das persönliche Vorkaufsrecht der Formvorschrift des § 313 B.G.B.?

B.G.B. §§ 313, 505.

V. Zivilsenat. Urt. v. 5. November 1907 i. S. Sch. (Kl.) w. K. (Bekl.). Rep. V. 107/07.

I. Landgericht I Berlin.
II. Kammergericht daselbst.

Der Beklagte hatte ein ihm gehöriges Haus in Wilmersdorf für die Zeit vom 1. Oktober 1902 bis zum 1. Oktober 1905 an den

Kläger vermietet und diesem für die Zeit der Kontraktsdauer „das Vorkaufsrecht für 120000 *M*“ eingeräumt. Im August 1905 verkaufte dann der Beklagte das Grundstück für den Preis von 135000 *M* an einen Dritten und ließ es diesem später auch auf. Der Kläger sah hierin eine Verletzung seines „Vorkaufsrechts“ und beanspruchte deshalb Schadensersatz, und zwar zunächst in Höhe von 2600 *M*. Beide Vorinstanzen erachteten den Anspruch für unbegründet, weil die Formvorschrift des § 313 B.G.B. nicht gewahrt sei. Die Revision wurde zurückgewiesen aus folgenden

Gründen:

„Das Bürgerliche Gesetzbuch kennt ein dingliches und ein persönliches Vorkaufsrecht. Ersteres besteht in einer Belastung des Grundstücks und ist inhaltlich durch das Gesetz selbst genau begrenzt; letzteres stellt ein rein persönliches Schuldverhältnis dar und wird daher beherrscht von dem Grundsatze der Vertragsfreiheit. Dieser Grundsatz hat auch keine Einschränkung erlitten durch die Vorschrift in § 505 Abs. 2 B.G.B., wonach der Kauf unter den zwischen dem Verpflichteten und dem Dritten zu vereinbarenden Bedingungen zustande kommt. Dies ist der Regelfall; Sonderabreden sind indessen nicht unzulässig. Das preuß. Allg. Landrecht enthielt in § 568 I. 20 die ausdrückliche Bestimmung, daß das Vorkaufsrecht die Befugnis gibt, die vom Eigentümer an den Dritten verkaufte Sache unter den Bedingungen des geschlossenen Kaufs oder unter gewissen im voraus bestimmten Bedingungen käuflich zu übernehmen. Die Auffassung des Bürgerlichen Gesetzbuchs ist, wie in der Literatur (vgl. zu § 505 Oertmann, v. Staudinger, Planck) anerkannt wird, keine andere; eine ausdrückliche Vorschrift in jenem Sinne ist nur deshalb in das Gesetz nicht aufgenommen worden, weil man sie für selbstverständlich und deshalb überflüssig erachtet hat (Bgr. S. 347). Hiernach handelt es sich auch im vorliegenden Falle um ein Vorkaufsrecht im Sinne des Bürgerlichen Gesetzbuchs, und die Entscheidung des Rechtsstreits hängt daher allein von der Frage ab, ob das Vorkaufsrecht der Vorschrift in § 313 a. a. O. unterliegt, wonach ein Vertrag,

„durch den sich der eine Teil verpflichtet, das Eigentum an einem Grundstücke zu übertragen,“

der gerichtlichen oder notariellen Beurkundung bedarf. Dies wird von einem Teile der Schriftsteller, allerdings unter verschiedener Begründung, lebhaft bestritten und ist auch von dem jetzt erkennenden Senate in dem Urteile vom 4. März 1905, abgedruckt in den Entsch. in Zivils. Bd. 60 S. 225 flg., verneint worden. Es wird geltend gemacht, bei dem Vorkaufsrechte handele es sich nur um den Eintritt in den künftig mit dem Dritten zu schließenden Kaufvertrag (Kretschmar Bd. 2 S. 351 flg.), oder um ein Einlösungsrecht (Schollmeyer, Einzelabhandlungen S. 42), der Vorkaufsvertrag sei nur erst ein Vorvertrag (Kuhlenbeck, Jurist. Wochenschr. 1901 S. 392), und vor allem, ein Recht werde überhaupt erst durch die Ausübung des Vorkaufsrechts begründet (Oberneck S. 603; Turnau u. Förster Bd. 1 S. 638). Allein daß der Vorkaufsberechtigte in den Kauf mit dem Dritten „eintritt", oder daß er bei diesem die Kaufsache „einlöst", ist jedenfalls vom Standpunkte des Bürgerlichen Gesetzbuchs aus nicht zutreffend. Mit dieser Auffassung ist jene Vorschrift in § 505 nicht vereinbar, wonach mit der Ausübung des Vorkaufsrechts ein Kauf zwischen dem Berechtigten und dem Verpflichteten zustande kommt. Von einem „Eintritte" oder einer „Einlösung" würde insbesondere dann nicht gesprochen werden können, falls, wie vorliegend, die beiden Verträge unter verschiedenen Bedingungen abgeschlossen sind. Die Annahme eines Vorvertrags würde, abgesehen von ihr an sich entgegenstehenden Bedenken, die vorliegende Streitfrage nicht erledigen, weil der Vorvertrag zu einem obligatorischen Vertrage den gleichen Formvorschriften wie dieser unterstehen muß (Entsch. des R.G.'s in Zivils. Bd. 53 S. 237). Dagegen ist unverkennbar die Ansicht von erheblichem Gewicht, daß der Vorkaufsvertrag überhaupt noch nicht eine Verpflichtung zur Übertragung des Eigentums begründe. Diese Auffassung liegt auch dem Urteile vom 4. März 1905 zugrunde. Hier ist ausgeführt, die Verpflichtung zur Übertragung des Eigentums „entstehe" erst mit der Abschließung des Kaufvertrages mit dem Dritten. Bis dahin sei der Eigentümer überhaupt nicht verpflichtet, auch nicht „bedingt", er habe vielmehr vor wie nach freie Hand, ob er veräußern wolle, oder nicht. Allein diese Rechtsansicht hat bei wiederholter Prüfung nicht aufrecht erhalten werden können. Allerdings braucht der Eigentümer, der ein Vorkaufsrecht eingeräumt hat, nicht zu veräußern; allein nichtsdestoweniger hat er sich für den Fall, daß er veräußert, vertraglich gebunden. Diese rechtliche Gebundenheit besteht bereits gegenwärtig und ist nicht von einem erst künftigen

Wollen abhängig gemacht. Nur wo letzteres der Fall ist, handelt es sich um die sog. reine Potestativbedingung, und nur diese ist wirkungslos. Daß dagegen eine, wenngleich von der Willkür des Verpflichteten abhängige, Handlung wirksam als Bedingung gesetzt werden kann, unterliegt keinem Bedenken. Dies war im gemeinen Rechte (Windscheid, Pandekten Bd. 1 § 93 S. 413) wie auch im preußischen Rechte (§§ 109 flg. A.L.R. I. 4) anerkannt, und es ist auch bei Beratung des Bürgerlichen Gesetzbuchs nicht in Zweifel gezogen worden (Begr. Bd. 1 S. 266, Protok. Bd. 1 S. 373). Schon der Abschluß des Vorkaufsvertrages schuf daher für den Beklagten eine bedingte Verpflichtung, und diese gelangte nicht erst durch den späteren Abschluß des Kaufvertrags mit dem Dritten „zur Entstehung". Es war nunmehr die eine von den beiden Bedingungen eingetreten, von denen die Verpflichtung des Beklagten abhängig war. Die andere Bedingung bestand in der Ausübung des Vorkaufsrechts. Sie war, da es lediglich vom Belieben des Klägers abhing, ob er von dem Vorkaufsrechte Gebrauch machen wollte, oder nicht, eine reine Potestativbedingung, aber als solche hier zulässig, da der Kläger der Berechtigte war. Die Zulässigkeit ist in § 495 B.G.B. ausdrücklich für den Kauf „auf Probe" anerkannt, und sie unterliegt auch, soweit es sich lediglich um das Belieben des Berechtigten handelt, sonst keinem Bedenken.

Ein formgültig abgeschlossener Vorkaufsvertrag würde hiernach ein zwar bedingtes, aber rechtlich wirksames Schuldverhältnis geschaffen haben (§ 305 B.G.B.), und kraft dieses Schuldverhältnisses würde der Kläger leistungsberechtigt geworden sein (§ 241); der Kläger würde nicht, wie beim dinglichen Vorkaufsrechte, ein Recht an der Sache, sondern einen „bedingten" Anspruch gegen den Beklagten als den obligatorisch Verpflichteten erlangt haben. Der Anspruch bestand dann bereits; aber er wurde erst wirksam (§ 158) mit dem Eintritte der Bedingung. Diese Auffassung ist auch mit der Vorschrift des § 505 B.G.B. verträglich. Allein will man auch in dieser Vorschrift eine Sondervorschrift und demgemäß in dem „Zustandekommen des Kaufs" die Begründung eines neuen Rechtsverhältnisses sehen, so berührt dies die Tatsache nicht, daß die Verpflichtung des Eigentümers zur Übertragung des Eigentums ausschließlich auf dem Vorkaufsvertrage beruht. Eine andere Verpflichtung als durch diesen

Vertrag ist der Eigentümer nicht eingegangen; er steht der Ausübung des Vorkaufsrechts rechtsgeschäftlich fern. Für ihn ist deshalb nur der Vorkaufsvertrag derjenige Vertrag, durch den er sich für seinen Teil verpflichtet hat, das Eigentum an dem Grundstück zu übertragen. Der § 313 B.G.B. findet daher schon seinem Wortlaute nach Anwendung. Ein Bedenken gegen diese Vorschrift kann auch nicht aus Satz 2 des § 313 erhoben werden, wonach ein ohne Beobachtung der vorgeschriebenen Form geschlossener Vertrag seinem ganzen Inhalte nach gültig wird, wenn die Auflassung und Eintragung erfolgt. Unter welchem Gesichtspunkte immer man den „Kauf" beurteilen mag, in jedem Falle bildet der obligatorische Vorkaufsvertrag mindestens einen seiner wesentlichen Bestandteile. Überdies gilt der Satz 1 des § 313 ausnahmslos (Entsch. des R.G.'s bei Gruchot Bd. 49 S. 627; Turnau u. Förster Bd. 1 S. 417) für alle eine Verpflichtung zur Übertragung des Eigentums begründenden Verträge, und es enthält der Satz 2 nur insoweit eine Einschränkung, als Auflassung und Eintragung als Ersatz für mangelnde gerichtliche oder notarielle Beurkundung nachgelassen sind.

Es liegt auch kein Grund vor, den Vorkaufsvertrag von dem Formzwange auszunehmen. Das Bürgerliche Gesetzbuch behandelt den Vorkauf als eine „besondere Art" des Kaufs und unterstellt ihn damit den für diesen geltenden Vorschriften. Der Gesetzgeber hat ferner mit der Vorschrift des § 313 leichtsinnigen und übereilten Veräußerungen vorbeugen wollen. Dieser Zweck würde bei formloser Gestaltung des Vorkaufsvertrages jedenfalls nur unvollkommen erreicht werden. Die Einräumung eines Vorkaufsrechts ist eine Maßregel von wirtschaftlich einschneidender Bedeutung, und sie ist mit Recht in der Begründung des Gesetzes (Bd. 3 S. 163), wenn auch ausdrücklich nur in Ansehung des dinglichen Vorkaufsrechts, als eine „besonders schwere Belastung" bezeichnet worden. Sie ist eine lästige Fessel für den Verkäufer, der, um sich nicht dem auszusetzen, daß er zwei gleich starken Ansprüchen gegenübersteht, den Kaufvertrag mit dem Dritten nur unter der Bedingung, daß von dem Vorkaufsrechte kein Gebrauch gemacht werde, abschließen kann, und der sich sagen muß, daß die Kenntniserlangung von dem Bestehen des Vorkaufsrechts den anderen Teil vielleicht von dem Abschluß eines Kaufvertrages abhalten wird. Auch abgesehen hiervon ist das

Vorkaufsrecht ein Hindernis für den freien Wettbewerb, indem sie den, der meist der Hauptinteressent ist, in die Lage setzt, abzuwarten, bis ihm die Sache angeboten wird. Besonders scharf tritt dies in Fällen der vorliegenden Art hervor. Hier ist im Rahmen des Vorkaufsvertrages jeder Wettbewerb überhaupt ausgeschlossen; der Eigentümer ist, wenn er dereinst einmal verkaufen will oder muß, wie an einen bestimmten Käufer, so auch an den im voraus bestimmten Preis gebunden. Freilich ist der Verkäufer rechtlich frei in seiner Entschließung, ob er veräußern will oder, nicht; allein diese rechtliche Ungebundenheit tritt meist völlig zurück gegenüber dem Drucke der wirtschaftlichen Notwendigkeit. Dessen ist sich auch der Gesetzgeber bewußt gewesen. In der zweiten Lesung der Kommission (Protok. Bd. 2 S. 99) ist besonders darüber verhandelt worden, daß auch beim persönlichen Vorkaufsrechte der gesetzgeberische Grund für die Formvorschrift des § 313 Platz greife. Dies ist nicht verkannt; es ist dann aber davon abgesehen worden, für die Ausübung des Vorkaufsrechts die Form des § 313 zu erfordern, weil der Formzwang bereits vor dessen Einräumung bestehe, und dies genüge. Damit ist für die Einräumung des Vorkaufsrechtes die Formbedürftigkeit anerkannt worden. Daß demgegenüber dieselbe Kommission die Ausdehnung des Formzwanges aus § 313 B.G.B. auch auf das dingliche Vorkaufsrecht abgelehnt hat, kann nicht entscheidend sein. Hier ist (Protok. Bd. 1 S. 459, 463) die Erwägung maßgebend gewesen, daß der dingliche Vertrag bereits „formalisiert" sei, und zu einem noch weiteren Schutze gegen Übereilung ein Bedürfnis nicht vorliege. Außerdem hat man Bedenken getragen, für das weite Gebiet der dinglichen Rechte (Vorkaufsrechte, Erbbaurechte, Grunddienstbarkeiten, persönliche Dienstbarkeiten, Reallasten, Hypotheken und Grundschulden) zu große Erschwerungen zu schaffen. Beide Erwägungen treffen indessen nicht das persönliche Vorkaufsrecht und sind für dieses auch nicht herangezogen worden. Hiernach kann die Frage der Formbedürftigkeit des die Einräumung eines persönlichen Vorkaufsrechts enthaltenden Vertrages nicht entscheidend beeinflußt werden von der Frage, ob auch der obligatorische Vertrag über die Verpflichtung zur Bestellung eines dinglichen Rechtes formbedürftig ist. Will man auch letzteres verneinen, so folgt höchstens, daß die Vorschriften des Gesetzes für den einen und den anderen Fall eine gewisse Unstimmigkeit enthalten;

allein diese könnte nicht dazu führen, den § 313 dem Wortlaute zuwider auf das persönliche Vorkaufsrecht für unanwendbar zu erachten.

Es kommt schließlich noch folgendes hinzu.

Das dingliche Vorkaufsrecht ist vermöge seiner engen gesetzlichen Begrenzung weder dazu bestimmt noch geeignet, den Bedürfnissen des freien wirtschaftlichen Verkehrs zu genügen. Hier greift ergänzend das persönliche Vorkaufsrecht ein, und es muß deshalb davon ausgegangen werden, daß der Gesetzgeber auch ihm denjenigen Schutz nicht hat versagen wollen, dessen es für den Verkehr nicht entbehren kann. Dies ist die Sicherung im Wege der Vormerkung. Sie ist für den Vorkaufsberechtigten nicht minder nötig als für den Wiederkaufsberechtigten, und ihre Zulässigkeit kann rechtlich (§ 883 B.G.B.) nicht in Zweifel gezogen werden, wenn den Inhalt des Rechtes ein Anspruch auf Übertragung des Eigentums bildet. Anders aber liegt die Sache, wenn der Vertrag eine Verpflichtung zur Eigentumsübertragung nicht begründet, sondern diese erst durch den Abschluß des Vertrages mit dem Dritten „entsteht". Alsdann ist für die Eintragung einer Vormerkung kein Raum, wie ohne weiteres auch von Turnau u. Förster Bd. 1 S. 633, Oberneck S. 603, Kretschmar Bd. 2 S. 352 eingeräumt wird. Umsoweniger kann diesen Schriftstellern beigetreten und angenommen werden, daß die Einräumung eines persönlichen Vorkaufsrechts nicht die Verpflichtung zur Übertragung des Eigentums begründe. Eben diese Verpflichtung wird mit der Bestellung des Vorkaufsrechts übernommen, und damit ist der Fall des § 313 B.G.B. gegeben.

Diese Ansicht wird,

vgl. Dernburg Bd. 2 § 196; Planck, Vorb. zu § 504; Rehbein Bd. 2 S. 161 Nr. 14; Fuchs zu § 1094; Goldmann u. Lilienthal Bd. 1 S. 522; v. Staudinger, Anm. f zu § 313; Windscheid-Kipp, Pand. Bd. 2 S. 697,

auch in der Literatur von weitaus der Mehrzahl der Schriftsteller vertreten, und sie entspricht der Entscheidung des III. Senates des Reichsgerichts in Bd. 59 S. 132. Hiernach hat das Berufungsgericht mit Recht den der Klage zugrunde liegenden Vertrag für formungültig erachtet."

14. Welche Grundsätze sind für die Verteilung des Schadens maßgebend, wenn ein Schiffszusammenstoß durch beiderseitiges Verschulden verursacht ist?

I. Zivilsenat. Urt. v. 6. November 1907 i. S. Schles. D.=Comp. (Bekl.) w. Schiffsvers.=Ver. (Kl.). Rep. I. 12/07.

I. Landgericht Breslau, Kammer für Handelssachen.
II. Oberlandesgericht daselbst.

Im Juli 1900 hatte auf der Elbe bei Boizenburg ein Zusammenstoß zwischen einem ohne Segel zu Tal fahrenden Kahne und einem zu Berg fahrenden Dampfer stattgefunden. Der Eigentümer des Kahnes klagte gegen den Eigentümer des Dampfers nach § 734 H.G.B. in Verbindung mit § 92 B.Sch.G. auf Schadensersatz. Die erste Instanz wies die Klage ab, weil sie ein Verschulden des Dampferführers nicht für nachgewiesen hielt. Die zweite Instanz nahm beiderseitiges Verschulden an und erklärte den Klaganspruch zu drei Vierteln für gerechtfertigt, zu einem Viertel für unbegründet. Das Reichsgericht hat aufgehoben und den Klaganspruch nur zu einem Viertel für gerechtfertigt, zu drei Vierteln aber für unbegründet erklärt.

Das Oberlandesgericht hatte folgenden Sachverhalt festgestellt. Beide Schiffe hielten sich am linken Ufer. Der Dampfer zeigte durch einen kurzen Pfiff mit der Dampfpfeife nach § 30 Elbschiff.=Ordn. an, daß er rechts ausweichen wolle. Dies hätte an sich den Kahn veranlassen müssen, nach dem anderen Ufer hinüberzuhalten. Das war ihm aber nicht möglich, wenn er nicht Gefahr laufen wollte, durch die Strömung auf eine Sandbank geworfen zu werden. Er mußte daher nach § 30 a. a. O. das Signal des Dampfers dadurch erwidern, daß er an Steuerbord mit einer blauen Flagge winkte, um den Dampfer zu veranlassen links auszuweichen. Der Kahn gab dies Signal aber nicht und behielt seine alte Fahrtrichtung bei. Bei der nun bestehenden gefährlichen Annäherung versuchte der Dampfer vergeblich noch zwischen dem linken Ufer und dem Kahne hindurchzusteuern. Der Zusammenstoß konnte dadurch nicht mehr abgewendet werden.

Beurteilt waren diese Vorgänge dahin, daß der Kahn durch das Unterlassen des Flaggensignals, und der Dampfer dadurch den Zu=

sammenstoß schuldhaft verursacht habe, daß er bei der gefährlichen Annäherung nicht gestoppt und den Kahn vorbeigelassen habe.

Das Reichsgericht hat die hiergegen gerichteten Angriffe der Revision zurückgewiesen und sagt über die in der Überschrift gestellte Frage in den

Gründen:

... „Das Oberlandesgericht hat die Klage des Kahnes zu $^3/_4$ zugesprochen und zu $^1/_4$ abgewiesen. Eine nähere Begründung für diese Verteilung findet sich in den Gründen nicht. Augenscheinlich aber sollte die Schuld des Dampfers höher bewertet werden, als die Schuld des Kahnes. Dies kann nicht gebilligt werden.

Bei Anwendung des § 735 Abs. 2 H.G.B. ist vor allem darauf zu sehen, welches Schiff die gefahrvolle Lage herbeigeführt hat. Wie die Seestraßenordnung (R.G.Bl. v. 1906 S. 120), so haben auch die polizeilichen Vorschriften über das Ausweichen der Schiffe auf Binnengewässern den Zweck im Auge, daß jede gefährliche Annäherung der Schiffe von vornherein vermieden wird. Mit Rücksicht auf das Verhalten der Schiffe zueinander ist dies zugleich das oberste Gebot der für den Verkehr erforderlichen nautischen Vorsicht. Die Gerichte haben alle Ursache, auf die Befolgung der hierfür gegebenen positiven Vorschriften mit besonderer Strenge zu halten. Ein Verstoß gegen diese Regeln wird auch deswegen besonders ins Gewicht fallen müssen, weil es sich dabei zumeist um Maßnahmen handelt, für die dem Schiffer ausreichende Zeit zur Überlegung des Richtigen gegeben ist. Besteht bereits Gefahr des Zusammenstoßes, so erfordert die rasche Ergreifung der richtigen Abwehrmittel ein höheres Maß von Geistesgegenwart, Einsicht und Entschlußkraft, als in jenen Fällen.

Hier liegt die Sache nach den maßgebenden tatsächlichen Feststellungen des Oberlandesgerichts so, daß die erste und wichtigste Ursache des Zusammenstoßes darin gefunden werden muß, daß der Führer des Kahnes es unterlassen hat, durch Flaggensignale ein Vorbeifahren der Schiffe an Steuerbord herbeizuführen. Ihm war die Schwierigkeit und Gefährlichkeit des Passierens an Backbord erkennbar, nicht aber dem Dampferführer. Der Kahnführer verleitete durch sein Verhalten den Dampfer dazu, daß sich dieser dem Pfeifensignale gemäß weiter rechts hielt. Die Nichtbefolgung der positiven Vorschrift der Elbschiffahrtsordnung durch den Kahn hat daher die gefahrvolle

Annäherung der Schiffe herbeigeführt. Die Schuld, die hierin liegt, muß nach § 735 Abs. 2 höher bewertet werden, als die Schuld des Dampfers. Diesen trifft nur der Vorwurf, daß er es in der ohne sein Verschulden entstandenen gefahrvollen Lage unterlassen hat, die durch die Vorsicht gebotene Abwehrmaßregel zu ergreifen und durch Stillstellen der Maschine dem Zusammenstoße auch jetzt noch vorzubeugen." ...

15. Sind Rechtsgeschäfte, die ein Vertreter im Namen des Vertretenen mit sich als Vertreter eines Dritten vornimmt, nichtig oder nur anfechtbar? Kann ein solches Rechtsgeschäft durch Genehmigung bloß des einen der beiden Vertretenen gültig werden?

B.G.B. § 181.

V. Zivilsenat. Urt. v. 6. November 1907 i. S. F. (Bekl.) w. R. (Kl.). Rep. V. 194/07.

I. Landgericht Dresden.
II. Oberlandesgericht daselbst.

Der ehemalige Rechtsanwalt W. in D., jetzt unbekannten Aufenthalts, besaß von A. F., dem jetzigen Beklagten, seinem Stiefsohn, eine am 1. November 1897 ausgestellte Generalvollmacht, die ihn ausdrücklich auch zum Ankauf von Grundstücken und zu Verfügungen beim Grundbuch ermächtigte. Unter Benutzung dieser Vollmacht hatte er mehrere Grundstücke auf den Namen des Beklagten erworben und mit Hypotheken überlastet, deren Gegenwert aber nach Darstellung des Beklagten für sich selbst verbraucht. Im Oktober 1900 hatte er auch von der Klägerin ein Darlehn von 3700 *M* zu 5 Prozent verzinslich für den Beklagten aufgenommen und ihr dafür sechs auf den Namen des Beklagten geschriebene Grundstücke anteilmäßig verpfändet; die vom 1. Oktober 1900 datierte Schuld- und Pfandverschreibung war von ihm als Generalbevollmächtigtem mit dem Namen des Beklagten unterzeichnet. Die Klägerin verlangte mit der persönlichen Klage Rückzahlung des gekündigten Darlehns mit Zinsen seit dem 1. Juli 1904. Des Beklagten Berufung darauf, daß er kein Geld erhalten habe, beantwortete sie mit Nichtwissen und behauptete, daß dem Beklagten die Summe von dessen Generalbevollmächtigtem gutgeschrieben worden sei, was der Beklagte ebenfalls bestritt.

Der Beklagte hielt aber die Darlehnsaufnahme überhaupt für unverbindlich, weil W. dabei zugleich in Vertretung der Klägerin gehandelt habe, was nach § 181 B.G.B. unzulässig gewesen sei. Nach Feststellung des Berufungsrichters war W. schon im April 1900 von der Klägerin ermächtigt worden, gewisse Sparkasseneinlagen für sie zu erheben, hatte dies auch getan, den größten Teil dieses Geldes zunächst bei einer Bank verzinslich angelegt — wie die Klägerin selbst behauptete, auf deren Namen —, die Zinsen bis zum 30. September an die Klägerin abgeführt, dann von ihr den Auftrag erhalten, das Geld zu 5 Prozent hypothekarisch zu belegen, hierauf die erwähnte Schuld- und Pfandverschreibung vom 1. Oktober ausgestellt und beim Grundbuchamt eingereicht, endlich am 10. Juli 1902 der Klägerin die Eintragungsbescheinigung des Grundbuchamts mit den Zinsen für das erste Quartal 1902 eingehändigt.

Nach Ansicht der Klägerin sollte sich jedoch aus der Sachlage ergeben, daß dem W. der Abschluß von Rechtsgeschäften mit sich selbst im Sinne des § 181 gestattet gewesen sei.

In erster Instanz wurde die Klage abgewiesen, in zweiter Instanz dagegen der Beklagte klagegemäß verurteilt. Seine Revision wurde zurückgewiesen aus folgenden

Gründen:

„Der erste Richter hatte die Darlehnsaufnahme des W. für den Beklagten nach § 181 B.G.B. als unverbindlich angesehen, weil W. dabei zugleich als Vertreter der Klägerin als Darlehnsgeberin gehandelt habe, und nicht anerkannt werden könne, daß ihm dies („ein Anderes" im Sinne des § 181) gestattet gewesen sei. Eine Bereicherung des Beklagten hielt er für nicht genügend behauptet. In letzterer Beziehung ist der Berufungsrichter zwar anderer Ansicht; aber er hält das für unerheblich, indem er vom ersten Richter auch darin abweicht, daß er die Darlehnsaufnahme dem Beklagten gegenüber für rechtsverbindlich erachtet. Er erkennt an, daß W. dabei beide Parteien vertreten habe; aber er schließt aus der Sachlage, daß ihm dies („ein Anderes" nach § 181) gestattet gewesen sei, und nimmt weiter an, daß das Darlehnsgeschäft überdies durch nachträgliche Genehmigung gültig geworden sein würde.

Dieser letzte Entscheidungsgrund würde nicht durchschlagen, wenn es darauf ankäme. Es mag vorläufig angenommen werden — auf die Frage ist noch näher zurückzukommen —, daß das von einem Vertreter unter Verstoß gegen § 181 B.G.B. vorgenommene Rechtsgeschäft nicht nichtig nach § 134, sondern nur anfechtbar ist und darum durch einfache Genehmigung von seiten des Anfechtungsberechtigten (§ 177) wirksam werden kann. Dann müßte im vorliegenden Fall, wo der Vertreter W. das Darlehnsgeschäft im Namen der von ihm vertretenen einen Partei nicht mit sich im eigenen Namen, sondern mit sich als Vertreter auch der anderen Partei abgeschlossen hat, die Genehmigung von beiden Parteien, die beide anfechtungsberechtigt gewesen wären, erklärt worden sein. Der Berufungsrichter stellt nun fest, daß W. hinterher, noch im Jahre 1902, die Klägerin von der für sie vorgenommenen Geldbelegung bei dem Beklagten in Kenntnis gesetzt, und daß die Klägerin sich damit dem W. gegenüber einverstanden erklärt habe. Gegen diese tatsächliche Feststellung lassen sich keine Bedenken erheben; sie berechtigt aber doch nur zu dem Schlusse, daß die Klägerin ihrem Anfechtungsrecht entsagt hat. Daß dies auch von seiten des Beklagten geschehen wäre, hat der Berufungsrichter nicht festgestellt und auch der ganzen Sachlage nach nicht annehmen können. Er hebt nur hervor, daß W. bei diesen Verhandlungen mit der Klägerin offenbar noch Bevollmächtigter des Beklagten gewesen sei und gerade in dieser Eigenschaft jene Erklärung der Klägerin entgegengenommen habe. Der Berufungsrichter scheint hiernach zu meinen, daß die Genehmigung der Klägerin die ganze Anfechtbarkeit des Rechtsgeschäfts beseitigt habe, vielleicht von dem Gedanken ausgehend, daß nach § 184 B.G.B. die Genehmigung auf den Zeitpunkt der Vornahme des Rechtsgeschäftes zurückwirkt, und daraus folgernd, daß es nun so anzusehen sei, als wenn die Klägerin schon damals dem W. gestattet gehabt habe, für sie mit einem anderen von ihm Vertretenen abzuschließen. Aber damit wäre die Sache nicht abgetan; dann hätte zwar die Klägerin dem W. „ein Anderes" im Sinn des § 181 gestattet, aber doch nicht der Beklagte; dieser könnte daher durch die Genehmigung des Rechtsgeschäfts von seiten der Klägerin sein Anfechtungsrecht nicht verloren haben.

In erster Linie gründet aber der Berufungsrichter seine Entscheidung darauf, daß hier die in § 181 mit den Worten: „soweit nicht ein Anderes ihm" (dem Vertreter) „gestattet ist" zugelassene Ausnahme von dem Verbot des sog. Selbstkontrahierens vorliege, indem angenommen werden müsse, daß beide Parteien von vornherein damit einverstanden gewesen seien und stillschweigend den W. dazu ermächtigt hätten, daß er Rechtsgeschäfte und insbesondere Darlehnsgeschäfte für sie mit anderen ebenfalls von ihm vertretenen Personen abschließe." (Es wird nun ausgeführt, daß diese Feststellung hinsichtlich des Beklagten keinem Bedenken unterliege, wohl dagegen, soweit es sich um die Ermächtigung von seiten der Klägerin handle; dann wird fortgefahren:) „Aber es ist schon erwähnt, daß die Klägerin das Darlehnsgeschäft nachträglich genehmigt hat, wie vom Berufungsrichter festgestellt worden ist. Auch dadurch würde sich der Widerspruch des Beklagten gegen die Rechtsgültigkeit des Geschäfts erledigen, vorausgesetzt daß das Geschäft nicht wegen Fehlens der vorherigen Ermächtigung des W. durch die Klägerin zum Selbstkontrahieren als nichtig gelten müßte; denn dann hätte es nicht durch bloße Genehmigung, sondern nur durch eine Wiederholung des Abschlusses, die nicht stattgefunden hat, wirksam werden können.

Die Frage, ob Rechtsgeschäfte, welche ein Vertreter der Vorschrift des § 181 zuwider mit sich selbst im eigenen Namen oder in Vertretung eines anderen vornimmt, nichtig, oder nur anfechtbar sind, ist bestritten. Der erkennende Senat hat in einem früheren Fall (Entsch. des R.G.'s in Zivils. Bd. 51 Nr. 98 S. 426) Nichtigkeit angenommen; bei nochmaliger Prüfung glaubt er jedoch, an dieser Ansicht nicht festhalten zu können.

Es ist zuzugeben, daß bei Beratung des zweiten Entwurfs zum Bürgerlichen Gesetzbuche, als in der Kommission Zweifel darüber entstanden, ob der erst in diesen Entwurf neu aufgenommene jetzige § 181 im Sinne einer Nichtigkeit, oder bloß einer Genehmigungsbedürftigkeit der dawider vorgenommenen Rechtsgeschäfte zu verstehen sei, die Mehrheit der Kommissionsmitglieder sich für die Nichtigkeit ausgesprochen hat. Aber diesem Umstande würde nur dann Gewicht beizumessen sein, wenn die Ansicht der Mehrheit im Gesetz einen Ausdruck gefunden hätte. Das läßt sich indes mit gutem Grunde verneinen. Es wird allerdings in dieser Beziehung von den Anhängern der gegnerischen Ansicht,

z. B. von Planck, B.G.B. Bd. 1 S. 316 der 3. Aufl.,

darauf hingewiesen, daß der Ausdruck gebraucht ist: ein Vertreter könne nicht im Namen des Vertretenen mit sich rc ein Rechtsgeschäft vornehmen, und daß der Ausdruck „kann nicht“ im Bürgerlichen Gesetzbuche regelmäßig in dem Sinne einer völligen Unwirksamkeit der Zuwiderhandlung angewandt wird. Allein diese Regel ist nicht ohne Ausnahme, wie von Planck selbst in der Einleitung S. 28 a. a. O. zugegeben wird. An und für sich besagt der Ausdruck nichts weiter, als daß solche Rechtsgeschäfte verboten sein sollen, ohne schon über die Wirkung des Verbotes zu entscheiden, die nach § 134 B.G.B. nur dann in der Nichtigkeit des Geschäfts besteht, wenn sich nicht aus dem Gesetz ein Anderes ergibt. Hier ergibt sich aber aus dem Gesetz ein Anderes; denn wenn der § 181 ausdrücklich zuläßt, daß das Nichtkönnen des Vertreters durch eine entsprechende Gestattung des Vertretenen beseitigt wird, so ist damit klar zum Ausdrucke gebracht, daß ohne solche Gestattung nur die Vertretungsmacht des Vertreters nicht so weit geht, verbindliche Rechtsgeschäfte für den Vertretenen abzuschließen. Dann tritt aber der § 177 in Wirksamkeit, welcher vorschreibt, daß, wenn jemand ohne Vertretungsmacht im Namen eines anderen einen Vertrag schließt, die Wirksamkeit des Vertrages für und gegen den Vertretenen von dessen Genehmigung abhängt.

Dies war auch der Standpunkt des ersten Entwurfs, der das sog. Selbstkontrahieren des Vertreters grundsätzlich zuließ und nur in bestimmten Fällen (bei der gesetzlichen Vertretung der Eltern, Vormünder und Pfleger und bei der Vertretung juristischer Personen) ausschloß, diese Ausschließung aber in den Motiven ausdrücklich als eine Einschränkung der Vertretungsmacht hinstellte (Bd. 1 S. 101, 224, Bd. 4 S. 1088). In der zweiten Kommission führte dann allerdings die Besorgnis vor den unleugbaren Gefahren, die für die Interessen des Vertretenen aus der grundsätzlichen Zulassung des Selbstkontrahierens entspringen, zu dem grundsätzlichen Verbot solchen Kontrahierens; aber aus dieser Besorgnis würde es sich keineswegs rechtfertigen lassen, die Übertretung des Verbots mit der völligen Nichtigkeit zu bedrohen. Das Interesse des Vertretenen ist genügend gewahrt durch die vorläufige Wirkungslosigkeit einer verbotswidrigen Vertretung, die erst gehoben wird durch seine nachträgliche Genehmigung. Müßte statt dessen eine Nichtigkeit des Rechtsgeschäfts angenommen werden, die eine neue Vornahme des Geschäfts nötig machen würde, wenn der Vertretene bei dem Geschäft stehen bleiben will, so wäre das eine Verkehrserschwerung, die um so lästiger empfunden werden würde, als bei dem weiten Umfange des Verbots in § 181, das sich auf Rechtsgeschäfte aller Art und auf alle Vertretungsverhältnisse erstreckt, häufig solche Fälle vorkommen werden, in denen die Möglichkeit eines Geschäftsabschlusses auf dem Wege der sog. Doppelvertretung sich als eine sehr erwünschte Verkehrserleichterung darstellt. Auch aus diesen praktischen Erwägungen rechtfertigt sich die Annahme, daß durch die Aufnahme des jetzigen § 181 in den Entwurf der zweiten Kommission die grundsätzliche Auffassung des ersten Entwurfs nicht verlassen werden sollte: daß die Unwirksamkeit des sog. Selbstkontrahierens aus dem Mangel einer so weit gehenden Vertretungsmacht des Vertreters erklärt werden müsse und darum durch die Genehmigung des Vertretenen (§ 177) geheilt werden könne.

In diesem Sinne hat auch bereits der I. Zivilsenat des Reichsgerichts entschieden in den Entsch. in Zivils. Bd. 56 Nr. 26 S. 107 flg.

Aus diesen Gründen erwies sich die Entscheidung des Berufungsgerichts im Ergebnis als richtig. Die Revision war daher zurückzuweisen."

---

16. 1. Unterhaltspflicht des früheren Ehemannes, der die Ehe wegen Irrtums angefochten hat. Verteidigung

a) damit, daß die Frau den Unterhalt im Haushalte ihrer Eltern empfängt,

b) damit, daß sie den Irrtum des Mannes gekannt habe,

c) damit, daß der Mann infolge seiner Wiederverheiratung nur nach dem Billigkeitsmaßstabe hafte;

d) Einwand des eigenen Unvermögens unter Verweisung der Frau auf die Unterhaltspflicht der Eltern.

2. Familienname der früheren Ehefrau.

IV. Zivilsenat. Urt. v. 7. November 1907 i. S. St. (Bekl.) w. Frau R. (nicht St., Kl.). Rep. IV. 116/07.

I. Landgericht Dortmund.
II. Oberlandesgericht Hamm.

Die Parteien waren miteinander verheiratet. Ihre Ehe wurde auf die Anfechtungsklage des jetzt verklagten Ehemannes durch rechtskräftiges Urteil für nichtig erklärt. Diesem Urteile lag die Feststellung zugrunde, daß zur Zeit der Eheschließung die jetzige Klägerin an Vaginismus gelitten, und ihr deshalb die Beiwohnungsfähigkeit gefehlt habe; über diese persönliche Eigenschaft der Klägerin habe sich der jetzige Beklagte geirrt; sie würde ihn aber bei Kenntnis der Sachlage und bei verständiger Würdigung des Wesens der Ehe von der Eingehung der Ehe abgehalten haben. Klägerin stellte darauf dem Beklagten gegenüber das Verlangen, daß ihr Verhältnis in vermögensrechtlicher Beziehung, insbesondere in Ansehung der Unterhaltspflicht, so behandelt werde, wie wenn die Ehe zur Zeit der Nichtigkeitserklärung geschieden, und der Beklagte für allein schuldig erklärt worden wäre. Sie hat seine Verurteilung zur Entrichtung einer Unterhaltsrente auf ihre Lebenszeit beantragt.

Das Landgericht hat die Klage abgewiesen. Auf die Berufung der Klägerin hat das Oberlandesgericht durch Vorabentscheidung den erhobenen Anspruch seinem Grunde nach für gerechtfertigt erklärt und die Sache zur weiteren Verhandlung und Entscheidung an das Gericht der ersten Instanz zurückverwiesen.

Die gegen dieses Zwischenurteil eingelegte Revision wurde zurückgewiesen.

Aus den Gründen:

„Der erhobene Anspruch ist auf die §§ 1346 Satz 2, 1345 Abs. 1, 1578 Abs. 1 B.G.B. gestützt.

I. Die Voraussetzungen dieser Gesetzesvorschriften liegen ... vor. ...

Der Berufungsrichter hat auch angenommen, daß eine den Anforderungen des § 1578 Abs. 1 entsprechende Unterhaltsbedürftigkeit der jetzigen Klägerin bestehe. ... An dieser Annahme wird durch die Behauptung des Beklagten nichts geändert, daß die Klägerin gegenwärtig den Haushalt ihrer Eltern führt und dafür von ihnen Verpflegung und Kleidung erhält. Gehört Klägerin nach der Auflösung ihrer Ehe dem Hausstande der Eltern von neuem an, so bringt es dieses Verhältnis von selbst mit sich, daß sie in Ermangelung eigener Vermögenseinkünfte den Unterhalt von den Eltern empfängt. Leistet sie in einem solchen Falle den Eltern Dienste im Hauswesen, so erwirbt sie nicht im Sinne des § 1578 Abs. 1 den Unterhalt durch ihre Arbeit, sondern sie ist den Eltern gemäß § 1617 B.G.B. dienstpflichtig, weil sie von ihnen den Unterhalt unentgeltlich erhält. Dafür, daß die Klägerin abweichend von dem, was unter solchen Verhältnissen das Natürliche und Regelmäßige ist, mit ihren Eltern einen Dienstvertrag abgeschlossen habe, ist vom Beklagten nichts erbracht....

II. Mit seinem weiteren Vorbringen erhebt der Beklagte Einwendungen gegen den Klaganspruch.

1. Er macht zunächst geltend, Klägerin habe ihren Anspruch gemäß § 1347 B.G.B. verwirkt, weil sie in einem zwischen den Parteien geführten, gegenwärtig noch anhängigen Vorprozesse ihm gegenüber die Erklärung abgegeben habe, sie lasse es bei den Folgen der Nichtigkeit der Ehe bewenden. Der Berufungsrichter lehnt dies unter näheren, den Verlauf des damaligen Rechtsstreits betreffenden Feststellungen als tatsächlich unzutreffend ab....

2. Ebensowenig zu beanstanden ist die Zurückweisung des auf den letzten Halbsatz des § 1346 gestützten Einwandes: die Klägerin habe, als sie die Ehe einging, den Irrtum des Beklagten gekannt. Der Berufungsrichter stellt von dem Leiden der Klägerin, auf das sich der Irrtum des Beklagten bezog, fest, es sei ihr dieses Leiden damals weder bekannt gewesen, noch auch habe sie es kennen müssen. War das der Fall, so kann Klägerin nicht gewußt haben, und es wäre ihr ebensowenig selbst bei gehöriger Aufmerksamkeit erkennbar gewesen, daß Beklagter sich im Irrtum befand, wenn er sie für körperlich wohlbeschaffen hielt.

3. Der Beklagte hält ferner den Fall seiner Befreiung von der Unterhaltspflicht nach §§ 1579 Abs. 1 und 1608 B.G.B. für gegeben. Er weist auf die unstreitige Tatsache hin, daß er inzwischen eine zweite Ehe eingegangen habe, und glaubt hieraus vorweg die Rechtsfolge herleiten zu können, daß, da er der jetzigen Ehefrau Unterhalt zu gewähren habe, seine Unterhaltspflicht der Klägerin gegenüber, wenn sie überhaupt bestände, nicht mehr nach dem Maßstabe des § 1578 Abs. 1, sondern gemäß § 1579 Abs. 1 Satz 2 nach dem Billigkeitsmaßstabe bemessen werden müsse. Die Revision tritt für die Richtigkeit dieser Gesetzesauslegung ein und wirft dem Berufungsrichter vor, dagegen gefehlt zu haben. Dem kann nicht beigetreten

werden. Nach § 1579 Abs. 1 Satz 2 hat sich die geschiedene Ehefrau eine Herabminderung ihres Unterhaltsanspruchs auf ein der Billigkeit entsprechendes Maß nicht schon dann gefallen zu lassen, wenn nichts weiter vorliegt, als daß der frühere Ehemann einem minderjährigen unverheirateten Kinde oder infolge seiner Wiederverheiratung dem neuen Ehegatten Unterhalt zu gewähren hat. Das Gesetz hält vielmehr bei der im zweiten Satze des § 1579 getroffenen Ermäßigungsvorschrift an der im ersten Satze der Gesetzesstelle angegebenen Voraussetzung fest, daß der für schuldig erklärte Ehegatte bei Berücksichtigung seiner sonstigen Verpflichtungen ohne Gefährdung seines standesmäßigen Unterhaltes dem anderen Ehegatten keinen Unterhalt oder nicht den vollen standesmäßigen Unterhalt zu gewähren vermag (Urteil des R.G.'s vom 4. Mai 1903, Jurist. Wochenschr. von 1903 Beil. S. 88 Nr. 204). Dasselbe gilt unter den Voraussetzungen des gegenwärtigen Rechtsfalles für die streitige Unterhaltspflicht des Beklagten.

4. Allein der Beklagte stellt sich mit seinem weiteren Verteidigungsvorbringen vorsorglich auch auf den Standpunkt dieser ihm weniger günstigen Rechtsauffassung. Er behauptet: bei Berücksichtigung der durch die Wiederverheiratung entstandenen und seiner sonstigen Verpflichtungen sei er in der Tat außerstande, ohne Gefährdung seines eigenen standesmäßigen Unterhaltes zum Unterhalte der Klägerin etwas herzugeben. Der Berufungsrichter hat jedoch die Richtigkeit dieser Behauptung verneint. Er nimmt an, daß nach dem, was Beklagter selbst über sein Einkommen angebe, er imstande sei, sich und seine jetzige Ehefrau standesmäßig zu unterhalten und dennoch zum Unterhalte der Klägerin beizusteuern. Zurzeit könne unerörtert bleiben, ob die Angaben des Beklagten zu diesem Streitpunkte nicht für die Höhe des Klaganspruchs von Erheblichkeit seien. Hierüber werde der erste Richter bei der weiteren Verhandlung zu befinden haben; er werde insbesondere berücksichtigen müssen, welchen Einfluß die Wiederverheiratung des Beklagten sowie das Vermögen der zweiten Frau auf die Höhe des Klaganspruchs ausübten.

Sieht man von den prozessualen Bedenken ab, die dagegen erhoben werden könnten, daß der Berufungsrichter die Entscheidung der Frage, inwieweit der erhobene Einwand gegen den Klaganspruch durchgreift, einem künftigen Urteile vorbehalten und die Parteien damit an das Gericht der ersten Instanz verwiesen hat, so kommt der Berufungsrichter in materieller Beziehung mit diesen Ausführungen darauf hinaus, daß zwar zur Darreichung des vollen standesmäßigen Unterhaltes der Beklagte außerstande sein möge, daß aber nach Lage der Verhältnisse anzunehmen sei, er erleide an dem eigenen standesmäßigen Unterhalt keinen Abbruch, wenn er zur Bestreitung des Bedarfs der Klägerin (§§ 1580 Abs. 3, 1610 Abs. 1 B.G.B.) wenigstens einen Teil des Erforderlichen hergebe. Eine derartige Feststellung würde unter anderen Verhältnissen, als wie sie hier vorliegen, die Anwendung des § 1579 Abs. 1 Satzes 2 nicht ausschließen, sondern gerade notwendig machen. Denn mit Rücksicht auf die schon hervorgehobene Übereinstimmung in den Voraussetzungen, von denen die Ermäßigung der Unterhaltsverpflichtung des geschiedenen Ehegatten sowohl nach Satz 1 als auch nach Satz 2 der Gesetzesstelle abhängt, hat bei solcher Sachlage der Verpflichtete von seinen Unterhaltsmitteln nicht etwa schlechthin nur so viel herzugeben, als ihm übrig bleibt, wenn er wegen seines Eigenbedarfs voll gedeckt ist, sondern es ist alsdann unter dem Gesichtspunkte der Billigkeit bei Berücksichtigung der Bedürfnisse sowie der Vermögens- und Erwerbsverhältnisse der Beteiligten darüber Entscheidung zu treffen, ob er darüber hinauszugehen verpflichtet ist, ob er also dem unterhaltsberechtigten früheren Ehegatten selbst unter Verkürzung des für den Eigenbedarf Erforderlichen einen Mehrbetrag zu entrichten hat. Allein in dieser Beziehung liegt der gegenwärtige Rechtsfall aus dem Grunde anders, weil der Beklagte die Klägerin zur ferneren Begründung seines Einwandes auch auf ihre Eltern verwiesen hat. Die Unterhaltspflicht dieser beiden Verwandten geht insoweit, als der Beklagte . . . wegen seines eigenen standesmäßigen Unterhalts gefährdet sein würde, der Unterhaltspflicht des Beklagten gemäß § 1608 B.G.B. vor. Den Gegeneinwand des Unvermögens der Eltern (§ 1603 Abs. 1; vgl. Entsch. des R.G.'s in Zivils. Bd. 57 S. 70 flg., insbesondere S. 76) hat die Klägerin nicht erhoben; im Gegenteil hat sie die Behauptung des Beklagten, ihre Eltern seien sehr wohlhabend, unbestritten gelassen. Unter diesen Umständen gebührt der Klägerin in der Tat nur ein Unterhaltsbeitrag, der dem Betrage gleichkommt, mit dem die Unterhaltsmittel des Beklagten über seinen durch § 1579 Abs. 1 Satz 1 (erster Halbsatz) umschriebenen Eigenbedarf hinausgehen.

Dabei, daß der erste Richter entscheiden soll, wieweit dies tatsächlich zutrifft, muß es verbleiben. Denn eine Beschwerde darüber, daß der Berufungsrichter keine Endentscheidung gegeben, sondern unter Anwendung der §§ 304, 538 Nr. 3 Z.P.O. ein Zwischenurteil erlassen hat, ist in der Revisionsinstanz nicht erhoben worden (§ 559 Z.P.O.)....

Nach alledem konnte die Revision keinen Erfolg haben.

Bei der nach §§ 313 Nr. 1, 523 Z.P.O. erforderlichen Angabe des Namens und Standes der Klägerin mußte von ihrer Selbstbenennung und von der damit übereinstimmenden Angabe in den Urteilen erster und zweiter Instanz abgewichen werden. Die im § 1355 B.G.B. vorgesehene Wirkung der Eheschließung ist gemäß § 1343 B.G.B. aufgehoben; § 1346 Satz 2 hat damit nichts zu tun. Die Klägerin hat daher wieder den ihr nach § 1616 B.G.B. zukommenden Familiennamen (nicht aber den ihres früheren Ehemannes) zu führen."

17. Müssen, falls zum Zwecke der Erbteilung das Gesamteigentum der Miterben an einem Nachlaßgrundstück in Bruchteilseigentum umgewandelt werden soll, die beteiligten Minderjährigen durch mehrere Pfleger vertreten werden, oder ist Vertretung durch nur einen Pfleger zulässig?

B.G.B. § 181.

V. Zivilsenat. Beschl. v. 9. November 1907 i. S. S.'sche Grundbuchsache. Beschw.-Rep. V. 154/07.

I. Amtsgericht I München.
II. Landgericht I daselbst.

Gründe:

„Der 1905 zu München verstorbene Schlossermeister S. hat als Erben hinterlassen seine Witwe, einen großjährigen Sohn und vier noch minderjährige Kinder. Die Erben haben sich durch notariellen Vertrag vom 2. Mai 1907 über das zum Nachlasse gehörige Anwesen auseinandergesetzt und bestimmt, daß dieses ihnen nach der Größe der Erbteile als Miteigentum zu Bruchteilen zustehen solle. Dementsprechend haben die Beteiligten die Auflassungserklärungen dahin abgegeben, daß das Eigentum zu $^1/_4$ auf die Witwe und zu je $^3/_{20}$ auf die fünf Kinder übergehen solle. Bei Abschluß des Vertrages und Abgabe der Auflassungserklärungen sind die vier minderjährigen Kinder durch einen Pfleger vertreten gewesen. Die Verhandlungen sind vormundschaftsgerichtlich genehmigt worden.

Das Amtsgericht München I hat durch Verfügung vom 13. Juli 1907 die beantragte Eintragung des Eigentumsübergangs abgelehnt, weil es nach § 181 B.G.B. der Bestellung eines besonderen Pflegers für jedes der vier minderjährigen Kinder bedurft habe. Das Landgericht München I hat die von der Witwe und dem Pfleger eingelegte Beschwerde als unbegründet zurückgewiesen. Es ist dann von der Witwe weitere Beschwerde beim bayerischen Obersten Landesgericht eingelegt. Auch dieses erachtet die Beschwerde für unbegründet und würde sie zurückweisen; es sieht sich hierin jedoch durch den Beschluß des Oberlandesgerichts zu Colmar, mitgeteilt in der Rechtsprechung der Oberlandesgerichte Bd. 6 S. 39, behindert und hat deshalb die weitere Beschwerde dem Reichsgericht vorgelegt.

In Übereinstimmung mit dem Obersten Landesgericht zu München muß die weitere Beschwerde für unbegründet erachtet werden.

Das Anwesen stand im Gesamteigentum der Erben, und dieses sollte durch den notariellen Vertrag in Bruchteilseigentum der einzelnen Miterben umgewandelt werden. Den Gegenstand des Vertrages bildete daher eine teilweise Erbauseinandersetzung, und es bedurfte für die Umwandelung des Gesamteigentums in Bruchteilseigentum der Auflassung (Entsch. des R.G.'s in Zivils. Bd. 57 S. 432). Bei dem Vertrage wie bei der Auflassung gab der Pfleger als Vertreter eines jeden einzelnen Mündels die erforderlichen Erklärungen ab und nahm solche zugleich als Vertreter der übrigen Mündel entgegen. Er schloß jene Rechtsgeschäfte mithin ab im Namen jedes einzelnen Mündels mit sich als gleichzeitigem Vertreter auch der übrigen Mündel. Dies war nach der ausdrücklichen Vorschrift des § 181 B.G.B. unstatthaft, sofern entweder:

a) dem Pfleger nicht ein Anderes gestattet war, oder
b) das Rechtsgeschäft ausschließlich in der Erfüllung einer Verbindlichkeit bestand.

Daß die Vorschrift des § 181 auch für den Vormund und den Pfleger gilt, kann nicht zweifelhaft sein; beide sind „Vertreter" des

Mündels, da ihnen kraft Gesetzes „Vertretungsmacht" zusteht. Überdies ist in § 1915 B.G.B. bestimmt, daß auf die Pflegschaft die für die Vormundschaft geltenden Vorschriften entsprechende Anwendung finden, und es ist dann in § 1795, nachdem zunächst für einzelne Fälle die Vertretungsbefugnis des Vormundes eingeschränkt worden, ausdrücklich hervorgehoben, daß im übrigen „die Vorschrift des § 181 B.G.B. unberührt bleibe". Es kann sich daher nur fragen, ob einer jener beiden in § 181 B.G.B. vorgesehenen Ausnahmefälle hier vorliegt. Auch dies ist zu verneinen.

Dem Pfleger war zunächst nicht „gestattet", den Vertrag für die mehreren Mündel abzuschließen. Unerheblich ist der Umstand, daß der der Auflassung zugrunde liegende Vertrag vormundschaftsgerichtlich genehmigt ist. Von der vormundschaftsgerichtlichen Genehmigung hing die Wirksamkeit des Vertrages ab (§ 182 B.G.B.); die Genehmigung mußte zu der Erklärung des Pflegers hinzutreten; es bedurfte der genehmigten und der genehmigenden Erklärung, wenn anders der Vertrag für die Mündel überhaupt wirksam werden sollte. Die Genehmigung erfüllte das Erfordernis des § 1822 Nr. 2 B.G.B.; allein sowenig sie eine Anfechtung der Erklärung des Pflegers wegen eines Willensmangels hindern konnte, ebensowenig konnte sie einen nach Lage der allgemeinen gesetzlichen Vorschriften im Einzelfalle vorhandenen Mangel in der Vertretungsmacht beseitigen. Sondervorschriften, die dem vormundschaftlichen Gericht die Ermächtigung gäben, für die rechtsgeschäftliche Vertretung der mehreren Mündel eine Ausnahme von der Vorschrift des § 181 B.G.B. zu gestatten oder durch die eigene Genehmigung dem Mangel abzuhelfen, enthält das Bürgerliche Gesetzbuch nicht. In dieser Beziehung ist insbesondere auch nicht die Vorschrift des § 1775 von Bedeutung, wonach der Regel nach für mehrere Geschwister nur ein Vormund bestellt werden soll; sie schließt nicht aus, daß verschiedene Vormünder oder Pfleger für die einzelnen Mündel bestellt werden müssen, sofern dies durch die Umstände des Falles geboten ist. Dies aber war vorliegend mit Rücksicht auf die Vorschrift in § 181 a. a. O. der Fall. Bloße Zweckmäßigkeitsgründe können nach Lage der Gesetzgebung eine abweichende Auffassung nicht rechtfertigen. Auch Dernburg, der in seinem Bürgerl. Recht Bd. 1 S. 557 Anm. 5 die Ansicht des Oberlandesgerichts Colmar als zweckmäßig bezeichnet, betont, daß die

Schranken des § 181 auch für die gesetzlichen Vertreter gelten, und er erklärt insbesondere in Bd. 4 S. 372 Anm. 8 bezüglich der Erbauseinandersetzung unter den Geschwistern, daß jeder Teil einen besonderen Vertreter haben müsse. Die gleiche Auffassung wird durchweg auch sonst in der Literatur vertreten,

vgl. Planck, 3. Aufl. Bd. 1 S. 316, Bd. 3 S. 673; v. Staudinger, 2. Aufl. Bd. 1 S. 505; Goldmann u. Lilienthal, 2. Aufl. Bd. 1 S. 204,

und sie entspricht auch der ständigen Rechtsprechung des Kammergerichts.

Vgl. Jahrb. für Entsch. des K.G.'s Bd. 2 A S. 34, 101, 280, Bd. 23 A S. 89.

Eine abweichende Auffassung liegt auch nicht den Entsch. des R.G.'s in Zivils. Bd. 58 S. 299 und Bd. 61 S. 139 zugrunde. Hier handelte es sich für bestimmte Fälle um rechtsgeschäftliche Befugnisse des Testamentsvollstreckers, die aus dem mit der Anordnung der Testamentsvollstreckung vom Erblasser verfolgten Zwecke und damit auch dem Willen des Erblassers selbst hergeleitet wurden. Für den vorliegenden Fall können solche Erwägungen nicht Platz greifen.

Liegt hiernach der erste Ausnahmefall des § 181 nicht vor, so fehlt es weiter auch an den Voraussetzungen für den zweiten Ausnahmefall. Die Teilung des Anwesens bildete kein „Rechtsgeschäft, das ausschließlich in der Erfüllung einer Verbindlichkeit bestand". Die gegenteilige Auffassung, die in der Deutschen Jurist.-Ztg. 1902 S. 267 vertreten ist, findet im Gesetz keine Stütze. Das Anwesen stand im Gesamteigentum der Miterben; ein Anspruch auf Umwandelung in Bruchteilseigentum stand keinem Erben zu. Der einzelne Miterbe konnte lediglich zwecks Auseinandersetzung die Aufhebung der Gemeinschaft durch Zwangsversteigerung beanspruchen, nicht aber Zuteilung von Bruchteilseigentum (§§ 2042, 753 B.G.B.). Sollte letzteres durch Vertrag und Auflassung geschaffen werden, so handelte es sich weder überhaupt noch ausschließlich um die Erfüllung einer Verbindlichkeit; es wurde nicht eine geschuldete Leistung an den Gläubiger bewirkt (§ 362 B.G.B.) und dadurch ein Schuldverhältnis zum Erlöschen gebracht."

18. Unterliegt die Errichtung gemeinschaftlicher Erbverträge der für gemeinschaftliche Testamente geltenden Beschränkung? Ist insbesondere ein Erbvertrag ungültig, in dem mehrere Erblasser zusammen einen Dritten als Erben eingesetzt haben?

B.G.B. §§ 2265, 2278, 2279.

V. Zivilsenat. Urt. v. 9. November 1907 i. S. W. (Bekl. u. Widerkl.) w. B. Ehefr. (Kl. u. Widerbekl.). Rep. V. 73/07.

I. Landgericht Halberstadt.
II. Oberlandesgericht Naumburg a. S.

Zwischen der Mutter des Beklagten, Witwe W., und ihrem bei ihr wohnenden Schwiegersohne Z. einerseits und der Klägerin andererseits wurde am 14. April 1904 ein notarieller Vertrag geschlossen, inhalts dessen die Klägerin die lebenslängliche Verpflegung der Witwe W. und des Z. übernahm und als Entgelt hierfür von diesen beiden Personen als Alleinerbin eingesetzt wurde unter der gleichzeitigen Auflage, an den Beklagten verschiedene Gegenstände herauszugeben und unter bestimmten Voraussetzungen 1000 *M* zu zahlen. Auf Grund dieses Vertrages klagte die Klägerin nach dem Tode der Witwe W., nachdem Beklagter gemäß eines ihn als gesetzlichen Alleinerben legitimierenden Erbscheins sich als Eigentümer der zum W.'schen Nachlaß gehörenden Grundstücke hatte eintragen lassen, und gegen die Richtigkeit dieser Eintragung ein Widerspruch im Grundbuch vermerkt worden war, gegen den Beklagten auf Einwilligung, daß sie, die Klägerin, als Eigentümerin der bezeichneten Grundstücke eingetragen werde. Beklagter erhob Widerklage und verlangte, abgesehen von anderen Anträgen, Verurteilung der Klägerin zur Einwilligung in die Löschung des Widerspruchs. Beide Vorinstanzen erkannten in den hier in Betracht kommenden Beziehungen zugunsten der Klägerin. Auch die Revision des Beklagten wurde insoweit zurückgewiesen.

Aus den Gründen:

... „Einen Einwand gegen die Gültigkeit des Vertrages vom 14. April 1904 sucht die Revision auch daraus herzuleiten, daß der Vertrag zwei Erbverträge verschiedener Erblasser mit einem Dritten enthalte, die nicht bloß äußerlich in einer Urkunde miteinander verbunden sind, sondern auch nach ihrem Inhalte derart zusammenhängen, daß sie ein einheitliches Ganzes bilden. Nach der Meinung der Revision soll eine solche innere Verbindung mehrerer Erbverträge, von dem Ausnahmefalle des gegenseitigen Erbvertrages zwischen Ehegatten abgesehen, sowohl wegen der dadurch geschaffenen Möglichkeit von Komplikationen als auch deshalb unstatthaft sein, weil sie gegen das Prinzip des § 2265 B.G.B. verstoße. Dem kann nicht beigetreten werden. Das Bürgerliche Gesetzbuch hat zwar die Rechtsmaterie des Erbvertrages sachlich im durchgängigen Anschluß an die für das Testament gegebenen Vorschriften geregelt, auch in einzelnen Beziehungen formell die letzteren Vorschriften für entsprechend anwendbar auf Erbverträge erklärt (§§ 2276 Abs. 1, 2279 Abs. 1, 2300); aber eine die grundsätzliche Gleichstellung beider Verfügungsformen aussprechende allgemeine Vorschrift, etwa dahin, daß die Erbverträge den Vorschriften über Testamente insoweit unterliegen sollen, als nicht ein anderes bestimmt ist, findet sich nirgends. In Frage könnte also nur kommen, ob aus § 2279 Abs. 1, wonach auf vertragsmäßige Zuwendungen und Auflagen die für letztwillige Zuwendungen und Auflagen geltenden Vorschriften entsprechende Anwendung finden sollen, eine Übertragung der ein gemeinschaftliches Testament nur zwischen Ehegatten zulassenden Vorschrift des § 2265 auf das Gebiet der Erbverträge hergeleitet werden darf. Auch dies ist indessen zu verneinen. Der angeführte § 2279 bezieht sich auf diejenigen testamentsrechtlichen Vorschriften, die den zulässigen Inhalt einer letztwilligen Verfügung sowie ihre notwendige Bestimmtheit und ihre Auslegung regeln (§§ 2064—2076, 2087—2093, 2096 bis 2098, 2100—2107, 2147—2156, 2189—2193), desgleichen auf die Vorschriften, nach denen sich der Anfall und Erwerb des Zugewendeten und die Verpflichtung der beschwerten Person zur Erfüllung der ihr gemachten Auflage bestimmen (§§ 1937—1959, 2094, 2095, 2176—2180. Daß es aber nicht in der Absicht des Gesetzgebers gelegen hat, durch jene Verweisung auch die Zulässigkeit gegenseitiger Zuwendungen in einer dem § 2265 entsprechenden Weise zu beschränken, ergibt sich klar aus § 2298, wo ohne jede Andeutung einer solchen Beschränkung ganz allgemein für gegenseitige Erbverträge der Fall geregelt wird, daß die vertragsmäßige Verfügung des einen Erblassers wegfällt. Danach hat der Gesetzgeber die von der Revision betonte Gefahr der Entstehung komplizierter Rechtsverhältnisse keineswegs unberücksichtigt gelassen; er hat sie jedoch nicht für schwerwiegend genug erachtet, um daraus einen Anlaß zum Verbot der Errichtung gegenseitiger Erbverträge zwischen Nicht-Ehegatten zu entnehmen. Sind aber gemeinschaftliche Erbverträge, in denen gegenseitige Erbeseinsetzungen vorkommen, unbeschränkt statthaft, so ist nicht erfindlich, weshalb eine abweichende Beurteilung gegenüber solchen gemeinschaftlichen Erbverträgen eintreten soll, in denen die beiden Erblasser sich nicht gegenseitig, sondern zusammen einen Dritten als Erben eingesetzt haben." . . .

---

19. Was ist unter „Schiffbruch" im Sinne des § 22 Nr. 1 des Gesetzes, betr. Versorgung der Kriegsinvaliden und der Kriegshinterbliebenen, vom 31. Mai 1901 zu verstehen? Ist die Entscheidung der Marinebehörden über die Frage, ob ein Schiffbruch im Sinne dieses Gesetzes vorliegt, für die Gerichte bindend?

III. Zivilsenat. Urt. v. 12. November 1907 i. S. Reichsmarinefiskus (Bekl.) w. B. (Kl.). Rep. III. 177/07.

I. Landgericht I Berlin.
II. Kammergericht daselbst.

Aus den Gründen:

„Am 24. März 1899 ist das Kriegsschiff „Cormoran" auf das Wirbelwindriff bei Neupommern aufgelaufen, hat dort fünf Tage festgesessen und trotz „übermenschlicher" Anstrengung der Besatzung erst, nachdem fast sämtliche trennbaren Gegenstände, darunter Geschütze, Dampfpumpen, Eismaschine, Dampfrudermaschine, Anker und so ziemlich die gesamte Inneneinrichtung, über Bord geworfen, und die Masten gekappt waren, wieder flott gemacht werden können. Die Beschädigungen, die das Schiff davongetragen hat, sind in dem im Tatbestand des Berufungsurteils angezogenen und in dieser Beziehung nicht bestrittenen Schriftsatz vom 5. Dezember 1905 angegeben. Nach dem Freiwerden des Schiffes gelang es demselben noch, den nahe (150 Seemeilen) gelegenen Friedrich-Wilhelms-Hafen zu erreichen und, nachdem es dort notdürftig ausgebessert war, nach Sydney weiterzufahren, wo es dann einer viele Wochen dauernden Reparatur unterzogen wurde. Während des Festsitzens des Schiffes befand sich, da jeden Augenblick ein Durchbruch des Schiffes zu befürchten stand, so daß sich der Kommandant sogar entschloß, die Geheimpapiere zu vernichten, das Schiff selbst, sowie die gesamte Besatzung in größter Gefahr.

Infolge der mit diesem Schiffsunfall verbundenen körperlichen Anstrengungen und seelischen Aufregungen ist außer einer Reihe anderer Personen auch der Kläger an einem Nervenleiden erkrankt, das zu seiner Pensionierung geführt hat. Es wurde ihm zunächst auf Grund des Gesetzes vom 31. Mai 1901 in der Annahme, daß ein „Schiffbruch" im Sinne des § 22 Nr. 1 dieses Gesetzes vorliege, eine monatliche Pension von 51 *M* bewilligt, später aber diese auf Veranlassung des Reichsmarineamts auf monatlich 21 *M* herabgesetzt, weil ein Schiffbruch nicht vorliege und Kläger daher nur nach den allgemeinen Gesetzen pensionsberechtigt sei. Kläger hält aber die frühere Auffassung für die richtige und hat daher jetzt, nachdem er zunächst vergeblich die Entscheidung des Reichsmarineamts eingeholt hatte, innerhalb der vorgeschriebenen Frist auf Zahlung der höheren Pension Klage erhoben.

Das Berufungsgericht hat der Klage stattgegeben. Es hat den zunächst von dem Beklagten erhobenen Einwand, daß die Frage, ob ein Schiffbruch vorliege, der gerichtlichen Entscheidung überhaupt entzogen sei, indem hierüber entweder gemäß § 1 Abs. 3 des Gesetzes vom 31. Mai 1901 der Kaiser, oder gemäß § 115b des Militärpensionsgesetzes vom 27. Juni 1871 die Marineverwaltungsbehörde für das Gericht bindend zu entscheiden habe, zurückgewiesen und sodann in der Sache selbst angenommen, daß tatsächlich ein Schiffbruch vorliege. Es geht in letzterer Beziehung davon aus, daß unter Schiffbruch jede schwere durch die Elemente herbeigeführte Beschädigung eines Schiffes zu verstehen sei, bei der das Leben der Besatzung in Gefahr komme, und hält dies im vorliegenden Falle für gegeben, weil, wenn auch die an dem Kiel und der Schiffshaut durch den Unfall hervorgerufenen kleineren Schäden nicht von Belang gewesen seien, das Schiff sich doch während des fünftägigen Festsitzens in einem Zustande schwerer Schädigung, welche eine dringende

Gefahr für Schiff und Besatzung begründete, befunden habe, indem es während dieser fünf Tage seiner Bewegungsfähigkeit beraubt und den Elementen preisgegeben gewesen sei, und dieser Verlust der Bewegungsfähigkeit für das Schiff die Einbuße einer seiner wichtigsten Eigenschaften, mithin eine schwere Schädigung des Schiffes, bedeutet habe.

Die Revision greift diese Entscheidung in beiden Beziehungen an. Was die erste Frage, ob die Entscheidung über das Vorliegen eines Schiffbruchs den Gerichten entzogen sei, anlangt, so hat das Berufungsgericht bereits in überzeugender Weise nachgewiesen, daß die Bestimmung des § 1 Abs. 3 des Gesetzes vom 31. Mai 1901, wonach der Kaiser zu bestimmen hat, ob eine kriegerische Unternehmung als ein Feldzug im Sinne dieses Gesetzes anzusehen sei, und ebenso die Bestimmung des § 115 b des Gesetzes vom 27. Juni 1871, wonach die Entscheidung darüber, ob ein Kriegs-, oder Friedensverhältnis vorliegt, für die Gerichte bindend ist, mit der hier in Rede stehenden Frage, ob ein Schiffbruch vorliegt, mangels jeglicher Vergleichungspunkte gar nicht in Verbindung zu bringen ist. Jedes weitere Wort in dieser Beziehung erübrigt sich daher um so mehr, als die Revision eine Widerlegung der Ausführungen des Berufungsgerichts nicht einmal versucht hat. Was aber die Sache selbst, die Hauptfrage, ob ein Schiffbruch im Sinne des § 22 Nr. 1 des Gesetzes vom 31. Mai 1901 vorliegt, anlangt, so ist nicht zu verkennen, daß die Begründung des Berufungsgerichts, welche für den Begriff des Schiffbruchs eine schwere Beschädigung des Schiffes verlangt und diese lediglich darin findet, daß das Schiff fünf Tage lang seiner Bewegungsfähigkeit beraubt gewesen ist, nicht ohne Bedenken ist, und mit der Revision sich sagen läßt, daß, wenn nach fünf Tagen das Schiff ohne Beschädigung wieder frei geworden ist, jener vorübergehende Zustand nicht als eine Beschädigung des Schiffes angesehen werden kann. Aber es kann diese Begründung des Berufungsgerichts ganz dahingestellt bleiben, da nach der Gesamtsachlage des vorliegenden Falles ein Schiffbruch im Sinne des § 22 des Gesetzes vom 31. Mai 1901 angenommen werden muß. Das Gesetz gibt keine Definition des Schiffbruchs. Auch die Entstehungsgeschichte, die sog. Materialien des Gesetzes, gibt keinen weiteren Anhalt für die Auslegung, als daß das Gesetz die Gefahren des Seedienstes den

Gefahren des Kriegsdienstes hat gleichstellen wollen, und daß bei den Beratungen des Entwurfs der Vertreter der Marineverwaltung (vgl. Reichtagsverhandlungen 1900/02 III. Anlagenbd. S. 1817) erklärt hat, die Bestimmung des § 22 Nr. 1 a. a. O. sei auf Schiffbruch eingeschränkt und nicht auf die Folgen eines Schiffsbrandes, einer Explosion ꝛc ausgedehnt, weil nur ein der Marine eigentümliches kriegsähnliches Ereignis habe getroffen werden sollen, die durch Brand, Explosion u. dgl. verunglückten Personen solchen Unglücksfällen aber auch auf dem Lande ausgesetzt seien. Sieht man aber auf diese Absicht des Gesetzes, den besonderen Gefahren der Seefahrt entsprechend denen des Krieges Rechnung zu tragen und nur auszuschließen, was in gleicher Weise auf dem Lande sich ereignen könne, dann muß auch der vorliegende Fall unter das Gesetz gebracht werden, da er ganz offenbar ein der Marine eigentümliches Ereignis ist, und kein Grund erfindlich ist, die bei einem solchen Ereignis Verunglückten von den Wohltaten des Gesetzes auszuschließen. Aus dem Worte des Gesetzes „Schiffbruch" ergibt sich zwar, daß das Ereignis das Schiff betroffen haben muß, und daß daher ein nur eine einzelne Person betreffendes Unglück, z. B. das Fortspülen eines Mannes über Bord, nicht unter das Gesetz fällt. Aber das Wort kann nicht dahin gepreßt werden, daß das Schiff gebrochen sein muß, so daß Fälle, in welchen z. B. ein Schiff infolge Eindringens von Wasser ohne Beschädigung des Schiffskörpers in die Tiefe versinkt, oder wenn es kentert, oder wenn es ohne Beschädigung strandet, von der Anwendung des Gesetzes ausgeschlossen bleiben müßten. So hat denn auch das Reichsmarineamt in der bei den Akten befindlichen Verfügung vom 2. Februar 1904 ausgesprochen, daß auch das Stranden und Kentern eines Schiffes als unter das Gesetz fallend anzusehen seien. Auch nach der Auffassung des Lebens werden solche Fälle dem Schiffbruch gleichgestellt, und daß in solchen Fällen die Besatzung des Schiffes anders behandelt werden sollte, als in den Fällen eines Brechens des Schiffes, läßt sich auch nach der Absicht des Gesetzgebers nicht annehmen. Die aufgeführten Fälle zeigen aber auch, daß eine eigentliche Beschädigung, eine Verletzung der äußeren Integrität des Schiffes überhaupt nicht wesentlich ist, sondern daß nur entscheidend ist, daß das durch die eigentümlichen Gefahren der Seefahrt entstandene, das Schiff treffende Ereignis Gefahr für die

Besatzung gebracht hat. Und das liegt hier unzweifelhaft vor. Wollte man aber auch eine Beschädigung des Schiffes für den Begriff des Schiffbruchs als notwendig annehmen, so irrt doch das Berufungsgericht auch darin, daß es lediglich die Beschädigung des äußeren Schiffsrumpfes berücksichtigt, und nicht auch den Verlust der Masten, der ganzen Takelage, einer Anzahl Maschinen und fast des gesamten Inventars. Ob dieser Verlust unmittelbar durch das Auflaufen oder Stranden entstanden, oder mittelbar auf dasselbe zurückzuführen ist, weil die Rettung des Schiffes das Aufgeben dieser Gegenstände notwendig machte, ist gleichgültig. Auch läßt sich von einer, wie das Berufungsgericht sagt, „belanglosen" Beschädigung des Schiffes nicht sprechen, wenn das Schiff nur mit Not den nächsten Hafen erreicht und sodann viele Wochen zur Reparatur gebraucht hat. Auch von diesem Standpunkt aus wäre daher im vorliegenden Falle Schiffbruch anzunehmen, und dem Kläger die begehrte höhere Pension zuzubilligen."

20. Ist ein Schiedsvertrag geschlossen, wenn die in dem Auseinandersetzungsverfahren zwischen Handelsgesellschaftern bestellten Schiedsrichter nicht über die Höhe des Auseinandersetzungsguthabens selbst, sondern endgültig nur darüber entscheiden sollen, zu welchen Werten die Auseinandersetzungsgegenstände in die Berechnung des Guthabens einzustellen sind?

Z.P.O. § 1025.

VII. Zivilsenat. Urt. v. 12. November 1907 i. S. M. (Kl. u. Widerbekl.) w. W. (Bekl. u. Widerkl.). Rep. VII. 56/07.

I. Landgericht Bielefeld.
II. Oberlandesgericht Hamm.

Die Parteien, die Kaufleute W. und M., betrieben in offener Handelsgesellschaft eine Weberei. Sie vereinbarten Auflösung der Gesellschaft und Übergang des Geschäfts auf den Gesellschafter M. Zur Beilegung der bei der Auseinandersetzung entstandenen Streitigkeiten wurde am 13. März 1903 ein gerichtlicher Vergleich geschlossen. Nach demselben sollten von der Kammer für Handelssachen in B. zu ernennende Sachverständige, mit den Funktionen von Schiedsrichtern bekleidet, durch Schiedssprüche über die Werte des Lagerbestandes, der ausstehenden Forderungen, der Immobilien und des Inventars der alten Firma endgültig entscheiden und zugleich auch Bestimmung darüber treffen, wer die Kosten der Wertsermittelungen zu tragen habe.

Nach Fällung und Niederlegung der Schiedssprüche haben beide Parteien Klage erhoben. M. hat beantragt, die Schiedssprüche aufzuheben; W. hat den Antrag gestellt, sie für rechtmäßig und hinsichtlich der Kostenentscheidung für vollstreckbar zu erklären und ferner M. zur Zahlung des nach diesen Sprüchen berechneten Auseinandersetzungsguthabens zu verurteilen.

Beide Prozesse sind miteinander verbunden, und in den Vorinstanzen ist unter Abweisung der Klage des M. nach den Anträgen des W. erkannt worden.

Auf die Revision des M. ist das Berufungsurteil aufgehoben worden aus folgenden

Gründen:

„Der Revision war der Erfolg nicht zu versagen; der von ihr erhobene erste Angriff dringt durch. Die mit demselben angefochtene Annahme des Berufungsgerichts, es sei durch den Vergleich vom 13. März 1903 ein Schiedsvertrag mit der Wirkung geschlossen, daß die in Ausführung desselben erfolgten Wertsfestsetzungen als Schiedssprüche im Sinne des Gesetzes anzusehen seien, ist, als rechtsirrtümlich, nicht aufrecht zu halten.

Das Berufungsgericht geht bei der Prüfung der Frage, ob der Vergleich in der Hauptsache — von den nach demselben zu treffenden Kostenentscheidungen zunächst abgesehen — Schiedsrichter, oder Schätzer bestellt, von dem zutreffenden Gesichtspunkte aus, daß hierfür der Inhalt der den bestellten Personen übertragenen Aufgabe entscheidend sei. Es stellt dann fest, daß diese Aufgabe in der Hauptsache in der Feststellung des Wertes der streitigen Auseinandersetzungsgegenstände bestehe, und daß nicht ein Spruch über die Höhe der von M. an W. zu zahlenden Abfindungssumme abzugeben sei. Gleichwohl bejaht indessen das Berufungsgericht das Vorliegen eines Schiedsvertrages im Sinne des § 1025 Z.P.O., weil, wenn auch Entscheidungen, wie sie nach dem Vertrage zu fällen seien, beim ordentlichen Gericht nicht erwirkt werden könnten, die Herbeiführung solcher Sprüche im schiedsgerichtlichen Verfahren doch dem Parteiwillen nicht zu versagen sei. Die Parteien könnten über die formellen prozessualen Schranken hinausgehend schiedsrichterlichem Spruche die Entscheidung tatsächlicher, aber ihre Rechtsbeziehungen als Entscheidungselemente bedingender Verhältnisse mit der Wirkung unterbreiten, daß der Spruch wie ein rechtskräftiges Urteil wirken und wegen offenbarer Unbilligkeit nicht anfechtbar sein solle. Das sei von den Parteien gewollt.

Diese letzteren Ausführungen stehen mit dem rechtlichen Charakter des Schiedsvertrages und des Schiedsspruches im Widerspruche; sie verkennen, daß nach § 1025 Z.P.O. der Schiedsvertrag die Entscheidung eines Rechtsstreites zur Voraussetzung hat, daß der Entscheidung des Schiedsgerichts vorbehalten wird, was im ordentlichen Rechtswege der staatlich bestellte Richter durch Fällung eines Urteils vornimmt.

Vgl. Petersen, Civilprozeßordnung 5. Aufl. Bem. 3, b zu § 1025.

Ein Vertrag, der, wie das Berufungsgericht den Vergleich vom 13. März 1903 auslegt, dem Dritten, dessen Urteil die Parteien sich unterwerfen wollen, nicht die Entscheidung selbst, sondern nur die Feststellung der Elemente für die Entscheidung überträgt, ist kein gültiger Schiedsvertrag. Daß für den ordentlichen Richter bei Zugrundelegung dieser Entscheidungselemente nur die Feststellung der Endsumme durch Urteil übrig bleibt, ist von keiner ausschlaggebenden Bedeutung; die dem Schiedsvertrage wesentliche Voraussetzung, ganze oder teilweise Erschöpfung des Rechtsstreites durch einen dem Urteile des ordentlichen Richters gleichen Spruch, fehlt auch in einem solchen Falle.

Vgl. Entsch. des R.G.'s in Zivils. Bd. 45 S. 352.; Jurist. Wochenschr. 1902 S. 636 Nr. 18.

Ein Spruch, wie er hier gefällt werden sollte und tatsächlich auch gefällt worden ist, ist kein Schiedsspruch im Sinne des Gesetzes und kann zu einem solchen auch dadurch nicht werden, daß die Schätzer als Schiedsrichter bezeichnet und auf die Anwendung der gesetzlichen Vorschriften über den Schiedsvertrag von den Parteien verwiesen sind.

Vgl. Jurist. Wochenschr. 1906 S. 573 Nr. 49.

Wie der Wille der Parteien für die Anfechtung eines Spruches, der sich als wirklicher Schiedsspruch darstellt, keine anderen Gründe schaffen kann, als die vom Gesetze aufgestellten, so vermag Parteivereinbarung auch nicht bloße Schätzer mit den im Gesetze geregelten, zum Teil öffentlichrechtlichen Funktionen (§ 1035, § 1036 Z.P.O.) von Schiedsrichtern auszustatten, und ebensowenig können Gutachten, die keine Schiedssprüche sind, durch Parteivereinbarung zu Schiedssprüchen gemacht und hinsichtlich ihrer Wirkung und Anfechtbarkeit den das schiedsgerichtliche Verfahren regelnden Bestimmungen der Zivilprozeßordnung unterworfen werden.

Von der gegenteiligen Ansicht ausgehend, hat das Berufungsgericht die von den Parteien erhobenen Klagen lediglich aus dem Gesichtspunkte geprüft, ob die als Schiedssprüche aufgefaßten Schätzungen aus gesetzlichen Gründen anfechtbar sind. Dabei ist das angefochtene Urteil zu dem die Entscheidung des ersten Richters billigenden Ergebnisse gelangt, daß die die Sprüche anfechtende Klage des M. abzuweisen ist, die Sprüche hinsichtlich der in ihnen getroffenen Kostenentscheidung für vollstreckbar, im übrigen für rechtmäßig zu erklären sind, und daß unter Zugrundelegung der abgegebenen Schätzungen M. auf die Leistungsklage des W. zur Zahlung von 122190,21 ℳ nebst Zinsen als dessen Auseinandersetzungsguthaben zu verurteilen ist.

Auf die auch hiergegen von der Revision erhobenen Angriffe, welche bei den Entscheidungen über die Anfechtungen Verletzung der §§ 1041, 551 Nr. 7, 554 Abs. 2 Nr. 2c Z.P.O. rügen und geltend machen, daß für die Verurteilung zur Zahlung keine ausreichende Begründung gegeben sei, ist jetzt nicht näher einzugehen.

Die Aufhebung des Urteils und die Zurückverweisung der Sache in die Berufungsinstanz zur erneuten Verhandlung und Entscheidung mußte, auch wenn die erwähnten Rügen für nicht berechtigt erachtet werden, dennoch erfolgen. Denn nach der vorstehenden, für das Berufungsgericht nunmehr maßgebenden rechtlichen Beurteilung — § 565 Abs. 2 Z.P.O. — sind die Klagen und die gegen sie erhobenen Einwendungen aus wesentlich anderen Gesichtspunkten zu prüfen. Es wird sich jetzt fragen, welche Bedeutung dem Vergleiche, wenn er als Schiedsvertrag nicht anzusehen ist, beizumessen ist, ob M. mit seinen die Gutachten als offenbar unbillig anfechtenden und den übrigen gegen sie erhobenen Einwendungen nunmehr zuzulassen ist, oder ob und in welchem Umfange Einwendungen gegen die Richtigkeit der Gutachten nach dem Parteiwillen dennoch haben ausgeschlossen sein sollen.

Vgl. Planck, Bürgerliches Gesetzbuch Bem. 4 zu § 319; Oppler, Schiedsvertrag und Schiedsmännervertrag (Recht 1906 S. 434).

Einer erneuten Auslegung bedarf der Vergleich auch weiter insofern, als zu prüfen ist, ob, wenn auch in der Hauptsache kein Schiedsvertrag vorliegt, doch solcher hinsichtlich der Kosten geschlossen ist, welche durch die Schätzungen entstanden sind, ob die Parteien einen hinsichtlich dieser Kosten herrschenden Streit durch Schiedsspruch haben erledigen wollen, und ob deshalb die Vollstreckbarkeitserklärung hinsichtlich dieser Kosten dennoch aufrecht zu halten ist.

Vgl. Entsch. des R.G.'s in Zivils. Bd. 19 S. 406, Bd. 30 S. 353.

Der veränderte rechtliche Gesichtspunkt erfordert auch eine erneute Prüfung der Zulässigkeit beider Klagen." . . .

21. Kann eine gegen den Fiskus gerichtete Klage auch einer Behörde zugestellt werden, die zur Prozeßführung nicht befugt ist? Z.P.O. § 171.

VII. Zivilsenat. Urt. v. 12. November 1907 i. S. K. & H. (Kl.) w. sächsischen Fiskus (Bekl.). Rep. VII. 69/07.

I. Landgericht Dresden.
II. Oberlandesgericht daselbst.

Der Klägerin war zu Erweiterungsanlagen an der Linie der Sächsischen Staatsbahn Dresden-Bodenbach eine Parzelle enteignet, und die Entschädigung durch den Bescheid der Amtshauptmannschaft zu Pirna vom 26. März 1903 auf 37214,50 ℳ festgesetzt worden. Der Rekurs gegen diesen Bescheid war durch den Beschluß der Kreishauptmannschaft zu Dresden vom 3. November 1904 zurückgewiesen. Der Beschluß war der Klägerin frühestens am 16. November 1904 zugegangen. Sie hat gemäß § 33 des Sächsischen Enteignungsgesetzes vom 24. Juni 1902 gegen die Entscheidung der Verwaltungsbehörde den Rechtsweg beschritten. Die Klage wurde der Königlichen Generaldirektion der Sächsischen Staatseisenbahnen zu Dresden am 10. November 1905 zugestellt. Der Beklagte rügte, daß nicht die Generaldirektion, sondern das Finanzministerium den Fiskus im Prozesse zu vertreten habe, und daß deshalb die für die Beschreitung des Rechtsweges zugelassene einjährige Frist versäumt sei. Die Rüge wurde von den Vorinstanzen für begründet erachtet, und deshalb die Klage abgewiesen. Auch die Revision ist — bis auf einen hier nicht interessierenden Punkt — erfolglos geblieben.

Gründe:

... „Der die Verletzung des § 171 Z.P.O. rügende Angriff der Revision kann nicht für begründet erachtet werden. Der Abs. 1 des § 171 betrifft die Zustellungen an nicht prozeßfähige Personen und bestimmt, daß sie an deren gesetzliche Vertreter zu erfolgen haben. Der Abs. 2 gibt eine Sondervorschrift für Behörden, Gemeinden, Korporationen und gewisse Personenvereine: bei ihnen ist die Zustellung an die gesetzlichen Vertreter nicht zwingend; es genügt die Zustellung an die Vorsteher. Nach Abs. 3 braucht, wenn mehrere gesetzliche Vertreter oder mehrere Vorsteher vorhanden sind, die Zustellung nur an einen derselben zu erfolgen. Im Zusammenhang mit § 171 stehen die §§ 172, 173, insofern auch sie die Vertretungsbefugnis Dritter in Ansehung von Zustellungen regeln, § 172 für Personen des Soldatenstandes, § 173 für physische oder juristische Personen, die Generalbevollmächtigte oder Prokuristen bestellt haben. Der Revision ist hiernach darin beizutreten, daß die Person, der wirksam die Klage zugestellt werden kann, nicht notwendig auch zur Prozeßführung berechtigt zu sein braucht, daß diese Frage vielmehr im Rechtsstreite selbst erst zum Austrage kommt. Allein im vorliegenden Falle greifen weder § 171 Abs. 2 und 3, noch die §§ 172, 173 Z.P.O. Platz. Insbesondere ist die Generaldirektion der Sächsischen Staatseisenbahnen nicht, wie die Revision geltend zu machen sucht, Generalbevollmächtigte des Sächsischen Landesfiskus im Sinne des § 173 Z.P.O. Vielmehr handelt es sich lediglich um die Anwendung des § 171 Abs. 1; es ist zu prüfen, ob die Zustellung der Klage für den nicht prozeßfähigen sächsischen Eisenbahnfiskus an den richtigen gesetzlichen Vertreter erfolgt ist. Wer den Landesfiskus in bürgerlichen Rechtsstreitigkeiten zu vertreten hat, bestimmt sich nach den Gesetzen des betreffenden Bundesstaates. Sie entscheiden darüber, welche Behörde nach Maßgabe der in Betracht kommenden organisatorischen Vorschriften zur Wahrnehmung der Rechte des Staates im Hinblick auf die zu erledigende Vermögensangelegenheit berufen ist. Diese Behörde, und keine andere, vertritt den Fiskus, wie ihr Sitz auch maßgebend für den Gerichtsstand ist (§ 18 Z.P.O.). Deshalb ist aber auch sie allein zur Empfangnahme von Zustellungen für den Rechtsstreit ermächtigt; sie ist die gesetzliche Vertreterin des Fiskus. Insoweit decken sich die Befugnis zur Prozeßführung und die Befugnis zur Empfangnahme von Zustellungen. Sie würden nur dann auseinanderfallen, wenn — was praktisch nicht leicht vorkommen wird — mehrere Behörden zusammen den Fiskus zu vertreten hätten. Hier würde nach § 171 Abs. 3 Z.P.O. die Zustellung an eine genügen, auch wenn die Prozeßführung gemeinschaftlich erfolgen müßte. Der Fall ist aber nicht gegeben. Nach der auf dem irrevisiblen sächsischen Landesrecht beruhenden Feststellung des Berufungsrichters ist allein das Königliche Finanzministerium der Vertreter des Fiskus in streitigen Enteignungssachen, soweit der Betrag von 1000 *M* überschritten wird, woraus sich ergibt, daß die Generaldirektion der Staatseisenbahnen als Vertreterin ausscheidet; sie ist es nach der unanfechtbaren Annahme des Berufungsrichters nur, sofern es sich um nicht streitige Enteignungssachen oder um Prozesse in solchen bis zum Betrage von 1000 *M* handelt. Es läßt sich also nicht sagen, daß die Generaldirektion gesetzliche Vertreterin, wenn schon nicht berufen zur Prozeßführung, sei. Darum war die Zustellung der Klage an sie wirkungslos, und es ist die Frist zur Klageerhebung nicht gewahrt." ...

---

22. Ist das Reichsgericht zum Erlaß einer Vorentscheidung gemäß § 11 Abs. 2 Nr. 2 Einf.-Ges. zum G.V.G. auch dann berufen, wenn der Rechtsstreit nicht bei einem Gerichte desjenigen Landes anhängig ist, für welches die in § 11 Abs. 2 Nr. 2 bezeichneten landesgesetzlichen Vorschriften gelten?

II. Zivilsenat. Beschl. v. 12. November 1907 i. S. G. (Kl.) w. P. (Bekl.). Beschw.-Rep. II. 58/07.

I. Landgericht Bremen.

Die Frage wurde verneint aus folgenden, den Sachverhalt ergebenden

Gründen:

„Zwar liegt der in § 39 els.-lothr. Ausf.-Ges. zum B.G.B. bestimmte Fall hier vor, daß ein Beamter wegen einer Handlung, die er in Ausübung der ihm anvertrauten öffentlichen Gewalt vorgenommen hat, zivilrechtlich verfolgt wird. Der vorliegende Fall hat aber die Besonderheit, daß der Rechtsstreit, wegen dessen die in § 39 a. a. O. mit § 11 Abs. 2 Einf.-Ges. zum G.V.G. bezeichnete Vorentscheidung verlangt wird, nicht — wie in den seither von dem beschließenden Senat auf Antrag des Ministeriums von Elsaß-Lothringen entschiedenen Fällen — vor einem elsaß-lothringischen Gerichte, sondern vor dem Landgerichte zu Bremen anhängig ist. Deshalb ist zunächst zu prüfen, ob auch in solchen Fällen, in denen ein elsaß-lothringischer Beamter vor einem nicht elsaß-lothringischen Gerichte wegen einer Amtshandlung verklagt ist, die in den bezeichneten Bestimmungen vorgesehene Vorentscheidung auf Antrag zu erlassen ist. Diese Frage ist zu verneinen. Die Erlassung einer solchen Vorentscheidung hat nämlich zur selbstverständlichen, sich aus der Entstehungsgeschichte des § 11 Abs. 2 a. a. O. ergebenden Voraussetzung, daß die Vorentscheidung dann, wenn sie dahin geht, daß ein Beamter sich einer Überschreitung seiner Amtsbefugnisse oder der Unterlassung einer ihm obliegenden Amtshandlung nicht schuldig gemacht habe, für das Prozeßgericht, bei welchem der betreffende Rechtsstreit anhängig ist, bindend, und somit auf Grund derselben eine weitere Verfolgung des Beamten vor dem mit dem Rechtsstreite befaßten ordentlichen Gerichte nicht statthaft ist (während eine im umgekehrten Sinne ergehende Vorentscheidung überhaupt in keinem Falle für das Prozeßgericht maßgebend ist, wie ebenfalls aus der Entstehungsgeschichte des § 11 Abs. 2 a. a. O. erhellt). Im Hinblick hierauf und auf den Zweck der Vorentscheidung überhaupt, durch welche die Beamten vor eingeleiteten schikanösen Verfolgungen geschützt werden sollen (vgl. die Mot. zu § 39 a. a. O.), ist daher nicht anzunehmen, daß das Reichsgericht durch die fraglichen Bestimmungen auch zur Erlassung solcher Vorentscheidungen berufen sein sollte, welche im einzelnen Falle für das Prozeßgericht nicht bindend sein würden. Die angegebene Voraussetzung, daß die zu erlassende Vorentscheidung, falls sie zugunsten des Beklagten ausfallen sollte, in dem dargelegten Sinne für das Prozeßgericht maßgebend sein würde, liegt aber hier nicht vor, weil die hauptsächlich in Frage kommende Bestimmung des § 39 elſ.-lothr. Ausf.-Ges. zum B.G.B., als ein elsaß-lothringisches Landesgesetz, für das mit dem vorliegenden Rechtsstreit befaßte Bremer Landgericht keine Geltung hat. Der Annahme einer solchen Wirkungslosigkeit der von dem Reichsgerichte etwa erlassenen Vorentscheidung steht auch die reichsgesetzliche Vorschrift des § 11 Abs. 2 Einf.-Ges. zum G.V.G. nicht entgegen; denn weder aus dem Wortlaute, derselben („Unberührt bleiben die landesgesetzlichen Vorschriften" rc) noch aus ihrer Entstehungsgeschichte ist zu entnehmen, daß dadurch noch etwas Mehreres herbeigeführt werden sollte, als die eingeschränkte Aufrechterhaltung landesgesetzlicher Vorschriften in ihrer Wirksamkeit als Landesgesetze; insbesondere wäre die Ausdehnung des Geltungsgebietes der fraglichen landesgesetzlichen Vorschriften auf das ganze Reich weder mit dem Sinne noch dem Zwecke der Vorschrift des § 11 Abs. 2 a. a. O. in Einklang zu bringen.

Hiernach war die Erlassung der beantragten Vorentscheidung abzulehnen."

23. 1. Berechnung des Streitwertes bei nachbarrechtlichen Beschränkungen des Eigentumsrechtes, sog. Legalservituten, insbesondere bei Änderung des Streitgegenstandes im Laufe des Rechtsstreites.

2. Anwendung der §§ 142, 143 A.L.R. I. 8 in Fällen, wo bestehende Fenster schon vor dem Neubau weniger Licht empfingen, als das durch die erwähnten Gesetzesvorschriften geschützte.

V. Zivilsenat. Urt. v. 13. November 1907 i. S. A. (Bekl.) w. Stadt Gl. (Kl.). Rep. V. 105/07.

I. Landgericht Glatz.
II. Oberlandesgericht Breslau.

Die Klägerin besaß in G. die zwischen der Minoriten-Straße und der Brücktor-Brücke gelegenen Grundstücke (Häuser) Nr. 342/3, die ihren Eingang von der tiefer liegenden Minoriten-Straße hatten und im Erdgeschoß einen durchgehenden Lagerraum, in dem Oberstock 2 Zimmer (Stube und Küche) enthielten. Im Norden grenzte daran das Grundstück des Beklagten Nr. 344, wo in einem Abstande von 0,97 m bis 1,73 m sich ebenfalls ein Gebäude befand. Das Erdgeschoß des klägerischen, im ganzen 5,70 m hohen Gebäudes empfing sein Licht von dem an der Westseite (nach der Minoriten-Straße zu) liegenden Hofe und durch drei in dem Zwischenraum der beiderseitigen Grundstücke angebrachte Fenster. Der Oberstock hatte außer 2 Fenstern an der Westseite und einem an der Ostseite noch 2 Fenster an dem Zwischenraum an der Nordseite, die ebenso wie die drei unteren Fenster seit mehr als 10 Jahren bestanden.

Das Haus des Beklagten wurde früher als Stallgebäude benutzt und war bis zum Dachfirst nur 7,20 m hoch, so daß man nach Angabe der Klägerin aus den beiden ungeöffneten Fenstern ihres Oberstocks zur Not noch den Himmel sehen konnte. Auf Grund einer am 1. Dezember 1905 von der städtischen Polizeiverwaltung genehmigten Bauzeichnung nahm jedoch der Beklagte, nachdem Verhandlungen über den Austausch der klägerischen Grundstücke ohne Erfolg geblieben waren, seit dem 2. April 1906 einen Umbau seines Gebäudes vor, der dieses um 3,70 m, also auf 10,90 m erhöhte. Wegen der dadurch bewirkten Beeinträchtigung der Lichtzuführung stellte die Klägerin, nachdem sie am 2. April 1906 beim Beginn des Baues für den Fall, daß die polizeilich genehmigte Zeichnung zur Ausführung gelange, geeignete Maßregeln zur Wahrung des Fensterrechts angekündigt hatte, mit der am 19. April 1906 zugestellten Klage den Antrag, der Beklagte solle verurteilt werden, mit seinem Neubau so weit zurückzurücken, daß aus den ungeöffneten nördlichen Fenstern im oberen Stockwerk des klägerischen Gebäudes ein mittelgroßer Mensch in ungezwungener Stellung den Himmel sehen könne. Das Landgericht hat den Einwand des Beklagten, daß die Klägerin jeden Anspruch verwirkt habe, weil sie nicht rechtzeitig nach § 43 A.L.R. I. 22 gegen den Neubau eingeschritten sei, verworfen und auf den weiteren Einwand des Beklagten, daß man schon vor dem Neubau aus den ungeöffneten Fenstern des klägerischen Oberstocks den Himmel überhaupt nicht habe sehen können, den Beklagten nach dem Klagantrage, jedoch mit der Einschränkung verurteilt, daß der Beklagte mit dem Neubau „nur bis zur Wiederherstellung des bisherigen Zustandes“ zurückzurücken brauche. Das Oberlandesgericht hat die Berufung des Beklagten zurückgewiesen. Die Revision ist erfolglos geblieben aus folgenden

Gründen:

„I. Die Zulässigkeit der Revision war nicht zu beanstanden.

Das Landgericht hat allerdings auf die Angabe der Klägerin hin den Streitwert auf 650 *M* festgesetzt, und der Beklagte hat weder damals noch in der Folge etwas dagegen erinnert. Eine nähere Erörterung hat jedoch in den Vorinstanzen nicht stattgefunden. Da es sich um eine servitutenähnliche nachbarrechtliche Eigentumsbeschränkung, sog. Legalservitut, handelt, auf die auch sonst die Grundsätze über Grundgerechtigkeiten Anwendung finden (vgl. §§ 1 flg. A.L.R. I. 22, Entsch. des R.G.'s in Zivils. Bd. 44 S. 315), konnte es keinem Bedenken unterliegen, auch bei Bemessung des Streitwertes den § 7 Z.P.O. anzuwenden.

Vgl. Petersen-Anger-Remelé, 5. Aufl., Bem. 3; Gaupp-Stein, 8./9. Aufl., Bem. III; Skonietzki u. Gelpcke, Bem. 1 zu § 7 a. a. O.

Mag nun auch das Interesse der Klägerin, wie diese durch ein in der Revisionsinstanz eingereichtes Gutachten glaubhaft machen will, sogar noch weniger als 651 *M*, nämlich nur 225 *M*, ausmachen, so war doch die Wertverringerung, die das Grundstück des Beklagten nach den vom Reichsgericht (Entsch. in Zivils. Bd. 63 S. 98, 100) aufgestellten Grundsätzen erleidet, höher als 2500 *M* zu bewerten. Das von dem Beklagten eingereichte Gutachten berechnet den Verlust, den der Beklagte „im Falle der Wiederherstellung des früheren Zustandes“ erleiden würde, auf 12500 *M*. Dabei ist nun freilich nicht ersichtlich, ob der Sachverständige die Vorderurteile dahin aufgefaßt hat, daß schlechthin der frühere Zustand wiederherzustellen sei, oder ob er ein bloßes Zurückrücken des neuen Aufbaues für unausführbar erachtet und deshalb den völligen Abbruch des Aufbaues und die Wiedereinrichtung des Stallgebäudes für notwendig gehalten hat. Die Entscheidung des Landgerichts, die das Berufungsgericht lediglich aufrecht erhalten hat, ist nicht ganz unzweideutig und nicht ohne inneren Widerspruch, und zwar liegt dies daran, daß beide Vorderrichter es unterlassen haben, den Sachverhalt an Ort und Stelle festzustellen und die Grenzen des Zurückrückens genau zu bestimmen. Sie begnügen sich mit einer theoretischen Entscheidung, die den realen Verhältnissen nicht genügend Rechnung trägt. Gemeint ist offenbar, daß nur der Aufbau, und auch nur so weit zurückgerückt werden soll, daß er den Zwischenraum nicht mehr verdunkelt, als dies bei dem früheren Gebäude der Fall war. Der Erfolg, daß ein mittelgroßer Mensch in ungezwungener Stellung aus den ungeöffneten Fenstern des oberen Stockwerks den Himmel sieht, ist dann freilich nicht zu erreichen, wenn dies, wie nach den Anführungen beider Parteien anzunehmen, schon jetzt nicht der Fall ist. Sollen die Vorderurteile einen Sinn haben, so wird man demnach dem mittelgroßen Menschen im zweiten Stockwerk in der Art, wie dies in dem Urteil des Reichsgerichts (Entsch. in Zivils. Bd. 64 S. 299) erörtert ist, einen veränderten (sei es tieferen, sei es mehr vorgebeugten) Standpunkt anweisen müssen, so daß die Gesichtslinie an der Oberkante des alten und in der Verlängerung an der Oberkante des (zurückgerückten) Neubaues vorbei den Himmel trifft. Nicht nötig ist jedenfalls der Abbruch des ganzen Aufbaues, sofern die sonstigen Verhältnisse des Grundstücks ein Zurückrücken in dem vorerwähnten Umfange gestatten. Sind nun aber auch die Verluste, die ein bloßes Zurückrücken verursachen würde, geringer zu veranschlagen, als die von dem Sachverständigen berechnete Summe von 12500 *M*, so konnte es doch nicht zweifelhaft sein, daß sie mehr als 2500 *M* ausmachen würden.

Nun hat allerdings die Klägerin noch geltend gemacht, daß der Neubau auf dem Grundstücke des Beklagten zur Zeit der Zustellung der Klage noch nicht vollendet gewesen sei und deshalb nach § 4 Z.P.O. bei Berechnung des Streitwerts und nach § 546 a. a. O. bei der Berechnung der Revisionssumme nicht in Betracht gezogen werden dürfe; dies konnte jedoch nicht für richtig erachtet werden. Denn abgesehen davon, daß der Neubau zur Zeit der Zustellung der Klage zum Teil wenigstens bereits ausgeführt war, bezieht sich § 4 a. a. O. auch nur auf den Fall, wenn der Wert des unverändert gebliebenen Streitgegenstandes nach Zustellung der Klage sinkt oder steigt, dagegen nicht auf den Fall, daß der Streitgegenstand selbst Veränderungen erleidet.

Vgl. die Motive zu den §§ 3—9 des Entwurfs einer Z.P.O.; Entsch. des R.G.'s in Zivils. Bd. 15 S. 75, 407, Bd. 23 S. 361;

Skonietzki u. Gelpcke Bem. 2 zu § 4; Petersen-Anger-Remelé, Bem. I 2 zu § 4, Bem. 4b zu § 546; Gaupp-Stein, Bem. I zu § 4, Bem. V 1 zu § 546 Z.P.O.
Übrigens würde, auch wenn man den Neubau außer Betracht läßt, die Wertverringerung, die das Grundstück des Beklagten durch die Unmöglichkeit, den beabsichtigten Neubau in dem in Aussicht genommenen Umfange auszuführen, erleidet, ebenfalls auf mehr als 2500 *M* zu veranschlagen sein.

II. In der Sache selbst war der Revision der Erfolg zu versagen. Die Entscheidung der Vorinstanzen ist, wenn man sie in dem vorerörterten Sinne auffaßt, nicht zu beanstanden; insbesondere ist es zutreffend, wenn der Berufungsrichter unter Hinweis auf die vom Reichsgericht (Entsch. in Zivils. Bd. 32 S. 189) aufgestellten Grundsätze den § 43 A.L.R. I. 22 im vorliegenden Falle nicht für anwendbar erachtet hat. Eine Revisionsrüge ist in dieser Beziehung auch gar nicht erhoben. Zu Unrecht aber rügt die Revision, daß der Vorderrichter die §§ 142, 143 A.L.R. I. 8 überhaupt zur Anwendung gebracht habe. Sie meint, diese Gesetzesvorschriften müßten außer Betracht bleiben, wenn schon bei dem bestehenden Zustande, wie der Beklagte behauptet, und der Berufungsrichter dahingestellt gelassen habe, aus den ungeöffneten Fenstern des oberen Stocks der Himmel nicht zu sehen gewesen sei; denn der vom Gesetz gewollte Zustand sei dann eben nicht herzustellen, und zu einer ausdehnenden Auslegung des Gesetzes liege kein Anlaß vor. Es handelt sich indessen gar nicht um eine ausdehnende Anwendung des Gesetzes. Die §§ 142, 143 A.L.R. I. 8 bestimmen die Grenze des Lichtschutzes für Fenster, die seit länger als 10 Jahren bestehen (vgl. Entsch. des R.G.'s in Zivils. Bd. 32 S. 193, 197). Ist diese Grenze durch ausdrückliche oder stillschweigende Vereinbarung oder durch die tatsächliche Gestaltung der Dinge zu ungunsten der lichtempfangenden Fenster verschoben, so folgt daraus keineswegs, daß nunmehr der gesetzliche Lichtschutz ganz in Wegfall gekommen ist. Vielmehr versteht es sich von selbst, daß den Fenstern das Licht in dem geringeren Umfange, in dem sie es seit 10 Jahren genossen haben, auch in der Folge erhalten bleiben muß."

---

24. Verhältnis des Urheberrechtes des Textdichters einer Oper zu dem des Komponisten.

Gesetz, betr. das Urheberrecht an Werken der Literatur und der Tonkunst, vom 19. Juni 1901 §§ 5, 28, 30.

I. Zivilsenat. Urt. v. 13. November 1907 i. S. P. (Bekl.) w. B. & B. (Kl.). Rep. I. 34/07.

I. Landgericht I Berlin.
II. Kammergericht daselbst.

Der Text zu Meyerbeer's Oper „Die Afrikanerin" ist von dem Schriftsteller Gumpert ins Deutsche übersetzt. Meyerbeer ist 1864, Gumpert 1896 verstorben.

Im Jahre 1906 beabsichtigte der Beklagte, als Leiter eines Berliner Theaters, die Oper mit dem Gumpert'schen Texte aufzuführen. Er kam darüber mit der Klägerin, der Gumpert seine Urheberrechte übertragen hatte, in Streit. Der Beklagte vertrat den Standpunkt, daß er, nachdem Meyerbeer's Urheberrechte durch Zeitablauf erloschen seien, einer Einwilligung für die Aufführung nicht bedürfe, während die Klägerin kraft der auf sie übergegangenen Rechte des Textübersetzers ihre Einwilligung für erforderlich erklärte.

Der Streit führte zu einer Feststellungsklage, die in beiden Instanzen zugunsten der Klägerin entschieden wurde. Auch die Revision des Beklagten wurde zurückgewiesen.

Gründe:

... „Die Grundlage des klägerischen Anspruchs ist der § 5 des Urheberrechtsgesetzes vom 19. Juni 1901. In der Oper wird ein Schriftwerk mit einem Werke der Tonkunst verbunden. Für jedes dieser Werke gilt dessen Verfasser auch nach der Verbindung als Urheber. Der Textdichter, im vorliegenden Falle der Übersetzer des französischen Textes (vgl. § 2 Satz 2 des Gesetzes), ist in Ansehung des Urheberrechts an der Oper dem Komponisten grundsätzlich gleichgestellt. Schon das Gesetz vom 11. Juni 1870 enthielt diese Gleichstellung. Es enthielt auch in seinem § 51 die dem jetzigen § 28 entsprechenden Bestimmungen. Beide stimmen sachlich überein; wäre ein Unterschied vorhanden, so wäre nach § 62 Satz 1 des neuen Urheberrechtsgesetzes das neue Gesetz anzuwenden.

Das Verhältnis des § 28 Abs. 2 zu der grundlegenden Bestimmung des § 5 haben die Vorinstanzen durchaus zutreffend aufgefaßt. Der § 28 Abs. 2 hebt das Urheberrecht des Textdichters nicht auf; er beschränkt es auch nicht virtuell; er regelt lediglich das Verhältnis der beiden gleichberechtigt nebeneinander stehenden Urheber gegenüber Dritten. Und zwar geschieht dies lediglich im Interesse der Erleichterung des Verkehrs Dritter mit den Urhebern. Der Veranstalter der Aufführung bedarf nur der Einwilligung des Komponisten. Wie sich Textdichter und Komponist, die sich zur Herstellung eines gemeinsamen Werkes „verbunden", vergesellschaftet haben, im inneren Verhältnisse miteinander verständigen oder auseinandersetzen, ist ihre Sache. Eine materielle Einschränkung des Urheberrechtes des einen oder anderen findet durch die Vorschrift des § 28 Abs. 2 nicht statt. Man kann das Verhältnis als das einer gesetzlichen Vertretung des Textdichters durch den Komponisten auffassen. Diese Vertretung ist aber nicht im Interesse des Vertretenen, sondern im Interesse der dritten Kontrahenten, der Veranstalter der Aufführung, eingeführt. Unterstellt man eine vom Gesetze fingierte Bevollmächtigung des Komponisten, so ist zwar diese, weil nur im Interesse der Veranstalter der Aufführung bestimmt, den Dispositionen und dem Widerruf des Textdichters entzogen. Aber in allen übrigen Beziehungen bleibt das Urheberrecht des Textdichters völlig unberührt. Insbesondere bestimmt sich seine Dauer lediglich nach den in seiner Person liegenden Verhältnissen (§ 29 des Gesetzes). Der Fall des § 30 des Gesetzes, daß dasselbe Urheberrecht mehreren gemeinschaftlich zusteht, liegt nicht vor. Vielmehr haben sowohl Textdichter als Komponist jeder sein eigenes Urheberrecht. Die Anwendung der Vorschrift des § 28 setzt aber gerade das Nebeneinanderbestehen der beiden selbständigen Urheberrechte, des Textdichters und des Komponisten, voraus. Nur für diesen Fall trifft die oben angegebene ratio legis zu. Erlischt das Urheberrecht des einen oder des anderen, so ist für die fernere Anwendung des § 28 Abs. 2 kein Raum.

Im vorliegenden Falle ist, wie unbestritten, das Urheberrecht des Komponisten erloschen. Das Urheberrecht des Übersetzers, das hinsichtlich seiner Dauer lediglich nach §§ 5, 29 des Gesetzes zu beurteilen ist, besteht noch. Nach § 11 Abs. 2 des Gesetzes bedarf daher der Beklagte der Einwilligung des Übersetzers. Der Übersetzer hat seine Rechte an die Klägerin abgetreten. Der Klaganspruch ist daher begründet."

---

25. Können beim Kauf eines Handelsgewerbes oder anderen Geschäftsbetriebes die Bestimmungen der §§ 459 flg. B.G.B. über die Gewährleistung von Fehlern analog angewendet werden?

II. Zivilsenat. Urt. v. 15. November 1907 i. S. E. (Bekl. u. Widerkl.) w. S. (Kl. u. Widerbekl.). Rep. II. 383/07.

I. Landgericht Hamburg.
II. Oberlandesgericht daselbst.

Die Frage wurde bejaht aus den folgenden

Gründen:

„Gegenstand der Veräußerung gegen einen Preis von 13600 *M* war ein Zimmervermietungsgeschäft — eine Pension, in Hamburg anscheinend „Pensionat" genannt —, das in gemieteten Stockwerken betrieben wurde, mit Inventar. Ein solcher Geschäftsbetrieb kann gleich einem Handelsgeschäft — fonds de commerce — zum Verkehrsgegenstande und veräußerlichen Lebensgute werden. Zwar ist ein solches Lebensgut weder Sache noch Recht im Sinne des § 433 Abs. 1 B.G.B. Auf seine Veräußerung gegen Entgelt finden indes die allgemeinen Grundsätze über Kauf Anwendung. Das hat der erkennende Senat in seinem Urteile vom 13. März 1906 (Entsch. in Zivils. Bd. 63 S. 57) ausgesprochen. Die Bestimmungen des Bürgerlichen Gesetzbuchs über Gewährleistung wegen Mängel (§§ 459 flg.) setzen nach ihrem Wortlaute Mängel einer körperlichen Sache voraus. In der vielerörterten Frage, ob jene Bestimmungen auch auf den Kauf von Vermögens- und Verkehrsgegenständen der hier in Betracht kommenden Art, die nicht körperliche Sachen sind, analog angewendet werden können, hat der erkennende Senat in dem bezogenen Urteile (Bd. 63 S. 57) den Standpunkt eingenommen, daß, wenn beim Kaufe eine Eigenschaft eines solchen Lebensgutes vertraglich zugesichert ist — in dem damals entschiedenen Falle war beim Kauf eines

Handelsbetriebes die Höhe eines bestimmten Umsatzes und Ertrages in der Vergangenheit vertraglich zugesichert —, die Bestimmungen der §§ 463 flg. analog anzuwenden seien. An der dort ausgesprochenen Rechtsauffassung wird festgehalten. In jenem Urteile war dagegen die Frage unentschieden geblieben, ob beim Verkaufe solcher Lebensgüter — wie Handels- oder Geschäftsbetriebe — die Bestimmungen der §§ 459 flg. über Gewährleistung von Fehlern auch dann anzuwenden seien, wenn der verkaufte Geschäfts- oder Handelsbetrieb mit Fehlern behaftet ist, die seinen Wert oder seine Tauglichkeit zu dem gewöhnlichen oder dem nach dem Vertrage vorausgesetzten Gebrauche aufheben oder mindern.

Soweit die Beklagte aus dem Mangel der vorausgesetzten Höhe der Ertragsfähigkeit des Pensionates die Einrede der Wandelung ableitet, wäre es nicht nötig, zu der erwähnten Rechtsfrage Stellung zu nehmen. Denn das Fehlen der bloß vorausgesetzten, nicht vertraglich zugesicherten Höhe des bisherigen Ertrages einer Sache oder eines Geschäftsbetriebes ist grundsätzlich überhaupt kein Fehler im Sinne des § 459 B.G.B., sowenig wie der Irrtum über die Höhe des Ertrages ein Irrtum über eine Eigenschaft der Kaufsache ist. Nur durch vertragliche Zusicherung (§ 463 B.G.B.) kann die Höhe des Ertrages in der Vergangenheit einer im Sinne des § 459 erheblichen Eigenschaft der Sache rechtlich gleichgestellt werden.

Die Beklagte hatte indes geltend gemacht, das ihr als „Pensionat" verkaufte Geschäft sei unter der Führung von seiten der Klägerin ein der Unzucht dienendes sog. „Absteigequartier" gewesen. Soweit die Beklagte darin einen verborgenen Fehler des verkauften Geschäfts gefunden hat, der in analoger Anwendung der §§ 459 flg. sie zur Wandelung berechtige, hat das Berufungsgericht rechtsgrundsätzlich eine solche analoge Anwendung der Bestimmungen über Gewährleistung auf verborgene Fehler von Kaufgegenständen, die nicht körperliche Sachen sind, verneint. In seinen weiteren Ausführungen hat sich das Berufungsgericht mit der Frage beschäftigt, ob eine Auslegung des gegebenen Kaufvertrages nach den Erfordernissen von Treu und Glauben und unter Berücksichtigung der Verkehrssitte (§ 157 B.G.B.) etwa dazu führen könnte, die Beklagte für berechtigt zu erklären, das Geschäft zurückzugeben und so die Zahlung des Kaufpreises zu verweigern. Seine unmittelbar folgenden Erwägungen enthalten sodann die Feststellung, daß das verkaufte Pensionat nicht als Absteigequartier beurteilt werden könne. Wären die letzteren Erwägungen prozessual einwandsfrei, so wäre festgestellt, daß das Pensionat den behaupteten Mangel überhaupt nicht hatte; das allein würde zureichen, die aus ihm abgeleitete Einrede der Wandelung zu beseitigen. Die Revision erhebt aber gegen die erwähnte Tatsachen- und Beweiswürdigung eine Reihe prozessualer Angriffe", (die, wie näher ausgeführt wird, begründet sind). . . .

„Darum muß auf die Rechtsfrage eingegangen werden, ob überhaupt die analoge Anwendung der §§ 459 flg. B.G.B. zulässig ist, wenn das verkaufte Pensionat in Wirklichkeit den behaupteten Fehler hatte, daß es ein der Unzucht dienendes Absteigequartier war. Das Berufungsgericht hat mit ausführlicher Begründung eine solche analoge Anwendung der Bestimmungen über die Gewährleistung wegen Mängel der Sache verneint. Der erkennende Senat bejaht sie dagegen bei der hier gegebenen Sachlage.

Schon der Ausgang des Berufungsgerichts, die Bestimmungen des Bürgerlichen Gesetzbuchs über die Gewährleistung wegen Mängel der Sache seien Ausnahmebestimmungen positiver Art für den Kauf körperlicher Sachen und ließen schon aus diesem Grunde keine analoge Anwendung auf den Kauf anderer Lebensgüter zu, gibt zu Bedenken Anlaß. Jene Auffassung wäre nur dann gerechtfertigt, wenn für den Kauf nach dem Bürgerlichen Gesetzbuch der starre Grundsatz „caveat emptor", der das alte deutsche Recht beherrscht hat und den Kauf nach englisch-amerikanischem Rechte noch jetzt im wesentlichen beherrscht, als Regel anerkannt wäre, und davon im Rahmen der §§ 459 flg. nur für den Kauf körperlicher Sachen Ausnahmebestimmungen gegeben wären. Eine solche Annahme ist indes ausgeschlossen. Die römischen Juristen hatten mit ihrem praktischen Blicke und Verständnisse für die Anforderungen des treugläubigen Verkehrs erkannt, daß dem Käufer, wenn der Kaufgegenstand an verkehrserheblichen verborgenen Mängeln leidet, über den Rahmen der exceptio doli hinaus besonderer Schutz zu gewähren sei. Diesem Grundgedanken sind die Vorschriften des ädilizischen Ediktes entsprungen; auf ihm beruhte die ausdehnende Anwendung, die letzterem von den römischen Juristen gegeben wurde, und die sorgsame, die Interessen des Verkäufers und des Käufers weise abwägende Ausgestaltung der beiden ädilizischen

Rechtsbehelfe — actio redhibitoria und actio quanti minoris —. Jener Grundgedanke des römischen Rechts wurde von der modernen Rechtsentwicklung aufgenommen und weiter ausgebildet. Dabei ist die neuere Rechtsentwicklung keineswegs bei seiner Anwendung auf körperliche Sachen aller Art stillgestanden; sie hat ihn auch auf den Verkauf anderer im Verkehr befindlicher Lebensgüter angewendet. So hat z. B. die französische Rechtsprechung nie Bedenken getragen, auf Mängel eines verkauften Handelsbetriebes — fonds de commerce — die Bestimmungen des Code civil über Gewährleistung wegen Mängel anzuwenden. Jenen leitenden Grundgedanken hat auch das Bürgerliche Gesetzbuch übernommen. Ausdrücklich geregelt ist zwar nur die Gewährleistung wegen Mängel körperlicher Sachen. Das vom Berufungsgericht in erster Reihe erhobene Bedenken steht indes einer analogen Anwendung seiner Bestimmungen auf den Kauf anderer Lebensgüter der hier fraglichen Art, die nicht körperliche Sachen sind, keinesfalls entgegen. Gleiches gilt auch von den anderen Bedenken, daß die Bestimmungen des Bürgerlichen Gesetzbuchs in §§ 459 flg. nur auf den Kauf körperlicher Sachen passen, und daß berechtigte Interessen der Verkehrssicherheit gegen deren analoge Anwendung auf Käufe der hier fraglichen Art sprechen. Die Bedeutung der gesetzlichen Regelung der Gewährleistungsansprüche liegt gerade darin, den durch einen verborgenen Mangel des Kaufgegenstandes geschaffenen Interessenkonflikt zwischen Käufer und Verkäufer durch positive Bestimmungen zu lösen. An die Stelle schwankender, von der Auffassung des Augenblicks abhängiger Anwendung der Grundsätze von Treu und Glauben mit Rücksicht auf die Verkehrssitte oder einer durch künstliche Auslegung erst zu gewinnenden stillschweigenden Vereinbarung eines Rücktrittsrechts, einer stillschweigenden Bedingung des Fehlens eines solchen Mangels sind im Interesse der Rechts- und Verkehrssicherheit dem Käufer die Rechtsbehelfe positiv geregelt, die ihm zur Lösung jenes Konfliktes gegeben sind. Ihre Regelung ist dabei weniger davon bestimmt, daß Kaufgegenstand eine körperliche Sache ist, als davon, zwischen den widerstreitenden Interessen des Käufers und Verkäufers einen billigen, dem treugläubigen Verkehr entsprechenden Ausgleich zu schaffen. Daß aber auch Verkehrsgegenstände der hier fraglichen Art — Handelsgeschäfte, andere Geschäftsbetriebe — an verborgenen Mängeln leiden können, deren Vorhandensein den gleichen Schutz des Käufers verlangt, den beim Kaufe körperlicher Sachen die §§ 459 flg. B.G.B. dem Käufer gewähren, wird durch den vorliegenden Fall am besten dargetan. Es wäre ein recht wenig befriedigendes Ergebnis, den Käufer eines Zimmervermietungsgeschäfts — einer Pension, die in Wirklichkeit ein der Unzucht dienendes Absteigequartier ist — lediglich auf den zweifelhaften Schutz des § 157 B.G.B. oder einer schwer zu beweisenden arglistigen Täuschung zu verweisen. Allerdings wird die Entscheidung der Frage, was als Mangel eines Handelsgeschäftes, eines anderen Geschäftsbetriebes angesehen werden kann, der die analoge Anwendung der §§ 459 flg. rechtfertigt, zurückhaltende Mäßigung erfordern. Nach dieser Richtung verdienen die Ausführungen des Berufungsgerichts, daß eine schrankenlose analoge Anwendung der §§ 459 flg. die Stellung des Verkäufers allzusehr erschweren könnte, volle Beachtung. Indes kann es für den hier gegebenen Fall keinem Bedenken unterliegen, daß grundsätzlich, soweit nicht aus dem Inhalt des Vertrags oder den begleitenden Umständen sich ein anderes ergibt, eine verkaufte Pension, die in Wirklichkeit ein der Unzucht dienendes Absteigequartier ist, an einem Mangel leidet, der die analoge Anwendung der §§ 459 flg. zuläßt." ...

26. Unter welchen Voraussetzungen können nichtindossable, auf den Namen lautende Schuldverschreibungen als „für den Handelsverkehr bestimmte" Schuldverschreibungen im Sinne der Tarifst. 2a des Reichsstempelgesetzes angesehen werden?

VII. Zivilsenat. Urt. v. 15. November 1907 i. S. bayerischer Fiskus (Bekl.) w. N.-F.'er Transportgesellschaft (Kl.). Rep. VII. 79/07.

I. Landgericht Nürnberg.
II. Oberlandesgericht daselbst.

Die Klägerin verlangt mit der Klage die Rückzahlung einer Reichsstempelabgabe, die der Beklagte für 150 von ihr ausgestellte, auf den Namen der Gläubigerin (der Laderkorporation in N.) lautende, nicht durch Indossament übertragbare Schuldscheine erhoben hat. Die Revision des zur Rückzahlung verurteilten Beklagten wurde zurückgewiesen aus folgenden

Gründen:

„Der Begriff der „inländischen für den Handelsverkehr bestimmten Schuldverschreibungen" im Sinne der Tarifst. 2a des Reichsstempelgesetzes ist in der Rechtsprechung des Reichsgerichtes schon mehrfach zur Erörterung gelangt. Dabei ist stets daran festgehalten worden, daß für die Feststellung jener Eigenschaft bei Schuldverschreibungen weder die Absicht des Ausstellers, noch der tatsächliche Erfolg der Ausgabe solcher Urkunden entscheidend ist, sondern lediglich ihre objektive Beschaffenheit, d. h. ihre Form und ihr Inhalt, vermöge deren sie nach den maßgebenden Bedürfnissen und Anschauungen des Verkehrslebens geeignet sein müssen, als Gegenstand des Handels zu dienen. Dieses letztere Erfordernis wurde als vorhanden nur dann angesehen, wenn die Urkunden leicht übertragbar sind, und ihre Verwertbarkeit durch Unabhängigkeit des Rechtes des Erwerbers von dem des Vormanns gesichert ist (Entsch. des R.G.'s in Strafs. Bd. 11 S. 426, in Zivils. Bd. 16 S. 84, Bd. 40 S. 134, und Urteil vom 21. November 1905, Rep. VII. 91/05). Insbesondere ist im Strafurteil Bd. 11 S. 426 ausgesprochen, nach der Entstehungsgeschichte und der inneren Bedeutung der Vorschrift der Tarifst. 2a sei es zweifellos, daß andere als die Inhaber- und Orderpapiere unter den für den Handelsverkehr *bestimmten* Papieren nicht verstanden werden *können*. Ferner ist in dem im 16. Bande der Entsch. in Zivils. abgedruckten Urteil ausgeführt, die Möglichkeit, dem Handelsverkehr zu dienen, bestehe zwar auch bei den auf Namen lautenden Papieren; jedoch würden diese „nur ausnahmsweise und wohl nur in dem Falle, wenn ihnen die Übertragbarkeit mittels *Indossaments* beigelegt sei, die Eigenschaften einer für den Handel bestimmten Ware haben". In Übereinstimmung hiermit ist endlich in dem im Bd. 40 derselben Entscheidungen abgedruckten Urteil ausgesprochen, es sei kein Grund ersichtlich, zu den für den Handelsverkehr bestimmten Verschreibungen ein auf Namen umgeschriebenes Inhaberpapier, das nicht indossabel sei, zu rechnen. Es kann dahingestellt bleiben, ob diese Grundsätze in voller Schärfe dahin aufrechtzuerhalten sind, daß nichtindossable auf den Namen gestellte Papiere — wie die hier in Frage stehenden

Schuldscheine — ihrem Wesen nach stets für den Handelsverkehr ungeeignet sind, oder ob nicht, zumal bei Berücksichtigung der Möglichkeit eines Wechsels der Handelsgewohnheiten, Fälle sich denken lassen, in denen auch ein nichtindossables Namenspapier vermöge der ihm von dem Aussteller gegebenen Eigenart als zum Handelsverkehr geeignet vom Handel aufgenommen wird. Jedenfalls können zu diesen Papieren gewöhnliche, nur durch Abtretung der verbrieften Forderung übertragbare Schuldverschreibungen nicht gerechnet werden, denen es an einer solchen besonderen Eigenart mangelt, so daß ihre Übertragbarkeit erschwert, oder die Unabhängigkeit des übertragenen Rechts von dem Rechte des Vormannes nicht hinreichend gewährleistet ist. Die hier vorliegenden Schuldscheine weisen aber in keiner Beziehung besondere Merkmale auf, die sie nach diesen beiden Richtungen hin von gewöhnlichen Schuldverschreibungen unterscheiden und zum Umlauf im Handelsverkehr geeigneter machen. Die Zahlung der Schuldsumme soll nicht an den Inhaber oder an die Order des benannten Gläubigers erfolgen, sondern an den benannten Gläubiger (die Laderkorporation) oder deren Rechtsnachfolger geschehen. Auch in der Bestimmung, daß die Zahlung „gegen die Rückgabe des abquittierten Schuldscheins" erfolgen soll, ist eine wesentliche Besonderheit nicht zu erblicken, da auch sonst nach §§ 368, 371 B.G.B. der Schuldner Quittung und daneben noch Rückgabe des Schuldscheins verlangen darf. Der Umstand ferner, daß es der Klägerin vom 1. Juli 1915 ab freisteht, jederzeit jeden Betrag aus der jeweils noch bestehenden Schuld zur Heimzahlung binnen zwei Monaten durch Verlosung und Bekanntmachung im Fr. Kurier oder nach Wahl der Schuldnerin an die in ihren Büchern vorgemerkten Gläubiger zu kündigen, steht offenbar sogar der Annahme entgegen, daß die Schuldscheine für den Umlauf im Handelsverkehr besonders geeignet seien. Dieser Umlauf wird zwar, worauf die Revision Gewicht legt, in gewisser Beziehung erleichtert, wenn die Übertragung der in den Schuldscheinen verbrieften Forderungen nicht durch gewöhnliche schriftliche Abtretung, sondern durch Blankoabtretung erfolgt. Eine solche ist aber bei allen verbrieften Forderungen möglich, ohne daß hieraus die Folgerung gezogen werden könnte, daß sie auch sämtlich für den Handelsverkehr geeignet seien. Auch bei Blankoabtretungen besteht die mit dem Handelsverkehr nicht verträgliche Abhängigkeit des Rechtes der die

Abtretung für sich geltend machenden Person von dem Rechte desjenigen Vormanns, der die Blankoabtretung erklärt hat. Ob die Befürchtung, daß die Klägerin aus dem letzteren Recht Einwendungen erheben werde, im vorliegenden Fall, wie die Revision hervorhebt, „nahezu ausgeschlossen" erscheint, macht keinen Unterschied, da die rechtliche Möglichkeit der Erhebung solcher Einwendungen bestehen bleibt und von einem mit den Umständen, die zur Ausstellung der Schuldscheine geführt haben, und mit der Kreditwürdigkeit der Klägerin nicht vertrauten Erwerber berücksichtigt wird. Daß von vornherein ein handelsmäßiger Umlauf der Schuldscheine nicht in Aussicht genommen war, daß vielmehr zunächst nur eine einmalige Übertragung der verbrieften Forderungen, und zwar an die einzelnen Mitglieder der Laderkorporation, beabsichtigt war, ergibt sich daraus, daß das auf der vierten Seite der Schuldscheine befindliche Formular für einen Übertragungsvermerk dort nur einmal, und zwar unter gedruckter Angabe der Laderkorporation als der übertragenden Gläubigerin, vorgedruckt ist, und daß darin als Datum der vorgesehenen Übertragung der 1. Juli 1905 angegeben ist, der auch unter den Schuldscheinen selbst als der Ausstellungstag bezeichnet ist.

Auch der von der Revision in Bezug genommene Wortlaut des § 4 Abs. 2 des Reichsstempelgesetzes vom 4. Juni 1900 läßt sich zu ihren Gunsten nicht verwerten, wonach von der Umschreibung der der Reichsstempelsteuer unterworfenen Wertpapiere in den Büchern und Registern der Gesellschaft sowie „von den auf die Wertpapiere selbst gesetzten Übertragungsvermerken (Indossamenten, Zessionen usw.) eine (Landesstempel-)Abgabe nicht zu entrichten" ist. Er ergibt nicht, daß auch Papiere, die nur durch Zession übertragbar sind, dem Reichsstempel aus Tarifst. 2a unterliegen, vielmehr nur, daß Zessionen, wenn sie auf reichsstempelpflichtige Papiere gesetzt sind, frei vom Landesstempel sind, so z. B. die „Abtretungsscheine" der Tarifst. 4a Ziff. 3. Die Vorschrift des § 4 trägt nur dem Umstande Rechnung, daß auch die Forderungen aus indossablen Papieren durch bloße Abtretung übertragen werden können.

Da hiernach die Feststellung des Berufungsrichters, die Schuldscheine seien nicht nach der Tarifst. 2a stempelpflichtig, rechtlichen Bedenken nicht unterliegt, die Stempelpflicht auch dadurch nicht begründet wird, daß die Klägerin, wie die Revision geltend macht, nur zur Umgehung der Steuer die an sich zulässige rechtliche Form nicht indossabler Schuldscheine für die Verbriefung ihrer Schuld gewählt hat, mußte der Revision der Erfolg versagt bleiben."

---

27. Liegt bei dem Erwerbe eines Handelsgeschäfts in der Zustimmung des früheren Firmeninhabers zur Fortführung der Firma im Zweifel die Ermächtigung, die Firma auch für Zweigniederlassungen zu gebrauchen und die Zweigniederlassung mit der abgeleiteten Firma als selbständiges Geschäft zu veräußern?

I. Zivilsenat. Urt. v. 16. November 1907 i. S. Schw. (Bekl.) w. Sch. (Kl.). Rep. I. 44/07.

I. Landgericht Wiesbaden, Kammer für Handelssachen.
II. Oberlandesgericht Frankfurt a. M.

Aus den Gründen:

„Nach der tatsächlichen Feststellung des Oberlandesgerichts wurde, nachdem der Beklagte das Frankfurter Geschäft des Klägers mit der dessen bürgerlichen Namen enthaltenden Firma gekauft und durch Aufnahme des Juweliers T. als Gesellschafters in eine offene Handelsgesellschaft umgewandelt hatte, während diese bestand, oder nach ihrer Auflösung und nach dem Übergange des Frankfurter Geschäfts auf T. eine Zweigniederlassung des Geschäfts in W. gegründet und mit ihrer Firma demnächst auf den Beklagten übertragen, der sie als selbständiges Geschäft fortführt. Bei Anwendung des § 22 H.G.B. auf diesen Tatbestand erwägt das Oberlandesgericht: die Mitübertragung der Firma sei bei Verwandlung einer Zweigniederlassung in ein selbständiges Geschäft gesetzlich nicht ausgeschlossen, aber durch die Einwilligung aller Beteiligten bedingt. Bei abgeleiteten Firmen müsse daher auch der frühere Inhaber — hier der Kläger — mit einer so weit gehenden Ausnutzung seiner Firma sich einverstanden erklärt haben, da es als regelmäßige Willensmeinung des Veräußerers eines Geschäfts nebst Firma nicht gelten könne, diese solle auch für selbständig gemachte Zweigniederlassungen geführt und damit vervielfältigt werden dürfen. Den Beklagten, der die Einräumung eines solchen unbeschränkten Rechtes zur Ausnutzung der Firma behaupte, treffe die Beweislast.

Es kann dahingestellt bleiben, ob und inwieweit die Veräußerung einer Zweigniederlassung mit dem Firmenrecht unter die Bestimmung des § 22 H.G.B. fällt. Jedenfalls müßte der Beklagte, der nach Lage der Sache sein Firmenrecht nur auf dieses Gesetz stützen kann, den Nachweis führen, daß der Kläger in die Fortführung der Firma für die weiter veräußerte Zweigniederlassung ausdrücklich gewilligt habe. Nun liegt bei dem Erwerbe eines Handelsgeschäfts in der Zustimmung des früheren Firmeninhabers zur Fortführung der Firma im Zweifel zwar die Ermächtigung, die Firma auch für Zweigniederlassungen zu gebrauchen, dagegen nicht auch die Ermächtigung, die Zweigniederlassung mit der abgeleiteten Firma als selbständiges Geschäft weiter zu veräußern. Regelmäßig wird vielmehr, wie das Oberlandesgericht zutreffend ausführt, eine solche Vervielfältigung der Firma nicht als dem Willen des früheren Firmeninhabers entsprechend anzusehen sein." . . .

28. Kann auf Grund eines gegen den unbekannten Gläubiger einer Hypothek unter Vorbehalt eines angemeldeten Rechtes erlassenen Ausschlußurteils die Umschreibung der Hypothek auf den Eigentümer erfolgen?

B.G.B. §§ 1170.
Z.P.O. §§ 953, 982 flg.

V. Zivilsenat. Beschl. v. 16. November 1907 in der Grundbuchsache von H. Bl. 10. Beschw.-Rep. V. 153/07.

I. Amtsgericht Doberan.
II. Landgericht Rostock.

Gründe:

„Der Beschwerdeführer ist Erbpächter des im Grundbuche von H. Bl. 10 verzeichneten Grundstücks. In Abt. III daselbst steht für M. eine Grundschuld von 3000 ℳ nebst 5 Prozent Zinsen eingetragen. Auf Antrag des Beschwerdeführers, der angab, daß der eingetragene Gläubiger verstorben sei, und daß die Voraussetzungen des § 1170 B.G.B. für ein Aufgebotsverfahren nach Maßgabe der §§ 982 flg. Z.P.O. vorlägen, erließ das Amtsgericht D. ein Aufgebot der unbekannten Gläubiger der Grundschuld und, nachdem fünf Personen als angebliche Erben des eingetragenen Gläubigers Rechte als Gläubiger der Grundschuld angemeldet hatten, am 11. Juni 1906 ein Ausschlußurteil dahin, daß alle diejenigen, welche Rechte an die Grundschuld nicht angemeldet hätten, mit ihren Rechten auf die Grundschuld ausgeschlossen, den fünf anmeldenden Personen aber alle ihre Rechte vorbehalten würden. Auf Grund dieses Urteils stellte der Beschwerdeführer bei dem Grundbuchamte den Antrag, die Grundschuld auf ihn umzuschreiben. Das Grundbuchamt lehnte diesen Antrag ab, weil der in dem Urteil ausgesprochene Vorbehalt der Rechte der fünf Personen durch Verzichterklärungen oder durch entsprechende rechtskräftige Verurteilungen dieser Personen zugunsten des Beschwerdeführers zunächst erledigt sein müsse. Die Beschwerde hierüber wurde vom Landgerichte aus dem gleichen Grunde zurückgewiesen. Hiergegen legte der Beschwerdeführer bei dem Oberlandesgerichte zu Rostock weitere Beschwerde ein. Das Oberlandesgericht wollte der weiteren Beschwerde stattgeben, erachtete sich aber an dieser Entscheidung durch den in der Samml. der Entsch. in Angelegenh. der freiw. Gerichtsb. Bd. 6 S. 145 veröffentlichten Beschluß des Kammergerichtes zu Berlin vom 10. Juni 1905 für behindert, worin die Löschung einer Hypothek auf Grund eines gegen den unbekannten Gläubiger unter Vorbehalt eines angemeldeten Rechtes erlassenen Ausschlußurteils vor Erbringung des Nachweises, daß das vorbehaltene Recht nicht bestehe, für unzulässig erklärt ist, und legte daher gemäß § 79 Abs. 2 G.B.O. die weitere Beschwerde dem Reichsgerichte zur Entscheidung vor. . . .

Nach § 1170 Abs. 1 B.G.B. kann unter den dort aufgeführten Voraussetzungen der Gläubiger einer Hypothek und also gemäß § 1192 B.G.B. auch der Gläubiger einer Grundschuld im Wege des Aufgebotsverfahrens mit seinem Rechte ausgeschlossen werden, wenn er unbekannt ist; und nach Abs. 2 des § 1170 B.G.B. erwirbt mit der Erlassung des Ausschlußurteils der Eigentümer die Post. Unter Ausschließung des Gläubigers versteht aber § 1170 B.G.B. eine solche, die nach Maßgabe der Vorschriften der Zivilprozeßordnung über das Aufgebotsverfahren ausgesprochen worden ist. Dies ergibt sich aus den Worten „im Wege des Aufgebotsverfahrens". In dem entsprechenden § 1103 des Entw. I waren auch prozessuale Vorschriften speziell für das Aufgebot eines unbekannten Hypothekengläubigers mitenthalten. Sie wurden mit Erweiterungen von der II. Kommission (Protok. Bd. 3 S. 618) in die Zivilprozeßordnung verwiesen und sind von der Novelle vom 17. Mai 1898 in die §§ 982 flg. Z.P.O. aufgenommen worden. Es ist also nicht, wie das Oberlandesgericht Rostock meint, die Bestimmung des Begriffs und des Umfangs der Ausschließung lediglich aus § 1170 B.G.B. als einer besonderen materiellrechtlichen Vorschrift zu entnehmen, sondern es sind dafür, wie das Kammergericht zutreffend ausführt, die einschlägigen Vorschriften der Zivilprozeßordnung nicht nur ebenfalls wesentlich, sondern sogar vor allem maßgebend. Der § 1170 B.G.B. bestimmt nur die materiellen Voraussetzungen für das Aufgebot und die mit der Erlassung des Ausschlußurteils verbundenen Wirkungen, während durch die Vorschriften der Zivilprozeßordnung dem Ausschlußurteil sein Wesen und Inhalt gegeben wird.

Das Aufgebotsverfahren der Zivilprozeßordnung aber hat nur zum Ziele, die gesetzlichen Rechtsnachteile gegen alle diejenigen festzustellen, die sich auf das erlassene öffentliche Aufgebot hin nicht gemeldet haben (Motive zu § 775 — jetzt 953 — Entw. III der Z.P.O.; Gaupp-Stein, Bem. II zu § 953 Z.P.O.). Nach § 946 Z.P.O. hat nur „die Unterlassung der Anmeldung" die betreffenden Rechtsnachteile zur Folge, und nach § 947 Z.P.O. ist in das Aufgebot unter anderem aufzunehmen die Bezeichnung der Rechtsnachteile, welche eintreten, wenn „die Anmeldung unterbleibt". Derjenige, der sich auf das Aufgebot meldet, wird mit seinem Rechte nicht ausgeschlossen; denn er ist eben der ergangenen öffentlichen Aufforderung zur Anmeldung seines Rechtes gefolgt, und daher trifft die Voraussetzung der Ausschließung, daß der Aufforderung nicht nachgekommen ist, gegen ihn nicht zu. Vielmehr ist einem solchen Anmeldenden gemäß § 953 Z.P.O. in dem Ausschlußurteile das angemeldete Recht vorzubehalten. Dabei hat der Aufgebotsrichter nur zu prüfen, ob die Anmeldung formgerecht und rechtzeitig erfolgt ist; eine Entscheidung darüber, ob das angemeldete Recht auch wirklich besteht, ist nicht in seine Hand gegeben. Zwar schreibt § 953 Z.P.O. vor, der Aufgebotsrichter habe, wenn eine Anmeldung erfolge, durch welche das von dem Antragsteller zur Begründung des Antrags behauptete Recht bestritten werde, zu bestimmen nach Beschaffenheit des Falles, ob das Aufgebotsverfahren bis zur endgültigen Entscheidung über das angemeldete Recht auszusetzen, oder in dem Ausschlußurteile das angemeldete Recht vorzubehalten sei. Aber einesteils ist, auch wenn der Aufgebotsrichter das Verfahren aussetzt, die Entscheidung über das angemeldete Recht nicht von ihm, sondern in einem, auch hinsichtlich der Zuständigkeit den allgemeinen Vorschriften unterliegenden, besonderen Rechtsstreite zu treffen (Motive a. a. O., Gaupp-Stein a. a. O.); anderenteils wird ein gerechtfertigter Anlaß zur Aussetzung des Verfahrens in der Regel nur dann gegeben sein, wenn durch die Anmeldung mit dem materiellen Rechte des Antragstellers zugleich die Zulässigkeit des ganzen Aufgebotsverfahrens in Frage gestellt wird, wie z. B. wenn bei dem Aufgebote von Urkunden ein angeblich besser Berechtigter auftritt (vgl. § 1004 Z.P.O.), oder wenn bei dem Aufgebote der Nachlaßgläubiger ein angeblich näherer Erbe als der Antragsteller (§ 991 Z.P.O.) Rechte an dem Nachlasse anmeldet (Daude, Aufgebotsverfahren § 9 S. 29; Gaupp-Stein a. a. O.).

Vorliegend sind, nachdem auf den Antrag des Beschwerdeführers, der behauptete, Inhaber der fraglichen Grundschuld geworden zu sein, in dem Aufgebote die Aufforderung zur Anmeldung von Rechten und Ansprüchen auf die Grundschuld erlassen war, von den genannten fünf Personen Gläubigerrechte auf die Grundschuld angemeldet worden. Mit Recht hat daher der Aufgebotsrichter ein Urteil dahin erlassen, daß alle diejenigen, welche Rechte nicht angemeldet hätten, mit ihren Rechten auf die Grundschuld ausgeschlossen, den fünf anmeldenden Personen aber alle ihre Rechte vorbehalten würden (Motive a. a. O., Daude S. 214). Das Oberlandesgericht Rostock verkennt Zweck und Bedeutung des Aufgebotsverfahrens, wenn es die Fassung dieses Urteils als eine inkorrekte bezeichnet, und wenn es ferner meint, es seien auch diejenigen, denen die angemeldeten Rechte vorbehalten seien, als unbekannte Gläubiger trotz des Vorbehalts von der Ausschließung im Urteile betroffen. Durch ein solches Ausschlußurteil mit Vorbehalt wird, wie bereits für die früheren, ähnlichen Aufgebotsfälle der §§ 103, 104 preuß. G.B.O. vom 5. Mai 1872 in Literatur und Rechtsprechung angenommen wurde (Striethorst, Archiv Bd. 84 S. 168; Turnau, Bem. 3 zu § 103 preuß. G.B.O.), nur festgestellt, daß andere Berechtigte als diejenigen Personen, denen ihre Rechte vorbehalten worden, nicht vorhanden sind. Allerdings erlangt der Anmeldende durch den Vorbehalt nicht etwa ein neues Recht. Aber wenn ihm ein Recht zustand, so wird es ihm durch den Vorbehalt weiter erhalten. Daher bleibt es zufolge des Vorbehalts vorliegend ungewiß, ob nicht doch den fünf Personen, denen ihre Rechte vorbehalten sind, entgegen der Behauptung des Beschwerdeführers tatsächlich Gläubigerrechte an der Grundschuld zustehen. Diese ungewissen Gläubiger sind noch nicht mit ihrem Rechte ausgeschlossen, und daher ist auch eine Ausschließung aller derjenigen Unbekannten, die etwa Gläubiger der Post sind, im Sinne des § 1170 Abs. 1 B.G.B. noch nicht erfolgt. Daraus ergibt sich, daß das unter Vorbehalt der etwaigen Gläubigerrechte der Anmeldenden erlassene, nur die Rechte der sich nicht Meldenden ausschließende Urteil, solange der Vorbehalt zu Recht besteht, nicht als ein Ausschlußurteil im Sinne des § 1170 Abs. 2 B.G.B. anzusehen ist, mit dessen Erlassung der Grundstückseigentümer die Post erworben hat. Es wäre auch, wie das Kammergericht zutreffend ausführt, in dem Falle des wirklichen Bestehens des Gläubigerrechtes der Anmeldenden begrifflich ausgeschlossen, daß trotz der durch den Vorbehalt anerkannten Fortexistenz dieser Rechte der Grundstückseigentümer Inhaber der Post sein könnte.

Zu dem gleichen Ergebnisse gelangt überwiegend auch die Literatur (Predari, G.B.O. S. 424; Biermann, Sachenrecht Bem. 3b; v. Staudinger, Bürgerl. Gesetzbuch Bem. 4; Fuchs, Grundbuchrecht Bem. 4e, sämtlich zu § 1170 B.G.B.; Bruck, Eigentümerhypothek S. 194). Für die gegenteilige Ansicht, daß ein unter Vorbehalt erlassenes Ausschlußurteil ohne weiteres den Erwerb der aufgebotenen Post durch den Eigentümer erweise, glaubt das Oberlandesgericht Rostock, im Anschlusse an Planck (Bem. 2a, 6d zu § 1170 B.G.B.) und Turnau u. Förster (Liegenschaftsrecht 3. Aufl. Bd. 1 Bem. 2c, 3 zu § 1170 B.G.B.), sich besonders darauf stützen zu können, daß, wie in den Motiven (Bd. 3 S. 739) und bei der Beratung im Plenum des Reichstags (Stenogr. Ber. S. 2788) bemerkt worden, dem Falle der Unbekanntheit eines Gläubigers der Fall, daß der angebliche Gläubiger sein Recht nicht nachzuweisen vermag, gleichzustellen ist, wie dies § 104 preuß. G.B.O. ausdrücklich vorschrieb. Daraus folgt jedoch nur, daß, wenn der angebliche Gläubiger sein Gläubigerrecht nicht nachweisen kann, das Aufgebotsverfahren auch mit dem Ziele seiner Ausschließung zulässig ist, und zwar deswegen, weil mangels eines Nachweises seine Gläubigerschaft unbekannt ist. Meldet sich ein solcher angeblicher Gläubiger im Aufgebotsverfahren nicht, so wird er durch das Ausschlußurteil seines Rechts endgültig für verlustig erklärt; bringt er dagegen sein Recht zur Anmeldung, so wird er, wie jeder andere Anmeldende, durch die Vorbehaltserklärung von der Ausschließung ausgenommen, ohne daß es eines Nachweises seines Gläubigerrechts bedarf. Nicht ist, wie das Oberlandesgericht meint, aus der Gleichstellung eines solchen Gläubigers mit dem unbekannten Gläubiger zu entnehmen, daß auch der sein Recht Anmeldende von der Ausschließung betroffen wird, falls er nicht sein Gläubigerrecht nachweist.

Demnach wird vorliegend durch das die Gläubigerrechte der fünf Anmeldenden vorbehaltende Ausschlußurteil für sich allein nicht nachgewiesen, daß der Beschwerdeführer, der als Erbpächter gemäß Art. 63 Einf.-Ges. zum B.G.B. dem Eigentümer gleichsteht, die Grundschuld erworben hat. Mit Recht haben daher der Grundbuchrichter und das Landgericht den Antrag des Beschwerdeführers, die Grundschuld auf ihn umzuschreiben, abgelehnt. Nur dann, wenn der Beschwerdeführer den weiteren Nachweis erbrächte, daß der Vorbehalt zugunsten der Anmeldenden rechtswirksam beseitigt sei, insbesondere durch einen Verzicht der Anmeldenden auf ihre Rechte aus dem Vorbehalte oder durch ihre rechtskräftige Verurteilung zur Abgabe dieser Verzichtserklärung, könnte dem Umschreibungsantrage stattgegeben werden. Denn es würde dann das Ausschlußurteil in einer dem Erfolge nach gleichen Weise, wie wenn der Aufgebotsrichter zufolge der Anmeldung die Aussetzung des Verfahrens angeordnet und, nachdem die Anmeldenden in einem besonderen Rechtsstreite zur Anerkennung des Nichtbestehens der angemeldeten Rechte rechtskräftig verurteilt worden wären, ein vorbehaltloses Ausschlußurteil erlassen hätte, zu einem vorbehaltlosen geworden sein und nunmehr als ein alle unbekannten Gläubiger mit ihren etwaigen Rechten auf die Post ausschließendes Urteil im Sinne des § 1170 Abs. 2 B.G.B. zu gelten haben, mit dessen Erlassung der Beschwerdeführer die Post erworben hätte. Hiernach war die weitere Beschwerde ... zurückzuweisen."

29. 1. Verstößt ein Vertrag schon allein deswegen, weil er den einen Teil auf lange Jahre bindet, wider die guten Sitten?
2. Kann der zur Bierabnahme auf lange Jahre hinaus Verpflichtete wegen Lieferung schlechten Bieres von dieser in dem Kaufvertrage über sein Grundstück enthaltenen Verpflichtung allein zurücktreten?

B.G.B. §§ 138, 139, 326, 325.

V. Zivilsenat. Urt. v. 16. November 1907 i. S. Eheleute E. (Bekl.) w. B. (Kl.). Rep. V. 102/70.

I. Landgericht Naumburg a. S.
II. Oberlandesgericht daselbst.

In der Klage ist Zahlung eines Vertragsstrafenbetrages von 354 *M* samt Prozeßzinsen gefordert, weil die Beklagten dem § 5 des Grundstückskaufvertrages vom 5. März 1902 zuwider in den Jahren 1903 und 1904 im ganzen mindestens 59 hl Bier aus anderen Brauereien bezogen hätten. Die Beklagten beantragten nicht nur Abweisung der Klage, sondern widerklagend zugleich, daß der Kläger zur Anerkennung ihres Rechtes, die Vertragsbestimmung § 5 aufzurufen, und zur Löschung der für ihre 18 jährige Bierbezugspflicht eingetragenen Sicherungshypothek zu 3000 *M* verurteilt werde, weil sie wegen fortgesetzter Lieferung schlechten, ungenießbaren Bieres vom Bierlieferungsvertrage zurückgetreten seien. Der erste Richter erachtete schlechte Bierlieferung nicht für erwiesen und sprach deshalb die Klage zu, während er die Widerklage abwies.

Die Beklagten legten Berufung ein und machten nun als Einrede und Widerklagegrund, unter Widerspruch des Klägers gegen Klagänderung, die aber das Oberlandesgericht verneinte, auch das Verstoßen des § 5 gegen die guten Sitten und daher die Nichtigkeit dieser Vertragsbestimmung geltend.

Durch Urteil des Oberlandesgerichts ist, unter Zurückweisung der Berufung im übrigen, die Klage abgewiesen, und sind die Beklagten zu $^{9}/_{10}$, Kläger zu $^{1}/_{10}$ aller Streitkosten verurteilt worden. Die Revision der Beklagten wurde zurückgewiesen.

Aus den Gründen:

„Das Berufungsgericht weist die Klage nicht etwa deswegen ab, weil § 5 des Kaufvertrages wider die guten Sitten verstoße, oder weil den Beklagten ein Rücktrittsrecht wegen Lieferung schlechten Bieres zugestanden habe, sondern lediglich deshalb, weil die Vertragsstrafe vom Kläger wegen erwiesener häufiger Abgabe schlechten, trüben, „pfuhligen" . . . Bieres nicht gefordert werden könne. Dieser den Beklagten günstige und vom Kläger nicht angegriffene Teil der Entscheidung des Vorderrichters ist hier nicht nachzuprüfen.

Die Abweisung der Widerklage wurde vom Oberlandesgericht aus dem Grunde bestätigt, weil 1. der Zwang zur Bierentnahme in § 5 des Kaufvertrages, als nicht gegen die guten Sitten verstoßend, nicht nichtig sei, auch, wenn er es wäre, nicht allein, sondern gemäß § 139 B.G.B. nur zusammen mit dem ein einheitliches Ganzes bildenden Kaufvertrage aufgehoben werden könnte, und weil 2. aus dem letztangeführten Grunde die Beklagten wegen Lieferung schlechten Bieres auch nicht von dem Bierlieferungsvertrage allein zurücktreten könnten. Gegen diese beiden Entscheidungen richten sich die Revisionsangriffe, bei deren Prüfung sich folgendes ergibt.

1. Die Frage, ob ein Vertrag wider die guten Sitten verstößt, ist insofern Rechtsfrage, als auch vom Revisionsgericht nachgeprüft werden kann und muß, ob die von den Untergerichten einwandsfrei festgestellten tatsächlichen Umstände, die den Vertragsabschluß begleiteten und bei Vertragserfüllung weiter wirken, jenem Maß von Sittlichkeits- und Anstandsrücksichten widersprechen, das im Geschäftsverkehre auch von Durchschnittsmenschen gefordert werden kann. Jeder Vertrag — jede obligatio — beschränkt mehr oder minder die Handlungsfreiheit der Vertragschließenden. Ganz besonders muß dies von solchen Verträgen gelten, die auf eine Reihe von Jahren hinaus den einzelnen zu schweren, gewichtigen Leistungen und Unterlassungen verpflichten. Gleichwohl hat das Reichsgericht schon in seinen Urteilen Rep. V. 295/04 vom 7. Januar 1905, Rep. V. 163/05 vom 15. November 1905, Rep. V. 302/05 vom 24. Januar 1906, und Rep. II. 512/05 vom 29. Mai 1906, (Jurist. Wochenschr. 1906 S. 453 Nr. 6) 10-, ja 15jährigen Zwang zur Bierentnahme für an sich noch nicht ohne weiteres wider die guten Sitten verstoßend erklärt, weil es dabei, wie auch im letzterwähnten Urteil ausgeführt, auf die Gesamtumstände der Vertragsschließung und Vertragswirkung ankomme. Erwägt man nun, daß, wie feststeht, der Kläger ein für 24000 ℳ erworbenes Grundstück den Beklagten für 17500 ℳ verkaufte, also einen erheb-

lichen Vermögensbestandteil zu ihren Gunsten ganz aufgab, daß er außerdem sich der Verfügung über einen weiteren Vermögensteil, seine Hypothek zu 5540 *M*, auf 18 Jahre größtenteils zu ihrem Vorteil begab, so kann darin, daß er den Beklagten als Gegenleistung eine 18jährige Beschränkung ihrer Bierbezugsfreiheit auferlegte, mit dem Vorderrichter ein Verstoß wider die guten Sitten nicht gefunden werden. . . .

Hiernach ist die Abweisung der auf Nichtigkeit des § 5 des Kaufvertrages gestützten Widerklagebegründung wohl berechtigt, und kommt es hierbei auf den Hilfsgrund des Berufungsrichters nicht an, daß die Nichtigkeit des § 5 allein, ohne Nichtigkeit des ganzen Vertrages, nicht festgestellt werden könne.

2. Der Berufungsrichter verwendet aber seine Würdigung des Kaufvertrages vom 5. März 1901 als eines einheitlichen und untrennbaren Ganzen zugleich als einzigen Grund für Abweisung des in zweiter Reihe beabsichtigten Rücktrittes der Beklagten nur von der Bierentnahmeverpflichtung in § 5 des Vertrages. Von der Revision wird zunächst die tatsächliche Grundlage dieser Entscheidung (vergeblich) bekämpft. . . .

Aber auch der Angriff der Revisionskläger, womit sie gegenüber der Zurückweisung ihres teilweisen Rücktritts vom Vertrage Verletzung des § 313 Nr. 4 Z.P.O. und des § 139 B.G.B. rügen, konnte keinen Erfolg haben. Richtig ist zwar, daß auf diese Frage der § 139 B.G.B. nicht unmittelbare Anwendung finden kann, und daß das Gesetz Rücktrittsfälle der vorliegenden Art, in denen ein Übereinkommen über fortlaufendes Beziehen von Waren mit einem Vertrag über ein Grundstück verbunden ist, nicht ausdrücklich behandelt hat; gleichwohl aber ist die Entscheidung des Berufungsgerichts auch in diesem Stücke gerechtfertigt; insbesondere ist dabei auch § 313 Nr. 4 Z.P.O. nicht verletzt. Wenn die Revision meint, das Oberlandesgericht hätte nicht nur den Abschluß des Vertrages als eines einheitlichen, sondern auch die Vereinbarung fortdauernder Abhängigkeit des ganzen Vertrages vom Abkommen über die Bierabnahme feststellen müssen, so übersieht sie, daß auch diese von ihr vermißte Feststellung als selbstverständliche im Berufungsurteil zu finden ist, und daß äußerstenfalls die Widerkläger für Vereinbarung des späteren Aufhörens des einmal geschaffenen Zustandes behauptungs- und beweispflichtig gewesen wären. Die scheinbar abweichende Entscheidung des II. Zivilsenates des Reichsgerichts in der Jurist. Wochenschr. 1902 S. 81 Nr. 15 behandelt einen einfachen, mit einem Grundstücksverkauf nicht verbundenen, Bierabnahmevertrag.

Bei der rechtlichen Beurteilung des bestrittenen teilweisen Vertragsrücktritts ist sodann von § 326 B.G.B. auszugehen. Nach Abs. 1 Satz 3 dieser Gesetzesstelle findet bei teilweiser Nichtbewirkung der Leistung innerhalb der Nachfrist die Vorschrift des § 325 Abs. 1 Satzes 2 entsprechende Anwendung. Der Satz 1 von § 325 spricht von Schadensersatz oder Rücktritt vom (ganzen) Vertrage als Regel bei gänzlicher Unmöglichkeit der Leistung. Ihm folgt der zweite, ausdehnende Satz, mit dem Wortlaut:

„Bei teilweiser Unmöglichkeit ist er" (der andere Teil), „wenn die teilweise Erfüllung des Vertrags für ihn kein Interesse hat, berechtigt, Schadensersatz wegen Nichterfüllung der ganzen Verbindlichkeit nach Maßgabe des § 280 Abs. 2 zu verlangen oder von dem ganzen Vertrage zurückzutreten."

Hieraus könnte man mittels der Schlußfolgerung auf das Gegenteil (argumentum e contrario) entnehmen, daß, wenn die teilweise Erfüllung des Vertrages für den anderen, den vertragstreuen, Teil Interesse hat, er immer berechtigt ist, vom Vertrage nur teilweise, nämlich nur in Beziehung auf die vom Gegner nicht eingehaltene Einzelbestimmung des Vertrages, zurückzutreten. Allein dies ist im Gesetze nicht ausdrücklich gesagt, und die erwähnte Schlußfolgerung auf das Gegenteil darf nur dann angewendet werden, wenn ihr andere, aus dem Gesetzeswillen zu entnehmende Gründe nicht entgegenstehen. Dies ist aber hier der Fall. Es kann sich zunächst fragen, ob in dem Kaufvertrage vom 5. März 1901 neben der Bierabnahmepflicht der Beklagten eine Bierlieferungspflicht des Klägers begründet ist, ob diese nicht auf besonderen Abmachungen außerhalb jenes Vertrages beruht, und ob deshalb überhaupt der von § 326 und dessen drittem Satz ins Auge gefaßte Zusammenhang zwischen den einzelnen Leistungen besteht. Nimmt man dies und daher die unmittelbare Anwendbarkeit der §§ 326, 325 aber auch an, so muß doch aus dem aus verschiedenen Stellen des Bürgerlichen Gesetzbuchs, z. B. §§ 139, 280 Abs. 2, 469 Satz 2, 346, 356, zu entnehmenden allgemeinen Rechtsgrundsatz, daß gewöhnlich ein einheitlicher Vertrag auch nur einheitlich stehen oder fallen soll, gefolgert werden, daß auch in den Fällen der angezogenen §§ 326, 325 bei teilweiser Nichterfüllung eines einheitlichen Vertrages dieser nicht in mehrere Stücke zerlegt, daß nicht von einem Teil zurückgetreten, bei dem anderen Teil stehen geblieben werden kann.

Vgl. Planck, B.G.B. § 325 Bem. 3c.

Dies entspricht auch der allgemeinen Verkehrsanschauung. Die Wirte, die sich ihrer Bierabnahmepflicht der Brauerei gegenüber entledigen wollen, halten es meist für selbstverständlich, daß sie dann auch die ihnen dafür von der Brauerei auf länger hinaus gestundeten Darlehne sofort zurückzahlen müssen.

Vgl. Urteile des R.G.'s Rep. V. 295/04 vom 7. Januar 1905, Rep. V. 154/06 vom 13. Oktober 1906 (Jurist. Wochenschr. 1906 S. 735 Nr. 2).

Es hat aber der erkennende Senat in einem der vorliegenden Sache ganz ähnlichen Falle auch schon ausdrücklich, wenn auch ohne nähere Begründung entschieden, daß nach § 326 B.G.B. der Wirt von einem mit einem Grundstückskauf verbundenen Bierabnahmeversprechen allein nicht zurücktreten dürfe, und es besteht kein Anlaß, von dieser Entscheidung hier abzugehen (Rep. V. 302/05 vom 24. Januar 1906). Zwar meint die Revision, auch wenn man bei ihr beharre, dürften doch die Widerkläger mittels prozessual zulässiger Teilklage einstweilen ihr Rücktrittsrecht von § 5 des Vertrages feststellen lassen und es künftigen beiderseitigen Entschließungen vorbehalten, die weiteren gesetzlichen Folgerungen daraus zu ziehen, oder nicht. Aber diese Frage könnte man zwar vielleicht oben zu Ziff. 1 in Ansehung der Nichtigkeitsklage erörtern; für die Rücktrittsklage jedoch verbietet sie sich von selbst; denn nach deren Sinn und Antragswortlaut wollen die Beklagten eben nur von der Bierzwangsbestimmung zurücktreten, und dies können sie nach dem oben Ausgeführten nicht." . . .

---

30. Ist ein Beschluß der Generalversammlung einer Aktiengesellschaft, durch den das Bezugsrecht der Aktionäre auf neue Aktien beschränkt oder ausgeschlossen wird, auch dann gültig, wenn bei der

Berufung der Versammlung nur die Erhöhung des Grundkapitals als Verhandlungsgegenstand angekündigt worden ist?
H.G.B. §§ 256, 274, 282.

I. Zivilsenat. Urt. v. 18. November 1907 i. S. Aktiengesellschaft O. A. C. P. G. (Bekl.) w. K. (Kl.). Rep. I. 51/07.

I. Landgericht II Berlin, Kammer für Handelssachen.
II. Kammergericht daselbst.

In der Generalversammlung der verklagten Aktiengesellschaft vom 21. April 1906 wurde beschlossen:

„Das Grundkapital der Gesellschaft wird um den Betrag von 1500000 *M* erhöht, und zwar durch Ausgabe neuer, auf den Inhaber lautender Aktien zum Nennbetrage von je 1000 *M*. Diese Aktien werden zum Kurse von 110 Prozent ausgegeben.... Alle diese Aktien sind vorzugsweise zunächst dem Aktionär G. anzubieten, mit Zeichnungsfrist bis einschließlich 31. Dezember 1906. . . . Soweit die neuen Aktien von G. nicht übernommen werden, sind sie zunächst den anderen Aktionären gegen Barzahlung des vollen Betrages anzubieten."

Der Gegenstand vorstehender Beschlußfassung war bei der Berufung der Generalversammlung auf folgende Weise angekündigt worden:

„. . . 7. Erhöhung des Grundkapitals um 1500000 *M* und dementsprechende Änderung des Gesellschaftsvertrages."

Mit der Behauptung, daß eine dem Gesetze entsprechende Ankündigung des Gegenstandes der Beschlußfassung nicht erfolgt sei, erhob ein Aktionär die Anfechtungsklage mit dem Antrage, die Beschlüsse zu Punkt 7 der Tagesordnung für nichtig zu erklären. Die erste Instanz wies die Klage ab. Die Berufungsinstanz erkannte gemäß dem Antrage des Klägers. Der Revision der Beklagten ist stattgegeben worden aus folgenden

Gründen:

„Das Berufungsgericht hat den zum Punkte 7 der Tagesordnung gefaßten Beschluß der Generalversammlung im wesentlichen auf Grund folgender Erwägungen für nichtig erklärt. Die Ankündigung des Beratungsgegenstandes hätte „nicht anders als dahin verstanden werden können, daß, sofern das Kapital erhöht werden würde, die hierdurch erforderlich werdende Änderung des Gesellschaftsvertrags in der Weise vor sich gehen würde, daß der sich hierüber verhaltende Beschluß nicht das den Aktionären gesetzlich gewährleistete Bezugsrecht in irgend einer Weise verkümmern würde." Der Gesellschaftsvertrag „erhalte dadurch eine wesentliche Änderung, wenn beschlossen werde, daß das Bezugsrecht der Aktionäre auf die neuen Aktien in erster Linie einem einzigen Aktionär zustehen solle". Auf die Fassung eines derartigen Beschlusses hätte bei der Berufung der Versammlung deutlich hingewiesen werden müssen. Da dies nicht geschehen sei, läge eine Verletzung der §§ 256, 274 H.G.B. vor.

Demgegenüber ist zunächst hervorzuheben, daß der Gesellschaftsvertrag über das Bezugsrecht der Aktionäre auf neue Aktien keine Bestimmungen enthält. Es kommt deswegen — abgesehen von der Erhöhung des Grundkapitals, deren Ankündigung nicht bemängelt werden kann — die Vorschrift des § 274 H.G.B., wonach „die beabsichtigte Änderung des Gesellschaftsvertrags nach ihrem wesentlichen Inhalt erkennbar gemacht werden soll", überhaupt nicht zur Anwendung. Lediglich darum handelt es sich, ob die Vorschrift des § 256 H.G.B., wonach der Zweck der Generalversammlung bekannt zu machen, und die Verhandlungsgegenstände anzukündigen sind, verletzt worden ist. Auch dies muß mit der Revision verneint werden.

Die Erhöhung des Grundkapitals um 1500000 ℳ war als Verhandlungsgegenstand vorschriftsmäßig angekündigt. Diese Erhöhung schloß notwendig die Ausgabe der neuen Aktien in sich. Sollte über die Erhöhung des Grundkapitals beschlossen werden, so ergab sich also ohne weiteres, daß auch in betreff der Aktienausgabe eine nähere Regelung erforderlich war. Diese konnte nach § 282 H.G.B. in der Weise erfolgen, daß jedem Aktionär das Bezugsrecht auf einen seinem Anteil an dem bisherigen Grundkapital entsprechenden Teil der neuen Aktien zugestanden wurde; es konnte aber auch eine andere Bestimmung von der Generalversammlung getroffen werden. Danach ist es zu mißbilligen, wenn das Berufungsgericht ohne Einschränkung von einem „den Aktionären *gesetzlich gewährleisteten* Bezugsrechte" redet. Die Aktionäre mußten vielmehr mit den beiden erwähnten Möglichkeiten rechnen. Schon allein durch die Ankündigung einer Beschlußfassung über die Erhöhung des Grundkapitals wurde somit kundgetan, daß auch die Art der Aktienausgabe in den Bereich der

Verhandlung falle. Richtig ist freilich, daß es nach der ausdrücklichen Vorschrift des § 282 Abs. 1 H.G.B. bei dem angeführten Bezugsrechte der Aktionäre sein Bewenden behält, wenn ohne besondere Zusatzbestimmung die Erhöhung des Grundkapitals beschlossen wird. Das Gesetz betrachtet das Bezugsrecht der Aktionäre als die Regel. Will die Generalversammlung der gesetzlichen Regel folgen, so kann sie diesen Erfolg schon dadurch herbeiführen, daß sie die Erhöhung des Grundkapitals beschließt, im übrigen aber eine ausdrückliche Beschlußfassung unterläßt. In dieser Unterlassung liegt dann die stillschweigende Willensäußerung, daß den Aktionären das Bezugsrecht zustehen soll. Daraus ist aber nicht zu folgern, daß in Ermangelung der Ankündigung, es solle über das Bezugsrecht ein besonderer Beschluß gefaßt werden, angenommen werden müsse, der gesetzliche Regelfall werde eintreten. Denn die Generalversammlung hat die ihr vom Gesetze verliehene Macht, sich für die Ausnahme von der Regel ebensowohl als für die Regel entscheiden zu können. Der Aktionär muß deswegen, in der Erkenntnis, daß eine Ausnahme von der Regel gemacht werden kann, darauf gefaßt sein, daß die Ausnahme tatsächlich beschlossen wird.

Auch die Fassung des Gesetzes spricht dafür, daß in der Ankündigung der Erhöhung des Aktienkapitals ohne weiteres die Ankündigung einer Beschlußfassung über die Art der Aktienausgabe mitenthalten ist. § 282 Abs. 1 gibt den Aktionären das Bezugsrecht auf den entsprechenden Teil der neuen Aktien, „soweit nicht in dem Beschluß über die Erhöhung des Grundkapitals ein anderes bestimmt ist". Das Gesetz sieht nach diesem Wortlaute die Bestimmung über die von der Regel abweichende Unterbringung der neuen Aktien nicht als einen besonderen, selbständigen Beschluß an, sondern als einen Bestandteil des Beschlusses über die Erhöhung des Grundkapitals. Derselben Ausdrucksweise wie in § 282 bedient sich das Gesetz in § 278, dessen Abs. 3 vorschreibt, daß der Mindestbetrag der (zu einem den Nennbetrag übersteigenden Betrage auszugebenden) einzelnen neuen Aktien „in dem Beschluß über die Erhöhung des Grundkapitals" festzusetzen ist. Ist es erheblichen Zweifeln nicht unterworfen, daß diese Festsetzung eine dem Hauptbeschlusse sich anfügende Nebenbestimmung darstellt, die eine besondere Ankündigung nicht verlangt, so liegt es nahe, gleiches für den im § 282 Abs. 1 geregelten Fall anzunehmen.

Die dargelegte Auffassung weicht nicht von dem Wege ab, den die einschlägige Rechtsprechung schon seit längerer Zeit verfolgt.

Vgl. Entsch. des Reichsgerichts, III. Zivilsenats, vom 9. April 1897 und des Reichsgerichts, I. Zivilsenats, vom 3. Juli 1901, Jurist. Wochenschr. 1897 S. 246 Nr. 63 und 1901 S. 659 Nr. 26.

Wenn das Berufungsgericht auf den sog. Hiberniastreit verweist, so muß anerkannt werden, daß die dort zur Beurteilung stehende Ankündigung zu der Erhöhung des Aktienkapitals den Zusatz enthielt, daß „über die Modalitäten der Aktienausgabe" Beschluß zu fassen sei. Es wäre aber verfehlt, das in dieser Sache ergangene Urteil des Reichsgerichts vom 2. Juni 1906 (Rep. I. 55/06) zur Unterstützung der vom Berufungsgerichte vertretenen Ansicht verwerten zu wollen. In diesem Urteile wird nur ausgesprochen, daß in jenem Falle die erlassenen Ankündigungen ausreichend gewesen seien. Zu einer Erörterung der Frage, ob die Ankündigung auch bei Weglassung des bezeichneten Zusatzes noch ausgereicht hätte, lag keine Veranlassung vor; das Reichsgericht hat sich denn auch auf die Untersuchung dieser Frage damals nicht eingelassen."

31. Unterliegen dem nach der Tarifst. 9 des Reichsstempelgesetzes vom 3. Juni 1906 zu erhebenden Vergütungs-(Tantiemen-)Stempel auch die Aufstellungen über Vergütungen, die nach dem Inkrafttreten dieses Gesetzes der Höhe nach festgesetzt worden sind, zur Zeit dieses Inkrafttretens aber bereits verdient waren?

VII. Zivilsenat. Urt. v. 19. November 1907 i. S. preuß. Fiskus (Bekl.) w. Br.-Z.-Hotel-Aktienges. (Kl.). Rep. VII. 352/07.

I. Landgericht I Berlin.
II. Kammergericht daselbst.

Die klagenden Vorstandsmitglieder der Br.-Zentralhotel-Aktiengesellschaft haben für das vom 1. April 1905 bis zum 31. März 1906 laufende Geschäftsjahr dieser Gesellschaft auf Grund des Generalversammlungsbeschlusses vom 2. Juli 1906 an die Mitglieder des

Aufsichtsrats 67200 ℳ Vergütungen (Tantiemen) bezahlt. Der Provinzialsteuerdirektor eröffnete der Klägerin, daß diese Vergütungen zu versteuern seien, und forderte sie zur Einreichung der vorgeschriebenen „Aufstellung" auf. Die Einreichung ist erfolgt, und die darauf von der Steuerbehörde beanspruchte Steuer im Betrage von 5376 ℳ mit Vorbehalt gezahlt. Mit der Klage verlangen die Kläger Rückzahlung dieses Betrages nebst Zinsen, weil das genannte Gesetz erst am 1. Juli 1906, also nach dem Ablauf des Geschäftsjahres in Kraft getreten sei, für das die Vergütungen gezahlt sind. Das Landgericht hat den Beklagten nach dem Klagantrage verurteilt, und das Kammergericht die hiergegen eingelegte Berufung zurückgewiesen. Die Revision des Beklagten wurde zurückgewiesen aus folgenden

Gründen:

„Nach der Tarifst. 9 des Reichsstempelgesetzes vom 3. Juni 1906 bilden den Gegenstand der auf 8 v. H. der Gesamtsumme der Vergütungen zu berechnenden Reichsstempelabgabe die „Aufstellungen" der Aktiengesellschaften über die Höhe der gesamten Vergütungen (Tantiemen usw.), die den zur Überwachung der Geschäftsführung bestellten Personen (Mitgliedern des Aufsichtsrates) seit der letzten Bilanzaufstellung gewährt worden sind. Hat diese Abgabe den Charakter einer lediglich auf der „Aufstellung" als einer Urkunde ruhenden Steuer, so würde, soweit etwa aus dem Inhalt und der Entstehungsgeschichte des Gesetzes nicht etwas anderes zu folgern wäre, davon auszugehen sein, daß der streitige Stempelanspruch begründet wäre. Denn der Urkundenstempel trifft grundsätzlich alle Urkunden, die nach dem Inkrafttreten des diesen Stempel bestimmenden Gesetzes entstanden sind, soweit sie den von diesem Gesetz für die Stempelpflichtigkeit festgesetzten Erfordernissen nach Form und Inhalt entsprechen, und letzteres trifft für die hier fragliche, erst am 2. Juli 1906, also nach dem Inkrafttreten des die Vergütungssteuer neu einführenden Reichsstempelgesetzes, angefertigte Aufstellung zu. Es ist nicht zu verkennen, daß die Vergütungssteuer nach ihrer äußeren Form als eine Urkundensteuer bezeichnet werden kann. Die Steuerpflicht ist untrennbar an das Vorhandensein der „Aufstellung" geknüpft, derart daß bei Nichterfüllung der Verpflichtung zur Anfertigung dieser Urkunde der Stempel niemals gefordert werden darf, daß vielmehr nach § 66 des Reichsstempelgesetzes in diesem Falle nur die Mitglieder des Vorstandes 2c der Gesellschaft mit einer nach § 73 Satz 2 des Gesetzes nicht zur Reichskasse, sondern zur Kasse des in Betracht kommenden Bundesstaates fließenden Geldstrafe zu belegen sind, die das Zwanzigfache des „hinterzogenen" Stempels beträgt, d. h. hier desjenigen Stempels, der zu entrichten gewesen wäre, wenn nicht der Vorstand die Anfertigung der Aufstellung und damit die Entstehung der Stempelpflicht verhindert hätte. Ist die Aufstellung angefertigt, so liegt gegenüber dem Fiskus die Verpflichtung zur Entrichtung der Abgabe ebenso, wie auch sonst stets beim Urkundenstempel, dem Aussteller, hier dem Vorstande, ob (§ 64 das.). Diese Umstände aber zwingen noch nicht dazu, die Vergütungssteuer in jeder Beziehung als eine Urkundensteuer anzusehen. Auch beim Anschaffungsstempel der Tarifst. 4 des Reichsstempelgesetzes, dessen Gegenstand „Kauf- und sonstige Anschaffungs**geschäfte**" sind, und der deshalb unzweifelhaft kein Urkundenstempel ist, hat das Gesetz die Verpflichtung zur Entrichtung der Steuer an das Vorhandensein einer Urkunde, nämlich der über das Geschäft auszustellenden Schlußnote, geknüpft. Unterbleibt diese Ausstellung, so fällt die Verpflichtung zur Entrichtung der Abgabe fort; doch hat die zur Ausstellung verpflichtete Person eine Geldstrafe verwirkt, die mindestens dem fünfzigfachen Betrag der hinterzogenen Abgabe gleichkommt, d. h. hier der Abgabe, zu deren Entrichtung die Verpflichtung durch den Abschluß des Anschaffungsgeschäftes zur Entstehung gelangt, deren Erhebung in der vom Gesetz angeordneten Form aber durch das Fehlen der Schlußnote unmöglich geworden war (§§ 12 flg., 22 flg. des Reichsstempelgesetzes). In ähnlicher Weise ist beim Miet- und Pachtstempel der Tarifst. 48 des preuß. Stempelsteuergesetzes vom 31. Juli 1895 die Verpflichtung zur Stempelzahlung an das Vorhandensein des vom Vermieter (Verpächter) aufzustellenden Miet-(Pacht-)verzeichnisses gebunden. Versäumt der Vermieter die ihm obliegende Pflicht zur Aufstellung des Verzeichnisses, so verfällt er in die durch den § 17 des Gesetzes bestimmte Strafe, ist aber von der Pflicht zur Stempelentrichtung frei, mögen auch die den Gegenstand der Steuer bildenden beurkundeten Miet-(Pacht-)verträge vorliegen. Die Ausstellung der Schlußnote und des Verzeichnisses stellen hiernach nur die im Interesse der Steuerbehörde angeordnete Form dar, in welcher der Stempel zur Anwendung gelangt. Daß ein gleiches für die „Aufstellung" der Vergütungen zutrifft, und daß sie nicht als eine Urkunde im Sinne des bisherigen materiellen Stempelrechts anzusehen ist, auf welcher die Stempelpflicht lastet, ergibt sich aus folgenden Erwägungen.

Gegenstand des Urkundenstempels sind öffentliche Urkunden und Privaturkunden. Zu den öffentlichen Urkunden ist die „Aufstellung" der Tarifst. 9 des Reichsstempelgesetzes nicht zu rechnen, da sie weder von einer Behörde noch von einer mit öffentlichem Glauben versehenen Person ausgestellt ist. Unter den Privaturkunden aber sind dem Stempel nur unterworfen diejenigen Schriftstücke, die zum Zweck des Beweises für den Rechtsverkehr das Bestehen eines Rechtsverhältnisses oder das Vorhandensein bestimmter rechtlich erheblicher Tatsachen feststellen. Zu den Privaturkunden der letzteren Art gehören die Inventarien und Grundstückstaxen des preuß. Stempelrechts (Tarifst. 31 und 64 des preuß. Stempelsteuergesetzes), während zu der ersteren Art alle übrigen dem Reichsstempel und dem preuß. Stempel unterworfenen Privaturkunden zu rechnen sind, insbesondere die Aktien, Kuxe, Renten- und Schuldverschreibungen, Lotterielose, Frachturkunden und Personenfahrkarten der Tarifst. 1 bis 3, 5, 6 und 7 des Reichsstempelgesetzes. Als Gegenstand der Urkundenbesteuerung im Sinne des bisherigen Stempelrechtes sind aber nicht Schriftstücke anzusehen, die nicht von den Beteiligten freiwillig ausgestellt sind, um dem Rechtsverkehr zu dienen, zu deren Errichtung der Staat vielmehr lediglich in seinem Interesse die Beteiligten durch Strafandrohung zwingt, um die Einziehung der Abgabe zu erleichtern und zu sichern. Zu derartigen Urkunden gehören die oben erwähnten Schlußnoten und Mietverzeichnisse, hinsichtlich deren das Reichsgericht bereits festgestellt hat, daß sie nicht Gegenstand des Urkundenstempels sind (Urteil vom 1. Februar 1907 in Sachen preuß. Fiskus wider L. & Co., Rep. VII. 213/06, und Urteil vom 19. Juni 1900, Entsch. in Zivils. Bd. 46 S. 293). Zu ihnen gehört aber aus gleichen Gründen die „Aufstellung" der Tarifst. 9, da sie nur eine im steuerlichen Interesse erforderliche Anzeige der für ein bestimmtes Geschäftsjahr gewährten Vergütungen enthält. Der hier streitige Stempelanspruch läßt sich hiernach nicht daraus herleiten, daß die Abgabe lediglich auf der nach dem Inkrafttreten des neuen Reichsstempelgesetzes angefertigten „Aufstellung", als der stempelpflichtigen Urkunde, laste.

Der eigentliche Gegenstand der neu eingeführten Steuer sind nicht die Aufstellungen über Vergütungen, sondern die Vergütungen selbst. Damit stimmt es zunächst überein, wenn die Überschrift über der Tarifst. 9 nicht lautet: „Aufstellungen über Vergütungen", sondern „Vergütungen", während in den Überschriften der Tarifst. 1 bis 3 und 5 bis 8 überall die stempelpflichtigen Urkunden als Gegenstand der Steuer benannt sind. Einen deutlichen Hinweis auf den eigentlichen Gegenstand der Steuer der Tarifst. 9 enthält aber die Bestimmung des § 64 des Reichsstempelgesetzes, daß die Abgabe von der Gesellschaft „zu Lasten der zum Bezuge der Vergütungen berechtigten Personen zu entrichten ist". Die Abgabe soll hiernach aus der Vergütung selbst gedeckt werden. Der zur Anfertigung der Aufstellung verpflichtete Vorstand der Gesellschaft ist nur die Mittelsperson, die dem Reich gegenüber als zur Entrichtung der Steuer verbindlich erklärt ist, die Abgabe für den zum Bezuge der Vergütung Berechtigten zu verauslagen hat, und der dafür ein privatrechtlicher Anspruch eingeräumt wird, sich wegen dieser Auslage aus der dem Bezugsberechtigten zu verabfolgenden Vergütung zu decken. Der äußeren Erscheinung nach ist daher zwar, wie der Staatssekretär des Reichsschatzamts bei der Verhandlung im Reichstage zutreffend erklärt hat (Verhandlungen des Reichstags 1906 S. 3046), der „Träger der Steuer gegenüber dem Reiche nicht der Tantiemenempfänger, sondern die Gesellschaft", und diese ist „das Subjekt, von dem das Reich seinerseits die Steuer einzieht". Diese Form war gewählt worden, um die Bedenken der Regierungen dagegen zu zerstreuen, die Vergütungssteuer als Reichssteuer einzuführen, während grundsätzlich die direkten Steuern als dem Besteuerungsrechte der einzelnen Bundesstaaten vorbehalten anzusehen sind. Wirtschaftlich aber trifft die Steuer infolge des vom Gesetz geschaffenen, zwar auf öffentlicher Grundlage ruhenden, seiner Natur nach aber privatrechtlichen Rechtes zum Rückgriff des zur Entrichtung der Abgabe verpflichteten Vorstandes auf den zum Bezug der Vergütung Berechtigten lediglich diesen letzteren. Ob infolge dieses Rückgriffsrechtes die Steuer als eine direkte Steuer, insbesondere eine Einkommensteuer, anzusehen ist, bedarf hier nicht der Erörterung. Denn es ist hier nur die Frage zu entscheiden, wie weit sich die Erhebung der neu eingeführten Steuer nach rückwärts zu erstrecken hat, und für diese Entscheidung ist die

Erwägung ausreichend, daß kraft des Gesetzes mit der Tatsache der Entrichtung der Steuer gleichzeitig ausnahmslos das Rückgriffsrecht zur Entstehung gelangt. Es kann nicht die Absicht des Gesetzgebers gewesen sein, die Steuer auch in solchen Fällen zu erheben, in denen die Ausübung des Rückgriffs notwendig Folgen mit sich bringen muß, die mit dem Grundsatz in Widerspruch treten, daß ein neues Gesetz auf vergangene Fälle nicht bezogen werden darf, außer wenn es, was hier nicht zutrifft, rückwirkende Kraft sich selbst beilegt. Eine Rückwirkung würde aber eintreten, wenn der Beklagte die streitige Steuer ziehen dürfte. Denn die Vergütungen sind im vorliegenden Falle für die vergütungsberechtigten Aufsichtsratsmitglieder schon durch die von ihnen in dem Geschäftsjahr $\frac{\text{1. April 1905}}{\text{31. März 1906}}$, also vor dem Inkrafttreten des neuen Gesetzes, aufgewendete Tätigkeit verdient worden. Der Anspruch auf diese Vergütungen ist daher frei von jeder Steuerbelastung entstanden und bis zum 30. Juni 1906 ebenso geblieben. Der steuerlichen Belastung unterworfen wurde er auch nicht durch den zufälligen Umstand, daß der Generalversammlungsbeschluß, durch den die Höhe der Vergütungen der Sachlage entsprechend festgesetzt worden ist, nicht schon in der Zeit zwischen dem 1. April 1906 und dem 30. Juni 1906, sondern erst am 2. Juli 1906 gefaßt worden ist. Die Entscheidung des Berufungsgerichts mußte hiernach aufrecht erhalten werden."

---

32. Gehören Streitigkeiten aus dem Dienstverhältnisse zwischen Kaufleuten und ihren Handlungsgehilfen auch dann vor die Kaufmannsgerichte, wenn der Anspruch aus dem Dienstverhältnisse von einem Rechtsnachfolger des Kaufmanns oder des Handlungsgehilfen erhoben wird?

Gesetz, betr. Kaufmannsgerichte, vom 6. Juli 1904 § 1.

III. Zivilsenat. Urt. v. 19. November 1907 i. S. J. (Kl.) w. S. (Bekl.). Rep. III. 152/07.

I. Landgericht I Berlin.
II. Kammergericht daselbst.

Die Frage ist bejaht worden aus nachstehenden, den Sachverhalt ergebenden

Gründen:

„Die Klägerin klagt auf Zahlung einer Gehaltsforderung, die ihrem Schuldner, dem Buchhalter A., gegen die verklagte Firma zustehen soll und ihr im Wege der Pfändung und Überweisung übertragen worden ist. Das Landgericht hat die Klage abgewiesen, weil dem Klaganspruch die Gehaltsforderung eines Handlungsgehilfen, dessen Jahresverdienst 5000 *M* nicht übersteigt, zugrunde liege, für welche gemäß § 5 Nr. 2 und § 6 des Reichsgesetzes vom 6. Juli 1904 die Kaufmannsgerichte ausschließlich zuständig seien, und an dem Charakter dieser Forderung, mithin auch an der Zuständigkeit des Kaufmannsgerichts durch Abtretung oder Pfändung nichts geändert werde. Die Berufung ist zurückgewiesen worden. Das Berufungsgericht entnimmt aus der Wortfassung des mit dem Entwurf übereinstimmenden § 1 Abs. 1 des Gesetzes vom 6. Juli 1904 und aus der Begründung des Entwurfs, daß im bewußten Gegensatz zu dem Gesetze, betreffend die Gewerbegerichte, vom $\frac{\text{29. Juli 1890}}{\text{30. Juni 1901}}$ bestimmt worden sei, es sollten alle Streitigkeiten aus dem Dienstverhältnis zwischen dem Kaufmann und Handlungsgehilfen vor die Kaufmannsgerichte gehören, gleichgültig von wem und gegen wen der Anspruch im Prozeß erhoben werde, und die Zuständigkeit des Kaufmannsgerichtes solle auch dann gegeben sein, wenn der Anspruch vor oder nach Erhebung der Klage auf einen Rechtsnachfolger übergegangen ist.

Die Revision der Klägerin ist nicht begründet.

Unzutreffend ist der Einwand, daß die vom Berufungsgericht vertretene Auffassung in dem Wortlaute des Gesetzes keinen genügenden Ausdruck gefunden habe, und die Motive nicht maßgebend sein könnten. Der § 1 Abs. 1 des Gewerbegerichtsgesetzes bestimmt: „Für die Entscheidung von gewerblichen Streitigkeiten zwischen Arbeitern einerseits und ihren Arbeitgebern andererseits sowie zwischen Arbeitern desselben Arbeitgebers können Gewerbegerichte errichtet werden.“ Der § 1 Abs. 1 des Gesetzes, betreffend Kaufmannsgerichte, vom 6. Juli 1904 lautet dagegen: „Zur Entscheidung von Streitigkeiten aus dem Dienst- oder Lehrverhältnisse zwischen Kaufleuten einerseits und ihren Handlungsgehilfen oder Handlungslehrlingen andererseits können bei vorhandenem Bedürfnisse Kaufmannsgerichte errichtet werden." Während also dort als Voraussetzung für die Zuständigkeit des Gewerbegerichts angegeben wird, daß der Arbeiter und Arbeitgeber Parteien des Rechtsstreites sind, spricht hier die Wortfassung dafür, daß das Kaufmannsgericht in allen Fällen zuständig sein soll, in denen die Streitigkeit aus dem Dienst- oder Lehrverhältnis herrührt. Hiernach ist nicht Voraussetzung der Zuständigkeit, daß der Rechtsstreit gerade zwischen den bezeichneten Personen geführt wird. In der Begründung des Entwurfs, auf welche das Berufungsgericht hinweist, wird dies ausdrücklich hervorgehoben. Es heißt da: „Durch die Wortfassung des Abs. 1 („Streitigkeiten aus dem Dienst- oder Lehrverhältnisse zwischen" 2c) wird zum Ausdruck gebracht, daß die Zuständigkeit des Kaufmannsgerichts auch dann gegeben ist, wenn der erhobene Anspruch vor oder nach Erhebung der Klage auf einen Rechtsnachfolger übergegangen ist." (Vgl. Drucksachen des Reichstags 11. Legislaturperiode I. Session 1903/04 Nr. 143.) Diese Bemerkung beseitigt jeden etwa möglichen Zweifel und beweist, daß der Verfasser des Entwurfs in der Fassung des § 1 Abs. 1, die in den Verhandlungen des Reichstags und in der Kommission von keiner Seite beanstandet wurde und unverändert in das Gesetz überging, einen genügenden Ausdruck für die in der Begründung näher angegebene Auffassung gefunden hat. Die Begründung des Entwurfs bestätigt also die vom Berufungsgericht schon aus dem Wortlaute des Gesetzes entnommene Auslegung.

Unbegründet ist die weitere Behauptung der Revision, daß im Falle der Rechtsnachfolge durch Abtretung oder Pfändung und Überweisung der Forderung es sich nicht mehr um eine Streitigkeit aus dem Dienst- oder Lehrverhältnisse handele. Der Anspruch hat auch in solchem Falle seine tatsächliche und rechtliche Grundlage in dem Dienst- oder Lehrverhältnis, und es tritt nur der die Rechtsnachfolge begründende Vorgang hinzu. Das Gesetz hat aber auch hierüber die Entscheidung dem Kaufmannsgerichte zugewiesen, und dessen Zuständigkeit würde selbst in solchen Fällen begründet sein, in denen der Anspruch aus dem Dienst- oder Lehrverhältnis an sich unbestritten ist, und der Streit nur den Übergang des Anspruchs auf den Rechtsnachfolger betrifft, da das Gesetz für solche Fälle keine Ausnahme macht.

Die Revision macht geltend, daß die Ansicht des Berufungsgerichtes zu unbefriedigendem Resultate führe, indem die Frage anders für die Kaufmannsgerichte und anders für die Gewerbegerichte entschieden werde. Dieser Einwand ist unerheblich, da die Abweichung dem klar erkennbaren Willen des Gesetzes entspricht. Daß die Gründe des Urteils des Reichsgerichts vom 15. April 1902 (Entsch. des R.G.'s in Zivils. Bd. 51 S. 193 flg.), welches die Frage für die gewerblichen Streitigkeiten anders entscheidet, hier zuträfen, ist nicht richtig. In jenem Urteil wird gerade auf die Wortfassung des § 1 Abs. 1 des Gewerbegerichtsgesetzes Gewicht gelegt, und weiter erwogen, daß weder aus dem übrigen Inhalte des Gesetzes, noch aus dessen Materialien oder dem Zwecke desselben sich folgern lasse, die Zuständigkeit der Gewerbegerichte sei lediglich von dem sachlichen Inhalte des Rechtsverhältnisses ohne Rücksicht auf die Person der prozessierenden Parteien abhängig gestellt worden."

---

33. Ist durch Art. 89 Nr. 2 preuß. Ausf.-Ges. zum B.G.B. die Haftung des Staates auf die Staatsbeamten im eigentlichen Sinne eingeschränkt worden?

III. Zivilsenat. Urt. v. 19. November 1907 i. S. Justizfiskus (Bekl.) w. J. (Kl.). Rep. III. 134/07.

I. Landgericht Cöln.
II. Oberlandesgericht daselbst.

Das Sachverhältnis ergibt sich aus den nachfolgenden

Gründen:

„Drei bei dem Kläger auf Anordnung des Untersuchungsrichters beschlagnahmte Bilder sind dem Kläger in beschädigtem Zustande zurückgegeben. Es ist festgestellt, daß die Beschädigung des einen Bildes auf eine mangelhafte Verpackung von seiten des Bürgermeisters zu W., welcher von dem Untersuchungsrichter um die Beschlagnahme und Einsendung ersucht war, und eine weitere Beschädigung dieses Bildes sowie der beiden anderen Bilder auf mangelhafte Verpackung bei der Rücksendung, die durch einen Sekretär der Staatsanwaltschaft besorgt war, zurückzuführen ist. Der Kläger hat daher den Beklagten auf Grund des Art. 1384 Code civil, Art. 89 Nr. 2 des preuß. Ausf.-Ges. zum B.G.B., Art. 77 des Einf.-Ges. zum B.G.B. auf Schadensersatz belangt, und das Berufungsgericht hat in Übereinstimmung mit dem ersten Richter den Klaganspruch dem Grunde nach für gerechtfertigt erklärt.

Gegen dieses Urteil hat nunmehr der Beklagte insoweit Revision eingelegt, als er auch für das Verschulden des Bürgermeisters zu W. für haftbar erachtet ist. Der Bürgermeister von W. könne nicht als Beamter des Staates gelten, so daß es auf seine im Urteil angenommene Stellung als préposé des Staates im Sinne des Art. 1384 Code civil nicht ankomme. Denn Art. 1384 sei gemäß Art. 89 des preuß. Ausf.-Ges. zum B.G.B. nur insoweit aufrecht erhalten, als er auf die Haftung des Staates für seine Beamten Anwendung finde.

Diese Auffassung des Art. 89 des preuß. Ausf.-Ges., wonach also derselbe den Art. 1384 Code civil dahin habe einschränken wollen, daß der Staat, wenn er jemandem die Ausübung öffentlicher Gewalt anvertraut, für die von diesem hierbei begangenen Versehen nur dann hafte, wenn er Staatsbeamter im eigentlichen Sinne (im Sinne der Beamtengesetze) sei, wonach also, wenn einem Kommunalbeamten auch staatliche Funktionen übertragen werden, oder wenn Nichtbeamten eine öffentliche Gewalt anvertraut wird, der Staat nicht haften würde, kann als richtig nicht anerkannt werden. Zunächst zwingt nicht der Wortlaut zu dieser Auffassung. Denn die Gesetze umfassen mit dem Ausdruck „Beamte" keineswegs immer dieselbe Kategorie von Personen. Es gibt Personen, die im Sinne des einen Gesetzes Beamte sind, im Sinne anderer aber nicht, wie z. B. die mit Polizeibefugnissen ausgerüsteten Angestellten der Privateisenbahnen im Sinne des § 113 St.G.B. Beamte sind, im Sinne anderer Gesetze aber nicht, wie ferner Ehrenamtmänner u. dergl. zwar nicht im Sinne der Beamtengesetze, betr. Gehalt, Pension rc, als Beamte gelten, aber bei Ausübung der ihnen übertragenen Funktionen als Beamte handeln. Ferner ob jemand Kommunalbeamter, oder Staatsbeamter, Reichs-, oder Landesbeamter ist, entscheidet sich danach, ob er Geschäfte des Staates, oder der Kommune, des Reiches, oder des Staates führt, ferner danach, woher er seine Autorität hat, und unter wessen Leitung er tätig ist. Wenn nun, wie im vorliegenden Fall, Kommunalbeamten staatliche Geschäfte übertragen werden, und sie in diesen Geschäften staatlichen Organen unterstellt sind, so sind sie insoweit eben zugleich Staatsbeamte, wenn sie auch im Sinne der Beamtengesetze, betr. Gehalt, Pension, Disziplinarverfahren, nur als Kommunalbeamte anzusehen sind. Auch die Entstehungsgeschichte des Art. 89 des Ausf.-Ges. gibt der Auffassung der Revision keinen Anhalt. Nach Art. 1384 Code civil, solange der Art. 89 des preuß. Ausf.-Ges. nicht bestand, konnte kein Zweifel sein, daß in Fällen vorliegender Art der Staat haftete, da commettant jeder ist, der jemand zu einer Verrichtung bestellt, und préposé derjenige, der dazu bestellt wird. Diesen allgemeinen Satz hatte das rheinische Recht auch auf den Staat, und zwar auch in öffentlichrechtlichen Beziehungen, angewandt, und dies hat die Kommission des Abgeordnetenhauses aufrecht erhalten wollen, und ist mit der auf Verlangen der Regierungsvertreter eingefügten Modifikation Gesetz geworden, daß der Streitfrage, ob der Art. 1384 in der Tat sich auch auf öffentlichrechtliche Verhältnisse, auf Ausübung der Hoheitsrechte beziehe (was inzwischen in konstanter Judikatur bejaht ist), nicht vorgegriffen werden sollte. Vgl. Kommissionsbericht S. 472, 473 der Heymann'schen Ausgabe der Materialien des preuß. Ausf.-Ges. zum B.G.B. Irgend Weiteres ergeben die Materialien des Gesetzes nicht, und es erscheint undenkbar, daß, wenn eine so erhebliche Abänderung des Art. 1384, daß die Haftung des Staates auf die eigentlichen Staatsbeamten beschränkt werden sollte, beabsichtigt gewesen wäre, dies nicht irgendwie zum Ausdrucke gekommen wäre. Es fehlt endlich auch an jedem inneren Grunde, wenn man einmal auch bei Ausübung der Hoheitsrechte den Staat verantwortlich machen will, dies nicht auf alle Personen zu beziehen, die vom Staat mit der Ausübung der betreffenden staatlichen Hoheitsrechte beauftragt sind. Im vorliegenden Falle handelt es sich aber eben um die Ausübung staatlicher Hoheitsrechte. Denn nicht Geschäfte der örtlichen Polizei, welche in Preußen prinzipiell den Gemeinden gesetzlich übertragen sind, standen in Frage, sondern eine Tätigkeit, welche von dem Bürgermeister als Beauftragtem des Untersuchungsrichters, als Organ der gerichtlichen Polizei, somit im staatlichen Auftrage vorgenommen ist."

34. Kann ein Verschulden des Beschädigten im Sinne des § 254 Abs. 1 B.G.B. darin gesehen werden, daß er Halter eines bei der Entstehung des Schadens mitwirkenden Tieres ist?

B.G.B. §§ 254, 833.

IV. Zivilsenat. Urt. v. 21. November 1907 i. S. M. (Bekl.) w. F. (Kl.). Rep. IV. 163/07.

I. Landgericht Leipzig.
II. Oberlandesgericht Dresden.

Als der Kläger am 1. Mai 1905 in seinem mit einem Pferde bespannten Wagen am B.'schen Gasthof in G. vorbeifuhr, sprang der Spitz des Beklagten vom Gasthof aus auf das Pferd des Klägers zu und bellte es an. Das Pferd scheute, ging durch und warf den Wagen um, wobei der Kläger verletzt wurde. Der Kläger behauptete, der Hund habe das Scheuwerden und Durchgehen des Pferdes dadurch verursacht, daß er unvermutet und plötzlich hervorgestürzt und dem Pferde bellend zwischen die Beine gefahren sei, es auch gebissen habe. Er nahm den Beklagten auf Schmerzensgeld, Ersatz des erlittenen Schadens und Gewährung einer Rente in Anspruch. Die zweite Instanz erklärte den Klaganspruch auf Schadensersatz und Schmerzensgeld unter Abweisung des Mehrgeforderten zur Hälfte dem Grunde nach für gerechtfertigt. Das Berufungsgericht führte aus: das Einwirken des Hundes sei neben der tierischen Natur des Pferdes die Mitursache für das Durchgehen des Pferdes und den dadurch herbeigeführten Schaden geworden. Als Tierhalter des Hundes hafte daher der Beklagte nach § 833 B.G.B. für diesen Schaden. Doch hafte der Kläger als Halter des Pferdes für einen Teil des erlittenen Schadens gemäß § 254 Abs. 1 B.G.B. Wenn auch diese Gesetzesvorschrift von einem bei der Entstehung des Schadens mitwirkenden „Verschulden“ des Beschädigten spreche, so sei doch im Sinne derselben dem Verschulden gleichzustellen: die Verantwortlichkeit für das schädigende Tun eines Tieres des Beschädigten gemäß § 833 B.G.B. Sei hiernach die entsprechende Anwendung des § 254 gestattet, so erscheine es angemessen, dem Beklagten nur die Tragung der Hälfte des verursachten Schadens aufzuerlegen, da das Verhalten des Pferdes des Klägers in gleicher Weise den Schaden mitverursacht habe, wie das des Hundes des Beklagten. Gegen dieses Urteil legte der Beklagte Revision, der Kläger Anschlußrevision ein. Beide Revisionen wurden zurückgewiesen.

Aus den Gründen:

... „Es ist ... der Rechtsauffassung des Berufungsgerichts beizutreten, daß im Sinne des § 254 Abs. 1 B.G.B. dem bei der Entstehung des Schadens mitwirkenden Verschulden des Beschädigten gleichzustellen ist die nicht durch ein subjektives Verschulden bedingte, aber sonst im Gesetze begründete Verantwortlichkeit des Beschädigten für eine bei der Entstehung des Schadens mitwirkende Tatsache, namentlich die Verantwortlichkeit des Beschädigten für das Tun des von ihm gehaltenen Tieres gemäß § 833 B.G.B. Der § 254 behandelt den Fall der sog. Kompensation der Kulpa. Mit Recht ist aber schon anderweit bemerkt worden (v. Staudinger's Kommentar 2. Aufl. Bd. 2 Bem. 2 zu § 254), daß es sich hierbei in Wahrheit nicht um Aufrechnung beiderseitiger Schuld handelt. Schon nach dem Wortinhalte des § 254 Abs. 1 braucht mindestens auf einer Seite keine Schuld vorzuliegen. Vielmehr liegt dem § 254 wesentlich der Gedanke zugrunde, daß, wenn der Beschädigte neben der von dem Schädiger gesetzten Ursache eine mitwirkende Ursache für den schadenbringenden Erfolg hergestellt hat, dieser Umstand auf das Bestehen und die Höhe des Schadensersatzanspruchs des Beschädigten maßgebend einzuwirken vermag. In erster Linie ist demnach darauf zurückzugehen, ob neben dem Schädiger auch der Beschädigte bei der Herstellung des objektiven Kausalzusammenhangs, sei es durch positives Tun, sei es durch das qualifizierte Unterlassen des Abs. 2 daselbst, mittätig geworden sei. Freilich genügt nicht schlechthin die Tatsache, daß beide Teile in ihrem Zusammenwirken objektiv ursächlich geworden sind. Wenn in einem Rechtssystem die Haftbarkeit für ein Tun oder Unterlassen dadurch mitbestimmt ist, daß diesem Tun oder Unterlassen eine subjektive Schuld zugrunde liegt, so wird dem objektiven Kausalzusammenhange eine Schuld entsprechen müssen. Der I. Entwurf zum Bürgerlichen Gesetzbuche stand streng auf dem Boden des Schuldprinzips. Diesem Standpunkt entsprach die Vorschrift des § 222 daselbst, wonach der Fall der konkurrierenden Schuld dann gegeben war, wenn „bei der Entstehung des von einem anderen verschuldeten Schadens eine Fahrlässigkeit des Beschädigten mitgewirkt hat“. Diesem subjektiven Standpunkt entsprach es weiter, wenn nach Satz 2 des § 222 bei der Verteilung des Schadens insbesondere zu würdigen ist, „ob und inwiefern das Verschulden des anderen oder die Fahrlässigkeit des Beschädigten überwogen hat“. Bei der zweiten Beratung des Gesetzentwurfs wurde nicht mehr absolut am Schuldprinzip festgehalten. Es wurde dem Gedanken Geltung verschafft, daß in gewissen Fällen eine Haftung auch ohne Verschulden einzutreten habe. Vornehmlich wurde eine objektive Haftung des Tierhalters für den durch das Tier verursachten Schaden anerkannt. Unter der Begründung, daß nunmehr auch solche Fälle zu decken seien, in welchen jemand für seine Handlungen ohne Rücksicht auf sein Verschulden einzustehen habe, wurden Anträge gestellt, dem § 222 die Fassung zu geben: „Inwieweit ein Verschulden des Beschädigten, welcher bei der Entstehung des Schadens mitgewirkt hat, den Ersatzanspruch ausschließt, hängt von den Umständen des Falles, insbesondere davon ab, inwieweit der Schade vorwiegend von dem einen oder dem anderen Teile verursacht worden ist.“

Vgl. Hahn, Materialien zum Bürgerlichen Gesetzbuche Bd. 2 S. 519. Im wesentlichen ist dies in das Gesetz übergegangen. In zweierlei Richtung ist dadurch dem Gedanken der objektiven Haftung Rechnung getragen. Einmal wird auch ein nicht schuldhaftes Verhalten des Schädigers als Haftungsgrund anerkannt. Sodann wird nach beiden Seiten hin für die Verteilung des Schadens als bestimmend angesehen, inwieweit der Schade vorwiegend von dem einen oder anderen Teile verursacht worden ist, also das objektive Verhältnis der verschiedenen Kausalitäten als wesentlich entscheidend in Betracht gezogen. Eine Haftung des Beschädigten auch da, wo ihn Verschulden nicht trifft, ist in § 254 nicht ausdrücklich ausgesprochen. Das ersichtlich gemachte allgemeine gesetzgeberische Motiv, das „konkurrierende Verschulden“ auch insoweit anzunehmen, als das Gesetz eine Verantwortlichkeit ohne Schuld anerkennt, muß aber zu der Annahme führen, daß auch die im Gesetz begründete objektive Haftbarkeit des Beschädigten für die Anwendbarkeit des § 254 in Betracht zu kommen hat. Der Beschädigte hat in solchem Falle ebenso wie der Schädiger in gesetzlich verantwortlicher Weise eine Mitursache für den schadenbringenden Erfolg geschaffen, und es läßt sich nicht absehen, warum für diesen Fall seine sonst begründete

Haftbarkeit völlig ausgeschlossen sein soll. Diese Grundsätze müssen insbesondere auch dann zur Anwendung kommen, wenn es sich um die Verantwortlichkeit des Beschädigten auf Grund des § 833 B.G.B. handelt. Mit Recht ist daher der § 254 Abs. 1 im vorliegenden Falle zur Anwendung gelangt, und es entspricht auch der Sachlage, wenn das Berufungsgericht den Schaden gleichmäßig auf beide Parteien verteilt hat. Der vorentwickelten Auffassung stellt sich die sonstige Rechtsprechung des Reichsgerichts nicht entgegen. Handelt es sich um eine Handlung eines Kindes unter sieben Jahren oder sonst einer nicht deliktsfähigen Person, so kann von einem Verschulden des Beschädigten nach § 254 Abs. 1 in der Tat nicht gesprochen werden, und das Reichsgericht hat mit Recht jede ausdehnende Auslegung insoweit abgelehnt. Denn alsdann entfällt überhaupt jeder Grund für die Verantwortlichkeit des Beschädigten. Eine objektive Haftung erkennt hier das Gesetz grundsätzlich nicht an." ...

35. Liegt eine Verletzung des Reichsgesetzes wegen Beseitigung der Doppelbesteuerung vom 13. Mai 1870 vor, wenn ein Bundesstaat den Mehrerlös als „Einkommen" besteuert, den der in diesem Bundesstaate wohnende Eigentümer eines in einem anderen Bundesstaate belegenen Grundstückes bei dessen Veräußerung im Vergleich zum Einstandspreis deshalb erzielt hat, weil inzwischen der Wert des Grundstückes gewachsen war?

VII. Zivilsenat. Urt. v. 22. November 1907 i. S. H. (Kl.) w. hamburgischen Staat (Bekl.). Rep. VII. 55/07.

I. Landgericht Hamburg.
II. Oberlandesgericht daselbst.

Die Ehefrau des im Laufe des Rechtsstreits verstorbenen Klägers, die mit diesem zusammen in Hamburg wohnte, ist Miterbin ihres im Jahre 1902 in Altona verstorbenen Vaters. Ein zu dessen Nachlaß gehöriges, in Altona belegenes Grundstück, das der Erblasser im Jahre 1868 für einen Einstandspreis von 81740 *M* erworben hatte, ist von einem anderen Miterben im Jahre 1903 für 100000 *M* übernommen worden, so daß sich ein Gewinn von 18260 *M* ergab. Von diesem Gewinn ist auf den Erbteil der Ehefrau des Klägers der Betrag von 6847 *M* entfallen. Wegen dieses Umstandes hat die hamburgische Steuerdeputation den Kläger, dessen übriges Einkommen für das Jahr 2000 *M* ausmachte, für das Jahr 1904 nach einem Einkommen von 8847 *M* zur Einkommensteuer veranlagt. Durch die Hinzurechnung der 6847 *M* zu dem steuerpflichtigen Einkommen erhöhte sich die Einkommensteuer um 344,17 *M*. Der Kläger vertrat die Ansicht, daß dieser Betrag von ihm an Steuer zuviel erhoben sei, weil ihm ein dem Erblasser in Preußen entstandener Wertzuwachs zugrunde liege, der in Preußen von dem Erblasser seit Jahren in der Form von Grundsteuer, Einkommen- und Vermögenssteuer versteuert worden sei, und weil die Besteuerung des Wertzuwachses von Grundstücken ein Einkommen aus Grundbesitz treffe, hiernach also durch die Veranlagung die §§ 1 und 3 des Doppelbesteuerungsgesetzes verletzt seien. Der später verstorbene Kläger hat deshalb Klage erhoben mit dem Antrage, festzustellen, daß seine Veranlagung zu einer Steuernachzahlung in Höhe von 344,17 *M* unberechtigt sei und in Wegfall zu kommen habe. Das Landgericht hat die Klage abgewiesen, und das Oberlandesgericht die von der Erbin des Klägers eingelegte Berufung zurückgewiesen.

Die Revision der Klägerin wurde zurückgewiesen aus folgenden

Gründen:

„Der Berufungsrichter gründet seine Entscheidung auf die Vorschriften des § 6 des hamburgischen Einkommensteuergesetzes vom 2. Februar 1903 und der Ziff. 10 des Anhangs dazu. Den Inhalt dieser Vorschriften stellt er dahin fest: zu dem Einkommen im Sinne des genannten Gesetzes sei auch der durch die Veräußerung eines Grundstücks über den Anschaffungspreis und die Verwendungen hinaus erzielte Erlös zu rechnen, und zwar auch dann, wenn die Anschaffung nicht zu dem Zweck erfolgt sei, den Gegenstand nach Eintritt einer erwarteten Werterhöhung mit Gewinn wieder zu veräußern, und wenn die Anschaffung nicht durch den Steuerpflichtigen selbst, sondern schon durch seinen Erblasser erfolgt sei; im Fall einer Auseinandersetzung unter Miterben solle in der Übernahme einzelner zum gemeinschaftlichen Vermögen gehöriger Gegenstände durch einen der Teilhaber eine Veräußerung von seiten der Gesamtheit der Teilhaber an den Übernehmer erblickt werden. Ob der Berufungsrichter das irrevisible hamburgische Gesetz auf den Streitfall richtig angewendet hat, ist hier nicht zu untersuchen, vielmehr nur nachzuprüfen, ob, wie die Revision geltend macht, durch die Entscheidung des Berufungsrichters das Reichsgesetz wegen Beseitigung der Doppelbesteuerung vom 13. Mai 1870 verletzt ist. Das ist, mit dem Berufungsrichter, zu verneinen.

Die zu entscheidende Frage ist nicht dahin zu stellen, ob hier eine doppelte Besteuerung desselben wirtschaftlichen Gegenstandes erfolgt ist, sondern dahin, ob eine solche Doppelbesteuerung vorliegt, wie sie das genannte Reichsgesetz verbietet. Denn dieses bezweckt nicht, jede Doppelbesteuerung auszuschließen, sondern eine solche nur nach bestimmten Richtungen hin einzuschränken (Entsch. des R.G.'s in Zivils. Bd. 13 S. 149). Als verletzt bezeichnet die Revision die §§ 1 und 3 des Gesetzes.

Eine Verletzung des § 1 liegt nicht vor. Er bestimmt, daß ein Deutscher vorbehaltlich der Bestimmungen in den §§ 3 und 4 zu den direkten Staatssteuern nur in demjenigen Bundesstaat herangezogen werden darf, in dem er seinen Wohnsitz hat. Die hier erhobene Steuer ist eine direkte Staatssteuer; sie durfte vom verklagten Fiskus aber erhoben werden, da der Kläger sowohl als auch seine Ehefrau ihren Wohnsitz in Hamburg haben.

Der § 3 des Gesetzes bestimmt:

„Der Grundbesitz und der Betrieb eines Gewerbes, sowie das aus diesen Quellen herrührende Einkommen darf nur von demjenigen Bundesstaate besteuert werden, in welchem der Grundbesitz liegt oder das Gewerbe betrieben wird."

Es kommt also hier darauf an, ob der Gegenstand der vom Beklagten bewirkten Besteuerung 1. der in Altona, also außerhalb des Hamburger Gebiets, liegende „Grundbesitz" der Klägerin oder 2. das aus dieser Quelle herrührende „Einkommen" war. Auch diese Fragen sind zu verneinen. Geht man zunächst auf die Frage zu 2 ein, so ist folgende Erwägung entscheidend: der aus der Veräußerung des Grundstücks an den übernehmenden Erben über den Einstandspreis hinaus erzielte, in das Vermögen der Klägerin geflossene Mehrbetrag hat weder die Natur eines Einkommens, noch rührt er aus der Quelle des Grundbesitzes her. Unter „Einkommen" im steuertechnischen Sinne ist regelmäßig nur der Inbegriff derjenigen wirtschaftlichen Güter zu verstehen, die dem einzelnen wiederkehrend aus dauernden Erwerbsquellen zufließen und ohne Verminderung seines Vermögens zum Verbrauche für ihn und seine Familie, mit dem ersparten Betrage aber zur Bildung von Vermögen ihm zur Verfügung stehen (Fuisting, Die preußischen direkten Steuern 7. Aufl. Bd. 1 S. 57, 58). Das Vorhandensein eines Einkommens setzt insbesondere eine gewisse Stetigkeit der in Betracht kommenden Bezüge voraus (Entsch. des preuß. Oberverwaltungsgerichts Bd. 14 S. 142 flg.). Diese Anschauung liegt auch der Vorschrift des § 3 des Gesetzes vom 13. Mai 1870 zugrunde, worauf schon der Gebrauch des Wortes „Quelle" hinweist. Im Streitfall handelt es sich aber nicht um eine wiederkehrende, sondern um eine einmalige Einnahme, die nicht aus einer dauernden Einnahmequelle, sondern durch den Umsatz eines seit länger als 30 Jahren im Besitz der Familie der Klägerin befindlich gewesenen Grundstücks erzielt ist, und die offenbar, ebenso wie dies Grundstück selbst, nicht zum Verbrauche, sondern zum dauernden Genuß, also dazu bestimmt war, wiederum ein bleibender Bestandteil des zu erhaltenden Vermögens zu werden. Zwar bezeichnet das hamburgische Einkommensteuergesetz derartige Einnahmen ausdrücklich als zum „Einkommen" gehörig; dadurch werden sie aber nicht zu Einkommen im Sinne des gewöhnlichen und des allgemeinen steuertechnischen Sprachgebrauchs und insbesondere, worauf es hier ankommt, im Sinne des Reichsgesetzes vom 13. Mai 1870. Daß der hamburgische Gesetzgeber sich bewußt mit dem sonst üblichen Begriff des „Einkommens" hat in Widerspruch setzen wollen, kann daraus entnommen werden, daß der Senat in seiner Erwiderung vom 21. November 1902 Nr. 192) auf die Abänderungsanträge der Bürgerschaft zum Entwurfe des Einkommensteuergesetzes folgendes zu Nr. 10 des Anhanges zu § 6 ausgeführt hat:

„Da die Werterhöhung eines im Vermögen des Steuerpflichtigen befindlichen Vermögensgegenstandes in denjenigen Fällen, in denen nicht der Erwerb in spekulativer Absicht erfolgt ist, in denen also der Gewinn sich nicht als Ergebnis einer auf Gewinnerzielung gerichteten Tätigkeit darstellt, ihrer eigentlichen Natur nach nicht unter den Begriff des Einkommens fällt, sondern für den Eigentümer die Bedeutung eines in der Erhöhung des Verkaufswertes liegenden Kapitalzuwachses hat, da somit die Versteuerung eines solchen dem Steuerpflichtigen ohne dessen Zutun zufallenden Konjunkturgewinnes an sich über den Rahmen einer Einkommensteuer hinausgeht, so erscheint es notwendig, jenen für die hamburgische Gesetzgebung neuen Grundsatz in den Text des Gesetzes selbst aufzunehmen und dem Anhange nur die nähere Ausgestaltung vorzubehalten."

Entsprechend jenem allgemeinen Begriff des Einkommens ist nach der Rechtsprechung des Reichsgerichts als „Einkommen aus Grundbesitz" im Sinne des § 3 des Reichsgesetzes vom 13. Mai 1870 nur „der laufende Reinertrag des fortdauernden Grundbesitzes" anzusehen, nicht aber der hier fragliche, hinsichtlich der Versteuerung „nach der allgemeinen Regel des § 1 das. zu behandelnde Gewinn aus den über Grundstücke abgeschlossenen Anschaffungs- und Veräußerungsgeschäften" (Entsch. des R.G.'s in Zivils. Bd. 27 S. 110flg., Bd. 50 S. 104).

Endlich hat der Beklagte auch den „Grundbesitz" selbst, nämlich das in Altona liegende Nachlaßgrundstück, nicht zum Gegenstand der Besteuerung gemacht. Dieses Grundstück war zur Zeit der Veranlagung und Erhebung der von der Klägerin erforderten Steuer durch die Veräußerung an einen Miterben aus dem Vermögen der Klägerin ausgeschieden. An seine Stelle war der auf die Klägerin entfallene Teil des Kaufpreises, also ein Kapital, getreten. Dieses stellte zwar, soweit es den früheren Erwerbspreis übersteigt, einen mit Hilfe des Grundbesitzes unter Vermittelung eines Rechtsgeschäfts erzielten, vorher im Vermögen der Klägerin noch nicht vorhandenen Wert dar; die Besteuerung dieses Vermögenswertes ist aber nicht als eine steuerliche Belastung des früheren Grundbesitzes anzusehen, erfaßt vielmehr einen Vermögensbestandteil, der die Natur des Kapitalvermögens hat. Ob dieses Kapitalvermögen aus dem Wertzuwachs des früheren Grundbesitzes erwachsen ist, und ob die durch den Beklagten bewirkte Besteuerung, wie die Klägerin meint, dahin führt, daß der hamburgische Staat einen Gewinn mit einer Abgabe belastet, dessen sich auch schon der preußische Staat zu Lebzeiten des Erblassers unter verschiedenen Gesichtspunkten als eines Steuerobjekts bemächtigt hat, ist für die Entscheidung der Frage, ob das Reichsgesetz vom 13. Mai 1870 verletzt ist, mit dem Berufungsrichter, als nicht maßgebend anzusehen; denn andere als die in diesem Gesetz bestimmten Schranken sind dem hamburgischen Gesetzgeber für die Ausdehnung des Besteuerungsrechtes gegenüber seinen Staatsangehörigen nicht gezogen."

---

36. 1. Unterschied zwischen einem Gesamtschuldverhältnisse im Sinne des § 421 B.G.B. und einem sog. unechten Gesamtschuldverhältnisse.

2. Entsteht dann, wenn ein Dritter mittels eines abstrakten Schuldversprechens (§ 780 B.G.B.) dem Gläubiger einer Kaufpreisforderung mit Rücksicht auf letztere die Zahlung einer diesem Kaufpreise gleichen Summe verspricht, zwischen diesem neuen Schuldner und dem ursprünglichen Kaufpreisschuldner ein Gesamtschuldverhältnis im Sinne des § 421 B.G.B., auf das die Vorschriften der §§ 426 und 1153 Abs. 1 B.G.B. Anwendung finden?

II. Zivilsenat. Urt. v. 22. November 1907 i. S. K. (Bekl.) w. H. & C. (Kl.). Rep. II. 294/07.

I. Landgericht Hamburg.
II. Oberlandesgericht daselbst.

Der Beklagte hatte der Klägerin, welche an den Bauunterehmer H. für käuflich geliefertes Holz die Summe von 13008,13 ℳ zu fordern hatte, durch Schuldschein versprochen, ihr die Beträge von 6008,13 ℳ und 7000 ℳ zu bezahlen, und zwar die letzteren, „als Hypothek festgelegten 7000 ℳ vom 1. Juli 1906 ab successive bis Ende Oktober 1906". Später verweigerte der Beklagte die Zahlung der 7000 ℳ an die Klägerin, weil diese nicht in der Lage sei, ihm eine Hypothek von 7000 ℳ abzutreten, deren Eintragung auf eines seiner Grundstücke H. der Klägerin zugesagt hatte, deren Bestellung aber nicht erfolgt war. Auf die Klage der Klägerin hin wurde der Beklagte in erster und zweiter Instanz, unter Verwerfung seiner erwähnten Einrede, zur Zahlung der Summe von 7000 ℳ nebst Zinsen verurteilt, und die von ihm eingelegte Revision zurückgewiesen aus folgenden

Gründen:

... „Das Berufungsgericht hat die von ihm angenommene Verpflichtung des Beklagten zur Bezahlung der streitigen 7000 ℳ, unter

Verneinung der Frage, ob das Schuldversprechen desselben vom 1. Februar 1906 als eine Bürgschaftsübernahme anzusehen sei, im wesentlichen folgendermaßen begründet: der Beklagte habe in der Urkunde vom 1. Februar 1906 die Verpflichtung zur Zahlung der streitigen 7000 *M* der Klägerin gegenüber übernommen, ohne daß hierbei zum Ausdruck gelangt sei, daß die Erfüllung dieser Verpflichtung von einer Gegenleistung der Klägerin abhängig, oder der Beklagte berechtigt sein solle, nach der Leistung seinerseits eine Gegenleistung der Klägerin zu beanspruchen. Insbesondere sei dies nicht aus der in der Urkunde enthaltenen Bezeichnung des streitigen Betrags als „der als Hypothek festgelegten 7000 *M*“ zu entnehmen. Einen Anspruch auf Abtretung der in der Urkunde erwähnten Hypothek, zu deren Bestellung zugunsten der Klägerin H. bereit gewesen sei, würde bei dem sich aus der Urkunde ergebenden abstrakten Schuldversprechen der Beklagte nur erheben können, wenn er eine bezügliche Vereinbarung mit der Klägerin zu behaupten und nachzuweisen in der Lage wäre. Seine Annahme, die Parteien hätten beabsichtigt, seine Zahlungsverpflichtung von der Bedingung der Zuschreibung der Hypothek von 7000 *M* an die Klägerin abhängig zu machen, wobei er als selbstverständlich voraussetze, daß ihm ein Anspruch auf Abtretung dieser Hypothek gegen die Klägerin im Falle der Begleichung der Forderung derselben an H. zugestanden hätte, sei irrig. Das von H. an den Beklagten gerichtete und durch die Ausstellung der Urkunde vom 1. Februar 1906 erfüllte Ersuchen, die 7000 *M* an die Klägerin in Raten abzuzahlen, habe in keinem Zusammenhang mit der von H. der Klägerin gegenüber übernommenen Verpflichtung zur Eintragung einer Hypothek von 7000 *M* in sein Grundstück zugunsten der Klägerin gestanden, welche Eintragung auch nur zur vorläufigen Zufriedenstellung der Klägerin habe erfolgen sollen und diese daher nicht berechtigt habe, nach Befriedigung ihrer Forderung an H. ohne dessen Genehmigung über die Hypothek zu verfügen. Es könne deshalb auch nicht angenommen werden, daß die Klägerin beabsichtigt, geschweige denn dem Beklagten gegenüber die Verpflichtung übernommen hätte, ihm diese Hypothek gegen Befriedigung ihrer Forderung an H. abzutreten. Ohne eine Verpflichtung der Klägerin zur Abtretung der Hypothek gegen oder nach Befriedigung ihrer Forderung durch den Beklagten sei die Zuschreibung der Hypothek von seiten des H.

an die Klägerin ohne jede praktische Bedeutung gewesen, und es sei deshalb auch nicht erfindlich, aus welchem Grunde der Beklagte die Übernahme der Verpflichtung zur Bezahlung der 7000 ℳ von der Bedingung abhängig gemacht haben sollte, daß der Klägerin die Hypothek von 7000 ℳ durch H. zugeschrieben werde.

Der Revisionskläger hat hauptsächlich den letzten Satz dieser Urteilsgründe als rechtsirrtümlich beanstandet und hierzu folgendes ausgeführt: da H. die 7000 ℳ, die er, der Beklagte, laut der Urkunde vom 1. Februar 1906 der Klägerin zu zahlen versprochen habe, dieser aus Holzlieferungen schuldig gewesen sei, so seien H. und der Beklagte Gesamtschuldner im Sinne des § 421 B.G.B. bezüglich dieses Betrags geworden. Der Beklagte sei aber diese eigene, selbständige, solidarische Verbindlichkeit auf Grund des Ersuchens des H. eingegangen. Dieser würde daher als Auftraggeber dem Beklagten für eine etwa von ihm der Klägerin geleistete Zahlung nach § 426 B.G.B. ersatzpflichtig geworden, und hiermit die Forderung der Klägerin gegen H. und mit dieser Forderung nach § 1153 B.G.B. auch die etwa von H. der Klägerin dafür bestellte Hypothek auf den Beklagten übergegangen sein. Diese das Interesse des Beklagten an der Eintragung der fraglichen Hypothek ergebende Rechtslage habe aber das Berufungsgericht bei seiner Auslegung der Urkunde vom 1. Februar 1906 und bei seiner Verneinung der Frage, ob die Zahlungspflicht des Beklagten von der erfolgten Eintragung der Hypothek von 7000 ℳ zugunsten der Klägerin abhängig gemacht worden sei, verkannt und sonach die angeführten Vorschriften verletzt.

Bei der Beurteilung dieser Revisionsbeschwerde ist von der schon in dem Urteile des VI. Zivilsenates des Reichsgerichts vom 29. Mai 1905 (Entsch. Bd. 61 S. 60) hervorgehobenen Unterscheidung zwischen Fällen eines sog. echten Gesamtschuldverhältnisses im Sinne des § 421 B.G.B. und Fällen eines sog. unechten Gesamtschuldverhältnisses auszugehen. Die letzteren Fälle unterscheiden sich nach dem angeführten Urteile von den ersteren hauptsächlich dadurch, daß in ihnen „nur zufällig, aus verschiedenen, voneinander völlig unabhängigen Schuldgründen die Verpflichtung mehrerer auf einen gleichen Leistungsinhalt oder mit demselben Obligationszwecke begründet ist". Durch das laut der Urkunde vom 1. Februar 1906 von dem Beklagten für die Summe von 7000 ℳ geleistete abstrakte Schuldversprechen in Verbindung mit der bereits vorher auf Grund der zwischen der Klägerin und H. geschlossenen Kaufverträge bestehenden Verpflichtung des letzteren zur Bezahlung seiner Kaufpreisschuld von gleicher Höhe ist aber kein Gesamtschuldverhältnis im Sinne des § 421 B.G.B. zwischen H. und dem Beklagten der Klägerin gegenüber begründet worden; denn bei der Schuld des H. und derjenigen des Beklagten ist zwar der Leistungsinhalt — die 7000 ℳ, welche die Klägerin offenbar nur einmal fordern durfte — und auch der Obligationszweck — der Klägerin diese Summe zu verschaffen — derselbe gewesen. Aber die Verpflichtung des H. einerseits und diejenige des Beklagten andererseits, die beide denselben Schuldbetrag zum Gegenstand haben, beruhen auf verschiedenen, rechtlich voneinander völlig unabhängigen Schuldgründen, nämlich die Verpflichtung des H. auf den erwähnten Kaufverträgen, diejenige des Beklagten auf dem von ihm der Klägerin geleisteten abstrakten Schuldversprechen im Sinne des § 780 B.G.B., durch welches seine Verpflichtung zur Zahlung derselben 7000 ℳ selbständig und rechtlich völlig losgelöst von der Verpflichtung des H. aus dem ursprünglichen Kaufvertrag begründet worden ist. Daher besteht trotz des zwischen beiden Schuldverhältnissen hinsichtlich ihres Zwecks und der Einheit des Leistungsgegenstandes vorhandenen Zusammenhangs doch bezüglich des materiellen Schuldgrundes der einen und der anderen Obligation zwischen H. und dem Beklagten keine Gemeinschaft, wie sie für die Anwendung der §§ 421 und 426 B.G.B. erforderlich ist. Hierdurch unterscheidet sich der vorliegende Fall wesentlich von dem durch das Urteil des erkennenden Senats vom 23. November 1906 (Entsch. Bd. 64 S. 318) entschiedenen Falle, in dem der neue Schuldner, der sich nachträglich zur Zahlung einer ursprünglich in der Person eines anderen entstandenen Kaufpreisschuld verpflichtet hatte, dem Gläubiger nicht ein abstraktes Schuldversprechen geleistet, sondern die Zahlung der ursprünglichen Kaufpreisschuld selbständig im eigenen Interesse übernommen hatte. In diesem Falle war die Annahme eines nach § 421 B.G.B. zu beurteilenden Gesamtschuldverhältnisses gerechtfertigt, weil durch die von dem Berufungsgerichte festgestellte sog. kumulative Schuldübernahme zwischen den beiden nunmehr für die gleiche Kaufpreisschuld haftenden Schuldnern ein wenigstens zum Teil auf dem urspünglichen Kaufvertrage beruhendes

Gemeinschaftsverhältnis entstanden war, während es im gegenwärtigen Falle nach vorstehenden Ausführungen an einem den beiden Verpflichtungen gemeinsamen Schuldgrunde fehlt.

Da aber hiernach durch das Schuldversprechen des Beklagten vom 1. Februar 1906 zwischen diesem und H. kein Gesamtschuldverhältnis im Sinne des § 421 B.G.B. der Klägerin gegenüber begründet worden ist, so würde auch dann, wenn der Beklagte in Erfüllung dieses Versprechens der Klägerin die 7000 *M* zahlen sollte, nicht eine Ausgleichungspflicht des H. gemäß § 426 Abs. 1 B.G.B. begründet werden; denn diese Ausgleichungspflicht hat, wie in der Rechtslehre allgemein anerkannt ist, das Vorhandensein eines Gesamtschuldverhältnisses im Sinne des § 421 a. a. O. zur Voraussetzung, da diese Pflicht gerade auf dem Bestehen einer rechtlichen Gemeinschaft der mehreren Schuldner in bezug auf den Schuldgrund beruht, welche Gemeinschaft aber nur bei einem echten, nicht aber auch bei einem unechten Gesamtschuldverhältnisse vorhanden ist.

Da aber hiernach der Grundsatz der Ausgleichung, auf dem die einzelnen Vorschriften des § 426 B.G.B. beruhen, im gegebenen Falle überhaupt keine Anwendung findet, so sind auch die erwähnten Vorschriften hier nicht maßgebend. Daher würde auch im Falle der Zahlung der streitigen 7000 *M* durch den Beklagten ein Übergang der der Klägerin dem H. gegenüber zustehenden Kaufpreisforderung gemäß § 426 Abs. 2 und somit auch ein Übergang einer der Klägerin an dem Grundstücke des H. etwa zustehenden Hypothek gemäß § 1153 Abs. 1 B.G.B. auf den Beklagten kraft Gesetzes nicht stattfinden. Ob und aus welchem anderen Rechtsgrunde der Beklagte wegen einer von ihm etwa geleisteten Zahlung der 7000 *M* von H. würde Ersatz verlangen können, braucht hier nicht untersucht zu werden, da auch im Falle des Bestehens einer solchen, sich nicht auf § 426 B.G.B. stützenden Ersatzpflicht des H. doch eine von dem letzteren der Klägerin bewilligte Hypothek nicht kraft des Gesetzes auf den Beklagten übergehen würde, auf welche Frage es für die Beurteilung des in Rede stehenden Einwandes des Beklagten und der angefochtenen Würdigung desselben von seiten des Berufungsgerichts allein ankommt." ...

37. 1. Ist Art. 28 Abs. 2 des zwischen den Staaten des Deutschen Zoll- und Handelsvereins und Frankreich am 2. August 1862 geschlossenen Handelsvertrages (preuß. G.S. 1865 S. 333) durch den Beitritt des Deutschen Reiches zu der internationalen Übereinkunft zum Schutze des gewerblichen Eigentums vom 20. März 1883 (Bekanntmachung des Reichskanzlers vom 9. April 1903, R.G.Bl. S. 147) aufgehoben?

2. Hat der unter Nr. 1 angeführte Handelsvertrag auch Geltung für Hamburg?

3. Sind unter „Fabrikzeichen" im Sinne des Abs. 2 Art. 28 des erwähnten Handelsvertrages vom 2. August 1862 auch „Handelszeichen" zu verstehen?

II. Zivilsenat. Urt. v. 22. November 1907 i. S. S. (Kl.) w. W. & Cie. in Paris (Bekl.). Rep. II. 260/07.

I. Landgericht Hamburg.
II. Oberlandesgericht daselbst.

Der Klägerin ist das Wort „Driva" als Warenzeichen für Tennisschläger am 15. April 1905 durch Eintragung in die Zeichenrolle des Patentamtes geschützt.

Die Beklagte vertreibt unter derselben Bezeichnung in Deutschland Tennisschläger; sie hat solche auch in Hamburg annonciert; die Beklagte fabriziert Tennisschläger.

Durch dieses Vorgehen der Beklagten erachtet die Klägerin ihr Zeichenrecht als verletzt; sie behauptet, die Beklagte habe bei diesem Eingriff wissentlich oder doch grob fahrlässig gehandelt. Gestützt auf §§ 12 und 14 des Warenzeichengesetzes, hat sie Klage mit dem Antrag erhoben, der Beklagten bei Strafe zu untersagen, Tennisschläger mit dem Wortzeichen „Driva" in Deutschland feilzuhalten und in Verkehr zu bringen oder anzukündigen; ferner soll die Beklagte schadensersatzpflichtig erklärt und verurteilt werden, der Klägerin den Schaden zu ersetzen, welcher ihr durch die Verletzung des Zeichenrechts entstanden ist. Dieser letzte Teil des Antrags soll als salva liquidatione gestellt oder als Feststellungsantrag aufgefaßt werden.

Die Beklagte hat sich des streitigen Zeichens in Frankreich, dem Herstellungsland der Tennisschläger, bereits bedient, ehe die Klägerin den deutschen Zeichenschutz erlangt hatte. Außerdem ist das Wort „Driva“ als Fabrikzeichen am 23. April 1903 für Tennisschläger mit der Nr. 79405 für einen gewissen S. deponiert. Nach Behauptung der Beklagten, die die Klägerin bestreitet, ist dieser S. der alleinige Inhaber der verklagten Firma. Die Beklagte hält sich daher durch Art. 28 des Handelsvertrages für geschützt, den Frankreich mit den Staaten des deutschen Zoll- und Handelsvereins am 2. August 1862 abgeschlossen hat.

Die Klägerin erachtet diesen Vertrag als aufgehoben; sie macht aber fürsorglich geltend, daß der erwähnte Art. 28 des Handelsvertrages nur Fabrikzeichen im Auge habe. Die von der Beklagten mit der Bezeichnung „Driva“ in den Handel gebrachten Tennisschläger stammten jedoch nicht ausschließlich aus der Fabrik des S., sondern es bediene sich die Beklagte des Drivazeichens auch für nicht von S. bezogene Tennisschläger. Das Landgericht hat dem Klagantrag stattgegeben, die Strafe auf 300 ℳ angedroht und der Beklagten die Kosten auferlegt. Nach den Gründen ist durch den auf Schadensersatz lautenden Teil des Urteils über den Grund des Anspruchs erkannt, den die Klägerin in einem weiteren Prozeß spezifizieren soll.

Auf die Berufung der Beklagten ist die Klage abgewiesen worden. Die Revision wurde zurückgewiesen aus folgenden

Gründen:

„Das Oberlandesgericht stellt fest, daß S., auf dessen Namen das Wort „Driva“ am 23. April 1903 unter Nr. 79405 in Frankreich als Fabrikzeichen deponiert worden ist, Alleininhaber der Beklagten ist, und daß die Beklagte sich, lange bevor die Klägerin das Wort „Driva“ für Tennisschläger beim deutschen Patentamte zur Eintragung angemeldet hat, dieses Fabrikzeichens für die von ihr vertriebenen Tennisschläger in Frankreich bediente. Der Berufungsrichter hat mit Rücksicht auf diese Sachlage die Klage abgewiesen, weil Art. 28 Abs. 2 des deutsch-französischen Handelsvertrages vom 2. August 1862 durch die Pariser Union (d. h. durch die internationale Übereinkunft zum Schutze des gewerblichen Eigentums vom 20. März 1883), welcher das Deutsche Reich nach Bekanntmachung des Reichskanzlers vom 9. April 1903 (R.G.Bl. 1903 S. 147) mit Wirkung vom 1. Mai 1903 beigetreten ist, nicht aufgehoben sei, und Abs. 2

des Art. 28 des erwähnten Handelsvertrages den Vorbenutzer eines Fabrikzeichens vor Verfolgung schütze.

Klägerin bekämpft diese Auffassung unter Berufung auf Fingers Kommentar zum Warenzeichengesetz, 2. Aufl. S. 496 unter e, während sich der Berufungsrichter auf die gegenteilige Annahme Seligsohns in seinem Kommentar 2. Aufl. S. 153/4 bezieht. Beide Schriftsteller geben für ihre Meinung keine Begründung. Der erkennende Senat hat bereits in seiner Entscheidung vom 20. November 1906 (Entsch. in Zivils. Bd. 64 S. 304) ausgeführt, daß Art. 28 des erwähnten Handelsvertrages durch den Friedensvertrag vom 10. Mai 1871 und die Deklaration vom 8. Oktober 1873 wieder in Kraft gesetzt worden ist, und seine Bedeutung weder durch die deutsche Markenschutzgesetzgebung noch durch das Warenzeichengesetz vom 12. Mai 1894 eingebüßt hat. Dort ist ferner als Sinn des Abs. 2 des Art. 28 angenommen, daß das in Frankreich geschützte Zeichen von den französischen Staatsangehörigen beim Vertrieb ihrer Erzeugnisse in Deutschland ohne die Gefahr strafrechtlicher oder zivilrechtlicher Verfolgung geführt werden darf, wenn dieses Zeichen in Frankreich benutzt wurde, ehe dasselbe Zeichen in Deutschland durch Eintragung für einen anderen geschützt worden ist. Durch diese Vorschrift ist nur eine tatsächliche Duldung gewährleistet; der erwähnte Artikel gibt dagegen in seinem Abs. 2 nicht das Recht, eine Löschung des in Deutschland eingetragenen gleichen Zeichens zu verlangen oder dem Eingetragenen die aus seiner Eintragung nach dem Warenzeichengesetz entstandenen Ansprüche streitig zu machen; noch auch gibt dieser Artikel das Recht, nun in Deutschland eine Eintragung des zuerst in Frankreich angewendeten Zeichens zu verlangen. Derselbe hat folgenden Wortlaut:

„In betreff der Bezeichnung oder Etikettierung der Waren oder deren Verpackung, ..., der Fabrik- oder Handelszeichen sollen die Untertanen eines jeden der vertragenden Staaten in dem anderen denselben Schutz, wie die Inländer genießen.

Wegen des Gebrauchs der Fabrikzeichen des einen Landes in dem anderen soll eine Verfolgung nicht stattfinden, wenn die erste Anwendung dieser Fabrikzeichen in dem Lande, aus welchem die Ausfuhr der Erzeugnisse erfolgt, in eine frühere Zeit fällt, als die durch Niederlegung oder auf andere Weise bewirkte Aneignung dieser Zeichen in dem Lande der Einfuhr."

Der Abs. 1 spricht ganz allgemein den Grundsatz der Gegenseitigkeit aus. Der Abs. 2 wurde auf Verlangen der deutschen Bevollmächtigten hinzugefügt, weil im Gebiet des Zollvereins eine Markengesetzgebung nicht bestand, nach dem französischen Gesetz vom 23. Juni 1857 über die Fabrik- und Handelsmarken aber die Deponierung der Marke bei der zuständigen Stelle das Eigentum an der Marke und das Recht zu ihrer ausschließlichen Benützung verleiht. Deutscherseits hegte man deshalb die Befürchtung, es möchte die in Deutschland geführte Marke in Frankreich nachgeahmt und deponiert werden, um nun mit Hilfe des so erlangten Markenschutzes der deutschen Marke den Eintritt in Frankreich zu verwehren. Französischerseits war man der Meinung, es ergebe sich der Inhalt des Abs. 2 ohne weiteres schon aus dem in Abs. 1 aufgestellten Gegenseitigkeitsprinzip; man stimmte dem Verlangen der Gegenseite, die alle Zweifel für die Zukunft abgeschnitten wissen wollte, deshalb zu. So kam der Abs. 2 zustande.

Vgl. Annales de la Propriété industrielle artistique et littéraire Bd. 40 S. 284.

Aus dieser Entstehungsgeschichte ergibt sich, daß der Abs. 2 des Art. 28 als eine Ausführungsbestimmung des Abs. 1 aufzufassen ist. So versteht auch die französische Rechtsprechung und Literatur bei allen Auslegungsstreitigkeiten den Zusammenhang zwischen den Abss. 1 und 2 des Art. 28.

Pouillet, Traité des Marques de Fabrique, 5e Edition Nr. 338 et p. 1020.

Hieraus folgt, daß der Abs. 2 des Art. 28, obgleich er nur von Fabrikzeichen spricht, unter Fabrikzeichen auch die in Abs. 1 erwähnten Handelszeichen mitverstanden hat. Die Ungenauigkeit des Ausdrucks erklärt sich durch die beabsichtigte sprachliche Kürze. Denn in Frankreich gibt es keinen Unterschied in der rechtlichen Behandlung von Fabrik- und Handelszeichen. Auch in Deutschland besteht zur Zeit und bestand auch früher keine solche Unterscheidung mit rechtlichen Folgen. Die internationalen Bestrebungen zielen ebenfalls darauf hin, derartige Unterscheidungen, wo sie etwa bestehen, aufzuheben.

Pelletier u. Vidal-Naquet, La Convention d'Union pour la Protection de la Propriété industrielle, Paris 1902, Nr. 340.

Sollte sich Beklagte, wie Klägerin einwendet, in der Tat nicht nur ihr eigenes Fabrikat, sondern auch anderwärts bezogene Tennisschläger mit dem Zeichen „Driva“ versehen und in den Handel bringen, so würde das Zeichen „Driva“ von der Beklagten eben nicht nur als Fabrik-, sondern auch als Handelszeichen benutzt und deshalb nicht des Schutzes entbehren, den Abs. 2 des Art. 28 des Handelsvertrags gewährt. Aber auch abgesehen davon verliert ein Fabrikzeichen nicht deshalb seine Bedeutung, weil ein Fabrikant seine Fabrikate nicht ausschließlich selbst herstellt. Es genügt, daß der Fabrikant Waren als seine Fabrikate bezeichnet; er kann sich dann dafür seines Fabrikzeichens bedienen. Das Fabrikzeichen wird dadurch noch nicht zum Handelszeichen. Kommt Art. 28 Abs. 2 des vom deutschen Zollverein mit Frankreich am 2. August 1862 abgeschlossenen Handelsvertrags zur Anwendung, so ist die Klage abzuweisen aus den soeben angeführten Gründen.

Nun gehörte Hamburg allerdings zu jener Zeit dem Zollverein nicht an. Allein anstatt des Zollvereins entstand der Norddeutsche Bund, der mit den vier süddeutschen Staaten den Zollvereinigungsvertrag vom 8. Juli 1867 abschloß. Durch Art. 40 der Reichsverfassung wurden die Bestimmungen des Zollvereinigungsvertrags aufrecht erhalten, und das Reichsgebiet zu einem einheitlichen Zoll- und Handelsgebiete erklärt.

Laband, Das Staatsrecht des Deutschen Reiches, 4. Aufl. Bd. 4 S. 385.

Nachdem nun der Vertrag vom 2. August 1862 von dem Deutschen Reich, das an der Stelle aller Einzelstaaten als vertragschließender Teil aufgetreten ist, und Frankreich als vertragschließenden Parteien wieder in Kraft gesetzt worden ist, muß angenommen werden, daß nun die Geltung des Handelsvertrags vom 2. August 1862 mit seinem Art. 28 auf das ganze Reichsgebiet, einschließlich Hamburgs, ausgedehnt worden ist. Die frühere Sonderstellung Hamburgs erweist sich daher als einflußlos für die Anwendung des mehrerwähnten Art. 28.

So wenig nun die deutsche Warenzeichengesetzgebung an der Fortgeltung des Art. 28 des mehrerwähnten Handelsvertrages etwas geändert hat, so wenig wurde sie durch die Pariser Union beeinflußt.

Art. 15 der Union gestattet den der Union beigetretenen Staaten Sonderabmachungen, die den Bestimmungen der Union nicht widersprechen. Die Klägerin hält hier den Grundsatz für entscheidend, daß durch die Union infolge des Art. 15 alle früheren Staatsverträge ohne weiteres aufgehoben seien — gleich wie das jüngere Gesetz alle älteren Gesetze aufhebt. Die Ansicht, daß durch den Beitritt zur Union deren Inhalt zum Landesgesetz erhoben werde und allen anderen älteren Bestimmungen vorgehe, wird in der Literatur in der Tat verteidigt (vgl. Pelletier u. Vidal-Naquet Nr. 44). Dieser Ansicht ist jedoch nicht beizutreten. Durch den Beitritt zur Pariser Union wird ein Staatsvertrag zum Zweck der Regelung der internationalen Beziehungen zwischen den an der Union teilnehmenden Staaten hinsichtlich des Schutzes des gewerblichen Eigentums geschlossen. Insofern hat dieser Staatsvertrag die Bedeutung eines internationalen Gesetzes, und zwar in dem Sinn, daß den Staatsangehörigen der an der Union teilnehmenden Staaten ein Mindestmaß von Schutz gewährleistet werden soll.

Die Bedeutung des Art. 15 der Union besteht deshalb darin, daß auch ältere Staatsverträge, welche dem Ausländer einen über die Unionsgrundsätze hinausgehenden Schutz zusichern, in Kraft bleiben. Dies ist eine selbstverständliche Folgerung aus dem Wortlaute des Art. 15, der künftige Abmachungen, die den Unionsgrundsätzen nicht zuwiderlaufen, den Staaten, die sich der Union angeschlossen haben, gestattet. Die Union beruht auf dem in Art. 2 der Union aufgestellten Grundsatz der Gleichstellung des Inländers mit dem Ausländer. Diesem Grundsatz wäre nur dann widersprochen, wenn dem Ausländer ein geringeres Maß des Schutzes gewährt, oder sein Schutz an schwerere Voraussetzungen geknüpft werden sollte, als die Pariser Union bestimmt hat.

Nun geht Art. 28 Abs. 2 des Handelsvertrags vom 2. August 1862 aber über diese Grundbestimmungen des Art. 2 der Pariser Union noch hinaus und gewährt einen weitergehenden beiderseitigen Schutz, wie dies oben dargelegt ist. Danach widerspricht der Art. 28 des erwähnten Handelsvertrags der Pariser Konvention vom 20. März 1883 nicht und besteht in Kraft, solange er nicht durch einen anderen Staatsvertrag aufgehoben ist. Aus dem Dargelegten ergibt sich, daß die Beklagte, als Vorbenutzerin des Drivazeichens von der Klägerin auf Grund ihrer Eintragung desselben Zeichens nicht angegriffen werden kann."

38. Inwieweit ist dem auf die unfallfürsorgepflichtige juristische Person übergegangenen Anspruche gegen einen Dritten gegenüber die dem fürsorgeberechtigten Beamten infolge des Unfalls erworbene Pension in Anrechnung zu bringen?

VI. Zivilsenat. Urt. v. 25. November 1907 i. S. Baugesellschaft M. (Bekl.) w. preuß. Eisenbahnfiskus (Kl.). Rep. VI. 68/07.

I. Landgericht Hannover.
II. Oberlandesgericht Celle.

Beim Betriebe einer Privatbahn der Beklagten erlitt ein im Dienste befindlicher Beamter des Klägers, der Weichensteller H., einen Unfall, der zur Folge hatte, daß er dauernd dienstunfähig wurde und pensioniert werden mußte. Der Fiskus klagte auf Grund des Art. 1 § 14 vgl. mit § 12 des Reichs-Unfallfürsorgegesetzes von 1901 aus der Person des H. auf Erstattung und siegte in erster Instanz größtenteils ob. Auf die Berufung der Beklagten wurde dieses Urteil nur darin abgeändert, daß für die Zeit vom 17. Oktober 1922 an die zu zahlende jährliche Rente von 753 *M* auf 717 *M* herabgesetzt wurde. Dies geschah auf Grund der tatsächlichen Feststellung, daß H. doch auf alle Fälle spätestens mit dem 17. Oktober 1920 dauernd dienstunfähig geworden sein würde. Daß in der Entscheidung statt 1920 das Jahr 1922 eingesetzt war, erklärt sich daraus, daß das Vorbringen der Beklagten nicht weiter gereicht hatte. Die sodann von der Beklagten eingelegte Revision ist zurückgewiesen worden.

Aus den Gründen:

... „Der Klaganspruch stützt sich auf Art. 1 § 14 vgl. mit § 12 des Reichs-Unfallfürsorgegesetzes vom 18. Juni 1901 in Verbindung mit den §§ 1, 3a und 7 des Haftpflichtgesetzes. Die Beklagte ist als Unternehmerin einer Eisenbahn, bei deren Betrieb ein Beamter des Klägers, der Weichensteller H., im Dienste so schwer verletzt worden ist, daß er dauernd dienstunfähig geworden ist, für verpflichtet gehalten worden, dem Kläger die von ihm wegen des Unfalls dem H. zu zahlende Pension soweit zu erstatten, wie sie an sich dem H. selbst schadensersatzpflichtig sein würde. Dies ist im allgemeinen und grundsätzlich jedenfalls richtig, insbesondere auch in dem Sinne, daß nicht etwa die Schadensersatzpflicht des Dritten so weit, wie der Beschädigte gerade durch den Unfall einen Pensionsanspruch erwirbt, von vornherein wegfällt, weil insoweit etwa kein Vermögensschade entstanden wäre; denn die Ansprüche aus den Unfallversicherungs- und Unfallfürsorgegesetzen stehen vielmehr umgekehrt den Beschädigten von vornherein nur mit der Maßgabe zu, daß dafür die diesen durch den Unfall gegen Dritte erwachsenen gesetzlichen Ansprüche insoweit auf den Zahlungspflichtigen übergehen. Daher hat auch der IV. Zivilsenat des Reichsgerichts laut der Entsch. in Zivils. Bd. 63 S. 383 flg. bereits sich in diesem Sinne ausgesprochen. Nur die Frage hat er dort (S. 388) offen gelassen, ob auch für diejenige spätere Zeit, wo der Verletzte auch ohne den Unfall dauernd dienstunfähig gewesen sein würde, Ansprüche gegen den Dritten mitübergehen. Diese Frage war damals vom Berufungsgerichte verneint worden, und da gegen diesen Teil der Entscheidung kein Rechtsmittel eingelegt worden war, so hatte der IV. Zivilsenat keinen Anlaß, sich über diesen Punkt zu äußern. Im vorliegenden Fall ist nun vom Oberlandesgericht tatsächlich festgestellt, daß H. auch ohne den Unfall mit dem 17. Oktober 1920 dauernd dienstunfähig geworden sein würde, also jedenfalls auch vom 17. Oktober 1922 an dauernd dienstunfähig sein würde, und aus diesem Grunde verlangt jetzt die Beklagte die Aufhebung ihrer Verurteilung für die Zeit vom 17. Oktober 1922 an. Für eine solche Unterscheidung zwischen der Zeit vor und nach dem Zeitpunkte, wo auch sonst die dauernde Dienstunfähigkeit eingetreten sein würde, wäre jedoch keinerlei Grund erfindlich.

Allerdings bedarf der Satz, daß der Schuldner einer Unfallpension sich immer im ganzen Umfange der letzteren an dem schadensersatzpflichtigen Dritten erholen könne, in einer anderen Beziehung der Einschränkung. Die Schadensersatzpflicht des Dritten entsteht nämlich natürlich insoweit überhaupt nicht, als der Verletzte im Augenblicke des Unfalls nach den allgemeinen gesetzlichen Bestimmungen sich eine Pensionsberechtigung bereits erdient hatte; denn insoweit würde er durch den mittels der Dienstunfähigkeit herbeigeführten Verlust des Gehaltes auch abgesehen von der gesetzlichen Unfallfürsorge nicht geschädigt worden sein. Ebenso liegt die Sache in Ansehung desjenigen Teiles der Unfallpension, der den Betrag der Pension, welche der Verletzte ohne den Unfall sich höchstens erdient haben würde, übersteigt, für die Zeit nach dem Zeitpunkte, wo die Dienstunfähigkeit auch sonst eingetreten wäre; denn nur die Möglichkeit, sich diese letztere Pension zu erdienen, ist dem Verletzten durch den Unfall, für dessen Folgen der Dritte aufzukommen hat, entzogen worden. Daher hat das Berufungsgericht mit Recht für die Zeit vom 17. Oktober 1922 an die Haftung der Beklagten von 753 ℳ jährlich auf 717 ℳ jährlich eingeschränkt. Zu einer weiteren Einschränkung auf Grund jener ersteren Erwägung war hier dagegen kein Anlaß gegeben. Zwar hat das Oberlandesgericht festgestellt, daß H. zur Zeit des Unfalles sich nach § 1 Abs. 2 des preuß. Pensionsgesetzes vom 27. März 1872 bereits eine Pension von 282 ℳ jährlich erdient hatte; aber diese kommt hier nicht in Betracht, da sie, bei der kurzen Dienstzeit H.'s, nur erst (eben nach dem Abs. 2) für den Fall eines Dienstunfalles erdient war und daher zu den in § 14 vgl. mit § 12 Abss. 1 und 3 des Reichsgesetzes vom 18. Juni 1901 gemeinten auf anderweiter gesetzlicher Vorschrift beruhenden Pensionen gehörte, die jedenfalls seit Erlassung dieses Gesetzes gleichfalls nur mit der Maßgabe geschuldet werden, daß dafür die dem Berechtigten wegen des Unfalles gegen Dritte gesetzlich zustehenden Ansprüche insoweit auf den Zahlungspflichtigen übergehen, wie dies auch der IV. Zivilsenat a. a. O. in Ansehung der auf dem Reichsbeamtengesetze von 1873 beruhenden entsprechenden Pensionen angenommen hat." ...

---

39. Finden Art. 169 Einf.-Ges. zum B.G.B. und § 852 Abs. 1 B.G.B. auf den aus Art. 1384 Abs. 3 Code civil vor dem 1. Januar 1900 entstandenen Schadensersatzanspruch gegen den Staat Anwendung, wenn der Anspruch am 1. Januar 1900 nach dem bisherigen Rechte noch nicht verjährt war?

II. Zivilsenat. Urt. v. 26. November 1907 i. S. K. Spar- und Kreditverein (Kl.) w. preuß. Justizfiskus (Bekl.). Rep. II. 264/07.

I. Landgericht Cöln.
II. Oberlandesgericht daselbst.

Der Kläger beauftragte im Juli 1898 den Gerichtsvollzieher B., der damals in K. amtlich tätig war, auf Grund eines vollstreckbaren

Titels bei dem Kaufmann R. in K. eine Mobiliarpfändung vorzunehmen. B. pfändete am 19. Juli 1898, machte aber die Pfändung vieler Gegenstände, namentlich des Warenlagers, nicht dem Gesetze entsprechend ersichtlich. Am 10. März 1899 wurde über das Vermögen des R. das Konkursverfahren eröffnet. Auf Grund der Pfändung verlangte der Kläger für seine Forderung abgesonderte Befriedigung. Da der Konkursverwalter den Anspruch nicht anerkannte, erhob der Kläger gegen ihn Klage auf Anerkennung seines Anspruchs auf abgesonderte Befriedigung aus dem Erlöse der inzwischen verkauften Waren. Im Laufe des Rechtsstreites verkündete er am 15. Juni 1899 dem Gerichtsvollzieher B. den Streit, der nunmehr als Nebenintervenient in den Rechtsstreit eintrat. Durch am 1. April 1903 in der Berufungsinstanz bestätigtes, rechtskräftig gewordenes Urteil vom 14. Juli 1902 wurde die Klage, soweit sie auf vorzugsweise Befriedigung gerichtet war, mit der Begründung abgewiesen, daß die Pfändung des Warenlagers ungültig gewesen sei, weil B. entgegen der Vorschrift des § 712 Z.P.O. a. F. unterlassen habe, die Pfändung ausreichend erkennbar zu machen.

Mit der Behauptung, daß er infolge Ungültigkeit der Pfändung Schaden erlitten habe, und ihm hierfür der Gerichtsvollzieher und der preuß. Justizfiskus hafte, erhob der Kläger im Herbst 1904 gegen beide Klage und beantragte,

> dieselben als Gemeinschuldner zur Zahlung von 14500,04 *M* nebst Zinsen zu verurteilen.

Er berief sich gegenüber dem Fiskus auf die Artt. 1382, 1383 und 1384 Code civil. Die Beklagten beantragten, die Klage abzuweisen. Der Fiskus machte namentlich geltend, die dreijährige Verjährungsfrist des § 852 B.G.B. sei bei der Klagerhebung bereits abgelaufen gewesen.

Beide Vorinstanzen hielten den Verjährungseinwand des Fiskus für zutreffend; die Klage gegen ihn wurde durch Teilurteil vom 15. Februar 1905, bestätigt in der Berufungsinstanz, abgewiesen.

Die Revision des Klägers wurde zurückgewiesen aus den folgenden

Gründen:

„Das Oberlandesgericht ist rechtlich zutreffend davon ausgegangen, daß die Klage gegen den Fiskus nach Art. 1384 Code civil zu beurteilen ist, und hiernach gemäß ständiger Rechtsprechung des Reichsgerichts,

vgl. Entsch. in Zivils. Bd. 54 S. 19 und die dortigen Zitate; Rhein. Archiv 93, II S. 110—104, 221,

der verklagte Fiskus für die schuldhafte schädigende Handlungsweise des Gerichtsvollziehers, der bei der Vornahme der Pfändung nicht nur als Beauftragter des Klägers, sondern auch in seiner Eigenschaft als preußischer Staatsbeamter in Ausübung der ihm anvertrauten öffentlichen Gewalt gehandelt hat, dem Kläger neben dem Gerichtsvollzieher schadensersatzpflichtig ist. Die die Klagabweisung des Landgerichts bestätigende Entscheidung des Oberlandesgerichts beruht auf der Annahme der Verjährung des Anspruchs gegen den Fiskus nach § 852 Abs. 1 B.G.B. Da die angeblich gesetzlich mangelhafte, die Ursache des entstandenen Schadens bildende Pfändung am 19. Juli 1898 in K. unter der Herrschaft des Code civil ausgeführt worden ist, und der Art. 1384 keine Verjährungsvorschrift enthält, so würde nach französischem Rechte die dreißigjährige Verjährung des Art. 2262 Code civil Platz greifen. Nun schreibt aber im Einführungsgesetze zum Bürgerlichen Gesetzbuch die Übergangsvorschrift des Art. 169 Abs. 2 vor, daß, wenn die Verjährungsfrist nach dem Bürgerlichen Gesetzbuch kürzer als nach den bisherigen Gesetzen ist, die kürzere Frist von dem Inkrafttreten des Bürgerlichen Gesetzbuchs an berechnet werden soll, vorausgesetzt daß die nach dem bisherigen Recht bestimmte längere Frist nicht vor der kürzeren Frist des Bürgerlichen Gesetzbuchs abläuft. Der Senat hält die Anwendbarkeit dieser Vorschrift auf den vorliegenden Fall für zulässig. Denn wenn auch nach Art. 77 Einf.-Ges. zum B.G.B. die landesgesetzlichen Vorschriften über die Haftung des Staates, der Gemeinde und anderer Kommunalverbände für den von ihren Beamten in Ausübung der diesen anvertrauten öffentlichen Gewalt zugefügten Schaden von dem Bürgerlichen Gesetzbuch unberührt bleiben, und damit das Gesetz zum Ausdrucke gebracht hat, daß diese Vorschriften im Bürgerlichen Gesetzbuch nicht geregelt sind, so betrifft doch die Vorbehaltbestimmung nur die Frage der Haftpflicht, nicht auch die eventuelle Frage der Verjährung. Aus dem Umstande, daß Art. 169 eine Übergangsbestimmung ist und in seinem Eingange hervorhebt, daß die Vorschriften des Bürgerlichen Gesetzbuchs über die Verjährung auf die vor dem Inkrafttreten des

Bürgerlichen Gesetzbuchs entstandenen, noch nicht verjährten Ansprüche Anwendung finden, ist aber zu entnehmen, daß diese Übergangsvorschrift auch auf die im Einführungsgesetze der Landesgesetzgebung vorbehaltenen Materien des früheren Rechts Anwendung finden soll, sofern die letzteren für die Zeit seit dem 1. Januar 1900 geregelt sind und keine besonderen Verjährungsvorschriften enthalten. Der Art. 1384 Code civil ist in dem hier in Betracht kommenden Umfange durch Art. 89 Nr. 2 preuß. Ausf.-Ges. zum B.G.B. aufrecht erhalten, ohne daß hinsichtlich der Verjährung dabei Bestimmung getroffen ist, obwohl die Verjährungsvorschriften des Code civil aufgehoben sind. Er enthält den gleichen Tatbestand, wie die dem gegenwärtigen Anspruch zugrunde liegende Vorschrift des alten Rechts, daher die vorerwähnte Übergangsvorschrift Anwendung findet. Die Ausführungen in den Urteilen des Reichsgerichts in Bd. 56 S. 253 und Bd. 64 S. 421 der Entsch. in Zivils. stehen hiermit nicht im Widerspruch; denn in dem ersteren Urteile handelte es sich nicht um einen der Landesgesetzgebung vorbehaltenen Tatbestand, und in dem zweiten Urteile stand eine spezielle Verjährungsvorschrift des Landesrechts in Frage; in beiden Fällen lag also kein Anlaß für eine Erörterung der Anwendbarkeit des Art. 169 auf die der Landesgesetzgebung vorbehaltenen Materien vor. Nun beruht die im Art. 1384 Code civil anerkannte Haftung des Staates auf der Vermutung eines Verschuldens der Staatsgewalt, daß sie nämlich in der Auswahl der Beamten fahrlässig gehandelt habe; der Code civil erblickt darin ein Quasidelikt, eine Art unerlaubter Handlung. Das Bürgerliche Gesetzbuch faßt aber in dem 25. Titel seines VII. Abschnittes den Begriff einer unerlaubten Handlung in einem weiten Sinne auf, wodurch sich die Annahme rechtfertigt, daß sich auch die Verjährungsvorschrift des § 852 B.G.B. in betreff des Anspruchs auf Ersatz des aus einer unerlaubten Handlung entstandenen Schadens auf den Schadensersatzanspruch aus unerlaubten Handlungen im weiten Umfange, also auch des alten Rechtes, erstreckt, falls für letztere nicht eine ganz spezielle Verjährungsvorschrift im alten Rechte besteht, was in vorliegender Sache nicht der Fall ist.

Hat sonach das Oberlandesgericht mit Recht auf Grund des Art. 169 Abs. 1 und Abs. 2 Einf.-Ges. zum B.G.B. den § 852 B.G.B. auf den dem Fiskus gegenüber erhobenen Klaganspruch in Anwendung gebracht,

so ist auch seine Feststellung, daß die dreijährige Verjährungsfrist der letzteren Vorschrift am 31. Dezember 1902, also vor der Klagerhebung, abgelaufen gewesen sei, rechtlich nicht zu beanstanden. Da nach § 852 diese Frist von dem Zeitpunkte an zu laufen beginnt, in welchem der Verletzte von dem Schaden und der Person des Ersatzpflichtigen Kenntnis erlangt hat, so setzt jene Feststellung voraus, daß der Kläger die Kenntnis bereits vor dem 1. Januar 1900 erlangt hatte. In dieser Beziehung ist in den Gründen des Berufungsurteils gesagt, dem Kläger seien sowohl der entstandene Schade, als auch die Ersatzpflichtigen mit dem Augenblicke bekannt geworden, wo der Konkursverwalter des Klägers Recht auf abgesonderte Befriedigung wegen Ungültigkeit der Pfändung bestritten habe, spätestens aber am 15. Juni 1899, als der Kläger dem Gerichtsvollzieher den Streit verkündet habe. Ob der Kläger aus Rechtsunkenntnis angenommen haben möge, daß die Pfändung möglicherweise doch gültig sei, und ob der Kläger ferner nicht gewußt habe, daß ihm auch der Justizfiskus hafte, könne nicht berücksichtigt werden, da dieses nicht auf einer Nichtkenntnis von Tatumständen, sondern auf Gesetzesunkenntnis beruhe, diese aber nach allgemeinen Grundsätzen schade. Der hiergegen mit der Revision erhobene Angriff ist unbegründet. Die Kenntnis des Klägers davon, daß ihm durch die fehlerhafte Pfändung Schade entstanden ist, sowie von der Person des ersatzpflichtigen Gerichtsvollziehers, und zwar vor dem 1. Januar 1900, ist tatsächlich festgestellt; die Annahme, der Kläger habe glauben können, die Pfändung sei vielleicht doch noch gültig, ist beseitigt durch die Feststellung der Streitverkündung an den Gerichtsvollzieher; die Ersatzpflicht des Fiskus beruht auf dem Gesetze, mit dessen Unkenntnis der Kläger sich um so weniger entschuldigen kann, als ihm die Eigenschaft des Gerichtsvollziehers als Staatsbeamten bekannt sein mußte; es kann dem Kläger auch nichts nützen, wenn eine Unkenntnis des Gesetzes auch bei den Vertretern des Staates daraus zu folgern wäre, daß noch in dem gegenwärtigen Rechtsstreite der Fiskus seine Haftpflicht bestritten hat, und eine Streitverkündung an den Fiskus von seiten des Klägers unterblieben ist.

Endlich geht auch der aus der geschehenen Streitverkündung entnommene Angriff fehl. Mag auch die Annahme des Berufungsrichters, die unter dem alten Rechte erfolgte Streitverkündung an den Gerichtsvollzieher habe die Verjährung nicht unterbrochen, zu Bedenken Anlaß geben, da der Gerichtsvollzieher infolge der Streitverkündung als Nebenintervenient in den Prozeß des Klägers gegen die Konkursmasse R. eingetreten und darin bis zur Beendigung des Rechtsstreits, zum 1. April 1903, verblieben ist (§§ 72 und 74 Z.P.O.), und das Bürgerliche Gesetzbuch eine Unterbrechung der Verjährung durch Streitverkündung kennt (§§ 209 Abs. 2 Ziff. 4 und 215 B.G.B.), so fällt doch dieses Bedenken in der vorliegenden Klage gegen den Fiskus weg. Denn diesem gegenüber hat keine Streitverkündung stattgefunden, und der Anspruch des Beschädigten gegen den Staat aus Art. 1384 Code civil ist ein selbständiger, von der Geltendmachung des Schadensersatzanspruchs gegen den Gerichtsvollzieher unabhängiger Anspruch, daher kann eine an den letzteren geschehene Streitverkündung nicht auch von selbst gegenüber dem Staate ihre Wirkung äußern." ...

---

40. Unterschied der Klage auf Schadensersatz wegen Nichterfüllung aus § 463 Satz 2 B.G.B. wegen arglistigen Verschweigens von der Betrugsklage nach § 823 Abs. 2 B.G.B. verbunden mit § 263 St.G.B. oder nach § 826 B.G.B.

II. Zivilsenat. Urt. v. 26. November 1907 i. S. R. (Kl.) w. L. (Bekl.). Rep. II. 259/07.

I. Landgericht Lübeck.
II. Oberlandesgericht Hamburg.

Aus den Gründen:

... „Nach dem Tatbestande des ersten Richters verlangt der Kläger auf Grund des § 463 B.G.B. Schadensersatz wegen Nichterfüllung, da die vom Beklagten zugesicherten Eigenschaften schon zur Zeit des Vertragsschlusses nicht vorhanden gewesen seien, der Beklagte auch die Mängel des Bootes gekannt und arglistig verschwiegen habe. Von dem Ausgange, daß § 463 Satz 2 arglistiges Verschweigen eines Fehlers der in § 459 Abs. 1 bezeichneten Art voraussetze, prüft das Berufungsgericht, ob das verkaufte Boot überhaupt mit einem Fehler der in § 459 Abs. 1 bezeichneten Art behaftet war. Es verneint dies, indem es zunächst prüft, was für einen Kaufgegenstand der Kläger nach Lage der Umstände erwarten durfte. Bei dieser Prüfung gelangt es zu dem Schlußergebnisse, der Kläger habe bei einem Preise von 1300 ℳ und nach den übrigen Umständen von vornherein damit rechnen müssen, daß das verkaufte Boot Schwächen haben werde, wie sie bei den wesentlich zu Regattazwecken überaus leicht erbauten Sonderklassenbooten vorzukommen pflegen. Mehr als solche Schwächen habe das Boot nicht gehabt. Sodann wird ausgeführt: sei danach zu verneinen, daß das verkaufte Boot mit einem Fehler der in § 459 Abs. 1 bezeichneten Art behaftet war, so komme es auf das weitere Erfordernis des arglistigen Verschweigens solcher Fehler nicht an.

Hierher erhebt die Revision ihre Hauptangriffe. Sie führt aus: erhoben sei eine Betrugsklage, die nicht bloß nach § 463 B.G.B., sondern auch nach §§ 823 Abs. 2 und 826 B.G.B. zu beurteilen sei. Zur Anwendung letzterer Gesetzesbestimmungen sei nicht die arglistige Täuschung über einen Fehler, der unter § 459 Abs. 1 falle, erforderlich; vielmehr reiche eine arglistige Täuschung über jede Eigenschaft zu, wenn sie für den Vertragsschluß kausal war. Der Angriff ist nicht gerechtfertigt. Wenn der Kläger den verlangten Schadensersatz wegen Nichterfüllung in dem oben dargelegten Zusammenhange auch darauf gestützt hat, daß der Beklagte die Fehler gekannt und sie arglistig verschwiegen habe, so konnte das Berufungsgericht dieses Vorbringen dahin auffassen, daß damit wegen arglistigen Verschweigens im Sinne von § 463 Satz 2 Schadensersatz wegen Nichterfüllung verlangt werde. Dagegen hatte es keinen Anlaß zu erörtern, ob nicht ein Anspruch auf Ersatz des positiven Schadens aus arglistiger Täuschung nach § 823 Abs. 2 wegen Verletzung des Schutzgesetzes in § 263 St.G.B. oder nach § 826 erhoben sei. Der Tatbestand des arglistigen Verschweigens von bekannten Fehlern im Sinne von § 463 Satz 2 deckt sich weder mit dem Tatbestande eines Betruges nach § 263 St.G.B., noch deckt er sich schlechthin mit den Erfordernissen des § 826. Wollte der Kläger aus unerlaubter Handlung auf Grund letzterer Gesetzesbestimmungen den Ersatz seines positiven Schadens verlangen, so hatte er dies unter Darlegung des besonderen

Tatbestandes jener unerlaubten Handlungen zu tun. Eine solche Darlegung ist in den Instanzen nicht geschehen.

Im übrigen lassen die Ausführungen des Berufungsgerichts Verletzung des materiellen Rechts nicht erkennen. Sein Ausgang, § 463 Satz 2 verlange arglistiges Verschweigen eines Fehlers nach § 459 Abs. 1, ist rechtlich bedenkenfrei. Seine weiteren Ausführungen sind aber dahin zu verstehen: nach den Umständen des gegebenen Vertrags war verkauft ein Boot, bei dem solche Schwächen keine Fehler im Sinne des § 459 Abs. 1 sind. Damit zerfällt ein weiterer Angriff der Revision. In seinen Erörterungen darüber, auf welche Eigenschaften der Kläger im Hinblick auf den Kaufgegenstand und den Kaufpreis habe rechnen können, sind unter anderem die Stellen enthalten, „der Kläger hätte mit den Schwächen der Bauart rechnen müssen", „er hätte sie erkennen müssen". Die Revision hebt hervor, das reiche nach § 460 Satz 2 nicht zu, das behauptete arglistige Verschweigen zu beseitigen; dazu wäre erforderlich gewesen, daß der Kläger jene Mängel gekannt hätte. Die Ausführungen des Berufungsgerichtes sind indes dahin zu verstehen, daß jene Schwächen bei der gegebenen Sachlage überhaupt keine Gewährleistungsmängel im Sinne des § 459 Abs. 1 waren. Darum scheidet § 460 Satz 2 vollständig aus, und kam ein arglistiges Verschweigen auch im Sinne des § 460 Satzes 2 überhaupt nicht in Betracht." . . .

41. Kann durch den mit dem Vertreter eines Geschäftsinhabers geschlossenen Werkvertrag der Geschäftsinhaber als Unternehmer berechtigt und verpflichtet werden, auch wenn dem Besteller beim Abschlusse des Vertrages unbekannt geblieben ist, daß er mit einem Vertreter verhandelte?

B.G.B. § 164.

VII. Zivilsenat. Urt. v. 29. November 1907 i. S. M. (Bekl.) w. L. (Kl.). Rep. VII. 213/06.

I. Landgericht II Berlin.
II. Kammergericht daselbst

Die Frage ist bejaht aus folgenden

Gründen:

... „Grundsätzlich ist der im Berufungsurteile zum Ausdrucke gelangten rechtlichen Auffassung nicht entgegenzutreten. Es ist bei einem Vertrage, wie er hier vorliegt, die rechtliche Beurteilung, der Wille des Bestellers sei darauf gerichtet gewesen, die Ausführung des Werkes einem bestimmten Geschäftsbetriebe zu übertragen, möglich, auch wenn unbekannt blieb, wer der Geschäftsinhaber ist. Nimmt dann der Gegenkontrahent in berechtigter Vertretung des Geschäftsinhabers die Bestellung an, so ist durch Willensübereinstimmung ein Vertrag perfekt geworden, durch welchen der Geschäftsinhaber, und nicht derjenige, welcher für ihn verhandelt hat, berechtigt und verpflichtet wird. Im kaufmännischen und im gewerblichen Verkehre kann ein Vertrag mit dem Geschäftsinhaber auch dann perfekt werden, wenn der ihn abschließende Vertreter irrtümlich für den Geschäftsinhaber selbst gehalten ist. Entscheidend ist die Willenseinigung darüber, wer berechtigt und verpflichtet werden soll; die Person, durch welche diese Einigung herbeigeführt wird, tritt demgegenüber der Regel nach zurück. Demgemäß liegt der im § 164 Abs. 2 B.G.B. vorgesehene Tatbestand, auch wenn der Wille des Vertreters, in fremdem Namen zu handeln, nicht erkennbar geworden ist, dann nicht vor, wenn auf beiden Seiten das gleiche, Abschluß des Geschäfts mit dem Vertretenen, gewollt ist. Für die Anwendung der Bestimmung des § 164 Abs. 2 B.G.B., die im Interesse der Verkehrssicherheit in dem von ihr vorgesehenen Falle die Berufung auf einen Willensmangel ausschließt, bleibt kein Raum, wenn ein solcher Willensmangel überhaupt nicht vorliegt." ...

---

42. Behalten Zustellungen, die an einen unbevollmächtigten, zur Prozeßführung einstweilen zugelassenen Rechtsanwalt erfolgen, auch dann ihre Wirkung, wenn die zur Beibringung der Genehmigung bestimmte Frist ergebnislos abgelaufen ist?

I. Zivilsenat. Beschl. v. 30. November 1907 i. S. Gr., He., Sch., Th. St. Nachf. (Kl.) w. 1. Heinrich K., 2. Paul Friedrich K. (Bekl.). Beschw.-Rep. I. 56/07.

I. Landgericht I Berlin.
II. Kammergericht daselbst.

Die Klägerin, deren Klage vom Landgerichte abgewiesen war, hatte Berufung verfolgt und ein Versäumnisurteil erwirkt, durch das die Beklagten antragsgemäß verurteilt wurden. Als Prozeßbevollmächtigter der Beklagten war in der Berufungsinstanz der beim Kammergerichte zugelassene Rechtsanwalt H. aufgetreten. Nachdem er Einspruch eingelegt hatte, verlangte die Klägerin im Termine vom 23. April 1907 die Vorlegung beglaubigter Vollmachten der Beklagten. Das Gericht bestimmte zur Vorlegung eine Frist von zwei Monaten, worauf die Parteivertreter erklärten, sie wollten die Sache zunächst schriftlich weiter vorbereiten und dann neu laden. Am 14. Juni überreichte der Rechtsanwalt H. eine beglaubigte Vollmacht des Beklagten Paul Friedrich K. zu den Gerichtsakten. Eine Vollmacht des Beklagten Heinrich K. wurde nicht beigebracht. Die Klägerin lud darauf beide Beklagte durch einen Schriftsatz, der dem genannten Anwalte am 22. Juni zugestellt wurde, behufs Fortsetzung der Verhandlung zu dem auf den 15. Oktober anberaumten Termine. In diesem Termine war als Substitut des Rechtsanwalts H. der Rechtsanwalt L. erschienen. Auf seine Erklärung, nur für Paul Friedrich K. aufzutreten, beantragte die Klägerin gegen Heinrich K. Versäumnisurteil. Dieser Antrag wurde durch den angefochtenen Beschluß zurückgewiesen, weil Heinrich K. nicht ordnungsmäßig geladen sei. Das Gericht erwog, nach der am 23. April ausgesprochenen Rüge habe der Rechtsanwalt H., dem die Ladung zugestellt war, nicht mehr als Prozeßbevollmächtigter des Heinrich K. gelten können.

Der sofortigen Beschwerde der Klägerin wurde stattgegeben aus folgenden

Gründen:

„Nach § 176 Z.P.O. müssen Zustellungen, die in einem anhängigen Rechtsstreite geschehen sollen, an den für die Instanz bestellten Prozeßbevollmächtigten erfolgen. Wie das Reichsgericht schon in dem Urteile Entsch. in Zivils. Bd. 38 S. 408 dargelegt hat, genügt es nach dem Sinne dieser Vorschrift, wenn ein Anwalt im Prozesse als Bevollmächtigter der Partei aufgetreten ist. Er hat dann so lange als bestellt zu gelten, bis er wegen fehlender Vollmacht vom Gerichte zurückgewiesen wird. Allerdings war in dem damals entschiedenen Falle der Mangel der Vollmacht zur Zeit der in Frage stehenden Zustellung noch nicht gerügt, während hier die Klägerin im Termine vom 23. April eine Rüge ausgesprochen hat. Aber dafür ist hier der Rechtsanwalt H. gemäß § 89 Z.P.O. einstweilen zur Prozeßführung zugelassen. Denn dazu bedurfte es, da die Klägerin nicht widersprach, keines ausdrücklichen Beschlusses; die einstweilige Zulassung war ohne weiteres darin enthalten, daß das Gericht den Anwalt, der trotz der Rüge keine Vollmachtsurkunde vorlegte, nicht sofort zurückwies. Nun ist zwar richtig, daß die einstweilige Zulassung im allgemeinen nur einen Schwebezustand zur Folge hat, so daß, wenn der Mangel der Vollmacht endgültig feststeht, der Zugelassene rückwirkend als falsus procurator zu beurteilen ist. Aber die Gegenpartei darf unter diesem Grundsatze nicht leiden. Durch die Zulassung wird dem Gegner das sofortige Versäumnisurteil gegen die Partei versagt; er wird genötigt, den Anwalt, der sich vielleicht später als Nichtbevollmächtigter herausstellt, einstweilen als Bevollmächtigten zu behandeln. Dann aber muß er hierzu auch berechtigt sein. Rücksichten der Gerechtigkeit und der Zweckmäßigkeit erheischen gleichmäßig, daß der Gegner, solange die Zulassung dauert, den Zugelassenen ebenso behandeln darf, wie wenn die Vollmacht nachgewiesen wäre. Das gilt insbesondere mit Bezug auf die Zustellungen. Wollte man anders entscheiden, so müßte der Gegner sowohl der Partei, wie dem einstweilen zugelassenen Anwalte zustellen lassen. Jede dieser beiden Zustellungen unterbliebe auf seine Gefahr; die Zustellung an die Partei wäre nötig für den Fall, daß der Vollmachtsmangel nicht behoben würde, die Zustellung an den Anwalt für den entgegengesetzten Fall. Das kann nicht die Meinung des Gesetzes sein.“ ...

---

43. 1. Ist es eine gegen die guten Sitten verstoßende vorsätzliche Schadenszufügung, wenn jemand das ihm rechtskräftig Zuerkannte beitreibt, obwohl er weiß, daß die Verurteilung nur durch ein falsches Zeugnis herbeigeführt worden ist?

B.G.B. § 826.

2. Kann aus einer unerlaubten Handlung des Vormundes gegen den Bevormundeten geklagt werden?

VI. Zivilsenat. Urt. v. 2. Dezember 1907 i. S. A. (Kl.) w. minderj. Z. (Bekl.). Rep. VI. 77/07.

I. Landgericht I Berlin.
II. Kammergericht daselbst.

Die Klage war gerichtet darauf, daß der Beklagte verurteilt werde, die fernere Geltendmachung eines Amtsgerichtsurteils, durch welches der Kläger als unehelicher Erzeuger dem Beklagten zur Zahlung von Unterhaltsgeldern verurteilt worden war, zu unterlassen. Das Landgericht erkannte nach diesem Antrage; das Berufungsgericht wies aber die Klage ab, und die Revision des Klägers hat keinen Erfolg gehabt.

Aus den Gründen:

... „Vor dem Amtsgerichte hatte im Vorprozesse der jetzige Kläger die Einrede nach § 1717 Abs. 1 B.G.B. vorgeschützt, daß auch andere der Mutter des jetzigen Beklagten innerhalb der Empfängniszeit beigewohnt hätten. Dies ist aber vom Amtsgerichte für unbewiesen erachtet worden, hauptsächlich auf Grund des eidlichen Zeugnisses der Mutter. Nachdem das verurteilende Erkenntnis des Amtsgerichtes die Rechtskraft erlangt hatte, ist die Mutter strafrechtlich rechtskräftig verurteilt worden, weil sie sich durch eben dieses Zeugnis einer fahrlässigen Verletzung der Eidespflicht schuldig gemacht habe. Der jetzige Kläger hat versäumt, aus diesem Grunde nach § 580 Nr. 3, § 581 Abs. 1 Z.P.O. die Restitutionsklage innerhalb der Frist des § 586 Abss. 1, 2 Z.P.O. zu erheben. Jetzt hat er aus § 826 B.G.B. eine Unterlassungsklage auf Nichtausnutzung der amtsgerichtlichen Verurteilung angestellt, weil der Vormund des jetzigen Beklagten wisse, daß diese nur durch das falsche Zeugnis der Mutter seines Mündels herbeigeführt worden sei, und weil es daher den guten Sitten widerstreite, wenn er sie trotzdem weiter geltend mache.

Diese Idee ist von vornherein durchaus verfehlt. Der § 826 B.G.B. gewährt ja nicht etwa allgemein einen Anspruch auf Unterlassung von Handlungen, die gegen die guten Sitten verstoßen, sondern zunächst nur eine Klage auf Ersatz des Schadens, den jemand einem anderen vorsätzlich in einer gegen die guten Sitten verstoßenden Weise zugefügt hat, und es ist nur in der Rechtsprechung angenommen, daß, wenn Grund zu der Befürchtung vorliegt, daß jemand in der Zukunft solche Schadenszufügungen vornehmen werde, dann auch schon sogleich auf Unterlassung derselben gegen ihn geklagt werden kann. Die erste Voraussetzung ist also jedenfalls, daß überhaupt eine Schadenszufügung in Frage stehe. Davon kann hier aber gar nicht die Rede sein; denn dadurch, daß jemand angehalten wird, eine ihm aus einem rechtskräftigen Urteil obliegende Verbindlichkeit zu erfüllen, wird ihm kein Schade zugefügt. Eine andere Frage wäre es, ob die Ausnutzung eines rechtskräftigen Urteils, von dem man entweder sogleich wußte, oder nachträglich erfahren hat, daß es materiell unrichtig war — wobei indessen jedenfalls für unerheblich gelten müßte, ob diese Unrichtigkeit durch strafbare Verletzung der Eidespflicht von seiten eines Zeugen oder Sachverständigen ohne Beteiligung der das Urteil ausnutzenden Partei, oder auf irgend eine andere Art herbeigeführt wäre —, von einem höheren sittlichen Standpunkt aus so sehr zu mißbilligen sei, daß sie gesetzlich verhindert werden müßte. Auch de lege ferenda möchten der Bejahung dieser Frage jedoch überwiegende praktische Bedenken aus Rücksichten der Rechtssicherheit entgegenstehen, und auf alle Fälle ist so viel sicher, daß unser geltendes Recht keine Handhabe für sie bietet, und insbesondere der § 826 B.G.B. nichts damit zu tun hat. Die in diesem Prozesse mehrfach angezogenen früheren Reichsgerichtsurteile (Entsch. in Zivils. Bd. 46 S. 76 flg., Bd. 61 S. 361 flg.) betreffen Fälle ganz anderer Art. Dort war die rechtskräftig gewordene Verurteilung (des nunmehrigen Klägers) selbst in einer gegen die guten Sitten verstoßenden Weise vorsätzlich vom nunmehrigen Beklagten als damaligem Kläger erwirkt worden: natürlich mußte dieser den von ihm jenem hierdurch zugefügten Schaden ersetzen (in der einen Sache nach älterem preußischem Recht, in der anderen nach § 826 B.G.B.), also je nach Lage der Sache das auf Grund des Urteils Beigetriebene zurückzahlen oder (nach § 249 Satz 1 B.G.B.) mindestens jede Geltendmachung des Urteils unterlassen. Im gegenwärtigen Falle liegt nichts dem Ähnliches vor.

Übrigens wäre außerdem noch in Betracht zu ziehen, ob nicht die vorliegende Klage auch deshalb völlig unschlüssig war, weil sie wegen einer angeblichen unerlaubten Handlung des Vormundes gegen den Bevormundeten erhoben ist. Zwar haften nach §§ 31,

86, 89 Abs. 1 B.G.B. juristische Personen Dritten für die unerlaubten Handlungen ihrer gesetzlichen Vertreter; nirgends ist aber im Gesetze das gleiche für die natürlichen Personen bestimmt." ...

---

44. Enthält die Erklärung eines auf Zahlung einer Forderung gegen den Nachlaß verklagten Erben im Prozesse, daß er den Anspruch mit der Maßgabe anerkenne, daß er nur nach Kräften des Nachlasses hafte, unter allen Umständen ein gerichtliches Geständnis bezüglich der dem Klaganspruch zugrunde liegenden Tatsachen?

II. Zivilsenat. Urt. v. 6. Dezember 1907 i. S. Konkurs N. (Kl.) w. Eheleute P. (Bekl.). Rep. II. 282/07.

I. Landgericht I Berlin.
II. Kammergericht daselbst.

Aus den Gründen:

„Die in gesetzlicher Form und Frist eingelegte und begründete Revision konnte in der Sache keinen Erfolg haben.

Der vom Oberlandesgericht abgewiesene Klaganspruch auf Zahlung von 3500 ℳ nebst Urteilszinsen wird auf ein Kaufgeschäft gegründet, das der verstorbene und von den Beklagten beerbte Sohn derselben, Isidor P., mit dem ursprünglichen Kläger, dem jetzigen Gemeinschuldner N., über eine größere Partie Goldwaren zu diesem Preise abgeschlossen haben soll.

Bei der Verhandlung vor dem Landgericht hatten die Beklagten nach dem Tatbestand durch ihren Anwalt erklärt, sie erkennten den Klaganspruch mit der Maßgabe an, daß sie nur nach Kräften des Nachlasses hafteten. Von seiten des Klägers N. ist indessen eine Annahme dieses Anerkenntnisses nicht erfolgt, auch ein eventueller Antrag auf Verurteilung der Beklagten nach Maßgabe dieses Anerkenntnisses nicht gestellt; vielmehr hat derselbe auf der unbeschränkten Zusprechung des Klagantrags bestanden. Dem wurde in der ersten Instanz, in der wesentlich nur darüber gestritten wurde, ob die Beklagten der Rechtswohltat des Inventars verlustig gegangen seien, entsprochen, indem diese Frage zuungunsten der Beklagten entschieden wurde.

In der Berufungsinstanz haben die Beklagten — nachdem mittlerweile über das Vermögen des Klägers N. der Konkurs eröffnet war und der Konkursverwalter den Rechtsstreit aufgenommen hatte — das der Klage zugrunde gelegte Kaufgeschäft bestritten und behauptet, daß lediglich wucherliche Manipulationen des N. in Frage ständen, bei denen ihr völlig mittelloser Sohn gegen eine Provision die Rolle des Schleppers gespielt habe.

Das Kammergericht ist in der angefochtenen Entscheidung davon ausgegangen, daß das in erster Instanz erklärte beschränkte Anerkenntnis dieser Bestreitung, infolge deren dann eine Beweisaufnahme angeordnet wurde und stattgefunden hat, nicht entgegenstehe, und es hat sodann, indem es die Bestreitung auf Grund der Beweisaufnahme für tatsächlich zutreffend erachtete, die Klage abgewiesen.

Hiergegen wird von dem Revisionskläger in erster Reihe geltend gemacht, das abgegebene Anerkenntnis habe, da es ein dem Geständnis entsprechender Dispositionsakt sei, nach § 290 Z.P.O. nur im Falle des Nachweises, daß es durch einen Irrtum veranlaßt worden sei, widerrufen werden können. Dieser Angriff ist verfehlt. Eine Parteierklärung im Prozeß, wie sie hier abgegeben wurde, kann eine verschiedene Bedeutung haben. Diese kann sich darauf beschränken, daß der Beklagte, ohne die materielle Grundlage des Anspruchs anzuerkennen, Einwendungen gegen seine Verurteilung nach Maßgabe seiner abgegebenen Erklärung nicht erheben will. In einem solchen Falle wird nur von einer prozessualen Wirkung der Erklärung die Rede sein können, die entfällt, wenn der Kläger das Anerkenntnis nicht annimmt und einen demselben entsprechenden Antrag auf Verurteilung nicht stellt. Die Erklärung kann aber auch die Bedeutung haben, daß die dem Anspruch zugrunde liegenden Tatsachen als solche anerkannt werden, der Anspruch also an sich nicht bestritten, und dem Antrag auf unbeschränkte Verurteilung lediglich die Einwendung entgegengesetzt wird, daß der Beklagte die Rechtswohltat des Inventars geltend zu machen berechtigt sei, und deshalb für den an sich begründeten Anspruch nur nach Kräften des Nachlasses hafte. In diesem Falle würden die Voraussetzungen eines gerichtlichen Geständnisses bezüglich der klagebegründenden Tatsachen anzunehmen, und daher ein Widerruf und folgeweise ein Bestreiten in der Berufungsinstanz gemäß §§ 290, 532 Z.P.O. nur wirksam sein, wenn nachgewiesen würde, daß das Geständnis der Wahrheit nicht entsprach und durch einen Irrtum veranlaßt war. Ob das eine, oder das andere der Fall ist, ist im einzelnen Falle von den Instanzgerichten zu erörtern und festzustellen.

Im vorliegenden Falle hat nun das Kammergericht nach Erörterung der Sachlage — wenn auch in einem etwas anderen Zusammenhang — angenommen, die mehrerwähnte Erklärung enthalte kein Geständnis der Klagetatsachen. Diese Annahme ist weder materiellrechtlich noch prozessual zu beanstanden. Dieselbe ergibt aber die Folgerung, daß die Beklagten jene Tatsachen in der Berufungsinstanz bestreiten konnten, ohne den Nachweis zu erbringen, daß sie bei Abgabe der Erklärung sich in einem Irrtum befanden. Daß derselben im übrigen eine gewisse Bedeutung für die tatsächliche Beurteilung beigelegt wird, steht mit jener Annahme nicht in Widerspruch. Die in Gemäßheit dieses rechtlich zutreffenden Standpunktes auf Grund der stattgehabten Beweisaufnahme dann erfolgte Feststellung, daß zwischen dem Sohne der Beklagten und dem Gemeinschuldner N. ein Kaufgeschäft über Goldwaren überhaupt nicht zustande gekommen sei, daß demselben die Goldwaren von N. nur übergeben worden seien, um Wuchergeschäfte desselben mit Dritten zu vermitteln, begründet rechtlich die angefochtene Entscheidung auf Abweisung der Klage." ...

45. Liegt der Fall einer „sonstigen Auseinandersetzung" im Sinne des § 51 K.O. auch dann vor, wenn bei einer Gemeinschaft nach Bruchteilen der Konkursverwalter nicht die Gemeinschaft als solche aufgehoben, sondern nur den dem Gemeinschuldner an dem gemeinschaftlichen Gegenstande zustehenden Anteil veräußert hat?

V. Zivilsenat. Urt. v. 7. Dezember 1907 i. S. Nachlaßkonkursmasse F. (Bekl.) w. G. (Kl.). Rep. V. 122/07.

I. Landgericht Stuttgart.
II. Oberlandesgericht daselbst.

Die obige Frage ist bejaht[1] aus folgenden

Gründen:

„Der Berufungsrichter führt aus, daß eine Auseinandersetzung im Sinne des § 51 K.O. sich zwar in der Regel zwischen den Teilhabern (Miteigentümern) vollziehen werde, wobei der Konkursverwalter den Gemeinschuldner gegenüber den außerhalb des Konkurses stehenden anderen Teilhabern vertrete, daß jedoch die angeführte Gesetzesvorschrift in gleicher Weise auch dann anwendbar sei, wenn der Konkursverwalter den Gemeinschafts-(Eigentums-)anteil des Gemeinschuldners veräußere. Denn auch in diesem Falle habe die zwischen dem Gemeinschuldner und dem Dritten bestandene Gemeinschaft ihr Ende erreicht, und es sei zugleich ohne weiteres der gemeinschuldnerische Anteil an der Gemeinschaft ermittelt; er bestehe in dem für den Gemeinschafts-(Eigentums-)anteil erzielten Kaufpreise, sofern, wie im vorliegenden Falle, die Bezahlung des Kaufpreises die einzige Gegenleistung des Käufers bilde, und dem Gemeinschuldner gegen den anderen Teilhaber keine Ausgleichungsansprüche aus der Gemeinschaft zustünden.

Die Revision greift diese Ausführungen als rechtsirrtümlich an, jedoch mit Unrecht. Sie muß selbst zugeben, daß der in Rede stehende Fall seiner praktischen Bedeutung nach dem Falle einer unter den Teilhabern selbst stattfindenden Auseinandersetzung gleichkommt, meint aber, die konkursrechtlichen Vorschriften über Absonderungsrechte müßten streng ausgelegt werden, und deshalb sei die analoge Ausdehnung des § 51 K.O. auf den Fall einer Veräußerung des gemeinschuldnerischen Gemeinschaftsanteils, bei der die Gemeinschaft zwischen dem Käufer des letzteren und dem anderen Teilhaber fortgesetzt werde, unstatthaft. Dem kann nicht beigetreten werden. Zunächst ist es nicht richtig, daß die Unterstellung des erwähnten Falles unter § 51 K.O. dem Wortlaute des letzteren zuwiderlaufe. Allerdings ist bei dem Ausdruck „sonstige Auseinandersetzung" in erster Linie an eine objektive Aufhebung der Gemeinschaft gedacht, die sich nicht durch Teilung des gemeinschaftlichen Gegenstandes in Natur (§ 752 B.G.B.), sondern auf andere Weise, insbesondere durch Ver-

[1] Für die Bejahung hat sich auch ausgesprochen Jaeger, Kommentar zur K.O. 2. Aufl. Anm. 5 zu § 51. D. E.

äußerung des Gegenstandes und Teilung des Erlöses (§ 753 B.G.B.) vollzieht. Allein nicht minder liegt sprachlich und begrifflich eine Auseinandersetzung dann vor, wenn die Gemeinschaft subjektiv zwischen den bisherigen Teilhabern dadurch aufgehoben wird, daß zufolge der Veräußerung eines Gemeinschaftsanteils an die Stelle des Veräußernden der Erwerber als Teilhaber tritt. Denn auch in diesem Falle können bis zum Zeitpunkte der Veräußerung Ausgleichungsansprüche oder sonstige Forderungen aus der Gemeinschaft entstanden sein, die, unbeschadet der Möglichkeit, sie gegenüber dem neuen Teilhaber geltend zu machen (§§ 755 Abs. 2, 756 Satz 2, 1010 Abs. 2 B.G.B.), eine Abrechnung zwischen dem in der Gemeinschaft verbleibenden und dem aus ihr scheidenden Teilhaber erfordern. Hiervon abgesehen ergibt sich die Notwendigkeit, den § 51 K.O. in dem von der Revision bekämpften weiteren Sinne auszulegen, auch aus der allgemeinen Natur des Absonderungsrechts. Bezüglich der übrigen, von der Konkursordnung in den §§ 47, 49 anerkannten Absonderungsrechte enthält § 127 K.O. die ausdrückliche Vorschrift, daß sie, sofern sie dem Konkursverwalter gegenüber rechtzeitig geltend gemacht sind, durch die von diesem vorgenommene Veräußerung des Gegenstandes nicht untergehen, vielmehr für die Befriedigung der Berechtigten an die Stelle des Gegenstandes der Erlös tritt. In gleicher Weise bleiben unbedenklich und unbestritten dem Absonderungsberechtigten im Falle des § 51 K.O. seine Rechte gegenüber dem Erlös dann gewahrt, wenn mit seiner Zustimmung der Konkursverwalter den ganzen gemeinschaftlichen Gegenstand veräußert hat. Unter diesen Umständen ist nicht erfindlich, weshalb in dem wesentlich gleichartigen Falle, daß der Konkursverwalter die von ihm vorgenommene Veräußerung auf den Gemeinschaftsanteil des Gemeinschuldners beschränkt, etwas Abweichendes gelten, und in diesem Falle der Konkursverwalter es in der Hand haben soll, durch die Veräußerung das Absonderungsrecht des mit dem Gemeinschuldner in Gemeinschaft stehenden Dritten nach Belieben zu vereiteln. Für eine solche Abschwächung des Absonderungsrechtes sprechen weder positive Gesetzesbestimmungen noch innere Gründe. Im Gegenteil zeigt gerade der vorliegende Fall, daß eine in letzterer Hinsicht einengende Gesetzesauslegung zu ungerechtfertigten Härten führen kann." . . .

46. 1. Kann gegen eine vom Amtsgericht gemäß § 942 Z.P.O. erlassene einstweilige Verfügung der Antragsgegner vor dem Amtsgericht oder vor dem Gericht der Hauptsache Widerspruch erheben?

Z.P.O. §§ 942, 924, 936.

2. Ist die Vollziehung einer die Eintragung einer Vormerkung für eine Sicherungshypothek anordnenden einstweiligen Verfügung unwirksam, wenn diese dem Antragsgegner erst nach Ablauf einer Woche seit dem Eingange des gerichtlichen Eintragungsersuchens bei dem Grundbuchamte zugestellt wird?

Z.P.O. §§ 929 Abs. 3 Satz 2, 932 Abs. 3, 936, 941.

V. Zivilsenat. Urt. v. 7. Dezember 1907 i. S. L. (Antragst.) w. Sch. (Antragsgegn.). Rep. V. 411/07.

I. Landgericht I Berlin.
II. Kammergericht daselbst.

Gemäß dem von der Antragstellerin gestellten Antrage erließ das Amtsgericht in B. am 12. Dezember 1904 im Wege der einstweiligen Verfügung eine Anordnung dahin, daß wegen einer glaubhaft gemachten Forderung der Antragstellerin für Bauarbeiten von 174854 *M* auf das Grundstück des Antragsgegners in B. eine Vormerkung zur Sicherung des Anspruchs auf Einräumung einer Sicherungshypothek eingetragen, und das Grundbuchamt um Eintragung der Vormerkung ersucht werde. An demselben Tage wurde vom Amtsgerichte die einstweilige Verfügung der Antragstellerin zugestellt, und das Eintragungsersuchen dem Grundbuchamte eingereicht. Die Eintragung erfolgte am 15. Dezember. Der Antragsgegner lud sodann die Antragstellerin vor das Landgericht in B. und beantragte, die Vollziehung der einstweiligen Verfügung wieder aufzuheben, weil die Zustellung der einstweiligen Verfügung an ihn erst am 23. Dezember, also nicht innerhalb einer Woche nach der Vollziehung, erfolgt sei, erhob aber zugleich Widerspruch gegen die einstweilige Verfügung und beantragte, sie aufzuheben, weil die Forderung der Antragstellerin nicht glaubhaft gemacht sei. Der erste Richter bestätigte die einstweilige Verfügung. Er stellte fest, daß sie dem Antragsgegner nicht erst am 23., sondern schon am 22. Dezember zugestellt sei, erachtete danach die Zustellung als rechtzeitig erfolgt und erklärte die Forderung der Antragstellerin für glaubhaft gemacht. Auf die Berufung des Antragsgegners hob der zweite Richter die einstweilige Verfügung und die Vollziehungsmaßregeln auf. Die Revision der Antragstellerin wurde zurückgewiesen aus folgenden

Gründen:

„Der Berufungsrichter erklärt es für zulässig, daß der Antragsgegner den die einstweilige Verfügung betreffenden Streit vor das Gericht der Hauptsache zur Verhandlung und Entscheidung gebracht habe. Er führt aus: der von dem Antragsgegner gewählte Weg, die Entscheidung des Gerichts der Hauptsache über die Rechtmäßigkeit der einstweiligen Verfügung herbeizuführen, sei nicht der im Gesetze ausdrücklich vorgesehene; vielmehr verordne § 942 Abs. 2 Z.P.O., auf Grund dessen das Amtsgericht die einstweilige Verfügung erlassen habe, daß auf Antrag des Gegners das Amtsgericht eine Frist zu bestimmen habe, innerhalb welcher der Antragsteller den Gegner zur mündlichen Verhandlung über die Rechtmäßigkeit der einstweiligen Verfügung vor das Gericht der Hauptsache zu laden habe. Indessen sei zwar der Antragsteller verpflichtet, aber auch der Antragsgegner berechtigt, vor das Gericht der Hauptsache zur Verhandlung über die Rechtmäßigkeit der einstweiligen Verfügung zu laden.

Die von der Revision hiergegen erhobene Rüge der Verletzung des § 942 Z.P.O. ist unbegründet. Nach § 937 Abs. 1 Z.P.O. ist für die Erlassung einstweiliger Verfügungen das Gericht der Hauptsache zuständig. Hiervon enthält § 942 Z.P.O. eine Ausnahmebestimmung: auch das Amtsgericht der belegenen Streitsache kann eine einstweilige Verfügung erlassen, und zwar nach Abs. 1, wenn der Fall dringlich ist, und nach Abs. 2 auch ohne diese Voraussetzung, wenn eine Vormerkung oder ein Widerspruch in das Grundbuch oder in das Schiffsregister eingetragen werden soll. Macht das Amtsgericht von dieser Befugnis Gebrauch, so ist die von ihm erlassene einstweilige Verfügung eine gewöhnliche einstweilige Verfügung, wie wenn sie nach der Regelbestimmung des § 937 von dem Gerichte der Hauptsache erlassen worden wäre. Auch der Vorsitzende des Gerichtes der Hauptsache kann nach §§ 944, 937 Abs. 2 Z.P.O. in dringenden Fällen anstatt des Gerichts eine einstweilige Verfügung erlassen, und diese ist ebenfalls eine einstweilige Verfügung gewöhnlicher Art. Der § 942 enthält nur noch die weitere Besonderheit, daß nach

Abs. 1 von Amts wegen, nach Abs. 2 auf Antrag des Gegners des Antragstellers eine Frist zu einem bestimmten Zwecke dem Antragsteller zu setzen ist, und daß nach Abs. 3 im Falle fruchtlosen Ablaufs der Frist das Amtsgericht auf Antrag die erlassene Verfügung aufzuheben hat. Die Frist wird dem Antragsteller zu dem Zwecke gesetzt, daß er den Gegner zur mündlichen Verhandlung über die Rechtmäßigkeit der einstweiligen Verfügung vor das Gericht der Hauptsache lade. Während im Falle der Erlassung der einstweiligen Verfügung durch das Gericht der Hauptsache oder durch dessen Vorsitzenden der Antragsteller nichts weiteres zu veranlassen braucht, damit die einstweilige Verfügung fortdauernd bestehen bleibt, und vielmehr der Antragsgegner, abgesehen von dem Falle der veränderten Umstände nach §§ 927, 936 Z.P.O., die Aufhebung der einstweiligen Verfügung nur dadurch herbeiführen kann, daß er bei dem Gerichte der Hauptsache gemäß §§ 924, 925, 936 Z.P.O. Widerspruch erhebt und die Entscheidung über die Rechtmäßigkeit der einstweiligen Verfügung veranlaßt, hat in den Fällen des § 942 einerseits der Antragsteller den Gegner zur mündlichen Verhandlung über die Rechtmäßigkeit der einstweiligen Verfügung zu laden, widrigenfalls er Aufhebung der einstweiligen Verfügung zu gewärtigen hat, und steht andererseits dem Antragsgegner der weitere Rechtsbehelf zu, daß er im Falle fruchtlosen Ablaufs der für die Ladung gesetzten Frist die Aufhebung der einstweiligen Verfügung beantragen kann. Daß hinsichtlich dieser einstweiligen Verfügung der Antragsgegner auf den letzteren Rechtsbehelf beschränkt sein soll, daß er im Falle des Abs. 1 des § 942 den Ablauf der von Amts wegen gesetzten Frist abwarten und im Falle des Abs. 2 die Bestimmung einer Frist beantragen muß, bevor er, und zwar lediglich nach Maßgabe des Abs. 3, die Aufhebung der einstweiligen Verfügung herbeiführen kann, ergibt sich aus dem Gesetze nicht. Vielmehr wird die einstweilige Verfügung dadurch, daß sie von dem durch § 942 ausnahmsweise für zuständig erklärten Amtsgerichte der belegenen Streitsache erlassen ist, nicht von den für sonstige einstweilige Verfügungen bestehenden Wirkungen und Aufhebungsmöglichkeiten ausgenommen, und steht dem Antragsgegner gegen diese einstweilige Verfügung der Widerspruch nach §§ 924, 936 oder gegebenenfalls die Verfolgung der Aufhebung wegen veränderter Umstände gemäß §§ 927, 936 ebenso zu, wie gegen eine vom Gerichte der Hauptsache oder von dessen Vorsitzendem erlassene einstweilige Verfügung. Nur ist zur Entscheidung über die Rechtmäßigkeit, beziehentlich die begehrte Aufhebung der einstweiligen Verfügung nicht das Amtsgericht, das die einstweilige Verfügung erlassen hat, zuständig. Denn im § 942 ist das Amtsgericht nur für die Erlassung der einstweiligen Verfügung und für die Aufhebung wegen Fristversäumung ausnahmsweise als neben dem Gerichte der Hauptsache zuständig bestimmt worden; im übrigen verbleibt es bei der Zuständigkeit des Gerichtes der Hauptsache. Auch im Falle der Erlassung einer einstweiligen Verfügung durch den Vorsitzenden ist nicht dieser, sondern das Gericht der Hauptsache zur Entscheidung auf den erhobenen Widerspruch oder auf die Aufhebungsklage gemäß §§ 924, 925, 927, 936, 944 zuständig, da die Entscheidung eine vorgängige mündliche Verhandlung erfordert. Von den Kommentatoren der Zivilprozeßordnung wird gegen eine auf Grund des § 942 erlassene einstweilige Verfügung teils die Erhebung des Widerspruchs von seiten des Antragsgegners vor dem Amtsgerichte zugelassen,

vgl. Petersen-Remelé-Anger, Bem. 5 zu § 942,

teils ein solcher Widerspruch dem Antragsgegner zwar versagt, aber ihm die Ladung vor das Gericht der Hauptsache zur Entscheidung über die Rechtmäßigkeit gestattet.

Vgl. Gaupp-Stein, Bem. III; Seuffert, Bem. 1b; Struckmann u. Koch, Bem. 1 zu § 942; Wach, Handbuch Bd. 1 § 22 S. 275; Gundlach in der Jurist. Wochenschr. 1906 S. 326.

Ersteres ist unzutreffend, da das Amtsgericht zur Entscheidung auf erhobenen Widerspruch nicht für zuständig erklärt worden ist.

Vgl. Entsch. des R.G.'s in Zivils. Bd. 8 S. 339, Bd. 13 S. 324; Jurist. Wochenschr. 1897 S. 420 Nr. 18.

Was aber die zuletzt genannte Ladung des Antragstellers durch den Antragsgegner zur Entscheidung über die Rechtmäßigkeit der einstweiligen Verfügung vor das Gericht der Hauptsache anlangt, so ist sie in Wirklichkeit nichts anderes als die Erhebung des Widerspruchs vor dem letzteren Gerichte; denn nach §§ 925, 936 Z.P.O. ist, wenn Widerspruch erhoben wird, gleichfalls über die „Rechtmäßigkeit" der einstweiligen Verfügung zu entscheiden, und zur Erhebung des Widerspruchs ist nicht erforderlich, daß das Wort „Widerspruch" gebraucht wird, sondern genügt jede Äußerung des Willens des Antragsgegners, durch die Ladung des Antragstellers die Aufhebung oder Abänderung der einstweiligen Verfügung herbeizuführen.

Vorliegend hat der Antragsgegner gegen die vom Amtsgerichte in B. erlassene einstweilige Verfügung Widerspruch erhoben und die Antragstellerin vor das Landgericht in B. als das Gericht der Hauptsache mit dem Antrage geladen, die einstweilige Verfügung aufzuheben. Es ist also der gesetzlich zulässige Weg zur Herbeiführung der Aufhebung der einstweiligen Verfügung von ihm beschritten worden.

Den Aufhebungsantrag stützt der Antragsgegner in erster Linie darauf, daß die einstweilige Verfügung ihm zu spät zugestellt, und daher die erfolgte Vollziehung unwirksam sei, in zweiter Linie darauf, daß die Forderung der Antragstellerin nicht glaubhaft gemacht sei. Mit Recht hat der Berufungsrichter die Geltendmachung des ersteren Aufhebungsgrundes zugelassen. Nach der ständigen Rechtsprechung des Reichsgerichts können auch im Widerspruchsverfahren solche nach Erlassung der einstweiligen Verfügung eingetretene Umstände, die gemäß §§ 927, 936 Z.P.O. auch nach Bestätigung der einstweiligen Verfügung den Antrag auf Aufhebung rechtfertigen würden, zur Herbeiführung der Aufhebung der einstweiligen Verfügung vom Antragsgegner geltend gemacht werden.

Vgl. Entsch. des R.G.'s in Zivils. Bd. 51 S. 134, Bd. 57 S. 223.

Es ist auch ein Revisionsangriff nach dieser Richtung nicht unternommen worden.

Weiter aber erklärt der Berufungsrichter ebenfalls mit Recht die Zustellung der einstweiligen Verfügung an den Antragsgegner für verspätet und damit die Vollziehung der einstweiligen Verfügung für unwirksam. Vor der Novelle vom 30. April 1886 war gemäß §§ 750, 928, 936 Z.P.O. die Vollziehung eines Arrestes und einer einstweiligen Verfügung vor deren Zustellung an den Antragsgegner überhaupt nicht zulässig. Durch den von der genannten Novelle hinzugefügten Abs. 3 des § 929 Z.P.O. wurde dem Antragsteller die Vollziehung zwar auch schon vor der Zustellung gestattet, jedoch zugleich bestimmt, daß die Vollziehung ohne Wirkung sei, wenn die Zustellung nicht innerhalb einer Woche nach der Vollziehung und innerhalb zwei Wochen nach der Verkündung oder der Zustellung des Arrestes (der einstweiligen Verfügung) an den Antragsteller nachgeholt werde. Nach § 932 Abs. 3 gilt im Falle der Vollziehung eines Arrestes in ein Grundstück durch Eintragung einer Sicherungshypothek für die Forderung der Antrag auf Eintragung der Hypothek als Vollziehung des Arrestbefehls im Sinne des § 929 Abss. 2, 3. Daraus folgt mit Notwendigkeit, daß, wenn der Antragsteller die Vollziehung des Arrestes durch Eintragung einer Sicherungshypothek vor der Zustellung des Arrestbefehls an den Antragsgegner betreibt, gegen ihn die Frist zur Nachholung der Zustellung mit dem Eingange seines Eintragungsantrags bei dem Grundbuchamte zu laufen beginnt, nicht erst mit der Eintragung der Sicherungshypothek. Allerdings entsteht die Hypothek gemäß § 932 Abs. 2 in Verbindung mit § 867 Abs. 1 Satz 2 Z.P.O. erst mit der Eintragung; auch hat der durch die Novelle vom 17. Mai 1898 hinzugefügte Abs. 3 des § 932 Z.P.O. seinen gesetzgeberischen Grund darin, daß, weil nach früherem Rechte angenommen wurde, es werde die in § 929 Abs. 2 Z.P.O. vorgeschriebene Frist für die Vollziehung des Arrestes erst durch die Eintragung der Hypothek, nicht schon durch Stellung des Eintragungsantrags gewahrt (Entsch. des R.G.'s in Zivils. Bd. 26 S. 397), und daher die Einhaltung der Frist von der größeren oder geringeren Pünktlichkeit des Grundbuchamts bei der Erledigung des Eintragungsantrags abhing, die Fristwahrung durch Stellung des Eintragungsantrags in die Hand des Gläubigers gegeben werden sollte (Hahn u. Mugdan, Materialien Bd. 8 S. 172). Aber in ersterer Hinsicht ist Abs. 3 des § 932 nur für die Vollziehung als solche, nicht für die Rechtswirkungen grundbuchlicher Akte auf dem Gebiete des Grundbuchrechts von Bedeutung; und in letzterer Hinsicht ist nach der Fassung des Gesetzes die Geltung des Eintragungsantrags als Vollziehung im Sinne des § 929 Abss. 2, 3 so allgemein verordnet, daß durch Stellung des Eintragungsantrags ebensowohl zugunsten des Gläubigers die zweiwöchige Vollziehungsfrist des § 929 Abs. 2 stets für gewahrt, als auch zugunsten des Gläubigers die Zustellungsfrist des § 929 Abs. 3 Satzes 3 stets als in Lauf gesetzt zu erachten ist. Hierüber herrscht auch in Literatur und Rechtsprechung fast völlig (abw. Fischer-Schaefer, Z.V.G. S. 165) Übereinstimmung.

Vgl. Gaupp-Stein, Bem. IIb; Seuffert, Bem. 3c zu § 932

Z.P.O.; Turnau u. Förster, Liegenschaftsr. Bd. 1 S. 1061; Kammerger.-Jahrb. Bd. 31 A S. 332.

Was aber von der Vollziehung eines Arrestes durch Eintragung einer Sicherungshypothek gilt, hat gemäß § 936 Z.P.O. in gleicher Weise auch von der Vollziehung einer auf Eintragung einer Vormerkung zur Sicherung des Anspruchs auf Einräumung einer Sicherungshypothek gerichteten einstweiligen Verfügung zu gelten (Gaupp-Stein, Bem. II 1 zu § 938). Ferner ist, wenn das eine solche einstweilige Verfügung erlassende Gericht von der im § 941 Z.P.O. gewährten Befugnis, das Grundbuchamt um die Eintragung zu ersuchen, Gebrauch macht, gemäß § 39 G.B.O. das Eintragungsersuchen einem nach § 13 G.B.O. gestellten Eintragungsantrage gleich zu achten (Begr. zu § 819a der Nov., § 941 des Gesetzes). Mit Recht hat daher vorliegend der Berufungsrichter angenommen, daß, weil das Ersuchen des Amtsgerichts um Eintragung der Vormerkung am 12. Dezember 1904 bei dem Grundbuchamte eingegangen ist, die erst am 22. Dezember erfolgte Zustellung der einstweiligen Verfügung an den Antragsgegner verspätet war, wiewohl die Eintragung der Vormerkung am 15. Dezember erfolgt ist. Die Revision macht zwar noch geltend, die einwöchige Frist des § 929 Abs. 3 Satzes 2 Z.P.O. könne gegen den Antragsteller erst mit dem Zeitpunkte beginnen, in dem er von dem Eingange des Eintragungsersuchens beim Grundbuchamte Kenntnis erlange; denn erst wenn er erfahre, daß und wann das Gericht für ihn die Eintragung veranlaßt habe, sei er in der Lage, Maßnahmen zur Wahrung der Frist zu treffen. Dies ist jedoch unzutreffend. Das Gericht ist kraft Gesetzes ermächtigt, anstatt des Antragstellers den Eintragungsantrag im Wege des Ersuchens an das Grundbuchamt zu stellen. Es muß daher der Antragsteller diesen Antrag nach jeder Richtung als von ihm selbst gestellt gelten lassen. Übrigens hat vorliegend die Antragstellerin beim Amtsgerichte auch selbst den Antrag gestellt, das Grundbuchamt um die Eintragung zu ersuchen. Demnach ist die von der Revision erhobene Rüge der Verletzung der §§ 921, 932 Z.P.O. unbegründet.

Ist aber die Zustellung verspätet, und daher gemäß § 929 Abs. 3 Satz 2, § 932 Abs. 3, § 936 Z.P.O. die durch das Eintragungsersuchen erfolgte Vollziehung der einstweiligen Verfügung unwirksam, so ist, da wegen Ablaufs der Frist des § 929 Abs. 2 Z.P.O. eine anderweite Vollziehung nicht mehr zulässig ist, die einstweilige Verfügung gegenstandslos geworden und deshalb nicht weiter aufrecht zu erhalten (Entsch. des R.G.'s in Zivils. Bd. 51 S. 134)." ...

47. Grenzen der Abtretbarkeit zukünftiger Forderungen.

VII. Zivilsenat. Urt. v. 1. Oktober 1907 i. S. R. Konk. (Bekl.) w. Sch. & Co. (Kl.). Rep. VII. 524/06.

I. Landgericht Altenburg.
II. Oberlandesgericht Jena.

Der spätere Gemeinschuldner R. hatte durch eine schriftliche Erklärung vom 14. März 1903 zur Sicherung eines Guthabens, das der Klägerin ihm gegenüber zustand, sowie ferner zur Sicherung ihrer Forderungen aus künftigen an ihn zu bewirkenden Warenlieferungen nicht nur bestimmte, bereits vorhandene Außenstände, sondern auch „die weiteren durch zukünftige Lieferungen an seine Abnehmer entstehenden Forderungen" an die Klägerin abgetreten. Nachdem über das Vermögen des R. das Konkursverfahren eröffnet worden war, erhob die Klägerin mit einer Teilklage Anspruch auf Auszahlung der von dem Konkursverwalter eingezogenen Außenstände, indem sie geltend machte, daß ein Teil hiervon sich mit den ihr abgetretenen zur Zeit der Abtretungserklärung bereits vorhandenen Außenstände decke, und daß im übrigen die eingezogenen Forderungen erst nach der Abtretungserklärung entstanden seien und daher ihr ebenfalls gehörten. Der Klage wurde in den ersten beiden Instanzen entsprochen; auf die Revision des Beklagten wurde die Berufungsentscheidung aufgehoben, und die Sache in die Vorinstanz zurückverwiesen, aus folgenden

Gründen:

„Es handelt sich in gegenwärtiger Instanz lediglich um die Frage, ob die in dem Schriftstück des Gemeinschuldners vom 14. März 1903 erklärte Abtretung der für ihn aus zukünftigen Lieferungen an seine Abnehmer erwachsenden Forderungen wirksam ist. Dies ist, in Abweichung von der Ansicht des Berufungsrichters zu verneinen. Allerdings muß an der im Urteil des erkennenden Senates vom

29. September 1903 (Entsch. des R.G.'s in Zivils. Bd. 55 S. 334) ausgesprochenen Ansicht — der inzwischen der III. Zivilsenat des Reichsgerichts sich angeschlossen hat (Entsch. a. a. O. Bd. 58 S. 72) —, daß die Abtretung künftiger Forderungen nach dem Bürgerlichen Gesetzbuch rechtlich möglich ist, festgehalten werden. Die dagegen in der Literatur von sehr beachtenswerter Seite geltend gemachten Erwägungen können nicht für durchgreifend erachtet werden. Es kann insbesondere der Auffassung nicht beigepflichtet werden, daß es zum Wesen der Verfügung im Sinne des Bürgerlichen Gesetzbuchs gehöre, daß der Gegenstand, auf den sie einwirken solle, gleichviel ob dieser eine Sache, oder ein Recht sei, zur Zeit der Verfügung existiere, und daß die durch die Verfügung gewollte Rechtsänderung im Augenblicke der Verfügung möglich sei. Wenn oder soweit Verfügungen über eine Sache, das ist (§ 90 B.G.B.) über einen körperlichen Gegenstand, nicht möglich sind, sofern es sich um eine zur Zeit der Verfügung in der Körperwelt noch nicht vorhandene Sache handelt, so liegt dies daran, daß zu solchen Verfügungen jedenfalls bei beweglichen Sachen gewisse in der äußeren Erscheinungswelt sich vollziehende Handlungen erforderlich sind, die nach ihrer Natur nur an einer vorhandenen Sache möglich sind. Die gegenwärtige körperliche Übergabe eines gegenwärtig noch nicht vorhandenen körperlichen Gegenstandes ist allerdings ein Unding. Anders bei den der gedachten Welt angehörenden Rechten. Gewiß gilt auch für diese der Satz, daß ohne das Vorhandensein eines Gegenstandes die Begründung eines dinglichen oder dem dinglichen entsprechenden Verhältnisses logisch undenkbar ist. Allein hieraus folgt lediglich, daß selbstverständlich die Abtretung zukünftiger Forderungen nur ex tunc, d. h. erst im Augenblicke der Entstehung dieser Forderungen, die gewollte dingliche Wirkung übt und üben kann, nicht ex nunc. Dagegen erscheint es nach dem Wesen der Willenserklärung, die allein zur Abtretung erforderlich ist, logisch wohl denkbar, daß diese Willenserklärung schon vor dem Zeitpunkte, in welchem die Rechte existent werden, mit dem Erfolge abgegeben wird, daß sie im Augenblicke des Existentwerdens der Rechte auf diese wirksam wird und sie unmittelbar ergreift. Daß dieser Erfolg künftig eintritt, ist eine rechtliche Wirkung, die die Abtretung bereits im Zeitpunkte ihrer Erklärung hat. Wenn hiernach auch im Grundsatze bei der Abtret-

barkeit zukünftiger Forderungen zu verharren ist, so kann doch der Abtretung der zukünftigen Forderungen des Gemeinschuldners, um die es sich im Streitfalle handelt, rechtliche Gültigkeit nicht beigemessen werden. Wie weit oder eng der Rahmen für die Anforderungen an eine Individualisierung der abgetretenen zukünftigen Forderungen im übrigen zu spannen ist, kann hier dahingestellt bleiben. Keinenfalls kann eine Abtretung so allgemeiner Art, wie sie hier vorliegt, für rechtlich zulässig gehalten werden; sie entbehrt in jeder Richtung der erforderlichen Bestimmtheit und Bestimmbarkeit der zukünftigen Forderungen, und die dadurch hervorgerufene Ungewißheit des Inhalts und Gegenstandes des Rechtsgeschäftes wird um so größer, als die Abtretung zum Teil mit zur Deckung zukünftiger, ebenfalls völlig unbestimmter Forderungen des Zessionars dienen soll. Daß die zukünftigen Forderungen als solche bezeichnet sind, die aus zukünftigen „Lieferungen" an die „Abnehmer" des Gemeinschuldners entstehen würden, genügt nicht, um das Erfordernis einer ausreichenden Bestimmtheit und Bestimmbarkeit zu erfüllen, da der Gemeinschuldner Inhaber eines Bergwerks, eines Gutsbesitzes und eines Fuhrwerksgeschäfts war und außerdem noch einen Getreide- und Düngemittelhandel betrieb, und nicht sicher erkennbar ist, welche aus diesen verschiedenen Betrieben entstehende Forderungen der Abtretung unterworfen sein sollten. Wäre darauf etwa die Absicht des Gemeinschuldners gerichtet gewesen, schlechthin alle seine zukünftigen Geschäftsforderungen an die Klägerin abzutreten, so müßte dies, wenn auch nicht in unmittelbarer Anwendung, so doch in Verfolg des Grundsatzes des § 310 B.G.B., sowie nach Maßgabe des § 138 Abs. 1 B.G.B. für unzulässig erachtet werden.

Da in dem Berufungsurteil dem Betrage nach nicht zwischen den Forderungen geschieden ist, die zur Zeit der Abtretung bereits vorhanden waren, und den nach dem 14. März 1903 entstandenen Forderungen, und nicht festgestellt ist, wieviel der Beklagte auf die einen und die anderen Forderungen vereinnahmt hat, so war das Berufungsurteil aufzuheben, und die Sache in die Vorinstanz zurückzuverweisen, damit dort die erforderliche Trennung vorgenommen werde. Mit dem Betrage, der auf die nach dem 14. März 1903 entstandenen Forderungen entfällt, ist die Klägerin abzuweisen."

48. Verstößt es gegen die guten Sitten, wenn ein Schuldner, nach Aufgabe des von ihm bisher selbständig betriebenen Geschäftes, nunmehr seiner Ehefrau in dem von ihr neu begründeten Geschäft unentgeltlich Dienste leistet und auf diese Weise seinen Gläubigern den Ertrag seiner wirtschaftlichen Tätigkeit entzieht?

VII. Zivilsenat. Urt. v. 5. November 1907 i. S. B. (Bekl. u. Widerkl.) w. L. Ehefr. (Kl. u. Widerbekl.). Rep. VII. 18/07.

I. Landgericht Cöln.
II. Oberlandesgericht daselbst.

Die Beklagte, die Gläubigerin des Ehemannes der Klägerin war, ließ auf Grund eines vollstreckbaren Titels durch Beschluß des zuständigen Amtsgerichts mehrere Forderungen, die nach ihrer Angabe ihrem Schuldner zustehen sollten, pfänden und sich überweisen. Die Klägerin erhob Widerspruchsklage mit der Behauptung, daß die betreffenden Forderungen ihr zuständen, da sie aus Geschäften entstanden seien, die von ihr in dem von ihr betriebenen Installationsgeschäft abgeschlossen worden seien. Die Beklagte beantragte Abweisung der Klage und widerklagend Verurteilung der Klägerin zur Duldung der Zwangsvollstreckung in die streitigen Forderungen. Sie begründete diese Anträge mit der Behauptung, daß das von der Klägerin geführte Geschäft nur scheinbar auf ihren Namen gehe; in Wahrheit sei der Ehemann der Klägerin der Inhaber des Geschäftes, das er bis zum Juli 1905 unter eigenem Namen betrieben und damals auf die Klägerin nur deshalb übertragen habe, um sich gegen die Zwangsvollstreckung seiner Gläubiger zu sichern; die Geschäftsübertragung verstoße daher gegen die guten Sitten, sei demgemäß nach den §§ 138 und 826 sowie nach § 117 B.G.B. nichtig und mache die Klägerin schadensersatzpflichtig. Die Klägerin beantragte Abweisung der Widerklage. Sie bestritt, daß eine Geschäftsübertragung stattgefunden habe, und behauptete, daß ihr Ehemann sein Geschäft aufgegeben, und sie ein neues Geschäft selbständig begründet habe. Der erste Richter wies Klage und Widerklage ab; der Berufungsrichter gab dagegen der Klage in Ansehung von fünf Forderungen, der Widerklage, unter Abweisung im übrigen, in Ansehung einer Forderung statt. Die Grundlage dieser Entscheidung bildet die Annahme des Berufungsrichters, daß die Forderung, bezüglich deren dem Widerklagantrage entsprochen wurde, noch im Betriebe des Geschäftes des Ehemannes entstanden sei und daher diesem zustehe, während die übrigen Forderungen im Betriebe des von der Klägerin neu begründeten Geschäftes erwachsen seien. Die Revision der Beklagten wurde zurückgewiesen aus folgenden

Gründen:

„Der Berufungsrichter nimmt an, daß nicht eine Übertragung des Geschäftes des Ehemannes auf die Klägerin stattgefunden habe, sondern daß ersterer sein Geschäft aufgegeben habe, und das Geschäft der letzteren ein neues sei. Er stützt diese Annahme auf die von ihm für glaubhaft erachtete Bekundung des Ehemannes, die dahin geht, daß, als er das Geschäft aufgegeben habe, das ganze Geschäftsinventar gepfändet und versteigert gewesen sei, daß das vorhandene Werkzeug dem Wirte W. gehört habe, daß, was von seinem Geschäft noch als sein Eigentum vorhanden gewesen sei, möglicherweise etwas Arbeitsgerät und Arbeitsmaterial gewesen sein möge, und daß größere Aufträge nicht vorgelegen hätten. Der Berufungsrichter entnimmt hieraus, daß die einzelnen Bestandteile, aus denen das Geschäft des Ehemannes sich zusammengesetzt habe, damals gar nicht oder nur in höchst unzureichendem Maße mehr vorhanden gewesen seien, und daß daher das Geschäft der Klägerin auf einer im wesentlichen neuen Grundlage habe aufgebaut werden müssen. Diese Auffassung ist wohl begründet." (Wird näher ausgeführt.) „Daß in der durch den Geschäftsrückgang herbeigeführten Aufgabe selbständiger Geschäftstätigkeit von seiten des Ehemannes und in der Gründung eines eigenen selbständigen Geschäftes durch die Ehefrau kein Verstoß gegen die §§ 138, 826 B.G.B. gefunden werden kann, bedarf kaum der Erwähnung. Die Zurückweisung der Revision ist hiermit gegeben.

Im übrigen soll nicht unbemerkt bleiben, daß der Senat auch denjenigen Ausführungen beistimmt, in denen der Berufungsrichter darlegt, daß selbst, wenn wirklich eine Geschäftsübertragung stattgefunden haben sollte, kein ausreichender Grund vorläge, um diese Übertragung als eine nichtige „Schiebung" anzusehen. Die Ansicht der Revision, es widerstreite den guten Sitten, daß der Ehemann der Klägerin dieser unentgeltlich Dienste leiste und dadurch den Ertrag seiner wirtschaftlichen Tätigkeit seinen Gläubigern entziehe, die auf diesen Ertrag in Gestalt der Gehaltsforderung hätten Zugriff nehmen können, wenn er bei einem Dritten Anstellung gesucht hätte, kann nicht gebilligt werden. Zwar haben die Gläubiger eines Schuldners in den gesetzlichen Schranken Anspruch auf die Befriedigung aus den Erträgnissen seiner wirtschaftlichen Tätigkeit, sofern und soweit sich diese Erträgnisse äußerlich greifbar als solche darstellen und ihrem Zugriffe zugänglich sind. Allein es besteht kein für die Rechtsordnung in Betracht kommender Anspruch der Gläubiger darauf, daß ihr Schuldner seine wirtschaftliche Tätigkeit in einer solchen Form und Gestalt ausübe, die es ihnen ermöglicht, ihre Hand auf den Ertrag zu legen. Eines weiteren Eingehens auf diesen Punkt bedarf es hier um so weniger, als selbst wenn die Revisionsklägerin mit ihrer Anschauung Recht hätte, dies im gegenwärtigen Falle niemals zu dem von ihr erstrebten Ziele führen könnte. Denn es könnte alsdann doch höchstens daran gedacht werden, daß die andere Vertragspartei, der der Schuldner seine Dienste unentgeltlich widmet, mit einer Klage, sei es aus dem § 826 B.G.B., oder aus dem Anfechtungsgesetze, angehalten werden könnte, ein angemessenes Entgelt dem Zugriffe der Gläubiger, soweit solcher sonst zulässig ist, darzubieten. Keine rechtliche Möglichkeit besteht hingegen dafür, daß in einem Rechtsstreite der vorliegenden Art die Gläubiger die Forderungen der Gegenpartei ihres Schuldners als Forderungen des letzteren behandeln könnten. Das von der Revisionsklägerin herangezogene Urteil des VI. Zivilsenates des Reichsgerichts (Gruchot, Beitr. Bd. 49 S. 352) betraf einen völlig anders beschaffenen Fall." ...

---

49. Findet der § 254 B.G.B. Anwendung bei Schuldverhältnissen, die sich auf Vorschriften des internationalen Übereinkommens über den Eisenbahnfrachtverkehr vom 14. Oktober 1890 gründen?

I. Zivilsenat. Urt. v. 16. November 1907 i. S. preuß. Eisenbahnfiskus (Bekl.) w. W. (Kl.). Rep. I. 45/07.

I. Landgericht I Berlin.
II. Kammergericht daselbst.

Der Hund des Klägers, ein großer Bernhardiner, im angeblichen Werte von 10000 M, wurde von einem Spediteur im Mai 1905 in Paris als Eilfrachtgut nach Berlin-Charlottenburg aufgegeben. Auf der Station Mülheim a. Rh. gelang es dem Tiere, aus dem Transportwagen zu entspringen. Es wurde wieder eingefangen, vom Lademeister Z. mittels zweier Leinen in seinem Käfige festgebunden und weiter befördert. Bei der Ankunft in Berlin fand es sich, daß sich der Hund mit dem Kopf in den Leinen verfangen hatte und erdrosselt war. Der Kläger, dem der Spediteur seine Ersatzansprüche übertragen hatte, forderte von dem Beklagten Zahlung von 10000 M samt Zinsen.

Die erste Instanz wies die Klage ab, weil das Verschulden des Absenders überwiege. Das Berufungsgericht stellte fest, daß die Art des Festbindens durch den Lademeister Z. schuldhaft und für den Tod des Hundes ursächlich gewesen sei. Daneben erachtete es für erwiesen, daß auch den Absender ein Verschulden treffe, weil er den Hund ohne Wertdeklaration in einem mangelhaften Käfige aufgegeben habe. Es hielt aber das Verschulden auf seiten des Beklagten für doppelt so schwer und erklärte deshalb den Klaganspruch seinem Grunde nach zu $^2/_3$ für gerechtfertigt. Die Revision führte zur Herabsetzung auf $^1/_3$.

Über die Frage, ob der § 254 B.G.B. zur Anwendung gebracht werden dürfe, besagen die

Gründe:

... „Es erhebt sich die Frage, ob der § 254 B.G.B., worauf sich die Revision beruft, und von dem auch das Kammergericht, obgleich es ihn nicht anzieht, offenbar ausgegangen ist, für die Entscheidung maßgebend sei. Der Klaganspruch unterliegt den Vorschriften des Internationalen Übereinkommens vom 14. Oktober 1890. Das Internationale Übereinkommen geht grundsätzlich darauf aus, für die von ihm beherrschten Rechtsverhältnisse ein einheitliches, von den Landesrechten unabhängiges Recht zu schaffen. Allein dieses Ziel hat es nicht vollständig erreicht. Abgesehen davon, daß es an verschiedenen Stellen selbst auf das Landesrecht Bezug nimmt, sind auch seine eigenen Vorschriften nicht überall so vollständig und in sich abgeschlossen, daß die Auslegung und nähere Entwickelung lediglich auf dem Boden des Übereinkommens erfolgen könnte. Hierher gehört insbesondere auch die Frage, ob und welchen Einfluß auf die Haftung des schuldigen Teils der Umstand habe, daß auch das Verhalten des Gegners nicht zu billigen ist, die Frage nach Begriff und Wirkung des sog. konkurrierenden Verschuldens. Das Internationale Übereinkommen bestimmt darüber nichts. Es wäre aber auch ganz hoffnungslos, in dieser sehr bestrittenen und der verschiedensten Auffassungen fähigen Materie einen durch allgemeine Übereinstimmung gesicherten Rechtsbestand festzustellen, aus dem die Lücke des Übereinkommens ergänzt werden könnte. Daher bleibt, wenn man nicht das Verschulden des anderen Teils ganz außer acht lassen will, was selbstverständlich gar nicht in Frage kommen darf, nichts anderes übrig, als auf die einschlagenden Bestimmungen desjenigen Landesrechtes zurückzugreifen, das an sich auf den zu entscheidenden Fall Anwendung finden müßte. Der Senat schließt sich also in der Frage des sog. konkurrierenden Verschuldens derjenigen Auffassung des Internationalen Übereinkommens an, welche in bezug auf den Begriff der höheren Gewalt der VI. Zivilsenat in dem Urteile Rep. VI. 318/03 vom 25. Februar 1904, — veröffentlicht in den Entsch. des R.G.'s in Zivils. Bd. 57 S. 142 flg. — entwickelt hat. Von diesem Standpunkt aus kann es dann weiter keinem Zweifel mehr unterliegen, daß im vorliegenden Falle die ergänzenden Vorschriften dem deutschen Rechte zu entnehmen sind, und daß daher der § 254 B.G.B. Anwendung finden muß." ...

---

50. Kann der Eigentümer eines Grundstückes, durch das im Wege der Enteignung eine Straße gelegt worden ist, Ersatz der Kosten für die polizeilich erforderliche, längs dieser Straße herzustellende Einfriedigung des Restgrundstückes beanspruchen, ohne daß hierbei die durch die neue Straßenanlage herbeigeführte Wertserhöhung des Restgrundstückes Berücksichtigung findet?

VII. Zivilsenat. Urt. v. 26. November 1907 i. S. Stadtgemeinde M. (Kl.) w. R. (Bekl.). Rep. VII. 64/07.

I. Landgericht Münster.
II. Oberlandesgericht Hamm.

Zum Zweck der Durchlegung der Gallitzinstraße in der Stadt Münster wurde dem Beklagten ein Stück aus einem ihm gehörigen Grundstück enteignet. Im Entschädigungsfeststellungsbeschlusse des Bezirksausschusses wurde ihm außer der Hauptentschädigung für das enteignete Land noch eine Nebenentschädigung für eine aus Mauer und Gitter nebst zwei Toren bestehende Einfriedigung zugesprochen, die er nach Annahme des Bezirksausschusses auf Grund einer für die Stadt Münster erlassenen Polizeiordnung auf seinem Restgrundstück zu beiden Seiten des neuen, dieses Restgrundstück durchschneidenden Teiles der Gallitzinstraße würde errichten müssen. Die Stadt, welche der Ansicht war, daß dem Beklagten diese Nebenentschädigung nicht gebühre, beschritt den Rechtsweg mit dem Antrage, die Enteignungsentschädigung um diesen Betrag zu mindern. Beide Vorinstanzen wiesen die Klage ab. In der Revisionsinstanz wurde die Berufungsentscheidung aufgehoben, und die Sache in die Vorinstanz zurückverwiesen.

Aus den Gründen:

„Der Berufungsrichter gelangt zu seiner Entscheidung auf folgendem Wege. Er bejaht die Frage, ob die der Polizeibehörde nach der Münster'schen Polizeiordnung vom 9. Februar 1904 zustehende Befugnis, eine Einfriedigung des Restgrundstückes des Beklagten zu verlangen, eine durch die Enteignung entstandene Wertsminderung dieses Restgrundstückes darstelle, und weist den Einwand der Klägerin, daß das Restgrundstück durch die Enteignung nicht eine Wertsminderung, sondern eine Wertserhöhung erfahren habe, mit der Begründung zurück, es sei zwar richtig, daß ein an die Straße gerücktes Grundstück höher bewertet werde, als ein nicht an einer solchen belegenes, allein es handele sich hierbei um allgemeine Vorteile, deren Aufrechnung gegen die dem Restgrundstück aus der Enteignung erwachsenen besonderen Nachteile unzulässig sei. Diese Ausführung wendet einen richtigen Grundsatz auf einen Fall an, auf den er nicht paßt. Von einer „Aufrechnung“ oder „Ausgleichung“ von Vorteilen mit Nachteilen kann nur da die Rede sein, wo auf beiden Seiten selbständige, für sich bestehende Faktoren vorhanden sind. Dagegen versagen die für solche Fälle bestehenden Grundsätze, wenn es sich um die einheitliche Wirkung einer und derselben Tatsache handelt. Dieser Fall ist hier gegeben. Durch das Grundstück des Beklagten ist eine Straße gelegt worden; infolgedessen wird diese auf beiden Seiten von dem Restgrundstück des Beklagten begrenzt. Wird nun angenommen, daß hierdurch das Restgrundstück an Wert gewonnen hat — was der Wahrscheinlichkeit entspricht, jedoch, da eine Feststellung nach dieser Richtung nicht getroffen worden ist, in gegenwärtiger Instanz Annahme bleiben muß —, so können aus der einheitlichen Wirkung, welche die Belegenheit des Restgrundstückes an der neuen Straße auf dieses ausübt, nicht einerseits diese Wertserhöhung und andererseits die Lasten, die in Gestalt gewisser von dem Beklagten zu leistender Aufwendungen aus eben dieser Tatsache für das Restgrundstück erwachsen sind, als selbständige, für sich bestehende Faktoren herausgelöst, und jeder für sich rechtlich gesondert behandelt werden; es ist vielmehr auf das Endergebnis, das Fazit dieses einheitlichen Vorganges zu sehen. Gesetzt daß die Wertserhöhung, für sich allein betrachtet, 10000 ℳ betragen würde, während die Last, die infolge der Belegenheit des Restgrundstückes an der neuen Straße diesem obliegt, im gegenwärtigen Fall die Last, eine Einfriedigung herzustellen, 3500 ℳ beträgt, so bleibt immer noch eine Wertserhöhung übrig, die das Restgrundstück durch die Enteignung erfahren hat, und es würde *dieser* nicht wegzuleugnenden *Tatsache* widerstreiten und mit ihr unvereinbar sein, wenn man trotzdem erklären und annehmen wollte, das Restgrundstück habe *durch die Enteignung* eine Wertsminderung erlitten. Die Tragung einer solchen Last ruht unmittelbar auf der werterhöhenden Tatsache und ist von dieser untrennbar. In ähnlichem Sinne hat sich bereits früher der V. Zivilsenat des Reichsgerichts im Urteil vom 10. Februar 1894 (Jurist. Wochenschr. 1894 S. 190 Nr. 38) ausgesprochen, indem dort ausgeführt ist, von einer Wertsminderung des Restgrundstückes könne keine Rede sein, wenn die Belastung, die das Restgrundstück als Folge der Enteignung treffe, im Sinne des Gesetzes nichts anderes sei, als das Äquivalent für die Vorteile, die dem Restgrundstück aus dem Unternehmen der Straßenanlage erwüchsen. Gegen diese Auffassung kann nicht die Entscheidung des erkennenden Senates vom 2. Februar 1904 (Entsch. des R.G.'s in Zivils. Bd. 57 S. 243 flg.) verwertet werden, da der damals behandelte Fall völlig anders gestaltet war. Damals hatte bereits an dem von der Enteignung betroffenen Grundstück ein Weg entlang geführt, den der

Eigentümer benutzt hatte, um auf sein als Lagerplatz dienendes Grundstück zu gelangen. Von dem Grundstück war ein Teil zur Verbreiterung des Weges enteignet, zugleich aber dieser tiefer gelegt worden. Um nun auch fernerhin von diesem Wege auf sein Grundstück gelangen und dieses, wie bisher, benutzen zu können, mußte der Eigentümer eine Rampe anlegen, deren Herstellungskosten ihm zugesprochen wurden. Hier waren zwei selbständige, für sich bestehende Faktoren, Wertserhöhung und Aufwendung, vorhanden, deren Aufrechnung nicht zugelassen werden konnte. Auch die übrigen die Vorteils- und Nachteilsausgleichung bei der Enteignung betreffenden Urteile des Reichsgerichts stehen, wie in Kürze bemerkt werden mag, der oben getroffenen Entscheidung nicht entgegen, was deren, im einzelnen hier nicht näher zu erörternde, Sach- und Rechtslage ergibt.

Der Berufungsrichter wird demgemäß zu prüfen haben, ob nach Maßgabe dieser Gesichtspunkte der Anspruch der Klägerin begründet ist, insbesondere ob eine Wertsminderung, oder eine Wertserhöhung des Restgrundstückes eingetreten ist."

51. Findet die Bestimmung in § 19 Abs. 2 Satz 2 des Patentgesetzes entsprechende Anwendung auf Gebrauchsmuster? Umfang der Legitimation des eingetragenen früheren Inhabers. Ist diese Legitimation ausschließlich?

I. Zivilsenat. Urt. v. 30. November 1907 i. S. T. (Kl.) w. B. (Bekl.). Rep. I. 262/07.

I. Landgericht Cöln, Kammer für Handelssachen.
II. Oberlandesgericht daselbst.

Der Erfinder H. hatte für einen Apparat zur Verhütung des Überkochens die Eintragung unter Nr. 254154 der Gebrauchsmusterrolle erwirkt und hierauf, zusammen mit E., durch Vertrag vom 21. August 1905 die Erfindung „laut Gebrauchsmusters mit allen Rechten und Pflichten für die ganze Dauer des gesetzlichen Schutzes" an den Kläger veräußert. Umschreibung auf den Erwerber ist in der Gebrauchsmusterrolle nicht erfolgt. Am 29. August 1906 verkaufte H. das Gebrauchsmuster an den Beklagten. Dieser Übergang ist in die Rolle eingetragen worden.

Der Kläger erhob Klage auf Unterlassung, auf Schadensersatz und auf Einwilligung in die Umschreibung des Gebrauchsmusters auf seinen Namen. Die erste Instanz verneinte die Aktivlegitimation des Klägers in allen drei Richtungen, das Berufungsgericht nur für den Unterlassungs- und den Schadensersatzanspruch. Die Ansicht des Berufungsgerichts ist gebilligt worden. Soweit hierher gehörig, lauten die

Gründe:

„Nach § 7 des Gesetzes vom 1. Juni 1891 kann das durch die Eintragung des Gebrauchsmusters begründete Recht durch Vertrag auf andere übertragen werden. Für die Wirksamkeit der Übertragung ist die Eintragung des Erwerbers in die Gebrauchsmusterrolle nicht erforderlich, ebensowenig wie im gleichen Falle der § 6 des Patentgesetzes die Eintragung in die Patentrolle verlangt. Durch den Vertrag vom 21. August 1905 hat daher der Kläger trotz unterbliebener Umschreibung in der Gebrauchsmusterrolle das Recht aus dem Gebrauchsmuster 254154 erworben, und die Veräußerer konnten, obgleich die Eintragung auf ihren Namen bestehen blieb, dem Beklagten, insofern die erste Übertragung nicht rückgängig wurde, durch den späteren Vertrag vom 29. August 1896 trotz der erfolgten Umschreibung das schon veräußerte Gebrauchsmusterrecht nicht mehr verschaffen. Hierfür ist es gleichgültig, ob der Beklagte in gutem, oder bösem Glauben war.

Wenn hiernach nicht zu bezweifeln ist, daß der Kläger das Recht aus dem Gebrauchsmuster auch ohne Eintragung erworben hat, so fragt es sich doch, ob er es ohne Eintragung auch gerichtlich geltend machen könne, oder ob für die Geltendmachung die beschränkenden Bestimmungen Platz greifen, die in § 19 Abs. 2 des Patentgesetzes getroffen sind. Die Vorinstanzen haben die Anwendbarkeit angenommen, ohne dies besonders zu rechtfertigen, und auch von den Parteien sind in diesem Punkte keine Bedenken erhoben worden. Erst die Revision gibt beiläufig einem Zweifel Ausdruck. Die Ansicht der Vorinstanzen muß gebilligt werden.

Das Gesetz, betreffend den Schutz von Gebrauchsmustern, lehnt sich an das Patentgesetz an, dem es in seinen materiellen Voraussetzungen nachgebildet ist. In seiner knappen Fassung gibt es keine erschöpfende Regelung der Materie, sondern beschränkt sich darauf, die wesentlichen Bestimmungen zu treffen. Die Folge davon ist, daß es für manche Einzelfragen der Erläuterung oder Ergänzung bedarf, die aus dem Gesetze selbst nicht zu entnehmen sind. Die Verwandtschaft der Gegenstände und das Verhältnis des späteren Gebrauchsmustergesetzes zu dem für das Erfinderschutzrecht grundlegenden Patentgesetze rechtfertigen es, daß, wo nicht besondere Gründe entgegenstehen, die Abhilfe in den einschlagenden Bestimmungen des Patentgesetzes gesucht wird. Die Notwendigkeit und Berechtigung dieses Verfahrens ist im allgemeinen von der Literatur anerkannt, und auch die Rechtsprechung des Reichsgerichts hat davon schon in verschiedenen Fällen Gebrauch gemacht. So ist z. B. ausgesprochen worden, daß für den Begriff der Neuheit des Gebrauchsmusters die unzulängliche Bestimmung in § 1 Abs. 2 des Gebrauchsmustergesetzes aus § 2 des Patentgesetzes zu ergänzen sei — Entsch. des R.G.'s in Zivils. Bd. 37 S. 40 —, und in dem Urteile, Rep. I. 426/99 vom 29. Januar 1900 (Entsch. a. a. O. Bd. 46 S. 1) ist der Ausschluß der Nahrungs- und Genußmittel vom Patentschutze (§ 1 Abs. 2 Nr. 2 des Patentgesetzes) auch auf das Gebiet des Gebrauchsmusterschutzes übertragen worden. Über die Eintragungen in die Rolle für Gebrauchsmuster enthält § 3 des Gebrauchsmustergesetzes Bestimmungen, zu deren Ergänzung ein Zurückgehen auf die vollständigeren Vorschriften des § 19 des Patentgesetzes im allgemeinen für zulässig gehalten wird.

Vgl. Isay, zu § 3 Anm. 11; Allfeld, zu § 3 Bem. 6; Seligsohn, zu § 3 Bem. 6.

In Abs. 4 bestimmt der § 3, daß Änderungen in der Person des Eingetragenen auf Antrag in der Rolle vermerkt werden. Es fehlt aber ein dem Patentgesetze § 19 Abs. 2 letztem Satz entsprechender Zusatz über die Fortdauer der Berechtigung und Verpflichtung des früheren Gebrauchsmusterinhabers bis zur Eintragung der Änderung. Daß trotz des Fehlens einer derartigen Bestimmung die Eintragung des früheren Inhabers wirksam bleibt, erkennt das Gesetz selbst insofern an, als nach § 6 die Löschungsklage gegen den Eingetragenen zu richten ist, woraus sich auch ergibt, daß dieser zur Löschung legitimiert sein muß. Isay a. a. O. will aus der Bestimmung des

Patentgesetzes wenigstens so viel herübernehmen, daß die Legitimation dem Patentamte gegenüber von der Eintragung abhängig sei. Der Senat glaubt, daß es nicht gerechtfertigt sei, auf diesem halben Wege stehen zu bleiben, daß man vielmehr die Wirkung der fortbestehenden Eintragung ganz nach der Vorschrift des Patentgesetzes zu beurteilen hat. Der wesentliche Zweck dieser Vorschrift ist, neben der Sicherheit des Verkehrs mit dem Patentamte, den Beteiligten für die Richtung von Angriff und Verteidigung des Schutzrechtes eine fest bestimmte, leicht erkennbare Grundlage zu bieten, „ein Mittel zu verschaffen, um die Legitimation für die Vertretung zuverlässig und leicht erbringen zu können".

Vgl. Urteil, Rep. I. 143/01 vom 14. Dezember 1901, Jurist. Wochenschr. 1902 S. 98 Nr. 37.

Dieses Sicherheitsbedürfnis ist auf dem Gebiete der Gebrauchsmuster nicht weniger vorhanden als bei Patenten. Aus den sonstigen Bestimmungen des Gebrauchsmustergesetzes ergibt sich nichts, was der analogen Anwendung dieser Patentrechtsvorschrift entgegenstehen könnte; insbesondere widerspricht diese, wie der ebenerwähnte § 6 beweist, nicht dem Wesen und der Bedeutung der Rolleneintragung. Für die entsprechende Anwendung gerade des § 19 Abs. 2 Satzes 2 des Patentgesetzes haben sich auch ausgesprochen: Schanze in seiner Sammlung industrieller Abhandlungen Abt. 2: Die Register- und Rolleneinschreibungen 2c S. 48 (106); Seligsohn in der 3. Aufl. seines Kommentars zu § 3 Anm. 6, zu § 4 Bem. 5.

Das Landgericht hat die Klage in ihren drei Richtungen wegen mangelnder Aktivlegitimation des nicht eingetragenen Klägers abgewiesen. Diesen Grund hat das Berufungsgericht nur für die Klaganträge 1 und 2 — Unterlassungsklage und Verletzungsklage auf Schadensersatz — wiederholt. Den 3. Klagantrag — gerichtet auf Einwilligung in die Umschreibung des Gebrauchsmusters auf den Kläger — hat es aus materiellem Grunde abgewiesen.

Die Revision greift die Entscheidung über die Klaganträge 1 und 2 an. Sie führt aus, daß es nach § 19 Abs. 2 des Patentgesetzes nicht gerechtfertigt sei, die Aktivlegitimation des Klägers zu verneinen, indem sich diese Vorschrift nicht auf Geltendmachung des Schutzrechtes vor den ordentlichen Gerichten beziehe. Der Angriff ist nicht begründet. Es handelt sich um eine bekannte Streitfrage.

Bei der Auslegung des § 19 Abs. 2 stehen sich in der Hauptsache zwei Ansichten gegenüber. Die erste — in der Literatur überwiegend vertreten — versteht das Gesetz dahin, daß die bis zur Eintragung der Änderung dem früheren Patentinhaber verbleibende Legitimation sich nur auf das Verfahren vor dem Patentamte beziehe, während nach der zweiten Ansicht diese Legitimation auch die Geltendmachung der nach Maßgabe des Patentgesetzes bestehenden Rechte und Verpflichtungen im Wege der gerichtlichen Klage und der strafgerichtlichen Verfolgung umfassen soll.

Vgl. Kohler, Handbuch S. 531, 533.

Der erkennende Senat hat sich früher der ersten Ansicht zugeneigt. Beginnend mit dem Urteile, Rep. I. 166/99 vom 19. Juni 1899 (Jurist. Wochenschr. S. 543 Nr. 40) hat er aber seine Stellungnahme zur Frage geändert und sich im Urteile, Rep. I. 268/01 vom 11. Dezember 1901 der zweiten Auslegung angeschlossen. In der Begründung dieses Urteiles wird ausgeführt, daß auf die nach Maßgabe des Patentgesetzes zustehenden Rechte sich nicht bloß beziehe „seine (des Eingetragenen) Legitimation als Patentinhaber dem Patentamte gegenüber und in einem eigentlichen Patentstreite gemäß §§ 28 flg. des Patentgesetzes, sondern auch die Befugnis, Verletzungen des Patentes vor den Gerichten zu verfolgen; denn auch das Klagerecht auf Entschädigung wegen Verletzung eines Patentes sei durch das Patentgesetz normiert (§§ 35 flg.)". Als entscheidendes Argument für diese Auslegung wird, mit Kohler S. 532, geltend gemacht, daß zum Unterschiede von § 12 des Patentgesetzes in § 19 Abs. 2 nicht von dem nach Maßgabe des Patentgesetzes stattfindenden „Verfahren" die Rede sei. Das Urteil hatte damals keine Veranlassung, sich mit der Unterlassungsklage zu befassen; aber die Begründung führt mit Notwendigkeit dazu, sie in gleicher Weise zu behandeln wie die Verletzungsklage, da sie sich darauf stützt, daß auch die gerichtliche Geltendmachung unter § 19 Abs. 2 falle, und für den negatorischen Anspruch kein Zweifel bestehen kann, daß er, obgleich im Patentgesetze nicht ausdrücklich erwähnt, ebenso wie der Verletzungsanspruch einem nach Maßgabe dieses Gesetzes zustehenden Rechte entspringt. Denn er ist nur eine Folge aus der rechtlichen Gestaltung, die das Patentgesetz der Patentberechtigung als einem absoluten Rechte gegeben hat. Ein weiteres Ergebnis dieser Auslegung ist, daß zu der Unterlassungsklage und der Verletzungsklage nicht auch der nicht eingetragene Rechtsnachfolger des eingetragenen Patentinhabers legitimiert sein kann, was Allfeld auf S. 193 seines Kommentars als eine vom Reichsgericht noch freigelassene Möglichkeit hervorhebt. Denn über den Umfang der im § 19 Abs. 2 festgestellten Legitimation kann wohl gestritten werden, nicht aber darüber, daß diese Legitimation im Umfange ihrer Geltung ausschließlich ist. Das Gesetz gibt keinen Raum für eine doppelte Legitimation des Eingetragenen und des Nichteingetragenen, wodurch, statt der bezweckten Sicherheit, nur eine größere Unsicherheit erreicht sein würde. Wenn nach § 19 Abs. 2 der frühere (eingetragene) Patentinhaber berechtigt und verpflichtet „bleiben" soll, so ist damit gesagt, daß der spätere (nicht eingetragene) es nicht ist; vgl. das schon erwähnte Urteil vom 11. Dezember 1901. Der Senat hat keine Veranlassung, die in dem früheren Urteile gebilligte Auslegung des § 19 Abs. 2, für welche inzwischen auch Kent, Patentgesetz Bem. 26, 27 zu § 19 und Seligsohn in der 3. Aufl. seines Kommentars S. 243/244 eingetreten sind, wieder aufzugeben. Der Einwurf bei Isay, S. 262 Anm. 16, daß dann der eingetragene Nichtberechtigte Schadensersatz würde verlangen können, obgleich ihm kein Schade entstanden wäre, erledigt sich dadurch, daß er kraft seiner Aktionsberechtigung fremden Schaden geltend macht. Ohne Bedeutung ist auch der Hinweis der Revision darauf, daß selbst der Inhaber einer Lizenz die Patentverletzungen selbständig verfolgen könne. Für den Inhaber einer ausschließlichen Lizenz ist dieses Recht allerdings anzuerkennen — vgl. z. B. die Urteile des Senates, Rep. I. 188/01 vom 3. Juli 1901; Rep. I. 373/03 vom 16. Januar 1904 — dann erhebt ein Nichteingetragener die Verletzungsklage. Mit der vorliegenden Frage hat dies aber nichts zu tun, da sich der § 19 Abs. 2 nur auf Änderungen in der Person des Patentinhabers bezieht, und bloße Lizenzrechte oder auch Ausnutzungsrechte am Patente in die Patentrolle überhaupt nicht eingetragen werden. Daß das Urteil des II. Strafsenates vom 24. November 1884 (Entsch. des R.G.'s in Straff. Bd. 11 S. 266) dem § 19 Abs. 2 eine abweichende Auslegung gegeben hat, ist schon in dem Urteile vom 11. Dezember 1901 hervorgehoben; es ist aber auch ausgeführt worden, daß trotzdem die Anrufung des Plenums nicht geboten sei. Dies kann gegenwärtig um so weniger zweifelhaft sein, als es sich jetzt, abweichend von der Entscheidung des Strafsenates, um die Klagelegitimation eines Gebrauchsmusterschutzberechtigten handelt.

Wenn die Revision endlich meint, daß im vorliegenden Falle die Vorschrift des § 19 Abs. 2 des Patentgesetzes jedenfalls deshalb nicht durchgreife, weil der Beklagte in bösem Glauben gewesen sei, so ist nicht erfindlich, wie dadurch die objektiv fehlende Legitimation des Klägers hergestellt sein könnte." ...

52. Haftet der Reichspostfiskus dem bei Benutzung eines Postfuhrwerkes durch Verschulden der Postbeamten verletzten Reisenden nur nach Maßgabe des Reichspostgesetzes, oder auch außervertraglich wegen unerlaubter Handlung?

Reichsgesetz über das Postwesen vom 28. Oktober 1871 §§ 11, 12.
B.G.B. §§ 823, 831.

VII. Zivilsenat. Urt. v. 3. Dezember 1907 i. S. P. (Kl.) w. Reichspostfiskus (Bekl.). Rep. VII. 90/07.

I. Landgericht Cleve.
II. Oberlandesgericht Cöln.

Die Revision des Klägers gegen das die außervertragliche Haftung der Post verneinende Berufungsurteil wurde zurückgewiesen aus folgenden

Gründen:

„Nach den Feststellungen des Berufungsgerichts ist der Unfall, den der Kläger bei der Benutzung des Fuhrwerks des Landbriefträgers K. erlitten hat, auf die mangelhafte Beschaffenheit des Fuhrwerkes zurückzuführen. Die Verantwortlichkeit des Briefträgers für den Schaden steht rechtskräftig fest; die des Postmeisters V. will das Berufungsgericht vorläufig unterstellen. Auch bei solcher Unterstellung gelangt es aber zur Abweisung des Anspruches in seiner Richtung gegen den mitverklagten Reichspostfiskus, indem es ausführt: das Fuhrwerk des Landbriefträgers gehöre zu den ordentlichen Posten im Sinne des § 11 des Gesetzes über das Postwesen des Deutschen Reichs vom 28. Oktober 1871. Benutzt habe es der Kläger auf

Grund und zur Entgegennahme der Erfüllung eines mit der Postverwaltung abgeschlossenen Beförderungsvertrages (Werkvertrages). Dadurch, daß sie sich zur Erfüllung ihrer Vertragsleistung eines in schadhaftem Zustande befindlichen Beförderungsmittels bediente, habe die Postverwaltung ihre Vertragspflichten verletzt, und habe deshalb dem Kläger für den ihm daraus entstandenen Schaden aufzukommen. Dieser auf den Vertrag zu gründende Anspruch aber sei nach § 14 des erwähnten Gesetzes verjährt. Der Versuch des Klägers, seinen Anspruch auf den Art. 1384 Code civil oder die §§ 823, 831, 31, 89 B.G.B. zu gründen, sei zurückzuweisen. Denn diese Bestimmungen bezögen sich nur auf die deliktische Haftung; hier aber scheide der Begriff eines selbständigen vom Fiskus zu vertretenden Deliktes aus, da die Haftung der Postverwaltung sich lediglich nach dem Transportvertrage in Verbindung mit den Bestimmungen des Postgesetzes regle, ein deliktisches Verhalten der Angestellten, das außerhalb der Vertragsverletzung Inhalt hätte, für die Frage der Haftung der Postverwaltung also gleichgültig sei. Ein schuldhaftes Verhalten der Angestellten bei Ausführung des Beförderungsvertrages komme aber nicht in Betracht, da die Postverwaltung nach dem Postgesetz auch ohne ein Verschulden der Angestellten hafte. Die Haftungsfrage des Fiskus sei daher mit der Erörterung der Haftung aus dem Transportvertrage erledigt. Die Revision bezeichnet die §§ 11, 14 des Reichspostgesetzes, Art. 1384 Code civil in Verbindung mit Art. 89 Nr. 2 des preuß. Ausf.-Ges. zum B.G.B., §§ 31, 89, 823, 831, 839 B.G.B. als verletzt, indem sie geltend macht, die Möglichkeit, einen Schadensersatzanspruch auf ein Vertragsverhältnis zu gründen, schließe die Haftung des Postfiskus aus Art. 1384 Code civil nicht aus.

Der Revision muß der Erfolg versagt werden. Nicht zu beanstanden ist zunächst die Annahme des Berufungsgerichts, daß das Fuhrwerk des Landbriefträgers den ordentlichen Posten zuzurechnen sei. Ob dies allgemein und für alle fahrenden Landbriefträger zutrifft, bedarf nicht der Entscheidung; für den vorliegenden Fall hat das Berufungsgericht tatsächlich festgestellt, daß auf das täglich von C. nach Gr. und zurück verkehrende Postfuhrwerk alle wesentlichen Merkmale einer ordentlichen Post zutreffen. In der Revisionsverhandlung wurde auch von keiner Seite die bezügliche Annahme des Berufungsgerichts beanstandet. Demnach ist davon auszugehen, daß der Kläger den Beförderungsvertrag nicht, wie er in der Klage ausgeführt hatte, mit dem Briefträger K., sondern mit der Postverwaltung abgeschlossen hat, während K. nur als eine Person in Betracht kommt, deren sich die Postverwaltung zur Erfüllung ihrer Vertragsverbindlichkeit bedient hat (§ 278 B.G.B.). Die Postverwaltung haftet demnach dem Kläger für die durch K. (und wie unterstellt, auch durch V.) begangene Vertragsverletzung unmittelbar als Vertragspartei, während K. dem Kläger aus dem Vertrage überhaupt nicht haftet. Die Ansprüche des Klägers gegen die Postverwaltung aus dem Vertrage sind aber unstreitig nach § 14 des Reichspostgesetzes verjährt.

Das verkennt auch der Kläger nicht; er hat deshalb schon in der Berufungsinstanz seinen Anspruch nur noch damit begründet, daß der Reichspostfiskus für die von K. begangene unerlaubte Handlung gemäß Art. 1384 Code civil, §§ 831, 31, 89 B.G.B. aufzukommen habe. Daß eine unerlaubte Handlung des K. im Sinne des § 823 (oder des § 839) B.G.B. in Frage steht, ist nicht zu bezweifeln; er hat durch Fahrlässigkeit eine Körperverletzung des Klägers herbeigeführt, und seine rechtskräftige Verurteilung zum Schadensersatz ist auch nur auf den § 823 B.G.B. gegründet. Das Berufungsgericht hat aber mit Recht angenommen, daß dieser Klagegrund für den Anspruch gegen den Reichspostfiskus durch den § 12 des Reichspostgesetzes ausgeschlossen sei. Nach § 11 Nr. 2 daselbst leistet die Postverwaltung Ersatz für die erforderlichen Kur- und Verpflegungskosten im Falle der körperlichen Beschädigung eines Reisenden bei Reisen mit den ordentlichen Posten, ausgenommen den Fall höherer Gewalt oder eigener Fahrlässigkeit des Reisenden. Nach § 12 wird eine weitere als die im § 11 bestimmte Entschädigung von der Postverwaltung nicht geleistet. Die Fassung dieser Bestimmungen läßt klar erkennen, daß damit die Haftung der Postverwaltung umfassend und erschöpfend geregelt werden, und insbesondere eine weitergehende Haftung auch in dem Falle ausgeschlossen sein sollte, daß einen Beamten ein Verschulden trifft, das seine unbeschränkte Haftung nach den Vorschriften über unerlaubte Handlungen begründet. Ob dies ausnahmslos, ohne Rücksicht auf die Art des Verschuldens, gilt, mag vielleicht in Zweifel gezogen werden können. Der II. Zivilsenat des Reichsgerichtes hat in dem vom Kläger für sich angerufenen

Urteile vom 17. Juni 1887, Rep. II. 72/87, — Entsch. in Zivils. Bd. 19 S. 107 — angenommen, daß da, wo nach Landesrecht die Postverwaltung für Handlungen eines Bediensteten auch außerhalb eines Vertragsverhältnisses haftet, dem Beschädigten durch das Postgesetz die Möglichkeit nicht entzogen ist, die Postverwaltung unabhängig von dem Vertragsverhältnisse in Anspruch zu nehmen und so unter Umständen einen bei bloßer Anwendung des Postgesetzes ausgeschlossenen Schadensersatz zu erreichen. Diese Entscheidung steht indessen der Anwendung des § 12 des Postgesetzes auf den gegenwärtig zu entscheidenden Fall nicht entgegen. In jenem Falle bestand die schädigende Handlung des Postboten darin, daß er unter Mißbrauch seiner Dienststellung selbst Urkundenfälschungen begangen und einem Dritten zu solchen Fälschungen Hilfe geleistet hatte. Es lagen also schon an sich unerlaubte Handlungen vor, die mit dem Vertragsverhältnisse in keinem inneren Zusammenhange standen, bei denen vielmehr das Vertragsverhältnis dem Täter nur die Gelegenheit zur Ausführung der verbrecherischen Handlungen bot. Im gegenwärtigen Falle dagegen bestand die schuldhafte Handlung in der Verwendung eines untüchtigen Transportmittels oder in der Unterlassung der vorgängigen Prüfung des Transportmittels auf seine Tüchtigkeit. Eine an sich, objektiv unerlaubte Handlung lag hierin überhaupt nicht; die Handlung wurde zu einer unerlaubten nur dadurch, daß sie bei Erfüllung des von dem Kläger mit der Post geschlossenen Vertrages geschah. Gerade die ungenügende Sorgfaltsanwendung bei Erfüllung des Vertrages bildet hier das Wesentliche der unerlaubten Handlung; diese stand mit der Vertragserfüllung in einem inneren, untrennbaren Zusammenhange. In solchem Falle rechtfertigt es sich schon nach allgemeinen Grundsätzen, daß die Schadensersatzpflicht nur nach den das Vertragsverhältnis beherrschenden Rechtsregeln, unter Ausscheidung der Vorschriften über die außervertragliche Haftung, beurteilt wird.

Vgl. Entscheidung des VI. Zivilsenates vom 4. Februar 1904, Rep. VI. 491/03, Juristische Wochenschrift 1904 S. 166 Nr. 4.

Um so weniger kann die Anwendung des § 12 des Reichspostgesetzes hier einem Bedenken unterliegen. Scheidet aber schon aus diesem Grunde die außervertragliche Haftung der Postverwaltung aus, so bedarf es keines weiteren Eingehens auf die Frage, ob die Voraussetzungen, unter denen nach Art. 1384 Code civil oder nach § 831 B.G.B. die Postverwaltung für das Verschulden ihrer Beamten haften würde, hier gegeben sind."

---

53. Beginnt die zweiwöchige Frist für den Antrag auf Wiedereinsetzung in den vorigen Stand (§ 234 Z.P.O.), wenn ein eingelegtes Rechtsmittel wegen eines von dem Gerichtsvollzieher verschuldeten Mangels der Zustellung der Rechtsmittelschrift (Nichtbeglaubigung der Terminsbestimmung) ungültig ist, und deshalb die Rechtsmittelfrist versäumt wurde, erst mit dem Tage, an welchem der Prozeßbevollmächtigte der zustellenden Partei von dem Zustellungsmangel Kenntnis erlangte, oder bereits mit dem Zeitpunkte, von welchem an seine Unkenntnis dieses Mangels aufhörte, unverschuldet zu sein?

VII. Zivilsenat. Urt. v. 3. Dezember 1907 i. S. W. (Kl.) w. Stadtgemeinde Beuthen O./S. (Bekl.). Rep. VII. 60/07.

I. Landgericht Beuthen O./S.
II. Oberlandesgericht Breslau.

„Zwecks Einlegung der Berufung gegen das erstinstanzliche, am 24. Januar 1906 zugestellte Urteil, durch das die Klage abgewiesen, und der Widerklage stattgegeben worden war, reichte die Klägerin am 20. Februar 1906 bei dem Gerichtsschreiber des Oberlandesgerichtes Breslau eine vom 19. Februar 1906 datierte Berufungsschrift nebst der erforderlichen beglaubigten Abschrift zur Terminsbestimmung und Vermittlung der Zustellung ein. Diese Abschrift wurde dem Beklagten am 26. Februar 1906 zugestellt; jedoch war die darauf vom Gerichtsschreiber übertragene Terminsbestimmung vom Gerichtsvollzieher nicht beglaubigt worden. In der Berufungsbeantwortung wurde dies der Klägerin noch nicht mitgeteilt; denn dieser Schriftsatz enthielt nur den gedruckten formularmäßigen eventuellen Antrag, daß, wenn die Unzulässigkeit des Rechtsmittels sich ergeben sollte, die Berufung als unzulässig verworfen werden möge. Dagegen bemerkte der Beklagte in der dem Prozeßbevollmächtigten der Klägerin am 3. Mai 1906 zugestellten, nur vier Seiten umfassenden Erwiderung auf die Berufungsrechtfertigung unter Nr. II S. 3, in der am 26. Februar 1906 durch Vermittlung des Gerichtsschreibers dem Prozeßbevollmächtigten des Beklagten zugestellten beglaubigten Abschrift der Berufungsschrift sei die Terminsnote nicht beglaubigt. Dabei war der Zusatz beigefügt „(Reichsgerichtsentscheidungen in Jurist. Wochenschr. von 1901 S. 29)". Unter den auf der ersten Seite befindlichen Anträgen war allerdings nicht auch ein solcher enthalten, deswegen die Berufung als unzulässig zu verwerfen, sondern diese Anträge gingen nur dahin: a) die Berufung zurückzuweisen, b) auf die eingelegte Anschlußberufung in näher angegebener Weise zu erkennen. Der Prozeßbevollmächtigte der Klägerin hielt wegen dieses Antrages den übrigen Inhalt des Schriftsatzes für unverfänglich, nahm daher von ihm jetzt noch keine Einsicht, sondern sandte das Schriftstück ohne weiteres zur Informationserteilung an die Klägerin. Der Dezernent für diese Angelegenheit, der zweite Bürgermeister, erlangte erst am 20. Mai 1906 von dem Inhalte des Schriftstückes Kenntnis, da ihm dieses erst an diesem Tage vorgelegt wurde. Erst am 28. Mai 1906 wurde nach seiner eidesstattlichen Versicherung dem Prozeßbevollmächtigten der Klägerin der Mangel bekannt. Er legte sodann in einem vom 30. Mai 1906 datierten, dem Beklagten am 1. Juni 1906 zugestellten Schriftsatz von neuem Berufung ein und beantragte zugleich in diesem Schriftsatz Wiedereinsetzung in den vorigen Stand gegen die Versäumung der Berufungsfrist. In der ersten mündlichen Verhandlung vom 19. Juni 1906 stellte der Beklagte den Prinzipalantrag, die Berufung als unzulässig zu verwerfen, weil die Frist des § 234 Abs. 1 Z.P.O. nicht inne gehalten sei. Das Berufungsgericht erließ indessen unter dem 19. Juni 1906 ein Zwischenurteil des Inhaltes, daß die Klägerin gegen die Versäumung der Berufungsfrist in den vorigen Stand wieder eingesetzt werde. Durch Endurteil vom 11. Dezember 1906 erkannte das Berufungsgericht alsdann unter Abänderung des erstinstanzlichen Urteils zugunsten der Klägerin. Das Zwischenurteil ist vom Berufungsrichter mit folgenden Erwägungen begründet worden: das Unterbleiben der Beglaubigung der Terminsnote bei der ersten Berufungseinlegung sei ein unabwendbarer Zufall, und der Wiedereinsetzungsantrag rechtzeitig gestellt; denn das der wirksamen Rechtsmitteleinlegung entgegenstehende Hindernis, nämlich die Unkenntnis von dem unwirksamen Zustellungsakt, sei nicht schon mit dem 3. Mai 1906, an welchem Tage dem Anwalt der Klägerin der auf den vorbezeichneten Mangel hinweisende Schriftsatz des Beklagten zugegangen sei, sondern erst am 20., bzw. 28. Mai 1906 gehoben, da erst an diesen Tagen nach den abgegebenen eidesstattlichen Versicherungen der betreffenden Personen das zur Vertretung der Klägerin berufene Willensorgan und ihr Prozeßbevollmächtigter von dem Zustellungsmangel Kenntnis erhalten hätten, und nach § 234 Abs. 1 Z.P.O. die Frist für den Antrag auf Wiedereinsetzung in den vorigen Stand erst mit dem Tage beginne, an welchem das Hindernis tatsächlich gehoben sei.

Diese Auffassung des Berufungsrichters kann nicht geteilt werden. Die §§ 233, 234 und 236 Z.P.O. gehören zusammen. § 233 bestimmt, daß einer Partei, welche durch unabwendbare Zufälle verhindert worden ist, eine Notfrist einzuhalten, auf Antrag die Wiedereinsetzung in den vorigen Stand zu erteilen ist. Nach § 234 muß dieser Antrag innerhalb einer zweiwöchigen Frist gestellt werden, welche mit dem Tage beginnt, an dem das Hindernis gehoben ist, und § 236 schreibt vor, daß in dem den Antrag auf Wiedereinsetzung enthaltenden Schriftsatz die versäumte Prozeßhandlung nachzuholen ist. Im gegenwärtigen Falle wurde die Klägerin an der rechtswirksamen Innehaltung der Berufungsfrist dadurch gehindert, daß die Zustellung der Berufungsschrift durch Vermittlung des Gerichtsschreibers erfolgte, und daß aus diesem Grunde der Klägerin und ihrem Prozeßbevollmächtigten ohne ihr Verschulden innerhalb der Berufungsfrist unbekannt blieb, daß die Beglaubigung der Terminsbestimmung auf der dem Beklagten zugestellten Abschrift der Berufungsschrift von dem Gerichtsvollzieher unterlassen worden war. Daß in solchem Falle ein unabwendbarer Zufall im Sinne des § 233 Z.P.O. vorliegt, ist von den vereinigten Zivilsenaten des Reichsgerichtes anerkannt worden (Entsch. in Zivils. Bd. 48 S. 409). Das Hindernis der rechtswirksamen Zustellung der Berufungsschrift vom 19. Februar 1906 bestand hiernach nicht, wie der Berufungsrichter annimmt, in der bloßen Unkenntnis der Klägerin und ihres Prozeßbevollmächtigten von jenem Zustellungsmangel, sondern in ihrer *unverschuldeten* Unkenntnis dieses Mangels; denn eine Unkenntnis, die verschuldet ist, stellt keinen unabwendbaren Zufall dar. Richtig ist die Ansicht des

Berufungsrichters, daß die Frist des § 234 Z.P.O. mit dem Tage beginnt, an welchem das Hindernis tatsächlich gehoben ist; das Gesetz besagt dies klar und deutlich. Allein unzutreffend ist die Folgerung des Berufungsrichters, daß deshalb im vorliegenden Falle das einer rechtswirksamen Berufungseinlegung entgegenstehende Hindernis erst in dem Zeitpunkte tatsächlich gehoben worden sei, als das zur Vertretung der Klägerin berufene Willensorgan, bzw. ihr Prozeßbevollmächtigter tatsächlich von dem gerügten Zustellungsmangel Kenntnis erhielten. Wie sich daraus, daß hier der unabwendbare Zufall in der unverschuldeten Unkenntnis der Klägerin, bzw. ihres Anwalts besteht, ohne weiteres ergibt, war das Hindernis in Wirklichkeit tatsächlich in dem Zeitpunkt gehoben, in welchem die Unkenntnis der Klägerin, bzw. ihres Anwalts aufhörte, unverschuldet zu sein. Nun mag vielleicht anzunehmen sein, daß dieser Zeitpunkt nicht schon am 3. Mai 1906 eintrat, d. i. an dem Tage, an welchem dem Prozeßbevollmächtigten der Klägerin der auf den obenbezeichneten Zustellungsmangel hinweisende Schriftsatz des Beklagten zuging; denn es muß auch bei Beurteilung solcher Fragen den Lebensverhältnissen Rechnung getragen werden, und es kann deshalb nicht als ein unter allen Umständen schlechthin erfüllbares Erfordernis aufgestellt werden, daß ein beschäftigter Anwalt alle eingehenden Schriftstücke sofort am Tage des Einganges vollständig durchliest. Wenn der Anwalt der Klägerin erst einige Tage nach dem 3. Mai 1906 von dem Inhalt des gegnerischen Schriftsatzes vollständig Einsicht genommen und innerhalb zweier Wochen nach der hierdurch erfolgten Kenntnisnahme des Zustellungsmangels die Wiedereinsetzung in den vorigen Stand beantragt und die Berufungseinlegung wiederholt hätte, so hätte daher die Frage erwogen werden können, ob nicht dem Antrage stattzugeben sei. Allein in dieser Weise hat der Anwalt der Klägerin sich nicht verhalten, sondern er hat nur von dem Antrage in dem ihm am 3. Mai 1906 zugestellten gegnerischen Schriftsatz Kenntnis genommen und dann diesen Schriftsatz, ohne von seinem weiteren Inhalte Einsicht zu nehmen, alsbald der Klägerin zur Informationserteilung übersandt. Es soll nun nicht verkannt werden, daß dem Anwalt der Klägerin für dieses Verhalten gewisse Entschuldigungsgründe zur Seite stehen. Er durfte es als naheliegend betrachten, daß, wenn der Zustellung der Berufungsschrift Mängel anhafteten, der Anwalt des Gegners diese Mängel sofort in der Berufungsbeantwortung angab; vor allem ist es aber erklärlich und begreiflich, daß er annahm, der Anwalt des Beklagten werde, wenn formelle Mängel der Zustellung vorhanden seien, den dadurch notwendig gebotenen Antrag stellen, die Berufung als unzulässig zu verwerfen, und es ist befremdlich, daß der Anwalt des Beklagten es unterlassen hat, diese Obliegenheit zu erfüllen. Allein auch wenn man dies alles berücksichtigt, und wenn auch — worüber hier nicht zu entscheiden ist — anzunehmen wäre, daß dem Anwalte der Klägerin nicht ein grobes Verschulden, sondern nur ein leichtes, vielleicht sogar nur ein recht leichtes Versehen zur Last fiele, so kann dies doch nicht zu der Feststellung führen, es sei ein unabwendbarer Zufall gewesen, daß der Anwalt der Klägerin nicht alsbald nach dem 3. Mai 1906 von dem an diesem Tage ihm zugegangenen Schriftsatze des Beklagten vollständig Einsicht genommen und daher damals keine Kenntnis von dem gerügten Zustellungsmangel erlangt hat. Dies kann um so weniger geschehen, als es sich hier nicht um einen bogenreichen Schriftsatz handelte, der nach dem an die Spitze gestellten Antrage und dem Beginn seiner Ausführungen nur sachlichen Inhalt zu haben schien, sondern vielmehr nur um einen vier Seiten umfassenden Schriftsatz, der leicht durchzulesen war. Da hiernach zu der Zeit, als der Antrag auf Wiedereinsetzung in den vorigen Stand bei dem Gerichtsschreiber eingereicht (30. Mai 1906) und dem Beklagten zugestellt wurde (1. Juni 1906), die zweiwöchige Frist des § 234 Abs. 1 Z.P.O. jedenfalls abgelaufen war, auch wenn man die dem Anwalt der Klägerin zur vollständigen Kenntnisnahme des gegnerischen Schriftstückes zu bewilligende Frist reichlich, nämlich auf acht Tage, bemißt, so mußte unter Aufhebung der Berufungsentscheidung (des Endurteils und des Zwischenurteils) der Antrag der Klägerin auf Wiedereinsetzung in den vorigen Stand gegen die Versäumung der Berufungsfrist zurückgewiesen, und die Berufung der Klägerin gegen das erstinstanzliche Urteil als unzulässig verworfen werden; denn die zuerst eingelegte Berufung ist mangels Beobachtung der vorgeschriebenen Form ungültig, und die mit dem Wiedereinsetzungsantrag verbundene Berufung verspätet eingelegt. Einer ausdrücklichen Zurückweisung des Wiedereinsetzungsantrages in der Urteilsformel bedurfte es nicht, da sie in der Verwerfung der Berufung als unzulässiger enthalten ist.

Unberechtigt ist der Einwurf der Klägerin, es sei weder dem Schriftsatz des Beklagten vom 29. April 1906 die mangelhafte Urkunde beigefügt, noch diese auf der Gerichtsschreiberei niedergelegt worden, und es habe daher die Möglichkeit einer Prüfung der aufgestellten Behauptung nicht bestanden. Diese Ausführung muß als unbegründet zurückgewiesen werden. Wenn ein Rechtsanwalt erklärt, in dem ihm zugestellten Schriftstück finde sich ein solcher Mangel vor, so muß diese Angabe dem Anwalt der Gegenseite ohne weiteres glaubhaft sein, und wenn letzterer dennoch aus irgend einem besonderen Grunde Anlaß zu dem Glauben haben zu können meint, daß vielleicht ein Irrtum vorliege, so ist es dann seine Sache, sich Aufklärung zu verschaffen. Daß in solchem Falle nicht von einem unabwendbaren Zufall die Rede sein kann, bedarf kaum der Erwähnung (Jurist. Wochenschr. 1905 S. 25 Nr. 32)."

54. 1. Zum Begriffe des Wohnsitzes und des Ortes des Wohnsitzes nach § 13 Z.P.O. und § 7 B.G.B.

2. Bei welchem Gericht ist der Gerichtsstand des Wohnsitzes (§ 13 Z.P.O.) und der Gerichtsstand des Erfüllungsortes (§ 29 Z.P.O.) begründet, wenn durch die Landesgesetzgebung der Bezirk einer politischen Gemeinde in mehrere Gerichtsbezirke geteilt worden ist?

Preuß. Gesetz, betr. die Gerichtsorganisation für Berlin und Umgebung, vom 16. September 1899 (G.S. S. 391).

VI. Zivilsenat. Urt. v. 9. Dezember 1907 i. S. Berlin-Tempelhofer Terrain-Gesellschaft (Kl.) w. D. (Bekl.). Rep. VI. 276/07.

I. Landgericht I Berlin.
II. Kammergericht daselbst.

Die auf Rückzahlung eines Darlehns gerichtete Klage wurde vom Landgericht abgewiesen, weil nicht das angegangene Landgericht I, sondern das Landgericht II als Gericht sowohl des Wohnsitzes des Beklagten wie des Erfüllungsortes örtlich zuständig sei. Die Berufung der Klägerin wurde zurückgewiesen; ebenso die von ihr demnächst eingelegte Revision, diese aus folgenden

Gründen:

„Die Behauptung einer Vereinbarung des Erfüllungsortes sei, führt das Berufungsurteil aus, von der Klägerin nicht bewiesen worden. Es handele sich also nur darum, ob das Landgericht I, obwohl der Beklagte in dem zum Bezirke des Landgerichtes II gehörigen Teile von Berlin wohne, sei es als allgemeiner Gerichtsstand, sei es als Gericht des gesetzlichen Erfüllungsortes, zur Entscheidung der Sache zuständig sei. Das sei zu verneinen. Der prozeßrechtliche Wohnsitz (§ 13 Z.P.O.) falle mit dem zivilrechtlichen (§ 7 B.G.B.) der Regel nach zusammen, und dies sei auch für Berlin bis zum Inkrafttreten des preußischen Organisationsgesetzes vom 16. September 1899 der Fall gewesen. Nun sei zwar in den Reichsgesetzen nicht ausdrücklich ausgesprochen, daß es der Landesgesetzgebung gestattet sei, das Weichbild einer politischen Gemeinde in mehrere Gerichtssprengel mit der Rechtsfolge zu zerlegen, daß die Einwohner eines Sprengels ausschließlich bei dessen Gericht ihren allgemeinen Gerichtsstand haben; aber die §§ 14, 15 Z.P.O. ließen dieses Recht der Landesgesetzgebung als vom Reichsgesetz anerkannt erscheinen, da darin die Möglichkeit einer solchen Teilung vorausgesetzt sei. Denn die Befugnis zur Teilung überhaupt begreife auch diejenige der Einschränkung des prozeßrechtlichen Wohnsitzes auf den neuen Einzelsprengel, da ohne die letztere die ganze Teilung zwecklos sein würde. Der Willkür des Rechtssuchers könne die Auswahl des Gerichtes nicht überlassen werden. Durch die neue Abgrenzung der Gerichtsbezirke für Berlin sei deshalb auch eine Abgrenzung der durch den Wohnsitz bedingten örtlichen Zuständigkeit herbeigeführt worden, und der Beklagte habe daher seinen allgemeinen Gerichtsstand nur bei dem Landgericht II in Berlin. Dasselbe gelte aber auch für den Gerichtsstand des gesetzlichen, durch den Wohnsitz bedingten Erfüllungsortes.

Die Revision rügt Verletzung der §§ 13, 14, 15, 19, 29 Z.P.O., §§ 7, 269 B.G.B., Art. 2 Satzes 1 der Deutschen Reichsverfassung durch Verkennung der Begriffe des Wohnsitzes, des Erfüllungsortes, des allgemeinen Gerichtsstandes und des Gerichtsstandes des Vertrages. Der Begriff des Wohnsitzes sei reichsgesetzlich bestimmt und könne nicht durch die Landesgesetzgebung geändert werden. Die §§ 14, 15, 19 Z.P.O. rechnen nur mit der Möglichkeit der Zerlegung einer politischen Gemeinde in mehrere Gerichtsbezirke; für den Begriff des Wohnsitzes und des Gerichtsstandes ergebe sich daraus nichts. Ob die erstere bei dieser Rechtslage ihren Zweck erreichen könne, sei als gleichgültig zu erachten. Das gleiche habe für den Gerichtsstand des Erfüllungsortes zu gelten.

Der Revision war der Erfolg zu versagen.

Nach § 13 Z.P.O. wird der allgemeine Gerichtsstand einer Person „durch den Wohnsitz bestimmt". Die Zivilprozeßordnung selbst enthält eine Umschreibung des Begriffes des Wohnsitzes nicht. Dieser Begriff war bis zum Inkrafttreten der Novelle zur Zivilprozeßordnung vom 17. Mai 1898 und des Bürgerlichen Gesetzbuches dem in den einzelnen Staaten des Deutschen Reiches geltenden bürgerlichen Rechte zu entnehmen;

vgl. Entsch. des R.G.'s in Zivils. Bd. 22 S. 385, Bd. 30 S. 347;

er wird seitdem durch stillschweigende Verweisung auf das Bürgerliche Gesetzbuch, mit welchem nunmehr die Zivilprozeßordnung in Übereinstimmung und Zusammenhang gebracht ist und gewissermaßen eine große Kodifikation bildet (Art. 1 Einf.-Ges. zum B.G.B.), nach dessen Vorschriften bestimmt.

Vgl. Begründung der Novelle zur Z.P.O. S. 82, Protok. der 2. Kommission zum B.G.B. Bd. 6 S. 638 flg.

Das Bürgerliche Gesetzbuch gibt jedoch in dem vom Wohnsitz handelnden § 7 gleichfalls keine Umschreibung des Begriffes des Wohnsitzes, sondern stellt nur dessen Voraussetzungen auf, indem es bestimmt, daß durch die ständige Niederlassung einer Person an einem Orte für sie der Wohnsitz an diesem Orte begründet wird.

Zum Begriffe des Wohnsitzes gehört es hiernach, daß er die Person mit einem Orte, einer Fläche im Raume, in rechtliche Beziehung bringt. Der Wohnsitz ist der — räumliche — „Mittelpunkt des gesamten Lebens einer Person" (Dernburg), das „Zustandsverhältnis", das durch die Verknüpfung der Lenkung und Leitung der Angelegenheiten einer Person mit einem Orte hergestellt wird (Kohler). Ist hiermit das Wesen des Wohnsitzes, von der Bestimmung des Ortes seiner räumlichen Beziehung abgesehen, umschrieben, so läßt die letztere zwei wesentlich verschiedene Auffassungen zu. Als Ort des Wohnsitzes kann sowohl der Ort im Raume, der Flächenabschnitt angesehen werden, auf dem die ständige Niederlassung einer Person sich befindet, wie das Ortsganze, die Ortschaft, innerhalb deren die Niederlassung belegen ist.

Von dem ersteren Gesichtspunkte aus (Hölder, Stölzel, Eccius) ist die Beantwortung der zur Entscheidung stehenden Frage ohne weiteres gegeben. Der allgemeine Gerichtsstand einer Person nach Maßgabe des § 13 Z.P.O. ist auf seiner Grundlage bei dem Gerichte begründet, in dessen Bezirk ihr Wohnsitz, der räumliche Punkt ihrer Niederlassung, sich befindet. Die Abgrenzung der Gerichtsbezirke aber ist Sache der Landesgesetzgebung.

Aber auch die zweite Anschauungsweise führt zu keinem anderen Ergebnisse. Die Klägerin vertritt, unter Berufung auf die Autorität von v. Savigny und Dernburg, die Auffassung, daß als Ort des Wohnsitzes im Sinne des § 7 B.G.B. die politische Gemeinde zu denken sei, und meint, daß, wenn in dieser Weise der Ort des Wohnsitzes reichsgesetzlich festgelegt sei, ein Landesgesetz, wie das preußische Gerichtsorganisationsgesetz für Berlin und Umgebung vom 16. September 1899 (G.S. S. 391), daran nichts zu ändern vermöge. Allein weder kann die Zugehörigkeit der Niederlassung einer Person zu einer politischen Gemeinde zu den wesentlichen Elementen des Wohnsitzbegriffes gezählt werden, noch ist der Ort des Wohnsitzes als eine ein für allemal bestimmte Einheit anzusehen; beides aus dem Grunde nicht, weil die Einteilung der Landesgebiete der Bundesstaaten des Deutschen Reiches in größere und kleinere räumliche Einheiten, in Provinzen, Kreise und Gemeinden, welche letzteren regelmäßig, aber nicht immer die kleinsten Ortseinheiten bilden, überhaupt nicht im Reichsrechte begründet, sondern der selbständigen Ordnung der Bundesstaaten überlassen ist. Als „Ort des Wohnsitzes" stellt sich hiernach ein durch die Landesgesetzgebung bestimmter, rechtlich abgegrenzter, räumlicher Bezirk eines Bundesstaates dar, innerhalb dessen die ständige Niederlassung einer Person sich befindet. Nach Lage der Gesetzgebung eines Bundesstaates kann es gegeben sein, daß gewisse Grundstücke von den Bezirken der Gemeinden ausgeschlossen werden und als selbständige kleinere Ortseinheiten ohne Zugehörigkeit zu einer politischen Gemeinde bestehen, so die Gutsbezirke in Preußen, aber unter Umständen auch sonstige Grundstücke, die weder einer politischen Gemeinde angeschlossen sind, noch einen Gutsbezirk bilden (vgl. § 1 Abs. 2 des preuß. Landgemeindegesetzes vom 14. April 1856 [G.S. S. 359], § 2 der Landgemeindeordnung vom 3. Juli 1891 [G.S. S. 233], §§ 3, 6 der Landgemeindeordnung für Westfalen vom 19. März 1856 [G.S. S. 265] und § 2 der Städteordnung vom 30. Mai 1853 [G.S. S. 261]). In solchen Fällen decken sich räumlich Niederlassung und Ort des Wohnsitzes, und es kann von einer rechtlichen Beziehung der Niederlassung einer Person und der letzteren durch diese zu einer politischen Gemeinde und zu einem Ortsganzen überhaupt nicht die Rede sein; ein Wohnsitz wird indessen durch die ständige Niederlassung auf einem solchen einzelnen Flächenabschnitte ebensowohl begründet, wie wenn dieser zu einem größeren Ortsganzen gehörte. Des weiteren ist es aber dem Bundesstaate unbenommen, sein Staatsgebiet für die verschiedenen Zweige seiner Verwaltung in verschiedene Bezirke einzuteilen, und diese Einteilung hat die Wirkung, daß in dem Rahmen jedes Verwaltungszweiges der jedesmalige kleinste räumliche Bezirk als örtliche Einheit, als „Ort" erscheint. Ist demgemäß für die Organisation der Gerichte eine andere Einteilung als die allgemeine in sog. politische Gemeinden gesetzlich eingeführt, dann ist diese für die Bestimmung des allgemeinen Gerichtsstandes einer Person maßgebend; der letztere ist bei dem Gerichte desjenigen Sprengels begründet, in welchem der Raumabschnitt ihrer ständigen Niederlassung belegen ist.

Hiergegen kann nicht eingeworfen werden, daß die politische Gemeinde, die nach der von der Klägerin vertretenen Auffassung der § 7 B.G.B. als Ort des Wohnsitzes im Sinne habe, ein geschichtlich gewordenes, selbständiges korporatives Gebilde sei, dem auch dem Staate gegenüber eine unabhängige Existenz zukomme, und dem daher nicht nach irgend einer Seite ein formaler staatlicher Verwaltungsbezirk untergeschoben und gleichgestellt werden könne. Denn einmal beruht die korporative Selbständigkeit der politischen Gemeinde, vom Standpunkte des positiven Rechtes aus betrachtet, in gleicher Weise auf der Landesgesetzgebung, wie jede Verwaltungsorganisation des Staates; sie berührt aber auch nur das innere Leben der Gemeinden, während für den formalen Zweck der Bestimmung des Ortes des Wohnsitzes lediglich die hierfür in Betracht kommende räumliche Gliederung, die äußere, formale Abgrenzung von Teilen des Staatsgebietes maßgebend ist. Die landesgesetzliche Einteilung des Stadtbezirkes der politischen Gemeinde Berlin in drei Landgerichtsbezirke durch das Gesetz vom 16. September 1899 hat daher für die Bestimmung des Ortes des Wohnsitzes im Hinblick auf den Gerichtsstand dieselbe Bedeutung, als wenn der Bundesstaat Preußen, wozu er ebenso befugt war, durch ein Landesgesetz die seinem Gebiete zugehörige Stadt Berlin in drei verschiedene politische Gemeinden auseinander geteilt hätte. Wie eine solche landesgesetzliche Neueinteilung die Wirkung äußern könnte, die Einheit des Ortes des Wohnsitzes im Sinne des § 7 B.G.B. zu verändern, so geschieht dies nicht minder durch jene gesetzliche Maßregel, nur in der qualitativen Beschränkung, in der die veränderte Einteilung erfolgt ist.

Daß dies auch der Standpunkt des Reichsrechtes selbst ist, ergibt sich einmal aus § 1320 B.G.B., wo von dem Wohnsitze der Verlobten im Bezirke eines Standesamtes die Rede ist — hier ist der staatliche Verwaltungsbezirk des Standesamtes als die Ortseinheit aufgefaßt, mit der durch die ständige Niederlassung die Personen der Verlobten in rechtliche Beziehung gebracht sind, und der sonach als der Ort des Wohnsitzes im weiteren Sinne erscheint —, sodann aus den Bestimmungen der §§ 14 und 19 Z.P.O. nach der Novelle vom 17. Mai 1898, die den Zweck haben, den Gerichtsstand der Militärpersonen und der Behörden (fiskalischen Stationen), für deren, wie aller juristischen Personen, Sitz dieselben Grundsätze gelten wie für den Wohnsitz der natürlichen Personen (§§ 17, 18 Z.P.O., §§ 24, 89 B.G.B.), von der zufälligen Lage der Niederlassung (Kasernen und Verwaltungsgebäude) in diesem oder jenem Einzelsprengel einer in mehrere Gerichtsbezirke eingeteilten Ortschaft (politischen Gemeinde) unabhängig zu machen (Begründung der Novelle zur Z.P.O. vom 16. Mai 1898 S. 83, 84).

Für die Zuständigkeit des angegangenen Gerichtes kommt im gegebenen Falle außer dem allgemeinen Gerichtsstande des § 13 Z.P.O. noch der Gerichtsstand des Erfüllungsortes (§ 29 Z.P.O.) in Betracht. Eine abweichende Beantwortung der zur Entscheidung stehenden Frage kann sich hier dann ergeben, wenn der Erfüllungsort Berlin ohne nähere Bestimmung, ohne daß eine der Vertragsparteien ihren Wohnsitz oder Sitz in Berlin hätte, und ohne daß im Wege der Auslegung des Vertrages einer der mehreren Gerichtssprengel als Erfüllungsort nach der Absicht der Parteien zu ermitteln wäre, vereinbart sein würde. Dieser Fall liegt nach den Feststellungen des Berufungsgerichtes nicht vor. Der gesetzliche Erfüllungsort des § 269 B.G.B., der allein in Frage kommt, ist von dem Wohnsitze des Schuldners abhängig, und auf ihn findet, soweit es sich um den Gerichtsstand handelt, alles Anwendung, was über den durch den Wohnsitz bestimmten allgemeinen Gerichtsstand des Beklagten ausgeführt worden ist.

Hiernach ist, mag man den Ort des Wohnsitzes im engeren Sinne als räumlichen Ort der Niederlassung, oder im weiteren als größere Ortseinheit, als Ortsbezirk auffassen, der allgemeine Gerichtsstand des Beklagten sowohl wie der Gerichtsstand des Erfüllungsortes für die von ihm geschuldete Leistung bei demjenigen der drei Landgerichtsbezirke in Berlin begründet, in dessen Bezirk er seinen Wohnsitz, seine ständige Niederlassung hat, bzw. (§ 269 B.G.B.) zur Zeit der Entstehung des Schuldverhältnisses hatte. Dieser Bezirk ist nach der Feststellung des Berufungsgerichtes nicht der des angegangenen Landgerichtes I. Die Klage ist mithin bei einem örtlich nicht zuständigen Gericht erhoben." ...

---

55. Zur Frage der Besteuerung des Einbringens von Wertpapieren der in der Tarifst. 4a Nr. 2 u. 4 Abs. 1 des Reichsstempelgesetzes vom 14. Juni 1900 bezeichneten Art im Falle der sich unter Ausschluß der Liquidation nach § 306 H.G.B. vollziehenden Fusion einer Aktiengesellschaft mit einer anderen.

VII. Zivilsenat. Urt. v. 10. Dezember 1907 i. S. K.- u. D.-Bank (Kl.) w. preuß. Fiskus (Bekl.). Rep. VII. 101/07.

I. Landgericht I Berlin.
II. Kammergericht daselbst.

Zwischen der Klägerin und der B.'er Bank wurde unter dem 20. Dezember 1904 ein Vertrag geschlossen, mittels dessen die B.'er Bank ihr Vermögen als Ganzes nach dem Stande der Bilanz vom 31. Dezember 1904 auf die Klägerin übertrug. Diese gewährte den Aktionären der aufgenommenen Bank 33600000 ℳ neue Aktien mit

Dividendenbezugsrecht vom 1. Januar 1905 ab. Der Vertrag fand die Genehmigung der Generalversammlungen. In dem Vermögen der B.'er Bank waren auch Wertpapiere und Anteile an bergrechtlichen Gewerkschaften. Außer dem Stempel für die Ausreichung der neuen Aktien an die Aktionäre der B.'er Bank (Tarifst. 4a Nr. 4 Abs. 2 des Reichsstempelgesetzes) wurde der Erwerb der Wertpapiere und Anteile von der Steuerbehörde als Anschaffungsgeschäft im Sinne der Tarifst. 4a Nr. 2, 3, 4 Abs. 1 von seiten der Klägerin, in deren Eigentum jene Gegenstände übergingen, angesehen, und demgemäß Schlußnoten ausgestellt, die insgesammt mit 4527,90 *M* verstempelt worden sind. Die Klägerin war der Meinung, daß der Stempel nur einmal nach dem höchsten Satze, der für die — nach ihrer Ansicht ausgetauschten — Leistungen in Betracht komme, anzusetzen sei. Der höchste Satz sei 1 v. T. von dem Werte der gewerkschaftlichen Anteile. Da von den neuen Aktien nur $^3/_{10}$ v. T. gezahlt seien, so rechtfertige sich ein Ansatz von noch $^7/_{10}$ v. T. von den Kuxen, nämlich von 77 *M*. Den Mehrbetrag von 4450,90 *M* forderte die Klägerin im Rechtswege nebst Zinsen seit der Klagezustellung zurück. Der Beklagte widersprach diesem Verlangen. Das Landgericht gab ihm indessen statt. Das Kammergericht hat abändernd auf Klagabweisung erkannt. Die Revision der Klägerin ist zurückgewiesen.

Gründe:

„Der Revision konnte keine Folge gegeben werden. Der erkennende Senat hat die Frage, ob neben dem Reichsstempel für die Ausreichung von Aktien von seiten der Aktiengesellschaft an den ersten Erwerber (Tarifst. 4a Nr. 4 Abs. 2 des Reichsstempelgesetzes vom 14. Juni 1900) der Stempel für das Einbringen von Wertpapieren der in der Tarifst. 4a Nr. 2 und 4 Abs. 1 bezeichneten Art nach dem dort bezeichneten Satze zu erheben sei, für einen Fall bejaht, in welchem sich eine Einzelperson verpflichtet hatte, neue Aktien einer schon bestehenden Aktiengesellschaft zu übernehmen und ihre Einlage in Gestalt eingebrachter ausländischer Aktien zu machen (Entsch. des R.G.'s in Zivils. Bd. 51 S. 351). Mit ausführlicher Begründung ist dargelegt, daß es sich bei der Übereignung der fremden Aktien um deren Umsatz, um ein den Eigentumserwerb von seiten der Aktiengesellschaft bezweckendes Geschäft handle, das jedenfalls nicht als unentgeltliches betrachtet werden könne und nach der klaren Absicht des Gesetzes von dem Reichsstempel getroffen werden solle. Dabei ist auch erwogen, daß sich diese Anschauung nicht mit der reichsgerichtlichen Rechtsprechung über das Anschaffungsgeschäft, insbesondere mit dem Beschlusse der vereinigten Zivilsenate vom 30. Juni 1892 (Entsch. in Zivils. Bd. 31 S. 17 flg.) und dem Urteile des erkennenden Senates vom 5. Januar 1900 (Entsch in Zivils. Bd. 45 S. 99 flg.), in Widerspruch setze. An dem hiernach ausgesprochenen Grundsatze hat der Senat seither festgehalten (vgl. die Urteile vom 6. April 1906, Rep. VII. 356/05, und vom 1. Februar 1907, Rep. VII. 213/06), und der vorliegende Rechtsstreit bietet keinen Anlaß, von ihm abzuweichen.

Die von der Revision vertretene Auffassung, daß nur ein einziges Umsatzgeschäft, nämlich der Austausch der jungen Aktien gegen Wertpapiere, vorliege, das nur der einmaligen Besteuerung unterworfen sei, ist abzulehnen. Sie ist mit der rechtlichen Natur der Ubernahme der Aktien unvereinbar, wie dies schon in den früheren Urteilen hervorgehoben ist. Dabei macht es für die zu entscheidende Frage keinen Unterschied, ob die Übernahme bei der Gründung, oder bei der Erhöhung des Grundkapitals der Aktiengesellschaft erfolgt; sie ist ein selbständiges, mit der Einlage in keinem synallagmatischen Zusammenhange stehendes Geschäft, das gleich einem Anschaffungsgeschäft nach dem durch das Gesetz vom 27. April 1894 neu eingefügten Abs. 2 Ziff. 4 der Tarifst. 4a des Reichsstempelgesetzes besteuert wird. Ist dies aber der Fall, so ist weder die Landesgesetzgebung gehindert, neben dieser Steuer noch einen Stempel für die Einbringung der für den Erwerb der Aktien gemachten Einlage zu erheben (vgl. Tarifst. 25c des preußischen Stempelsteuergesetzes vom 31. Juli 1895 und das in den Entsch. in Zivils. Bd. 45 S. 99 abgedruckte Urteil), noch erscheint es ausgeschlossen, sofern dieses Einbringen den Tatbestand einer Norm des Reichsstempelgesetzes erfüllt, letztere neben dem Abs. 2 Nr. 4 a. a. O. und selbstverständlich unter Ausschluß landesgesetzlicher Besteuerung anzuwenden. Darum ist auch die in Wertpapieren bewirkte Einlage als Anschaffungsgeschäft für stempelpflichtig erachtet worden. Muß es sonach bei dem grundsätzlichen Standpunkte, den der Senat gegenüber der Versteuerung der Illationsgeschäfte bei der Ausreichung von Aktien an den ersten Erwerber eingenommen hat, bewenden, so konnte nur zweifelhaft sein, ob das von der Revision aus der Besonderheit des gegebenen Falles hergeleitete Bedenken begründet ist.

Der Übergang der Wertpapiere, den der Fiskus für steuerpflichtig erachtet, hat sich gegenwärtig im Wege der Fusion mit Verschmelzung (unter Ausschluß der Liquidation) gemäß § 306 H.G.B. vollzogen, indem die B.'er Bank ihr Vermögen als Ganzes der Klägerin als der aufnehmenden Gesellschaft übereignet hat, und diese Übereignung ohne die Notwendigkeit besonderer Übertragungsakte als Gesamtrechtsnachfolge wirksam geworden ist. Indessen wird dadurch an der rechtlichen Beurteilung der Sache nichts geändert. Ob sich der Erwerb der fremden Wertpapiere (Aktien, Schuldverschreibungen 2c) ohne Einzelübertragung von Rechts wegen vollzieht, ist für den stempelrechtlichen Tatbestand, der an den Umsatz der Papiere anknüpft, gleichgültig. Für die Besteuerung ist das in eine Aktiengesellschaft eingebrachte Vermögen in seine einzelnen Bestandteile zu zerlegen. Dies ist wenigstens für den Geltungsbereich des preußischen Stempelgesetzes, das hier neben dem Reichsstempelgesetz in Betracht kommt, unbedenklich. Das preußische Gesetz erhebt gemäß Tarifst. 25c von dem Einbringen von nicht in Geld bestehendem Vermögen in eine Aktiengesellschaft einen Stempel, der je nach den einzelnen Vermögensgegenständen, nämlich je nachdem es sich um unbewegliche, oder bewegliche Gegenstände, oder um Forderungen handelt, verschieden abgestuft ist. Der Fall, daß das Einbringen in einem rechtlich oder wirtschaftlich eine Einheit darstellenden Inbegriffe besteht, ist nicht ausdrücklich vorgesehen; aber sicher ist, daß die Besteuerung in einem solchen Falle nicht ausgeschlossen sein soll. Sie kann daher nur in der Weise erfolgen, daß die einzelnen Bestandteile des Inbegriffes zur tarifmäßigen Verstempelung herangezogen werden (vgl. Hummel u. Specht, Bem. 35 zu Tarifst. 25 S. 635). Das Wesentliche ist nach dem Stempelgesetze die Überführung der in dem Tarife bezeichneten Vermögensstücke durch einen Gesellschaftsvertrag in das Eigentum der Gesellschaft, ohne daß es auf die Art und Weise ankommt, in der rechtlich der Übergang des Vermögens verwirklicht wird, ob dies im Wege der Sondernachfolge, oder der Universalsukzession sich vollzieht (vgl. das Urteil des II. Zivilsenates des Reichsgerichtes vom 1. Februar 1901 in der Jurist. Wochenschr. S. 178

Nr. 44, und Hummel u. Specht, a. a. O. S. 686). Gehört nun zu den übereigneten Gegenständen etwas, was unter den Tarif zum Reichsstempelgesetze fällt, so ist kein Grund ersichtlich, weshalb dieses — insoweit unter Ausschluß des Landesstempels — nicht zur Anwendung kommen sollte. Es kann sich immer nur fragen, ob der das Einbringen betreffende Gesellschaftsvertrag einen unter das Reichsstempelgesetz gehörenden Tatbestand erfüllt. Diese Frage hat aber in Ansehung der mehrfach schon gekennzeichneten Wertpapiere durch die Rechtsprechung des Reichsgerichtes ihre Erledigung zugunsten des Fiskus gefunden; es kann, wie noch bemerkt werden mag, der Erwerb der als Einlage gegebenen Wertpapiere von seiten der aufnehmenden Gesellschaft nicht wohl stempelfrei sein, wenn die Ausreichung der neuen Aktien an den ersten, die Einlage machenden Erwerber stempelpflichtig ist, und zwar stempelpflichtig als ein dem Anschaffungsgeschäft gleichgestelltes, dem Verkehr börsenmäßige Werte zuführendes Geschäft, nicht als ein im Gegenseitigkeitsverhältnis zu jenem Erwerbe stehendes Geschäft (ebenso im Ergebnis Hummel u. Specht, a. a. O. Bem. 36). Welcher im gegenwärtigen Falle der sonstige Inhalt des zwischen der Klägerin und der B.'er Bank geschlossenen Fusionsvertrages gewesen ist, erhellt nicht. Es ist dies aber auch unerheblich, da nur über die Berechtigung des Fiskus, den Reichsstempel zu erheben, gestritten wird, und es somit gleichgültig ist, ob noch außerdem ein Landesstempel nach Tarifst. 25c des preußischen Stempelgesetzes zu entrichten ist.

Die Revision weist noch darauf hin, daß als Anschaffungsgeschäft nur das obligatorische Grundgeschäft, der den Anspruch auf Aushändigung der Papiere begründende Vertrag gelten könne, es an einem solchen aber fehle, weil der Fusionsvertrag erst mit der Eintragung wirksam werde, in diesem Zeitpunkte aber auch der Erwerb des Vermögens in seinen einzelnen Bestandteilen ohne Übertragungsakt sich vollende. Man kann jedoch dem Fusionsvertrage den Charakter eines aktienrechtlichen, auf die Veräußerung von Vermögenswerten gerichteten Gesellschaftsvertrages nicht deshalb absprechen, weil er regelmäßig wegen seines inneren Zusammenhanges mit dem die Liquidation ausschließenden Beschlusse erst mit der Eintragung wirksam wird (§§ 306, 304 Abs. 4 H.G.B., Lehmann u. Ring, Bem. 2a zu § 306). Es läßt sich nur sagen, daß, da der Übergang des Vermögens der aufgelösten

Gesellschaft mit der Eintragung des Beschlusses oder richtiger der Beschlüsse (vgl. Lehmann u. Ring, Bem. 2c zu § 306) als erfolgt gilt, es zur Ausführung des obligatorischen Gesellschaftsvertrages nicht besonderer dinglicher Verträge bedarf, daß vielmehr der obligatorische Vertrag von selbst in Verbindung mit der Eintragung die Wirkung der Vermögensübertragung hat. Der Kauf hörte nicht darum auf, ein Anschaffungsgeschäft zu sein, weil er nach früherem Landesrechte unmittelbar den Eigentumserwerb durch den Käufer vermittelte; die schuldrechtliche Seite des Vertrages erschöpfte sich nicht in der Verschaffung des Eigentums. Ebenso verhält es sich mit dem die gegenseitigen Beziehungen der übertragenden zur aufnehmenden Gesellschaft regelnden Fusionsvertrage. Schließlich wird auch an der Entscheidung, wie sie sich als Konsequenz des Urteiles in den Entsch. des R.G.'s in Zivils. Bd. 51 S. 351 ergibt, dadurch nichts geändert, daß die Erwerber der neuen Aktien die Aktionäre der aufgelösten Gesellschaft sind, während diese rechtlich als die die Wertpapiere einbringende Persönlichkeit anzusehen ist (vgl. das Urteil des erkennenden Senates vom 12. April 1904, Rep. VII. 546/03, ferner Hummel u. Specht, a. a. O. Bem. 35 S. 686)."

---

56. Ist der Anspruch des Enteigneten auf Enteignungsentschädigung ein Anspruch auf „Schadensersatz" im Sinne des § 287 Z.P.O.?

Z.P.O. §§ 287, 286.
Preuß. Enteignungsgesetz vom 11. Juni 1874 § 10 Abs. 2.

VII. Zivilsenat. Urt. v. 10. Dezember 1907 i. S. A. (Kl.) w. Stadtgemeinde H. (Bekl.). Rep. VII. 126/07.

I. Landgericht Dortmund.
II. Oberlandesgericht Hamm.

Die vorstehende Frage ist, im wesentlichen in Übereinstimmung mit der bisherigen Rechtsprechung, verneint worden aus folgenden

Gründen:

... „Der Berufungsrichter nimmt Anlaß, den Schaden des Klägers aus der Enteignung gemäß § 287 Z.P.O. unter Würdigung aller Umstände nach freiem Ermessen zu schätzen, und er gelangt dabei zu dem Ergebnis, daß der Kläger mit der in der ersten Instanz festgesetzten Enteignungsentschädigung von 26380 ℳ und 12340 ℳ, gleich 38720 ℳ, voll entschädigt sei. Mit Recht rügt die Revision, daß hierbei der § 287 Z.P.O. durch Anwendung und der § 286 das. durch Nichtanwendung verletzt sei. Die früher schwankende Rechtsprechung hat sich seit längeren Jahren dahin festgestellt, daß es sich bei der Geltendmachung und Festsetzung der Enteignungsentschädigung nicht um einen Schadensersatzanspruch im Sinne des § 287 Z.P.O. handelt, sondern um die Ermittelung und den Ersatz des Wertes des enteigneten Grundstückes unter Berücksichtigung der im Enteignungsgesetz für die Wertermittelung aufgestellten Grundsätze (Urteil des Reichsgerichts vom 2. Dezember 1884, Entsch. in Zivils. Bd. 12 S. 402 flg.; Urteil vom 9. Oktober 1895, Jurist. Wochenschr. 1895 S. 531 Nr. 48, in dem die diesen Punkt betreffende Rechtsprechung schon als eine feststehende bezeichnet wird). An dieser Auffassung hat insbesondere der erkennende Senat bis in die neueste Zeit ständig festgehalten. Eine Abweichung hiervon wollte auch das von der Revisionsbeklagten angeführte Urteil dieses Senates vom 30. Oktober 1903 (Rep. VII. 245/03) nicht aussprechen. In dem dieser Entscheidung zugrunde liegenden Prozeß war die Frage, ob bei Enteignungsentschädigungen der § 287, oder der § 286 Z.P.O. anzuwenden sei, nicht streitig gewesen, und es ist deshalb aus dem im Urteile enthaltenen gelegentlichen Hinweis auf den § 287 für die Beantwortung jener Frage nichts wesentliches zu entnehmen. Soweit etwa eine Abweichung von der feststehenden Rechtsprechung als vorliegend angesehen werden könnte, wird sie vom erkennenden Senate nicht aufrecht erhalten. Das Berufungsurteil war hiernach aufzuheben, und die Sache an den Berufungsrichter zurückzuverweisen, um auf Grund des § 286 Z.P.O., erforderlichenfalls unter Zuziehung von Sachverständigen, zu prüfen, ob und inwieweit die dem Kläger für seinen Geschäftsbetrieb jetzt gegen früher obliegenden Mehraufwendungen ihren Ausgleich darin finden, daß der Kläger im neuen Hause im Vergleiche zur Zeit vor der Enteignung sein Geschäft unter günstigeren Bedingungen betreibt, die eine erhöhte Ertragsfähigkeit des Geschäftes mit sich bringen. In der Berücksichtigung dieser Vorteile kann die von der Revision behauptete Verletzung des § 10

Abs. 2 des Enteignungsgesetzes nicht gefunden werden; sie stellen nicht eine Werterhöhung dar, die das enteignete Grundstück infolge der neuen Anlage erhalten hat, deren Herstellung die Enteignung diente, sondern einen Gewinn, den sich der Kläger mittels Neuerwerbes eines anderen Grundstückes verschafft hat. Es ist selbstverständlich, daß er den für diese Vorteile aufgewendeten Gegenwert, der mit der Enteignung nichts zu tun hat, nicht der Beklagten in Rechnung stellen darf. Nicht gerechtfertigt ist ferner das Verlangen des Klägers, zum Schätzungseid verstattet zu werden; denn dieser Eid ist nur im Falle des § 287 Z.P.O. zulässig." ...

---

57. 1. Form des Ausstattungsversprechens, insbesondere wenn es dem künftigen Ehemanne der Tochter gegeben wird.
2. Begriff der Leibrente.
3. Wieweit geht die Möglichkeit, das Vorhandensein wesentlicher Bestandteile einer formbedürftigen Willenserklärung durch Auslegung festzustellen?

B.G.B. §§ 1624 Abs. 1, 328 Abs. 1, 759, 761, 126, 127.

IV. Zivilsenat. Urt. v. 12. Dezember 1907 i. S. R. (Kl.) w. R. (Bekl.). Rep. IV. 221/07.

I. Landgericht Graudenz.
II. Oberlandesgericht Marienwerder.

Der Kläger ist mit der Tochter des Beklagten verheiratet. Als er im Oktober 1900 um deren Hand anhielt, kam es zwischen ihm und dem Beklagten zu einer Erörterung über die Vermögensverhältnisse. Dabei erklärte er dem Beklagten, daß er mit seinem Richtergehalt und seinen Zinsen einen standesmäßigen Haushalt nicht würde bestreiten können, und daß er deshalb einen ständigen Beitrag beanspruche. Der Beklagte sagte ihm einen solchen zu, ohne daß über die Höhe etwas weiteres verabredet wurde. Vor der Hochzeit schrieb der Kläger an den Beklagten, er bitte ihn, sein Versprechen einzulösen und den Wirtschaftszuschuß seinem Betrage nach festzusetzen.

Der Beklagte antwortete ihm hierauf mit einem Briefe vom 5. August 1901, worin es u. a. heißt: er habe seiner Tochter erklärt, daß er ihr als Minimum monatlich 100 *M* aus seinen Anwaltseinnahmen aussetzen wolle; sie habe dies für durchaus ausreichend erklärt. Nach Eingehung der Ehe hat demnächst der Beklagte den Wirtschaftszuschuß mit 100 *M* allmonatlich entrichtet. Diese Zahlungen hat er jedoch nicht weiter fortgesetzt, als die Ehefrau des Klägers diesen verließ und gegen ihn auf Scheidung klagte.

Der Kläger forderte die Entrichtung des Wirtschaftszuschusses für die Dauer der Ehe. Mit diesem Klagebegehren ist er in beiden Vorinstanzen unterlegen, weil angenommen wurde, es handle sich um einen Leibrentenvertrag, der Vertrag entbehre jedoch, falls er zustande gekommen sei, der Schriftform.

Das Berufungsurteil wurde aufgehoben, und die Sache in die Berufungsinstanz zurückverwiesen, aus folgenden

Gründen:

... „Es handelt sich um drei Fragen: einmal darum, ob der Beklagte sich überhaupt zur Entrichtung eines Wirtschaftszuschusses verpflichtet hat; sodann darum, ob, wenn er dies tat, er damit eine Leibrente versprochen hat; und endlich, wenn auch diese Frage zu bejahen ist, darum, ob die Form des § 761 B.G.B. als gewahrt gelten kann.

I. So allgemein gestellt, wie die erste Frage hier gefaßt ist, hat der erkennende Senat kein Bedenken getragen, sie von sich aus zu bejahen. Er hält die von der Revision vorgebrachte Rüge, daß die §§ 133 und 157 B.G.B. durch Nichtanwendung verletzt seien, unter der Voraussetzung für begründet, daß der Berufungsrichter ... sie etwa verneinen wollte. Im Anschluß an die dem Kläger bei der Brautwerbung gegebene Zusicherung hat auf die Bitte des Klägers, den Wirtschaftszuschuß seinem Betrage nach festzusetzen, Beklagter ihm, seinem künftigen Schwiegersohn, mitgeteilt, er habe der Tochter erklärt, ihr als Minimum 100 *M* monatlich aussetzen zu wollen, sie aber habe sich damit einverstanden erklärt. Er tat dies, nachdem der Kläger ihm schon bei der Brautwerbung erklärt hatte, ohne einen ständigen Beitrag den Haushalt nicht bestreiten zu können, wußte also, daß der Kläger von der Festsetzung des Zuschusses die Begründung des ehelichen Hausstandes abhängig machte. Ließ er es da nun zu, daß der Kläger im Vertrauen auf jene ihm gegebene Antwort die Ehe einging, so verstößt es gegen Treu und Glauben, das Versprechen als überhaupt nicht gegeben anzusehen oder mit dem Berufungsrichter anzunehmen, der Beklagte habe es verstanden, seinen Worten eine so vorsichtige Fassung zu geben, daß er zwar moralisch, nicht aber auch rechtlich eine Verpflichtung einging. Vielmehr führt eine rechtliche Würdigung dessen, was über den Verlauf der Angelegenheit tatsächlich bereits feststeht, zu der Annahme, daß — von der Formfrage vorerst abgesehen — es zu einem zweimaligen Vertragsabschluß unter den Beteiligten gekommen ist. Beklagter hat zunächst seiner Tochter versprochen, ihr aus seinen Anwaltseinnahmen einen Wirtschaftszuschuß von mindestens 100 *M* zu gewähren, und die Tochter hat dieses Versprechen angenommen. Sodann entsprach er aber auch dem Verlangen des Klägers, sich ihm verbindlich zu machen, indem er sich zu dem der Tochter gegebenen Versprechen bekannte und damit gleichzeitig dem Kläger gegenüber die nämliche Verpflichtung zugunsten der Tochter als eines Dritten einging (§ 328 Abs. 1 B.G.B.). Wie das Versprechen des Beklagten im übrigen beiderseits gemeint und verstanden worden ist, bleibt als eine weitere Auslegungsfrage der Entscheidung des Tatrichters vorbehalten.

Nur noch in einer Beziehung läßt sich über den weiteren Inhalt des Versprechens eine Entscheidung jetzt schon in der Revisionsinstanz treffen. Darüber nämlich, daß das Versprechen gegeben und angenommen wurde im beiderseitigen Einvernehmen über die Unentgeltlichkeit der versprochenen Zuwendungen, besteht nach der gegenwärtigen Sachlage kein Zweifel. Es handelt sich deshalb um ein Schenkungsversprechen (§§ 516, 518 B.G.B.). Dieses Schenkungsversprechen erfüllt aber zugleich die Voraussetzungen des § 1624 Abs. 1 B.G.B., weil auf beiden Seiten Willensübereinstimmung darüber bestand, daß die Leistungen des Beklagten mit Rücksicht auf die Verheiratung der Tochter dieser zur Erhaltung der Wirtschaft zugewendet werden sollten. Da nun das beiderseitige Parteivorbringen nichts darüber enthält, daß die versprochenen Leistungen über die im § 1624 Abs. 1 bezeichneten Grenzen der Angemessenheit hinausgegangen wären, so bedurfte es, wie sich aus den Ausführungen in dem Urteile des Senates vom 11. Januar 1906 (Entsch. des R.G.'s in Zivilf. Bd. 62 S. 275) ergibt, zu seiner Rechtswirksamkeit der Form des § 518 Abs. 1 jedenfalls nicht; auch nicht insoweit, als der Beklagte sich dem Kläger gegenüber zugunsten seiner Tochter verbindlich machte, weil in dieser Beziehung eine zwar nicht unmittelbare, aber doch analoge Anwendung des aus § 1624 Abs. 1 zu entnehmenden Grundsatzes der im Umfange begrenzten Formfreiheit den Gesetzesabsichten entspricht.

Gleichzeitig handelt es sich freilich auch um Zuschüsse, die zu dem Zwecke gegeben werden sollten, als Einkünfte verwendet zu werden (§ 2050 Abs. 2 B.G.B.). Zuschüsse dieser Art stehen aber nicht, wie Jacubezki in der Zeitschrift „Das Recht" 1906 S. 284 Anm. 4 ausführt, in einem begrifflichen Gegensatze zu den im § 1624 Abs. 1 und im § 2050 Abs. 1 behandelten Ausstattungen, so daß danach die auf § 1624 beruhende Formfreiheit für ein Zuschußversprechen nicht gelten würde. Sind sie auch nicht mit Binder (Die Rechtstellung des Erben Bd. 3 S. 144, 165) unter allen Umständen als Ausstattung anzusehen, so trifft das doch im gegebenen Falle zu, und darum steht die Formvorschrift des § 518 Abs. 1 dem Klaganspruche nicht entgegen.

II. Handelt es sich aber auch um ein Leibrentenversprechen?

Der Berufungsrichter bejaht diese Frage, indem er auf die beiden Urteile des Reichsgerichtes vom 23. Mai 1906 (Entsch. in Zivilf. Bd. 63 S. 323 flg.) und vom 18. April 1907 (Jurist. Wochenschr. S. 332 Nr. 8) hinweist. In beiden Urteilen hat der Senat die damals in den Vorinstanzen ausgesprochene Meinung gutgeheißen, daß unter „Leibrente" periodisch wiederkehrende Leistungen zu verstehen seien, deren Entrichtung in Geld oder in Naturalien nach dem Inhalte der übernommenen Verpflichtung sich auf eine längere Zeit, und nur im Zweifel auf die Lebensdauer des Rentenberechtigten zu erstrecken habe. Die damaligen Rechtsfälle boten indessen keinen Anlaß, der Frage näher zu treten, ob die hervorgehobenen beiden Begriffserfordernisse: Gleichmäßigkeit des Inhaltes und des Zeitabstandes der Einzelleistungen und Ausdehnung der Verpflichtung auf eine Gesamtdauer von nicht geringer Länge, den Leibrentenbegriff erschöpfen. Wäre das der Fall, so würde die Leibrente als ein eigenartiges und selbständiges Schuldverhältnis nicht mehr in Betracht kommen, und es würde einer solchen Begriffsbestimmung durchaus entsprechen, wenn Cosack in seinem Lehrbuche des Deutschen bürgerlichen Rechts (2. Aufl. Bd. 1 § 96) die Leibrente aus der Reihe der einzelnen Schuldverhältnisse entfernt und die von ihr handelnden Gesetzesvorschriften des Bürgerlichen Gesetzbuches im Zusammenhange mit den allgemeinen Lehren vom Rechte der Schuldverhältnisse behandelt. Das steht jedoch keineswegs im Einklange mit den Gesetzesabsichten. Die Leibrente hat, wie schon ihre Stellung im Systeme des Gesetzbuches selbst ergibt, als ein in seinem Wesen eigenartiges Schuldverhältnis nach dem Inkrafttreten des neuen Rechtes bestehen bleiben sollen. Ein Preisgeben ihrer charakteristischen Eigentümlichkeiten und eine Verallgemeinerung des Begriffes würde überdies zu praktisch ganz unannehmbaren Folgerungen führen. Läge nämlich ein Leibrentenversprechen immer schon dann vor, wenn periodisch wiederkehrende gleichmäßige Leistungen für eine längere Zeit versprochen werden, so würde im Falle der Formlosigkeit der Vertrag nach heutigem Rechte nichtig sein. Er bliebe auch nichtig trotz beiderseitiger Erfüllung. Denn es fehlt im Gesetze eine den Formzwang des § 761 abmildernde Vorschrift, die, wie in den Fällen der §§ 313 oder 766 Satzes 2, der Erfüllung eine den Formmangel heilende Wirkung beilegt. Mit Eccius, in Gruchot's Beiträgen Bd. 45 S. 12, hätte man alsdann die Kondizierbarkeit der beiderseitigen Leistungen, und zwar für die Dauer der dreißigjährigen Verjährungsfrist, anzuerkennen. Schon diese Erwägung macht es zur unabweisbaren Notwendigkeit, den Leibrentenbegriff, wenn angängig, durch Aufstellung weiterer Begriffserfordernisse einzuengen.

Festzuhalten ist dabei zunächst an dem Begriffserfordernis, daß inhaltlich gleichmäßige und sich in gleichmäßigen Zeitabständen wiederholende Leistungen versprochen sein müssen. Dagegen bildet die Erstreckung der Verpflichtung auf einen längeren Zeitraum zwar eine regelmäßige Erscheinung; sie vermag jedoch schon um ihrer Unbestimmtheit willen kein juristisch brauchbares Unterscheidungszeichen abzugeben. Es treten zwei weitere Begriffserfordernisse hinzu.

Mit Recht wird nämlich von mehreren Schriftstellern zunächst darauf hingewiesen, daß man unter einer Leibrente nach der sprachlichen Bedeutung des Wortes nur eine auf die Lebenszeit eines Menschen gestellte Rente verstehen kann. Etymologisch wird der Ausdruck auf die alte Wortform „lip" oder „lif" in der Bedeutung von

„Leben" zurückgeführt (Grimm's Deutsches Wörterbuch Bd. 6 S. 607). So heißt es denn auch in der Begründung eines Rechtsspruches des Magdeburger Schöffenstuhles (Magdeburger Fragen S. 152) wörtlich:

„Dorumme heiſset is leibrenthe, daſs ein man ym dy herlichkeit behelt zu syme lebin."

Dieser Wortbedeutung entsprach der frühere Rechtszustand. Denn vor dem Inkrafttreten des Bürgerlichen Gesetzbuches stimmten alle den Begriff feststellenden Gesetzgebungen darin überein, daß die Leibrente eine lebenslängliche, wenn auch nicht immer nach dem Leben des Rentenempfängers bemessene, Rente sein müsse; so § 606 A.L.R. I. 11, Artt. 1971, 1972 Code civil, § 1284 österr. Gesetzbuchs, § 1150 sächs. B.G.B. Auf alle diese Gesetzesvorschriften und auf Vorschläge, die in späteren Gesetzentwürfen damit übereinstimmend gemacht waren, ist in den Motiven zum I. Entwurf des Bürgerlichen Gesetzbuches (Bd. 2 S. 637) hingewiesen. Die beiden einzigen Punkte, in denen die damals geltenden gesetzlichen Definitionen zu eng befunden wurden, betrafen das Erfordernis einer in Geld oder in Geldeswert bestehenden Gegenleistung und die Einschränkung des Gegenstandes der Leistungen auf Geld oder andere vertretbare Sachen. Keineswegs war es also bei den wenigen nach den Vorschlägen der Gesetzentwürfe in das Bürgerliche Gesetzbuch übergegangenen Einzelvorschriften darauf abgesehen, jenes in der bisherigen Rechtsentwickelung festgehaltene Begriffserfordernis für das heutige Recht aufzugeben. Auch die in dieser Beziehung leicht irreführende Fassung des § 759 Abs. 1 unseres Gesetzbuches und die sachlich damit übereinstimmenden §§ 660 I. Entw. und 701 II. Entw. nötigen nicht zu der Annahme, daß dies geschehen sei. Denn wenn das Gesetz a. a. O. sagt:

„wer zur Gewährung einer Leibrente verpflichtet ist, hat die Rente im Zweifel für die Lebensdauer des Gläubigers zu entrichten",

so ist das eine Auslegungsvorschrift, die den Begriff der Leibrente als bereits gegeben zur Voraussetzung hat. Zu einem Teile wird damit eine bereits im § 1153 sächs. B.G.B. gegebene Vorschrift wiederholt, die dahin lautete:

„Soll die Dauer der Leibrente von dem Leben des Rentenschuldners oder eines Dritten abhängen, so ist die Rente, wenn nicht bestimmt worden, daß sie auf die Erben des Rentengläubigers übergehen soll, bloß auf dessen Lebenszeit zu entrichten."

Zum anderen Teile geht sie aber auch über diese sächsischrechtliche Gesetzesvorschrift hinaus, weil nunmehr, wenn Zweifel darüber obwalten, auf wessen Leben die Rente gestellt ist, die Rente gemäß § 759 Abs. 1 mangels entgegenstehender Bestimmungen als auf das Leben des Gläubigers gestellt zu gelten hat.

Mit dem Begriffserfordernis der Lebenslänglichkeit ist es indessen nicht unvereinbar, wenn das Bestehen des Leibrentenrechtes selbst in dem gleich zu erörternden Unterschiede von dem Anspruch auf die Einzelleistungen vom Eintritt einer Bedingung aufschiebend oder auflösend abhängig gemacht, oder wenn seine Entstehung auf einen künftigen Termin hinausgeschoben, oder wenn ein äußerster Zeitpunkt seines Bestehens für den Fall des Überlebens festgesetzt wird. Das sind dann Nebenbestimmungen, die mit dem Wesen des Leibrentenversprechens nichts zu tun und daher auch für die Begriffsbestimmung keine Bedeutung haben.

Der in dem Erfordernis der Lebenslänglichkeit bestehenden ersten Einschränkung des Leibrentenbegriffes tritt eine zweite hinzu: die Leibrente besteht nicht aus einer Mehrzahl einzelner, selbständiger Ansprüche mit fortschreitend aufeinander folgenden Fälligkeitsterminen, sondern sie ist ein in sich geschlossenes einheitliches Recht, dem die Eigenschaft der Nutzbarkeit im Sinne der §§ 99 Abs. 2 und 100 B.G.B. beiwohnt. Diese rechtlich und wirtschaftlich besonders wichtige Eigenart ist ihr aufgeprägt durch ihre rechtsgeschichtliche Entwickelung. Die Leibrente in ihrer heutigen erweiterten Bedeutung ist in allen ihren Erscheinungsformen hervorgegangen aus der ursprünglich einzigen und auch heute noch bei weitem häufigsten Gestalt, der durch sog. Leibrentenkauf erkauften Rente. Dieser gegenüber bilden alle späteren Neuerungen: Leibrenten, die nicht erkauft, sondern durch Schenkung oder Vermächtnis erworben werden, Leibrenten, die gegen Entrichtung einer anderen Gegenleistung als eines baren Kaufpreises bestellt werden, und Leibrenten, die nicht in barem Gelde bestehen, bloße Abarten, die in der hier erörterten Eigenschaft mit der erkauften Leibrente immer noch übereinstimmen. Der Erwerber des Leibrentenrechtes erwirbt in allen Fällen, auch wenn er den in der älteren Rechtssprache als „Rentenkapital" bezeichneten Kaufpreis nicht dafür herzugeben hat, ein diesem Rentenkapitale entsprechendes Stammrecht. Und dieses Stammrecht bringt den jedesmaligen Anspruch des Leibrentenempfängers auf die Einzelgefälle durch sein Bestehen allein hervor. Von dem Rechtsgrunde seiner Entstehung ist also der Anspruch auf die Einzelleistungen nur noch mittelbar abhängig. Er erlischt nur, wenn das Leibrentenrecht selbst entweder nach Maßgabe des Vertrages zu bestehen aufhört, oder wenn es kondiziert wird. Der rechtliche und der wirtschaftliche Vorzug einer solchen Rechtsgestaltung beruht für den Leibrentennehmer auf der erhöhten Zuverlässigkeit in der Entstehung und Verwirklichung der sich aus dem Stammrechte auslösenden Einzelansprüche. Für diese können, wie jetzt in der Rechtslehre wohl gleichfalls allgemein anerkannt wird, besondere Gegenleistungen nicht ausbedungen werden. Im Unterschiede von dem Leibrentenrechte selbst, können sie aber auch nicht von besonderen Bedingungen abhängig gemacht werden; so insbesondere nicht davon, daß sich jedesmal in der Person des Rentengebers oder des Rentennehmers gewisse wirtschaftliche Voraussetzungen — wie die Leistungsfähigkeit des einen oder die Bedürftigkeit des anderen — erfüllen.

Der Vertrag, durch den sich der Leibrentengeber zur Rentengewährung verpflichtet, wird daher in allen Fällen nicht erst durch die Einzelleistungen, sondern schon durch die Bestellung des Leibrentenrechtes erfüllt. Daraus ließe sich nun freilich gegen diese ganze Rechtskonstruktion, obwohl sie, wie Eccius a. a. O. S. 28 bezeugt, dem Volksbewußtsein und der allgemeinen Anschauung in besonderem Maße entspricht, für das heutige Recht ein gewichtiges, und zwar wiederum durch die Formvorschrift des § 761 hervorgerufenes, Bedenken herleiten. Man könnte einwenden, daß danach eine formlos gegen Entgelt eingegangene Verpflichtung, die Leibrente zu gewähren, den Anspruch auf formgerechte Bestellung des Leibrentenrechtes und darum in offenbarem Widerspruche mit den Gesetzesabsichten mittelbar den Anspruch auf die Rentenzahlungen begründen müßte. Das trifft jedoch bei genauerer Betrachtung nicht zu. Ist das Leibrentenversprechen in dem die Verpflichtung zur Leibrentenbestellung begründenden kausalen Vertrage noch nicht enthalten, so bezieht sich das Formerfordernis des § 761 immer auch auf den kausalen Vertrag (vgl. Eccius, a. a. O. S. 28 und S. 12 flg.). Das folgt mit Notwendigkeit aus dem Vorbehalte, der mit den Gesetzesworten: „soweit nicht eine andere Form vorgeschrieben ist", dem Formgebote beigefügt ist. Denn eine solche andere Form ist für das Leibrentenversprechen selbst in den Gesetzen nirgends, wohl aber an zahlreichen Stellen für den kausalen Vertrag vorgeschrieben (§§ 311, 312 Abs. 2, 313, 518 Abs. 1, 2033, 2048 B.G.B. ꝛc). Soll also vermöge besonderer Gesetzesvorschriften die im § 761 verlangte einfache Schriftform verändert, d. h. gesteigert, werden, so muß sich das Formgebot auf die zur Entstehung des kausalen Vertrages notwendige Erklärung des Leibrentenbestellers mitbeziehen. Offenbar hat in der Kommission des Reichstages, als dort die Einfügung des jetzigen § 761 in den Regierungsentwurf beschlossen wurde, bei der Abfassung des Gesetzestextes die nur für den Regelfall zutreffende Anschauung bestanden, daß eine Erklärung, mit der die Verpflichtung zur Leibrentenbestellung übernommen wird, das Leibrentenversprechen selbst immer schon in sich schließe.

Erledigt sich damit das hervorgehobene Bedenken, so findet anderseits die Auffassung, daß man unter einer Leibrente ein einheitliches nutzbares Recht zu verstehen hat, einen erheblichen Anhalt in der Gesetzesvorschrift des § 1073 B.G.B. Es macht nichts aus, daß bei der Entstehung der beiden ersten Entwürfe des Gesetzbuches in beiden Kommissionen die Absicht bestanden hat, den Streit um die Einheitlichkeit des Leibrentenrechtes durch diese Gesetzesvorschrift wiederum nicht zu entscheiden, die Entscheidung vielmehr auch hier der Wissenschaft und Praxis vorzubehalten (Motive Bd. 3 S. 543, Protokolle II. Lesung Bd. 5 S. 417). Denn die Vorschrift des § 1073 bildet nach dem Vorangeführten nicht den alleinigen Grund, weshalb der Begriff der Leibrente durch Aufstellung dieses Begriffserfordernisses einzuschränken ist. Das sachliche Gewicht des Unterschiedes, den das Gesetz in den §§ 1073 und 1074 zwischen dem Inhalte der Rechte, die dem Nießbraucher einer Leibrente, und dem Inhalte der Rechte macht, die dem Nießbraucher einer Forderung zustehen, fällt für die gegenwärtig zu entscheidende Rechtsfrage immerhin mit ins Gewicht.

Nach alledem hat man unter einer Leibrente ein einheitliches nutzbares Recht zu verstehen, das dem Berechtigten für die Lebensdauer eines Menschen eingeräumt ist, und dessen Erträge aus fortlaufend wiederkehrenden gleichmäßigen Leistungen in Geld oder vertretbaren Sachen bestehen.

An dieser Begriffsbestimmung bemessen, erweisen sich die Feststellungen des Berufungsrichters als unzureichend für die Annahme, daß mit dem, was der Beklagte seiner Tochter und dem Kläger erklärt hat, ein Leibrentenrecht begründet, oder seine Begründung versprochen sei. Ist es auch nicht geradezu ausgeschlossen, daß das Ausstattungsversprechen eines Vaters, womit er die Entrichtung regelmäßiger Wirtschaftszuschüsse zusichert, in seiner weiteren sachlichen Bedeutung den rechtlichen Anforderungen des Leibrentenvertrages entsprechen kann, selbst wenn die Zuschüsse nicht ausdrücklich als Leibrente versprochen sind, so wird sich eine derartige Willensfeststellung doch immerhin nur selten ermöglichen. Im gegebenen Falle fehlt in dem Berufungsurteile zunächst ein näheres Eingehen darauf, ob der Beklagte sich überhaupt auf irgend jemandes Lebenszeit verpflichtet hat. Kann dies angenommen werden, und läßt sich der in dem Versprechen enthaltene Hinweis auf die Anwaltseinnahmen etwa so verstehen, daß der Beklagte, wenn er sich entweder für die eigene, oder für die Lebenszeit der Tochter verbindlich machte, immerhin als äußersten Termin sein Ausscheiden aus dem Anwaltsstande vorgesehen haben wollte, so mag sich das erste der vorhin erörterten Unterscheidungsmerkmale einer Leibrente als notdürftig vorhanden annehmen lassen. Ein Leibrentenversprechen liegt aber auch dann erst vor, wenn der Beklagte sich mit einer einheitlichen Kapitalschuld belasten wollte, die, wie Endemann, Bürgerliches Recht (8. Aufl.) Bd. 1 S. 1185, es ausdrückt, so beschaffen war, daß sie in einer fortlaufenden Reihe von Einzelleistungen sich ausgab. Das ist nicht der Fall, sofern der Beklagte diese Einzelleistungen von wirtschaftlichen Voraussetzungen irgendwelcher Art, z. B. von der Ergiebigkeit seiner Anwaltstätigkeit oder von der fortdauernden Zuschußbedürftigkeit des Klägers, abhängig gemacht hat. Ebensowenig dann, wenn die Bestimmung eines monatlichen Mindestbetrages die Annahme begründet, daß je nach den obwaltenden Verhältnissen auch darüber hinaus ein Mehrbetrag in angemessener, wenn nur objektiv bestimmbarer, Höhe zu entrichten sein sollte.

III. Fällt in allen diesen Beziehungen die dem Richter der Tatfrage vorzubehaltende Entscheidung so aus, daß ein Leibrentenversprechen vorliegt, so entsteht endlich die Frage, ob mit dem Briefe vom 5. August 1901 die Form des § 761 B.G.B. erfüllt ist. Bei der Verneinung dieser Frage hat der Berufungsrichter zutreffend auf das in den Entsch. des R.G.'s in Zivils. Bd. 57 S. 258 flg., sowie auszugsweise in der Jurist. Wochenschr. von 1904 S. 232 Nr. 4 mitgeteilte Urteil des Reichsgerichts vom 8. März 1904 hingewiesen. Wie dort, handelt es sich auch hier nicht um die Erfüllung einer durch Vereinbarung frei gewählten (§ 127 Satz 2 B.G.B.), sondern um eine für die Willenserklärung des einen Vertragsteiles gesetzlich vorgeschriebene Form (§ 126 Abs. 1 B.G.B.). Es kommt deshalb darauf an, daß der für das Rechtsgeschäft wesentliche Inhalt sich vollständig und unmittelbar aus der Urkunde ergeben muß. Allein die Grenzen, innerhalb deren es zulässig ist, die Urkunde, wenn auch unter Berücksichtigung anderer Tatumstände, erläuternd auszulegen, dürfen nicht zu eng gezogen werden. Zwar fehlt es an der Form, die das Gesetz im § 126 Abs. 1 näher bestimmt, wenn es sich als notwendig erweist, die Urkunde auf solcher Grundlage in einem wesentlichen Punkte zu ergänzen. Läßt sich indessen für das, was in dem Briefe — wiewohl nur unvollkommen — enthalten ist, durch Auslegung eine nähere Bestimmung soweit gewinnen, daß sich alle wesentlichen Bestandteile der formbedürftigen Erklärung in ihm niedergelegt finden, so ist die Form gewahrt (vgl. das Urteil des Senates in Sachen Schaafhausenscher Bankverein w. B., Rep. IV. 490/04, Jurist. Wochenschr. 1905 S. 336 Nr. 3).

Der Berufungsrichter wird daher zu prüfen haben, einmal ob sich in den abgeschlossenen beiden Verträgen ein den vorhin dargelegten Anforderungen entsprechendes Leibrentenversprechen enthalten findet, und sodann, ob sich dieses Leibrentenversprechen in dem vorhin dargelegten Sinne aus dem Briefe des Beklagten vom 5. August 1901 unmittelbar ergibt. Trifft das letztere zu, so kann die Klage an der Formvorschrift des § 761 B.G.B. gleichfalls nicht scheitern."...

---

58. Erwirbt der Pfandgläubiger, der die auf der verpfändeten Ware ruhende Zollschuld bezahlt, den Zollanspruch des Fiskus mit dessen konkursrechtlichem Vorrechte? Begriff und Umfang der Zollschuld und der Haftung der zollpflichtigen Ware.

B.G.B. §§ 1249, 1257, 401, 412.

K.O. § 61 Nr. 2.

Vereinszollgesetz vom 1. Juli 1869 §§ 13, 14.

VII. Zivilsenat. Urt. v. 13. Dezember 1907 i. S. des Verwalters im Konkurse über das Vermögen der Firma W. S. in Liq. (Bekl.) w. W. L.'sche Vereinsbank (Kl.). Rep. VII. 111/07.

I. Landgericht Hannover.
II. Oberlandesgericht Celle.

Die Kommanditgesellschaft in Firma E. R. zu E. bei Hameln führte im Oktober des Jahres 1903 vom Zollauslande zu Schiff 3090 Sack Hartweizen ein. Die Ware sollte in Hameln zollamtlich auf einen von jener Firma unterzeichneten Begleitschein I gemäß §§ 41 flg. V.Z.G. vom 1. Juli 1869 abgefertigt werden. Sie wurde auf der Weser in dem Kahne Minden 27 verschifft. Die Klägerin hatte einen Teil des Weizens, nämlich 2000 Sack, mit 25000 *M* beliehen, weshalb ihr zwei Flußschiffahrtskonnossemente der Mindener Schleppschiffahrtsgesellschaft, lautend über 1200 und 800 Sack, zum Zwecke der Verpfändung übergeben wurden. Das eine dieser Konnossemente (Ladescheine) über 800 Sack übertrug die Klägerin gegen ein Akzept über 10000 *M* der jetzigen Gemeinschuldnerin, die auch als legitimierte Besitzerin des dritten Ladescheins über den Rest von 1090 Sack zu verfügen berechtigt war (ob als Eigentümerin, oder Pfandgläubigerin, ist streitig). Nach der Ankunft des Weizens in Hameln ließ die Gemeinschuldnerin ohne Einwilligung der Steuerbehörde durch den von ihr beauftragten Spediteur G. diejenigen 1890 Sack, über welche ihre Ladescheine lauteten, löschen und zur Vermahlung mit der Eisenbahn nach E. schaffen. Nunmehr beschlagnahmte die Steuerbehörde die noch vorhandenen 1200 Sack, über die der Klägerin das Verfügungsrecht zustand, und forderte von dieser die Zahlung des Zolles für die gesamte Ladung mit 10814,70 *M*, einschließlich des auf die gelöschten 1890 Sack entfallenden Anteils von 6614,70 *M*. Die Klägerin zahlte den ganzen Zoll und meldete in dem inzwischen ausgebrochenen Konkurse über das Vermögen der Firma S. den Betrag von 6614,70 *M* mit dem Vorrechte des § 61 Nr. 2 K.O. an. Da die Forderung vom Verwalter bestritten wurde, erhob sie Klage mit dem Antrage auf entsprechende Feststellung ihres Anspruchs. Der Beklagte begehrte Abweisung der Klage, in welchem Sinne auch das Landgericht erkannte. Auf die Berufung der Klägerin erging indessen ein Urteil des Oberlandesgerichts dahin: „Es wird festgestellt, daß der Klägerin gegen die Konkursmasse der Firma W. S. in Liq. zu Hameln eine Forderung von 6614,70 ℳ zusteht, und zwar mit dem Vorzugsrechte derjenigen Rangstufe, die nach § 61 Nr. 2 K.O. den Forderungen der Staatskasse wegen öffentlicher Abgaben eingeräumt ist." ... Der Beklagte legte Revision ein, die indessen zurückgewiesen wurde aus folgenden

Gründen:

... „Der Berufungsrichter gelangt zu der von ihm getroffenen Entscheidung auf Grund der Annahme, daß die Klägerin vermöge des Eintrittsrechtes (jus offerendi) nach § 1249 in Verbindung mit den §§ 1257, 401, 412 B.G.B. die Forderung des Zollfiskus mit dem Vorrechte des § 61 Nr. 2 K.O. erworben habe. Die von der Revision gegen diese Annahme erhobenen Angriffe sind nicht begründet.

a) Die Revision bestreitet zunächst, daß eine persönliche Zollschuld der Firma W. S. gegenüber dem Fiskus bestanden habe, daß mithin eine auf die Klägerin mit dem konkursrechtlichen Vorrecht übertragbare Forderung vorhanden gewesen sei. Unter Berufung auf Laband (Das Staatsrecht des Deutschen Reichs 4. Aufl. Bd. 4 § 123 S. 434 flg.) wird ausgeführt, daß der § 13 des Vereinszollgesetzes vom 1. Juli 1869 keine persönliche Zollverpflichtung, sondern nur eine dingliche Belastung der zollpflichtigen Ware festsetze. Wäre dies richtig, und wäre die Zollpflicht schlechthin nur eine auf der Ware ruhende dingliche Schuld, etwa der Grundschuld auf dem Gebiete des Privatrechtes vergleichbar, so würde das Konkursprivileg des Fiskus aus § 61 Nr. 2 K.O. für Zollansprüche gegenstandslos sein, und insoweit lediglich das Absonderungsrecht aus § 49 Nr. 1 K.O. in Betracht kommen. So weit geht aber auch Laband nicht. Er räumt ein (S. 434 Anm. 3), daß neben die primäre (dingliche) Zollschuld eine persönliche Zollpflicht trete, wenn die Ware zollamtlich abgefertigt worden sei oder wenn die zollgesetzlichen Vorschriften verletzt seien. Man würde also im vorliegenden Falle, wo der letztere Gesichtspunkt zutrifft, eine persönliche Zollschuld auch im Sinne Laband's nicht leugnen können. Das Gesetz unterscheidet nach seinem klaren Wortlaute zwischen der Verpflichtung zur Entrichtung des Zolles (§ 13) und der Haftung der Ware (§ 14), läßt mithin darüber keinen Zweifel, daß der Anspruch des Zollfiskus nicht ausschließlich an der zollpflichtigen Ware haftet, sondern auch eine persönliche Richtung hat. Nur so viel wird man einräumen können, daß die dingliche Haftung nicht nach Art eines streng akzessorischen Pfandrechtes unter allen Umständen von dem Bestehen einer persönlichen Zollschuld abhängig ist, vielmehr ihre Wirksamkeit selbständig äußert, auch wenn ein persönlich haftender Zollschuldner fehlt (vgl. Behr im Archiv für öffentl. Recht Bd. 14 S. 177 flg.). Aus der Ware, auf welcher nach den Worten des Gesetzes der Zoll ruht, kann der Fiskus sich wegen des Zolles jedenfalls befriedigen, ohne die Frage, ob auch eine zollpflichtige Person vorhanden sei, entscheiden zu müssen. Daraus folgt aber nicht, daß ein Zollschuldner dem Gesetze überhaupt fremd ist. Der § 13 bestimmt ausdrücklich, daß zur Entrichtung des Zolles dem Staate gegenüber verpflichtet ist, wer zu der Zeit, wo der Zoll zu entrichten, Inhaber (natürlicher Besitzer) des zollpflichtigen Gegenstandes ist. Daß dieser Inhaber nur mit der Ware hafte, und nur deshalb, weil er sie als durch die Zollpflicht gebunden besitze, ist aus dem Gesetze nicht zu entnehmen.

Mit Recht hat daher der Berufungsrichter eine Zollforderung des Fiskus für gegeben erachtet, und es läßt sich nach den von ihm getroffenen, nicht angefochtenen und auch nicht anfechtbaren Feststellungen ebensowenig beanstanden, daß er die Firma W. S. als die Zollschuldnerin angesehen hat. Die Weizensendung von 3090 Sack ist auf Begleitschein I nach den Vorschriften der §§ 41 flg. des Vereinszollgesetzes abgefertigt worden, d. h. die schließliche Abfertigung (Revision und Zollzahlung) sollte nicht an der Grenze, sondern am inländischen Bestimmungsorte (Hameln) geschehen. Die Ware hatte hiernach die Grenze (unter persönlicher Haftung des Begleitscheinextrahenten, d. i. der Firma E. R., nach Maßgabe des § 44 des Vereinszollgesetzes) unverzollt zu passieren; der Zoll war erst bei der inländischen Hebestelle, dem Zollamt in Hameln zu entrichten. Nicht richtig, aber für die Sache unerheblich ist hiernach die Bemerkung des Berufungsrichters, daß der Zoll beim Passieren der Grenze fällig geworden sei. Er wurde erst nach der Ankunft der Ladung in Hameln fällig; in diesem Zeitpunkte war der Weizen dem Zollamte zur Schlußabfertigung von dem Warenführer zu gestellen, und der Zoll nach Maßgabe dieser Abfertigung zu entrichten (§ 44 Abs. 2 des Vereinszollgesetzes). Der

Warenführer, d. i. der den Transport bewirkende Schiffer, hat seiner Pflicht nicht genügt, sondern die Sendung, wie nach der Feststellung des Berufungsrichters anzunehmen ist, zu dem Teil, über den die Firma W. S. vermöge der in ihren Händen befindlichen Konnossemente verfügen konnte, dieser ausgehändigt. Sie war es, die durch die Vermittelung des Spediteurs G. die Weiterversendung des Weizens nach E. ins Werk setzte. Es unterliegt daher keinem Bedenken, sie als unmittelbare Besitzerin (Inhaberin, natürliche Besitzerin im Sinne des Zollgesetzes) der zollpflichtigen Ware zu dem entscheidenden Zeitpunkte zu betrachten. Sie durfte die Ware, über die sie die tatsächliche Gewalt hatte, nicht in den Verkehr bringen, ohne den Zoll entrichtet zu haben. Mit der Innehabung entstand nach § 13 des Vereinszollgesetzes die persönliche Zollschuld.

Daß diese Auslegung des Gesetzes dahin führe, jeden als persönlich verpflichtet zu erklären, der in irgend einem Zeitpunkte zwischen dem Eintritte der Zollpflicht und der Zahlung des Zolles einmal Inhaber des zollpflichtigen Gegenstandes gewesen sei, kann der Revision nicht zugegeben werden. Die Innehabung zur Zeit der Fälligkeit des Zolles entscheidet. Wenn also bei den auf Begleitschein I abgefertigten Waren der Zoll erst zur Zeit der Ankunft am Bestimmungsorte zu entrichten ist, so kommen frühere Inhaber, insbesondere die Warenführer ausschließlich des letzten Warenführers, als haftbar nicht in Betracht. Im übrigen bedarf die Frage keiner weiteren Erörterung, ob etwa außer der Gemeinschuldnerin noch andere spätere Inhaber des Weizens zollpflichtig sind. Soviel ist sicher, daß diese den Weizen hatte und über ihn verfügte, obwohl der Zoll, der auf ihm ruhte, zu bezahlen und noch nicht berichtigt war.

b) Die Revision rügt ferner Verletzung des § 14 des Vereinszollgesetzes insofern, als der Berufungsrichter die Haftung auch der der Klägerin verpfändeten 1200 Sack Weizen für den gesamten Zoll einschließlich des von W. S. geschuldeten Betrages angenommen hat. Es handelt sich indessen um eine einheitliche, in einem Kahn verschiffte Sendung, die auf einen Begleitschein I abgefertigt worden ist. Daß eine solche Sendung zollamtlich als unteilbar im Sinne der Gebundenheit der ganzen Ladung für den gesamten Zoll zu gelten hat, folgt auch aus § 50 Abs. 2 des Vereinszollgesetzes. Dort ist bestimmt, daß, wenn eine auf Begleitschein I abgefertigte Ladung unterwegs geteilt werden solle, die Waren einem näher bezeichneten Zollamte vorzuführen seien, das auf diesfälligen Antrag neue Begleitscheine ausfertige, nachdem die Teilung der Ladung unter amtlicher Aufsicht erfolgt sei. Daraus ergibt sich, daß bis zu dieser, eine neue zollamtliche Behandlung voraussetzenden Teilung die Ladung als ein zollpflichtiges Ganzes angesehen wird, und deshalb ist es berechtigt, wenn der Berufungsrichter davon ausgegangen ist, daß der Fiskus auch wegen des von W. S. geschuldeten Zolles seine Befriedigung aus jenen 1200 Sack habe suchen dürfen.

c) Die Revision wendet sich schließlich gegen die Erwägungen des Berufungsrichters, wodurch die Gleichstellung des Rechtes des Fiskus an dem beschlagnahmten Weizen mit einem gesetzlichen Pfandrechte begründet wird. Es ist richtig, daß die Motive zu dem Entwurfe eines Einführungsgesetzes zum Bürgerlichen Gesetzbuche (S. 112) es ablehnen, das Verhältnis des Staates oder der sonstigen öffentlichen Kassen rücksichtlich der wegen des Zoll- und Steuerinteresses nach den bestehenden öffentlichrechtlichen Vorschriften in amtlicher Verwahrung befindlichen Gegenstände durch Bezeichnung des dem Fiskus in § 41 Nr. 1 (jetzt § 49 Nr. 1) K.O. eingeräumten Vorrechtes als gesetzlichen Pfandrechtes den Vorschriften über das Pfandrecht zu unterstellen, wobei insbesondere auf die §§ 1156—1159 des (ersten) Entwurfes verwiesen wurde. Damit sollte indessen nur der unmittelbaren Anwendung der privatrechtlichen Vorschriften über die Rechte und Pflichten des Pfandgläubigers entgegengetreten werden. Daß es sich aber bei jenem Verhältnis um eine auf dem öffentlichen Rechte beruhende Haftung der zurückbehaltenen oder beschlagnahmten zoll- oder steuerpflichtigen Sachen für den Zoll-, oder Steueranspruch des Staates oder der sonstigen Anstalt handelt, und daß diese Haftung, insofern sie die Befugnis in sich schließt, aus dem Erlöse der Sachen Befriedigung wegen des Anspruches zu verlangen, die wesentlichen Merkmale eines Pfandrechtes an sich trägt, ist durch die erwähnte Bemerkung in den Motiven nicht in Zweifel gezogen. Der § 14 des Vereinszollgesetzes spricht ausdrücklich von der Haftung der Waren für den darauf ruhenden Zoll, und das Konkursgesetz stellt den Fiskus in Ansehung des Rechtes auf abgesonderte Befriedigung den Faustpfandgläubigern gleich, was übrigens auch außerhalb des

Konkurses gilt (§ 14 des Vereinszollgesetzes, Art. III des Einf.-Ges. zu dem Gesetze, betr. Änderungen der Konkursordnung, R.G.Bl. S. 248). Die Kommentare von Planck, v. Staudinger, Kretzschmar zählen denn auch das fiskalische Steuervorrecht schlechtweg zu den gesetzlichen Pfandrechten. Das dagegen von den Motiven erhobene Bedenken ist durch die Fassung des erst durch die Redaktionskommission in der zweiten Lesung eingefügten § 1257 B.G.B. beseitigt, der bestimmt, daß die Vorschriften über das durch Rechtsgeschäft bestellte Pfandrecht auf ein kraft Gesetzes entstandenes Pfandrecht entsprechende Anwendung finden sollen. Für die Frage des Eintrittsrechtes ist das Wesentliche, daß der Fiskus, gleich einem Pfandgläubiger, sich aus dem Verkaufe der beschlagnahmten Gegenstände befriedigen und dadurch das nachstehende Recht eines Dritten an diesen Gegenständen entwerten kann. Wollte man daher selbst Anstand nehmen, das fiskalische Recht unter den Begriff des gesetzlichen Pfandrechtes zu bringen, so würde eine ausdehnende Auslegung des Wortes „Pfandgläubiger" in § 1349 B.G.B. aus denselben Gründen angezeigt sein, aus denen der V. Zivilsenat in dem Urteile vom 8. Oktober 1884 (Entsch. des R.G.'s in Zivils. Bd. 12 S. 258) dem dinglich Berechtigten das im § 37 preuß. A.L.R. I. 20 gewährte Eintrittsrecht auch gegenüber dem den Zwangsverkauf des Grundstückes betreibenden nicht eingetragenen Gläubiger zugestanden hat. Gegen diese Auslegung sprechen auch nicht etwa aus dem fiskalischen Rechte zu entnehmende Bedenken: dem Interesse des Staates läuft das Eintrittsrecht gewiß nicht zuwider, und es wäre daher unbillig, dem nachstehenden Pfandgläubiger dieses Recht nur deshalb zu versagen, weil der Fiskus nicht als wirklicher Pfandgläubiger im Sinne des Privatrechtes anzusehen sei.

Ein anderes, von der Revision nicht berührtes Bedenken könnte aus der bereits oben unter a) erörterten selbständigen Natur der Haftung der Ware für den Zoll hergeleitet werden. Es ließe sich geltend machen, daß der befriedigende Pfandgläubiger zwar in das Recht des Fiskus in Ansehung der beschlagnahmten Ware, nicht aber auch in den persönlichen Anspruch auf Bezahlung der Zollschuld eintrete, daß es mithin an einer Forderung fehle, die auf den Gläubiger übergehen könne. Von Wert ist im gegenwärtigen Falle (wegen des mit ihr nach § 61 Nr. 2 K.O. verbundenen persönlichen Vorrechtes des Fiskus) nur die

Forderung gegen den Zollschuldner W. S.; es ist klar, daß die Klägerin den auf dem beschlagnahmten Weizen ruhenden Zoll, soweit er von S. zu entrichten war, nur gezahlt hat, um die privilegierte Zollforderung zu erwerben. Diesem Ergebnis steht aber jenes Bedenken auch nicht entgegen. Sofern eine persönliche Zollschuld vorliegt, wird man unbeschadet der grundsätzlichen Unabhängigkeit der dinglichen Haftung der Ware von ihr doch sagen müssen, daß die Ware jedenfalls auch der Sicherung der Forderung dient. Es wäre unnatürlich, den Charakter der pfandrechtlichen Gebundenheit der Ware für die vorhandene Zollschuld deshalb zu leugnen, weil diese Gebundenheit nicht notwendig eine solche Schuld voraussetzt (vgl. Behr, a. a. O. S. 191, 198, der hervorhebt, daß beim Übergang der Ware in den freien Verkehr die Zollpflicht den Charakter einer Pfandhaft für die persönlichen Ansprüche des Staates annehme). Wie bei der Befriedigung des Fiskus aus dem Versteigerungserlöse des zollpflichtigen Gutes die Zollschuld erlischt, so entspricht es auch der Sachlage, daß, sofern ein dritter dinglich Berechtigter den Fiskus abfindet, die Zollforderung kraft des Eintrittsrechtes auf den Dritten übergeht. Daß dies mit dem Konkursprivileg des Fiskus geschieht, kann angesichts der §§ 1249, 268 Abs. 3, 401, 412 B.G.B. nicht zweifelhaft sein (für das frühere preußische Recht vgl. Entsch. des R.G.'s in Zivils. Bd. 3 S. 34 flg.). Demnach ist die vom Berufungsrichter getroffene Entscheidung zu billigen, daß die Klägerin, indem sie den einem Pfandgläubiger gleich zu achtenden Zollfiskus befriedigte, dessen Zollanspruch mit der — unter den obwaltenden Umständen wertlosen — dinglichen Haftung, aber auch mit dem — wertvollen — Konkursvorrechte, das neben dem Absonderungsrechte gewährt ist, erworben habe und daher im Konkurse der Firma W. S. entsprechend zu befriedigen sei." . . .

---

59. Ist die Übertragung einer durch Privileg erteilten Realgewerbeberechtigung, insbesondere einer als niederes Lehen verliehenen Abdeckereigerechtigkeit, von dem Grundstücke, mit dem sie ursprünglich verbunden war, auf ein anderes Grundstück unbedingt unzulässig?

V. Zivilsenat. Urt. v. 14. Dezember 1907 i. S. B. u. Gen. (Bekl.) w. H. (Kl.). Rep. V. 157/07.

I. Landgericht Neu-Ruppin.
II. Kammergericht Berlin.

Durch Vertrag vom 26. April 1888 kaufte P. im Auftrage der Stadtgemeinde Neu-Ruppin von dem Scharfrichtereibesitzer K. den im Grundbuche von Neu-Ruppin Bd. 18 Bl. 532 verzeichneten Grundbesitz nebst der eingetragenen Abdeckereigerechtigkeit für Neu-Ruppin und Umgegend. Er übertrug dann seine Rechte aus dem Kaufvertrage bezüglich des in der Scharfrichtergasse belegenen Hausgrundstücks an die Stadtgemeinde, die das Terrain zur Straßenregulierung verwenden wollte, und bezüglich des übrigen Terrains, nämlich der außerhalb des Weichbildes der Stadt belegenen Parzellen Kbl. 16 Nr. 27, 28, auf dem sich das Luderhaus befand, nebst der Abdeckereigerechtigkeit an Z. Nachdem K. an die Stadtgemeinde und an Z. die entsprechenden Auflassungen erteilt hatte, wurde das von Z. erworbene Terrain auf das neue Grundbuchblatt Bd. 60 Bl. 1908 übertragen, nicht jedoch auch die Abdeckereigerechtigkeit. Auf Beschwerde des Z. wies das Landgericht am 4. April 1889 das Grundbuchamt an, nach voraufgegangener Auflassung auch die Gerechtigkeit auf das neue Blatt zu übertragen. K. und die Stadtgemeinde erteilten dann diese Auflassung, wobei die Stadtgemeinde erklärte, daß sie die Gerechtigkeit nicht habe erwerben wollen und auch nicht erworben habe, und darauf wurde die Gerechtigkeit nach dem neuen Grundbuchblatte abgeschrieben. Z. übte demnächst auch die Abdeckereigerechtigkeit aus. Nach seinem Tode verkauften seine Erben, die Beklagten, durch Vertrag vom 22./26. Februar 1898 mit seinem ganzen Grundbesitz auch das Grundstück Bd. 60 Bl. 1908 nebst „allem Zubehör und Gerechtigkeiten, insbesondere der Abdeckerei- und Scharfrichtereigerechtigkeit", an den Kläger, der dann ebenfalls die Abdeckereigerechtigkeit, die ihm ausdrücklich mitaufgelassen worden war, ausübte. Nach einigen Jahren wurde sie ihm aber von dem Schlächtermeister B. bestritten. Der Kläger klagte gegen B. auf Anerkennung der Verpflichtung, alle beim Schlachten unrein befundenen Viehstücke an ihn abzuliefern, wurde jedoch in zweiter Instanz durch Urteil des Kammergerichts vom 11. Januar 1906 mit seiner Klage abgewiesen, unter der Begründung: die Abdeckereigerechtigkeit sei als subjektiv-dingliches Recht untrennbar mit dem Hausgrundstücke in der Scharfrichterstraße verbunden, habe daher auf die von dem Kläger erworbene Luderstätte nicht übertragen werden können und stehe deshalb dem Kläger nicht zu. Im gegenwärtigen Rechtsstreite machte der Kläger geltend, es sei nach dieser Rechtsauffassung des Kammergerichtes den Beklagten unmöglich, ihm die Abdeckereigerechtigkeit, die den wertvollsten Teil seines Kaufgegenstandes ausgemacht habe, zu gewähren; daher könne er den verhältnismäßigen Teil des Kaufpreises, der nach dem Werte der Gerechtigkeit 40000 *M* betrage, zurückfordern. Er verlangte von den Beklagten Zahlung eines Teilbetrages von 3000 *M*. Die Beklagten vertraten dagegen den Standpunkt, daß die Abdeckereigerechtigkeit sich als ein selbständiges, an den Besitz eines bestimmten Grundstücks nicht geknüpftes Recht darstelle, und daß dieses Recht von ihnen dem Kläger gehörig übertragen worden sei. Der erste Richter wies die Klage ab. Auf die Berufung des Klägers erklärte der zweite Richter den Klaganspruch dem Grunde nach für gerechtfertigt. Der Revision der Beklagten wurde stattgegeben aus folgenden

Gründen:

„Der Berufungsrichter erachtet den Schadensersatzanspruch des Klägers dem Grunde nach für gerechtfertigt, weil die Beklagten dem Kläger die ihm nach dem Vertrage vom 22./26. Februar 1898 mitverkaufte Abdeckereigerechtigkeit tatsächlich nicht gewährt hätten und auch nicht gewähren könnten. Die Beklagten seien selbst nicht im Besitze der Abdeckereigerechtigkeit gewesen. Ihr Erblasser Z. habe, als er von dem im Grundbuche von Neu-Ruppin Bd. 18 Bl. 532 verzeichneten Grundbesitze des K. die außerhalb des Weichbildes der Stadt belegenen Parzellen Kbl. 16 Nr. 27, 28, die Luderstätte, käuflich erworben habe, die im Grundbuche eingetragene Abdeckereigerechtigkeit, wiewohl sie ihm ausdrücklich mitverkauft, besonders aufgelassen und auf das über die Parzellen gebildete neue Grundbuchblatt Bd. 60 Bl. 1908 übertragen worden sei, doch nicht miterworben, weil die Abdeckereigerechtigkeit als subjektiv-dingliches Recht untrennbar mit dem Hausgrundstücke des K. in der Scharfrichterstraße verbunden gewesen sei.

Mit Recht greift die Revision den letzteren Entscheidungsgrund der untrennbaren Verbindung der Abdeckereigerechtigkeit mit dem

Hausgrundstücke als rechtsirrtümlich an. Der Berufungsrichter führt in dieser Hinsicht zunächst aus: die auf Privilegien beruhenden Abdeckerei- und Scharfrichtereigerechtigkeiten hätten in der Provinz Brandenburg, und zwar im Gebiete des auch für Neu-Ruppin geltenden Publikandums vom 29. April 1772 (Mylius nov. corp. const. march. Bd. 5 S. 147), den Charakter des niederen Lehns gehabt, und es liege in der Natur der Sache, daß die Belehnung mit einem bestimmten Grundstücke erfolgte. Dieses Grundstück aber sei das Wohnhausgrundstück, nicht etwa der Schindanger, die Luderstätte." (Es wird dargelegt, daß die Ausführungen des Berufungsrichters über die Verbindung der Abdeckereigerechtigkeit mit dem Hausgrundstücke nicht zu beanstanden seien.)

„Demnach handelt es sich vorliegend um eine mit dem in Rede stehenden Hausgrundstücke in der Scharfrichterstraße in Neu-Ruppin verbundene privilegierte Abdeckereiberechtigung nebst Zwangs- und Bannrecht.

Der Berufungsrichter führt sodann aus, das Abdeckereirecht könne, weil es mit dem Hausgrundstücke verbunden sei, von diesem nicht getrennt und nicht selbständig veräußert werden, und folgert daraus, daß das Abdeckereirecht auch nicht auf die von dem Erblasser der Beklagten im Jahre 1888 erworbene Luderstätte außerhalb des Weichbildes von Neu-Ruppin habe übertragen werden können. Dies kann nicht für zutreffend erachtet werden.

Zunächst ist der ursprüngliche Lehnscharakter der Abdeckereigerechtigkeit für die Frage der Zulässigkeit der Abtrennung und der Übertragung auf ein anderes Grundstück von keiner Bedeutung. Mit Rücksicht auf die im Anfange des vorigen Jahrhunderts erlassenen Gesetze über die Gewerbefreiheit, von denen auch das Gewerbe der Abdeckerei betroffen wurde, ruhte in Preußen seit dem Jahre 1810, wie die Erteilung von Gewerbe-Privilegien überhaupt, so auch, gemäß einem Reskripte des Ministers des Innern vom 4. Februar 1810 die Erneuerung der Abdeckerei-Privilegien, und in der Kab.-Ord. vom 25. Oktober 1841 wurde erklärt, daß dergleichen neue Privilegien überhaupt nicht mehr ausgestellt werden sollten (Komm.-Bericht zu dem Gesetze vom 31. Mai 1858 a. a. O. S. 5 flg.). Daß trotz dieser Nichterneuerung der Privilegien und trotz der späteren preußischen und reichsrechtlichen Gesetze über das Gewerberecht die durch landesherrliche Privilegien vor dem Jahre 1810 erteilten Abdeckerei-Gewerbeberechtigungen bestehen geblieben sind, ergeben besonders die preußischen Gesetze vom 31. Mai 1858, betr. die Regulierung des Abdeckereiwesens, und vom 17. Dezember 1872, betr. die Aufhebung und Ablösung der auf den Betrieb des Abdeckereigewerbes bezüglichen Berechtigungen, sowie die §§ 7, 8 R.Gew.O., in denen solche privilegierten Abdeckereiberechtigungen für fortbestehend erklärt, und nur Bestimmungen über die Zulässigkeit und die Art ihrer Ablösung getroffen werden. Es ist dies auch anerkannten Rechtens.

Vgl. Entsch. des R.G.'s in Zivils. Bd. 39 S. 150, Bd. 45 S. 267, Bd. 57 S. 36; Entsch. des Oberverwaltungsgerichts Bd. 21 S. 353, Bd. 35 S. 339; Preuß. Verwaltungsbl. Bd. 16 S. 374, Bd. 21 S. 352.

In der Mark standen die Abdeckereien insbesondere auch behufs Wahrung der Rechte des Lehnsherrn ursprünglich unter der Aufsicht der aus dem Ober- und Hof-Jägermeister und dem Hausvogt bestehenden Königlichen Scharfrichterkommission. Später wurde die Bearbeitung der Scharfrichter- und Abdeckereiangelegenheiten durch die Justiz-Ministerial-Erlasse vom 22. Dezember 1826 und 19. Januar 1827 auf die Justizbehörden und dann durch die Kab.-Ord. vom 4. Mai 1843 auf die Regierungen übertragen. Von diesen Behörden war zu Veräußerungen der Abdeckereigrundstücke nebst den Abdeckereigerechtigkeiten die Genehmigung einzuholen.

Vgl. Reichsgerichtsentsch. in der Jurist. Wochenschr. 1900 S. 195 Nr. 35; Komm.-Bericht zu dem Gesetze vom 31. Mai 1858 a. a. O.

Diese Beschränkungen sind, nachdem durch das Ablösungsgesetz vom 2. März 1850 (§ 2) das Obereigentum des Lehnsherrn und die daraus entspringenden Rechte aufgehoben worden waren, fortgefallen. Die Abdeckerei-Gewerbeberechtigungen sind seitdem, abgesehen von der Frage, ob sie von dem Grundstücke, mit dem sie verbunden sind, abgetrennt werden können, frei veräußerlich.

Die Frage der Abtrennbarkeit von Realrechten überhaupt und von Realgewerbeberechtigungen insbesondere war im gemeinen deutschen Rechte streitig. Teils wurde die Zulässigkeit der Abtrennung allgemeinhin bejaht, teils allgemeinhin verneint, teils von der Lage des einzelnen Falles abhängig gemacht. Besonderes Gewicht bei der Entscheidung dieser Frage wurde darauf gelegt, ob das Realrecht nur eine Pertinenz, oder ob es eine besondere Eigenschaft des Grundstückes, mit dem es verbunden, sei.

Vgl. Beseler, Deutsch. Privatr. Bd. 1 S. 992 Anm. 11; Stobbe, Deutsch. Privatr. Bd. 1 § 66 S. 634; Gierke, Deutsch. Privatr. Bd. 2 S. 86; Maurenbrecher, Deutsch. Privatr. § 348; Haubold, Sächs. Privatr. § 172 Anm. c; Wächter, Württemb. Privatr. S. 327 Nr. 5; Reyscher, Realgewerberechte in der Zeitschr. f. D. Recht Bd. 5 S. 59.

In neuerer Zeit war bezüglich der Realgewerbeberechtigungen die Meinung vorherrschend, daß sie, weil sie nicht in dem Eigentume am Grundstücke enthaltene Rechte seien, sondern an sich auch als selbständige Rechte bestehen könnten, und nur als besondere Rechte mit dem Grundstücke zu einem vermögensrechtlichen Ganzen vereinigt seien, wenigstens dann von dem Grundstücke abgetrennt werden könnten, wenn die Abtrennung keine wesentliche Veränderung der Rechte zur Folge habe.

Vgl. Stobbe, Bd. 1 S. 617, 634, Bd. 2 Tl. 1 S. 88; Gierke, Bd. 2 S. 86; Dernburg, Preuß. Privatr. Bd. 1 § 38 Anm. 7.

Nach preußischem Allgemeinen Landrechte sind die Gewerbeberechtigungen, die nicht selbständige Gerechtigkeiten im Sinne des § 395 A.L.R. I. 20 und des § 14 der Hypothekenordnung vom 20. Dezember 1783, sondern mit einem Grundstücke verbunden sind, nur als Zubehör des Grundstückes anzusehen. Dies ergibt sich aus den §§ 68, 69, 71 A.L.R. I. 2, in denen die mit einem Grundstücke verbundenen Brau-, Branntweinbrennerei- und Schankgerechtigkeiten als Zubehör des Grundstückes bezeichnet und behandelt werden.

Vgl. Dernburg, Preuß. Privatr. Bd. 1 § 62 Anm. 8; Obertr.-Entsch. Bd. 5 S. 1; Stobbe, Deutsch. Privatr. Bd. 1 § 65 Anm. 4.

Daß die Abtrennung derartiger Zubehör-Realgewerbeberechtigungen allgemeinhin unzulässig sein soll, darüber enthält das Allgemeine Landrecht keine Bestimmung. Nur bezüglich des Erbkuxes ist im § 118 A.L.R. II. 16 die besondere Vorschrift gegeben, daß er von dem Grunde und Boden, auf dem das Bergwerk betrieben werde, nicht getrennt, noch besonders veräußert werden könne. Ferner ist in § 22 A.L.R. I. 19 bezüglich der dinglichen Rechte auf fremdes

Eigentum bestimmt, daß sie, wenn sie nur zur Notdurft einer bestimmten Person oder Sache bewilligt worden seien, auf andere Personen oder Sachen einseitig nicht übertragen werden könnten. Daraus ist insbesondere hinsichtlich der Grundgerechtigkeit von der Rechtsprechung und der Rechtslehre gefolgert worden, daß ihre Übertragung von dem berechtigten Grundstücke auf ein anderes unzulässig sei, weil die Grundgerechtigkeit ihrem Wesen nach überhaupt nur für das betreffende Grundstück bestehen und ohne dieses gar nicht als existent gedacht werden könne.

Vgl. Reichsgerichtsentsch. in Gruchot's Beitr. Bd. 32 S. 1011; Obertrib.-Entsch. Bd. 9 S. 246, Bd. 17 S. 212; Förster-Eccius, Preuß. Privatr. Bd. 3 § 187 Anm. 14; Bornemann, Preuß. Civilrecht Bd. 1 S. 138.

Eine Realgewerbeberechtigung aber ist, wie in Übereinstimmung mit der vorherrschenden Lehre des gemeinen deutschen Rechtes auch für das preußische Recht, das sie nur als Zubehör des Grundstückes erachtet, angenommen werden muß, nicht ein eigentliches Recht des Eigentums am Grundstücke; ihr Bestand hat nicht eine besondere Individualität des Grundstückes zur Voraussetzung; vielmehr kann sie auch völlig unabhängig von einem Grundstücke bestehen. Es ist daher auch aus ihrem Wesen und aus ihrer Verbindung mit einem Grundstücke nicht zu folgern, daß trotz Fehlens einer allgemeinen Verbotsvorschrift im Allgemeinen Landrecht ihre Abtrennung von dem Grundstücke unbedingt unzulässig sei.

Nun ist aber weiter im § 4 des Ediktes, betr. den erleichterten Besitz und den freien Gebrauch des Grundeigentums, vom 9. Oktober 1807 bestimmt, daß die Besitzer an sich veräußerlicher Grundstücke zur Trennung der Radikalien und Pertinenzien berechtigt seien, und mit Bezug hierauf ist im § 33 des Gesetzes über die polizeilichen Verhältnisse der Gewerbe vom 7. September 1811 verordnet, daß auch die vormals auf städtischen Grundstücken unzertrennlich haftenden Gewerbeberechtigungen von der Ablösung nicht ausgeschlossen seien, weil nach § 4 des genannten Edikts diese Untrennbarkeit bereits aufgehoben sei. Danach ist vom Gesetze die Abtrennung der Gewerbeberechtigungs-Pertinenzen für zulässig erklärt worden. Mit Rücksicht auf diese Vorschriften ist auch von der Rechtsprechung und den Verwaltungsbehörden die Verlegung von Realgewerbegerechtigkeiten, namentlich von Apotheken-, Brennerei- und Schankgerechtigkeiten, auf andere Grundstücke, wenn nicht besondere Umstände entgegenstanden, für zulässig erachtet worden.

Vgl. Obertr.-Entsch. Bd. 8 S. 299, Bd. 33 S. 451; Preuß. Just.-Min.-Bl. 1840 S. 113; v. Kamptz, Annalen Bd. 14 S. 604, 605.

Hieraus ist nun allerdings nicht zu schließen, daß eine jede Realgewerbeberechtigung von dem Grundstücke, mit dem sie verbunden ist, beliebig abgetrennt und auf ein anderes Grundstück übertragen oder zu einer selbständigen persönlichen Gewerbegerechtigkeit gestaltet werden könnte. Wenn die Gewerbeberechtigung durch die Trennung zu einem, sei es hinsichtlich der rechtlichen Qualifikation, sei es bezüglich des Inhaltes und Umfanges anders gearteten Rechte werden würde, muß nach allgemeinen Rechtsgrundsätzen eine Abtrennung für ausgeschlossen erachtet werden, insbesondere bei solchen Gewerbeberechtigungen, die, wie vorliegend durch Privileg erteilt worden sind, auch mit Rücksicht auf die durch die Verleihung dem Rechte gegebene Eigenschaft und Begrenzung. Dagegen ist die Abtrennung dann für zulässig zu erachten, wenn Wesen und Begriff der Realgewerbeberechtigung durch die Trennung von dem Grundstücke keine wesentliche Veränderung erleiden.

Von diesen Gesichtspunkten aus ist vorliegend die Abtrennung der in Rede stehenden Abdeckereiberechtigung nebst Zwangs- und Bannrecht von dem Hausgrundstücke in der Scharfrichterstraße und ihre Übertragung auf die Luderstätte als zulässig anzusehen. Die Luderstätte war bereits Zubehör des Hausgrundstückes, und auf ihr wurde auch schon seit längerer Zeit das Abdeckereigewerbe ausgeübt. Irgendeine Erweiterung des Abdeckereirechtes hatte die Abtrennung und Übertragung nicht zur Folge; ebensowenig wurde dadurch eine Erschwernis für die dem Zwangs- und Bannrechte unterliegenden Einwohner des Abdeckereibezirkes herbeigeführt, da die Luderstätte nur in geringer Entfernung von dem Hausgrundstücke sich befand. Überdies lag es auch im öffentlichen Interesse, daß die Abdeckereiberechtigung von dem Hausgrundstücke, das zur Straßenregulierung verwendet werden mußte, abgetrennt und auf die außerhalb des Weichbildes der Stadt belegene Luderstätte verlegt wurde. Irgendwelche wesentliche Veränderung des Wesens und des Inhaltes der Abdeckereiberechtigung trat infolge der Verlegung nicht ein. Gegen die Zulässigkeit der Verlegung spricht auch nicht der Umstand, daß zugleich mit der Abdeckereiberechtigung die Befreiung von Einquartierung, Servis, Kontribution, Anlagen und anderen oneribus publicis erteilt worden ist. Denn einesteils waren in dem Publikandum vom 29. April 1772 diese Befreiungen allen Scharfrichtern und Abdeckern mit Rücksicht auf ihr Gewerbe gemeinhin gewährt, sodaß, wie anzunehmen ist, die Erwähnung dieser Befreiungen in den Privilegien nur der Vollständigkeit wegen erfolgte, und vorliegend die Abdeckereiberechtigten nicht etwa noch besonders mit diesen Befreiungen privilegiert werden sollten, und anderenteils könnte, selbst wenn die Übertragung der Befreiungen, soweit sie nach dem Stande der Gesetzgebung überhaupt noch bestehen sollten, auf ein anderes Grundstück für unzulässig zu erachten wäre, daraus nicht auf die Untrennbarkeit der mit ihnen verbundenen Abdeckereigerechtigkeit von dem Grundstücke, sondern nur darauf geschlossen werden, daß sie erlöschen, wenn die Abdeckereigerechtigkeit vom Grundstücke getrennt wurde.

Demnach ist die fragliche Abdeckereigerechtigkeit dadurch, daß der Erblasser der Beklagten sie von K. zugleich mit der Luderstätte gekauft hat, sie ihm auch besonders aufgelassen und auf das über die Luderstätte angelegte neue Grundbuchblatt übertragen worden ist, zugleich mit der Luderstätte in das Eigentum des Erblassers der Beklagten im Jahre 1888/89 übergegangen." ...

60. Sind Elektrizitätswerke Fabriken im Sinne von § 2 des Haftpflichtgesetzes vom 7. Juni 1871? Unfall „im Betriebe" eines solchen Werkes.

VI. Zivilsenat. Urt. v. 16. Dezember 1907 i. S. Stadtgem. Chemnitz (Bekl.) w. Sächs. Holz-Berufsgenossenschaft (Kl.). Rep. VI. 106/07.

I. Landgericht Chemnitz.
II. Oberlandesgericht Dresden.

Die Stadtgemeinde Chemnitz betrieb ein Elektrizitätswerk, in dem elektrischer Strom für Beleuchtungs- und Betriebszwecke auch zur Abgabe an Private hergestellt wurde. Zu den Abnehmern von

Kraftstrom gehörte der Fabrikant W.; seiner Fabrik wurde ein Strom von 2000 Volt Spannung durch ein unterirdisches Kabel zugeleitet, das in einen dem W. gehörigen Schaltschrank einmündete. W. verlegte seinen Fabrikbetrieb nach einem anderen Ort und zeigte dem Werke brieflich an, daß er den Betrieb in seinen bisherigen Räumen am 17. August 1904 einstelle und um Unterbindung des Stromes bitte. Der bei dem Werke angestellte Ingenieur S. löste einige Tage danach die Verbindung zwischen dem Erdkabel und den Leitungen, die den Strom dem Fabrikmotor zuführten; dagegen wurde das Erdkabel selbst nicht stromlos gemacht, weil die Werkleitung damit rechnete, daß die Räume des W. bald wieder von einem anderen Unternehmer in Benutzung genommen werden würden. Eine besondere Mitteilung hiervon wurde dem W. nicht gemacht. Dieser beauftragte, nachdem der Betrieb der Fabrik schon längst nach seinem neuen Niederlassungsort verlegt war, Ende Oktober 1904 zwei Arbeiter mit der völligen Leerstellung der bisherigen Fabrikräume, und diese schritten dabei auch zum Abbruche des an einer Wand befestigten Schaltschrankes. Hierbei erlitt der Arbeiter D., als er noch unter Strom stehende innere Teile des Schrankes berührte, eine schwere Beeinträchtigung seiner Gesundheit. Die Berufsgenossenschaft, der er angehörte, forderte, gestützt auf § 140 Gew.U.V.G., von der Stadtgemeinde Ersatz dessen, was sie dem D. habe gewähren müssen und in Zukunft werde gewähren müssen. Der Anspruch wurde in allen Instanzen für dem Grunde nach berechtigt erklärt, vom Reichsgericht aus folgenden

Gründen:

„Mit Recht hat das Oberlandesgericht angenommen, daß der Unfall, von dem der Arbeiter D. betroffen worden ist, auf ein Verschulden von Beamten des von der Beklagten betriebenen Elektrizitätswerkes zurückzuführen ist.

Der Verwaltung dieses Werkes war bekannt, daß W. seine Fabrik nach einem anderen Orte verlegen und den Betrieb in Chemnitz am 17. August 1904 einstellen werde. Sie mußte daher erwarten, daß W. bald nach diesem Tage das in seinen bisherigen Fabrikräumen befindliche Inventar, zu dem auch der für die Zuführung des elektrischen Stromes benutzte Schaltschrank gehörte, fortschaffen lassen werde. Da der Abbruch dieses Schrankes, solange er unter

Hochspannung stehende Teile enthielt, schwere Gefahren für die damit befaßten Arbeiter mit sich brachte, mußte die Werkverwaltung für die alsbaldige Abstellung der Stromzuleitung Sorge tragen, zumal da W. dies in seinem Briefe ... ausdrücklich verlangt hatte.

Wenn es für die Werkverwaltung mit Rücksicht auf die von ihr erwartete spätere Benutzung der Räume durch einen anderen Unternehmer wünschenswert erschien, von der Abstellung des Stromes Abstand zu nehmen, so hätte sie diesen Wunsch zur Kenntnis des W. bringen und sich seines Einverständnisses versichern müssen, und zwar bei der Schwere der Gefahr, die durch das Fortbestehen der Stromzuleitung bei einem Abbruche des Schrankes drohte, in einer sicheren, jedes Mißverständnis ausschließenden Weise. Das aber hat sie nach der eigenen Darstellung der Beklagten nicht getan; sie hat mit W. keine Verhandlungen hierüber angeknüpft und ihm unmittelbar Mitteilungen darüber, daß sie die Stromzuleitung fortbestehen lassen wolle, nicht zugehen lassen."

(Es folgen Darlegungen, durch welche die von der Beklagten zur Entschuldigung des Verfahrens der Werkverwaltung vorgebrachten Gründe zurückgewiesen werden.)

„Die Vorinstanz hat angenommen, daß für das Verschulden, das sie speziell dem Ingenieur Sch. beimißt, die verklagte Stadtgemeinde einzustehen habe, und zwar sowohl nach §§ 30, 31 B.G.B., als auch nach § 2 des Haftpflichtgesetzes vom 7. Juni 1871. Ob sich gegen die Auffassung, daß die Beklagte für die Folgen des Unfalls nach §§ 89, 30 B.G.B. hafte, Bedenken erheben ließen, kann dahingestellt bleiben; denn jedenfalls erscheint die Haftung der Beklagten aus § 2 des Haftpflichtgesetzes begründet.

Das Elektrizitätswerk, um das es sich handelt, ist ein gewerbliches Unternehmen der Stadtgemeinde Chemnitz. Daß es nach seinem Umfang und der ganzen Art seines Betriebes den Charakter einer Fabrik hat, ist nicht bestritten; die Revision meint nur, das Werk könne gleichwohl nicht als eine Fabrik im Sinne der angezogenen Gesetzesvorschrift angesehen werden, weil darin nicht körperliche Sachen hergestellt oder einer Bearbeitung unterworfen würden. Dem ist jedoch nicht beizustimmen. Gewiß wird im Verkehrs- und Rechtsleben unter einer Fabrik regelmäßig eine kaufmännisch organisierte, in einem größeren Umfange betriebene Anstalt verstanden, in der bewegliche Sachen (Rohstoffe oder Halbfabrikate) zu Waren für den Handel gewerbsmäßig verarbeitet, oder auch bereits fertige Gegenstände wiederhergestellt oder durch Umgestaltung verbessert werden; es ist auch anzuerkennen, daß früher bei dem Ausdruck „Fabrik" immer nur an Anstalten dieser Art gedacht worden ist. Die dem zugrunde liegende Auffassung, ein für den Handel geeignetes wirtschaftliches Gut könne durch menschliche Arbeit immer nur in der Weise geschaffen werden, daß körperliche Sachen, seien es feste, flüssige, oder gasförmige, verarbeitet würden und die Substanz des gewonnenen Erzeugnisses bildeten, hat sich als nicht ausnahmslos zutreffend erwiesen. Unter Anwendung von Arbeitsmethoden und Hilfsmitteln, die den im fabrikmäßigen Betriebe üblichen entsprechen, wird im elektrischen Strome ein Erzeugnis gewonnen, das nach den herrschenden Anschauungen kein Körper, aber gleichwohl für den wirtschaftlichen Güteraustausch geeignet ist, indem es in ähnlicher Weise wie flüssige und gasförmige Stoffe entweder in besonderen transportablen Gefäßen (Akkumulatoren), oder, was durchaus überwiegt, durch feste Leitungsanlagen denen, die den Strom zu Trieb-, Beleuchtungs- oder sonstigen Zwecken brauchen, in einer ihren Bedürfnissen entsprechenden Menge und Stärke, gemessen nach einem gesetzlich besonders geregelten Maßsystem, zugeführt und von ihnen durch den ordnungsmäßigen Gebrauch verbraucht wird. Die Besonderheit, die diesem wirtschaftlichen Gute, das tatsächlich der Gegenstand zahlloser Lieferungsverträge ist und im Verkehr durchaus als eine Ware behandelt wird (vgl. auch Entsch. des R.G.'s in Zivils. Bd. 56 S. 408), verglichen mit anderen Erzeugnissen gewerblicher Arbeit, in physikalischer Beziehung zukommt, rechtfertigt es keineswegs, den Anstalten, in denen es gewerbsmäßig erzeugt wird, den Charakter einer Fabrik im Sinne unserer Gesetze und im besonderen des § 2 des Haftpflichtgesetzes abzusprechen.

Die Revision meint weiter, die Anwendbarkeit der eben erwähnten Gesetzesvorschrift sei deshalb ausgeschlossen, weil sich der in Rede stehende Unfall nicht im Betriebe des Elektrizitätswerkes, sondern außerhalb desselben bei einem mit ihrem Betrieb nicht zusammenhangenden Vorgange ereignet habe. Auch dem kann indes nicht zugestimmt werden. Die Zuleitung elektrischen Stromes von der Erzeugungs- nach der Verbrauchsstelle der Abnehmer des Elektrizitätswerkes kann nicht, wie die Revision will, mit dem Transporte fertiger Fabrikate (vgl. Entsch. des R.O.H.G.'s Bd. 22 S. 311) auf eine Stufe gestellt werden. Diese Zuleitung erfordert, ähnlich wie bei Gasfabriken, Wasserwerken, Anstalten zur Lieferung von Druckluft ꝛc, besondere dauernde Einrichtungen, die von dem Betriebsunternehmer beschafft und erhalten werden, mit dem Werke selbst verbunden und von diesem dergestalt abhängig sind, daß sie nur funktionieren, wenn das Werk in Betrieb ist; sie erscheinen somit als Außenwerke der Erzeugungsstelle, als Bestandteile des Gesamtwerkes (vgl. auch Entsch. des R.G.'s in Zivils. Bd. 48 S. 267); ihre Beschickung mit Elektrizität bildet einen Teil des Gesamtbetriebes, und ihre Bedienung unterliegt auch den für die Elektrizitätswerke eigentümlichen Gefahren.

Die Stelle der W.'schen Fabrikräume, wo das Kabel des Elektrizitätswerkes der Beklagten einmündete, war deshalb, solange die Stromzuführung fortdauerte, ein Ort, auf den sich der Betrieb des Werkes erstreckte, und ein dort vermöge des elektrischen Stromes eingetretener Unfall muß daher von der Beklagten nach Maßgabe der Bestimmungen in §§ 2 flg. des Haftpflichtgesetzes vertreten werden. Darüber, daß die Beamten des Elektrizitätswerkes, auf deren Verschulden nach den früheren Darlegungen der von D. erlittene Unfall zurückzuführen ist, jedenfalls in den Kreis derjenigen Personen fallen, die der Betriebsunternehmer nach § 2 des Haftpflichtgesetzes vertreten muß, kann kein Zweifel bestehen, mag die Schuld dem Direktor des Werkes, oder, wie das Berufungsgericht annimmt, dem Ingenieur Sch. zur Last zu legen sein." ...

61. Wird der Schuldner, der in entschuldbarer Nichtkenntnis der Schuldverbindlichkeit durch eigene Handlung die Unmöglichkeit der Leistung nach Entstehung der Schuldverbindlichkeit herbeigeführt hat, wie nach gemeinem Rechte so auch nach dem Bürgerlichen Gesetzbuche von der Leistungspflicht frei?

III. Zivilsenat. Urt. v. 17. Dezember 1907 i. S. St. (Kl.) w. Spr. (Bekl.). Rep. III. 272/07.

I. Landgericht Hannover.
II. Oberlandesgericht Celle.

Laut Reverses vom 27. Oktober 1899 hatte der Fabrikant Spr. dem Fuhrwerksbesitzer St. bezüglich des an der Wedekindstr. zu H. belegenen, mit der Parzellennummer $\frac{2187}{204}$ bezeichneten Grundstücks das Vorkaufsrecht eingeräumt. Nach dem Tode des Spr. ward ein Teil dieses Grundstücks im Jahre 1905 von dem Beklagten als Testamentsvollstrecker dem Maurermeister R. verkauft und aufgelassen. Auf die von St. erhobene Klage verurteilte das Landgericht den Beklagten, dieses Trennstück dem Kläger unter den mit R. abgeschlossenen Kaufbedingungen aufzulassen. Infolge der Berufung des Beklagten wies das Oberlandesgericht in Abänderung des erstinstanzlichen Urteils die Klage ab. Die vom Kläger eingelegte Revision ist zurückgewiesen aus folgenden

Gründen:

„Das auf Abweisung der Klage lautende Berufungsurteil beruht auf der Annahme, daß die Erfüllung der Verpflichtung, die der Erblasser Spr. durch Einräumung des Vorkaufsrechts bezüglich der Parzelle $\frac{2187}{204}$ dem Kläger gegenüber im Jahre 1899 übernommen hatte, unmöglich geworden, weil im Jahre 1905 die Parzelle vom Beklagten anderweitig veräußert und aufgelassen sei, ohne daß der Erwerber zur Rückgewähr sich bereit gefunden hätte, sowie weiter auf der Rechtsanschauung, daß diese Unmöglichkeit der entschuldbaren Unkenntnis des Beklagten von der Schuldverbindlichkeit des Erblassers halber als unverschuldet zu erachten sei, obgleich sie durch seine Handlung bewirkt worden wäre, daß aber diese nachfolgende unverschuldete Unmöglichkeit der Leistung die Befreiung von der Schuldverbindlichkeit zur Folge habe. Die Annahme der Unmöglichkeit der Leistung, bzw. des Unvermögens des Beklagten zur Leistung ist bedenkenfrei und von der Revision nicht angegriffen; angefochten wird die Entscheidung mit dem Einwande, daß der Schuldner durch die Unmöglichkeit der Leistung nicht befreit werde, wenn er sie durch eigene freie Handlung herbeigeführt habe, und eventuell mit der Rüge, daß die Unkenntnis des Beklagten als entschuldbar angenommen ist, obwohl sie auf ein Verschulden des Erblassers zurückzuführen sei. Die Anfechtung ist in der einen wie der anderen Richtung verfehlt.

Das Berufungsgericht läßt dahingestellt, ob die Frage der befreienden Wirkung durch die nachfolgende unverschuldete Unmöglichkeit der Leistung aus den Bestimmungen des gemeinen Rechtes, oder unter

Zugrundelegung des Bürgerlichen Gesetzbuchs zu beantworten sei. Es geht davon aus, daß die befreiende Wirkung sich ergibt, einerlei welches der beiden Rechtssysteme zur Anwendung gelange. Ein Rechtsirrtum ist hierin nicht zu finden. Der Revision mag zugegeben werden, daß die vom Berufungsgericht in Bezug genommene Bestimmung des gemeinen Rechtes, wonach der Schuldner, der sich in entschuldbarem Irrtum über den Bestand seiner Schuldverbindlichkeit befindet, ungeachtet der Mahnung nicht in Verzug gerät, keine zuverlässige Grundlage bietet für die Folgerung, daß auch der Schuldner, der in entschuldbarer Unkenntnis seiner Schuldverbindlichkeit die Unmöglichkeit der Erfüllung durch eigene Handlung herbeigeführt hat, befreit wird. Allein maßgebend ist, daß den Vorschriften des gemeinen Rechtes der Grundsatz zu entnehmen ist, daß die nachfolgende Unmöglichkeit den Schuldner der Leistungspflicht enthebt, wenn sie ihm nicht zur Verschuldung anzurechnen ist, und daß daneben eine Ausnahme für den Fall, daß die Unmöglichkeit der Erfüllung auf die eigene Handlung des Schuldners zurückfällt, nicht, insonderheit auch nicht nach der Seite, daß der Schuldner sich zu seiner Befreiung auf entschuldbare Unkenntnis seiner Schuldverbindlichkeit nicht berufen kann, aufgestellt ist. Die positive Vorschrift solcher Ausnahmen ist zu ihrem Bestande erforderlich, weil begrifflich die Herbeiführung der Unmöglichkeit durch eigene Handlung des Schuldners, ohne daß sie ihm als Verschuldung im Rechtssinne anzurechnen ist, sich nicht in Abrede nehmen läßt, und sich der Mangel der Verschuldung aus entschuldbarer Unkenntnis der Schuldverbindlichkeit ergeben kann, wenn schon nicht zu verkennen ist, daß zur Annahme der Entschuldbarkeit solcher Unkenntnis strenge Prüfung der Sachlage erforderlich wird. Es bedarf hiernach nicht des Hinweises, daß in den Quellen des gemeinen Rechtes die Folgerung, daß die nachfolgende Unmöglichkeit auch den Schuldner befreit, der sie selbst, jedoch ohne Verschuldung, veranlaßt hat, ausdrückliche Anerkennung gefunden hat (vgl. l. 96 Dig. 45, 1, l. 53 § 3 Dig. 30, l. 1 § 47 Dig. 16, 3), um zu dem Schlusse zu gelangen, daß die dem angefochtenen Urteil zugrunde liegende Rechtsansicht, die das gemeine Recht betrifft, als zutreffend sich erweist.

Dieselbe Erwägung, die dem vorstehenden nach die Befreiung des Schuldners im Herrschaftsgebiete des gemeinen Rechtes bedingt, führt aber auch im Geltungsbereiche des Bürgerlichen Gesetzbuchs zu dem gleichen Ergebnis. Denn auch dieses enthält die Regel, daß der Schuldner von der Leistungspflicht frei wird, wenn nach der Entstehung des Schuldverhältnisses die Leistung ohne Verschuldung des Schuldners, bzw. seiner Vertreter oder Gehilfen unmöglich wird, einerlei ob die Unmöglichkeit objektiver, oder subjektiver Natur ist (§§ 275, 276 B.G.B.), und ebenso hat auch dieses die obgedachte Ausnahme von der Befreiung nicht aufgestellt. Richtig ist, daß der im § 241 I. Entw. zum B.G.B. enthaltene Ausspruch, nach dem der Schuldner, der sich in Ansehung des Schuldverhältnisses in einem entschuldbaren Irrtum befunden hat, die durch seine Handlung herbeigeführte Unmöglichkeit der Leistung nicht zu vertreten hat, von der II. Kommission gestrichen ist. Aber wie die Protokolle ergeben, ist die Streichung erfolgt, nicht weil der Satz in seiner Richtigkeit beanstandet, sondern weil er mit Recht für selbstverständlich erachtet ward. Die Rechtsauffassung des Berufungsgerichts ist daher, auch soweit sie das Bürgerliche Gesetzbuch betrifft, zubilligen.

Die Verschuldung des Erblassers an der Unkenntnis des Beklagten verneint das Berufungsgericht mit der Ausführung, daß solche nach dem vorliegenden Tatbestande nur insofern in Frage kommen könne, als der Erblasser unvollständige Aufzeichnungen über das Grundstück hinterlassen habe, daß aber in der Unterlassung schriftlicher Fixierung, die den Erben vollständige Kenntnis des Rechtsgeschäftes zu schaffen geeignet sei, eine Außerachtlassung der im Verkehre erforderlichen Sorgfalt nicht gefunden werden könne. Ein Rechtsverstoß tritt in dieser Ausführung nicht hervor." ...

---

62. Was gehört zu den Voraussetzungen der Anwendung des preußischen Gesetzes, betr. die Verpflichtung der Gemeinden zum Ersatze des bei öffentlichen Aufläufen verursachten Schadens, vom 11. März 1850?

III. Zivilsenat. Urt. v. 17. Dezember 1907 i. S. Stadtgemeinde Breslau (Bekl.) w. B. (Kl.). Rep. III. 190/07.

I. Landgericht Breslau.
II. Oberlandesgericht daselbst.

Das Sachverhältnis ergibt sich aus nachstehenden

Gründen:

„In den Spätnachmittags- und Abendstunden des 19. April 1906 fanden in Breslau aus Anlaß der Aussperrung von Metallarbeitern Zusammenrottungen erregter Volksmassen statt, die einen so bedrohlichen Charakter annahmen, daß umfassende polizeiliche Maßregeln getroffen, und von der blanken Waffe Gebrauch gemacht werden mußte. Außer anderen Personen ist hierbei auch der Kläger verletzt worden, dem durch einen Säbelhieb die linke Hand abgeschlagen ist, und der deshalb jetzt auf Grund des Gesetzes vom 11. März 1850 die verklagte Stadtgemeinde in Anspruch genommen hat. Soweit die Verletzung des Klägers in Frage steht, war von der Polizei auch die Maßregel getroffen, daß Patrouillen ausgesandt wurden mit der Weisung, Ansammlungen in den Straßen zu zerstreuen, die Leute anzuhalten, nach Hause zu gehen, zu verhindern, daß sie aus den Hausfluren wieder auf die Straße drängten, und dabei nötigenfalls Waffengewalt anzuwenden. Eine solche Patrouille kam abends zwischen 7 und 8 Uhr auch in die Hildebrandtstraße, wo der Kläger mit einer Anzahl anderer Personen vor dem Hause Nr. 25, in dem er wohnte, stand. Vor der nahenden Mannschaft flüchteten die Leute in das Haus. Nach der von der Beklagten nicht bestrittenen Darstellung des Klägers schloß einer von den flüchtenden Leuten die Tür vor den Schutzleuten zu; diese aber sprengten sie wieder auf und verfolgten die auf der Hausflur versammelte, jetzt aber auseinanderlaufende Menge, wobei ein seiner Persönlichkeit nach nicht ermittelter Schutzmann dem Kläger folgte, der nach seiner Angabe im Gefühle seines schuldlosen Verhaltens — er war an den Straßenexzessen nicht beteiligt gewesen — etwas langsamer ging, und mit den von einer Zeugin bekundeten Worten: „Lump, mach', daß du rauf kommst, sonst passiert etwas!" mit dem Säbel auf ihn einhieb und mit dem dritten Schlage ihm die linke Hand, mit der er das Treppengeländer gefaßt hielt, vom Arme trennte.

Bei dieser Sachlage hält die Beklagte die Voraussetzungen des Gesetzes vom 11. März 1850 für nicht gegeben und beantragt Abweisung der Klage, indem sie geltend macht: 1. es habe weder ein zeitlicher noch ein örtlicher Zusammenhang zwischen den Zusammenrottungen und der Beschädigung des Klägers bestanden; 2. die getroffenen gesetzlichen Maßregeln hätten sich nicht, wie das Gesetz erfordere, unmittelbar gegen offene Gewalt gerichtet; 3. das Vorgehen des Schutzmanns sei keine gesetzliche Maßregel, vielmehr direkt ungesetzlich gewesen.

Das Berufungsgericht hat alle diese Einwendungen der Beklagten für unzutreffend erachtet und den Klaganspruch dem Grunde nach für gerechtfertigt erklärt.

Dagegen richtet sich die Revision, die aber in keiner Beziehung für begründet erachtet werden kann. Es ist vielmehr überall den Ausführungen des Berufungsgerichtes beizutreten. Zunächst liegt offenbar ein zeitlicher und örtlicher Zusammenhang zwischen dem Tumult und der Beschädigung des Klägers vor. Denn der Tumult hat bis weit in die neunte Stunde gedauert, und was den örtlichen, übrigens zugleich auch den zeitlichen Zusammenhang anlangt, so führt das Berufungsgericht zutreffend aus, daß die Natur der Sache, insbesondere die Beweglichkeit der Menschenmenge, es mit sich bringe, daß sich der Tumult zeitlich und örtlich nicht genau abgrenzen lasse, daß Abwehrmaßregeln namentlich auch an solchen Orten getroffen werden müßten, wo, wie im vorliegenden Falle, eine erneute Ansammlung, oder von wo aus ein neuer Zuzug zu besorgen sei, und daß solche Maßregeln so lange geboten seien, als der Tumult nicht völlig gedämpft sei.

Ebenso verfehlt ist der zweite Einwand, daß die getroffenen gesetzlichen Maßregeln sich nicht, wie das Gesetz erfordere, gegen offene Gewalt gerichtet hätten. Zunächst ist dem Berufungsgericht schon darin beizustimmen, daß das Wort „dagegen" in § 1 des Gesetzes vom 11. März 1850 sich nicht sowohl auf das unmittelbar vorausgehende Wort „offene Gewalt", als vielmehr auf die Worte „Zusammenrottungen und Zusammenläufe" bezieht. Das ergibt sich aus dem Zwecke des Gesetzes und wird, wie das Berufungsgericht ausführt, durch dessen Entstehungsgeschichte bestätigt, wonach die Worte „gesetzliche Maßregeln" auch gegenüber bloßen Zusammenläufen, wobei offene Gewalt nicht in Frage kommt, gemeint sind. Außerdem kann aber auch bei anderer Auffassung im vorliegenden Falle gar nicht in Frage gestellt werden, daß die angeordneten Maßregeln, das Aufgebot der Schutzmannschaft, die Aussendung der Patrouillen und die Anordnung eventuellen Waffengebrauches gegen offene Gewalt gerichtet waren, da die Exzedenten sowohl gegen die Arbeitswilligen, wie gegen die Polizeibeamten gewalttätig vorgegangen waren.

Endlich ist auch der dritte Einwand vom Berufungsgericht mit Recht zurückgewiesen. Allerdings hat der Schutzmann, wie auch das Berufungsgericht annimmt, mindestens insoweit ungesetzlich gehandelt, als er, selbst wenn er sich zur Anwendung von Waffengewalt für befugt hielt, nicht mit der nach den bestehenden Vorschriften gebotenen Vorsicht und Schonung vorgegangen ist. Aber nicht das ist entscheidend, sondern nach dem klaren Wortlaute des Gesetzes: ob die Verletzung in Anwendung der gesetzlichen Maßregeln erfolgt ist. Diese Maßregeln sind, wie das Berufungsgericht mit Recht annimmt, die Anordnungen, die von den Leitern der Sicherheitsorgane in den Schranken des Gesetzes getroffen werden und von den Exekutivbeamten zu befolgen sind. Soweit sich die Exekutivbeamten überhaupt im Rahmen der getroffenen Maßregeln bewegen, sind die Gemeinden für die von ihnen herbeigeführten Beschädigungen und Verletzungen haftbar, auch wenn sie in fahrlässiger Überschreitung ihrer Befugnisse handeln. Zu dieser Auffassung nötigt, wie das Berufungsgericht mit Recht ausführt, der Zweck des Gesetzes; anderenfalls würde das Recht des Geschädigten nicht selten vereitelt werden, da bei solchen Tumulten die Besonnenheit zu leicht verloren geht. Die Revision bestreitet nun zwar, daß bei diesem Vorfalle die Patrouille und besonders der in Frage stehende Schutzmann überhaupt noch im Rahmen ihres Auftrages, in Anwendung der getroffenen Anordnungen, gehandelt hätte, da die auf der Straße stehenden Menschen in das Haus hineingegangen seien und die Tür geschlossen hätten. Die Revision übersieht aber, daß die Schutzleute ausdrücklich auch angewiesen waren, dafür zu sorgen, daß die Leute in ihre Wohnungen gingen und nicht wieder auf die Straße hervorbrächen. Wenn ein Menschenhaufe zusammen in einen Hausflur flüchtet und vor den anrückenden Schutzleuten die Tür schließt, dann kann mit Recht befürchtet werden, daß die Menge, wie das nach der Bekundung des Zeugen Sch. an dem fraglichen Tage tatsächlich bereits wiederholt vorgekommen war, alsbald wieder auf die Straße hervorbrechen werde. Auch handelte der in Frage stehende Schutzmann insoweit in Ausführung seines Auftrages, als er den Verletzten veranlassen wollte, schleunigst sich in seine Wohnung zu begeben.

Nach alledem sind die Voraussetzungen des Gesetzes vom 11. März 1850 gegeben, und ist daher mit Recht der Klaganspruch dem Grunde nach für gerechtfertigt erklärt." ...

---

63. 1. Kann die Erfüllung einer vertraglichen Verpflichtung zur unentgeltlichen Abtretung eines Grundstücksstreifens für eine Straßenanlage deshalb verweigert werden, weil die Verpflichtung auf Verlangen der Gemeinde und bloß zum Zwecke der Beseitigung eines vermeintlich bestehenden Bauverbotes übernommen wurde, während in Wahrheit weder ein rechtsgültiges Bauverbot noch eine gesetzliche Verpflichtung zur Landabtretung bestand?

B.G.B. §§ 812 und 821.

2. Zum Begriffe der „Anlegung einer neuen Straße" sowie der Beschaffung „der Freilegung der Straße" im Sinne des § 15 des preuß. Fluchtliniengesetzes vom 2. Juli 1875.

II. Zivilsenat. Urt. v. 17. Dezember 1907 i. S. Stadtgemeinde D. (Kl.) w. Aktiengesellschaft H. (Bekl.). Rep. II. 268/07.

I. Landgericht Duisburg.
II. Oberlandesgericht Düsseldorf.

Die Beklagte war Eigentümerin eines Grundstückes mit Gebäuden in D., das an die alte Weselerstraße und an die im Fluchtlinienplane von 1899 bereits festgesetzte, aber noch nicht ausgebaute Wupperstraße grenzte. Auf diesem Grundstücke wollte sie ein neues offenes Lagergebäude errichten. Ihre Zustimmung hierzu machte die Klägerin davon abhängig, daß sich die Beklagte verpflichtete, die vor ihrem Grundstücke liegende, in die Wupperstraße fallende Grundfläche längs der ganzen die Wupperstraße berührenden Grenze ihres Baugrundstückes bis zur Mitte der Straßenbreite freizulegen, sowie lastenfrei und unentgeltlich abzutreten und aufzulassen. Dem Verlangen der Klägerin entsprechend übernahm die Beklagte diese Verpflichtung in einer von dem Beigeordneten G. aufgenommenen Urkunde vom 28. März 1903. Die Klägerin nahm dies in einer von dem Beigeordneten L. aufgenommenen Urkunde vom 13. Mai 1904 an und ließ die Annahmeerklärung der Beklagten am 21. Mai 1904 zustellen.

Die Beigeordneten G. und L. waren gemäß Art. 12 § 2 preuß. Ausf.-Ges. zum B.G.B. als Urkundspersonen bestellt. Nach erteilter Bauerlaubnis hat die Beklagte das geplante Lagergebäude errichtet und einen Teil des fraglichen Grundstückstreifens an die Klägerin aufgelassen, aber die Freilegung und Auflassung des übrigen Teiles verweigert. Die Klägerin erhob deshalb Klage mit dem Antrage, die Beklagte zu verurteilen, der Klägerin die Parzelle Flur 21 Nr. 295/226 freizulegen sowie lastenfrei und unentgeltlich abzutreten und aufzulassen. Sie berief sich zur Begründung der Klage auf die gedachten Urkunden und die §§ 1 und 2 ihres Ortsstatutes vom 27. Februar 1877. Dem Antrage der Beklagten gemäß wies das Berufungsgericht die Klage ab. Zugunsten der Klägerin führte es zunächst aus, es sei ein bindender Vertrag zwischen den Parteien zustande gekommen. Sodann erwog es, der Klägerin habe weder nach dem Gesetze vom 2. Juli 1875, noch nach dem auf Grund dieses Gesetzes erlassenen Ortsstatut ein Anspruch auf Abtretung des streitigen Grundstreifens gegen die Beklagte zugestanden, und sie sei auch gesetzlich nicht befugt gewesen, ihre Zustimmung zu dem fraglichen Neubau von einer solchen unentgeltlichen Abtretung des Straßenlandes abhängig zu machen, und zwar deshalb nicht, weil die Errichtung des fraglichen Lagergebäudes einem rechtsgültigen Bauverbote überhaupt nicht unterlegen und daher auch der Erlaubnis der Klägerin nicht bedurft habe. Nach § 12 des bezogenen Gesetzes hätten nämlich die Gemeinden nur das Recht, durch Ortsstatut festzustellen, daß an unfertigen Straßen Wohngebäude, die nach diesen Straßen einen Ausgang hätten, nicht errichtet werden dürften. Indem der § 16 des Ortsstatutes der Klägerin dieses Verbot auf Gebäude schlechthin erstrecke, gehe es über die vom Gesetze vorgeschriebenen Grenzen hinaus und entbehre insoweit der Rechtswirksamkeit. Die Beklagte habe sich bei Abgabe ihrer Erklärung vom 18. März 1903 tatsächlich in dem Irrtume befunden, sie sei nur gegen unentgeltliche Abtretung des Straßenlandes berechtigt, das Lagergebäude zu errichten. Mit dieser Erklärung habe sie nur ein vermeintlich für sie bestehendes Bauverbot oder ein vermeintliches Widerspruchsrecht der Klägerin gegen die Errichtung des Lagergebäudes beseitigen wollen. Weiter wurde ausgeführt, dieser Irrtum der Beklagten sei weder durch eine arglistige Täuschung von seiten der Klägerin hervorgerufen, noch berechtige er zur Anfechtung des Vertrages. Da aber ein rechtsgültiges Bauverbot, dessen Behebung der beiderseits vorausgesetzte Zweck des Vertrages gewesen sei, nicht bestanden habe, so sei die Gegenleistung der Klägerin für die von der Beklagten übernommene Verpflichtung zur unentgeltlichen Abtretung des Straßenlandes nur eine vermeintliche gewesen. Die Beklagte habe demnach diese Verpflichtung ohne rechtlichen Grund übernommen, und anderseits habe die Klägerin durch das Mittel des Vertrages gegen die Beklagte, also auf deren Kosten, einen Anspruch erworben, der des rechtlichen Grundes entbehre. Nach § 812 B.G.B. könne die Beklagte die Aufhebung der von ihr übernommenen Verbindlichkeit verlangen und natürlich auch die mit der Klage beantragte Erfüllung der Verpflichtung gemäß § 821 B.G.B. verweigern, ohne daß es noch auf eine Prüfung der weiteren Einwendungen der Beklagten ankomme.

Die Revision hatte Erfolg aus folgenden

Gründen:

„Die Revisionsklägerin rügt im allgemeinen Verletzung der §§ 12, 15 und 16 des Fluchtliniengesetzes in Verbindung mit §§ 812 und 821 B.G.B. Sie macht zur Begründung der Revision hauptsächlich geltend, erst durch den Vertragsschluß sei die Verpflichtung der Beklagten konstituiert worden (§ 812 Abs. 2 B.G.B.). Da nun der Vertrag nach Annahme des Berufungsgerichts wegen Irrtums oder Drohung nicht anfechtbar sei, so liege eine ungerechtfertigte Bereicherung nicht vor. Der Zweck, zu dem der Vertrag abgeschlossen sei, begründe die Anwendung des § 812 B.G.B. nicht. Dieser Angriff ist nicht gerechtfertigt.

Die Frage, ob und inwieweit jemand durch Übernahme oder Anerkennung einer Verpflichtung von seiten eines anderen auf dessen Kosten ohne rechtlichen Grund bereichert ist, kann nur in Verbindung mit dem Zwecke entschieden werden, zu dessen Verwirklichung eine solche Leistung dient. Der Grund und Zweck der Leistung kann verschieden sein und namentlich auch darin bestehen, daß eine dem Schuldner bereits gesetzlich obliegende Verbindlichkeit noch besonders durch Vertrag anerkannt oder übernommen werden soll. Verwirklicht sich der Vertragszweck objektiv nicht, so ist die Leistung grundlos. Wenn daher die Beklagte bei Übernahme der fraglichen Verpflichtung, wie das Berufungsgericht feststellt, der Meinung war, daß sie zum Zwecke der Beseitigung des der Errichtung ihres Neubaues entgegenstehenden Bauverbotes nach Maßgabe der gesetzlichen und ortsstatutarischen Bestimmungen den Grundstückstreifen der Klägerin unentgeltlich abtreten müsse, und nur zu diesem Zwecke die Verpflichtung übernahm, in Wahrheit jedoch weder ein rechtsgültiges Bauverbot, noch eine gesetzmäßige Verpflichtung zur unentgeltlichen Abtretung des Landes bestand, so hat sie die Verpflichtung hierzu durch den Vertrag ohne rechtlichen Grund, nur in irrtümlicher Voraussetzung eines solchen, übernommen und damit auf ihre Kosten die Klägerin um einen Anspruch bereichert, auf den diese kein Recht hatte. Der Klage auf Erfüllung steht auch im Falle des § 812 Abs. 2 B.G.B. die Einrede aus § 821 B.G.B. entgegen; die Erfüllung kann verweigert werden. Hierzu genügte schon der objektive Nachweis, daß weder eine gesetzmäßige Verpflichtung zur unentgeltlichen Abtretung des Landes, noch ein rechtsgültiges Bauverbot, zu dessen Beseitigung die Verpflichtung übernommen wurde, bestand. Dazu bedurfte es von seiten der Beklagten weder des Nachweises eines Irrtums, noch der Anfechtbarkeit des Vertrages wegen Irrtums. Vielmehr hätte die Klägerin die Einrede der Beklagten nur entkräften können, wenn sie ihrerseits nachgewiesen hätte, daß die Beklagte in voller Kenntnis des wahren Sachverhaltes, d. h. schenkungsweise, die Verpflichtung übernommen hätte. Die Rechtsgültigkeit des Vertrages bleibt bestehen. Der Irrtum, der bei dem Anspruche und bei der Einrede wegen ungerechtfertigter Bereicherung etwa besteht, beruht auf einem anderen Gebiete, als der, welcher zur Anfechtung eines Vertrages berechtigt. Im Falle der §§ 812 und 821 B.G.B. werden nur die Rechtswirkungen des an sich gültigen Vertrages den höheren Anforderungen der materiellen Gerechtigkeit untergeordnet und eingeschränkt.

Kann somit dieser Angriff nicht zur Aufhebung des Urteils führen, so kommt es noch auf die weitere Rüge einer Verletzung der angeführten Vorschriften des Fluchtliniengesetzes an. In dieser Hinsicht geben allerdings die Ausführungen des Berufungsgerichtes zu rechtlichen Bedenken Anlaß. Zunächst ist der angefochtenen Entscheidung lediglich der von der Beklagten angerufene § 16 des Ortsstatutes der Klägerin zugrunde gelegt, während die §§ 1 und 2, worauf die Klägerin sich berufen hat, nicht berücksichtigt worden sind. Ferner leidet das Berufungsurteil an dem Rechtsirrtume, daß es die

§§ 12 und 15 des Fluchtliniengesetzes, auf Grund deren das Ortsstatut der Klägerin erlassen worden ist, nicht auseinandergehalten und nur den § 12 in den Kreis seiner Erwägungen gezogen hat. Darin hat allerdings das Berufungsgericht recht, daß der § 12 die Gemeinden zu einem Bauverbot nur in betreff der Wohngebäude ermächtigt, indem es ihnen überläßt, durch Ortsstatut festzustellen, daß an Straßen oder Straßenteilen, welche noch nicht gemäß der baupolizeilichen Bestimmungen des Ortes für den öffentlichen Verkehr und den Anbau fertig gestellt sind, Wohngebäude, die nach diesen Straßen einen Ausgang haben, nicht errichtet werden dürfen.

Im Unterschiede von § 12 beschränkt aber der § 15 seine Anwendbarkeit nicht auf Wohngebäude, sondern erstreckt sich auf Gebäude aller Art, selbst minderwertige nicht ausgenommen, sofern nicht, was den Gemeinden freisteht, im Ortsstatut etwas anderes bestimmt ist. Ob das von der Beklagten errichtete Lagergebäude als ein Gebäude im Sinne des § 15 anzusehen ist, darüber enthält das Berufungsurteil eine Feststellung nicht. Bei dem Mangel gegenteiliger Feststellung ist daher in der Revisionsinstanz davon auszugehen, daß es ein Gebäude im Sinne des § 15 ist. Der § 15 räumt nun den Gemeinden zur Erleichterung ihrer Verpflichtung, für die Herstellung und Unterhaltung der Ortsstraßen und Plätze zu sorgen, unter bestimmten Voraussetzungen und innerhalb gewisser Grenzen das Recht ein, durch Ortsstatut den Unternehmer einer neuen Straße sowie die angrenzenden Eigentümer mit Rücksicht auf die ihnen aus dem Straßenverkehre regelmäßig erwachsenden Vorteile zu den Straßenbaukosten heranzuziehen. Insbesondere ermächtigt er sie, durch Ortsstatut festzustellen, daß bei der Anlegung einer neuen Straße, wenn solche zur Bebauung bestimmt ist, von dem Unternehmer der neuen Anlage oder von den angrenzenden Eigentümern — von diesen, sobald sie Gebäude an der neuen Straße errichten — die „Freilegung" der Straße in der dem Bedürfnisse entsprechenden Weise beschafft, oder ein verhältnismäßiger Beitrag oder der Ersatz der zu allen diesen Maßnahmen erforderlichen Kosten geleistet werde. Nach der Rechtsprechung des Reichsgerichtes sowohl als auch des Oberverwaltungsgerichtes beginnt die Anlegung einer neuen Straße schon mit der Festsetzung der Fluchtlinien (vgl. Entsch. des R.G.'s in Zivils. Bd. 55 S. 136; Oberverwaltungsgerichts-Entscheidungen Bd. 15 S. 155 und Preuß. Verwaltungsblatt Bd. 16

S. 363). Hieraus ergibt sich, daß ein Gebäude immerhin selbst als an einer nur projektierten Straße errichtet gelten kann.

Ferner ist es nach der Entstehungsgeschichte des Gesetzes nicht zweifelhaft und bereits in der Rechtsprechung des Reichsgerichts anerkannt, daß die im § 15 vorgesehene Beschaffung der „Freilegung“ die Beschaffung des zur Straße erforderlichen Terrains auf Kosten der Verpflichteten in sich schließt (vgl. Stenograph. Berichte Haus der Abgeordneten 1875 Bd. 1 S. 74 und 77 und Herrenhaus 1875 S. 162 und 173; Just.-Min.-Bl. 1883 S. 334). Um die Weiterungen des Enteignungsverfahrens tulichst zu vermeiden, ist in verschiedenen Ortsstatuten die Bestimmung getroffen, daß der Anlieger das Terrain unentgeltlich herzugeben habe. Ob die unentgeltliche Landabtretung in dem Sinne zu verstehen ist, daß das Straßenland ohne vorher bedungenes Entgelt, aber vorbehaltlich demnächstiger Anrechnung des Wertes und Gutschrift bei den Beiträgen des Anliegers zu den Straßenkosten (§ 15 Abs. 2) abgetreten wird, oder in dem Sinne, daß der Wert der abgetretenen Flächen sowohl bei der Berechnung der Gesamtkosten, als auch bei den Beiträgen der betreffenden Mitglieder außer Betracht bleibt, ist eine Frage der Auslegung des einzelnen Ortsstatutes (vgl. §§ 1 und 2 des Ortsstatutes der Klägerin). Die Rechtsgültigkeit einer derartigen ortsstatutarischen Regelung unterliegt keinem Bedenken, da der § 15 Abs. 3 den Gemeinden die näheren Anordnungen überläßt (vgl. Oberverwaltungsgerichts-Entscheidungen Bd. 13 S. 166 und Friederichs, Ges. vom 2. Juli 1875 S. 206 und 207). Dagegen enthält der § 15 keine Bestimmung, wonach die Erteilung der Bauerlaubnis von einer vorherigen unentgeltlichen Landabtretung abhängig gemacht werden dürfte.

Daher ist die Erwägung des Berufungsgerichtes, daß der § 16 des Ortsstatutes der Klägerin insoweit der Rechtswirksamkeit entbehre, als darin unter Überschreitung der im § 12 des Gesetzes vorgesehenen Beschränkung auf Wohngebäude die Erteilung der Bauerlaubnis zu Gebäuden schlechthin von unentgeltlicher Landabtretung abhängig gemacht ist, rechtlich nicht zu beanstanden. Allein die Unwirksamkeit dieses den § 12 betreffenden Teiles des Ortsstatutes, das als ein einheitliches für die Ausführung der §§ 12 und 15 des Gesetzes erlassen ist, hat nicht auch die Unwirksamkeit des den § 15 betreffenden Teiles des Ortsstatutes zur Folge, soweit dieser sich im gesetzlichen Rahmen hält. Nachdem die Beklagte den geplanten Neubau errichtet hat, ist es nunmehr für die Frage, ob die Klägerin noch jetzt ohne rechtlichen Grund auf Kosten der Beklagten bereichert ist, nicht von entscheidender Bedeutung, daß die Klägerin die Erteilung der Bauerlaubnis an eine unzulässige Bedingung geknüpft hat (vgl. R.G.'s-Entsch. im Just.-Min.-Bl. 1883 S. 335). Vielmehr ist hierfür der Umstand maßgebend, ob die Klägerin gegenwärtig nach Maßgabe des § 15 des Fluchtliniengesetzes und ihres Ortsstatutes ein Recht auf unentgeltliche Abtretung des fraglichen Grundstückstreifens hat, oder nicht. Auf eine Erörterung dieser Frage ist das Berufungsgericht nicht eingegangen, weil es den § 15 des Gesetzes überhaupt nicht in den Kreis seiner Erwägungen gezogen hat.

Hiernach war das Berufungsurteil wegen Verletzung des § 15 a. a. O. aufzuheben." ...

---

64. Was ist unter der dem Antrag auf Eintragung einer Hypothek zugrunde liegenden Urkunde, welche die Stempelpflicht des Antrages nach Tariffst. 58 Ziff. III Abs. 2 zum preußischen Stempelsteuergesetze vom 31. Juli 1895 ausschließt, zu verstehen? Können insbesondere die Teilschuldverschreibungen über eine gemäß § 1187 B.G.B. hypothekarisch gesicherte Gesamtanleihe als solche Urkunden gelten?

VII. Zivilsenat. Urt. v. 17. Dezember 1907 i. S. Aktiengesellschaft f. Teer- u. Erdölindustrie (Kl.) w. preuß. Fiskus (Bekl.). Rep. VII. 138/07.

I. Landgericht Breslau.
II. Oberlandesgericht daselbst.

Die Klägerin hat zu notariellem Protokoll vom 11. November 1904 erklärt, daß sie beabsichtige, durch Vermittelung der Kommanditgesellschaft auf Aktien in Firma „B.'er Handelsgesellschaft" zu Berlin eine Anleihe von 3500000 ℳ aufzunehmen, die zu $4^1/_2$ v. H. in halbjährlichen Zielen am 1. April und 1. Oktober jeden Jahres verzinslich, zum Nennwerte rückzahlbar, bis zum 1. April 1909 unkündbar, von diesem Zeitpunkte ab innerhalb 25 Jahren tilgbar und in 3500 Stück über je 1000 ℳ lautende und auf den Namen der B.'er Handelsgesellschaft oder an deren Order gestellte Teilschuldverschreibungen zerlegt sei. Zur Sicherung dieser Teilschuldverschreibungsanleihe belaste — wie es weiter hieß — die Klägerin mit einer Sicherungshypothek gemäß § 1187 B.G.B. in Höhe von 3500000 M nebst $4^1/_2$ v. H. Zinsen seit dem 1. Oktober 1904 die nachfolgenden, ihr gehörigen Grundstücke zur Gesamthaftung (die Grundstücke waren näher bezeichnet). Dann folgte die Bestellung der B.'er Handelsgesellschaft zur Vertreterin der jeweiligen Gläubiger nach § 1189 B.G.B. unter Angabe der ihr zustehenden Befugnisse, und es wurde fortgefahren:

„Demgemäß bewilligt und beantragt die Aktiengesellschaft in Firma Aktiengesellschaft für Teer- und Erdölindustrie die Eintragung folgenden Vermerks in die vorbezeichneten Grundbücher:

3500000 M nebst $4^1/_2$ v. H. Zinsen" rc (folgt der Eintragungsvermerk, wie er von der Klägerin vorgeschlagen wird).

Zu der Urkunde wurde ein Stempel von 5 M verwendet. Nach Eintragung der Hypothek auf dem Blatte eines im Bezirke des Amtsgerichtes zu Breslau belegenen Grundstücks forderte das Amtsgericht einen Stempel von 2917 M nach Tariffst. 58 zum Stempelgesetz vom 31. Juli 1895. Erinnerung und Beschwerde blieben vergeblich. Die weitere Beschwerde hatte nur den Abstrich von 5 M zur Folge, indem das Kammergericht den verwendeten Stempel auf den nach seiner Meinung nach Ziff. I der Tariffst. 58 geschuldeten Stempel verrechnete.

Die Klägerin forderte im Rechtswege die Rückzahlung des am 23. Oktober 1905 entrichteten Betrages von 2912 M nebst 4 v. H. Zinsen seit diesem Tage. Sie machte geltend, daß sie innerhalb zwei Wochen nach Zustellung der Gerichtskostenrechnung die amtlichen Quittungen über die Verwendung des Reichsstempels zu den von ihr ausgegebenen Teilschuldverschreibungen dem Amtsgerichte vorgelegt habe; die Schuldverschreibungen selbst habe sie, weil im Umlaufe befindlich, nicht einreichen können. Der Beklagte widersprach dem Begehren der Klägerin und wies darauf hin, daß der Stempelanspruch, wenn nicht aus Ziff. I, so jedenfalls aus Ziff. III der Tariffst. 58 begründet sei. Das Landgericht wies die Klage ab; es erachtete Ziff. I der Tariffst. 58 für anwendbar. Das Oberlandesgericht wies die Berufung zurück; es nahm indessen an, daß der Stempel aus Ziff. III geschuldet werde. Die Revision der Klägerin ist zurückgewiesen.

Gründe:

„Der Berufungsrichter legt die notarielle Urkunde vom 11. November 1904 dahin aus, daß sie lediglich die Bestellung der Sicherungshypothek für die aufzunehmende Anleihe von 3500000 *M* zum Gegenstande habe, und daß die persönliche Schuldverbindlichkeit nur zur näheren Erläuterung der auf die Einräumung der Hypothek gerichteten Erklärung, nicht in der Absicht, auch die Schuldverbindlichkeit zu verbriefen, erwähnt worden sei. Diese Auslegung ist rechtlich nicht zu beanstanden. Die Begründung einer Hypothek erheischt die Bezeichnung der Forderung, zu deren Befriedigung das zu belastende Grundstück dienen soll (§§ 1113, 1115 B.G.B.). Wenn daher der Berufungsrichter in den das persönliche Schuldverhältnis betreffenden Angaben der Urkunde nur jene Bezeichnung als einen unerläßlichen Bestandteil der Eintragungsbewilligung findet, so läßt sich dagegen nichts erinnern.

Allein auch die fernere Annahme des Berufungsrichters, daß die Urkunde als Antrag auf Eintragung einer Hypothek nach Tariffst. 58 Ziff. III zum Stempelsteuergesetze vom 31. Juli 1895 stempelpflichtig sei, und daß die Stempelpflicht nicht durch den Abs. 2 der Ziffer III ausgeschlossen werde, ist frei von Rechtsirrtum, und darum erweist sich die Revision als unbegründet. Nach Abs. 2 a. a. O. finden die Vorschriften der Tarifstelle „Abtretung von Rechten", 5. bis einschließlich 8. Absatz, sinngemäße Anwendung. In Betracht kommt der 6. Absatz; danach wird der Stempel nicht erhoben, wenn bei der Anbringung des Antrages oder innerhalb einer näher bezeichneten Frist die Urkunde über die dem Antrage zugrunde liegende Abtretung in Urschrift, Ausfertigung oder beglaubigter Abschrift vorgelegt wird, und es ist als eine solche Urkunde nur diejenige anzusehen, welche die Abtretung so enthält, wie sie unter den Beteiligten hinsichtlich des Wertes der Gegenleistung verabredet ist. Der Abs. 3 der Ziff. III Tariffst. 58 soll durch den Hinweis auf die Tariffst. 2 zu dem Ergebnis führen, das bei Anwendung der §§ 8 bis 12 des Gesetzes, betr. die Stempelabgaben von gewissen, bei dem Grundbuchamte anzubringenden Anträgen, vom 5. Mai 1872 gewonnen wurde. Diese (durch § 35 Stempelgesetzes aufgehobenen) Bestimmungen bezweckten, dem Staate den Schuldverschreibungsstempel von $^1/_{12}$ v. H. auch dann zu sichern, wenn die Vorlegung einer Schuldurkunde sich erübrigte (vgl. Turnau, Die G.B.O. vom 5. Mai 1872 5. Aufl. Bd. 2 S. 49

Bem. 2 zu § 8 des erwähnten Gesetzes). Für die Hypothek hatten sie kaum eine praktische Bedeutung, weil vor ihrer Eintragung die Schuldurkunde vorgelegt werden mußte (§ 19 Nr. 1 preuß. Eig.-Erw.-Ges.). Anders verhält es sich nach dem neuen Rechte (§ 58 G.B.O.). Man könnte, wenn man nur den Wortlaut des Abs. 6 der Tarifst. 2 ins Auge faßt, versucht sein, unter dem dem Antrage — auf Eintragung der Hypothek — zugrunde liegenden Geschäfte den dinglichen, zur Entstehung der Hypothek erforderlichen Vertrag zwischen dem Eigentümer und dem Gläubiger (§ 873 B.G.B.) zu verstehen, der nach Tarifst. 59 mit höchstens 5 *M* zu versteuern wäre. Allein gegen diese Annahme spricht der Zweck des Gesetzes, der nicht bloß durch die Entstehungsgeschichte, sondern auch durch den Umstand zutage tritt, daß die Eintragungsanträge unter die Tarifstelle „Schuldverschreibungen“ gebracht worden sind, daß man sie also ersichtlich nur stempelfrei lassen wollte, wenn Schuldverschreibungen vorgelegt würden. Dagegen spricht aber auch eine nähere Betrachtung des Abs. 6 a. a. O., der durch die Betonung der Gegenleistung zum Ausdrucke bringt, daß er als das die Besteuerung ausschließende Geschäft den Abtretungsvertrag ansieht, der den Erwerb der Hypothek durch den neuen Gläubiger vermittelt. „Sinngemäß“ auf die ursprüngliche Hypothek angewendet, bezeichnet daher der Abs. 2 Ziff. III Tarifst. 58 als das der Eintragung der Hypothek zugrunde liegende Geschäft die den Erwerb für den einzutragenden Gläubiger klarstellende Urkunde, und dies ist die Schuldurkunde, da die Entstehung der Hypothek für den Gläubiger sich an das Dasein der Forderung knüpft, wofür sie bestellt ist (§ 1163 Abs. 1 Satz 1 B.G.B.). Hiernach würde der Antrag in der Urkunde vom 11. November 1904 nur dann stempelfrei sein, wenn die Urkunde über die persönliche Schuldverbindlichkeit, wie sie in der Eintragung und der Bewilligung bezeichnet ist, vorgelegt worden wäre. Daß sie von jener Urkunde nicht umfaßt wird, ist nach der Auslegung des Berufungsrichters nicht mehr zu bezweifeln. Dadurch erledigt sich auch die Bemerkung der Revision, daß die Urkunde höchstens als kaufmännischer Verpflichtungsschein zu verstempeln sei (Tarifst. 58 Ziff. II).

Es kommt also nur in Frage, ob etwa die Teilschuldverschreibungen, in welche die Anleihe zerlegt ist, als die die Stempelpflicht des Eintragungsantrages beseitigende Schuldurkunde anzusehen sind. Auch dies wird vom Berufungsrichter ohne rechtlichen

Verstoß verneint. Bestellt und eingetragen ist eine Hypothek für einen Gesamtbetrag von 3500000 ℳ nebst $4^1/_2$ v. H. Zinsen seit dem 1. Oktober 1904. Als die Urkunde über die Forderung würde nur eine diesen Betrag umfassende Schuldverschreibung gelten können: nur aus ihr wäre die Verbindlichkeit der Klägerin als der Hypothekbestellerin gegenüber der B.'er Handelsgesellschaft als der ursprünglichen Gläubigerin in dem Umfange zu entnehmen, in dem der einheitliche Eintragungsvermerk das Gläubigerrecht ausweist. Die Teilschuldverschreibungen, deren Ausgabe erfolgen sollte, decken diese Hypothek nicht; jede von ihnen beurkundet nur eine Schuld von 1000 ℳ und ist bestimmt, im Handelsverkehr als selbständige Partialobligation über diesen begrenzten Betrag von Hand zu Hand zu gehen. Sie erschöpfen den Inhalt des durch die Aufnahme der Anleihe zustande gekommenen Schuldverhältnisses nicht; auch wenn sie sämtlich beigebracht werden oder sich im Besitze nur einer Person befinden, stellen sie immer nur 3500 Schuldverschreibungen, nicht eine Schuldverschreibung über 3500000 ℳ dar. Daß dies auch der Standpunkt des Stempelgesetzes ist, geht aus dem Buchstaben d der Befreiungsvorschriften zu Ziff. I der Tarifst. 58 hervor. Danach sind nur unter gewissen Voraussetzungen Gesamtschuldverschreibungen stempelfrei, wenn auf Grund derselben reichsstempelpflichtige Renten- und Schuldverschreibungen demnächst ausgereicht werden. Der Gesetzgeber betrachtet also jene rechtlich als etwas von der Summe der Teilschuldverschreibungen Verschiedenes und befreit sie nur wegen des wirtschaftlichen Zusammenhanges ausnahmsweise von der Steuer (vgl. auch Hummel-Specht Bem. 27 C zu Tarifst. 58). Fehlt es demgemäß an einer den Eintragungsantrag stützenden Schuldverschreibung, so ist der Anspruch der Klägerin unbegründet.

Auf die Frage, ob die Vorlegung der Teilschuldverschreibungen durch die Quittung über die Verwendung des Reichsstempels hätte ersetzt werden können, braucht nicht eingegangen zu werden. Die Entscheidung des Berufungsrichters wird durch die rechtlich bedenkenfreie Annahme getragen, daß weder die Urkunde vom 11. November 1904, noch die Teilschuldverschreibungen das dem Eintragungsantrage zugrunde liegende Geschäft im Sinne des Abs. 2 Ziff. III der Tarifst. 58 darstellen. Damit ist der Stempelanspruch des Fiskus gegeben." ...

65. Seeversicherung. Unterschied zwischen der Versicherung „frei von Kriegsmolest“ und der Versicherung „nur für Seegefahr“. Wann tritt der Totalverlust für den Reeder ein, wenn ein unter neutraler Flagge fahrendes Schiff von einer kriegführenden Macht wegen Zuführung von Konterbande an die feindliche Macht beschlagnahmt worden ist? schon mit der Nehmung, oder erst mit dem Urteile des Prisengerichts?

I. Zivilsenat. Urt. v. 18. Dezember 1907 i. S. Nederlandsche Lloyd u. Gen. (Bekl.) w. C. A. (Kl.). Rep. I. 120/07.

I. Landgericht Hamburg, Kammer für Handelssachen.
II. Oberlandesgericht daselbst.

Laut Policen vom 12. Dezember 1904 und vom 25. Januar 1905 hatte der Kläger zwei Zeitversicherungen geschlossen, die sich auf seinen Dampfer „Romulus“ bezogen. Die erste Police lautete auf 60000 ℳ für die Nettofracht des Dampfers, die zweite auf „60000 ℳ auf Interesse auf Kasko“. Beide Versicherungen waren nach den Allgemeinen Seeversicherungsbedingungen von 1867 nebst Zusätzen geschlossen. Sie galten „nur für Seegefahr“ und für beliebige Reisen in europäischen und außereuropäischen Gewässern, abgesehen von gewissen näher festgesetzten Ausnahmen, die unstreitig nicht in Betracht kamen. Die Beklagten hatten von den Versicherungen gewisse Teilbeträge übernommen.

Die Frachtpolice enthielt die Bemerkung: „Der Dampfer ist gestern von Cardiff nach Ostasien abgegangen“, die Kaskopolice die Bemerkung: „Der Dampfer ist am 25. ds. von Sabang abgegangen.“

Der Dampfer hatte in Cardiff eine Ladung von 3503 Tonnen Kohlen eingenommen. Der Kläger war selbst Eigentümer dieser Ladung und hatte sie an P. B. in St. Petersburg verkauft mit der Abrede, daß sie in Wladiwostok zu liefern sei, daß der Vertrag aber nicht gelten solle, wenn die Kohlen diesen Bestimmungsort nicht erreichten. Es war zur Zeit des russisch-japanischen Krieges. Das Konnossement lautete auf Hongkong, als neutralen Hafen. Der Kapitän hatte die Weisung erhalten, Labuan bei Borneo anzulaufen, um den endgültigen Bestimmungsort zu erfahren. Die Order lautete auf die Olga-Bay bei Wladiwostok. Das Schiff fuhr östlich um die Philippinen und um Japan herum und nahm dann durch die Kurilen hindurch den Kurs auf Wladiwostok. Auf dieser Strecke erlitt es durch Eis starke Beschädigungen, infolge deren Wasser in den Raum drang. Der Kapitän sah sich deshalb genötigt, die Reise nach Wladiwostok aufzugeben und einen Nothafen an der japanischen Küste aufzusuchen. Als er am 26. Februar, um Hakodate zu erreichen, in die Tsugarustraße eingelaufen war, wurde der Dampfer indes von dem japanischen Kreuzer „Iwate" angehalten. Es kam eine japanische Mannschaft an Bord, beschlagnahmte den Dampfer wegen Konterbande und wollte ihn nach Yokosuka verbringen. Diese Absicht konnte indes nicht ausgeführt werden, da das Wasser in den Schiffsräumen weiter gestiegen war, und das Schiff zu sinken drohte. Mit Rücksicht hierauf wurde der Dampfer in der Aomori-Bucht auf den Strand gesetzt, und nach einigen Tagen die Besatzung an Land gebracht. Durch Entscheidung des japanischen Prisengerichts vom 16. Mai 1905 wurde er demnächst mit der Ladung für gute Prise erklärt und später auch samt der Ladung von der japanischen Regierung verkauft. Als der Käufer das Wrack von der Strandungsstelle abgebracht hatte, sank es auf dem Transporte nach Hakodate und ging samt der Ladung völlig verloren.

Der Kläger vertrat den Standpunkt, daß der Dampfer infolge einer Seegefahr, nämlich durch die Strandung am 27. Februar, total verloren gegangen sei, und forderte demgemäß von den Beklagten die von ihnen gezeichneten Summen.

Die Beklagten bestritten, daß ein durch Seegefahr verursachter Totalschade des Dampfers vorliege, und machten geltend, daß sie für die „Nehmung" des Dampfers durch die Japaner, weil durch Kriegsgefahr verursacht, nicht einzustehen hätten.

Beide Instanzen erkannten zugunsten des Klägers.

Auch die Revision der Beklagten wurde zurückgewiesen.

Gründe:

„1. Nach § 69 Allg. See-Vers.-Bed. (§ 820 H.G.B.) trägt der Versicherer, wenn nicht etwas anderes vereinbart worden ist, grundsätzlich alle Gefahren, denen Schiff oder Ladung während der Dauer der Versicherung ausgesetzt sind, also sowohl die Gefahr der Naturereignisse und der sonstigen Seeunfälle, wie die Gefahr des Krieges und der Verfügungen von hoher Hand. Hinsichtlich des hier in Betracht kommenden Ausschlusses der Kriegsgefahr kennen die Allgem. Seeversicherungsbedingungen (wie das Handelsgesetzbuch) zwei verschiedene Klauseln: die Klausel „frei von Kriegsmolest“ (§ 100 Bed., § 848 H.G.B.) und die Klausel „nur für Seegefahr“ (§ 101 Bed., § 849 H.G.B.). Jene Klausel hat die Bedeutung, daß nicht nur die Kriegsgefahr als solche ausgeschlossen wird, sondern daß mit dem Eintritte einer Kriegsbelästigung die Versicherung zugleich bezüglich der übrigen Gefahren endet. Diese aber schließt zwar die Kriegsgefahr ebenfalls aus, hat aber die Bedeutung, daß der Versicherer im übrigen auch nach dem Eintritte einer Kriegsbelästigung zu haften fortfährt, insbesondere also nach wie vor die Gefahr der Naturereignisse und sonstiger Seeunfälle trägt. Veränderungen des Risikos, die infolge von Kriegsereignissen eintreten, üben bei dieser Formel, auch wenn sie die vom Versicherer übernommene Gefahr erhöhen, keine die Versicherung beendigende Wirksamkeit aus.

Vgl. Protokolle der Kommission zur Beratung eines allgemeinen deutschen Handelsgesetzbuchs S. 3304—3308; Voigt, Seeversicherungsrecht S. 584.

Hier ist nicht nach der Klausel „frei von Kriegsmolest“, sondern nach der Klausel „nur für Seegefahr“ versichert worden. Demnach kann zunächst davon keine Rede sein, daß die Versicherer etwa in dem Augenblicke frei geworden wären, wo die japanischen Seesoldaten an Bord des „Romulus“ kamen und das Schiff mit Beschlag belegten. Vielmehr hafteten die Beklagten auch nach diesem Ereignisse für die Seegefahren, und zwar auch insoweit, als diese etwa durch das Eingreifen der Kriegsmacht vergrößert worden sein sollten.

Der Kläger stützt die Klage darauf, daß ein Totalverlust des „Romulus“ im Sinne des § 109 Bed. (§ 854 H.G.B.) vorliege, herbeigeführt durch Elementarereignisse. Das Oberlandesgericht sieht als bewiesen an, daß das Schiff dem Kläger dadurch ohne Aussicht auf Wiedererlangung entzogen worden sei, daß es im lecken Zustande am 27. Februar 1905 in der Aomori-Bucht absichtlich auf den Strand gesetzt worden ist. Diese Feststellung ist auf das Besichtigungsattest des Surveyors und auf das Ergebnis der seeamtlichen Untersuchung des Unfalls gestützt und an sich von der Revision nicht angefochten.

Mit Recht aber ist vom Oberlandesgericht angenommen, daß sich dieser so eingetretene Totalschade auf eine Seegefahr im Sinne des § 69 Abs. 2 Nr. 1 Bed. gründet. Schon vor dem Eingreifen des japanischen Kreuzers hatte der Dampfer durch Eis bedeutende Beschädigungen erlitten und war leck gesprungen. Später verstopften sich die Pumpen, und es war nicht mehr möglich, des steigenden Wassers Herr zu bleiben. Ob das Schiff, wenn der Kurs nicht nach den Befehlen des japanischen Offiziers geändert worden wäre, den Hafen von Hakodate noch erreicht haben würde, erklärt das Oberlandesgericht für sehr zweifelhaft.

Hiernach liegt die Sache nicht so, daß der Schade etwa auf einem Zusammentreffen von Umständen beruhte, von denen ein Teil zur Verantwortung des Versicherers stände, ein Teil nicht. Die Fälle einer solchen Konkurrenz der Schadensursachen können zu Schwierigkeiten Anlaß geben, zu deren Lösung man den Satz aufgestellt hat: causa proxima spectatur, non remota.

Vgl. Protokolle S. 3308; Voigt, a. a. O. S. 382, 388.

Hier liegt nichts dafür vor, daß das Eingreifen der Seesoldaten mit als Ursache des eingetretenen Schadens anzusehen wäre; vielmehr ist dieser ausschließlich auf Elementarereignisse zurückzuführen, die sich auf der Reise während des Laufes der Versicherung zugetragen haben.

Allerdings hatten die Beklagten geltend gemacht, der an Bord gekommene japanische Zimmermann habe auf Befehl seines Offiziers die Schleuse im Kollisionsschott geöffnet, um das Wasser aus der Vorpiek in die Laderäume zu leiten und hier auszupumpen, und das Seeamt hat angenommen, daß diese Öffnung der Schleuse neben den Eisbeschädigungen mit als Ursache des Unfalles anzusehen sei, weil es nachher nicht mehr gelungen sei, die Schleuse wieder zu schließen.

Das Oberlandesgericht legt dar, warum es nicht als bewiesen ansehen könne, daß die Öffnung der Schleuse von den Japanern bewirkt oder veranlaßt sei, und nicht vielmehr von der eigenen Besatzung des „Romulus". Es erklärt die Tatsache aber auch für unerheblich. Dem ist beizupflichten. Es handelt sich nicht um eine Maßregel, die mit der Beschlagnahme des Schiffes in Zusammenhang stände oder durch die Absichten der japanischen Kriegsmacht, den „Romulus" für gute Prise zu erklären, veranlaßt wäre, sondern um eine nautische Rettungsmaßregel, die richtig oder falsch gewesen sein kann, deren Folgen aber den Versicherer treffen. Ob die Maßregel von der Besatzung des „Romulus“, oder von dem japanischen Kommando veranlaßt worden ist, erscheint für das Versicherungsverhältnis ohne Bedeutung. Wie schon erwähnt wurde, ist eine Veränderung der Seegefahren infolge der Kriegsbelästigung bei der Versicherung unter der Formel „nur für Seegefahr“ ohne Einfluß. Auch wenn das Schiff wegen der Kriegsbelästigung von seinem Wege abweicht, oder der Schiffer die freie Führung des Schiffes verliert (§ 100 a. E. Bed.), bleibt der Versicherer für die Seegefahr verantwortlich, und zwar auch dann, wenn sie durch das Verschulden eines Dritten veranlaßt sein sollte (§ 69 Abs. 2 Nr. 1 Bed.).

Es kommt aber weiter in Betracht, daß nach § 101 Bed. der Versicherer nur befreit ist „für die zunächst durch Kriegsgefahr verursachten Schäden“. Es ist hier also ausdrücklich auf die nächste und unmittelbare Ursache der entstandenen Schäden (die causa proxima) hingewiesen. Daß diese hier in Elementarereignissen, und nicht in dem Eingreifen der kriegführenden Macht liegt, kann nicht als zweifelhaft erscheinen. Aber selbst im Zweifel soll nach Abs. 2 des § 101 angenommen werden, daß ein eingetretener Schade nicht durch Kriegsereignisse verursacht sei. Der Beweis der Verursachung würde also den Beklagten obliegen, und die Frage somit dadurch erledigt sein, daß das Oberlandesgericht diesen Beweis, ohne daß prozessuale Angriffe hiergegen erhoben wären, für nicht geführt erklärt hat. Und damit fällt auch der Versuch der Revision, die Öffnung des Kollisionsschotts als eine „Beschädigung durch ein Kriegsschiff“ im Sinne des § 101 Abs. 1 hinzustellen, wofür die Beklagten nicht zu haften hätten.

2. Ist hiernach die Grundlage des Berufungsurteils als richtig anzuerkennen, so muß doch die Frage noch einer Erörterung unterzogen werden, welche Rechtsfolgen mit der Beschlagnahme des Dampfers durch die japanische Kriegsmacht verknüpft gewesen sind. Denn wenn diese Beschlagnahme die Bedeutung haben sollte, daß das Schiff bereits mit ihr dem Kläger verloren ging, so würde ein Totalverlust vorliegen, der seine Ursache in der Kriegsgefahr hätte und von den Beklagten nicht zu tragen wäre. Da niemand seine Sache zweimal verlieren kann, es sei denn, er hätte sie inzwischen wiedererlangt, so würde dann die nachfolgende Strandung des Dampfers ein Unfall sein, der den Kläger nicht mehr berühren konnte, sondern der höchstens den japanischen Staat betroffen hätte.

Nach den Grundsätzen des Völkerrechtes aber hat die Beschlagnahme eines neutralen Kauffahrteischiffes durch eine kriegführende Macht jene Bedeutung keineswegs. Sie ist ein rein tatsächlicher Vorgang, mittels dessen der kriegführende Staat gegenüber den Angehörigen neutraler Staaten die Befolgung der völkerrechtlichen Pflichten zu sichern bestrebt ist. Erst wenn durch die Entscheidung des Prisengerichts festgestellt ist, daß sich das Schiff wegen Führung von Konterbande oder aus anderen Gründen gegen die Pflichten der Neutralen vergangen hat und als gute Prise erklärt ist, geht es dem Eigentümer verloren und in das Eigentum des Nehmerstaates über, und zwar genauer mit der Rechtskraft des Urteils des Prisengerichts.

Vgl. Bonfils-Krah, Lehrbuch des Völkerrechts (3. Aufl.) S. 727; Bulmerincq, Völkerrecht, in Marquardsen's Handbuch Bd. 1 S. 367.

Die Grundsätze sind auch in Japan anerkannt, wie aus der japanischen Verordnung über das Prisenverfahren vom 24. August 1894 (mitgeteilt in der Revue générale de droit international public Bd. 2 Anhang S. 4) erhellt.

Vgl. auch Watanabe, Das Prisenverfahren, mit besonderer Berücksichtigung des japanischen Prisenrechts S. 13, 76 flg.

Der vorliegende Streitfall hat, weil der Kläger mit anderen Policen einen Teil des Kaskos in England gedeckt hatte, auch dort zu einem Prozesse geführt. Nach dem von den Revisionsklägern vorgelegten Ausschnitte der Shipping Gazette vom 16. Mai 1907 hat die King's Bench Division zugunsten der Versicherer entschieden. Auch dieses Gericht nimmt zwar an, daß die Beschlagnahme des „Romulus" durch den Kreuzer an sich noch nicht die Bedeutung hatte, daß das Schiff dem Kläger verloren gegangen sei, weil eben das Ergebnis des Reklameverfahrens vor dem Prisengerichte abzuwarten gewesen sei. Die Wirkung des kondemnierenden Urteils des Prisengerichts aber will das Gericht zurückbezogen wissen auf den Augenblick der Beschlagnahme. Es sagt:

„But when there is an adjudication of a Prize Court, which is an adjudication in rem and binding on all the world, . . . it is a decision not merely that then at the date of the decision the property has passed, but a decision that it did pass at the time of the capture, and it may be described therefore as relating back."

Daher nimmt das englische Gericht an, daß die Sache infolge des Urteiles des japanischen Prisengerichtes vom 22. Mai 1905 jetzt so angesehen werden müsse, als wenn der Kläger Schiff und Ladung schon am 26. Februar 1905 mit der Beschlagnahme verloren habe.

Dieser Ansicht kann das Reichsgericht nicht beitreten.

Die Frage, ob das Urteil des Prisengerichtes deklarative, oder konstitutive Bedeutung hat, wird in der Literatur allerdings nicht einheitlich beantwortet. Die überwiegende Mehrzahl der Schriftsteller erklärt sich indes für die konstitutive Bedeutung und nimmt an, daß erst mit dem Urteile das Eigentum des Nehmerstaates geschaffen werde, daß aber bis dahin das Recht des Nehmers auf die Prise nur in einer Anwartschaft bestehe, und sonach das Eigentum des Reeders fortdauere.

Vgl. Bonfils-Krah a. a. O.; Bulmerincq, Prises maritimes S. 311; v. Martens, Völkerrecht Bd. 2 S. 534; Geffcken, bei Heffter, Völkerrecht (8. Ausg.) Anm. 2 und 4 zu § 138, Anm. 3 und 4 zu § 192; Dernburg, Sachenrecht S. 333; Pappenheim, Seerecht Bd. 2 S. 96; Perels, Intern. öffentl. Seerecht (2. Aufl.) S. 192 Anm. 2; v. Liszt, Völkerrecht (5. Aufl.) S. 373 Nr. 4, S. 361 Nr. 4, S. 362 Nr. 5; v. Attlmayr, Intern. Seerecht Bd. 1 S. 181, 186; Röpke, Das Seebeuterecht S. 128; Pilles, Les lois actuelles de la guerre § 232 S. 352; Watanabe a. a. O. S. 60 (a. M. Heffter, Völkerrecht §§ 138, 139, 192; Wagner, Seerecht Bd. 1 S. 193 Anm. 13).

Dieser Ansicht schließt sich der Senat an. Sie entspricht der Natur der Sache, steht im Einklange mit der Rechtswirkung, die das auf Einziehung lautende Urteil eines Strafgerichtes nach deutschem Rechte hat (St.G.B. § 40, Entsch. d. R.G.'s in Straff. Bd. 15 S. 164, Bd. 21 S. 54), und entspricht auch am besten der Formel des hier vorliegenden Urteils. Diese lautet in englischer Übersetzung:

„Decision in the matter of the capture of the German Steamer ‚Romulus'. The steamer ‚Romulus' together with 3400 tons of Cardiff coal on board is hereby declared as lawful Prize."

Eine Zurückbeziehung der Urteilswirkung auf einen früheren Zeitraum, die auf eine Fiktion hinauslaufen würde, könnte nur auf Grund besonderer gesetzlicher Bestimmungen zugelassen werden, an denen es hier fehlt.

Was im Verhältnis der Parteien ins Gewicht fällt, ist, daß auch das Handelsgesetzbuch und die Allgem. Seeversicherungsbedingungen augenscheinlich auf dem Standpunkte stehen, daß das Schiff nicht schon mit der Beschlagnahme, sondern erst mit dem kondemnierenden Urteile des Prisengerichtes dem Reeder verloren geht. Nach § 109 Bed. (§ 854 H.G.B.) wird ein Totalverlust des Schiffes oder der Güter angenommen, „wenn sie für gute Prise erklärt sind", wofür nur das Prisengericht nach Untersuchung des Falles zuständig ist. Nach § 628 Abs. 1 Nr. 1 H.G.B. gilt es als Verlust des Schiffes, wenn das Schiff „aufgebracht oder angehalten und für gute Prise erklärt wird" (vgl. auch § 69 Abs. 1 Nr. 4 Seemannsordnung und § 106 Abs. 3 Seeunf.-Vers.-Ges.). Der 3. Absatz, den die Allgem. Seeversicherungsbedingungen (§ 101) dem § 849 H.G.B. hinzugefügt haben, bestimmt, daß der unter der Klausel „nur für Seegefahr" Versicherte, wenn das Schiff „infolge von Kriegsverhältnissen in einen Hafen verwiesen oder aufgebracht" ist, von dem Zeitpunkte der Ankunft des Schiffes im Aufbringungshafen an eine Prämienverbesserung zahlen muß, falls er nicht auf die Fortdauer der Versicherung verzichtet. Daraus ergibt sich, daß sogar die „Aufbringung" des Schiffes, d. h. seine Verbringung in den Hafen des Nehmerstaates, — ein Akt, der der Beschlagnahme auf hoher See regelmäßig nachfolgen muß — von den Bedingungen nicht einmal als ein die Versicherung beendender Totalverlust angesehen wird. Auch bei der Beratung des Allgemeinen Deutschen Handelsgesetzbuches wurde es als Auffassung des Verkehres konstatiert, „daß der Assekuradeur für den Schaden haftbar sei, wenn das Schiff nach der Nehmung durch einen Kaper in dessen Gewalt infolge eines Unwetters auf den Strand gerate".

Muß hiernach grundsätzlich davon ausgegangen werden, daß die Beschlagnahme eines neutralen Schiffes durch eine kriegführende Macht das Eigentum des Reeders und also ein versicherbares Interesse bestehen läßt, und daß ihm erst das kondemnierende Urteil des Prisengerichtes das Schiff „ohne Aussicht auf Wiedererlangung" entzieht, so kann für den Versicherungsvertrag darauf nichts ankommen, ob im einzelnen Falle eine größere oder geringere Aussicht besteht, daß der Reeder im Reklameverfahren eine Freisprechung erzielen werde. Die Ausführung der Revision, daß sich der Kläger wegen der Augenfälligkeit der Konterbande darüber völlig klar gewesen sei, daß das

Unternehmen gescheitert sei, wenn der „Romulus“ den Japanern in die Hände falle, ist daher unerheblich. Sie ist auch deswegen nicht zu beachten, weil die Freisprechung durch das Prisengericht keineswegs den einzigen Fall darstellt, in dem die Festnahme des Schiffes nicht zu dessen Verlust für den Reeder führt. Daneben steht die freiwillige Freigabe, etwa infolge diplomatischer Intervention, die Wiedernahme durch die andere kriegführende Macht und die Befreiung durch Friedensschluß.

Das Oberlandesgericht hat die im vorstehenden besprochene Frage nicht erörtert. Dagegen beschäftigt es sich mit der Frage, ob der in § 101 Bed. vorgesehene Fall einer „Nehmung ... durch Kriegsschiffe“, wofür die Beklagten nicht haften würden, vorliege, und glaubt, diese Frage verneinen zu müssen. Es führt aus, daß „Nehmung“ Wegnahme in der Absicht definitiver Aneignung sei; zu einer solchen sei aber der Kommandant des japanischen Kreuzers nicht befugt gewesen: er habe das Schiff nur in einen Hafen verweisen oder aufbringen können, während die Entscheidung, ob es als gute Prise zu erklären sei, dem Prisengerichte zugestanden habe. Der Revision muß zugegeben werden, daß mit dieser Ausführung der Begriff „Nehmung“ verkannt ist. Die „Nehmung“, von der § 101 Bed. (§ 849 H.G.B.) spricht, ist etwas anderes als die definitive Aneignung durch das Urteil des Prisengerichts. Das zeigt die Gegenüberstellung mit der „Konfiskation durch kriegführende Mächte“ einerseits und die Zusammenstellung der Nehmung mit der „Beschädigung, Vernichtung und Plünderung“ — also rein tatsächlichen Vorgängen — anderseits. Auch die „Nehmung“ (englisch „capture“) französisch „saisie“) ist, wie bereits hervorgehoben wurde, ein bloß tatsächlicher Vorgang: die Beschlagnahme des Schiffes durch eine kriegführende Macht. Daß der „Romulus“ in diesem Sinne „genommen“ war, als der japanische Seeoffizier mit mehreren Leuten an Bord gekommen war, die Führung übernommen und die deutsche Flagge hatte niederholen lassen, kann nicht bezweifelt werden.

Nach der Belegenheit des Falles aber folgt hieraus nichts zugunsten der Beklagten. Denn die Nehmung hat, wie erwähnt, nur die Bedeutung, die Unterlage zu schaffen für die prisengerichtliche Untersuchung, die entweder mit einer Freigabe des Schiffes, oder mit dessen Kondemnierung endigen kann. Letztere bedeutet einen Totalverlust, nicht aber die Nehmung, die nur ein provisorischer Akt ist und die Fortdauer der Haftung des Versicherers für die Seegefahr bestehen läßt. Freilich würde der Versicherer nach § 101 Bed. nicht haften für Schäden und Nachteile, die durch die Nehmung entstanden sind, die in ihr „zunächst“ ihre Ursache haben. Für solche Schäden nimmt der Kläger aber auch die Beklagten nicht in Anspruch.

3. . . . .“

---

66. Sind im Falle der Anfechtung eines Vertrages, durch den mehrere gemeinschaftlich sich verpflichtet haben, diese als Empfänger der teilbaren Vorleistung zu deren Herausgabe als Gesamtschuldner verpflichtet?

B.G.B. §§ 420, 427, 431.

VI. Zivilsenat. Urt. v. 19. Dezember 1907 i. S. Z. (Bekl.) w. V. (Kl.). Rep. VI. 178/07.

I. Landgericht I Berlin.
II. Kammergericht daselbst.

Zur Ausnutzung einer von dem Chemiker St. gemachten Erfindung verband sich dieser mit Z. Da die den beiden zur Verfügung stehenden Geldmittel dafür nicht ausreichten, traten sie in Verbindung mit dem Kläger, der sie bei ihrem Unternehmen mit 6000 *M* unterstützte, die unter gewissen in einer Urkunde festgestellten Bedingungen von ihnen dem Kläger zurückzuzahlen waren. Als hinterher der Kläger erkannte, daß er von St. über den Wert der Erfindung durch falsche Vorspiegelungen getäuscht sei, erhob er unter Anfechtung des geschlossenen Vertrages gegen St. und Z. als Gesamtschuldner Klage auf Rückzahlung der 6000 *M*. In den beiden vorderen Instanzen wurden sie verurteilt.

Der Beklagte Z. legte Revision ein, die zurückgewiesen worden ist.

Aus den Gründen:

. . . „Der Vertrag ist . . . vom Kläger wegen des von St. gegen ihn verübten Betruges mit Erfolg angefochten, und die gegenwärtige

Klage ist nicht die Vertragsklage und nicht gerichtet auf die vertragsmäßig bedungene Leistung, sondern es wird mit ihr die Rückgewähr dessen gefordert, was Kläger auf Grund des nichtigen Vertrages, also ohne rechtlichen Grund, an Z. und St. gemeinsam geleistet hat. Das Berufungsgericht hat angenommen, daß auch diesem Anspruche gegenüber beide als Gesamtschuldner verhaftet seien, während die Revision die Rechtsansicht vertritt, daß der Beklagte Z., der an der Täuschung des Klägers nicht teilgenommen habe, gar nicht oder nur anteilsweise zur Erstattung des Geldes verpflichtet sei. ...

Der Berufungsrichter hat die Frage, ob der Beklagte gegenüber der Bereicherungsklage nur anteilsweise zu haften habe, unter Berufung auf § 431 B.G.B. verneint. Diese Vorschrift ist hier jedoch nicht anwendbar, weil die klagend geforderte Leistung die Zahlung einer Geldsumme, also teilbar ist. Allerdings hat man in den Fällen, wo es untulich ist, das auszusondern, was der einzelne der mehreren Teilnehmer auf Grund des nichtigen Vertrages erhalten hat, von einer Unteilbarkeit der von ihnen geschuldeten Leistung, d. i. der Rückgewähr, sprechen wollen. Allein diese Auffassung ist abzulehnen. Die Ungewißheit des Umfanges einer Schuld hat mit der Frage, ob die geschuldete Leistung teilbar ist, an sich nichts zu schaffen. Die Sondervorschrift des § 830 Satzes 2 B.G.B. darf über den Kreis der unerlaubten Handlungen hinaus nicht angewendet werden. Bei der Beantwortung der obigen Frage ist hiernach zunächst von dem Grundsatze des § 812 B.G.B. auszugehen, daß jeder der mehreren Teilnehmer des nichtigen Vertrages das zurückzugewähren hat, was er auf Kosten des Klägers ohne rechtlichen Grund erhalten hat. Aber aus der Vorschrift des § 427 B.G.B. ist zu entnehmen, daß jeder der mehreren Vertragsteilnehmer in solchem Falle als Empfänger des Ganzen zu gelten hat. Denn sind sie auf Grund des gemeinsam geschlossenen Vertrages Gesamtschuldner der versprochenen Leistung, so folgt daraus, daß nach dem Gesetze auch die Vorleistung des anderen Teiles, die an sie gemeinsam erfolgte, als jedem ganz geleistet zu gelten hat, und dem Einzelnen nicht der Einwand zusteht, er habe tatsächlich nur einen Teil der Vorleistung empfangen. Diese Wirkung des Vertrages, auf Grund dessen der Kläger die 6000 ℳ gezahlt hat, fällt nicht weg, wenn nachher der Vertrag als nichtig angefochten wird. Die gemeinsame Empfangnahme behält die Rechtswirkung, daß jeder der mehreren Empfänger als Empfänger des Ganzen gilt. . . .

Die Haftung des Beklagten Z. als Gesamtschuldners wird auch durch § 420 B.G.B. nicht eingeschränkt, da nach ihm eine Teilung der Haftung nur im Zweifel eintreten soll, also nur, wenn nicht besondere Gründe zu einem abweichenden Ergebnis führen. Solche Gründe ergeben sich aber für Fälle der hier vorliegenden Art aus den obigen Ausführungen, die zugleich eine weitere Unterstützung in der Erwägung finden, daß die gegenteilige Ansicht zu einem für den Kläger durchaus unbilligen Ergebnis führen würde. Es ist „im Zweifel" nicht anzunehmen, daß er genötigt ist, entweder trotz des wider ihn verübten Betruges an dem nachteiligen Vertrage festzuhalten, oder die Sicherheit aufzugeben, die ihm die Haftung der anderen Vertragsteile als Gesamtschuldner bietet. Auf seiten des Beklagten Z. ist erst recht kein Anlaß, ihn wegen der Anfechtung des Vertrages von der Haftung als Gesamtschuldner freizumachen." . . .

---

67. 1. **Zur Bestimmung der Voraussetzungen des Schuldversprechens nach § 780 und des Schuldanerkenntnisses nach § 781 B.G.B.**

2. **Irregulärer Verwahrungsvertrag durch Umwandlung einer schon bestehenden Schuld in ein verzinsliches Depositum.**

B.G.B. §§ 700 Abs. 1, 607 Abs. 2, 608.

3. **Findet auf einen solchen Verwahrungsvertrag die Vorschrift des § 364 Abs. 2 B.G.B. Anwendung?**

4. **Kann der gemäß § 1443 Abs. 1 B.G.B. in eigenem Namen klagende gütergemeinschaftliche Ehemann nur auf Leistung an beide Ehegatten gemeinsam klagen?**

5. **Ist die Ehefrau eine zulässige Zeugin, wenn der Mann als Haupt der ehelichen Gütergemeinschaft aus eigenem Rechte den Prozeß führt?**

VI. Zivilsenat. Urt. v. 19. Dezember 1907 i. S. N. (Bekl.) w. R. (Kl.). Rep. VI. 374/07.

I. Landgericht Gnesen.
II. Oberlandesgericht Posen.

Der Kläger klagte gegen einen Bruder seiner Ehefrau eine dieser angeblich gegen den Beklagten zustehende Forderung auf Kapital und Zinsen ein. Der Beklagte wurde in beiden Instanzen nach dem Klagantrage verurteilt. Seine Revision ist zurückgewiesen worden aus den folgenden

Gründen:

„Das Berufungsgericht hat die Verurteilung des Beklagten zunächst gestützt auf einen von der Ehefrau des Klägers vor ihrer Verheiratung in der Zeit vor dem Jahre 1900 mit ihrem Bruder, dem Beklagten, mündlich abgeschlossenen und von ihrer Seite erfüllten Vertrag über Handlungen. Der Beklagte hatte ihr nach der Feststellung des Oberlandesgerichtes für den Fall, daß sie bis zu ihrer etwaigen Verheiratung bei ihm bleibe und ihm die Wirtschaft führe, 6000 *M* versprochen, und sie hatte dies getan, woraus sich nach § 165 A.L.R. I. 5 seine Verpflichtung zur Zahlung dieser Summe ergab. Gegen die tatsächliche Feststellung, und daher auch gegen diese Entscheidung an sich liegen im allgemeinen, abgesehen von einem weiterhin noch zu erörternden Punkte, keine Bedenken vor. Jedenfalls würde sich aber aus dem bisher besprochenen Grunde noch nicht die Verurteilung des Beklagten in $3^1/_2$ Prozent jährlicher Zinsen seit dem 1. Januar 1902 rechtfertigen, und hierfür hatte das Berufungsgericht auch noch eine andere Grundlage, nämlich die Anfang Januar 1900 vom Beklagten der damals schon verheirateten klägerischen Ehefrau ausgestellte Urkunde, worin er ihr 6000 *M* „von seinem Vermögen verschreibt“, das Kapital, das bei ihm deponiert sei, mit $3^1/_2$ Prozent jährlich zu verzinsen verspricht und hinzufügt: „Das Kapital kann auf Verlangen im Falle eintretender Notwendigkeit sofort ausgezahlt werden.“ Daß die Ausstellung dieses Scheines, wie das Landgericht angenommen hat, ein Schuldanerkenntnis im Sinne des § 781 B.G.B. darstelle, kann mit Grund bezweifelt werden; insbesondere findet sich darin keinenfalls eine Anerkennung einer schon bestehenden Zinsverbindlichkeit, sondern nur die Neubegründung einer Verpflichtung solchen Inhaltes durch ein Versprechen. Aber auch ein abstraktes Schuldversprechen im Sinne des § 780 B.G.B. wird man hier kaum annehmen können, da ein bestimmter materieller Schuldgrund, nämlich ein über die 6000 *M* abgeschlossener Verwahrungsvertrag, in der Urkunde angegeben ist. Von diesem Standpunkt aus erscheint der Schein als Beweisurkunde für eine nach

Maßgabe von § 700 Abs. 1 B.G.B. vorgenommene Hinterlegung der 6000 *M*, und zwar so, daß gemäß des hier nach dem angeführten § 700 Abs. 1 ebenfalls anzuwendenden § 607 Abs. 2 B.G.B. eine schon bestehende Schuld dieses Betrages als in ein sog. depositum irregulare umgewandelt bezeichnet ist, und zugleich als ein schriftliches Versprechen, das Hinterlegte zu verzinsen, wie dies nach dem gleichfalls hier anwendbaren § 608 B.G.B. auch beim irregulären Depositum statthaft ist. Übrigens würde die Klage auf Grund der Urkunde bei jeder dieser Auffassungen sich als schlüssig darstellen, da, auch wenn man in den Worten „im Falle eintretender Notwendigkeit" eine für die Fälligkeit gesetzte Bedingung, und nicht bloß eine rechtlich bedeutungslose Enuntiation finden will, diese Bedingung, wie das Oberlandesgericht zutreffend ausgeführt hat, eingetreten sein würde. Der Beklagte hat nun freilich gegen die Urkunde eingewandt, sie enthalte offenbar ein Schenkungsversprechen, und dieses sei wegen Mangels gerichtlicher oder notarieller Beurkundung nach § 518 Abs. 1, bzw. § 125 B.G.B. nichtig. In Wirklichkeit ist jedoch für den Schenkungswillen aus der Urkunde nichts zu entnehmen, und der daher in diesem Punkte beweispflichtige Beklagte hat den Beweis kaum versucht und jedenfalls nicht erbracht. Das Berufungsgericht hat vielmehr tatsächlich festgestellt, daß der Beklagte den Schuldschein nur auf Grund seiner durch die älteren Abmachungen mit seiner Schwester begründeten Verpflichtung ausgestellt habe. Dazu ist nun noch zu bemerken, daß von diesem Standpunkt aus bei Zugrundelegung der Auffassung, daß der Kläger durch Vorlegung der Urkunde vom 1. Januar 1900 die in ihr bezeugten Vorgänge behauptet habe, die erhobene Klage nur durch diese Urkunde begründet werden könnte, nicht auch durch Berufung auf die früheren, den Vertrag über Handlungen betreffenden Vorkommnisse; denn durch die „Verschreibung" der 6000 *M* von seinem Vermögen und die Umwandlung derselben in ein irreguläres Depositum zugunsten der klägerischen Ehefrau würde auch der Beklagte jenen Vertrag schon erfüllt haben, und der § 364 Abs. 2 B.G.B. fände dann so wenig Anwendung, wie in dem vom erkennenden Senate laut der Entsch. in Zivils. Bd. 62 S. 52 abgeurteilten Falle. Indessen auch diese Erwägung würde natürlich an der Richtigkeit der hier angefochtenen Entscheidung nichts ändern. . . .

In der Revisionsinstanz hat der Beklagte ... noch gerügt, daß er jedenfalls mit Unrecht zur Zahlung an den Kläger allein verurteilt sei, da er höchstens zur Zahlung an diesen und dessen Ehefrau gemeinsam hätte verurteilt werden dürfen; wobei er darauf hingewiesen hat, daß nach der Annahme des Oberlandesgerichtes der Kläger auf Grund des § 1380 B.G.B. die zum eingebrachten Gute seiner Frau gehörige Forderung eingeklagt habe. Von diesem Angriffe könnte übrigens nach § 1383 vgl. m. § 1068 Abs. 2 und § 1030 Abs. 1 B.G.B. die Verurteilung zur Zahlung von Zinsen keinenfalls mitgetroffen werden. Ob nun wirklich, wie allerdings z. B. Neumann, Handausgabe des B.G.B. (4. Aufl.) Bd. 2 Bem. A, I, 3, b, α zu § 1380 S. 71, wie auch manche andere, annimmt, der Mann, der in der gesetzlichen Verwaltungsgemeinschaft lebt, in solchen Fällen wegen des Kapitals nur auf Leistung an beide Ehegatten zusammen klagen könnte, und zwar auch im Falle der Zustimmung der Frau zu seiner Klagerhebung, kann hier dahingestellt bleiben. Das Oberlandesgericht wendet hier nämlich ohne Grund überhaupt den § 1380 B.G.B. an. Der Kläger und seine Frau haben im Jahre 1899 in der Provinz Posen geheiratet. Folglich bestand unter ihnen nach § 12 des Patentes vom 9. November 1816 wegen Wiedereinführung zc in das Großherzogtum Posen die allgemeine Gütergemeinschaft des preuß. Allg. Landrechts, und nach Art. 47 § 1 des preuß. Ausf.-Ges. zum B.G.B. hat sich diese mit dem 1. Januar 1900 verwandelt in die allgemeine Gütergemeinschaft des Bürgerlichen Gesetzbuches, allerdings mit einigen Abweichungen, von denen hier in Betracht kommt, daß nach § 2 das. der § 379 A.L.R. II. 1 weiter gilt. Hiernach könnte der Kläger das Kapital von 6000 ℳ, weil es „auf den Namen der Frau geschrieben" ist, „ohne Bewilligung der Frau nicht einziehen". Die Einwilligung der Frau aber steht hier auch fest. Dagegen kommt ein ähnliches Bedenken, wie bei § 1380 B.G.B., hier, wo § 1443 Abs. 1 das. maßgebend ist, nicht in Frage, auch nicht mit Rücksicht auf die §§ 1444, 1445 B.G.B., die nach jenem Art. 47 § 2 Nr. 1 auch bei der Anwendung des § 379 A.L.R. II. 1 von Bedeutung sind.

Endlich ist noch zu berücksichtigen die Revisionsrüge des Beklagten, auf die oben schon ... hingedeutet worden ist, nämlich daß die Ehefrau des Klägers unzulässigerweise als Zeugin vernommen worden sei. Das ist in der Tat nicht zu bezweifeln, daß die angefochtene Entscheidung wesentlich mit auf der Verwertung der Aussagen dieser Zeugin beruht. Es ist nun auch bisweilen behauptet worden, daß, wenn der Ehemann als Haupt der Gütergemeinschaft prozessiere, insbesondere wenn er dies über ursprüngliches Frauenvermögen tue, auch die Frau mit Partei sei und daher nicht Zeugin sein könne.

Vgl. Gerlach, in der Zeitschr. für deutschen Civilpr. Bd. 22 S. 386 flg., und Simon, in der Jurist. Monatschr. für Posen, Ost- und Westpreußen von 1899 S. 37 flg. (a. M. Landsberg, ebenda Jahrg. 1898 S. 3 flg.).

Dies ist jedoch grundlos, da der Mann aus eigenem Rechte, und nicht als Vertreter der Frau den Prozeß führt, mag letztere auch unmittelbar beteiligt im Sinne des § 393 Abs. 1 Nr. 4 Z.P.O. sein. In diesem Sinne hat auch das Reichsgericht stets erkannt; so der V. Zivilsenat bei Bolze, Praxis des R.G.'s Bd. 10 Nr. 783, und laut der Jurist. Wochenschr. von 1898 S. 197 Nr. 2, und der IV. Zivilsenat laut der Jurist. Wochenschr. von 1896 S. 371 Nr. 8. Hieran ist auch unter der Herrschaft des Bürgerlichen Gesetzbuches festzuhalten. Weshalb es einen Unterschied machen sollte, daß der Mann hier aus einem von der Frau selbst abgeschlossenen Rechtsgeschäfte geklagt hat, ist nicht abzusehen. Freilich hat der III. Zivilsenat des Reichsgerichtes laut der Entsch. in Zivils. Bd. 12 S. 188 flg. einmal im Falle eines gemeinrechtlichen Gewalthabers, der wegen des sog. peculium adventicium regulare klagte, den Sohn für zeugnisunfähig erklärt; allein wenn diese Frage auch eine gewisse Analogie mit der jetzt in Rede stehenden darbietet, so ist sie doch eben verschieden davon, und es braucht daher jetzt nicht in weitere Erörterungen über jene Entscheidung des III. Zivilsenates eingetreten zu werden." ...

---

68. Unterliegen Bestellschreiben, in denen der Inhalt des abzuschließenden Vertrages wiedergegeben ist, dem Schuldverschreibungsstempel nach Tarifst. 58 zum preußischen Stempelsteuergesetze vom 31. Juli 1895?

VII. Zivilsenat. Urt. v. 20. Dezember 1907 i. S. preuß. Fiskus (Bekl.) w. Aktiengesellschaft Ver. Fabriken landwirtsch. Maschinen (Kl.). Rep. VII. 172/07.

I. Landgericht Breslau.
II. Oberlandesgericht daselbst.

Der Beklagte erachtete fünf Schreiben, die unter Anwendung eines Formulares im Jahre 1906 von verschiedenen Personen an die Klägerin gerichtet waren, für stempelpflichtige Schuldverschreibungen im Sinne der Tarifst. 58 zum preußischen Stempelsteuergesetze vom 31. Juli 1895. Die Schreiben enthielten Bestellungen landwirtschaftlicher Maschinen unter genauer Angabe der beiderseits zu übernehmenden Verpflichtungen. Insbesondere hieß es darin, daß der Besteller sich verpflichte, den — ziffermäßig bestimmten — Preis in gewissen Teilbeträgen zu entrichten. In einem Schreiben war gesagt: „Die Annahme dieses Antrages bleibt Ihnen vorbehalten", in den vier anderen: „Die Ausführung vorstehenden Auftrages bleibt Ihnen vorbehalten". Die Klägerin forderte die Erstattung des von ihr mit zusammen 8,50 *M* entrichteten Stempels, indem sie geltend machte, daß nur stempelfreie Vertragsanträge vorlägen. Das Oberlandesgericht erkannte nach dem Klagantrage, und die Revision des Fiskus ist zurückgewiesen.

Gründe:

„Der Berufungsrichter legt die Bestellschreiben, von denen der Stempel erfordert worden ist, dahin aus, daß sie lediglich Vertragsangebote enthielten. Gegen diese Auslegung ist rechtlich nichts zu erinnern, und die Angriffe der Revision vermögen sie nicht zu erschüttern. Aus der erschöpfenden Wiedergabe des Inhaltes der beabsichtigten Werkverträge oder Werklieferungsverträge konnte sehr wohl die rechtliche Tragweite der Schreiben als bloßer Offerten entnommen werden. Bei der Schuldverschreibung im Sinne der Tarifst. 58 zum Stempelsteuergesetze vom 31. Juli 1895 handelt es sich um die schriftliche Übernahme oder Anerkennung einer auf Zahlung einer Geldsumme gerichteten neuen und selbständigen Verpflichtung, wobei es nach § 3 Abs. 2 des Stempelsteuergesetzes freilich nicht darauf ankommt, ob die Verpflichtung nur unter einer Bedingung erklärt worden ist. Wer einem anderen die Schließung eines Vertrages anträgt, ist regelmäßig an den Antrag gebunden (§§ 146 flg. B.G.B.); aber er verpflichtet sich nicht unter der Bedingung der rechtzeitigen Annahme des Antrages. Die Gebundenheit bedeutet die Unwiderruflichkeit, die rechtliche Unmöglichkeit, den durch den Vorschlag kund getanen Willen, einen Vertrag abzuschließen, wieder zu ändern, nicht das Setzen einer Bedingung, von deren Eintritt der rechtliche Erfolg der Erklärung abhängt. Bis zur Annahme ist überhaupt kein Vertrag, auch kein bedingter, abgeschlossen, und wer ein schriftliches Angebot macht, will, daß der Vertrag zustande kommt; nicht aber will er eine bereits, wenn auch nur bedingt, bestehende Schuld verbriefen.

Möglich ist allerdings, daß eine Schuldverpflichtung unter der Bedingung des Zustandekommens eines Vertrages beurkundet wird. Aber diese Annahme liegt durchaus fern, wenn an einen anderen ein die Bedingungen des Vertrages ausführlich wiedergebendes, insbesondere die beiderseitigen Verpflichtungen umfassendes Bestellschreiben gerichtet wird. Deshalb konnte der Berufungsrichter ohne Verletzung von Rechtsnormen die Schreiben der Besteller als bloße Angebote mit dem Zweck, ein Vertragsverhältnis zu begründen, ansehen. Daß damit dem Empfänger, wenn er annimmt, ein Beweismittel für den Umfang der vom Offerenten übernommenen Verbindlichkeiten verschafft wird, ist nicht entscheidend. Es gilt dies auch zugunsten des Offerenten in Ansehung der Pflichten des Empfängers. Das Wesentliche ist, daß die Annahme vorbehalten war, daß also die Klägerin freie Hand hatte, ja oder nein zu sagen, und daß nicht eine über den Rahmen eines Angebotes hinausgehende Verpflichtung beurkundet war. Erlosch der Antrag, so verlor er ohne weiteres seine bindende Kraft. Darauf kommt es nicht an — worauf die Revision noch hinweist —, ob die Besteller mit den Agenten, die keine Abschlußvollmacht hatten, über alle Punkte des Vertrages einig waren. Empfänger der Offerten waren nicht sie, sondern es war dies die Klägerin.

Als Angebote sind die Schreiben mit Recht vom Berufungsrichter für stempelfrei erachtet worden. Der Standpunkt des Fiskus würde übrigens dahin führen, die dem Vertragsschluß durch Briefwechsel grundsätzlich gewährte Stempelfreiheit (§ 1 Abs. 2 des Stempelsteuergesetzes) für eine Reihe von Fällen wieder zu beseitigen, sofern man genötigt wäre, in dem demnächst schriftlich angenommenen Offertschreiben eine stempelpflichtige Schuldverschreibung zu erblicken. Der Vertrag ist zu versteuern, wenn die Voraussetzungen des zweiten Satzes des Abs. 2 des § 1 des Stempelsteuergesetzes gegeben sind, niemals aber das Offertschreiben als solches."

---

69. Können im Geltungsbereiche der preußischen Landgemeindeordnung vom 3. Juli 1891 die Landgemeinde gegen Dritte verbindende Rechtsgeschäfte mit verbindlicher Kraft für die Gemeinde nur in der in § 88 Abs. 4 Nr. 7 der Landgemeindeordnung vorgeschriebenen Form eingegangen werden?

VII. Zivilsenat. Urt. v. 20. Dezember 1907 i. S. B. (Kl.) w. Jagdgenossenschaft Sch. (Bekl.). Rep. VII. 107/07.

I. Landgericht Torgau.
II. Oberlandesgericht Naumburg a. S.

Die Frage ist bejaht worden aus folgenden

Gründen:

„Der Revision ist nicht zuzugeben, daß das Berufungsgericht, indem es zur Gültigkeit eines unter der Herrschaft des Jagdpolizeigesetzes vom 7. März 1850 über eine Gemeindejagd abgeschlossenen Jagdpachtvertrages Schriftform, Unterschrift des Gemeindevorstehers und eines Schöffen, sowie Beidrückung des Gemeindesiegels für erforderlich erachtet, die Bestimmung des § 88 Abs. 4 Nr. 7 der Landgemeindeordnung für die sieben östlichen Provinzen der Monarchie vom 3. Juli 1891 verletzt. Schon im Gesetze vom 14. April 1856 (G.S. S. 359), betreffend die Landgemeinde-Verfassungen in den sechs östlichen Provinzen der Monarchie, war im § 10 unter Nr. 2 bestimmt:

„Urkunden über Rechtsgeschäfte, welche die Gemeinde gegen Dritte verbinden sollen, müssen im Namen der Gemeinde von dem Schulzen und den Schöppen unterschrieben und mit dem Gemeindesiegel bedruckt sein; der dem Abschlusse des Geschäftes zum Grunde liegende Gemeindebeschluß und die dazu etwa erforderliche Genehmigung oder Entscheidung der Aufsichtsbehörde müssen der Urkunde in beglaubigter Form beigefügt sein."

Nach den Motiven zu dem vorerwähnten Gesetze und dem Kommissionsberichte — Stenographische Berichte der zweiten Kammer 1855/56 Bd. 2 S. 77 flg. — ist die Bestimmung den Kommissionsvorschlägen aus der Sitzungsperiode 1853/54 — Nr. 225 B der Drucksachen der zweiten Kammer — entnommen; sie ist dort im § 12 enthalten. In der Begründung zum Entwurfe der Landgemeindeordnung vom 3. Juli 1891 ist eine Erleichterung der Geschäftsform lediglich insofern empfohlen, als die Unterschriften von zwei Personen, die des Gemeindevorstehers und eines Schöffen, für genügend erachtet werden. Vgl. Freytag, Landgemeindeordnung S. 238 Begründung zu § 88. So ist das Gesetz dann auch ohne weitere Erörterung der Bestimmung angenommen worden.

Schon diese Entstehungsgeschichte der gesetzlichen Bestimmung, nach der eine Abänderung der Vorschriften des Gesetzes vom 14. April 1856 nur durch die vorerwähnte Vereinfachung des Geschäftsganges für geboten erachtet ist, spricht für die Auslegung, die der III. Zivilsenat des Reichsgerichtes in seinem Urteile vom 2. Juni 1905 — mitgeteilt in der Jurist. Wochenschr. 1905 S. 446 Nr. 35 — und der II. Zivilsenat in dem Bd. 64 S. 408 der Entsch. in Zivils. abgedruckten Urteile vom 4. Dezember 1906 der Bestimmung gegeben haben. Diese Auslegung geht dahin, daß die Vorschrift des § 88 Abs. 4 Nr. 7 der Landgemeindeordnung nicht nur für solche Fälle gegeben ist, in denen tatsächlich eine Urkunde errichtet wird, sondern daß die Gemeinde überhaupt nicht anders als in der vorgeschriebenen urkundlichen Form Dritten verbindlich gemacht werden kann. Der jetzt erkennende Senat schließt sich dieser Auslegung an.

Der Gesetzgeber will die Gemeinden dagegen schützen, daß das zu ihrer Vertretung berufene Organ, der Gemeindevorsteher, sie, weil er ihr Vertreter nach außen ist, auch ohne weiteres mit Verbindlichkeiten belasten kann. Deshalb ist seine Vertretungsmacht in dieser Beziehung eingeschränkt, und für die Gültigkeit von Rechtsgeschäften, aus denen sich Verpflichtungen der Gemeinde ergeben, förmliche, urkundliche Aufnahme unter Zuziehung einer zweiten Person, eines Schöffen, vorgeschrieben. Mit Recht weist das vorstehend angezogene Urteil des II. Zivilsenates zur Widerlegung der aus dem Wortlaute der Bestimmung hergeleiteten Auslegung, die Vorschrift beziehe sich nur auf in Schriftform übernommene Verbindlichkeiten, darauf hin, daß es nicht der Wille des Gesetzgebers gewesen sein könne, den Gemeindevorsteher beim Abschlusse eines mündlichen Vertrages der bezeichneten Art ganz uneingeschränkt, bei schriftlichen Verträgen aber nur unter sehr erheblichen Kautelen und Schutzmaßregeln mit für die Gemeinde bindender Kraft wirken zu lassen. Dagegen kann auch, wie das erwähnte Urteil ebenfalls schon hervorhebt, nicht geltend gemacht werden, daß die Bestimmung zurückzuführen sei auf die nach dem Allgemeinen Landrecht ohnedies schon beschränkte Gültigkeit mündlicher Verträge; denn die Landgemeindeordnung gilt auch für Gebiete, in denen schon nach altem Rechte Verträge formfrei gültig geschlossen werden konnten (Neuvorpommern, Rügen, Schleswig-Holstein). Die im Bürgerlichen Gesetzbuche im Prinzipe eingeführte Formfreiheit der Verträge ist für die Anwendung der Bestimmung bedeutungslos. Denn die Bestimmung des § 88 a. a. O. ist keine durch das Bürgerliche Gesetzbuch abgeänderte bloße Formvorschrift, sondern sie regelt, wie schon erwähnt, materiell die Vertretungsmacht des Gemeindevorstehers der Gemeinde gegenüber." ...

---

70. Wie ist bei Enteignung eines Vorgartens die Entschädigung zu bemessen?

Preuß. Enteignungsgesetz vom 11. Juni 1874 § 8.

VII. Zivilsenat. Urt. v. 20. Dezember 1907 i. S. R. (Kl.) w. Stadtgemeinde Gr. (Bekl.). Rep. VII. 9/07.

I. Landgericht Glogau.
II. Oberlandesgericht Breslau.

Der Kläger war Eigentümer des zu Gr. belegenen Hausgrundstückes Sch.'straße 17/Große B.'straße 21. Vor dem Hause befand sich nach der Sch.'straße zu ein Vorgarten im Flächeninhalte von 84,65 qm. Dieser war zum Zwecke der Verbreiterung der Sch.'straße, die auf Grund einer älteren Fluchtlinie erfolgen sollte, von der Beklagten im Wege der Enteignung in Anspruch genommen worden. Durch den Entschädigungsfeststellungsbeschluß des Bezirksausschusses war die dem Kläger zu gewährende Entschädigung auf 3124,87 *M* festgesetzt worden.

Davon entfielen u. a. auf die Grundentschädigung 634,87 *M* (7,50 *M* für das Quadratmeter) und auf Mietausfälle infolge der Beseitigung des Vorgartens 500 *M* (20 *M* jährlich mit 4 v. H. kapitalisiert). Beide Teile beschritten den Rechtsweg. Der Kläger beanspruchte die Erhöhung der Entschädigungssumme, während die Beklagte einen Abstrich begehrte. Die Instanzgerichte entsprachen dem Verlangen des Klägers nur zum Teil. Das Oberlandesgericht bewertete die oben bezeichneten Posten auf zusammen 2575 *M*. Der Kläger legte Revision ein, die indessen zurückgewiesen wurde.

Aus den Gründen:

„Bei der Berechnung der dem Kläger nach § 8 des Enteignungsgesetzes zu gewährenden Entschädigung legt der Berufungsrichter die bisherige Benutzungsart des enteigneten Teilstückes, nämlich seine Verwendung als Vorgarten für das auf dem Restgrundstücke stehende Wohnhaus, zugrunde, indem er feststellt, daß die Berechnung nach dem Maßstabe der Benutzungsfähigkeit des Trennstückes als Teiles einer als Bauland anzusprechenden Gesamtfläche zu einem dem Kläger günstigeren Ergebnisse nicht führen würde. Diese Feststellung ist nicht zu beanstanden und wird auch von der Revision nicht beanstandet.

Es kann sich nur fragen, ob bei der vom Berufungsrichter angewendeten Methode alle in Betracht kommenden Umstände berücksichtigt sind. Die Revision leugnet dies; sie meint, daß dem Kläger für das enteignete Vorgartenland selbst eine Entschädigung überhaupt nicht zugesprochen worden sei, oder daß es doch mindestens zweifelhaft erscheine, ob es der Fall sei. Der Angriff beruht indessen auf einer mißverständlichen Auffassung der Erwägungen des Berufungsrichters. Diese gehen nach ihrem Zusammenhange dahin, daß der dem Kläger infolge der Enteignung erwachsene Schade durch die Zubilligung der kapitalisierten Mietausfälle völlig ausgeglichen, daß damit insbesondere auch der Wert der Vorgartenfläche gedeckt sei. Es wird ausgeführt, daß dem Vorgarten außer seiner Bedeutung als mietzinssteigernden Faktors ein sonstiger Wert nicht innegewohnt habe, und daß daher dem Kläger nur der Betrag zukomme, der dem Werte der Fläche als Vorgartens, als eines der Erhöhung der Sicherheit und Annehmlichkeit der Wohnräume dienenden Geländes entspreche. Jenen Betrag bemißt der Berufungsrichter nach der Einbuße, die das Restgrundstück durch den Verlust des Vorgartens erleidet, und wenn er darüber hinaus nicht noch eine Summe für den Grund und Boden an sich bewilligt, so befindet er sich dabei auf dem Boden sowohl des Enteignungsgesetzes, wie des vom ihm in Bezug genommenen Urteiles des V. Zivilsenates vom 7. März 1894 (Gruchot Bd. 38 S. 1092). In dem Mietausfalle kommt nach der Annahme des Berufungsrichters der Wert des Vorgartens zum ziffermäßigen Ausdrucke, nicht bloß der objektive Wert, sondern auch der Mehrwert, den der Vorgarten als solcher, vermöge seines Zusammenhanges mit dem Wohnhause, besitzt; es tritt aber ferner damit auch der Minderwert, der durch die Abtretung für das Restgrundstück entsteht, in die Erscheinung. Wird in dieser Weise der Wert des enteigneten Trennstückes nach dem Nutzen bemessen, den es durch seine Verwendbarkeit für das Ganze bietet, dessen Teil es war, so bleibt für eine weitere Vergütung kein Raum; der gefundene Betrag umfaßt den vollen Wert der Parzelle einschließlich des bezeichneten Mehr- und Minderwertes, und mehr kann nach § 8 des Enteignungsgesetzes der Enteignete nicht beanspruchen." ...

---

71. Findet, wenn zur Entstehung oder Vergrößerung eines Bergschadens schuldbare Handlungen Dritter mitgewirkt haben, ein Gesamtschuldverhältnis zwischen diesen und dem Bergwerksbesitzer statt?

Allg. Berggef. § 148.

B.G.B. §§ 249, 251, 431.

V. Zivilsenat. Urt. v. 28. Dezember 1907 i. S. Gewerkschaft Friedrich der Große (Bekl.) w. 1. H. Sch., 2. H. W. (Kl.). Rep. V. 172/07.

I. Landgericht Bochum.
II. Oberlandesgericht Hamm.

Die Kläger erhoben als Eigentümer einer bisher als Weide und Sandgrube benutzten Parzelle gegen die verklagte Gewerkschaft Klage wegen Bergschadens mit dem Antrage, sie zu verurteilen, ihnen den nach den Gutachten gerichtlicher Sachverständiger zu ermittelnden durch den Bergbau der Beklagten verursachten Minderwert der erwähnten Parzelle zu erstatten.

Die Beklagte machte geltend, der entstandene Schade sei nicht durch ihren Bergbau allein herbeigeführt, da mehrere Städte, Bergwerke und industrielle Anlagen ihre schädlichen Abwässer den benachbarten Flußläufen der Emscher und des Landwehrbaches zuführten, wodurch die Überschwemmungen der anliegenden Grundstücke in erhöhtem Maße stattfänden und wegen der in dem zugeführten Wasser enthaltenen schädlichen Substanzen besonders nachteilig wirkten.

Das Landgericht erkannte nach Anhörung eines Sachverständigen: der Klaganspruch wird dem Grunde nach festgestellt.

In der Berufungsinstanz fand eine neue Beweisaufnahme statt, wobei der vernommene Sachverständige sich dahin aussprach, daß von dem an dem klägerischen Grundstücke durch Bodensenkung und durch die infolgedessen häufiger eintretenden Überflutungen angerichteten Schaden auf den Bergbau der Beklagten zwei Drittel, das letzte Drittel aber auf die Verschlammung des Baches, Vermehrung des Bachwassers und Vergiftung desselben mit pflanzenschädlichen Stoffen durch Zechen- und Fabrikwässer zurückzuführen sei.

Das Berufungsgericht ging jedoch auf diese Teilung nicht ein, sondern wies, soweit hier interessiert, unter Annahme eines Gesamtschuldverhältnisses die Berufung der Beklagten zurück.

Der Revision ist stattgegeben aus folgenden

Gründen:

... „Nach § 148 Allg. Bergges. ist der Bergwerksbesitzer verpflichtet, für allen Schaden, der dem Grundeigentume durch den Bergbaubetrieb zugefügt wird, vollständige Entschädigung zu leisten. Diese Entschädigungspflicht schließt den sog. mittelbaren Schaden (vgl. § 3 A.L.R. I. 4) ein (vgl. Daubenspeck, Bergrechtliche Entscheidungen des R.G.'s Bd. 1 S. 244, 246, Bd. 2 S. 180). Daran hat das Bürgerliche Gesetzbuch, das zwischen unmittelbarem und mittelbarem Schaden nicht unterscheidet, nichts geändert. Es kann aber für den durch den Betrieb des Bergwerkes verursachten Schaden ganz oder zum Teil desselben neben dem Bergwerksbesitzer auch ein Dritter haftbar sein, wenn zur Entstehung oder Ausbreitung des Schadens eine schuldbare Handlung oder Unterlassung mitgewirkt hat. In diesem Falle stehen dem Beschädigten zwei aus verschiedenen

Rechtsgründen und meist in verschiedenem Umfange Verpflichtete gegenüber, zwischen denen nach früherem Rechte ein Gesamtschuldverhältnis nicht bestand und auch nach dem Bürgerlichen Gesetzbuche, wie der Berufungsrichter mit Recht annimmt, aus den Vorschriften über unerlaubte Handlungen (§§ 830, 840) nicht hergeleitet werden kann, weil eben der Bergbau eine unerlaubte Handlung nicht ist. Zur Annahme eines Gesamtschuldverhältnisses gelangt der Berufungsrichter durch Anwendung des § 431 B.G.B.: „Schulden Mehrere eine unteilbare Leistung, so haften sie als Gesamtschuldner". Er nimmt dabei an, daß es sich bei den verschiedenen an der Schadenszufügung Beteiligten nicht um verschiedene selbständige Obligationen, sondern um eine einzige Leistung, nämlich um den Ersatz des einheitlichen von ihnen gemeinsam zugefügten Schadens handle, und daß diese einheitliche Leistung, wenn auch als Geldforderung geltend gemacht, doch im Grunde eine unteilbare sei, weil nach § 249 B.G.B. die von dem Verpflichteten geschuldete Leistung in erster Linie in Herstellung (nach Möglichkeit) des früheren Zustandes besteht. Daß diese Leistung eine unteilbare ist, kann nicht bezweifelt werden; es mag auch mit dem Berufungsrichter angenommen werden, daß sich durch die Umwandlung des Anspruches auf Naturalrestitution in eine Geldforderung (§§ 249 Satz 2, 251 B.G.B.) die ursprüngliche solidarische Verpflichtung mehrerer Schuldner nicht in eine anteilige verwandelt (vgl. Planck, Bem. 2 zu § 431; ebenso v. Staudinger, Rehbein, Windscheid-Kipp). Dagegen geht der Berufungsrichter fehl, wenn er im vorliegenden Falle, wo die verschiedenen Städte, Bergwerke und Fabriken ihre Abwässer in den Landwehrbach und die Emscher abführen und dadurch zur Beschädigung des Grundstückes der Kläger beigetragen und sich schadensersatzpflichtig gemacht haben, die den mehreren Beschädigern nach § 249 in erster Linie obliegende Naturalrestitution als eine einzige und einheitliche ansieht. Die Verpflichtung, für die Zukunft einen Zustand herzustellen, wie er bestanden haben würde, wenn der zum Schadensersatz verpflichtende Umstand — also die vertretbare schädigende Handlung — nicht eingetreten wäre, wird sich, wo nicht ein gemeinschaftliches Handeln vorliegt, oder überhaupt mehrere nebeneinander aus unerlaubter Handlung verantwortlich sind (§ 840 a. a. O.), naturgemäß verschieden gestalten, je nachdem von dem einen und dem anderen der mehreren Beteiligten auf das beschädigte Grundstück eingewirkt worden ist. Das gilt insbesondere bei sukzessiven Beschädigungen — wie sie hier vorliegen —, in welchem Falle die Naturalrestitution des ersten Beschädigers inhaltlich eine andere sein muß, als die des anderen, dessen Einwirkung die Sache schon in beschädigtem Zustande getroffen hat. So würde hier die Naturalrestitution für die Beklagte in erster Linie darin bestehen, die frühere Höhenlage des Grundstückes der Kläger wiederherzustellen, für die erwähnten Städte, Bergwerke und Fabriken aber nur darin, die verderbliche Wirkung ihrer Abwässer auf Pflanzenwuchs und Bodenbeschaffenheit nach Möglichkeit zu beseitigen und für die Zukunft zu verhindern, daß ihre Abwässer in übermäßiger Menge und schädlicher Beschaffenheit in den Landwehrbach und die Emscher abfließen. Wird hier also nicht eine und dieselbe Naturalrestitution von mehreren geschuldet, so fehlt eine notwendige Voraussetzung für die Anwendung des § 431 B.G.B., und unterliegt das hierauf beruhende Berufungsurteil der Aufhebung. In der Sache selbst konnte schon deshalb nicht erkannt werden, weil der Berufungsrichter ein zum Schadensersatz verpflichtendes Verhalten derjenigen physischen oder juristischen Personen, die durch Zuführung von Abwässern in die Flußläufe den Schaden mitbewirkt oder vergrößert haben, zwar augenscheinlich voraussetzt, aber den Verpflichtungsgrund, nämlich ein Verschulden der Beteiligten, nicht näher erörtert und festgestellt hat."

---

72. 1. Zur Auslegung des Internationalen Übereinkommens über den Eisenbahnfrachtverkehr vom 14. Oktober 1890.

2. Ist die Frist des Art. 12 Abs. 4 Satzes 2 eine Verjährungs-, oder eine Ausschlußfrist? Replik der Arglist gegen die Einrede der Verjährung. Findet bei Arglist oder grober Fahrlässigkeit des Schuldners eine Verlängerung der Frist statt? Welche Ansprüche unterliegen der Verjährung nach Art. 12 Abs. 4?

3. Folgen der Nichtbeobachtung der Vorschrift des Art. 7 Abs. 2, daß der Berechtigte einzuladen ist, bei der Prüfung des Inhaltes der Sendung durch die Bahn zugegen zu sein.

4. Inwieweit gilt die Verjährung nach Art. 12 Abs. 4 für die Rückforderung gezahlter Frachtzuschläge? Voraussetzungen der Anwendung des Art. 7 Abs. 4. Was sind „unrichtige Angaben" im Sinne dieser Vorschrift? Wem fallen die Standgelder zur Last, wenn sie durch eine nur zum Teil berechtigte Nachforderung der Bahn entstanden sind, und diese dabei der ihr nach Art. 24 Abs. 1 obliegenden Benachrichtigungspflicht nicht nachgekommen ist?

I. Zivilsenat. Urt. v. 28. Dezember 1907 i. S. T. & Co., jetzt F. M. (Kl.) w. preuß. Eisenbahnfiskus (Bekl.). Rep. I. 90/07.

I. Landgericht Königsberg, Kammer für Handelssachen.
II. Oberlandesgericht daselbst.

Die ursprünglich klagende Firma T. & Co., die inzwischen erloschen, und deren Rechtsnachfolger der jetzige Kläger auch bezüglich der hier streitigen Forderungen geworden war, hatte dem Beklagten auf seiner Station Eydtkuhnen im Mai und Juni 1898 zur Beförderung an die Société de Forges et Aciéries du Donetz in Druschkowka (Rußland) folgende Sendungen übergeben:

a) laut Frachtbriefs vom 12. Mai 1898 eine eiserne Sohlplatte im Bruttogewichte von 19810 kg, verladen im Wagen Nr. 35297, unter der Inhaltsangabe „eiserne Platte",
b) laut Frachtbriefs vom 31. Mai 1898 zwei Walzenständer und einen Zylinderdeckel im Bruttogewichte von 44730 kg, verladen im Wagen Nr. 37004, unter der Inhaltsangabe „ein Stück eiserner Ständer", „ein Stück eiserner Ständer" und „ein Stück eiserner Deckel",
c) laut Frachtbriefs vom 2. Juni 1898 einen Ständerdeckel, zwei Sohlplatten, vier Einbaustücke und einen Spindelstuhl im Bruttogewichte von 30239 kg, verladen im Wagen Nr. 28714, unter der Inhaltsangabe „1 Stück eiserner Deckel", „2 Stück eiserne Platten", „4 Stück gußeiserne Konstruktionsteile" und „1 Stück eiserne Maschinenteile".

Angaben darüber, nach welchen Tarifsätzen des maßgebenden deutsch-russischen Gütertarifes die Fracht zu berechnen sei, hatte die Firma nicht gemacht.

Die Station Eydtkuhnen erhob von ihr eine Fracht von insgesamt 2095,36 Rubel, indem sie die verfrachteten Gegenstände, welche sämtlich Maschinenteile darstellten, mit Ausnahme des letzten Stückes nach dem Satze der Gruppe 33 als „Eisen-, Stahl- und Gußeisenwaren", nicht, wie es nach Behauptung des Beklagten hätte geschehen müssen, nach dem höheren Satze der Gruppe 61 als „nicht besonders benannte Maschinenteile" tarifierte.

Die russische Eisenbahnverwaltung verlangte indessen Nachzahlung von im ganzen 4404,98 Rubel, wovon nach Feststellung des Berufungsgerichts entfallen

694,82 Rubel auf tarifmäßige Fracht, d. h. den Mehrbetrag, der bei Tarifierung nach Gruppe 61 gegenüber der erfolgten Tarifierung nach Gruppe 33 zu erheben gewesen wäre;

184,29 Rubel auf tarifwidrige Fracht, d. h. den Betrag, der bei Wagen Nr. 35297 irrtümlich auch bei Tarifierung nach Gruppe 61 zu viel berechnet ist;

1959,79 Rubel auf Frachtzuschläge gemäß Art. 7 Abs. 4 des internationalen Übereinkommens vom 14. Oktober 1890, und

1568,08 Rubel auf Stand- und Lagergelder und sonstige Gebühren, beruhend auf verspäteter Abnahme des Gutes.

Nachdem die Empfängerin und auch die Absenderin zunächst die Nachzahlung verweigert, und die Absenderin sich vergeblich bemüht hatte, durch Vorstellungen bei den russischen Behörden eine Ermäßigung der Forderung herbeizuführen, wurde der gesamte Betrag auf Anweisung der Firma T. & Co. am 21. Juli 1898 von der Empfängerin unter Vorbehalt bezahlt, und ihr dagegen das Gut ausgeliefert.

Der Kläger behauptete, daß die Tarifierung, soweit sie nach Gruppe 33 erfolgt sei, zu Recht geschehen sei, und verlangte Rückerstattung der nachgezahlten Summe, außerdem eines Betrages von 210,46 Rubel, der schon in Eydtkuhnen bei Wagen Nr. 28714 zuviel bezahlt worden sei. Jedenfalls sei die Erhebung der Frachtzuschläge ungerechtfertigt gewesen, weil bei der Zweifelhaftigkeit der Tarifbestimmungen von einer unrichtigen Angabe des Inhaltes der Sendungen im vorliegenden Falle nicht die Rede sein könne, aber auch deshalb, weil Art. 7 Abs. 4 des internationalen Übereinkommens nicht auf unverpackt aufgegebene Waren, wie sie hier vorlägen, bezogen werden könne. Wenn aber die Nachforderung unbegründet gewesen sei, so könnten auch Stand- und Lagergelder nicht verlangt werden, weil die Verzögerung der Abnahme lediglich durch die dem Beklagten zur Last fallende ungerechtfertigte Nachforderung verursacht sei. Eventuell entfalle dieser Anspruch deshalb, weil die Ablieferungsstation nicht der ihr nach Art. 24 Abs. 1 des Übereinkommens obliegenden Pflicht, die Absenderin unverzüglich von der Ursache des Ablieferungshindernisses in Kenntnis zu setzen, nachgekommen sei. Endlich habe die Bahn jedes Recht auf Nachforderung dadurch verwirkt, daß die Absenderin zu der Prüfung des Inhaltes der Sendungen nicht, wie es Art. 7 Abs. 2 des Übereinkommens vorschreibe, gehörig eingeladen sei.

Der Beklagte führte zunächst aus, daß die Tarifierung nach Gruppe 61 die richtige gewesen sei, daß der Tarif in dieser Hinsicht eine Unklarheit nicht enthalte, und daß auch die Forderung der Frachtzuschläge wegen unrichtiger Inhaltsangabe gerechtfertigt gewesen sei. Demzufolge hätte die Absenderin auch für die entstandenen Standgelder aufzukommen. Die Vorschrift des internationalen Übereinkommens, daß der Berechtigte zur Prüfung des Inhaltes der Sendung zuzuziehen sei, sei rein instruktionell; die Unterlassung habe Rechtsnachteile nicht zur Folge; jedenfalls stehe sie einem anderweiten Nachweise der Unrichtigkeit der Deklaration nicht entgegen. Die Unterlassung der unverzüglichen Benachrichtigung der Absenderin von der Ursache des Ablieferungshindernisses habe im vorliegenden Falle keinen Schaden verursacht, da die Absenderin sofort von der Empfängerin benachrichtigt worden sei und bei voller Kenntnis der Sachlage die Nachzahlung geweigert habe. Vor allem stehe der teils am 3. Oktober 1899, teils am 15. März 1900 erhobenen Klage der Einwand der Verjährung gemäß Art. 12 Abs. 4 des internationalen Übereinkommens entgegen.

Der Kläger erwiderte, der Einwand der Verjährung greife nicht Platz, da die erhobenen Ansprüche nicht auf unrichtiger Tarifierung, sondern, wie der Beklagte behaupte, auf unrichtiger Deklarierung beruhten. Da sich ferner die russische Eisenbahnverwaltung bei der Behandlung der Sache einer groben Fahrlässigkeit schuldig gemacht habe, so gelte gemäß Art. 45 und Art. 44 Abs. 2 Nr. 1 des Übereinkommens eventuell nicht die einjährige, sondern eine dreijährige Verjährung. Endlich aber stände der Einrede die Replik der Arglist entgegen, weil die Klägerin durch die inzwischen stattgehabten Verhandlungen, sowie durch die Verzögerung der Erledigung ihrer Gesuche von seiten der russischen Behörden und durch die Zurückhaltung der Frachtbriefe und anderer Beweisurkunden an der früheren Erhebung der Klage gehindert worden sei.

Das Landgericht hatte der Klage zu einem erheblichen Betrage stattgegeben, indem es annahm, daß zwar die Tarifierung nach Gruppe 61 die richtige gewesen sei, daß indessen bei unverpackten Gütern Frachtzuschläge im Falle unrichtiger Angabe nicht erhoben werden könnten; daß folgeweise neben der zuviel gezahlten Fracht und den Frachtzuschlägen auch die Standgelder zurückzuerstatten seien, weil ihre Entstehung überwiegend auf der Zuvielforderung der Eisenbahn beruhe. Der Einwand der Verjährung sei nicht begründet, weil ihm die Replik der Arglist entgegenstehe, bezüglich der Frachtzuschläge auch um deswillen nicht, weil Art. 12 Abs. 4 des internationalen Übereinkommens darauf nicht anwendbar sei.

Dagegen hatte das Oberlandesgericht die Klage gänzlich abgewiesen, indem es in der Begründung im wesentlichen den Ausführungen des Beklagten folgte.

Das Berufungsurteil wurde auf die Revision des Klägers aufgehoben aus folgenden

Gründen:

„Es empfiehlt sich, zunächst die Einrede der Verjährung zu prüfen, weil sie nach der vom Vorderrichter geteilten Ansicht des Beklagten die ganze Klage erledigen würde, und weil sich zeigen wird, daß sie in der Tat einen wesentlichen Klagegrund, der somit der Erörterung nicht bedarf, und damit zugleich einen Teil der Klagansprüche erledigt.

Der Beklagte stützt den Einwand der Verjährung auf Art. 12 Abs. 4 des internationalen Übereinkommens vom 14. Oktober 1890, wo gesagt ist:

„Wurde der Tarif unrichtig angewendet, oder sind Rechnungsfehler bei der Festsetzung der Frachtgelder und Gebühren vorgekommen, so ist das zuwenig Geforderte nachzuzahlen, das zuviel Erhobene zu erstatten. Ein derartiger Anspruch kann nur binnen Jahresfrist vom Tage der Zahlung an geltend gemacht werden." . . .

Der Kläger hat in der Revisionsinstanz darzulegen versucht, daß es sich hier gar nicht um eine Verjährungsfrist, sondern um eine Präklusivfrist handle, und daß unter dem „Geltendmachen" auch eine

Reklamation bei der Eisenbahn zu verstehen sei. Er hat sich dafür bezogen auf die Entscheidung des erkennenden Senates vom 3. Februar 1906, Jurist. Wochenschr. S. 205 Nr. 29. Diese Auslegung erscheint indessen durch den dritten Satz des Abs. 4 Art. 12 ausgeschlossen. Danach soll nämlich Art. 45 Abs. 3 auf die fraglichen Forderungen Anwendung finden, und hier ist gesagt:

„Bezüglich der Unterbrechung der Verjährung entscheiden die Gesetze des Landes, wo die Klage angestellt ist."

Da diese Bestimmung durch die Inbezugnahme zu einem Bestandteile des Art. 12 Abs. 4 gemacht ist, ist die hier bezeichnete Frist dadurch als eine Verjährungsfrist gekennzeichnet. Eine Unterbrechung der Frist durch bloße Reklamation findet nur statt, sofern dies in dem einschlägigen Landesgesetze angeordnet ist, was für den vorliegenden Fall unbestritten nicht zutrifft. Ebensowenig greift nach der hier maßgebenden Fassung des Übereinkommens vom 14. Oktober 1890 die in dem Zusatzabkommen vom 16. Juni 1898 angeordnete Hemmung der Verjährung durch schriftliche Reklamation bei der Eisenbahn (Art. 12 Abs. 4, Art. 45 Abs. 4 neuer Fassung) Platz. Der Art. 12 Abs. 4 Satz 1 und 2 hat gewissermaßen eine authentische Interpretation erfahren in § 470 Abs. 1 des neuen Deutschen Handelsgesetzbuchs, der dazu bestimmt war, die Norm des Übereinkommens allgemein auf den deutschen Eisenbahnverkehr zu übertragen.

Vgl. Denkschrift zu § 443 des Entwurfes, amtliche Ausgabe von 1896 S. 276.

In der Fassung des Handelsgesetzbuches aber lautet die Bestimmung:

„Ansprüche der Eisenbahn auf Nachzahlung zu wenig erhobener Fracht oder Gebühren, sowie Ansprüche gegen die Eisenbahn auf Rückerstattung zu viel erhobener Fracht oder Gebühren verjähren in einem Jahre, sofern der Anspruch auf eine unrichtige Anwendung der Tarife oder auf Fehler bei der Berechnung gestützt wird. Die Verjährung beginnt mit dem Ablaufe des Tages, an welchem die Zahlung erfolgt ist."

Dies ist in der Tat nichts anderes als eine verbesserte Redigierung des Art. 12 Abss. 1 und 2, die dessen Sinn nur klarer zum Ausdrucke bringt.

Die Entscheidung Jurist. Wochenschr. 1906 S. 205 Nr. 29 kann nicht zum Vergleiche dienen. Dort handelte es sich um eine

Konnossementsklausel, welche lautete: „Ansprüche auf Grund dieses Konnossements können nur innerhalb vier Monate vom Datum desselben berücksichtigt werden". Danach konnte sehr wohl angenommen werden, daß die Kontrahenten eine Anmeldung der Ansprüche beim Verfrachter ins Auge gefaßt hätten. Von Verjährung konnte überhaupt keine Rede sein.

Die hiernach in Art. 12 Abs. 4 des internationalen Übereinkommens vorgesehene einjährige Verjährung ist nach der tatsächlichen Gestaltung des vorliegenden Falles, soweit sie nach den rechtlichen Voraussetzungen der Ansprüche Platz greift, unbestritten eingetreten; denn die Klage hätte dann schon im Juli 1899 erhoben werden müssen, während sie erst teils im Oktober 1899, teils im März 1900 erhoben ist.

Der Kläger macht zwar geltend, daß der Einrede, soweit sie begründet wäre, die Replik der Arglist entgegenstehe. Indessen kann dem nicht beigetreten werden. Vielmehr ist diese Replik vom Vorderrichter zutreffend zurückgewiesen worden. Schon im Sommer 1898 hatte die frühere Klägerin Kenntnis davon, daß der Beklagte den jetzt erhobenen Rechtsanspruch bestreite und höchstens ein Entgegenkommen der russischen Eisenbahn aus Billigkeitsgründen für möglich erachte. Schon von dieser Zeit an lag Veranlassung für die Klägerin vor, mit Rücksicht auf die drohende Verjährung mit der Klage vorzugehen. Jede Veranlassung, hiermit zu zögern, entfiel aber, als die Klägerin durch das Schreiben des Beklagten vom 5. Juli 1899 die endgültige Ablehnung ihrer Reklamation von seiten der russischen Behörden erfuhr. Mit diesem Schreiben wurden ihr zugleich die Frachtbriefe und sonstigen Belege zurückgegeben, so daß sie auch nicht geltend machen kann, sie sei durch Vorenthaltung dieser Schriftstücke an der Erhebung der Klage gehindert worden; denn damals war die Verjährung jedenfalls noch nicht eingetreten. Übrigens kann auch nicht zugegeben werden, daß die Klägerin ohne den Besitz der betreffenden Schriftstücke die Klage nicht hätte erheben können.

Ebenso unbegründet ist der ferner gegen die Verjährungseinrede erhobene Einwand, daß in analoger Anwendung der Art. 45 und Art. 44 Nr. 1 des internationalen Übereinkommens die Verjährungsfrist auf drei Jahre zu berechnen sei. Art. 45 betrifft Entschädigungsforderungen wegen Verlustes, Minderung, Beschädigung oder Verspätung, für die im Falle des Art. 44 Nr. 1, d. h. wenn dem Anspruche Arglist oder grobe Fahrlässigkeit der Eisenbahn zugrunde liegt, die gewöhnliche Verjährungsfrist von einem Jahre auf drei Jahre verlängert wird. Dagegen betrifft Art. 12 Abs. 4, soweit er hier zur Anwendung kommen könnte, Ansprüche ganz anderer Art, nämlich auf Erstattung des zufolge unrichtiger Anwendung des Tarifes zuviel Erhobenen. Für Ansprüche dieser Art ist eine Verlängerung der dafür normierten einjährigen Verjährungsfrist nicht vorgesehen, und es fehlt an jedem Anhalte dafür, daß die vertragschließenden Staaten diese Verlängerung trotzdem für den Fall hätten vereinbaren wollen, daß die unrichtige Anwendung des Tarifes von seiten der betreffenden Eisenbahn auf grober Fahrlässigkeit beruhe, oder gar für den Fall, daß bei Behandlung der betreffenden Waren die der Eisenbahn nach Art. 7 Abs. 2 obliegende Einladungspflicht oder die ihr nach Art. 24 Abs. 1 obliegende Benachrichtigungspflicht aus grober Fahrlässigkeit verabsäumt sein sollte.

Für die Verjährungseinrede kommt es daher darauf an, inwieweit die erhobenen Ansprüche auf Erstattung des zufolge unrichtiger Anwendung des Tarifes zuviel Erhobenen gerichtet sind, mit anderen Worten, um die Voraussetzung noch mehr dem im konkreten Falle entscheidenden Momente anzupassen, inwieweit zum Klagegrunde die unrichtige Anwendung des Tarifes gehört. Soweit die Ansprüche notwendig auf diesem Klagegrunde beruhen, sind sie zur Abweisung reif; soweit sie wenigstens mit darauf gestützt werden, ist dieser Klagegrund auszuscheiden.

Ersteres trifft zu bezüglich der auf Rückerstattung einfacher Fracht gerichteten Ansprüche, sei es daß sie damit begründet sind, daß bei der Tarifierung die Güter nicht der Gruppe 61, sondern der Gruppe 33 hätten zugerechnet werden sollen, sei es damit, daß selbst bei Anerkennung der Tarifierung nach Gruppe 61 noch zuviel berechnet sei. Ein anderer Klagegrund, als Erhebung zufolge unrichtiger Anwendung des Tarifes oder — was keinen Unterschied begründen würde — infolge von Rechnungsfehlern bei Festsetzung der Frachtgelder, kommt bei diesen Ansprüchen wenigstens ernstlich nicht in Frage.

Es scheint freilich, als ob der Kläger jetzt aus der Nichtbeachtung des Art. 7 Abs. 2 Satzes 3 des internationalen Übereinkommens den Anspruch herleiten will, das etwaige Recht der Eisenbahn auf Nachzahlung von Fracht für verwirkt zu erklären. Für eine derartige Rechtsfolge der Versäumnis der Bahn fehlt es aber in dem Übereinkommen an jeder Grundlage, mag man nun die Vorschrift, daß der Berechtigte gehörig eingeladen werden soll, bei der Prüfung der Übereinstimmung des Inhaltes der Sendungen mit den Angaben des Frachtbriefes zugegen zu sein, mit dem Vorderrichter für eine rein instruktionelle halten, deren Nichtbefolgung keine Rechtsfolgen hat, oder mag man ihre Beobachtung mit den vom Kläger für diese Auslegung angeführten Schriftstellern und Gutachtern für obligatorisch ansehen. Denn auch im letzteren Falle würde die Folge der Nichtbeobachtung, wie auch jene Schriftsteller[1] annehmen, doch nur die sein, daß sich die Bahn auf ihre Feststellung nicht berufen könnte, sondern die Nichtübereinstimmung des Inhaltes der Sendungen mit den Angaben des Frachtbriefes anderweit beweisen müßte. Dieser Rechtsnachteil wäre indes für den vorliegenden Fall, wo die tatsächlichen Unterlagen für die Anwendung des Tarifes unstreitig sind, insbesondere feststeht, daß Maschinenteile verfrachtet worden sind, unerheblich. Die Behauptung der Revision, daß in Ermangelung einer ordnungsmäßigen Feststellung des Inhaltes der Sendung von der Bahn überhaupt keine Ansprüche auf Nachzahlung von Fracht oder auf Frachtzuschläge erhoben werden könnten, ist unrichtig. Diese Feststellung ist der Bahn nur freigestellt; sie ist dazu nicht verpflichtet. Voraussetzung der Nachforderung von Fracht ist gemäß Art. 12 Abs. 4 lediglich die unrichtige Anwendung des Tarifes oder das Vorkommen von Rechnungsfehlern bei der Festsetzung der Frachtgelder zum Nachteile der Bahn, wie Voraussetzung der Forderung von Frachtzuschlägen gemäß Art. 7 Abs. 4 lediglich „unrichtige Angabe des Inhaltes einer Sendung" ist, und es ist die Erhebung dieser Ansprüche nicht abhängig von der Erfüllung irgend welcher formeller Bedingungen. Es bedarf auch keiner Ausführung, daß der Bahn jene Ansprüche nicht dadurch entzogen werden könnten, daß sie zu einer Feststellung des Inhaltes der Sendung, etwa infolge der Ablieferung an den Empfänger, nicht mehr imstande wäre.

Hieraus ergibt sich, daß die Klage wegen 210,46 Rubel, die die

---

[1] Vgl. insbesondere Eger, Das internat. Übereink. rc 2. Aufl. S. 129; Rosenthal, Intern. Eisenbahnfrachtrecht S. 73. D. E.

ursprüngliche Klägerin schon in Eydtkuhnen zuviel bezahlt haben will, sowie wegen 694,82 Rubel, die der Vorderrichter als nachgezahlte tarifmäßige Fracht, und wegen 184,29 Rubel, die er als nachgezahlte tarifwidrige Fracht bezeichnet hat, mit Recht abgewiesen ist.

Die verbleibenden beiden Ansprüche, betreffend 1959,79 Rubel Frachtzuschläge und 1568,08 Rubel Stand- und Lagergelder, stützen sich nur zum Teil auf den Klagegrund der unrichtigen Anwendung des Tarifes.

Es wird geltend gemacht, daß sich, wenn die verfrachteten Waren der Gruppe 33 zuzuzählen seien, mit anderen Worten, wenn die Tarifierung nach Gruppe 61 eine unrichtige gewesen sei, damit zugleich die Deklaration in den Frachtbriefen als richtig herausstelle, so daß die Voraussetzung für die Forderung von Frachtzuschlägen entfalle; ferner daß, wenn aus diesem Grunde weder eine Nachforderung von Fracht, noch eine Forderung von Frachtzuschlägen berechtigt gewesen sei, die Waren auch dem Empfänger nicht hätten vorenthalten werden dürfen, und daß daher auch die Entstehung von Standgeldern auf unrichtiger Anwendung des Tarifes beruhe. Diese Argumentation ist zwar zutreffend; sie zeigt aber, daß bei ihr der Klagegrund der Ansprüche die Verpflichtung der Bahn zur Erstattung von infolge unrichtiger Anwendung des Tarifes zuviel erhobener Beträge ist, daß es sich somit um den in Art. 12 Abs. 4 des internationalen Übereinkommens der einjährigen Verjährung unterworfenen Anspruch handelt. Dieser Klagegrund ist daher nicht zu erörtern, weil ihm die Verjährungseinrede entgegensteht. Damit scheidet der Streitpunkt aus, ob der deutsch-russische Tarif von der russischen Eisenbahn richtig angewandt ist, oder nicht.

Die beiden erwähnten Ansprüche sind aber auch noch in anderer Weise begründet worden.

Es wird ausgeführt, daß, wenn man davon ausgehe, daß sämtliche verfrachtete Waren als nicht besonders benannte Maschinenteile zu tarifieren gewesen seien, dennoch die Forderung von Frachtzuschlägen nicht gerechtfertigt gewesen sei, weil Art. 7 Abs. 4 auf unverpackte Sendungen nicht anwendbar sei, und weil jedenfalls eine unrichtige Angabe des Inhaltes im Sinne dieser Bestimmung nicht vorliege. Danach beruhe aber auch die Zurückhaltung der Sendung und somit die Entstehung von Standgeld wenigstens überwiegend auf dem Verhalten der Bahn, nämlich auf der ungerechtfertigten Nachforderung von Frachtzuschlägen; ferner beruhe die Entstehung von Standgeld auf der Verabsäumung der der Bahn nach Art. 24 Abs. 1 des internationalen Übereinkommens obliegenden Benachrichtigungspflicht.

Es ist klar, daß die Ansprüche mit dieser Begründung nicht der Verjährungsvorschrift des Art. 12 Abs. 4 unterliegen; denn es wird hierbei auf Geltendmachung des Umstandes, daß der Tarif unrichtig angewandt, und um deswillen zuviel erhoben sei, was eine notwendige Voraussetzung des in Art. 12 Abs. 4 behandelten Anspruches bildet, verzichtet. In dieser Begründung müssen die erwähnten Ansprüche daher materiell geprüft werden.

Es ist zunächst dem Vorderrichter darin beizutreten, daß die Anwendung des Art. 7 Abs. 4 nicht auf Güter beschränkt ist, die in einer Verpackung aufgegeben werden, sondern daß sie an sich auch auf unverpackte Güter zu erstrecken ist. Kein Gewicht ist freilich auf den vom Vorderrichter verwerteten Umstand zu legen, daß in Art. 6 Abs. 1 des internationalen Übereinkommens unter d von der „Bezeichnung der Sendung nach ihrem Inhalte" gesprochen wird, und daß hier ohne Zweifel sowohl unverpackte, wie verpackte Sendungen ins Auge gefaßt sind. Denn in dem französischen Texte, der als dem deutschen gleichwertig zu gelten hat,

vgl. Gerstner, Internationales Eisenbahnfrachtrecht S. 22,

steht hier: „La désignation de la nature de la marchandise", während es in Art. 7 Abs. 4 heißt: „en cas de fausse déclaration du contenu", und es erscheint danach die Annahme nicht ausgeschlossen, daß im deutschen Texte das Wort „Inhalt" in der einen Bestimmung einen anderen Sinn hat, als in der anderen. Entscheidend ist aber, daß der Art. 7 ganz allgemein die Haftung des Absenders für die „Richtigkeit der in den Frachtbrief aufgenommenen Angaben und Erklärungen" behandelt, ohne irgendwie zwischen verpackten und unverpackten Sendungen zu unterscheiden. Es ist ferner keineswegs ausgeschlossen, daß auch bei unverpackt aufgegebenen Sendungen die Eisenbahnverwaltung durch eine wissentlich oder fahrlässig falsche Deklaration getäuscht und in ihrem Frachtanspruche verkürzt werden kann. Warum für derartige Fälle die Vereinbarung einer Vertragsstrafe in Gestalt von Frachtzuschlägen nicht gelten solle, ist nicht einzusehen. Man braucht nur für den gegenwärtigen Fall zu unterstellen, daß die verladenen Platten, Ständer und Deckel in dem Tarife ganz zweifelsfrei — etwa durch den Zusatz „außer wenn es sich dabei um Teile von Maschinen handelt" — als solche gekennzeichnet wären, die nach Gruppe 61 zu tarifieren seien, und der Absender ihre Eigenschaft als Maschinenteile in der Deklaration ausdrücklich verneint hätte, um zu erkennen, daß es ungerechtfertigt wäre, unverpackte Sendungen allgemein von der Vorschrift des Art. 7 Abs. 4 auszunehmen.

Ebenso Eger, Internationales Übereinkommen 2. Aufl. S. 134; a. M. Entsch. des Zentralamtes vom 24. Oktober 1894 bei Eger, Eisenbahnrechtliche Entsch. Bd. 11 S. 336.

Dagegen ist der Revision darin beizutreten, daß, wenn die verfrachteten Waren sämtlich bei richtiger Auslegung des maßgebenden deutsch-russischen Tarifes der Gruppe 61 zuzuzählen sein würden, eine „unrichtige Angabe" des Inhaltes der Sendungen im Sinne des Art. 7 Abs. 4 nicht als vorliegend anzunehmen wäre.

Offenbar hat sich der Vorderrichter in dieser Hinsicht von den Ausführungen des Gutachters S. bestimmen lassen. Dieser sagt:

„Eine richtige Angabe des Inhaltes einer Sendung liegt erst vor, wenn die Angabe des Inhaltes der Sendung oder — wie der französische Text des internationalen Übereinkommens über den Eisenbahnfrachtverkehr richtiger sagt — der Natur des Gutes derart spezialisiert ist, daß außer Zweifel steht, zu welcher der nach den Tarifen oder sonstigen Vorschriften maßgebenden Kategorien von Gütern die Sendung gehört (vgl. Gerstner, Internationales Frachtrecht, Berlin 1893 S. 117; auch Eger, Komm. zum internationalen Übereinkommen 2. Aufl. S. 97). Alle Angaben, die diesen Anforderungen nicht entsprechen, also unter Umständen auch ungenaue oder ungenügende Angaben, sind unrichtige Angaben im Sinne des Art. 7 Abs. 4 des internationalen Übereinkommens."

Diese Begriffsbestimmung der „unrichtigen Angaben" ist indessen viel zu weit. Das Zitat aus Gerstner betrifft die Auslegung des Art. 6 Abs. 1 d des internationalen Übereinkommens und bezweckt die Feststellung, zu welcher Art von Bezeichnung der Absender überhaupt verpflichtet ist, nicht aber des Begriffes der „unrichtigen Angaben". Daß die Nichterfüllung jener Verpflichtung keineswegs identisch ist mit einer „unrichtigen Angabe", ergibt schon die Vergleichung der

Abss. 1 und 4 des Art. 7, wo einerseits die Haftung des Absenders für die Folgen „unrichtiger, ungenauer oder ungenügender Erklärungen" aufgestellt, anderseits an die „unrichtige Angabe des Inhaltes" die Verpflichtung zur Zahlung von Frachtzuschlägen geknüpft wird. Daraus folgt, daß unterschieden werden muß zwischen „ungenauen oder ungenügenden Angaben" und zwischen „unrichtigen Angaben", sowie daß nur diese die Verpflichtung zur Zahlung von Zuschlägen zur Folge haben. Auch in der angeführten Stelle bei Eger findet die Behauptung des Gutachters keine Stütze. Schon die Anforderung, die Gerstner an den Absender hinsichtlich der „Bezeichnung der Sendung nach ihrem Inhalte" stellt, geht zu weit. In Nr. IV der allgemeinen Zusatzbestimmungen zu § 51 der deutschen Eisenbahnverkehrsordnung (Eger, 2. Aufl. S. 231) heißt es zur Erläuterung jenes Begriffes:

> „Der Inhalt der Frachtstücke ist in dem Frachtbriefe genau zu benennen. Für die in den allgemeinen Tarifvorschriften und in der Güterklassifikation aufgeführten Gegenstände sind die daselbst gebrauchten, für alle übrigen Güter die handelsgebräuchlichen Benennungen anzuwenden. Frachtbriefe mit nur allgemeinen Bezeichnungen, wie ätherische Öle, Chemikalien, Effekten, Kalisalze, Kaufmannsgut, künstliche Düngemittel, Meßgut, Steuergut, Tierabfälle 2c, werden zurückgewiesen."

Der Gütertarif für den deutsch-russischen Eisenbahnverband . . . enthält eine Erläuterung jenes Begriffes überhaupt nicht.

Hiernach wird jedenfalls nicht allgemein erwartet und verlangt werden können, daß der Absender von vornherein einen Frachtbrief vorlegt, woraus sich die Zugehörigkeit des Frachtstückes zu der für die Tarifierung maßgebenden Warenkategorie zweifelfrei ergibt. Die Gütertarife sind aber überhaupt derart kompliziert und geben selbst den gewiegtesten Sachverständigen so vielfach Anlaß zu Zweifeln, daß selbst bei den in der Güterklassifikation enthaltenen Gegenständen eine sofortige absolut einwandsfreie, die Tarifierung außer Zweifel stellende Deklaration von dem absendenden Publikum nicht immer vorausgesetzt werden darf. Ferner ist die Eisenbahn zwar nur berechtigt, nicht verpflichtet, die Übereinstimmung des Inhaltes der Sendungen mit den Angaben des Frachtbriefes zu prüfen (Art. 7 Abs. 2). Was aber von ihr, als dem Vertragsteile, der den Tarif anzuwenden hat und mit dessen Bestimmungen mutmaßlich weit vertrauter ist als der Gegenkontrahent, nach Treu und Glauben verlangt werden kann, ist die Prüfung der Deklaration selbst auf ihre Zulänglichkeit. Es kann daher nicht zugelassen werden, daß die Bahn den Absender nachträglich für eine Ungenauigkeit und Unvollständigkeit der Deklaration, die aus dem Frachtbriefe selbst ohne weiteres zu ersehen war, haftbar macht; vielmehr liegt es ihr ob, in derartigen Fällen eine Verbesserung oder Vervollständigung der Deklaration zu verlangen.

Hiernach ist davon auszugehen, daß eine Deklaration nicht schon deshalb als „unrichtig" angesehen werden kann, weil sie mit Rücksicht auf die Anwendung des Tarifes — insbesondere wenn dessen wahre Bedeutung nicht ohne weiteres klar ist, sondern erst mit den technischen Mitteln der Auslegung festgestellt werden kann — unzutreffend erscheint, sondern daß das Merkmal der Unrichtigkeit der Regel nach nur dann vorliegt, wenn die Bezeichnung auch ohne Rücksicht auf den Tarif nach der allgemeinen Verkehrsauffassung als falsch erscheinen muß. Nur dann wird man die Beziehung auf den Tarif allein für entscheidend ansehen dürfen, wenn sich der Deklarant der wahren Bedeutung des Tarifes wohl bewußt war und die hiernach unzutreffende Bezeichnung zu dem Zwecke gewählt hatte, um eine Frachtberechnung nach einer in Wahrheit nicht anwendbaren, ihm günstigeren Tarifposition herbeizuführen.

Beides trifft im vorliegenden Falle auf die Bezeichnung der Frachtstücke als Platten, Ständer, gußeiserne Konstruktionsteile oder Deckel nicht zu.

Wenn auch die Auslegung des Tarifes von seiten des Beklagten hier nicht mehr in Frage gezogen werden darf, so ist es doch sicher, daß sie keineswegs auf der Hand lag, da, wie die vom Kläger vorgelegten Erklärungen von Sachverständigen und das Gutachten des gerichtlichen Sachverständigen G. dartun, die gegenteilige Auslegung vielfach in kompetenten Kreisen für die richtige gehalten wird. Es liegt nichts dafür vor, daß nicht auch die ursprüngliche Klägerin diese Auffassung, die in dem Wortlaute des deutsch-russischen Tarifes und anderen vom Kläger ... hervorgehobenen Momenten eine wesentliche Stütze findet, geteilt hätte. Danach handelte sie aber von ihrem Standpunkte aus durchaus korrekt, wenn sie die betreffenden Frachtstücke nicht als „Sohlplatten", „Zylinder-, bzw. Ständerdeckel," „Walzenständer" und „Einbaustücke", sondern als „eiserne Platten, Ständer und Deckel" oder als „gußeiserne Konstruktionsteile", entsprechend der nach ihrer Ansicht zutreffenden Tarifposition, bezeichnete. Nach Lage der Sache kann dem Sachverständigen S. nicht beigetreten werden, daß damit die verkehrsübliche Bezeichnung „verstümmelt" wurde. Da es allgemein bekannt ist, daß Platten, Ständer, Deckel und Konstruktionsteile auch Maschinenteile sein können, und das aufgegebene Gewicht jedenfalls darauf schließen ließ, daß es sich unter anderem nicht um gewöhnliche Geschirrdeckel handelte, so lag für die Empfangsstation, falls sie die jetzt für richtig erachtete Auslegung des Tarifes teilte, alle Veranlassung vor, den Absender näher zu befragen, sich die Frachtstücke anzusehen und auf eine zutreffende Deklaration zu dringen. Ein Verschulden des Absenders, seiner Leute oder seines Auftraggebers ist in keiner Weise ersichtlich, und auch das spricht dafür, daß eine „unrichtige Angabe" im Sinne des Art. 7 Abs. 4 nicht vorliegt. Denn da die „unrichtige Angabe" eine Vertragsstrafe nach sich ziehen soll, und zwar eine solche, die, weil sie neben der Forderung auf vollen Schadensersatz besteht, nur den Zweck haben kann, der betreffenden Handlungsweise entgegenzutreten und das Publikum zu einer den Bedürfnissen des Eisenbahnverkehres entsprechenden Deklarierung zu erziehen, so ist anzunehmen, daß die Vorschrift nicht für Fälle berechnet ist, wo jedes Verschulden der bei der Absendung beteiligten Personen ausgeschlossen ist. Die Nachforderung von Frachtzuschlägen war somit ungerechtfertigt, und es erscheint die Klage zu diesem Punkte begründet.

Die Entscheidung wegen der Frachtzuschläge ist präjudizierlich bezüglich der Standgelder. Diese sind verfallen sowohl wegen Nichtzahlung der nachgeforderten Fracht, als auch wegen Nichtzahlung der geforderten Frachtzuschläge. Jene Forderung muß als gerechtfertigt angenommen werden; diese war es nicht. Die Standgelder würden daher, wenn andere Umstände nicht in Betracht kämen, im Verhältnis der berechtigten Nachforderung zum vollen Betrage gefordert werden können, da sie sowohl auf das Verhalten des Absenders, als auch auf das Verhalten der Eisenbahn zurückzuführen wären, und dieses Verhalten auf beiden Seiten nach Maßgabe der Höhe der zuwenig gezahlten und der zuviel geforderten Beträge kausal erscheint.

Es kommt indessen weiter in Betracht, daß der Kläger die Verzögerung der schließlichen Zahlung auch darauf zurückgeführt hat, daß die Bahn der ihr nach Art. 24 Abs. 1 des internationalen Übereinkommens obliegenden Benachrichtigungspflicht nicht nachgekommen ist. Daß die Erfüllung dieser Pflicht verabsäumt ist, steht fest. Anderseits steht aber auch fest, daß die ursprüngliche Klägerin sehr bald durch Nachricht der Empfängerin in den Stand gesetzt ist, die Nachzahlung zu bewirken. Es bleibt daher aufzuklären, ob und um wie viel die Nichterfüllung der Benachrichtigungspflicht der Bahn die Kenntnisnahme der Absenderin von dem Ablieferungshindernisse verzögert hat. Sodann kommt in Betracht, daß nach dem Schreiben der Klägerin vom 27. Juli 1898 die Annahme angezeigt ist, daß die Klägerin der Forderung der Frachtnachzahlung sofort nachzukommen bereit war, und daß daher die Standgelder lediglich durch die Forderung der Frachtzuschläge entstanden sind. In diesem Falle würden die Standgelder dem Kläger überhaupt nicht zur Last zu legen sein." . . .

73. Ist der Rechtsweg für die Klage des Straßenanliegers auf Rückzahlung eines behufs Erlangung der Bauerlaubnis an die Stadtgemeinde entrichteten Beitrages zu den Straßenherstellungskosten zulässig, wenn die Zahlung auf Grund eines vom Zahlenden mit der Stadtgemeinde geschlossenen entgeltlichen Vertrages erfolgt ist, und dieser Vertrag mit der Klage wegen Irrtums angefochten wird?

G.V.G. § 13.

Preuß. Gesetz über die allg. Landesverw. v. 30. Juli 1883 §§ 127 flg.

VII. Zivilsenat. Urt. v. 30. Dezember 1907 i. S. Stadtgemeinde Düsseldorf (Bekl.) w. Schl. (Kl.). Rep. VII. 83/07.

I. Landgericht Düsseldorf.
II. Oberlandesgericht daselbst.

Der Kläger suchte am 6. Juni 1899 und am 26. Juni 1900 je für ein ihm gehöriges, an der Luisenstraße in Düsseldorf gelegenes Grundstück die baupolizeiliche Erlaubnis zur Errichtung eines Wohnhauses nach. In beiden Fällen erhielt er von der Polizeiverwaltung den Bescheid, daß die Bauerlaubnis nicht erteilt werden könne, wenn er nicht die Erklärung des Oberbürgermeisters beibringe, daß dieser, als Gemeindevorstand, mit der Erteilung der Bauerlaubnis einverstanden sei. Vom Oberbürgermeister, an den sich nunmehr der Kläger mit einem Gesuche um Erteilung der Bauerlaubnis wendete, wurden ihm die Bedingungen mitgeteilt, unter denen jener zu der erwähnten Erklärung bereit sei. Zu diesen Bedingungen gehörte unter anderen die Einzahlung eines Beitrages zu den nach dem Ortsstatute zu entrichtenden Straßenherstellungskosten von 1541,52 *M*. Der Kläger ging auf die gestellten Bedingungen ein und zahlte den geforderten Betrag an die Stadtkasse der Beklagten, worauf ihm die nachgesuchte Bauerlaubnis erteilt wurde.

Den gezahlten Betrag fordert der Kläger jetzt zurück, indem er geltend macht, er sowohl als auch die Beklagte und die Polizeiverwaltung seien bei den Verhandlungen über die Bauerlaubnis von der Annahme ausgegangen, daß die Luisenstraße in ihrem hier in Betracht kommenden Teile zu den noch nicht bestimmungsmäßig für den öffentlichen Verkehr und den Anbau fertig gestellten Straßen gehöre; diese Annahme sei aber irrig gewesen, die genannte Straßenstrecke bilde in Wahrheit eine sog. historische Straße. Von der Beklagten ist die Einrede der Unzulässigkeit des Rechtsweges erhoben worden. Die Vorinstanzen haben die Einrede verworfen. Die Revision der Beklagten wurde zurückgewiesen aus folgenden

Gründen:

... „Beide Vorinstanzen fassen den vom Kläger erhobenen Anspruch dahin auf, der Kläger fechte einen zwischen ihm und der Beklagten zustande gekommenen privatrechtlichen Vertrag über die entgeltliche Gewährung der Bauerlaubnis wegen Irrtumes an und verlange die Rückerstattung des auf Grund und in Erfüllung dieses Vertrages an die Beklagte gezahlten Geldbetrages. Wenn für den Streit über einen solchen Sachverhalt in beiden Urteilen der Rechtsweg als eröffnet angesehen wird, so läßt sich hiergegen rechtlich nichts einwenden. Vor die ordentlichen Gerichte gehören nach § 13 G.V.G., abgesehen von den dort bestimmten Ausnahmen, die bürgerlichen Rechtsstreitigkeiten. Die Anfechtung eines privatrechtlichen Vertrages durch einen der Vertragschließenden wegen Irrtumes stellt immer eine bürgerliche Rechtsstreitigkeit dar, da der geltend gemachte

Anspruch aus einem privatrechtlichen Titel hergeleitet wird. Dieser Eigenschaft des Streites steht auch der Umstand nicht entgegen, daß die den Gegenstand des Vertrages bildenden Leistungen, nämlich die Zustimmung zur Erteilung der Bauerlaubnis einerseits und die Entrichtung von Anliegerbeiträgen rc anderseits öffentlichrechtlicher Art sind. Es kann den Beteiligten nicht verwehrt werden, durch gegenseitige Einwilligung für solche dem öffentlichen Rechte angehörige Verpflichtungen neben dem etwa schon bestehenden, im öffentlichen Rechte wurzelnden Verpflichtungsgrunde noch eine besondere privatrechtliche Grundlage zu schaffen, deren Bestehen dann im Streitfalle in derselben Weise zu prüfen und festzustellen ist, wie dies im gleichen Falle bei anderen durch privatrechtlichen Vertrag übernommenen Verpflichtungen zu geschehen hat. Bürgerliche Rechtsstreitigkeiten im Sinne des § 13 a. a. O. sind keineswegs nur solche Streitigkeiten, die ausschließlich die Anwendung privatrechtlicher Normen betreffen; sie sind vielmehr bei privatrechtlicher Grundlage des erhobenen Anspruches stets als vorhanden anzusehen, mag es auch zur Entscheidung des Streites erforderlich sein, dabei über Rechtsfragen zu befinden, die dem öffentlichen Rechte angehören. Das entspricht der ständigen Rechtsprechung (Entsch. des R.G.'s in Zivils. Bd. 41 S. 272, Bd. 57 S. 352; Urteil des preuß. Kompetenzgerichtshofes vom 14. März 1896 bei Stölzel, Rechtsprechung § 19 S. 138 Nr. 2393)....

Steht daher eine bürgerliche Rechtsstreitigkeit hier zur Entscheidung, so ist der Rechtsweg nach § 13 a. a. O. nur dann verschlossen, wenn die Zuständigkeit von Verwaltungsbehörden oder Verwaltungsgerichten begründet ist. Nach der Meinung der Revision ist diese Zuständigkeit hier nach den §§ 127 flg. des preuß. Gesetzes über die allgemeine Landesverwaltung vom 30. Juli 1883 gegeben, wonach gegen polizeiliche Verfügungen die Verwaltungsbeschwerde und die verwaltungsgerichtliche Klage stattfindet. Die jetzige Klage ist aber so, wie sie vom Kläger angestellt ist, weder unmittelbar noch mittelbar gegen eine polizeiliche Verfügung gerichtet, insbesondere nicht gegen die Verfügung, durch welche die Polizeibehörde dem Kläger erklärt hat, daß sie die Bauerlaubnis nur im Einverständnis mit dem Gemeindevorstande erteilen könne. Gegen diese einer Versagung der Bauerlaubnis gleichkommende polizeiliche Verfügung konnte der Kläger die nach dem öffentlichen Rechte zulässigen Rechtsmittel ergreifen und geltend machen, daß ein Bauverbot unzulässig sei, weil die Luisenstraße eine historische Straße sei. Dies hat der Kläger nicht getan, vielmehr den ihm von der Polizeibehörde gewiesenen Weg der Verhandlungen mit der Stadtgemeinde eingeschlagen, indem er unter dem 6. Juni 1899 und 26. Juni 1900 an den Oberbürgermeister den schriftlichen Antrag gerichtet hat, ihm für die beiden Grundstücke „die Bauerlaubnis zu erteilen". Damit hat er der polizeilichen Verfügung nicht entgegengewirkt, sondern sich auf den Boden dieser Verfügung gestellt und versucht, durch unmittelbare Verständigung mit dem Gemeindevorstande sein Ziel, die Erteilung der Bauerlaubnis, zu erreichen. Die Sachlage war nunmehr dieselbe, als hätte sich der Kläger, in Kenntnis des aus der Polizeiverfügung ersichtlichen Standpunktes der Polizeibehörde, von vornherein nicht an diese, sondern sofort an den Gemeindevorstand gewendet. Auf die Anträge des Klägers hat ihm der Oberbürgermeister durch die Schreiben vom 26. Juni 1899 und 16. Juli 1900 die Bedingungen mitgeteilt, unter denen er in die Erteilung der Bauerlaubnis willige. Wenn der Kläger behauptet, auf diese Bedingungen eingegangen zu sein und auf Grund des damit zustande gekommenen Vertrages den mit der jetzigen Klage zurückgeforderten Betrag gezahlt zu haben, so kann die Klage nur dahin aufgefaßt werden, daß der Kläger die Gültigkeit eines Vertrages, nicht aber eine polizeiliche Verfügung anficht.

Ob die Annahme des Berufungsrichters zu billigen ist, es sei dargetan, daß der vom Kläger behauptete Abschluß eines Vertrages mit der Beklagten erfolgt sei, und daß die eingeklagten Beträge lediglich auf Grund dieses Vertrages, nicht aber in Erledigung einer polizeilichen Verfügung gezahlt seien, braucht hier, wo es sich nur um die Zulässigkeit des Rechtsweges handelt, nicht erörtert zu werden, wird vielmehr erst vom Berufungsrichter nachzuprüfen zu sein, wenn über die Berechtigung des den Klagegrund bildenden Anspruches sachlich entschieden werden wird. Wird der Klagegrund nicht erwiesen, so ist damit prozessual festgestellt nicht etwa, daß das Gericht zur Entscheidung über den erhobenen Anspruch nicht zuständig gewesen wäre, vielmehr, daß der Anspruch selbst so, wie er geltend gemacht ist, unbegründet ist.

Die von der Beklagten in Bezug genommenen beiden Urteile, nämlich das Urteil des Reichsgerichtes vom 27. März 1906 in S.

D. wider Z. und Gen., Rep. VII. 335/05 (Jurist. Wochenschr. 1906 S. 407 Nr. 40 auszugsweise abgedruckt) und das Urteil des preuß. Gerichtshofes zur Entscheidung der Kompetenzkonflikte vom 20. April 1907 in S. W. wider D. (2. U. 308/06 des Oberlandesgerichtes in Cöln), stehen der jetzt getroffenen Entscheidung nicht entgegen. In beiden Fällen hatten nach dem unstreitigen Sachverhalte Verhandlungen zwischen dem Kläger und dem Gemeindevorstande nicht stattgefunden, und insbesondere hatte der Kläger bei dem Gemeindevorstande nicht, wie hier geschehen ist, die Erteilung der Bauerlaubnis nachgesucht, woraus sich dann die Feststellung ergab, daß die Zahlung des eingeklagten Betrages nur erfolgt war, um der polizeilichen Auflage zu genügen, da das Zustandekommen eines privatrechtlichen Vertrages unter den Beteiligten nicht ersichtlich sei. Aus diesem Grunde war dann folgerichtig die Unzulässigkeit des Rechtsweges angenommen worden. Dagegen hat der Kompetenzgerichtshof in der oben angeführten Entscheidung vom 14. März 1896, in Übereinstimmung mit dem Standpunkte des erkennenden Senates, den Rechtsweg zugelassen, weil der Kläger in jenem Falle der Stadtgemeinde gegenüber die Verpflichtung zur Zahlung des mit der Klage zurückgeforderten Betrages durch besondere Erklärung übernommen hatte." ...

74. Wechselintervention. Formalitäten der Protesterhebung gegen eine Notadresse. Bereitwilligkeit der Notadresse zur Intervention. Frage der Gültigkeit der Notadresse.

I. Zivilsenat. Urt. v. 2. Januar 1908 i. S. Reichsbank (Kl.) w. G. (Bekl.). Rep. I. 332/07.

I. Landgericht I Berlin, Kammer für Handelssachen.
II. Kammergericht daselbst.

Der Beklagte war Aussteller eines auf S. C. zu Berlin gezogenen und von diesem akzeptierten Wechsels über 2986 ℳ, zahlbar am 20. Oktober 1906. Der Wechsel trug unter dem Namen des Bezogenen zwei Notadressen: die erste lautete auf den Beklagten selbst, die zweite auf die D.'er Bank. Er war an eigene Order ausgestellt und trug auf der Rückseite drei Indossamente: das des Beklagten an R. Th., dessen Indossament an den Kredit- und Diskontoverein in Sorau und dessen Indossament an die Klägerin.

Der Wechsel war auf Antrag der Klägerin am 22. Oktober 1906 durch einen Notar dem Akzeptanten und den beiden Notadressen zur Zahlung vorgelegt und mangels Zahlung protestiert worden. Der Protest berichtete zunächst das vergebliche Zahlungsbegehren bei dem Akzeptanten und sodann nacheinander, daß der Wechsel mit Zahlungsbegehren dem ersten und alsdann dem zweiten Notadressaten vorgelegt sei; jener (der Beklagte) habe erklärt:

„Ich interveniere zugunsten meines eigenen Giros",

dieser:

„Wir intervenieren unter Protest für den Kredit- und Diskontoverein zu Sorau."

Wie eine später durchstrichene Quittung auf dem Wechsel erkennen ließ, hatte die Klägerin am 24. Oktober 1906 den Wechsel nebst dem ausgefertigten Proteste dem Beklagten abermals vorgelegt, aber keine Zahlung erhalten.

Sie klagte auf Zahlung der Wechselsumme nebst 6 Prozent Zinsen seit dem 22. Oktober 1906, der Protestkosten, mit 13,70 ℳ, und einer eigenen Provision von 9,95 ℳ.

Der Beklagte wendete ein, daß die Klägerin mangels Beobachtung der in Art. 62 W.O. vorgeschriebenen Formen den Regreß gegen ihn verloren habe.

Beide Instanzen erkannten auf Abweisung der Klage. Auch die Revision der Klägerin wurde zurückgewiesen.

Gründe:

„Wenn sich der Notadressat bei der Vorzeigung des Wechsels zur Intervention bereit erklärt, so muß der Inhaber des Wechsels noch innerhalb der Protestfrist die angebotene Ehrenzahlung bei der Notadresse suchen. Hierzu bedarf es der abermaligen Vorlegung des Wechsels mit der Urkunde über den aufgenommenen Protest mangels Zahlung; denn nur gegen Aushändigung von Wechsel und Protest braucht die Notadresse Zahlung zu leisten. Wird auf ein solches rechtzeitig und ordnungsmäßig gestelltes Zahlungsbegehren die Zahlung gleichwohl verweigert, so muß dies innerhalb der Protestfrist durch einen Protest gegen die Notadresse, den sog. Kontraprotest, festgestellt werden, widrigenfalls der Wechselinhaber den Regreß gegen den Honoraten und dessen Nachmänner verliert.

Diese Rechtssätze hat das Reichsoberhandelsgericht in den Entsch. Bd. 11 S. 303 aus den Artt. 62 und 63 W.O. abgeleitet und in den Entsch. Bd. 20 S. 114 gegenüber Bekämpfungen in der Literatur nochmals eingehend begründet. Die Ansicht wird jetzt allgemein geteilt[1], und mit den Vorinstanzen schließt sich auch das Reichsgericht ihr an. Beachtenswerte und vom Reichsoberhandelsgerichte nicht bereits widerlegte Gegengründe hat auch die Revision nicht vorzubringen gewußt. Wenn sie geltend macht, daß durch die Notwendigkeit des Kontraprotestes ein Formalismus geschaffen werde, der zu praktischen Unzuträglichkeiten und zu einer erheblichen Erschwerung der Verfolgung wechselrechtlicher Ansprüche führen würde, so sind das Erwägungen, die dem Gesetze gegenüber nicht ins Gewicht fallen können. Übrigens lassen sich die von der Revision angedeuteten praktischen Schwierigkeiten wiederholter Protesterhebung leicht umgehen, wenn nur vermieden wird, bei Wechseln mit Notadressen die Protestierung gegen den Bezogenen auf die letzten Stunden des zweiten Werktages nach dem Zahlungstage zu verschieben, obwohl sie nach Art. 41 Abs. 2 W.O. schon am Zahlungstage selbst zulässig ist.

Der Zweck der Wechselintervention besteht darin, daß der notleidende Wechsel durch eine freiwillige Zahlung in Ehren gehalten, und der wechselmäßige Regreß des Inhabers gegen die Indossanten und den Aussteller vermieden werden soll. Die Ehrenzahlung mit ihren eigentümlichen Rechtswirkungen ist nur möglich innerhalb der Protestfrist. Eine freiwillige Zahlung außerhalb der Protestfrist ist niemals Ehrenzahlung. Der Intervenient aber ist genötigt, bei der Bewirkung der Zahlung auf die Beobachtung der wechselrechtlichen Formalitäten zu achten, um sich selbst den Rückgriff gegen den Honoraten und dessen Vormänner zu erhalten. Er muß sich zu diesem Zwecke nicht nur Wechsel und Protest aushändigen lassen; er muß auch die Ordnungsmäßigkeit des Protestes, und im Falle des

[1] Vgl. Grünhut, Wechselrecht Bd. 2 S. 481; Staub-Stranz, W.O. (5. Aufl.) zu Art. 62 Anm. 4 unter 3 b; Rehbein, W.O. (7. Aufl.) S. 95 Nr. 7; Bernstein, W.O. zu Art. 62 Bem. I § 4 unter 2 b γ (S. 248). D. E.

Art. 64 W.O. weiter prüfen, ob etwa ein anderer Intervenient, der zahlungsbereit ist, mehr Wechselverpflichtete befreien würde, als er selbst. Nun treffen freilich im vorliegenden Falle diese Gesichtspunkte nicht sämtlich zu. Denn hier ist Intervenient, Honorat und Aussteller eine und dieselbe Person. Der Beklagte konnte sich Rückgriffsrechte nicht wahren, weil er keine Vormänner hatte. Andere Rechte als die gegen den Akzeptanten, die von der Protesterhebung nicht abhangen (Art. 44 W.O.), kamen für ihn nicht in Frage. Hieraus darf aber die Entbehrlichkeit des rechtzeitigen und ordnungsmäßigen Zahlungsbegehrens und des Kontraprotestes für den vorliegenden Fall nicht abgeleitet werden. Das Gesetz unterscheidet nicht. Es unterscheidet weder zwischen der Intervention zugunsten eines Indossanten und der zugunsten des Ausstellers, noch zwischen der Intervention eines Dritten und der eines im Wechselverbande Stehenden. Es ist nicht angängig, bei einem formalen Rechte, wie dem Wechselrechte, auf Grund der größeren oder geringeren Wichtigkeit der formalen Wechselhandlungen für den Einzelfall Unterscheidungen aufzustellen, die dem Gesetze fremd sind. Völlig bedeutungslos sind übrigens die in Frage stehenden Handlungen auch im vorliegenden Falle nicht. Denn als Ehrenzahler hätte der Beklagte nur die Wechselsumme nebst den Protestkosten zu entrichten gehabt, während er als Aussteller nach Art. 50 auch noch die Provision hätte zahlen müssen.

Hiernach haben die Vorinstanzen mit Recht angenommen, daß die Klägerin des Regresses gegen den Beklagten als Aussteller verlustig gegangen ist, weil sie unterlassen hat, die angebotene Ehrenzahlung innerhalb der Protestfrist bei ihm unter Vorlage von Wechsel und Protest zu suchen oder deren Ausbleiben durch einen zweiten Protest rechtzeitig feststellen zu lassen.

Was die Revision gegen diese Folgerung einwendet, erscheint nicht als zutreffend.

Die dem Protestbeamten gegenüber abgegebene Erklärung des Beklagten: „Ich interveniere zugunsten meines eigenen Giros“, ist vom Kammergerichte mit Recht als rechtserhebliche Erklärung der Bereitwilligkeit zur Ehrenzahlung aufgefaßt worden. Es ist ein Irrtum, wenn die Revision annimmt, daß diese Erklärung, weil sie nicht von einem sofortigen tatsächlichen Angebote der Zahlung begleitet gewesen, als Zahlungsweigerung aufzufassen sei. Wird von dem Bezogenen Zahlung gefordert, so wird freilich eine auf die Zukunft gestellte Erklärung, den Wechsel einlösen zu wollen, als Zahlungsweigerung erscheinen. Die Rechtstellung des Notadressaten aber ist, wie aus dem vorhin Bemerkten folgt, eine wesentlich andere. Von ihm kann die tatsächliche Zahlung nur gegen Aushändigung auch des Protestes gefordert werden.

Die Gültigkeit der hier vorliegenden Notadresse zieht die Revision mit Unrecht in Zweifel. Daß eine Notadresse auch auf den Aussteller lauten kann, unterliegt keinem Bedenken. Einer Unterzeichnung bedarf die Notadresse nicht. Auch ist es an sich unerheblich, wer von den mehreren Regreßpflichtigen die Notadresse beigesetzt hat. Eine Ungültigkeit würde nur vorliegen, wenn der Bezogene oder eine dritte, nicht im Wechselverbande stehende Person die Notadresse beigesetzt hätte. Dies zu behaupten und zu beweisen aber wäre Sache der Klägerin gewesen. Nicht ist es, wie die Revision meint, Sache des Beklagten, erst noch die Herkunft und Gültigkeit der Notadresse zu beweisen. Denn bei einem äußerlich unverdächtigen Wechsel, wie er hier vorliegt, ist für die wechselmäßigen Rechte und Pflichten in erster Linie die Gestalt maßgebend, die der Wechsel an sich trägt.

Vgl. Entsch. des R.G.'s in Zivils. Bd. 47 S. 68.

Die Klägerin hat den Wechsel unstreitig mit den beiden Notadressen erworben und ihr Vorhandensein bei der Erhebung des Protestes mangels Zahlung auch beachtet. Mit Recht aber hat das Berufungsgericht angenommen, daß der der Klägerin obliegende Beweis der Ungültigkeit der Notadresse nicht durch die Eideszuschiebung erbracht werden könne, der Beklagte habe vor der Protesterhebung einem Vertreter der Klägerin erklärt, die Notadresse sei gefälscht. Erstens ist nicht klar, ob der Beklagte damit nicht etwa bloß hat sagen wollen, von ihm rühre die Notadresse nicht her, was unerheblich sein würde. Zweitens aber würde, wenn die Erklärung auch anders zu verstehen sein sollte, mit ihr noch nicht bewiesen sein, daß die Notadresse in Wirklichkeit von einem Unbefugten beigesetzt worden ist."

75. Was hat der Verfrachter darzulegen, um sich der Haftung für mangelnde Seetüchtigkeit gemäß § 559 Abs. 2 H.G.B. zu entziehen?

I. Zivilsenat. Urt. v. 4. Januar 1908 i. S. Hamburg-Amerik. Paketfahrt-A.-G. (Bekl.) w. C. R. & Co. (Kl.). Rep. I. 151/07.

I. Landgericht Hamburg, Kammer für Handelssachen.
II. Oberlandesgericht daselbst.

Die Klägerin war Inhaberin von vier Konnossementen über im ganzen 1335 Bürden Sohlleder, die im August 1905 in Hamburg auf dem der Beklagten gehörigen Dampfer „Borussia" zur Beförderung nach Yokohama abgeladen und dort stark seebeschädigt ausgeliefert worden waren. Der Schade war dadurch entstanden, daß der Verschlußkasten eines Klosettrohres, worin sich die zur Abschließung des Rohres gegen hereinschlagendes Seewasser bestimmte Ventilklappe befand (das sog. Sturmventil), undicht gewesen war. Dieser Kasten war nach oben durch einen die Ventilklappe tragenden Deckel mit Dichtung verschlossen, der ordnungsmäßig durch zwei Schraubbolzen mit dem Kasten verbunden sein mußte. Nachdem der Dampfer am 12. August mittags die Reise angetreten hatte, stellte sich am 14. August früh heraus, daß durch einen Ventilator Wasser aus dem Zwischendeck, wo sich der Verschlußkasten befand, in den Laderaum hinunterlief und sich dort schon in so großer Menge angesammelt hatte, daß das Schiff dadurch Schlagseite nach Backbord erhielt. Bei näherer Untersuchung ergab sich, daß das Wasser aus dem Verschlußkasten einströmte, weil an dem Deckel der eine Bolzen fehlte und so der Deckel an der betreffenden Seite durch das von See eindringende Wasser gehoben wurde. Nach der tatsächlichen Feststellung des Berufungsgerichtes hat schon bei der Abreise dieser Bolzen entweder gänzlich gefehlt, oder es hat ein zu kleiner Bolzen, an dem zugleich die Schraubenmutter fehlte, in dem Gewinde gesteckt und ist dann vor der Untersuchung vom 14. August herausgefallen. Der Kapitän ließ den Schaden sofort ausbessern, das Wasser im Schiffsraum beseitigen und die beschädigte Ladung, soweit sie im Zwischendeck zur Hand lag, an Deck trocknen. Die Klägerin bezifferte den ihr an dem Sohlleder entstandenen Schaden auf mehr als 200000 ℳ, wovon sie mit der Klage einen Teilbetrag von 20000 ℳ nebst

Prozeßzinsen ersetzt verlangte. Die Beklagte bestritt nicht, daß mindestens in dieser Höhe ein Schade entstanden sei.

Zur Begründung der Klage berief sich die Klägerin auf die Klausel I der Konnossemente:

„Der Verfrachter haftet dem Befrachter für jeden Schaden, der aus dem mangelhaften Zustande des Schiffes entsteht, es sei denn, daß der Mangel bei Anwendung der Sorgfalt eines ordentlichen Verfrachters nicht zu entdecken war; ebenso für Fehler oder Nachlässigkeiten seiner Angestellten in betreff der ordnungsmäßigen Stauung, Verwahrung, Behandlung und Ablieferung der Ladung. Alle Vereinbarungen und Klauseln, welche dem entgegenstehen, sollen nichtig sein."

Sie behauptete, das Schiff sei wegen des fehlenden Bolzens bei Antritt der Reise nicht seetüchtig gewesen; bei ordnungsmäßiger Untersuchung vor der Abreise hätte der Fehler entdeckt werden müssen.

Die Beklagte beantragte Klagabweisung und berief sich auf den Satz der Klausel II der Konnossemente:

„Desgleichen ist der Reeder nicht verantwortlich für Schäden oder Verluste durch ... irgend einen verborgenen Fehler am Schiffe ..."

Um einen solchen Fehler handele es sich hier. Das Schiff sei erst im Juli 1905 der Beklagten von der Werft geliefert, und von dieser seien insbesondere die Klosettanlagen vor der Lieferung auf das genaueste untersucht und für gut befunden worden. Sodann habe bei der Probefahrt am 15. Juli 1905 „eine rigorose Inspektion des gesamten Schiffes bis in die kleinsten Details" durch die Ingenieure und Inspektoren der Beklagten, sowie durch ihren Schiffszimmermann M. stattgefunden, bei der sich, wie das darüber aufgenommene Protokoll ergebe, ein Mangel an den Sturmventilen nicht herausgestellt habe. Hiernach habe keine Veranlassung vorgelegen, auch noch bei Beginn der Beladung (am 9. August) eine Prüfung der vollständig montierten und verpackten Ventile vorzunehmen.

In den Vorinstanzen ist die Beklagte nach der Klage verurteilt. Ihre Revision ist zurückgewiesen aus folgenden

Gründen:

„Die Revision konnte keinen Erfolg haben, wenngleich der Begründung des angefochtenen Urteiles nicht überall beizutreten ist.

Daß nach der tatsächlichen Feststellung des Oberlandesgerichtes Seeuntüchtigkeit des Schiffes bei der Abreise angenommen werden muß, unterliegt keinem Bedenken. Es hat entweder der eine Bolzen des Klosettverschlusses gänzlich gefehlt, oder es hat wenigstens die Schraubenmutter gefehlt, und es ist zugleich der Bolzen zu dünn gewesen, so daß er herausfallen mußte. Dies hat zur Folge gehabt, daß sich das Seewasser in großen Mengen in das Zwischendeck und von dort in den Laderaum ergoß, wodurch nicht nur die Ladung stark beschädigt wurde, sondern das Schiff selbst eine Schlagseite nach Backbord erhielt. Bei dieser Sachlage war das Schiff nicht imstande, „die beabsichtigte Reise ohne einen durch unmittelbare Einwirkung der See oder des Seewassers auf Schiff oder Ladung entstehenden ungewöhnlichen Schaden an Schiff oder Ladung auszuführen".

Vgl. Wittmaack, Die Seetüchtigkeit des Schiffes beim Frachtvertrage, in der Zeitschr. f. d. ges. Handelsr. Bd. 53 S. 348.

Das Berufungsgericht erwägt, es komme nach dem in die Konnossementsklausel I wörtlich aufgenommenen Abs. 2 des § 559 H.G.B. nicht darauf an, ob dieser Mangel trotz Untersuchung durch geeignete Sachverständige tatsächlich unentdeckt geblieben ist, sondern ob es unmöglich war, ihn bei solcher Sachkundigenprüfung zu entdecken. Diese Unmöglichkeit müsse verneint werden. Dies liege auf der Hand, wenn die Schraube gefehlt hätte. Schwieriger sei die Entdeckung gewesen, wenn die Schraube nur zu klein gewesen sein sollte; indessen müsse alsdann zugleich die Schraubenmutter gefehlt haben. Jedenfalls sei der Beklagten der Beweis, daß der Mangel unmöglich bei entsprechender Sorgfalt zu entdecken war, mißlungen. Es sei nicht erforderlich, festzustellen, wann zuletzt ein Seeschiff vor der Abreise auf Seetüchtigkeit untersucht werden müsse; eine Untersuchung nach erfolgter Beladung sei allerdings untulich. Ungenügend sei indessen die im gegenwärtigen Falle gelegentlich der Probefahrt veranstaltete Untersuchung gewesen, da nicht feststehe, daß sie sich auf die Klosettrohre und ihre Verschlußkästen erstreckt habe.

Die Revision rügt, daß diese Begründung einerseits die Bedeutung des § 559 Abs. 2 H.G.B. verkenne, anderseits tatbestandswidrig sei, weil die Beklagte unter Beweisantretung behauptet habe, „daß bei der Probefahrt eine rigorose Inspektion des Schiffes bis in die kleinsten Details von seiten der Ingenieure und Inspektoren der Beklagten stattgefunden habe", ohne daß dabei ein Mangel an den Sturmventilen ermittelt sei.

Bekanntlich ist im neuen Handelsgesetzbuche die Fassung des § 559 gegenüber dem früheren Art. 560 in der Weise geändert worden, daß statt der Schlußworte:

„es sei denn, daß die Mängel aller Sorgfalt ungeachtet nicht zu entdecken waren",

gesagt ist:

„es sei denn, daß der Mangel bei Anwendung der Sorgfalt eines ordentlichen Verfrachters nicht zu entdecken war".

Hierüber bemerkt die Denkschrift zum Entwurfe eines Handelsgesetzbuches (Reichstags-Drucksachen IX. Legislaturperiode 4. Session 1895/97 zu Nr. 632 S. 280, 281), nachdem ausgeführt ist, daß und aus welchen Gründen die §§ 598, 599 des Entwurfes (§§ 606, 607 H.G.B.) in Abänderung des alten Art. 607 „die Haftung des Verfrachters für Verlust oder Beschädigung von Frachtgütern in genauer Übereinstimmung mit den auf den Frachtführer bezüglichen Vorschriften des § 421 (§ 429 H.G.B.) regeln":

„Damit wird zugleich eine Änderung der Vorschrift des Art. 560 Abs. 2 erforderlich, wonach der Verfrachter für jeden aus dem mangelhaften Zustande des Schiffes entstehenden Schaden haftbar ist, es sei denn, daß die Mängel aller Sorgfalt ungeachtet nicht zu entdecken waren. Diese Vorschrift, welche bisher eine Milderung der im Art. 607 aufgestellten Regel enthielt, ist nunmehr mit dem durch § 598 anerkannten Haftungsgrundsatze in Einklang zu bringen. Der § 551 Abs. 2 des Entwurfes bestimmt deshalb, daß den Verfrachter eine Schadensersatzpflicht nicht trifft, wenn der mangelhafte Zustand des Schiffes bei Anwendung der Sorgfalt eines ordentlichen Verfrachters nicht zu entdecken war."

Hiernach ist es allerdings ungerechtfertigt, wenn das Berufungsgericht, den Wortlaut des § 559 Abs. 2 besonders betonend, einen Gegensatz zu konstruieren sucht zwischen Fällen, wo der Mangel trotz angewandter Sorgfalt nicht entdeckt worden ist, und solchen, wo er nicht entdeckt werden konnte. Wie sich das Berufungsgericht diesen Gegensatz in bezug auf praktische Anwendungsfälle vorgestellt hat, ist nicht erkennbar. Jedenfalls wäre es unrichtig, dann, wenn die Ursache der Nichtentdeckung völlig aufgeklärt ist, und der Verfrachter nachgewiesen hat, daß ihm und den Leuten, für die er verantwortlich ist, in dieser Hinsicht keinerlei Verschulden zur Last fällt, dennoch die Exkulpation für nicht genügend zu erachten, etwa weil bei der Nichtentdeckung besondere Zufälligkeiten mitgespielt haben, oder die Entdeckung bei außergewöhnlicher, nicht allgemein vorauszusetzender Sachkunde oder bei Kenntnis besonderer Umstände gelungen wäre. Vielmehr sind dieselben Grundsätze analog anzuwenden, die für die Auslegung des § 429 H.G.B. gelten. In bezug auf § 429 H.G.B. aber sagt die oben erwähnte Denkschrift S. 257 zutreffend:

„der Frachtführer kann sich danach nicht schon durch eine allgemeine Berufung auf sorgsames Verhalten von seiner Verantwortlichkeit entlasten; er hat vielmehr die Umstände darzutun, welche den Verlust oder die Beschädigung des Frachtgutes verursacht haben, und mit Bezug auf diese Umstände den Nachweis zu führen, daß ihm ein Verschulden nicht zur Last fällt."

Vgl. Entsch. des R.G.'s in Zivils. Bd. 66 S. 41.

Der § 559 Abs. 2 H.G.B. spricht aus, daß der Verfrachter gegenüber dem Nachweise, daß die von ihm zu gewährende Seetüchtigkeit nicht vorhanden war, den Exkulpationsbeweis dahin zu führen hat, daß der Mangel bei Anwendung der Sorgfalt eines ordentlichen Verfrachters nicht zu entdecken war. Die analoge Anwendung obigen Grundsatzes bedeutet also, daß der Verfrachter die Ursache der Nichtentdeckung des Mangels aufzuklären und in bezug auf den hieraus sich ergebenden Tatbestand darzutun hat, daß ihm und den Personen, für die er verantwortlich ist, ein Verschulden nicht zur Last fällt.

Geht man von diesem Standpunkte aus an die Beurteilung des vorliegenden Falles heran, so ergibt sich, daß die Beklagte zur Führung des Entschuldigungsbeweises ausreichende Behauptungen nicht aufgestellt hat. Ihre Darstellung läuft, wenn man sie im Sinne der Revision verstehen will, lediglich darauf hinaus, daß das in Rede stehende Sturmventil noch bei der Probefahrt vom 15. Juli 1905 völlig in Ordnung gewesen sei. Es fehlt aber an jeder Aufklärung darüber, nicht nur, wie der spätere Mangel entstanden sein kann, sondern vor allem auch, aus welchen Gründen er nicht vor der Abreise entdeckt worden ist. Daher gebricht es an der erforderlichen Grundlage für die Feststellung, daß der Mangel trotz pflichtmäßiger

Sorgfalt der Personen, für die die Beklagte haftet, insbesondere des Schiffers, der nach § 513 H.G.B. besonders verpflichtet ist, vor der Abreise des Schiffes für dessen Seetüchtigkeit zu sorgen, nicht entdeckt werden konnte. Hätte es sich um einen geheimen Baufehler gehandelt, dessen Vorhandensein seiner Natur nach erst auf Grund der schädlichen Folgen erkannt werden konnte, so würde darin die Exkulpation zu erblicken sein; denn die das Schiff auf Grund eines Kaufvertrages liefernde Werft ist keine Erfüllungsgehilfin des Reeders im Sinne des § 278 B.G.B. in Beziehung auf den Frachtvertrag. Hier handelt es sich aber nach der Feststellung des Oberlandesgerichtes um einen offensichtlichen Mangel, weil entweder der ganze Bolzen mit Schraubenmutter, oder wenigstens die Schraubenmutter gefehlt hat. Die Exkulpation hätte vielleicht auch dann für genügend erachtet werden können, wenn eine Untersuchung des Verschlußkastens unmittelbar vor der Beladung stattgefunden, und sich hierbei ein ordnungsmäßiger Verschluß ergeben hätte, weil nach der Feststellung des Berufungsgerichtes eine spätere Untersuchung untulich gewesen ist. Es wäre nämlich dann kaum eine andere Möglichkeit offen geblieben, als daß der Bolzen noch nachträglich von frevelhafter Hand entfernt worden wäre, und es hätte daraufhin dem Reeder und den von ihm mit Prüfung der Seetüchtigkeit beauftragten Personen wohl nicht der Vorwurf gemacht werden können, daß sie die Entwendung bei gehöriger Aufmerksamkeit hätten bemerken müssen. Im vorliegenden Falle ist aber nur behauptet, daß das Sturmventil noch bei der Probefahrt vom 15. Juli in Ordnung gewesen sei. Inzwischen ist das Schiff nach Hamburg übergeführt worden, und es erhellt nicht, wie es bei dieser Überführung und später behandelt worden ist, welche Personen Zutritt zu dem Verschlußkasten hatten, und wie sich die Entfernung des Bolzens oder der Schraubenmutter erklären läßt. Es erscheint nicht ausgeschlossen, daß mit Rücksicht auf diese unbekannten Umstände eine nochmalige Untersuchung des Sturmventiles unmittelbar vor der Beladung geboten war, und daß in ihrer Unterlassung ein Mangel an Sorgfalt zu finden wäre.

Der Vorderrichter hat daher mit Recht angenommen, daß die Beklagte den ihr obliegenden Entschuldigungsbeweis nicht geführt hat. Der gerügte prozessuale Mangel erscheint hiernach unerheblich, denn es ist im vorstehenden unterstellt, daß die Untersuchung vom 15. Juli auch das Sturmventil betroffen hat und mit aller Sorgfalt vorgenommen ist.

Die Berufung der Beklagten auf die Klausel II des Konnossementes ist ebenfalls mit Recht zurückgewiesen. Im Beihalte mit Klausel I ist sie entweder dahin zu verstehen, daß sie sich überhaupt nicht auf einen die Seeuntüchtigkeit begründenden Mangel bezieht,

so auch die englisch-amerikanische Rechtsprechung, vgl. Carver, Carriage by Sea Sect. 102a,

oder daß sie einen Mangel im Auge hat, der gemäß Klausel I „auch bei Anwendung der Sorgfalt eines ordentlichen Verfrachters nicht zu entdecken war". Ein offenbarer Widerspruch in beiden Klauseln kann nicht als gewollt angenommen werden. Jedenfalls würde aber bei Vorliegen eines solchen nach dem Schlußsatze der Klausel I die Klausel II insoweit keine Geltung haben." ...

76. Kann der Erblasser rechtswirksam durch letztwillige Verfügung anordnen, daß sich der Pflichtteilsberechtigte eine unter Lebenden empfangene Zuwendung auf den Pflichtteil anrechnen zu lassen habe? Inwieweit kann durch eine solche Anordnung wenigstens der Erbteil des Pflichtteilsberechtigten beschränkt werden? Zum Begriffe der Zuwendung.

IV. Zivilsenat. Urt. v. 4. Januar 1908 i. S. Graf A. v. B. u. Gen. (Bekl.) w. Graf J. v. B. (Kl.). Rep. IV. 251/07.

I. Landgericht II Berlin.
II. Kammergericht daselbst.

Aus den Gründen:

„Durch die letztwillige Verfügung vom 7. Juni 1900 ist nach den unbeanstandeten Feststellungen des Berufungsrichters nicht bloß der Vater des Klägers, sondern dieser selbst von der Erbfolge in das Vermögen seiner Großmutter, der Gräfin Editha v. B., ausgeschlossen worden. Danach ist er an und für sich gemäß § 2303 B.G.B. berechtigt, von deren Erben den Pflichtteil zu verlangen.

Dieser Anspruch ist auch nicht, wie die Revision meint, dadurch allein schon hinfällig geworden, daß der Vater des Klägers im Mai 1900 durch Abtretung der Hypothek von 46483,21 *M* von der Erblasserin schon bei deren Lebzeiten gerade dasjenige erhalten hat, was ihm die Erblasserin in ihrem Testamente vom 25. Oktober 1899 für den Todesfall zugedacht hatte. Wäre es hierbei verblieben, so würde er zwar bei einem Nachlaßbestande von 218501,78 *M* im Pflichtteile nicht verkürzt worden sein. Allein da nach § 2311 B.G.B. der Berechnung des Pflichtteiles grundsätzlich der Bestand und der Wert des Nachlasses zur Zeit des Erbfalles zugrunde zu legen ist, so ist er durch die bloße Tatsache der verfrühten, bereits unter Lebenden geschehenen Zuwendung des ihm in Aussicht gestellten Erbteiles nicht des Anspruches verlustig gegangen, von dem tatsächlich hinterlassenen Vermögen der Erblasserin den Pflichtteil zu fordern. Es handelt sich mithin, da Erbverzicht im Sinne von § 2346 flg. B.G.B. nicht in Frage kommt, nur darum, ob jene Hypothekenabtretung als Zuwendung im Sinne des Gesetzes aufzufassen ist, und ob sich der Kläger bejahendenfalls diese Zuwendung auf den Pflichtteil oder doch mindestens auf den für Berechnung des Pflichtteiles maßgebenden gesetzlichen Erbteil anrechnen zu lassen hat (§§ 2315, 2316 B.G.B.).

Dem Berufungsrichter ist darin beizutreten, daß die Anrechnung auf den Pflichtteil von der Erblasserin rechtswirksam nicht einseitig durch ihre letztwillige Verfügung vom 7. Juni 1900 angeordnet werden konnte. Der § 2316 Abs. 4 nimmt ausdrücklich Bezug auf § 2315 Abs. 1, und dort ist unzweideutig vorgeschrieben, daß auf den Pflichtteil nur anzurechnen ist, was dem Pflichtteilsberechtigten durch Rechtsgeschäft unter Lebenden mit einer dem entsprechenden Bestimmung zugewendet worden ist. Der Berufungsrichter beschränkt sich deshalb mit Recht auf die Prüfung, ob zwischen der Erblasserin und ihrem Sohne Edgar bei Abtretung der Hypothek ein derartiges Rechtsgeschäft unter Lebenden zustande gekommen sei. Er verkennt nicht, daß hierzu die stillschweigende Betätigung rechtsgeschäftlichen Willens genüge, kommt aber aus unzureichenden und zum Teil rechtsirrtümlichen Gründen zu dem Ergebnis, daß hierfür nicht der geringste Anhalt gegeben sei." (Wird näher ausgeführt.)

„Freilich kann eine Verpflichtung des Klägers, sich die seinem Vater abgetretene Hypothek von 46483,21 *M* auf seinen Pflichtteil oder doch mindestens auf seinen Erbteil am großmütterlichen Nachlaß anrechnen zu lassen, nur dann in Frage kommen, wenn mit der Hypothekenabtretung eine Zuwendung im Sinne der §§ 2315, 2316 verbunden mit § 2050 B.G.B. vollzogen worden ist. ... Der Berufungsrichter hat zu der Frage, ob eine Zuwendung vorliege, nicht bestimmt Stellung genommen. Er erwägt zwar, daß Graf Edgar bei Überlassung der Hypothek sich auch seinerseits der Erblasserin zu gewissen Gegenleistungen (zu einer mäßigen Erhöhung und zur Grundbuch-Eintragung von Renten, sowie zu einer Verzichtserklärung zugunsten seiner Brüder) verpflichtet habe, ist aber anscheinend selbst nicht der Meinung, daß schon hierdurch der Begriff der Zuwendung ausgeschlossen sei. Zur Zeit besteht in Ermangelung erschöpfender tatsächlicher Feststellungen auch für das Reichsgericht keine Veranlassung, hierauf näher einzugehen. Jedenfalls fehlt es im Streitfalle nicht daran (Jurist. Wochenschr. 1902 Beil. S. 266 Nr. 198), daß die Erblasserin ihrem Sohne Edgar seinerzeit die streitige Hypothek freiwillig als einen ihm zugedachten Vorteil, und zwar als einen solchen, auf den er bei Lebzeiten der Erblasserin jedenfalls kein Anrecht hatte, überlassen hat. Soweit sich Graf Edgar dafür zu Gegenleistungen verstand, bleibt einmal zu untersuchen, ob das Entgelt zum Ausgleich für die Valuta der Hypothek selbst, oder bloß für deren vorzeitige Überlassung bestimmt war; ferner ob ein Verzicht darauf, nach dem Tode der Mutter auf einen gewissen Bestandteil ihres Vermögens (eine anderweite Hypothek von 53262,63 ℳ) Erbansprüche zu erheben, die ihm im Falle gänzlicher Abfindung unter Lebenden ohnedies nicht zustanden, überhaupt als entgeltliche Leistung aufzufassen sei. Endlich wird zu prüfen sein, ob überhaupt die Entgeltlichkeit des Geschäftes grundsätzlich den Charakter der Zuwendung ausschließt, zumal da hierbei wenigstens im Falle des § 2050 Abs. 3 eine rechtsgeschäftliche Abmachung zwischen dem Erblasser und dem Empfänger der Zuwendung vorausgesetzt ist, wobei sich der letztere — ausdrücklich oder stillschweigend durch Annahme der ihm unter dieser Auflage, gemachten Zuwendung — mit der künftigen Ausgleichung einverstanden erklärt.

Nur darin kann der Revision nicht zugestimmt werden, daß der Erblasserin freigestanden hätte, die bei der Zuwendung selbst etwa unterbliebene Anordnung künftiger Ausgleichung durch eine spätere

Anordnung mittels Verfügung von Todes wegen nachzuholen. Daß dies keinesfalls mit dem Erfolge geschehen kann, den Empfänger der Zuwendung zur Anrechnung auf den Pflichtteil zu nötigen, wurde in Hinblick auf §§ 2315, 2316 B.G.B. bereits dargelegt. Immerhin läßt sich die Frage aufwerfen, ob der Erblasser durch eine letztwillige Anordnung der Ausgleichung nicht wenigstens den Erbteil eines Abkömmlings und dadurch, weil sich nach der Höhe des Erbteiles gemäß §§ 2303 Abs. 1, 2316 Abs. 1 auch der Pflichtteil bemißt, mittelbar zugleich den Pflichtteil herabmindern kann. Daß der Erblasser vermöge der Testierfreiheit unter seinen zur gesetzlichen Erbfolge gelangenden Abkömmlingen auch letztwillig, sei es durch Teilungsanordnungen, oder durch Vermächtnisse oder Auflagen die Ausgleichung nachträglich herbeiführen kann, ist nicht zu bezweifeln. Allein die Freiheit des Erblassers findet ihre Grenze in dem gesetzlichen Pflichtteilsrechte der Abkömmlinge, das durch derartige Anordnungen nicht beeinträchtigt werden darf. Daraus ergibt sich, daß bei Ermittelung des rechnungsmäßigen, unter Berücksichtigung der Ausgleichungspflicht zu bildenden gesetzlichen Erbteiles (§ 2316 Abs. 1) Zuwendungen, die erst durch letztwillige Verfügung als ausgleichungspflichtig erklärt worden sind, insoweit außer Betracht zu bleiben haben, als sie zu einer Minderung des Pflichtteiles führen würden, wenn es nach dem Bestande und dem Werte des Nachlasses zur Zeit des Erbfalles (§ 2311 Abs. 1) zuzüglich der gemäß der drei Absätze des § 2050 sich ergebenden Ausgleichungsposten (§ 2316 Abs. 1) berechnet wird. Daß dies die Auffassung des Gesetzes ist, ergibt auch § 2306 Abs. 1 Satz 1 B.G.B., wonach alle durch Teilungsanordnungen, Vermächtnisse oder Auflagen angeordneten Beschränkungen und Beschwerungen des als Erben auf nicht mehr als den Pflichtteil eingesetzten Pflichtteilsberechtigten zu streichen sind. Es ist kein Grund ersichtlich, warum etwas anderes gelten sollte zum Nachteile des Pflichtteilsberechtigten, der nicht als Erbe berufen, sondern von der Erbfolge ausgeschlossen und dadurch gemäß §§ 2317, 1967 Abs. 2 lediglich Nachlaßgläubiger auf den Pflichtteilsanspruch geworden ist.

Mit Recht hat deshalb der Berufungsrichter dem Testamentsnachtrage der Erblasserin vom 7. Juni 1900 für sich allein die Kraft abgesprochen, den Kläger zur Anrechnung des Vorempfanges der Hypothek, sei es auf den Pflichtteil, sei es auch nur auf den hierfür maßgebenden gesetzlichen Erbteil, zu nötigen. Dagegen bedarf es einer schlüssigen und von Rechtsirrtum freien Begründung, wenn er die durch die ganze Sachlage gebotene Annahme nicht gelten lassen will, daß Edgar v. B. zur Anrechnung des Vorempfanges auf den Pflichtteil von der Erblasserin mindestens stillschweigend unter Lebenden gebunden worden sei. Das Berufungsurteil mußte deshalb aufgehoben, und so wie geschehen erkannt werden." ...

---

77. Welches Gericht ist zuständig für eine Widerspruchsklage aus § 771 Z.P.O., die auf Grund des Eigentums an einer gepfändeten Forderung erhoben wird?

VII. Zivilsenat. Urt. v. 10. Januar 1908 i. S. R. Konkurs (Kl.) w. D. (Bekl.). Rep. VII. 203/07.

I. Landgericht Augsburg.
II. Oberlandesgericht daselbst.

Der Gutsbesitzer R. hatte sein Leben bei der Bayerischen Versicherungsbank mit 50000 *M* unter der Bestimmung versichert, daß die Versicherungssumme an ihn selbst zu bezahlen sei, wenn er den 1. April 1906 erlebe, und an seine Ehefrau, wenn er vor diesem Tage sterbe. Da er eine verfallene Prämie nicht bezahlte, wurde den Vertragsbestimmungen entsprechend die Versicherung aufgehoben. Die Versicherungspolice war rückkaufsfähig; der Rückkaufpreis betrug 4062 *M*. Im Dezember 1905 starb R. Über seinen Nachlaß wurde von dem württembergischen Amtsgerichte in Gmünd der Konkurs eröffnet. Der Anspruch auf den von der Versicherungsbank zu gewährenden Rückkaufpreis wurde auf den Antrag der Beklagten als Gläubigerin der Ehefrau R. wegen ihrer vollstreckbaren Forderung durch Beschluß des Amtsgerichtes in Gmünd gepfändet und der Gläubigerin zur Einziehung überwiesen. Die Beklagte nahm deshalb die Rückkaufsumme als Pfandobjekt für sich in Anspruch, während der klagende Konkursverwalter sie als zum Nachlasse des R. gehörig zur Konkursmasse ziehen wollte. Die Versicherungsbank, als Drittschuldnerin, hinterlegte den Rückkaufpreis unter Verzicht auf das Recht der Rücknahme. Den Klagantrag hat der Konkursverwalter dahin gestellt, 1. die durch das Amtsgericht in Gmünd erwirkte Zwangsvollstreckung als unzulässig zu erklären und 2. die Beklagte zu verurteilen, einzuwilligen, daß der hinterlegte Betrag nebst Hinterlegungszinsen an ihn herausgegeben werde. Die Beklagte erhob in erster Reihe die Einrede der Unzuständigkeit des angerufenen Landgerichtes in Augsburg und beantragte die Abweisung der Klage. Das Landgericht hielt die erhobene prozeßhindernde Einrede für gerechtfertigt und wies deshalb die Klage ab. Der Kläger legte Berufung mit dem Antrage ein, das Urteil des Landgerichtes abzuändern und die Beklagte lediglich nach dem vorstehend zu 2 angeführten Antrage zu verurteilen. Die Berufung wurde zurückgewiesen. Auch die Revision des Klägers wurde zurückgewiesen aus folgenden

Gründen:

„Die Einrede der Unzuständigkeit des vom Kläger angerufenen Landgerichtes Augsburg ist gerechtfertigt, und damit die Revision unbegründet, wenn die vorliegende Klage eine Widerspruchsklage im Sinne des § 771 Z.P.O. ist. Denn eine solche Klage darf nach dieser Vorschrift in Verbindung mit § 802 daselbst bei keinem anderen Gerichte als dem erhoben werden, in dessen Bezirke die Zwangsvollstreckung erfolgt. Als dieses Gericht ist hier, da es sich um die Pfändung einer Forderung handelt, das Landgericht anzusehen, in dessen Bezirke der Pfändungsbeschluß erlassen ist, also das württembergische Landgericht über Gmünd (Entsch. des R.G.'s in Zivils. Bd. 65 S. 377; Jurist. Wochenschr. 1901 S. 330 Nr. 13 u. a. m.), nicht aber das bayerische Landgericht Augsburg. Zulässig ist zwar die Widerspruchsklage nur so lange, als die Zwangsvollstreckung noch nicht beendet ist. Diese von der Revision als nicht gegeben bezeichnete Voraussetzung ist aber hier vorhanden. Nicht schon durch die Hinterlegung des Betrages der im Wege der Zwangsvollstreckung gepfändeten Forderung, sondern erst durch die (hier noch nicht erfolgte) Befriedigung des Gläubigers aus dem hinterlegten Betrage wird die Zwangsvollstreckung zu ihrem Ende geführt. Die Hinterlegung hatte nur die Wirkung, daß als Gegenstand der Zwangsvollstreckung an die Stelle der gepfändeten

Forderung nunmehr der hinterlegte Betrag getreten ist. Der von der hinterlegenden Bank erklärte Verzicht auf die Rücknahme des hinterlegten Betrages hindert zwar, daß die Bank künftig Ansprüche auf den hinterlegten Betrag geltend machen kann, läßt aber die Frage unberührt, ob der Kläger, oder ob die Beklagte diesen Betrag für sich beanspruchen darf.

Die Annahme des Berufungsrichters, die angestellte Klage sei eine Klage aus § 771 Z.P.O., ist nicht zu beanstanden. Der Kläger als Nachlaßkonkursverwalter kann auf den hinterlegten Rückkaufpreis nur insoweit für die Konkursmasse Anspruch erheben, als ein solcher Anspruch dem Erblasser R. zustehen würde, wenn er noch lebte. Der Kläger behauptet, dem Erblasser würde in diesem Falle das Eigentum an dem Rückkaufpreise zustehen, also ein die Veräußerung hinderndes Recht an diesem Gegenstande der Zwangsvollstreckung. Der Zweck der Klage ist die Beseitigung der auf Antrag der Beklagten für diese gegen die Ehefrau R. erwirkten Zwangspfändung, die sich in Widerspruch mit dem Eigentume des Erblassers setze. Gerade diesem Zwecke dient aber die durch den § 771 gewährte Klage, bei der sich die Parteien nicht wie zwei Eigentumsprätendenten, sondern als Eigentümer und Pfändungs-Pfandgläubiger gegenüberstehen. Der Grund der Klage ist zwar das materielle Eigentumsrecht des Erblassers R.; dieses Recht darf aber der Kläger, solange die Zwangsvollstreckung noch schwebt, gegenüber dem Pfandgläubiger nur in der prozessualen Form der Klage aus § 771 geltend machen, also auch nur unter Wahrung der dort für die Zuständigkeit des Gerichtes gegebenen Vorschriften. Diese zwingenden öffentlichrechtlichen Vorschriften würden nach dem Belieben des Klägers in ihrer Wirkung beseitigt werden können, wenn man ihm neben der Klage aus § 771 noch eine andere, lediglich materiellrechtliche Klage wegen Verletzung seines Eigentumes gewähren wollte, die an die im § 771 bestimmten Voraussetzungen, insbesondere hinsichtlich der Zuständigkeit des Gerichtes, nicht gebunden wäre. Das Gegenteil folgt auch keineswegs aus dem von der Revision in Bezug genommenen Urteile des Reichsgerichtes vom 25. Februar 1898 (Jurist. Wochenschr. 1898 S. 246 Nr. 7). Dort wird vielmehr nur ausgeführt, die Rechtsbehelfe aus §§ 771 und 776 Z.P.O. beträfen nur das Verhältnis des Widerspruchsberechtigten zum Pfändungsgläubiger, ließen aber sein Verhältnis zum Schuldner oder zu einem Dritten unberührt; doch könne die zivilrechtliche Klage gegen den Schuldner oder den Dritten mit der Widerspruchsklage gehäuft werden.

Zwar beschränkt sich der in der ersten Instanz gestellte Klagantrag nicht auf das Verlangen, die im Wege der Zwangsvollstreckung erwirkte Pfändung für unzulässig zu erklären, sondern fordert daneben noch die Verurteilung der Beklagten zur Einwilligung in die Auszahlung des hinterlegten Betrages zur Konkursmasse. Diesen Umstand würdigt aber der Berufungsrichter zutreffend dahin, der zweite Teil des Antrages sei überflüssig; denn sobald die Zwangsvollstreckung für unzulässig erklärt werde, ergebe sich die Aufhebung der Vollstreckungsmaßregel nach §§ 775 Nr. 1 und 776 Z.P.O. auch ohne Einwilligung der Beklagten von selbst. Die Hinzufügung dieses Teiles des Klagantrages konnte nichts daran ändern, daß die Klage nichts weiter als die Beseitigung der Pfändung erstrebt. Die Natur der Klage als einer bloßen Widerspruchsklage aus § 771 ist aber auch nicht dadurch beseitigt worden, daß der Kläger in der Berufungsinstanz den ersten Teil des Klagantrages fallen gelassen und nur den zweiten Teil aufrecht erhalten hat. Der Kläger verlangt auch jetzt noch die Einwilligung der Beklagten in die Auszahlung des Rückkaufpreises aus keinem anderen Grunde als dem, daß die Zwangsvollstreckung unzulässig sei, weil der Anspruch auf den Rückkaufpreis der Konkursmasse, und nicht der Schuldnerin der Beklagten zustehe. Inwieweit diesem Umstande bei der künftigen Fassung der in der Sache selbst entscheidenden Urteilsformel etwa Rechnung zu tragen sein wird, kann hier dahingestellt bleiben. Jedenfalls ist aber durch die formelle Änderung des Klagantrages für die vorliegende Widerspruchsklage nicht die Vorschrift des § 771 außer Kraft gesetzt, daß sie bei keinem anderen Gericht erhoben werden dürfe, als bei dem, in dessen Bezirk die Pfändung erfolgt ist."

---

78. 1. Berechtigt der von dem einen Vertragsteile erklärte Rücktritt vom Vertrage nach § 326 B.G.B. dann, wenn der Rücktritt aus irgendeinem Grunde ungerechtfertigt ist, den anderen Vertragsteil, schlechthin und ohne weiteres nach § 326 a. a. O. Schadensersatz wegen Nichterfüllung zu verlangen oder vom Vertrage zurückzutreten?

2. Tragweite einer Aufforderung des Verkäufers an den Käufer, in bestimmter Frist die ihm vorbehaltene Verfügung über die Ware zu treffen und sie abzunehmen.

II. Zivilsenat. Urt. v. 10. Januar 1908 i. S. D. (Bekl.) w. Konkursmasse K. (Kl.). Rep. II. 280/07.

I. Landgericht II Berlin, Kammer für Handelssachen.
II. Kammergericht daselbst.

Der Beklagte hatte Schadensersatz wegen Nichterfüllung in Höhe von 67021,80 *M* aus dem Lieferungsgeschäfte mit der Klägerin vom 3. Oktober 1902 beansprucht. Danach waren dem Beklagten von der Klägerin 50000 Zentner Zucker zu 25,80 *M* für den Zentner mit 1 Prozent Kassaskonto zur sukzessiven Lieferung vom Oktober bis Dezember 1902 verkauft worden. Geliefert hiervon waren nach den Feststellungen des Berufungsgerichtes rund 23933 Zentner. Wegen der nicht gelieferten Mengen bis 50000 Zentner beanspruchte der Beklagte Schadensersatz wegen Nichterfüllung.

Die Klägerin war von Anfang an von der in den Instanzen auch gebilligten Auslegung dieses Sukzessivlieferungsvertrages ausgegangen, daß die 50000 Zentner in verhältnismäßig gleichen Mengen jeden Monat abzunehmen seien. Der Beklagte widersprach dieser Auslegung; er leitete ferner unter anderem auch aus ungerechtfertigten Behauptungen Einwendungen gegen seine Verpflichtung zur rechtzeitigen Erfüllung des Sukzessivlieferungsvertrages ab. Von der Oktoberrate hatte er bis Mitte November über 3000 Zentner, von der Novemberrate zu Anfang Dezember über 14720 Zentner noch nicht verfügt. Die Klägerin hatte wegen der Oktoberrate nach vorheriger Aufforderung zur Abnahme der noch ausstehenden Mengen und Androhung nach § 326 Abs. 1 Satz 1 B.G.B. durch Schreiben vom 20. November und wegen der Novemberrate nach gleicher Aufforderung durch Schreiben vom 6. Dezember 1902 den Rücktritt erklärt. Der Beklagte widersprach durch Schreiben vom 29. Dezember diesen Rücktrittserklärungen und setzte der Klägerin eine Frist bis zum 3. Januar 1903 zur Erklärung darüber, ob sie den Rest des noch abzunehmenden Zuckers bis Ende März liefere. Von der Dezemberrate war Ende Dezember 1902 über 9000 oder 9100 Zentner noch nicht verfügt. Durch Schreiben vom 31. Dezember 1902 hatte die Klägerin den Beklagten zur Abnahme des Restes der Dezembermenge bis zum 6. Januar 1903 aufgefordert. Der Beklagte erklärte sich damit in dem Briefe vom 2. Januar 1903 einverstanden unter Vorbehalt seines übrigen bisher vertretenen Standpunktes und gab an, in welchen Sorten und Mengen die 9100 Zentner versendet werden sollten. Durch Schreiben vom 8. Januar 1903 verlangte der Beklagte Schadensersatz wegen Nichterfüllung des Vertrages. Dieser Brief kreuzte sich nach Annahme des Berufungsgerichtes mit dem Briefe der Klägerin vom 8. Januar, in dem diese erklärte, nach der Art der Verfügung des Beklagten über den Rest der Dezemberlieferung nicht sofort liefern zu können und vor Zahlung des rückständigen Kaufpreises für die gelieferten Mengen nicht weiter zu liefern.

Zu den Oktober- und Novemberlieferungen hatte der erste Richter angenommen, daß der Abnahmeverzug des Beklagten zureiche, den Rücktritt der Klägerin von jenen Lieferungen zu rechtfertigen. Das Berufungsgericht erwog dagegen, die Klägerin sei schon deshalb nicht zum Rücktritte vom Vertrage aus § 326 wegen der Oktober- und Novembermengen berechtigt gewesen, weil der Beklagte nur wegen Verzugs mit der Abnahme der Lieferung nach § 326 Abs. 1 Satz 1 aufgefordert worden war, der Verzug mit der Abnahme aber nicht die Anwendung des § 326 Abs. 1 Satzes 1 und 2 rechtfertige; die Klägerin hätte zur Zahlung des Kaufpreises auffordern müssen. Sei aber die Klägerin nicht zum Rücktritte berechtigt gewesen, so habe der Beklagte sie durch Aufforderung, die 3000 und 14720 Zentner zu liefern, in Verzug setzen können. Sein Schuldnerverzug hätte aufgehört, wenn er seinerseits Lieferung verlangte, und die Klägerin nicht lieferte. Das Verlangen im Schreiben des Beklagten vom 29. Dezember, die Lieferungsfrist bis Ende März 1903 zu verlängern, habe indes dem Vertrage nicht entsprochen. Darum habe die Klägerin darauf nicht einzugehen brauchen. Die Ansicht des Beklagten, es habe keiner Aufforderung zur Lieferung mehr bedurft, da die Klägerin zurückgetreten sei, treffe nicht zu.

Zur Dezemberlieferung rechtfertigte das Berufungsgericht die Abweisung des Anspruches auf Schadensersatz wegen Nichterfüllung mit folgenden Erwägungen. Die Klägerin habe allerdings durch ihren Brief vom 31. Dezember Abnahme des Restes der Dezemberlieferung bis zum 6. Januar 1903 verlangt; der Beklagte habe aber in seinem Schreiben vom 2. Januar 1903 derart nach Sorten verfügt, daß der Klägerin, zumal da der Beklagte frisch gemahlenen Zucker forderte, die Leistung innerhalb der 3 oder 4 Tage, was auch dem Beklagten bekannt, nicht möglich war. Sie habe zwar die Abnahme von 9000 Zentnern von dem Beklagten auf den 6. Januar verlangt, dabei aber nicht voraussehen können, welche Sorten der Beklagte abrufen, und daß er frisch gemahlenen Zucker fordern werde. Das Schreiben des Beklagten vom 2. Januar enthalte daher keine glatte Annahme des Vorschlages der Klägerin vom 31. Dezember. Die Parteien seien über Lieferung von 9000 Zentnern auf den 6. Januar 1903 nicht einig geworden. In dem Briefe vom 8. Januar habe die Klägerin ferner den Standpunkt eingenommen, sie brauche überhaupt nicht zu liefern, bis die früheren Lieferungen bezahlt seien. Mit diesem Verlangen habe sie nicht wider Treu und Glauben gehandelt. Danach sei die Klägerin auch wegen der Dezemberlieferung nicht in Schuldnerverzug geraten.

Die Revision rügte zur Abweisung des Schadensersatzanspruches für die Oktober- und Novemberlieferung, die Klägerin sei auf Grund der in ihren Rücktrittserklärungen ausgesprochenen Weigerung der Erfüllung allein schon im Schuldnerverzuge gewesen; es habe dazu und zum Verlangen des Schadensersatzes wegen Nichterfüllung aus § 326 Abs. 1 Satz 2 der Aufforderung zur Lieferung nicht mehr bedurft. Zur Entscheidung wegen der Dezemberlieferung machte sie geltend, die Klägerin sei durch ihre Aufforderung vom 31. Dezember verpflichtet gewesen, die Mengen, zu deren Abnahme sie dort eine Frist gesetzt hatte, entsprechend den Verfügungen in dem Briefe des Beklagten vom 2. Januar zu liefern. Nachdem die Klägerin ferner in jenem Schreiben nicht verlangt hätte, daß die früheren Lieferungen vor jeder weiteren Lieferung zunächst zu zahlen seien, habe sie darauf in dem Schreiben vom 8. Januar nicht mehr zurückkommen können.

Die Revision des Beklagten wurde zurückgewiesen aus folgenden

Gründen:

„1. Für die Revisionsinstanz ist davon auszugehen, daß der Rücktritt der Klägerin von den noch ausstehenden Oktober- und

Novembermengen nicht gerechtfertigt war. Zwar hätte das Berufungsgericht, wenn die vorgetragenen Tatsachen von ihm vollständig gewürdigt worden wären, im Rahmen der Rechtsprechung des erkennenden Senates auch zu dem Ergebnisse gelangen können, daß bei der besonderen Gestaltung des gegebenen Falles der Schuldnerverzug mit der Abnahme die Anwendung des § 326 rechtfertige. Denn die Klägerin hatte geltend gemacht, bei den Vertragsverhandlungen sei prompte Abnahme Gegenstand der Beredung gewesen, da es ihr darauf angekommen sei, den Zucker möglichst schnell los zu werden, sie das Geld dringend bedurft und anderseits keine Lagerräume für größere Mengen Zucker gehabt habe, was dem Beklagten beim Vertragsschlusse bekannt gewesen sei. Solche Erwägungen fallen indes zum Teil in das Gebiet der tatsächlichen Würdigung und können in der Revisionsinstanz nicht nachgeholt werden.

Nach der ständigen Rechtsprechung des erkennenden Senates enthält die zu vertretende *ernstliche Weigerung der Erfüllung* des einen Vertragsteiles — dessen *Sichlossagen von dem Vertrage* — in der Regel eine *positive Vertragsverletzung*. Sie *ändert* grundsätzlich zwar *nichts* an den *materiellen Voraussetzungen des Schuldnerverzuges*. Wenn aber ein Mitwirken des anderen Vertragsteiles zur Fälligkeit der Leistung des die Erfüllung Weigernden und damit zum Schuldnerverzuge des letzteren an sich nötig wäre, aber aus seiner Erfüllungsweigerung erkennbar ist, er würde an ihr auch nach der Vornahme jenes Mitwirkens festhalten, so entbindet sie den anderen Vertragsteil von der Vornahme jenes Mitwirkens, als etwas Überflüssigem. Wenn die materiellen Voraussetzungen des Schuldnerverzuges im übrigen vorliegen, entbindet sie ferner von dem Erfordernisse der Mahnung — § 284 Abs. 1 — und von der Aufforderung mit Fristsetzung — § 326 Abs. 1 Satz 1.

Durch den Rücktritt vom Vertrage zerfallen, wenn er gerechtfertigt ist, die durch den Vertrag begründeten Leistungsverbindlichkeiten. Der den Rücktritt Erklärende wird von seiner noch nicht erfüllten Verbindlichkeit befreit. Darum kann in der *Erklärung* des Rücktrittes vom Vertrage nach § 326 Abs. 1 die Äußerung des den Rücktritt Erklärenden gefunden werden, er sei von seiner noch nicht erfüllten Verbindlichkeit befreit und brauche sie nicht mehr zu erfüllen. Danach enthält eine Erklärung des Rücktrittes vom Vertrage nach § 326 Abs. 1, wenn sie aus irgend einem Grunde ungerechtfertigt ist, nicht schlechthin eine ernstliche Weigerung der Erfüllung in dem oben dargelegten Sinne. Sie kann nur Ausgang für eine solche ernstliche Weigerung sein und durch weitere begleitende oder hinzutretende Umstände zu einer ernstlichen Weigerung der Erfüllung werden. Allerdings ist der Vertragsteil, der den Rücktritt rechtmäßig erklärt hat, dem anderen Teile gegenüber an seine Rücktrittserklärung unwiderruflich gebunden. Beanstandet dagegen der andere Teil die Rechtmäßigkeit der Rücktrittserklärung, dann kann er jenen nicht an seiner Rücktrittserklärung insoweit festhalten, daß in ihr eine ernstliche Erfüllungsweigerung unwiderruflich erklärt sei. In solchem Falle darf eine ernstliche Erfüllungsweigerung nur unter der Voraussetzung als vorliegend angesehen werden, daß entweder der andere Vertragsteil nach der Rücktrittserklärung noch Erfüllung des Vertrages erfolglos verlangt hat, oder daß die Rücktrittserklärung selbst die Antwort auf ein solches berechtigtes Erfüllungsverlangen des anderen Teiles war.

Hatte ferner die Erklärung des Rücktrittes vom Vertrage nach § 326 Abs. 1 gegründeten Anlaß in Vertragswidrigkeiten des anderen Vertragsteiles, und ist sie, wie im gegebenen Falle, nur deshalb unwirksam, weil sich der bisher in der Hauptsache vertragstreue Teil bei der Aufforderung nach § 326 Abs. 1 Satz 1 im Ausdrucke vergriffen hat, oder diese an einem anderen äußeren Mangel leidet, so kann auch nach der bisherigen Rechtsprechung des erkennenden Senates eine durch eine solche Rücktrittserklärung kundgegebene Weigerung der Erfüllung den anderen Teil nicht von seinen Vertragswidrigkeiten und deren Wirkungen entlasten und ihn ungeachtet seiner Vertragswidrigkeiten nicht schlechthin berechtigen, ohne weiteres — ohne Mahnung nach § 284 Abs. 1, sowie ohne Aufforderung und Fristsetzung nach § 326 Abs. 1 Satz 1 — Schadensersatz wegen Nichterfüllung nach § 326 Abs. 1 Satz 2 zu verlangen oder vom Vertrage zurückzutreten. Der andere Vertragsteil muß sich vielmehr zunächst selbst auf den Standpunkt vertragstreuer Erfüllung stellen, seine Bereitschaft dazu dem Vertragsgegner erklären und zunächst alles tun, was von seiner Seite nach allgemeinen Rechtsgrundsätzen nötig ist, um die Folgen seiner Vertragsverletzung zu beseitigen und, soweit Schuldnerverzug des Vertragsgegners in Frage kommen soll, diesen in Schuldnerverzug zu setzen. Nur dann, wenn der Vertragsgegner kundgegeben hätte, auf seiner Erfüllungsweigerung selbst für den Fall zu beharren, daß der andere Teil die ihm noch mögliche Beseitigung seiner Vertragswidrigkeiten gut gemacht habe, könnte er auch ohne reales Gutmachen seiner Vertragswidrigkeiten die oben dargelegten Wirkungen ernstlicher Weigerung der Erfüllung für sich beanspruchen.

Die hier entwickelten rechtlichen Grundsätze folgen, soweit der Gesichtspunkt des Schuldnerverzuges, seine Voraussetzungen — § 284 Abs. 1 —, seine Wirkungen — § 326 Abs. 1 — in Frage kommen, aus dem oben dargelegten Standpunkte, daß die ernstliche Weigerung der Erfüllung grundsätzlich nichts an den materiellen Voraussetzungen des Schuldnerverzuges ändere. Für den rechtlichen Gesichtspunkt der positiven Vertragsverletzung, aus dem übrigens auch die Befreiung von der Mahnung nach § 284 Abs. 1 und von der Aufforderung mit Fristsetzung nach § 326 Abs. 1 abgeleitet werden muß, sind sie durch die Erwägungen gerechtfertigt: wer selbst durch seine Vertragswidrigkeiten den Vertrag verletzt und den Vertragszweck gefährdet hatte, der kann aus nachfolgender Vertragsverletzung und Gefährdung des Vertragszweckes durch den Vertragsgegner das Recht auf Schadensersatz wegen Nichterfüllung im Sinne von § 326 Abs. 1 Satz 2 oder auf Rücktritt vom Vertrage insolange nicht ableiten, als er nicht seine eigenen Vertragsverletzungen gut gemacht und sich dem anderen Vertragsteile gegenüber auf den Standpunkt vertragstreuer Erfüllung gestellt hat. Die dargelegte Auffassung steht auch im Einklange mit dem Urteile des III. Zivilsenates vom 20. Juni 1902, Rep. III. 81/02, was den Gesichtspunkt des Schuldnerverzuges anlangt, und widerspricht nicht den Erwägungen im Urteile des VII. Zivilsenates vom 11. Mai 1906, Rep. VII. 425/06, soweit sie sich mit den hier erörterten Folgen einer unwirksamen Rücktrittserklärung beschäftigen.

Geht man von diesen rechtlichen Grundsätzen aus, so geben die Erwägungen des Berufungsgerichtes zu rechtlichen Bedenken keinen Anlaß. Der Beklagte hatte unter anderem durch seine ungerechtfertigten Einwendungen aus angeblicher Verletzung von § 6 des Vertrages vom 27. Februar 1901 und aus Verletzung des nicht bestehenden Agenturvertrages die Erfüllung des Sukzessivlieferungsvertrages schuldhaft verschleppt. In seinem Briefe vom 29. Dezember 1902 hat er sich indes nicht auf den Standpunkt vertragstreuer Erfüllung dieses Vertrages gestellt, vielmehr Verlängerung der Vertragszeit bis Ende März 1903 verlangt. Damit ist er auf ein dem Vertragszwecke völlig widersprechendes, von der Klägerin schon früher entschieden zurückgewiesenes Verlangen zurückgekommen. Bei dieser Sachlage hat das Berufungsgericht ohne rechtlichen Verstoß angenommen, jener Brief enthalte keine rechtswirksame Mahnung, der Beklagte könne aber auch aus den früheren Rücktrittserklärungen der Klägerin nicht die rechtlichen Folgen einer ernstlichen Weigerung der Erfüllung ableiten....

2. Was sodann die Dezemberlieferung anlangt, so hatte die Aufforderung, welche die Klägerin am 31. Dezember nach § 326 Abs. 1 Satz 1 ergehen ließ, nicht gegen sie schlechthin die Wirkung, daß sie zur Lieferung in der von ihr gesetzten Frist verpflichtet war, gleichgültig welche Bestimmung über Ausführung der Leistung der Beklagte treffen sollte. Eine solche Bestimmung hatte zugunsten des Beklagten die rechtliche Wirkung, daß die Aufforderung im Rahmen des § 326 Abs. 1 unwirksam wurde; sie konnte aber gegen die Klägerin nicht dahin wirken, daß sie nunmehr dieser Bestimmung gemäß innerhalb der von ihr gesetzten Frist schlechthin liefern mußte, auch wenn, wie das Berufungsgericht einwandsfrei feststellt, sie jener Bestimmung des Beklagten auch beim besten Willen nicht in der kurzen Zeit nachkommen konnte.... Konnte aber der Beklagte nicht bis zum 6. oder 8. Januar 1903 Lieferung nach seiner Bestimmung vom 2. Januar verlangen, so war die Klägerin damit am 8. Januar noch nicht im Schuldnerverzug, und hat der Beklagte zu Unrecht am 8. Januar Schadensersatz wegen Nichterfüllung nach § 326 Abs. 1 Satz 2 verlangt.

Die Aufforderung zur Abnahme der Ware unter Setzung einer Frist nach § 326 Abs. 1 hat aber auch nicht die Wirkung, daß der Auffordernde seine in der Aufforderung nicht benannten weiteren Rechte und Verteidigungsmittel in bezug auf die erwähnte Abnahme nicht mehr geltend machen kann, wenn der andere Teil sich zur Abnahme bereit erklärt. Auch hier greift der oben bezeichnete rechtliche Grundsatz ein: die Aufforderung mit Fristsetzung fällt weg, wenn der andere Teil sich zur Abnahme bereit erklärt und das dazu Erforderliche tut. Der Auffordernde wird aber nicht verpflichtet zu leisten, wenn der andere Teil nur das tut, was in der Aufforderung enthalten ist, während nach dem Vertrage er noch weiteres zu tun hat, um die Erfüllung beanspruchen zu können. Dem Leistungsverlangen des anderen Teiles gegenüber bleiben dem Auffordernden alle Rechte und Einwendungen aus dem Vertragsverhältnisse, auch wenn sie nicht in der Aufforderung erwähnt oder vorbehalten sind. Die Klägerin konnte daher immer noch auf die Einrede des rückständigen Kaufpreises zurückgreifen, wenn ihre Leistungspflicht und damit ihr Schuldnerverzug in Frage stand. Das Nichterwähnen dieses ihr zustehenden Verteidigungsmittels in ihrer Aufforderung an den Beklagten, seiner Leistungspflicht zu genügen, konnte ihr nicht präjudizieren. Weiter führt das Berufungsgericht zutreffend aus, daß die Klägerin nicht wider Treu und Glauben verstoßen habe, wenn sie in dem Briefe vom 8. Januar von der Einrede des rückständigen Kaufpreises für die bereits gelieferten Mengen Gebrauch gemacht hat. Danach sind die beiden Entscheidungsgründe, aus denen das Berufungsgericht den Schuldnerverzug der Klägerin verneint hat, frei von Rechtsirrtum." ...

79. 1. Bezieht sich bei Verträgen, die gegen ein gesetzliches Verbot oder gegen die guten Sitten verstoßen, die Ausnahmevorschrift des zweiten Satzes des § 817 B.G.B. nur auf solche Leistungen, welche die Parteien unmittelbar auf Grund eines solchen Vertrages einander gewähren, oder auch auf solche, die, wie die Bestellung eines Pfandes für eine aus dem Vertrage entspringende Forderung, als solche einem erlaubten Zwecke dienen?

2. Ist als Leistung, deren Rückforderung nach § 817 Satz 2 B.G.B. ausgeschlossen ist, wenn außer dem Empfänger durch die Annahme auch dem Leistenden durch die Gewährung der Leistung ein Verstoß gegen ein gesetzliches Verbot oder gegen die guten Sitten zur Last fällt, nur die Gewährung eines solchen Vermögensvorteiles anzusehen, der dazu bestimmt ist, endgültig in das Vermögen des Empfängers überzugehen, oder auch eines solchen, der nur zu vorübergehenden Zwecken diesem zugeführt worden ist und der, soweit später

kein Grund für seinen dauernden Übergang in das Vermögen des Empfängers eingetreten ist, schon seiner Natur nach zurückgewährt werden muß?

B.G.B. §§ 817 Satz 2, 812.

III. Zivilsenat. Urt. v. 14. Januar 1908 i. S. S. u. Gen. (Kl.) w. A. u. Gen. (Bekl.). Rep. III. 262/07.

I. Landgericht Dortmund.
II. Oberlandesgericht Hamm.

Für die Beklagten, als Eigentümer des Hauses Holländische Straße Nr. 19 in D., schloß Anfang 1902 der Mitbeklagte Heinrich A., zugleich als Bevollmächtigter der übrigen Beklagten, mit dem Wirte Anton W. einen sog. Kastellanvertrag über die in dem Hause betriebene Gastwirtschaft, für die dem Mitbeklagten Heinrich A. die polizeiliche Erlaubnis erteilt war, dergestalt ab, daß nach außen dieser als Inhaber der Wirtschaft gelten, während in Wirklichkeit die Wirtschaft für Rechnung W.'s betrieben werden sollte. Bei Übernahme der Wirtschaft sollte dieser eine Sicherheit von 3000 *M* leisten. Demgemäß trat er durch eine schriftliche Erklärung vom 28. Februar 1902 eine Forderung von 3000 *M*, die ihm gegen den Wirt Conrad H. in D. zustand, an Heinrich A. ab, und gleichzeitig erklärte sich H. ebenfalls schriftlich mit der Abtretung einverstanden. Er zahlte auch am 21. März 1902 die 3000 *M* an A. In der von diesem ausgestellten Quittung wurde der Betrag ausdrücklich „als Kaution für Herrn Anton W." bezeichnet, und wörtlich hinzugefügt: „jedoch verpflichten wir uns, falls die Konzession vom Hause Ofenstraße Nr. 1 hierselbst nicht auf H. übertragen wird, den obigen Betrag an H. zurückzuzahlen". Anfang 1904 erklärten die Beklagten den mit W. geschlossenen Vertrag für nichtig, weil er gegen die Vorschriften der Gewerbeordnung verstoße, und erhoben gegen ihn die Räumungsklage. Dieser trat am 5. Februar 1904 die Forderung auf Rückzahlung der Sicherheit an die Kläger ab.

Diese beantragten die Verurteilung der Beklagten zur Zahlung von 3000 *M* nebst 4 v. H. Zinsen seit dem 5. Februar 1904 an sie.

Die Beklagten machten neben anderen Einwendungen eine Anzahl Gegenforderungen aufrechnungsweise geltend, welche die Kläger bestritten.

Nach erfolgter Beweisaufnahme verurteilte das Landgericht die Beklagten zur Zahlung von 2763,05 ℳ nebst 4 v. H. Zinsen seit dem 5. Februar 1904 und wies die Kläger mit der Mehrforderung ab. Es erachtete den Klaganspruch an sich für begründet und sah nur einen Teil der Gegenforderungen der Beklagten als gerechtfertigt an. Nur insoweit, nämlich in Höhe von 236,95 ℳ, hielt es den Einwand der Aufrechnung für durchgreifend.

Hiergegen legten die Beklagten Berufung ein. Sie behaupteten namentlich, es sei ausdrücklich vereinbart, aber auch üblich, daß die gestellte Sicherheit für alle Ansprüche hafte, die ihnen aus der Wirtschaftsführung W.'s erwachsen würden, also nicht bloß für Mietzins und Schäden am Inventar, sondern auch besonders dafür, daß sie, die Beklagten, nach der Rechtsprechung unter Umständen allen Lieferanten W.'s Zahlung leisten müßten. Das an der Wirtschaft angebrachte Schild: „Wirtschaft von H. A., geführt von A. W.", enthalte dessen öffentliche Bevollmächtigung, für A. Waren zu bestellen.

Die Kläger bestritten die Anführungen der Beklagten und behaupteten, daß die Sicherheit nur für Ausfälle an Mietzins und für etwaige Schäden oder Verluste am Inventar geleistet sei. Insoweit seien aber die Beklagten durch W. wegen ihrer Ansprüche bis zum 1. Februar 1904 voll befriedigt.

Das Berufungsgericht erkannte nach Beweiserhebung abändernd auf gänzliche Abweisung der Klage.

Auf die Revision der Kläger ist das Berufungsurteil aufgehoben, und die Sache zur anderweiten Verhandlung und Entscheidung an das Berufungsgericht zurückverwiesen worden, aus folgenden

Gründen:

„Das Berufungsgericht hat seine die Klage abweisende Entscheidung lediglich darauf gestützt, daß der zwischen dem Rechtsvorgänger der Kläger, W., und den Beklagten geschlossene Vertrag bezweckt habe, daß W., ohne selbst eine polizeiliche Erlaubnis zum Wirtschaftsbetriebe zu besitzen, als scheinbarer Stellvertreter der Beklagten die dem Mitbeklagten Heinrich A. erteilte Erlaubnis zum

Betriebe der Gastwirtschaft ausnutze. Der Vertrag habe somit — so wird weiter ausgeführt — gegen die §§ 33 und 147 Gew.O. verstoßen und sei deshalb, worüber die Parteien auch einig seien, nichtig. Außerdem verstoße er auch gegen die guten Sitten. Aus Anlaß des Abschlusses dieses sog. Kastellanvertrages habe aber W. den Beklagten eine Sicherheit geleistet, und zwar, wie die Kläger vorgetragen hätten, wegen ihrer Ansprüche auf Mietzins und Schadensersatz, wenn das Inventar verschlechtert oder verbracht würde. Die Hergabe der Sicherheit habe demnach W. den unerlaubten Wirtschaftsbetrieb ermöglichen sollen. Der Zweck der Sicherheit sei daher so beschaffen gewesen, daß einerseits die Empfänger durch die Annahme gegen die guten Sitten verstoßen hätten, daß aber anderseits auch dem Leistenden ein solcher Verstoß zur Last falle. Die Rückforderung sei deshalb nach § 817 B.G.B. ausgeschlossen.

Von den Angriffen der Revision gegen diese Begründung ist zunächst der Angriff unbegründet, der sich darauf stützt, daß, wie die im Urteile des Landgerichtes mitgeteilten Urkunden ergäben, ganz bestimmte Vereinbarungen auch wegen Rückgabe der Sicherheit getroffen seien, die an sich nicht gesetzwidrig gewesen seien, beispielsweise die über die Rückgabe der 3000 *M* an H., wenn dieser die polizeiliche Erlaubnis zum Betriebe der von W. übernommenen Wirtschaft nicht erhielte. Der hierin enthaltene Hinweis auf das Urteil des VII. Zivilsenates des Reichsgerichtes vom 6. März 1906 (Jurist. Wochenschr. S. 301) ist deshalb verfehlt, weil dort in einem ähnlichen Falle nur ein späterer Vertrag für gültig erklärt worden ist, durch den gerade bezweckt wurde, einen dem Gesetze entsprechenden Zustand wiederherzustellen. Hier betrifft aber die Vereinbarung, auf die sich die Revision bezieht, daß nämlich die Beklagten sich laut der Quittung vom 21. März 1902 für einen bestimmten Fall verpflichtet haben, die von H. an sie gezahlten 3000 *M* an diesen zurückzuzahlen, lediglich das Rechtsverhältnis zwischen W. und H., insofern die Wirksamkeit des Verkaufes des früher jenem gehörig gewesenen Hauses an H. davon abhängig gemacht war, daß dieser die polizeiliche Erlaubnis zum Betriebe der Wirtschaft in dem Hause erhielte. Es handelte sich also hierbei gar nicht um die als möglich in Aussicht genommene Wiederherstellung des früheren Zustandes gegenüber dem durch den sog.

Kastellanvertrag zwischen den Beklagten und W. herbeigeführten Zustande.

Begründet ist dagegen die von der Revision erhobene Rüge der Verletzung des § 817 B.G.B. Zutreffend hat zwar das Berufungsgericht angenommen, daß der sog. Kastellanvertrag zwischen W. und den Beklagten, weil er gegen das Verbot der §§ 33 und 147 Gew.O. verstieß, nichtig war (§ 138 B.G.B.). Alle Leistungen also, die unmittelbar auf Grund dieses Vertrages von der einen an die andere Partei erfolgten, unterlagen deshalb, da beiden Teilen ein Verstoß gegen ein gesetzliches Verbot, bei der Gewährung wie bei der Annahme, zur Last fiel, der Ausnahmevorschrift des zweiten Satzes des § 817, wonach die Rückforderung ausgeschlossen ist, wenn auch der Leistende durch Hingabe der Leistung gegen das gesetzliche Verbot verstoßen hat. Die Gewährung der Sicherheit der 3000 *M* dagegen erfolgte nicht unmittelbar auf Grund jenes Vertrages; sie war keine der Leistungen, auf deren Austausch der Mietvertrag gerichtet war, sondern sie enthielt nur die Erfüllung eines mit diesem Hauptvertrage verbundenen Nebenvertrages, der die Sicherung der Forderungen der Vermieter aus dem Mietvertrage in gewissem Umfange bezweckte. Dieser unmittelbare Zweck der Leistung der Sicherheit verstieß aber an sich weder gegen ein gesetzliches Verbot noch gegen die guten Sitten. Nur auf solche Leistungen aber, die unmittelbar auf Grund eines gegen ein gesetzliches Verbot oder gegen die guten Sitten verstoßenden Vertrages die Parteien einander gewähren, läßt sich die Ausnahmevorschrift des zweiten Satzes des § 817 beziehen, während Leistungen, die, wie die Bestellung eines Pfandes für eine aus dem Vertrage entspringende Forderung, als solche einem erlaubten Zwecke dienen, von der Bestimmung nicht betroffen werden. Der an sich rechtsbeständige Nebenvertrag, auf Grund dessen sie erfolgen, ist nur folgeweise hinfällig, weil der Hauptvertrag, mit dem er verbunden war, und dessen Zwecken er dienen sollte, sich als nichtig erweist, die Leistung auf Grund des Nebenvertrages also lediglich deshalb ohne rechtfertigenden Grund geschehen ist. Auf sie findet deshalb lediglich die allgemeine Vorschrift des § 812 B.G.B. Anwendung, wonach, wer durch die Leistung eines anderen etwas ohne rechtlichen Grund erlangt, ihm zur Herausgabe verpflichtet ist.

Hiermit hängt aber noch ein ferneres Moment zusammen. Die Zahlung der 3000 *M* als Sicherheit an die Beklagten war ihrer Natur nach gar nicht dazu bestimmt, daß hierdurch dauernd deren Vermögen um diesen Betrag vermehrt würde, sondern sie mußte, soweit sie nicht zur Deckung bestimmter Forderungen aus dem Mietverhältnisse zu verwenden war, nach Aufhebung dieses Rechtsverhältnisses an W. zurückgewährt werden. Als „Leistung", deren Rückforderung nach § 817 Satz 2 ausgeschlossen ist, wenn außer dem Empfänger durch die Annahme auch dem Leistenden durch die Gewährung der Leistung ein Verstoß gegen ein gesetzliches Verbot oder gegen die guten Sitten zur Last fällt, kann aber nur die Gewährung eines solchen Vermögensvorteiles angesehen werden, der dazu bestimmt ist, endgültig in das Vermögen des Empfängers überzugehen, nicht aber eines solchen, der nur zu vorübergehenden Zwecken diesem zugeführt worden ist und der, soweit später kein Grund für seinen dauernden Übergang in das Vermögen des Empfängers eingetreten ist, schon seiner Natur nach zurückgewährt werden muß.

Das Berufungsurteil unterliegt daher, weil es den § 817 Satz 2 B.G.B. durch unrichtige Anwendung verletzt, der Aufhebung. Zur Endentscheidung ist die Sache nicht reif; denn über die von den Beklagten zur Aufrechnung gestellten Gegenforderungen, die im zweiten Rechtszuge zum Teil neu substantiiert worden sind, und über die das Berufungsgericht bereits Beweiserhebung beschlossen hatte, hat es bisher keine Entscheidung getroffen. Die Sache ist daher zur anderweiten Verhandlung und Entscheidung an das Berufungsgericht zurückzuverweisen." ...

---

80. Was ist im Sinne der Tarifst. 1a des Reichsstempelgesetzes vom 14. Juni 1900 unter dem den Nennbetrag übersteigenden Ausgabewert der Aktien zu verstehen? Gilt als erster Erwerber das die Aktien zeichnende Konsortium, und kommen die von ihm bei der Zeichnung übernommenen Verpflichtungen für die Bemessung des Ausgabewertes in Betracht?

VII. Zivilsenat. Urt. v. 14. Januar 1908 i. S. Bank für Handel u. Industrie in D. (Kl.) w. hess. Fiskus (Bekl.). Rep. VII. 208/07.

I. Landgericht Darmstadt.
II. Oberlandesgericht daselbst.

Unter dem 26. März 1902 hatte die Klägerin mit der B.'er Bank zu B. einen die Auflösung der Berliner Filiale der B.'er Bank und ihre Übernahme durch die Klägerin bezweckenden Vertrag geschlossen, in dessen § 8 sich die Klägerin verpflichtete, dafür Sorge zu tragen, daß den Aktionären der B.'er Bank vor dem 30. Juni 1902 ein Angebot gemacht werde, wonach sie gegen Einlieferung von je 5400 ℳ Aktien erhalten sollten: 2000 ℳ Aktien der Klägerin, 2334 ℳ bar in verschiedenen Terminen. Zur Durchführung des Vertrages wurde eine Erhöhung des Grundkapitals der Klägerin um 16667000 ℳ durch Ausgabe von Inhaberaktien zum Nennbetrage von je 1000 ℳ in Aussicht genommen. Vertrag und Kapitalserhöhung fanden die Zustimmung der Generalversammlung. Es wurde bestimmt, daß der Ausgabewert der jungen Aktien 100 Prozent betragen solle, und daß die Aktien einem Konsortium anzubieten seien; bei der Zeichnung seien 25 Prozent, und der Rest binnen drei Wochen nach Eintragung der Erhöhung in das Handelsregister zu zahlen; dem Konsortium sei die Verpflichtung aufzuerlegen, den Aktienstempel, sowie die gesamten Kosten der Erhöhung zu tragen und die Aktien den Aktionären der B.'er Bank anzubieten. Bereits unter dem 22. März 1902 war der das Aktienbezugsrecht regelnde Vertrag zwischen der Klägerin und dem Konsortium geschlossen worden. Das Syndikat verpflichtete sich zur Zeichnung der neuen Aktien bis zu dem vom Aufsichtsrate der Klägerin festzusetzenden Betrage und zu dem Angebote der Aktien an die Aktionäre der B.'er Bank gemäß der bereits mitgeteilten Bedingungen; es verpflichtete sich ferner, die ihm zugehenden Aktien der B.'er Bank der Klägerin zum Selbstkostenpreise, dessen Ermittelung im einzelnen bestimmt wurde, zu überlassen, wobei insbesondere ein Syndikatsgewinn in Anrechnung zu bringen sei. Die Kapitalserhöhung wurde demnächst zum Betrage von 13940000 ℳ durchgeführt, welchen Betrag das Syndikat unter dem 16. Juni und 14. Juli 1902 zeichnete.

Die Klägerin war, was die Verstempelung der 13940 neuen

Aktien anlangt, der Meinung, daß der Stempel von dem Nennwerte, als dem Ausgabewerte, also auf 20 *M* für jedes Stück, zu berechnen sei, wogegen der Fiskus jede junge Aktie entsprechend dem Kurse der alten Aktien auf 1300 bis 1400 *M* bewertete und danach einen Stempel von 28 *M* forderte. Die Klägerin entrichtete den geforderten Stempel mit 111520 *M*, begehrte demnächst aber im Rechtswege die Erstattung von vorläufig 2000 *M* nebst Zinsen. Der Beklagte beantragte die Abweisung der Klage. Das Landgericht erkannte nach dem Klagantrage mit der Maßgabe, daß es Zinsen erst seit dem Tage der Klagezustellung zusprach. Das Oberlandesgericht erkannte abändernd auf Abweisung der Klage. Die Revision der Klägerin wurde zurückgewiesen.

Gründe:

„Nach den vom erkennenden Senate in ständiger Rechtsprechung festgehaltenen Grundsätzen, von denen abzugehen kein Anlaß vorliegt, umfaßt die den Ausgabestempel für inländische Aktien regelnde Tarifst. 1a zum Reichsstempelgesetze vom 14. Juni 1900 auch den Fall, daß die ausgegebenen Aktien, ohne ziffermäßige Festsetzung eines den Nennbetrag übersteigenden Kurses von seiten der emittierenden Aktiengesellschaft, einen höheren, den Nennbetrag übersteigenden Wert darstellen und zu diesem Überpariwerte vom ersten Erwerber übernommen werden (Entsch. des RG.'s in Zivils. Bd. 61 S. 302, ferner die Urteile vom 12. April 1904, Rep. VII. 546/03, 10. Juli 1906, Rep. VII. 555/06, und 28. Mai 1907, Rep. VII. 354/06). Entscheidend ist nicht der von der Gesellschaft bestimmte Ausgabekurs, sondern der wirkliche, innere Wert der Aktien, sofern er jenen Kurs übersteigt und in ihm keinen erschöpfenden Ausdruck findet. Ob dies zutrifft, ist nach der Lage des einzelnen Falles zu beurteilen. Insbesondere kann die vom Erwerber zu gewährende Gegenleistung einen Anhalt für die Feststellung bieten, daß der Ausgabepreis hinter dem wahren Werte der Aktien zurückbleibt. Der Satz der Revisionsbegründung, daß in erster Reihe jener Preis, und nur, wenn ein Preis nicht bestimmt sei, der Wert der Gegenleistung entscheide, findet sich in den angezogenen Urteilen nicht. Es kommt nur darauf an, ob aus dem gesamten Inhalte des Emissionsgeschäftes mit Sicherheit zu schließen ist, daß für die Bemessung der in der Hingabe der Aktien bestehenden Leistung nicht sowohl der Nennwert oder der sonstige

Ausgabepreis, sondern ein mehr oder weniger erheblicher Mehrwert maßgebend gewesen ist.

Von diesem Gesichtspunkt aus war im vorliegenden Falle zu prüfen, ob die von der Klägerin ausgegebenen jungen Aktien nur zum Parikurse, wie er im Zeichnungsscheine festgesetzt war, oder zu einem den Stempelansatz von 28 *M* für die Aktie rechtfertigenden Mehrwerte von 300 bis 400 *M*, also zu einem Kurse von 1300 bis 1400 *M*, übernommen worden sind. Der Berufungsrichter entscheidet sich für die letztere Alternative, und seine Ausführungen lassen einen Rechtsirrtum nicht erkennen. Die Frage, ob das Konsortium, das die Aktien gezeichnet hat, als erster Erwerber zu gelten habe, beantwortet er nicht. Sie ist unbedenklich zu bejahen. Für das im eigenen Namen zeichnende Konsortium wurde der Anspruch gegen die Klägerin auf die Ausreichung der gezeichneten Aktien begründet; das Konsortium sollte deren Eigentümer werden, sie also von der ausgebenden Gesellschaft als erster Eigentümer erwerben. Daß es nicht auf dauernden Besitz abgesehen war, ist unerheblich. Allein daraus, daß das Syndikat als Übernehmer der Aktien zu betrachten ist, folgt für die Stempelberechnung nichts zugunsten der Klägerin. Der Berufungsrichter legt mit Recht das entscheidende Gewicht auf die von dem Syndikate bei der Zeichnung eingegangenen Verpflichtungen.

Die Revision meint, daß diese Verpflichtungen den Gegenstand eines besonderen, neben dem Emissionsgeschäfte stehenden Vertrages gebildet hätten, lediglich obligatorischer Natur seien und bei der Berechnung des Preises für die Übernahme der Aktien außer Betracht bleiben müßten. Dem ist nicht zuzustimmen. In den Zeichnungsscheinen ist ausdrücklich auf die Verpflichtungen des Syndikates hingewiesen, und damit klargestellt, daß sie in dem Verhältnisse der Gegenleistung für die zu gewährenden Aktien stehen sollen, wie denn auch aus dem Syndikatsvertrage vom 22. März 1902 deutlich erhellt, daß die Zeichnung und Ausreichung der Aktien als ein einheitliches, mit den sonstigen Abreden in untrennbarem Zusammenhange befindliches Geschäft zu betrachten ist. Die obligatorische Natur der Abreden ist für die Stempelfrage gleichgültig. Maßgebend ist nur, ob aus ihnen ersichtlich ist, daß das Syndikat die neuen Aktien in Wahrheit nicht zum Parikurse, sondern zu einem höheren Betrage übernommen hat. In dieser Hinsicht ist es von Bedeutung, daß das Syndikat über die gezeichneten Aktien nicht frei verfügen und sie nicht an der Börse verwerten durfte, vielmehr verpflichtet war, die Aktien unter genau festgesetzten Bedingungen den Aktionären der B.'er Bank zum Umtausch anzubieten und die so erworbenen Aktien der B.'er Bank der Klägerin abzuliefern. Dieser war in Ansehung der B.'er Bankaktien ein Bezugsrecht dergestalt eingeräumt, daß sie gegen Einlieferung von 5400 *M* (nominal) der Aktien 2334 *M* bar und zwei ihrer jungen Aktien zu je 1000 *M* (nominal) zu gewähren hatte. Bei einem Kurse der B.'er Bankaktien von 93 Prozent, wie ihn der Berufungsrichter unangefochten feststellt, ergibt sich daher ein Wert der Aktien der Klägerin von 1300 bis 1400 *M*.

Da das Syndikat verbunden war, die übernommenen Aktien lediglich zu dem Zwecke des Erwerbes der B.'er Bankaktien und der Überführung dieser Wertpapiere in das Vermögen der Klägerin zu verwenden, so ist klar, daß sich der Übernahmepreis nicht auf den ziffermäßigen Ausgabewert, d. i. den Nennbetrag, beschränkt, sondern auf den Betrag erhöht, zu dem das Syndikat die Aktien zu veräußern verpflichtet war. Dieser Betrag ergibt sich aus der Vergleichung mit den Werten, welche die Klägerin für ihre Aktien erhielt. Indem sie vorschrieb, daß die B.'er Bankaktionäre für Aktien zum Kurse von 5022 *M* 2334 *M* bar und 2000 *M* in ihren — der Klägerin — neuen Aktien zu erhalten hätten, schätzte sie selbst ihre Aktien zu einem den Nennbetrag weit übersteigenden Werte von 130 bis 140 Prozent ein. Soweit sie zufolge des mit dem Syndikate geschlossenen Vertrages B.'er Bankaktien erwarb, gewann sie, und nicht das Syndikat, das so ermittelte Emissionsagio, und darum ist für die Berechnung des Stempels nicht der Nennbetrag, sondern der wirkliche Ausgabewert der Aktien zugrunde zu legen. Daß die Klägerin 13940000 *M* neuer Aktien nach Maßgabe der getroffenen Vereinbarungen ausgegeben hat, ist unstreitig.

Die Revision erweist sich hiernach als unbegründet, wobei noch bemerkt wird, daß das oben angeführte Urteil vom 10. Juli 1906 einen ganz ähnlichen Fall betroffen und ebenso, wie den gegenwärtigen, erledigt hat."

---

81. Gewährt das Pfandrecht an einem Gesellschaftsanteile dem Pfandgläubiger bei der Auseinandersetzung der Gesellschaft ein Vorrecht vor dem erst später begründeten Pfandrecht eines anderen Gläubigers an dem Anspruche des Schuldners auf Herausgabe (oder Abtretung) der ihm nach dem Auseinandersetzungsbeschlusse zuzuteilenden Sachen oder Rechte?

B.G.B. §§ 717, 718, 1273, 1274 Abs. 2.

VII. Zivilsenat. Urt. v. 14. Januar 1908 i. S. K. (Bekl.) w. v. M. (Kl.). Rep. VII. 122/07.

I. Landgericht Hannover.
II. Oberlandesgericht Celle.

Der Bergingenieur Sch. hatte seine Anteile (116 von 1000) an der Bohrgesellschaft A. I, einer Gesellschaft des bürgerlichen Rechtes, dem Kläger verpfändet. Später übertrug die Gesellschaft ihr Vermögen auf die neugegründete Gewerkschaft A. II und erhielt hierfür die 100 Kuxe dieser Gewerkschaft, die den Gesellschaftern der Bohrgesellschaft A. I nach Verhältnis ihrer Beteiligung zugeteilt wurden. Inzwischen hatte der Beklagte die Forderung des Ingenieurs Sch. gegen die A. I auf Abtretung und Herausgabe von Kuxen der Gewerkschaft A. II pfänden und sich zur Einziehung überweisen lassen, weshalb die auf Sch. treffenden Kuxscheine mit Blankozession hinterlegt wurden. Jede Partei verlangte nun, daß die Kuxscheine ihr herausgegeben würden zwecks vorzugsweiser Befriedigung. Beide Vorinstanzen erkannten das bessere Recht des Klägers an, und auch die Revision des Beklagten wurde zurückgewiesen aus folgenden

Gründen:

... „Zur Beleuchtung der zu beurteilenden Rechtslage mögen folgende Erwägungen dienen. Wenn eine Gesellschaft des bürgerlichen Rechts (§§ 705 flg. B.G.B.) einen Teil ihres Vermögens, z. B. ein Grundstück, veräußert, so erlangt der einzelne Gesellschafter nicht einen bestimmten Anteil am Kaufpreise, sondern dieser wird Gesamteigentum aller Gesellschafter (Gesellschaftsvermögen, § 718 B.G.B.). Teilung kann nicht verlangt werden. Ebenso verhält es sich, wenn die Gesellschaft ihr ganzes Vermögen veräußert; als Folge davon braucht keineswegs die Auflösung der Gesellschaft einzutreten; diese kann vielleicht ihre Zwecke mit dem erlösten Bargelde besser erreichen als mit den veräußerten Gegenständen. Nicht anders liegt die Sache, wenn die Gesellschaft als Gegenwert anstatt des Kaufpreises Aktien einer Aktiengesellschaft oder Kuxe einer Gewerkschaft erhält; die Aktien oder Kuxe werden Gesellschaftsvermögen.

Eine Änderung der Rechtslage tritt ein, wenn die Gesellschaft die Verteilung des Gesellschaftsvermögens unter die Gesellschafter beschließt, wobei die gleichzeitige Auflösung der Gesellschaft mindestens die Regel bilden wird. Besteht das Vermögen nur in Aktien oder Kuxen, und sind Schulden nicht vorhanden, so steht nichts im Wege, die Auseinandersetzung in der Art vorzunehmen, daß die Aktien oder Kuxe in Natur unter die Gesellschafter nach Maßgabe ihrer Beteiligung verteilt werden. Erst durch einen auf solche Teilung gerichteten Beschluß, und nur durch ihn, erlangt der einzelne Gesellschafter gegen seine Mitgesellschafter den Anspruch auf Herausgabe oder Übertragung der ihn treffenden Zahl von Aktien oder Kuxen. Dieser Anspruch ist aber nicht etwa ein von dem bisherigen Gesellschaftsanteile verschiedenes Vermögensrecht; er ist vielmehr der Gesellschaftsanteil selbst mit dem ihm durch den Auseinandersetzungsbeschluß gegebenen Inhalt. Der Gesellschafter erhält durch die Übereignung der Aktien oder Kuxe seinen **Anteil am Gesellschaftsvermögen.**

Hat ein Gesellschafter seinen Gesellschaftsanteil verpfändet, so ergibt sich aus dem Vorstehenden zunächst, daß das Pfandrecht durch Veränderungen in dem Bestande der das Gesellschaftsvermögen bildenden einzelnen Gegenstände gar nicht berührt wird. Das Pfandrecht ergreift gemäß §§ 1274 Abs. 2, 717 B.G.B. nur die Gewinnanteile und das künftige Auseinandersetzungsguthaben des Gesellschafters; Änderungen der Substanz des Gesellschaftsvermögens mögen Einfluß auf die Höhe dieser Ansprüche haben, gerade wie bei der Aktiengesellschaft und anderen selbständig rechtsfähigen Gebilden; das Pfandrecht berühren sie nicht. Denn dieses ruht nicht auf den einzelnen zum Gesellschaftsvermögen gehörigen Gegenständen, auch nicht auf einem Miteigentumsanteile des Verpfänders an diesen Gegenständen, sondern auf seinem Gesellschaftsanteile, hauptsächlich auf dem Auseinandersetzungsguthaben. Weiter aber ergibt sich, daß bei der Auseinandersetzung ein Pfandrecht an dem Gesellschaftsanteile den Vorrang haben muß vor dem erst später begründeten Pfandrechte an dem Anspruche des Gesellschafters auf Herausgabe der Sachen oder Rechte, die ihm nach dem Auseinandersetzungsbeschlusse behufs Befriedigung wegen seines Gesellschaftsanteiles zugeteilt werden sollen. Denn beide Pfandrechte treffen sachlich das nämliche Recht, den Gesellschaftsanteil.

Aus diesen Erörterungen im Zusammenhalt mit dem feststehenden Sachverhalte ergibt sich ohne weiteres, daß die für Sch. hinterlegten Kuxe der A. II nichts anderes sind, als sein durch die Auseinandersetzung flüssig gewordener Anteil am Vermögen der A. I." (Die weiteren Ausführungen interessieren nicht.)

---

82. Findet der § 74 H.G.B. auf einen Vertrag zwischen dem Kaufmanne und dem Handlungsgehilfen Anwendung, worin das Dienstverhältnis aufgelöst, und dem Handlungsgehilfen ein Wettbewerbsverbot auferlegt wird?

I. Zivilsenat. Urt. v. 15. Januar 1908 i. S. B. (Bekl.) w. S. (Kl.). Rep. I. 131/07.

I. Landgericht Oppeln.
II. Oberlandesgericht Breslau.

Laut Vertrages vom 27. November 1900 stellte die Beklagte den Kläger für die Zeit vom 1. Januar 1901 bis dahin 1904 als Prokuristen in ihrem Getreidegeschäfte an. Der Vertrag sollte den gesetzlichen Bestimmungen über Dienstverträge der Handlungsangestellten unterliegen. Am 21. Januar 1903 schlossen die Parteien einen neuen Vertrag, wonach der alte Vertrag von diesem Tage ab außer Kraft trat, und der Kläger die in Falkenberg O.-S. bestehende Filiale der Beklagten nach der Bilanz vom 1. Januar 1903 als eigenes Geschäft übernahm. Unter Nr. 2 dieses Vertrages verpflichtete sich der Kläger, 15, die Beklagte, 5 bestimmte Orte bei einer Konventionalstrafe von 5000 *M* für jeden Fall der Zuwiderhandlung geschäftlich zu meiden. Nach Verlauf von 3 Jahren erhob der Kläger auf Grund des § 74 H.G.B. gegen die Beklagte Klage auf Anerkennung, daß dieses Wettbewerbsverbot für ihn nicht mehr rechtswirksam sei. Das Landgericht verurteilte die Beklagte nach dem Klagantrage. Ihre Berufung wurde zurückgewiesen. Das Reichsgericht wies die Klage ab.

Aus den Gründen:

„Das Oberlandesgericht hat der Klage stattgegeben, weil der Kläger beim Abschlusse des Vertrages vom 21. Januar 1903 Handlungsgehilfe der Beklagten gewesen, erst infolge davon aus seiner dienstlichen Abhängigkeit ausgeschieden, das Wettbewerbsverbot daher für ihn gemäß § 74 Abs. 2 H.G.B. nach Ablauf von 3 Jahren rechtsunwirksam geworden sei. Die Revision rügt mit Recht die Verletzung dieses Paragraphen. Aus sozialpolitischen Erwägungen hervorgegangen, will die Bestimmung „eine Vereinbarung zwischen dem Prinzipal und dem Handlungsgehilfen, durch welche dieser für die Zeit nach der Beendigung des Dienstverhältnisses in seiner gewerblichen Tätigkeit beschränkt wird", hinsichtlich ihrer Verbindlichkeit für den Handlungsgehilfen abgrenzen, also das auf dem Dienstvertrage beruhende Verhältnis zwischen Prinzipal und Handlungsgehilfen in einer bestimmten Richtung regeln. Hierauf weist schon die Stellung des Paragraphen in dem die Handlungsgehilfen betreffenden Abschnitte des Handelsgesetzbuches hin. Jene Vereinbarung — die sog. Konkurrenzklausel — braucht nicht bei der Anstellung des Handlungsgehilfen getroffen zu werden; es genügt ihre nachträgliche Abrede, sofern nur das Dienstverhältnis noch besteht. Wird es gleichzeitig aufgelöst, so ist für die Anwendung des § 74 kein Raum. Für diese Auslegung spricht sowohl der Wortlaut des Gesetzes, wie sein Zusammenhang mit dem § 75, der sich dem Grundgedanken nach bereits in § 67 Abs. 2 des im Juni 1896 veröffentlichten Entwurfes eines Handelsgesetzbuches befand, während der Abs. 1 dieses Paragraphen mit der Vorschrift des § 74 Abs. 1 H.G.B. n. F. übereinstimmte. Die Denkschriften zu diesem und zu dem später dem Reichstage vorgelegten Entwurfe begründen aber die in den § 75 H.G.B. n. F. übernommene Vorschrift, daß dem Prinzipal ein Anspruch aus der Konkurrenzklausel überhaupt nicht zustehen soll, wenn er, ohne daß ein erheblicher, von ihm nicht verschuldeter Anlaß vorliegt, das Dienstverhältnis auflöst, in fast wörtlicher Übereinstimmung dahin:

„Es ist eine Forderung der Billigkeit, daß dem Prinzipal nur dann gestattet wird, dem Gehilfen auf Grund der getroffenen

Vereinbarung Beschränkungen hinsichtlich der freien Verwertung seiner Fähigkeiten aufzuerlegen, wenn er seinerseits bereit ist, dem Gehilfen in seinem Geschäfte, soweit es angeht, die Möglichkeit des weiteren Fortkommens zu gewähren. Will er dies nicht, so darf er den Gehilfen, der ihm keinen Grund zur Auflösung des Dienstverhältnisses gegeben hat, auch nicht hindern, ein anderweitiges Unterkommen überall da, wo es sich ihm bietet, zu suchen."

Vgl. Hahn-Mugdan, Materialien zu den Reichs-Justizgesetzen Bd. 6 S. 243.

Hieraus folgt, daß das Handelsgesetzbuch, dessen § 75 ausdrücklich eine Vereinbarung der in § 74 bezeichneten Art voraussetzt, durch die Vorschrift dieses Paragraphen Fälle treffen will, bei denen sich der Handlungsgehilfe der in der Konkurrenzklausel enthaltenen Beschränkung seiner persönlichen Freiheit unterwirft, weil er im Geschäfte des Prinzipals sein weiteres Fortkommen erhalten soll, und der Prinzipal die Vorteile der Klausel erwirbt, weil er dem Handlungsgehilfen das weitere Fortkommen in seinem Geschäfte nach Möglichkeit gewährt. Ein solcher Fall steht hier nicht zur Entscheidung. Das zwischen den Parteien seit dem 1. Januar 1901 bestehende Dienstverhältnis wurde durch den Vertrag vom 21. Januar 1903 nicht aufrecht erhalten, sondern trat von diesem Tage ab außer Kraft, und die darin vereinbarte Konkurrenzklausel gleichzeitig in Kraft. Da die Auflösung des Dienstvertrages mit der Vereinbarung der Konkurrenzklausel zeitlich zusammenfiel, und der Kläger durch denselben Vertrag die Filiale der Beklagten mit den sämtlichen Beständen zum Anschaffungswerte übernahm, so schloß ihn der Kläger nicht als Handlungsgehilfe der Beklagten, sondern als Kaufmann im Sinne des § 1 H.G.B. ab, weil dieser Kauf zur Verwirklichung seiner Absicht, ein Handelsgewerbe zu betreiben, bestimmt war. Der Vertrag fällt daher nicht unter die Vorschrift des § 74 H.G.B." ...

---

83. 1. Begriff der Ablieferung im Sinne des § 456 H.G.B. und des Art. 30 des Berner Fracht-Übereinkommens.

2. Welche Verpflichtung ergibt sich für die Eisenbahn aus § 59 des Vereinszollgesetzes?

3. Welche Verpflichtung ergibt sich für die Zollbehörde aus der Ausfolgung zollpflichtiger Güter an sie im Zollschuppen der Eisenbahn?

I. Zivilsenat. Urt. v. 15. Januar 1908 i. S. Société anonyme S. P. & Cie. (Kl.) w. L. u. Gen. (Bekl.). Rep. I. 179/07.

I. Landgericht Metz, Kammer für Handelssachen.
II. Oberlandesgericht Colmar.

In der Nacht vom 12. zum 13. Dezember 1903 brannte der Zollschuppen auf dem Bahnhofe in Metz vollständig nieder. Dabei wurden 10500 kg Schmalz, welche die Klägerin an die Speditionsfirma L. gesandt hatte, vernichtet. Das Schmalz war am 7. Dezember 1903 in Metz angekommen, der Frachtbrief der Empfängerin L. am 8. Dezember ausgehändigt, und das Schmalz an demselben Tage zum Zwecke der Verzollung in den Zollschuppen verbracht worden. Die Klägerin verlangte Schadensersatz 1. von der Firma L., 2. vom Reichsfiskus, 3. vom Landesfiskus von Elsaß-Lothringen. Sie beantragte diese als Gesamtschuldner zur Zahlung von 7145,35 ℳ zu verurteilen. Gegenüber dem Reichsfiskus war der Klaganspruch auf den abgeschlossenen Frachtvertrag, auf einen durch die Verbringung der Güter in den Zollschuppen geschlossenen Verwahrungs- und Lagervertrag, sowie auf unerlaubte Handlung (§ 823 B.G.B.), gegenüber dem Landesfiskus auf Verwahrungs- und Lagervertrag, sowie gleichfalls auf unerlaubte Handlung gestützt. Das Landgericht erkannte nach dem Antrage der Beklagten auf Abweisung der Klage. Die Berufung der Klägerin gegen diese Entscheidung wurde hinsichtlich der Firma L. zurückgewiesen; dagegen wurde der Klaganspruch gegen den Reichsfiskus und gegen den Landesfiskus dem Grunde nach für berechtigt erklärt, und die Sache zur Festsetzung der Höhe des Schadens an das Landgericht zurückverwiesen. Das Reichsgericht hat die Revision der Beklagten zurückgewiesen.

Aus den Gründen:

... „II. Zur Revision des Reichsfiskus.

Das Oberlandesgericht geht von zutreffenden Rechtsgrundsätzen aus, wenn es annimmt, daß die Eisenbahn als Frachtführerin das Gut im Sinne des § 456 H.G.B. und des Art. 30 Berner Übereink.

„abgeliefert“ habe, als sie unter Aushändigung der Frachtbriefe an die Empfängerin L. mit deren stillschweigender Zustimmung das Gut nach beendigtem Transporte zum Zwecke der zollamtlichen Behandlung im Zollschuppen der Eisenbahn der Zollbehörde ausfolgte.

Vgl. § 75 Abs. 2 Eisenbahn-Verk.-O. und Zusatzbestimmung zu Art. 30 des Internat. Berner Übereinkommens in den Verbandsgütertarifen.

Damit hat die Eisenbahn die custodia über das Gut aufgegeben, die mit der Pflicht zur Beförderung den wesentlichen Inhalt des Frachtvertrages ausmacht. Damit ist zugleich festgestellt, daß eine weitere Haftung der Eisenbahn für Ereignisse, die nach der Ablieferung des Gutes eingetreten sind, aus dem Frachtvertrage nicht abgeleitet werden kann.

Das Oberlandesgericht hat aber gleichwohl eine vertragliche oder quasi-kontraktliche Haftung der Eisenbahn angenommen und diese mit folgenden Erwägungen begründet:

„Die Ablieferung der zollpflichtigen Güter von seiten der Eisenbahn an die Zollbehörde geschieht nur zum Zwecke der zollamtlichen Behandlung dieser Güter. Aus der Annahme der letzteren erwächst demnach der Zollbehörde die nach privatrechtlichen Grundsätzen zu beurteilende Verpflichtung, sie nach der stattgehabten zollamtlichen Behandlung an den Absender oder den durch den Frachtbrief legitimierten Empfänger auszuhändigen. Die gleiche Verpflichtung trifft auch die Eisenbahn, sobald diese Güter, weil die Zollabfertigung nicht sofort erfolgen kann, in die dafür bestimmten, von der Eisenbahn gestellten und unter ihrem Mitverschluß stehenden Räume . . . niedergelegt sind. Es muß dies um so mehr angenommen werden, als die Eisenbahn für die Lagerung in diesen Räumen, wenn auch nur in beschränktem Umfange, ein Lagergeld erhebt.“

Diese Ausführung des Oberlandesgerichtes ist, soweit sie die Eisenbahn betrifft, von Rechtsirrtum nicht frei. Es enthält zunächst einen tatsächlichen und rechtlichen Widerspruch, wenn das Oberlandesgericht annimmt, daß die Eisenbahn das Gut durch die mit Einwilligung des Empfängers erfolgte Ausfolgung an die Zollbehörde „abgeliefert“, also custodia und Gewahrsam aufgegeben habe, gleichzeitig aber auch annimmt, daß die Eisenbahn dem Empfänger gegenüber den Gewahrsam oder doch Mitgewahrsam behalten habe und ihm zur Aushändigung des Gutes vertraglich oder quasi-kontraktlich verpflichtet bleibe.

Um zu einer zutreffenden Beurteilung des Rechtsverhältnisses zu gelangen, ist es notwendig, die hier einschlagende Verpflichtung der Eisenbahn aus § 59 des Vereinszollgesetzes klarzustellen. Hiernach hat die Eisenbahn auf den für die Zollabfertigung bestimmten Stationsplätzen die für die zollamtliche Abfertigung und für die einstweilige Niederlegung der nicht sofort zur Abfertigung gelangenden Güter erforderlichen Räume zu stellen, bzw. die nach der Anordnung der Zollbehörde hierfür nötigen baulichen Einrichtungen zu treffen. Die Ausstattung der hergegebenen Räume, ihre Erwärmung und Erleuchtung liegt, sofern sie, wie im gegebenen Falle, lediglich den Zwecken der Zollverwaltung dienen, der Eisenbahnverwaltung nicht ob.

Vgl. § 5 des Eisenbahnzollregulativs vom 5. Juli 1888, Zentralblatt für das Deutsche Reich 1888 S. 484, 573.

Die Verpflichtung der Eisenbahn ist eine öffentlichrechtliche. Sie beschränkt sich auf Herstellung und Zurverfügungstellung der für die Zollabfertigung erforderlichen Räume. Nirgends ist bestimmt, daß die Eisenbahn hinsichtlich der an die Zollbehörde zum Zwecke der Zollabfertigung ausgehändigten Güter irgendwelche Verpflichtung zu übernehmen habe. Daß die Eisenbahnverwaltung die zur einstweiligen Niederlegung der zollpflichtigen Güter bestimmten Räume mit der Zollbehörde gemeinschaftlich unter Verschluß zu halten hat, begründet für sie keine Aufbewahrungspflicht hinsichtlich der Güter selbst und erklärt sich notwendig daraus, daß sie erst in diesen Räumen ihrer Ablieferungspflicht aus den Transportverträgen durch Ausantwortung der Güter an die Zollbehörde genügt. Auch der Umstand, daß sie für solche Güter, wenn sie aus Anlaß der zollamtlichen Behandlung über einen bestimmten Zeitraum in den bezeichneten Räumen verweilen, einen „Lagerzins“ zu erheben berechtigt ist, kann eine Verwahrungspflicht der Eisenbahn nicht begründen; der Lagerzins stellt sich als Äquivalent für die Inanspruchnahme des Raumes dar, nicht aber als Äquivalent für eine Aufsichts-, Bewahrungs- oder Verwahrungspflicht hinsichtlich der Güter. Für die Annahme einer solchen fehlt es nach Ausantwortung der Güter an die Zollbehörde an jedem privat- oder öffentlichrechtlichen Titel.

Denn die Güter sind von dem Augenblick an, wo sie der Zollbehörde in den bezeichneten Räumen im Einverständnis mit Absender oder Empfänger ausgefolgt sind, jeder Einwirkung und Kontrole der Eisenbahnverwaltung entzogen. Lediglich die Zollverwaltung hat zu bestimmen, in welcher Weise mit den Gütern zum Zwecke ihrer zollamtlichen Behandlung zu verfahren ist. Hieraus ergibt sich, daß nach Ausantwortung der Güter an die Zollbehörde eine Haftung der Eisenbahn nur aus ihrer Eigenschaft als Bauherrin, aus ihrer erwähnten Verpflichtung zur Herstellung und Bereithaltung der zur zollamtlichen Behandlung der Güter erforderlichen Räume, niemals aber aus einem in Ansehung der Güter eingegangenen Vertrage oder Quasi-Kontrakte hergeleitet werden kann.

Wenn hiernach der Senat den vom Oberlandesgerichte angenommenen Haftungsgrund für den Reichsfiskus nicht als gerechtfertigt erachten kann, so ergibt sich die Richtigkeit der getroffenen Entscheidung diesem Beklagten gegenüber auf Grund der von dem Oberlandesgerichte gegebenen tatsächlichen Feststellungen doch aus einem anderen rechtlichen Gesichtspunkte, der im Prozesse gleichfalls geltend gemacht und erschöpfend erörtert ist. Der Zustand, worin sich der in Rede stehende Schuppen nach dem Ergebnisse der Beweisaufnahme befand, läßt nämlich ohne weiteres erkennen, daß die Eisenbahnverwaltung der ihr nach § 59 des Vereinszollgesetzes obliegenden Verpflichtung nur in ganz unzureichender Weise genügt, und daß sie insbesondere hinsichtlich der in dem Zollschuppen befindlichen Feuerstätten den Vorschriften des § 368 Nr. 4 St.G.B. zuwider gehandelt hat. Damit sind die gesetzlichen Voraussetzungen einer Haftung der Eisenbahn aus § 823 Abs. 2 B.G.B. gegeben. Die Eisenbahn hat die für die Zollabfertigung erforderlichen Räume zu stellen. Der in Rede stehende Zollschuppen genügte jedoch in keiner Weise den Erfordernissen des Zollabfertigungsdienstes. Er war räumlich viel zu beschränkt; die Notwendigkeit, feuergefährliche Güter mit anderen eng zusammenzustauen, ergab an sich schon eine unausgesetzte Feuersgefahr. In dem aus Holz bestehenden Schuppen waren die während der Winterszeit häufig überheizten alten eisernen Öfen nur 35 cm von den Holzwänden entfernt; der Fußboden war mit öligen Substanzen durchtränkt. In diesem durch die Beweisaufnahme festgestellten höchst feuergefährlichen Zustande des Schuppens in Verbindung mit der Art und Weise, wie die Angestellten und Beamten der Zollverwaltung darin hantierten, erblickt das Oberlandesgericht die Ursache der Brandkatastrophe, welche die Ursache des Verlustes der Güter gewesen ist. Das Oberlandesgericht hat in tatsächlicher Würdigung des in dieser Hinsicht bestehenden Mißstandes den Kausalzusammenhang zwischen Schadensursache und eingetretenem Schaden nach freier Überzeugung (§ 287 Z.P.O.) angenommen, und seine Begründung läßt einen Rechtsirrtum nicht erkennen. Die gesetzliche Folge ist die Anerkennung des Schadensersatzanspruches der Klägerin gegen den Reichsfiskus, die dem Grunde nach ausgesprochen ist.

III. Zur Revision des Landesfiskus.

Aus dem unter II. Ausgeführten ergibt sich bereits der Standpunkt des erkennenden Senates gegenüber der Revision des Landesfiskus. Das Oberlandesgericht hat mit Recht angenommen, daß durch die Ablieferung des Gutes an die Zollverwaltung zum Zwecke der zollamtlichen Behandlung ein Rechtsverhältnis geschaffen wurde, das die Zollbehörde privatrechtlich und quasi-kontraktlich verpflichtete, das Gut nach der Zollabfertigung in unversehrtem Zustande an die durch den Frachtbrief legitimierte Empfängerin auszufolgen. Bei der Erfüllung dieser Verpflichtung hat die Zollbehörde und haben ihre Beamten und Angestellten, für die sie als für ihre Erfüllungsgehilfen (§ 278 B.G.B.) verantwortlich ist, die im Verkehr erforderliche Sorgfalt in grob fahrlässiger Weise verletzt. Die in unmittelbarer Nähe der hölzernen Wände befindlichen Öfen waren überheizt; die Beleuchtung der Räume geschah zum Teil durch Petroleumlampen. Es wurde in dem Schuppen unbeanstandet geraucht, obwohl der hölzerne Fußboden mit öligen Substanzen durchtränkt und überdies mit leicht feuerfangenden Materialien, wie Stroh, Heu, Papier u. dgl., bedeckt war. In diesen Mißständen, verbunden mit der unter II. hervorgehobenen feuergefährlichen Beschaffenheit des Schuppens, erblickt das Oberlandesgericht die Ursache der Brandkatastrophe und des durch sie bewirkten Verlustes der Güter.

Die von der Revision gegen den Ausgangspunkt der rechtlichen Beurteilung des Oberlandesgerichtes erhobenen Bedenken erschienen nicht stichhaltig. Die in der Entscheidung des VI. Zivilsenates des Reichsgerichtes vom 14. Februar 1901 (Entsch. Bd. 48 S. 255) niedergelegten rechtlichen Erwägungen treffen auch unter der Herrschaft des Bürgerlichen Gesetzbuches im wesentlichen zu. Daß es sich bei jener Entscheidung um den Postzollverkehr, hier um den Eisenbahnzollverkehr handelt, ist unerheblich. Die Unterscheidung, welche die Revision mit Rücksicht auf den Wortlaut des § 5 des Eisenbahnzollregulativs einerseits und des § 6 des Postzollregulativs andrerseits machen will (nur in letzterem ist ausdrücklich von der „Übergabe" der zollpflichtigen Gegenstände an die Zollstelle die Rede), läuft auf eine Buchstabeninterpretation hinaus und entbehrt der inneren Berechtigung. Entscheidend ist, daß in beiden Fällen der Transportvertrag mit der Ausantwortung der Güter an die Zollstelle erfüllt, und es nunmehr Sache der Zollbehörde ist, die zollpflichtigen Gegenstände zum Zwecke der zollamtlichen Behandlung in Gewahrsam zu nehmen und demnächst an den Empfangsberechtigten auszufolgen.

IV. Beide Beklagte, Reichsfiskus und Landesfiskus, haften als Gesamtschuldner, da jeder die ganze Leistung (den vollen Schadensersatz) zu bewirken verpflichtet ist (§ 421 B.G.B.). Denn jeder hat sich durch sein Verhalten für das schadenbringende Ereignis, die Brandkatastrophe, verantwortlich gemacht. Von einem konkurrierenden Mitverschulden der Empfängerin kann keine Rede sein. Insbesondere fällt ihr ... ein Verschulden hinsichtlich der Dauer der Lagerung des Gutes im Zollschuppen nicht zur Last." ...

---

84. Entsteht durch einen Beschluß, durch welchen das freisprechende Strafgericht zugunsten eines Angehörigen eines auswärtigen Staates, in dessen Ansehung nicht im Reichs-Gesetzblatte die Verbürgung der Gegenseitigkeit festgestellt ist, die Staatskasse zur Entschädigung für unschuldig erlittene Untersuchungshaft für verpflichtet erklärt, ein Anspruch des Ausländers gegen die Staatskasse auf solche Entschädigung?

Gesetz, betr. die Entschädigung für unschuldig erlittene Untersuchungshaft, vom 14. Juli 1904 (R.G.Bl. S. 321) §§ 4, 12.

VI. Zivilsenat. Urt. v. 16. Januar 1908 i. S. H. (Kl.) w. oldenburg. Staatsfiskus (Bekl.). Rep. VI. 148/07.

I. Landgericht Oldenburg.
II. Oberlandesgericht daselbst.

Gründe:

„Der Kläger verlangt aus der oldenburgischen Staatskasse Entschädigung für unschuldig erlittene Untersuchungshaft nach Maßgabe des Reichsgesetzes vom 14. Juli 1904, weil die Ferienstrafkammer des Landgerichtes zu Oldenburg, als sie ihn am 19. August 1905 von einer gegen ihn erhobenen Anklage freisprach, gleichzeitig einen entsprechenden Beschluß gemäß § 4 des genannten Gesetzes zu seinen Gunsten gefaßt hat. Der Beklagte verweigert die Anerkennung dieses Anspruches auf Grund des § 12 des Gesetzes, weil der Kläger nicht deutscher, sondern niederländischer Staatsangehöriger sei, und sich im Reichs-Gesetzblatte keine Bekanntmachung finde, wonach von den Niederlanden die Gegenseitigkeit verbürgt wäre. Daß hiermit die Sachlage richtig angegeben ist, steht in diesem Prozeß außer Streit. Es handelt sich nur darum, ob der Beklagte noch eine Einwendung daraus herzunehmen berechtigt ist, nachdem die Strafkammer trotzdem nun einmal den Kläger für entschädigungsberechtigt erklärt hat.

Unzweifelhaft ist, daß nach § 4 des Gesetzes das erkennende Strafgericht endgültig darüber zu entscheiden hat, ob die in § 1 aufgestellten Voraussetzungen des Entschädigungsanspruches vorliegen, und ob nicht einer der in § 2 vorgesehenen Ausschließungsgründe zur Anwendung zu bringen ist. Es fragt sich, ob ein gleiches von der in § 12 enthaltenen Beschränkung gilt, wonach in der Regel das Gesetz auf Ausländer keine Anwendung finden soll. Diese, vom Gesetzgeber vielleicht nicht ins Auge gefaßte, Frage ist bisher selten erörtert worden, von Lessing (Reichsgesetz, betr. die Entschädigung für unschuldig erlittene Untersuchungshaft, Bem. 18 zu § 6 S. 46) in bejahendem, von Burlage (Die Entschädigung der unschuldig Verhafteten und der unschuldig Bestraften, Bem. 3 zu § 12 des Ges. vom 14. Juli 1904 S. 119) in verneinendem Sinne. Das Reichsgericht hält, wie das Oberlandesgericht, die letztere Ansicht für die richtige. Für sie sprechen sowohl äußere, als auch innere Gründe. In ersterer Hinsicht ist entscheidend, daß der Inhalt des § 12 nicht unter die in den §§ 1 u. 2 normierten positiven und negativen Voraussetzungen aufgenommen ist, sondern daß der § 12, als Schlußbestimmung dem ganzen Gesetz angehängt, von der Anwendung aller vorhergehenden Vorschriften die Ausländer ausnimmt, die nicht etwa einem Staate angehören, in dessen Ansehung die Verbürgung der Gegenseitigkeit festgestellt ist. Nach der Wortfassung des Gesetzes gilt also von solchen Ausländern auch weder die Vorschrift, daß das Strafgericht bei einer Freisprechung durch einen besonderen Beschluß über die Entschädigungsfrage Bestimmung treffen soll, noch die, daß, wenn das Strafgericht einen solchen Beschluß zugunsten des Freigesprochenen faßt, dadurch eine Verpflichtung der Staatskasse zur Zahlung der Entschädigung begründet wird. Ferner sind aber auch keine inneren Gründe ersichtlich, welche dieses Ergebnis als befremdlich erscheinen lassen könnten; vielmehr wäre gar nicht abzusehen, weshalb das Strafgericht, wie zur Entscheidung über die in den §§ 1 u. 2 des Gesetzes geregelten Punkte, auch zur Feststellung der Staatsangehörigkeit des Freigesprochenen vorzugsweise geeignet sein sollte." ...

---

85. Darf in einem Falle des § 389 Abs. 1 Z.P.O. die Zeugnisverweigerung für unrechtmäßig erklärt werden, ohne daß der Zeuge zur mündlichen Verhandlung über diese Weigerung als Partei geladen war?

VI. Zivilsenat. Beschl. v. 16. Januar 1908 in der Beschwerdes. des R., zur Sache K. Ehefr. (Kl.) w. Sch. (Bekl.). Beschw.-Rep. VI. 254/07.

I. Kammergericht Berlin.

Gründe:

„Das ... Kammergericht hat durch das angefochtene Zwischenurteil die Zeugnisverweigerung des Agenten P. R. für unrechtmäßig erklärt. Die hiergegen von ihm gemäß § 387 Abs. 3 Z.P.O. erhobene sofortige Beschwerde ist in einer dem § 569 Abs. 2 Z.P.O. entsprechenden Form eingelegt. Daß auch die Frist des § 577 Abs. 2 das. eingehalten ist, ist deswegen anzunehmen, weil von den beiden Parteien, denen die Beschwerde zur Gegenerklärung mitgeteilt worden ist, keine geltend gemacht hat, daß vor der zu den Akten nachgewiesenen Zustellung des Zwischenurteils, die am 30. November 1907 stattgefunden hat, schon eine andere solche vorgenommen worden sei, und weil die Beschwerde am 14. Dezember 1907 eingelegt worden ist. Die Beschwerde erschien daher als zulässig.

Es war ihr auch, ohne daß auf die materielle Sachlage eingegangen zu werden brauchte, der Erfolg nicht zu versagen, und zwar deshalb, weil das Zwischenurteil nicht auf der Grundlage eines dem Gesetz entsprechenden Verfahrens ergangen, insbesondere dem Zeugen nicht das ordnungsmäßige rechtliche Gehör gewährt worden ist. Der Zeuge, dessen Vernehmung durch den Beweisbeschluß vom 11. Juli 1907 einem beauftragten Richter übertragen war, war am 7. Oktober 1907 vor diesen zur Vernehmung auf den 15. desselben Monats geladen worden und hatte durch eine am 13. Oktober beim Kammergericht eingereichte schriftliche Eingabe sein Zeugnis verweigert. Im Vernehmungstermin erschien er nicht, und wurde dann auf Verfügung des beauftragten Richters zu dem bereits zur mündlichen Verhandlung zwischen den Parteien angesetzten Termine vor das Prozeßgericht auf den 7. November 1907 geladen. Er erschien auch hier nicht, und es fand dann das in § 389 Abs. 3 Z.P.O. vorgeschriebene Verfahren statt, auf Grund dessen das jetzt angefochtene Zwischenurteil ergangen ist. Es hat also gefehlt an der im Abs. 2 des § 389 verordneten Ladung des Zeugen zur mündlichen Verhandlung, d. h. zur mündlichen Verhandlung zwischen den Parteien und dem Zeugen über die Rechtmäßigkeit seiner Weigerung, für welche der Termin vom 7. November 1907 übrigens gar nicht angesetzt war, sondern noch erst vom Prozeßgericht ein Termin hätte bestimmt werden müssen. Der Zeuge konnte sich als nur als solcher zur Vernehmung vor das Prozeßgericht geladen betrachten; eine Ladung, der er dann nach § 386 Abs. 3 Z.P.O. keine Folge zu leisten brauchte. Daß ein solches Verfahren einen Mangel darstellt, der auch eine Nichtigkeit im Sinne des § 579 Abs. 1 Nr. 4 Z.P.O. in sich schließt und jedenfalls im Beschwerdeverfahren zur Aufhebung der auf ihm beruhenden Entscheidung führen muß, ist vom erkennenden Senate schon im Jahre 1898 ausgesprochen worden (vgl. Seuffert, Archiv Bd. 54 Nr. 258). Ob Entsprechendes auch in einem nach § 388 Z.P.O. zu behandelnden Falle gelten würde, kann hier dahingestellt bleiben; im vorliegenden Falle hat der Zeuge seine Weigerung, wenn auch durch eine vorgängige schriftliche Eingabe, doch im Sinne des § 389 Abs. 1 Z.P.O. „vor" einem beauftragten Richter erklärt, so daß jedenfalls die Vorschriften der Abss. 2 und 3 das. anwendbar waren." . . .

86. Unter welchen Voraussetzungen ist das Reichsgericht nach § 28 Abs. 2 Fr.G.Ges. zur Entscheidung über die weitere Beschwerde zuständig, wenn es sich darum handelt, eine Eintragung im Standesregister durch Hinzufügung eines Adelstitels zu berichtigen?

Gesetz über die Beurkundung des Personenstandes und der Eheschließung vom 6. Februar 1875 §§ 65 flg.

IV. Zivilsenat. Beschl. v. 16. Januar 1908 i. S. v. St. Beschw.-Rep. IV. 436/07.

I. Amtsgericht Gießen.
II. Landgericht daselbst.

Auf Antrag des Majors a. D. von St. in Potsdam hatte das Amtsgericht angeordnet, daß das Großherzoglich Hessische Standesamt in Gießen die Eintragungen im Geburtsregister, betreffend die Geburt der beiden Söhne des Antragstellers, durch den Vermerk zu berichtigen habe: Hauptmann G. von St. sei berechtigt, den Freiherrntitel zu führen. Das Königlich Preußische Heroldsamt in Berlin legte sofortige Beschwerde ein. Das Landgericht hat darauf die Anordnung des Amtsgerichtes aufgehoben. Sodann hat der Antragsteller weitere sofortige Beschwerde erhoben. Das Reichsgericht hat beschlossen, die Entscheidung über diese ihm vorgelegte weitere Beschwerde abzulehnen.

Gründe:

„Die von dem Beschwerdeführer Major a. D. G. von St. gegen den Beschluß des Landgerichtes in Gießen vom 30. Oktober 1907 eingelegte weitere sofortige Beschwerde ist durch Beschluß des I. Zivilsenates des Oberlandesgerichtes in Darmstadt vom 4. Dezember 1907 mit dem Hinweis auf § 28 des Gesetzes über die Angelegenheiten der freiwilligen Gerichtsbarkeit dem Reichsgerichte zur Entscheidung vorgelegt worden. Das Oberlandesgericht hält eine Zurückweisung der weiteren Beschwerde aus Rechtsgründen für geboten, glaubt jedoch eine seiner Rechtsauffassung entsprechende Entscheidung nicht erlassen zu dürfen, weil dies seiner Annahme nach im Widerspruche stehen würde mit den in zwei Fällen auf weitere Beschwerde ergangenen Entscheidungen des Königlich Preußischen Kammergerichtes, nämlich mit der Entscheidung vom 21. November 1904, mitgeteilt in der von Mugdan u. Falkmann herausgegebenen Rechtsprechung der Oberlandesgerichte Bd. 10 S. 42 flg. und in Johow's Jahrbuch Bd. 28 A S. 167 flg., und sodann mit der Entscheidung vom 29. November 1906, die sich auf die standesamtliche Beurkundung der Eheschließung des Beschwerdeführers bezieht.

Allein wenn es auch richtig ist, daß die in dem Vorlegungsbeschlusse begründete Rechtsauffassung des Oberlandesgerichtes mit der des Kammergerichtes nicht übereinstimmt, so hat doch die Abweichung mit der Auslegung einer reichsgesetzlichen Vorschrift nichts zu tun.

Zunächst stimmen beide Gerichte darin überein, daß sie eine Berichtigung der Standesregister in der Weise, wie sie vom Beschwerdeführer nachgesucht wird, rechtlich für zulässig halten. Wenn dabei das Kammergericht durch den Beschluß vom 29. November 1906 dem Berichtigungsvermerke die Fassung gegeben hat: der Beschwerdeführer heiße „Freiherr ... G. von St.", während das Oberlandesgericht die Frage in Betracht zieht, ob der Beschwerdeführer einer bestimmten Adelsklasse angehört, so liegt hierin nicht der Grund, weshalb das Oberlandesgericht seine Zuständigkeit verneint und die des Reichsgerichtes nach § 28 Abs. 2 a. a. O. für gegeben erachtet. Denn die Namensberichtigung in dem kammergerichtlichen Beschlusse beruht ebenfalls, und zwar ausschließlich, auf der Annahme, daß die adelsrechtliche Befugnis des Beschwerdeführers, den Freiherrntitel zu führen, ohne Gesetzesverletzung festgestellt sei, und überdies gibt es für die Frage, ob das freiherrliche Prädikat einen Namensbestandteil bildet, oder ob es standesrechtliche Bedeutung hat, keine reichsgesetzliche Regelung.

Wohl aber sieht sich das Oberlandesgericht zur Abgabe der Sache an das Reichsgericht deshalb veranlaßt, weil es die Frage, unter welchen Voraussetzungen jemand nach den Vorschriften des preußischen

Allgemeinen Landrechtes (Tl. II Tit. 9) zur Führung eines Adelsprädikates befugt ist, in anderer Weise glaubt beantworten zu müssen als das Kammergericht. Während das Kammergericht in dem Verfahren der Berichtigung von Standesregistern die Gerichte für berufen hält, über diese Frage eine selbständige Entscheidung zu treffen, hält das Oberlandesgericht in Übereinstimmung mit dem Landgerichte der Provinz Oberhessen die Gerichte hierbei für gebunden an eine Entscheidung, die dem Königlich Preußischen Heroldsamte in Berlin und an höherer Stelle dem Könige von Preußen allein zustehe. Das Oberlandesgericht billigt deshalb im gegebenen Falle die Entscheidung des Landgerichtes, derzufolge das Verlangen des Beschwerdeführers, daß die Geburtsurkunden seiner beiden Söhne durch eine berichtigende Hinzufügung des von ihm beanspruchten Freiherrntitels ergänzt würden, schon aus dem Grunde abzulehnen sei, weil ihm das Heroldsamt die Befugnis, diesen Titel zu führen, bestritten habe.

Nun könnte es freilich den Anschein haben, als werde durch diese zwischen dem Oberlandesgerichte und dem Kammergerichte bestehende Meinungsverschiedenheit zugleich das in den §§ 65 flg. des Reichsgesetzes vom 6. Februar 1875 geregelte Berichtigungsverfahren in Mitleidenschaft gezogen. Allein mit ausdrücklichen Worten hat sich das Oberlandesgericht auf den Rechtsstandpunkt, daß die in jenen reichsgesetzlichen Vorschriften den Gerichten übertragene Amtstätigkeit durch Vorschriften des preußischen Landrechtes rechtswirksam eingeengt sei, nicht gestellt, und im Hinblicke auf § 186 des Gesetzes über die Angelegenheiten der freiwilligen Gerichtsbarkeit erscheint es auch ausgeschlossen, dem Beschlusse vom 4. Dezember 1907 eine derartige Rechtsauffassung unterzulegen. Der Widerstreit der Meinungen liegt vielmehr im Gebiete des materiellen Rechtes. Die hessischen Instanzgerichte gehen, abweichend vom Kammergerichte, jedoch in Übereinstimmung mit den Rechtsausführungen des Heroldsamtes, davon aus, daß in Preußen die Befugnis, adlige Titel zu führen, sich schlechthin danach richte, ob sie vom Könige oder von der durch ihn eingesetzten Adelsbehörde anerkannt sei, oder daß doch die Titelführung von seiten beider zum mindesten geduldet werde. Mag man nun immerhin diese Stellungnahme des Landesherrn und des Heroldsamtes gegenüber der Adelsprätension als eine Entscheidung bezeichnen, so bildet sie doch selbst im Sinne einer derartigen Rechtsanschauung keine formelle, sondern eine sachliche Voraussetzung des Rechtes auf den Adelstitel. Als außergerichtlicher Bestandteil des registerrechtlichen Berichtigungsverfahrens kann sie schon deshalb nicht gelten, weil die ihr beigelegte Bedeutung nicht davon abhängt, ob das ausdrückliche oder stillschweigende Anerkenntnis gerade aus Anlaß dieses Verfahrens und in dessen Verlauf, oder ob es bei anderer Gelegenheit abgegeben wird. Wiederum aber ist die Frage nach der Notwendigkeit eines derartigen Anerkenntnisses keine Frage des Reichsrechtes.

Das Ergebnis ist schließlich kein anderes, wenn das Oberlandesgericht den Unterschied zwischen seiner Rechtsauffassung und der des Kammergerichtes durch die Bemerkung kennzeichnet, das Amtsgericht habe, als es anordnete, der Freiherrntitel des Beschwerdeführers sei auf den Geburtsurkunden seiner beiden Söhne zu vermerken, über die Berechtigung zur Führung dieses Titels allgemein, und zwar im Sinne der Zugehörigkeit zu einer bestimmten Adelsklasse, Entscheidung getroffen, während es der kammergerichtlichen Rechtsauffassung entsprochen hätte, die Frage nur in der Bedeutung einer Vorfrage, also mit der Beschränkung auf das der gerichtlichen Entscheidung unterliegende andere Rechtsverhältnis, zu beantworten. Was damit gemeint ist, läßt sich nicht ohne weiteres erkennen. Hat das Oberlandesgericht auf den sachlichen Inhalt der von dem Amtsgerichte entschiedenen adelsrechtlichen Frage hinweisen wollen, so besteht der von ihm hervorgehobene Gegensatz überhaupt nicht. Denn die Feststellung, der Beschwerdeführer sei befugt, den Freiherrntitel zu führen, ist ihrer inneren Bedeutung nach die gleiche, mag sie als Unterlage für eine standesamtliche Registerberichtigung getroffen sein, oder an der dafür zuständigen Stelle im Sinne einer unmittelbaren und allgemein gültigen Zuerkennung adelsrechtlicher Befugnisse getroffen werden. Glaubt dagegen das Oberlandesgericht der Eintragung des Freiherrntitels in das Standesregister, abweichend von der kammergerichtlichen Rechtsauffassung, eine über die Bestimmung der standesamtlichen Beurkundung (§ 15 des Gesetzes vom 6. Februar 1875) hinausreichende Wirkung beimessen zu können, und legt es dementsprechend auch den zur Frage der Registerberichtigung ergehenden gerichtlichen Entscheidungen eine derartige weiterreichende Wirkung bei — ähnlich etwa, wie wenn die Eintragung in eine Adelsmatrikel zur Entscheidung stände —, so bewegt sich der Meinungsstreit in dieser

Beziehung ebenfalls nicht auf reichsgesetzlicher Grundlage. Denn vorausgesetzt, daß von der Eintragung eines Adelstitels in das Standesregister besondere im Gebiete des Adelsrechtes liegende Wirkungen ausgehen, gehören die dafür maßgebenden Gesetzesvorschriften in keinem Falle dem Reichsrechte an.

Aus allen diesen Gründen hat das Reichsgericht die durch § 28 Abs. 2 des Gesetzes über die Angelegenheiten der freiwilligen Gerichtsbarkeit vorgeschriebenen Bedingungen seiner Zuständigkeit in materieller Beziehung nicht als erfüllt angesehen."

87. 1. Unter welchen Voraussetzungen findet § 9 Abs. 1 Nr. 2 des Warenzeichengesetzes auch in Fällen Anwendung, in denen der Geschäftsbetrieb, für den das eingetragene Warenzeichen angemeldet ist, überhaupt nicht begonnen ist?

2. Nach welchem Zeitpunkte ist die Frage zu beantworten, ob die Voraussetzungen für die Löschung eines Warenzeichens gemäß § 9 Abs. 1 Nr. 2 dieses Gesetzes vorliegen?

II. Zivilsenat. Urt. v. 17. Januar 1908 i. S. H. (Bekl.) w. F. u. Gen. (Kl.). Rep. II. 256/07.

I. Landgericht Hamburg.
II. Oberlandesgericht daselbst.

Im April und Mai 1904 meldete der damals als Handlungsgehilfe tätige Beklagte bei dem Patentamte 47 verschiedene Warenzeichen, jedes für eine sehr große Zahl verschiedenartiger Waren, zur Verwendung in einem „Export- und Importgeschäfte" an. Auf diese Anmeldungen hin wurden in der Zeit von 1904 bis Anfang 1906 diese 47 Zeichen in die Zeichenrolle eingetragen. Im März 1906 erhoben die Kläger, eine Handlungsfirma und vier Patentanwälte, gemäß § 9 Abs. 1 Nr. 2 des Warenzeichengesetzes Klage auf Löschung dieser Warenzeichen, indem sie behaupteten, der Beklagte habe niemals den Willen gehabt, einen eigenen Geschäftsbetrieb zu beginnen und sich in einem solchen der von ihm angemeldeten Zeichen zu bedienen. Er verfüge auch nicht über das zur Begründung eines Export- und

Importgeschäftes erforderliche Kapital. Die Anmeldung der Zeichen sei nur zu dem Zwecke erfolgt, um andere durch Erhebung von Widersprüchen gegen die Eintragung angemeldeter Warenzeichen und durch Untersagung der Benutzung solcher Zeichen zu zwingen, dem Beklagten Abfindungssummen zu zahlen. Der Beklagte behauptete dagegen, er habe zwar die von ihm bei der Anmeldung der Zeichen gehegte Absicht, ein Exportgeschäft zu begründen, noch nicht ausführen können; er beabsichtige aber, nächstens ein solches Geschäft anzufangen, wozu er auch imstande sei. In zweiter Instanz machte der Beklagte weiter geltend, er habe jetzt einen eigenen Geschäftsbetrieb begonnen, in dem er die eingetragenen Warenzeichen benutze. Beides wurde von den Klägern bestritten. In den Vorinstanzen wurde auf Löschung der Warenzeichen erkannt. Die von dem Beklagten gegen das Urteil des Oberlandesgerichtes eingelegte Revision wurde zurückgewiesen aus folgenden

Gründen:

... „Das Berufungsgericht hat die Klage als nach § 9 Abs. 1 Nr. 2, Abss. 3 und 5 des Warenzeichengesetzes zulässig und auch als begründet erachtet, indem es feststellt, daß der Beklagte einen wirklichen Geschäftsbetrieb, in dem er die streitigen Warenzeichen würde verwenden können, überhaupt noch nicht begonnen, und daß er weder bei der Anmeldung noch in irgend einem späteren Zeitpunkte die Benutzung dieser Zeichen innerhalb eines von ihm zu errichtenden Geschäftsbetriebes wirklich beabsichtigt habe, sondern daß es ihm lediglich um die Ermöglichung eines unlauteren Handels mit Lizenzen zu tun gewesen sei.

Der Revisionskläger hat zunächst die Aktivlegitimation der Kläger bestritten, da die Voraussetzungen der Vorschrift des § 9 Abs. 1 Nr. 2 hier nicht gegeben seien. Dieser Angriff richtet sich gegen folgende Ausführungen des Berufungsgerichtes: dem in § 9 Abs. 1 Nr. 2 vorgesehenen Falle, daß der Geschäftsbetrieb, zu welchem das Zeichen gehöre, von dem eingetragenen Inhaber nicht mehr fortgesetzt werde, stehe der Fall, daß der Geschäftsbetrieb überhaupt nicht begonnen sei, dann gleich, wenn der Geschäftsbetrieb in Wahrheit nicht beabsichtigt werde; denn unter dieser Voraussetzung habe der Inhaber des Zeichens, ebensowenig wie im Falle der Nichtfortsetzung des Betriebes, ein rechtlich anerkanntes Interesse an der Aufrechterhaltung des Zeichens. Diese mit der seitherigen Rechtsprechung des Reichsgerichtes,

vgl. Entsch. in Zivils. Bd. 15 S. 106, Bd. 30 S. 2, Bd. 56 S. 36,

im Einklange stehenden Ausführungen, gegen die auch von dem Revisionskläger nichts vorgebracht worden ist, erscheinen als rechtlich einwandfrei. Denn auch dann, wenn ein Geschäftsbetrieb, für den ein eingetragenes Zeichen bestimmt ist, noch nicht begonnen und überhaupt nicht beabsichtigt ist, trifft die der fraglichen Bestimmung des § 9 Abs. 1 Nr. 2 zugrunde liegende, überdies auch aus den Vorschriften der §§ 1 und 12 Abs. 1 des Warenzeichengesetzes sich ergebende Absicht des Gesetzgebers zu, wonach die Eintragung eines Warenzeichens nur dann rechtsbeständig sein soll, wenn es in einem wirklich betriebenen Geschäfte verwendet wird, und daß dann, wenn diese Voraussetzung des wirklichen Betriebes eines Geschäftes, zu dem das Warenzeichen gehört, fehlt, jeder Dritte berechtigt sein soll, die Löschung des Zeichens zu beantragen. Der Umstand, daß dieser der Vorschrift des § 9 Abs. 1 Nr. 2 zugrunde liegende Gedanke des Gesetzgebers in dem Wortlaute der Vorschrift einen zu engen Ausdruck gefunden hat, kann nicht dazu führen, die Anwendung auf den darin besonders hervorgehobenen Fall der Nichtfortsetzung des Geschäftsbetriebes zu beschränken. Vielmehr erscheint diese Anwendung auch dann als gerechtfertigt, wenn ein Geschäftsbetrieb, in dem das eingetragene Warenzeichen Verwendung finden könnte, von dem Inhaber des Zeichens nicht nur nicht begonnen worden ist, sondern überhaupt von Anfang an nicht beabsichtigt war — eine Auffassung, von der aus das Berufungsgericht zur Feststellung des Nichtvorhandenseins einer solchen Absicht auf seiten des Beklagten gelangt ist.

Einer solchen Feststellung bedurfte es aber im gegebenen Falle nicht einmal, um den Löschungsanspruch der Kläger zu rechtfertigen; denn es waren, wie sich in tatsächlicher Hinsicht aus dem Berufungsurteile ergibt, seit der im April und Mai 1904 bewirkten Anmeldung der streitigen Zeichen von seiten des Beklagten bis zu der im März 1906 erfolgten Erhebung der Löschungsklage nahezu zwei Jahre verflossen, ohne daß nach der insoweit nicht beanstandeten Feststellung des Berufungsgerichtes der Beklagte einen Geschäftsbetrieb begonnen hätte, in dem er die streitigen Warenzeichen benutzen konnte. Dieser Zeitraum, in dem eine tatsächliche Benutzung der Zeichen von seiten des

Beklagten überhaupt nicht stattgefunden hat, ist so groß, daß demgegenüber die bloße Möglichkeit nicht entscheidend ins Gewicht fallen kann, daß der angeblich von dem Beklagten beabsichtigte Betrieb eines Import- und Exportgeschäftes, in dem die Warenzeichen teilweise würden haben Verwendung finden können, nach der Klagerhebung etwa begonnen sein oder noch begonnen werden könnte. Vielmehr genügt der Nichtbetrieb eines solchen Geschäftes von seiten des Inhabers der eingetragenen Zeichen in dem bezeichneten langen Zeitraume, um einen Löschungsanspruch Dritter gemäß § 9 Abs. 1 Nr. 2 des Warenzeichengesetzes zu begründen, und zwar ohne Unterschied, ob es sich dabei um die Nichtfortsetzung eines bereits stattgehabten, oder um den Nichtbeginn eines etwa beabsichtigten Geschäftsbetriebes handelt. Es ist namentlich kein Grund erfindlich, aus dem der Inhaber eines eingetragenen, aber nicht benutzten Zeichens im letzteren Falle einen Anspruch auf das Fortbestehen der Eintragung haben sollte, in dem ersteren aber nicht. Die Rücksichtnahme auf das Interesse, das derjenige, der einen die Eintragung eines Warenzeichens erfordernden Geschäftsbetrieb beginnen will, an der vorherigen Anmeldung eines solchen Zeichens behufs rechtzeitiger Erlangung eines gesetzlichen Schutzes für dasselbe haben mag, kann nicht dazu führen, ein auf eine solche vorherige Anmeldung hin eingetragenes Zeichen auch dann noch fortbestehen zu lassen, wenn seit der Anmeldung desselben eine längere Zeit verstrichen ist, als für den wirklichen Beginn eines schon bei der Anmeldung ernstlich und mit begründeter Aussicht auf demnächstiges Inslebentreten geplanten Geschäftsbetriebes erforderlich war. Mit Recht hat in dieser Hinsicht das Berufungsgericht darauf hingewiesen, daß die bloße Hoffnung, später einmal einen Geschäftsbetrieb eröffnen zu können, noch kein Recht gebe, Warenzeichen anzumelden und beizubehalten, sondern daß es erforderlich sei, daß die Verwirklichung einer solchen Hoffnung unmittelbar bevorstehe.

Hiernach genügte es aber im gegebenen Falle für die Anwendung des § 9 Abs. 1 Nr. 2 und somit auch für die Aktivlegitimation der Kläger als Dritter, daß die Beklagte zur Zeit der nahezu zwei Jahre nach der Anmeldung der streitigen Warenzeichen erfolgten Erhebung der Löschungsklage einen Geschäftsbetrieb, in dem diese Zeichen hätten benutzt werden können, tatsächlich noch nicht begonnen hatte. Denn wie nach einem Urteile des erkennenden Senates vom 13. März 1903,

Rep. II. 379/02, die Frage, ob die Voraussetzungen des Löschungsanspruches gemäß § 9 Abs. 1 Nr. 3 des Warenzeichengesetzes vorliegen, nach der Zeit der Anstellung der Klage zu beantworten ist, so muß ein Gleiches auch von den Voraussetzungen des in Nr. 2 daselbst bestimmten Löschungsanspruches gelten. . . .

Auf Grund der dargelegten rechtlichen Auffassung über die Voraussetzungen des § 9 Abs. 1 Nr. 2 a. a. O. erscheint aber die nach dem Berufungsurteile feststehende Tatsache, daß der Beklagte in der bezeichneten Zeit einen wirklichen Geschäftsbetrieb noch gar nicht begonnen hatte, als genügend, um den Klaganspruch zu rechtfertigen. Es kommt daher auf die weitere tatsächliche Begründung, womit das Berufungsgericht außerdem eine Absicht des Beklagten, die fraglichen Zeichen innerhalb eines von ihm zu errichtenden Geschäftes zu benutzen, überhaupt verneint hat, sowie auf die gegen diese Feststellung gerichteten prozessualen Revisionsbeschwerden nicht an." . . .

---

88. Kann das Schiffsgläubigerrecht in der Weise geltend gemacht werden, daß der Gläubiger beantragt, den Schiffseigner zur Bezahlung der Schiffsschuld zu verurteilen?

I. Zivilsenat. Urt. v. 22. Januar 1908 i. S. Dampfschiffahrtsgesellschaft . . . (Bekl.) w. Deutscher Lloyd u. Gen. (Kl.). Rep. I. 171/07.

I. Landgericht Hamburg, Kammer für Handelssachen.
II. Oberlandesgericht daselbst.

Am 25. Dezember 1900 fand auf der Elbe oberhalb Warwisch ein Zusammenstoß zwischen dem Kahne des Mitklägers B. und einem Schleppzuge der Beklagten statt. Der Kahn wurde stark beschädigt und sank; dabei wurde auch die aus Zucker bestehende Ladung entwertet. Die Versicherer der Ladung und der Kahneigner klagten auf Ersatz der Schäden, indem sie den Antrag stellten, die Beklagte zur Zahlung von 118075,26 ℳ und von 23054,10 ℳ nebst Prozeßzinsen zu verurteilen. Die Klage war darauf gestützt, daß der Führer des Schleppers durch sein Verschulden den Zusammenstoß herbeigeführt habe.

Nach Beschränkung der Verhandlung auf den Grund der erhobenen Ansprüche erklärte die erste Instanz die Klage der Ladung zum vollen, die des Kahnes zur Hälfte dem Grunde nach für berechtigt. Die zweite Instanz wies die Berufung der Beklagten gegen dieses Urteil zurück, erklärte aber auf die Anschließung des Schiffseigners auch dessen Anspruch zum vollen dem Grunde nach für berechtigt.

Die Revision der Beklagten führte zur Aufhebung des Berufungsurteiles und zur Zurückverweisung der Sache aus folgenden

Gründen:

... „Erscheinen hiernach die Angriffe der Revision in bezug auf die Beurteilung der Schuldfrage nicht als begründet, so war doch dem weiteren, erst in der mündlichen Verhandlung vorgebrachten Angriffe, daß die Urteile der Vorinstanzen die nur beschränkte Haftung der Beklagten außer acht gelassen hätten, der Erfolg nicht zu versagen. Es handelt sich dabei nicht, wie die Revisionsbeklagten erwidert haben, um den Vorwurf, daß das Gesetz in bezug auf das Verfahren verletzt sei, sondern um einen dem materiellen Rechte angehörenden Mangel der Klagebegründung. Nach § 559 Z.P.O. kann es daher der Revision nicht schaden, daß die Rüge in der schriftlichen Revisionsbegründung nicht enthalten ist.

Nach § 4 B.Sch.G. haftet der Schiffseigner nicht persönlich, sondern nur mit Schiff und Fracht, wenn der Anspruch auf das Verschulden einer Person der Schiffsbesatzung gegründet ist. Solche Ansprüche liegen vor, wenn, wie hier, auf Grund von § 92 B.Sch.G. in Verbindung mit § 734 H.G.B. für Schiff und Ladung Ersatz der durch einen Schiffszusammenstoß herbeigeführten Schäden begehrt wird. Die Ansprüche gewähren nach § 102 B.Sch.G. die Rechte eines Schiffsgläubigers. Die Schiffsgläubiger haben nach §§ 103, 104 ein Pfandrecht an dem Schiffe nebst Zubehör und an der Fracht. Eine persönliche Verpflichtung des Schiffseigners, die Schiffsschuld zu bezahlen, besteht grundsätzlich nicht und tritt nur in den von den §§ 112—115 behandelten Ausnahmefällen ein. Der Schiffsgläubiger, der sein Pfandrecht geltend macht, kann daher nicht schlechtweg auf Zahlung klagen, sondern sachgemäß nur den Antrag stellen, daß der Beklagte verurteilt werde, die Zwangsvollstreckung in das Schiff und seine Fracht für die Klageforderung zu dulden.

Hier ist der Antrag von vornherein, wie bei einer gewöhnlichen Schuldklage, einfach auf Verurteilung der Beklagten zur Bezahlung der Klageforderungen nebst Zinsen gerichtet, und diese Ansprüche sind von den Vorinstanzen dem Grunde nach für berechtigt erklärt. Das kann rechtlich begründet sein, wenn und insoweit die in den §§ 112—115 behandelten Ausnahmefälle, in denen eine persönliche Haftung des Schiffseigners eintritt, vorliegen sollten. Solche Ausnahmefälle zu behaupten, hätte zur Begründung der Klage gehört, wenn sie auf Verurteilung zur Zahlung gerichtet werden sollte. Es ist aber weder in der Klageschrift, noch sonst in den Instanzen hierüber irgend etwas vorgebracht, auch von den Gerichten nicht danach gefragt worden. Freilich hat auch die Beklagte in den Instanzen einen sich hierauf beziehenden Einwand nicht geltend gemacht. Das kann ihr aber nicht schaden. Denn die rechtliche Begründung der Klage zu prüfen bleibt immer Sache des Gerichtes. Hier ist grundsätzlich eine unbeschränkte Verurteilung der Beklagten ausgesprochen, ohne daß sich ergäbe, worauf sich diese Verurteilung gründet."[1] . . .

---

89. Verstößt die Gewährung eines Darlehns zum Zwecke des Spieles an einer öffentlichen Spielbank schlechthin gegen die guten Sitten?

VI. Zivilsenat. Urt. v. 30. Januar 1908 i. S. B. (Kl.) w. M. (Bekl.). Rep. VI. 154/07.

I. Landgericht I München.
II. Oberlandesgericht daselbst.

Die Parteien hatten sich im Herbst 1905 in Monte-Carlo dadurch kennen gelernt, daß sie in demselben Gasthause, der Beklagte in Begleitung seiner damaligen Braut und ihrer Mutter, wohnten.

---

[1] In zwei Urteilen vom 25. März 1908, Rep. I. 267/07 und 268/07, hat der I. Zivilsenat die gleichen Grundsätze inzwischen auch für das Gebiet des Seerechtes anerkannt. D. E.

Der Beklagte hatte im Spiel verloren; der Kläger lieh ihm zunächst 6000 und einige Tage später noch 5000 Frs. Er forderte unter der Behauptung, daß Rückzahlung bis zum 15. Januar 1906 versprochen worden sei, 8910 *M* nebst Verzugszinsen. Der Beklagte bestritt die Fälligkeit des Darlehns, schützte übrigens vor, daß ein Anspruch des Klägers auf Rückzahlung überhaupt nicht bestehe, weil die Darlehne zum Zwecke der Fortsetzung des Spieles an der Spielbank gegeben seien. Die erste Instanz machte die Entscheidung von einem die Fälligkeit betreffenden Eide des Beklagten abhängig; die Berufung des Klägers wurde zurückgewiesen. Beide Instanzen nahmen an, daß die Parteien, die beide Deutsche waren, ihr Rechtsverhältnis dem deutschen Rechte zu unterstellen beabsichtigt hätten; dagegen wurden Einwendungen nicht erhoben. Das Reichsgericht hob das Berufungsurteil auf und verwies die Sache in die zweite Instanz zurück.

Aus den Gründen:

„Das Landgericht hat angenommen, daß die zwischen den Parteien geschlossenen Darlehnsverträge auch dann nicht als gegen die guten Sitten verstoßend anzusehen seien, wenn das dem Beklagten gegebene Geld nach dem übereinstimmenden Willen beider Teile dazu bestimmt gewesen sein sollte, dem Beklagten, der, wie unstreitig ist, erhebliche Verluste an der Spielbank erlitten hatte und augenblicklich keine Mittel zur Fortsetzung des Spieles besaß, die Möglichkeit hierzu und damit zur Wiedereinbringung der verlorenen Summen zu verschaffen.

Das Berufungsgericht ist anderer Ansicht. Es läßt dahingestellt, ob zum Zwecke eines Glücksspieles gegebene Darlehne schlechthin „als vom Gesetze verpönt“ anzusehen seien, nimmt das aber jedenfalls für Darlehne an, die zum Spiele bei einer Spielbank gewährt würden, zum mindesten dann, wenn es sich nicht um ganz geringfügige, dem Spieler bei etwaigem Verluste nicht fühlbare Beträge handele. Es sieht das Gesetz vom 1. Juli 1868, betreffend die Schließung ꝛc der öffentlichen Spielbanken, als Niederschlag der deutschen Anschauung über die Verwerflichkeit nicht bloß des bankmäßigen Spieles selbst, sondern auch der Förderung solchen Spieles durch Hergabe namhafter Darlehne an. An der danach sich ergebenden Folgerung, daß die zwischen den Parteien abgeschlossenen

Darlehnsverträge, sofern sie zur Fortsetzung des Spieles gegeben worden seien, als gegen die guten Sitten verstoßend zu erachten seien, ändere, so wird weiter ausgeführt, der Umstand nichts, daß der Kläger nicht aus Gewinnsucht, sondern aus Gutmütigkeit das Geld hergegeben habe, ebensowenig, daß er nach dem ganzen Auftreten des Beklagten und nach Mitteilungen dritter Personen der Meinung gewesen sein möge, der Beklagte sei durch die bereits erlittenen Verluste nicht verarmt, sondern verfüge noch über Mittel in der Heimat. Denn es sei durch das Zeugnis der jetzigen Ehefrau des Beklagten, das, obwohl unbeeidet, als voll glaubwürdig erscheine, erwiesen, daß sich der Beklagte anfänglich gesträubt, das Geld anzunehmen, und dabei bemerkt habe, er wisse nicht, ob und wann er es zurückzahlen könne. Daraus habe der Kläger ersehen, daß die Verlegenheit des Beklagten keine geringfügige, und der etwaige Verlust des Geldes für ihn und seine Vermögenslage nicht bedeutungslos, sondern schwerwiegend sei.

Als erwiesen sei aber anzusehen, daß die Darlehne gerade zu dem Zwecke, dem Beklagten die Fortsetzung des Spieles zu ermöglichen, gegeben worden seien, nicht, wie der Kläger behaupte, um ihm im allgemeinen aus der Geldverlegenheit, in die er durch die erlittenen Spielverluste geraten war, zu befreien und ihm seine fernere Lebenshaltung zu ermöglichen." (Die gegen diese Feststellung erhobenen Angriffe werden zurückgewiesen; dann fährt das Urteil fort:)

„Dagegen haben die materiellrechtlichen Erwägungen, auf denen die Entscheidung der Vorinstanz beruht, nicht als richtig anerkannt werden können. Bei der Aufstellung des Entwurfes für das Bürgerliche Gesetzbuch ist in Erwägung gezogen worden, ob es angemessen sei, im Anschluß an das preuß. Allg. Landrecht (§ 581 I. 11) und andere Gesetzgebungen, Darlehnen, die zum Zwecke des Spieles gegeben würden, den Klageschutz in gleicher Weise zu versagen, wie den eigentlichen Spielschulden. Man hat aber davon Abstand genommen, und zwar nicht etwa deshalb, weil man davon ausgegangen wäre, solche Darlehne seien, weil gegen die guten Sitten verstoßend, schon nach allgemeinen Grundsätzen (§ 138 B.G.B.) nicht geeignet, eine vertragliche Pflicht auf Rückzahlung zu begründen, sondern in der Erwägung, daß die Versagung des Klageschutzes durch den hierbei maßgebenden Zweck einer Einschränkung des Spieles nicht gerechtfertigt werde, und daraus die größten, in keiner Weise zu billigenden Härten entstehen könnten (Begründ. des Entw. Bd. 2 S. 646). Ebenso sind bei den Beratungen der Kommission für die zweite Lesung des Entwurfes alle Anträge, die bezüglich der Ausschließung der Klagbarkeit von Darlehnen zum Spiel gestellt wurden, abgelehnt worden; man hat nur, wie das schon in der Begründung des Entwurfes geschehen war, hervorgehoben, daß natürlich der Richter nicht gehindert sei, im einzelnen Falle nach den besonderen Umständen auf zum Spiel gegebene Darlehne die Bestimmungen über die Spielschulden selbst anzuwenden (Protokolle Bd. 2 S. 794 flg.). Hiernach, und da das Gesetz die bloße Beteiligung auch an reinen Glücksspielen nicht verbietet, eine solche auch nach den allgemein herrschenden Anschauungen nicht als schon an sich gegen die guten Sitten verstoßend anzusehen ist, so muß auch die von der Vorinstanz offen gelassene Frage, ob die Gewährung eines Darlehns zum Spiel und insbesondere zum Glücksspiel grundsätzlich als unsittlich zu betrachten sei, verneint werden; diese Auffassung wird auch von der großen Mehrheit der Rechtslehrer geteilt.

Es kommt also darauf an, ob die besonderen Umstände des gegebenen Falles eine andere Beurteilung rechtfertigen. Die Vorinstanz hat angenommen, daß dies schon deshalb der Fall sei, weil es sich um Darlehne hohen Betrages handele, die zum Spiele bei einer öffentlichen Spielbank gegeben seien, und in dem Gesetze vom 1. Juli 1868 „das denkbar schärfste Verbot" des Spielbetriebes solcher Banken liege. Damit wird aber diesem Gesetz eine Bedeutung beigemessen, die ihm nicht zukommt. Gewiß erhellt aus ihm, daß der Gesetzgeber öffentliche Spielbanken als dem Gemeinwohl schädlich und ihren Betrieb als sittlich verwerflich angesehen hat. Dies beruht aber im wesentlichen auf Erwägungen, die keineswegs bloß auf solche Banken zutreffen, sondern allgemeiner Natur sind. Wenn an Orten, die im allgemeinen unbeschränkt jedermann zugänglich sind, Glücksspiele veranstaltet werden, so ist das in wirtschaftlicher und sittlicher Beziehung dem Gemeinwohle schädlich, weil es geeignet ist, die Spielsucht zu wecken und zu nähren. Aus diesem Grunde ist es in Deutschland ganz allgemein jedem Inhaber eines öffentlichen Versammlungsortes bei Strafe verboten, auch nur zu gestatten, daß dort Glücksspiele veranstaltet werden (§ 285 St.G.B.). Der Gesetzgeber steht ferner auf dem Standpunkte, daß Glücksspiele nicht gewerbsmäßig betrieben werden dürfen, und aus dem von ihm insoweit in § 284 St.G.B. ausgesprochenen Verbote ist nach der Art und Höhe der angedrohten Strafe und durch die Bestimmung, daß bei Verfehlungen gegen das Verbot auf Verlust der bürgerlichen Ehrenrechte erkannt werden kann, ersichtlich, daß der Gesetzgeber das gewerbsmäßige Glücksspiel nicht bloß als schädlich, sondern auch als unehrenhaft, als sittlich verwerflich betrachtet: eine Auffassung, die mit der allgemeinen Anschauung durchaus übereinstimmt. Nun sind die öffentlichen Spielbanken öffentliche Versammlungsorte, und ihre Unternehmer betreiben das Glücksspiel gewerbsmäßig in größtem Maßstabe. Es war daher nur natürlich und entsprach durchaus den in unserer Gesetzgebung zum Ausdrucke gelangten allgemeinen wirtschaftlichen und sittlichen Anschauungen, daß die Gesetzgebung sich beeilt hat, die öffentlichen Spielbanken, die in einzelnen Gebieten Deutschlands noch bestanden und sogar als Quelle hoher Einnahmen für die Regierungen dieser Länder dienten, sobald als möglich zu unterdrücken und die Neuentstehung von solchen unmöglich zu machen.

Auch betreffs der Beteiligung an Glücksspielen besteht für die Spielbanken kein Sonderrecht. Es ist keine Strafe angedroht für den, der an einem Glücksspiele teilnimmt, das in Räumen stattfindet, wo es nach § 285 St.G.B. nicht geduldet werden soll; es ist auch nicht verboten, daß sich jemand in ein Glücksspiel mit einer Person einläßt, von der er weiß, daß sie aus dem Spiele ein Gewerbe macht. Der Gesetzgeber hat aber auch ebenso davon abgesehen, Angehörigen des Deutschen Reiches die Beteiligung am Spiele bei auswärtigen Spielbanken zu untersagen; nur das Spielen in auswärtigen Lotterien und Zahlenlottos ist von der Landesgesetzgebung verschiedener Bundesstaaten deren Einwohnern unter Strafandrohung verboten worden.

Das Berufungsgericht hat darauf hingewiesen, daß, wie allgemein bekannt sei, fortdauernd in Monte-Carlo nicht wenige Spieler durch die Verluste, die sie erleiden, wirtschaftlich völlig zugrunde gerichtet werden, die dortige Spielbank also ein in hohem Grade schädliches Unternehmen sei, und deshalb gerade das Spielen bei dieser Bank nicht gefördert werden dürfe, und es folgert daraus, daß die Gewährung eines Darlehns zu solchem Spiele schlechthin als gegen die guten Sitten verstoßend angesehen werden müsse. Auch diese Erwägung ist nicht stichhaltig. Die ihr zugrunde liegende Annahme ist zweifellos richtig; es ist auch gewiß anzuerkennen, daß die genannte Spielbank verglichen mit anderen Stätten hohen Glückspieles besonders unheilvoll wirkt, weil sie sich in einer Gegend befindet, die vermöge ihrer Lage schon an sich eine große Anziehungskraft besitzt, und weil die Bank einen Teil ihrer Einnahmen erfolgreich dazu benutzt, Anlagen und Einrichtungen zu schaffen und zu erhalten, durch die der Besuch von Monaco gesteigert wird, und somit zahlreiche Menschen in die Lage versetzt und verlockt werden, ihr Glück im Spiele bei der Bank zu versuchen. Das sind indes Umstände, die für die zur Entscheidung stehende Frage, ob der Kläger dadurch wider die guten Sitten verstieß, daß er einem Manne, den er in Monaco traf, und der dort mit Verlust gespielt hatte, durch Gewährung von Darlehen die Fortsetzung des Spieles ermöglichte, ohne Bedeutung sind. Die Frage aber, ob das Spiel an einer öffentlichen Spielbank an sich, verglichen mit dem Spiele an anderer Stelle, insbesondere mit solchem in geschlossenen Zirkeln außerhalb öffentlicher Versammlungsorte, wie es auch in Deutschland erlaubt ist, für den Spieler gefährlicher oder für das allgemeine Wohl schädlicher sei, ist zu verneinen; in der letzterwähnten Beziehung läßt sich mit Grund viel eher das Gegenteil behaupten. Denn abgesehen von anderen Gesichtspunkten, besteht bei Spielbanken die Gefahr, daß ein am Spiele Beteiligter durch Verluste, die er erleidet, wirtschaftlich ruiniert oder doch in seinen Vermögensverhältnissen in schwerwiegender Weise zurückgebracht wird, immer nur für die eine Partei, den einzelnen Spieler; die Bank wird vermöge der ihr zu Gebote stehenden Mittel und zufolge der für sie bestehenden Vergünstigungen nach der durch die Erfahrung bestätigten Wahrscheinlichkeitsrechnung auf die Dauer immer gewinnen, mag sie auch zeitweilig mit Unglück spielen. Dagegen besteht zwischen Einzelpersonen, sobald um hohe Summen gespielt wird, und der Umsatz ein entsprechend großer ist, die Gefahr, eine wesentliche Schädigung der Vermögenslage zu erleiden und den hiermit oft verbundenen sonstigen Nachteilen zu verfallen, vielfach für beide Teile in gleicher Weise, so daß sich die Gefahren, die hohes Spiel mit sich bringen kann, verwirklichen, mag der eine, oder der andere Spielteilnehmer verlieren.

Nach alledem kann nicht zugegeben werden, daß die Gewährung eines namhafteren Darlehns schon deshalb eine gegen die guten Sitten verstoßende Handlung sei, weil sie dem Darlehnsnehmer die Möglichkeit verschaffen sollte, an einer öffentlichen Spielbank weiter zu spielen, um vorher dort erlittene Verluste wieder einzubringen. Eine solche Maßnahme kann man unverständig nennen; es würde aber mit den allgemeinen Anschauungen von Recht und Billigkeit nicht zu vereinigen sein, wenn man, auch ohne den Hinzutritt besonderer erschwerender Umstände, sagen wollte, der Darlehnsgeber habe sich dadurch gegenüber dem Darlehnsempfänger einer gegen die guten Sitten verstoßenden Handlungsweise schuldig gemacht.

Besondere erschwerende Umstände sind aber bisher nicht in zureichender Weise festgestellt. Dem Kläger hat, wie auch das Oberlandesgericht annimmt, bei seinem Tun jede eigennützige Absicht gefehlt; er wollte lediglich aus Gutmütigkeit einem Manne, den er in dem von ihm bewohnten Gasthause kennen gelernt hatte, mit Geld aushelfen, weil er annahm, daß dieser, nachdem er vorher Unglück im Spiele gehabt hatte, nunmehr gewinnen werde. Und der Beklagte, dem er das Geld gab und nach den Aussagen der abgehörten Zeugin zuredete, nochmals sein Glück zu versuchen, war nicht etwa ein unerfahrener Mensch, sondern nach seinen eigenen Angaben schon öfter in Monte-Carlo gewesen und konnte die Gefahren, die ihm bei Fortsetzung des Spieles drohten, im vollen Umfange übersehen und beurteilen.

In Frage kommt daher nur noch, ob der Kläger mit Rücksicht auf das, was ihm über die sonstigen Verhältnisse des Beklagten, insbesondere über seine Vermögenslage, oder auch über die seiner Braut, die mit ihrer Mutter bei der Verhandlung über die Darlehnsgewährung zugegen war, bekannt war, davon hätte Abstand nehmen müssen, dem Beklagten eine größere Summe zur Fortsetzung des Spieles in die Hände zu geben, und ob von diesem Gesichtspunkte aus darin, daß der Kläger dies tat, eine nicht bloß unzweckmäßige und unverständige Maßnahme, sondern eine auch gegen die guten Sitten verstoßende Handlung zu erblicken sei. Die Begründungs- und Beweislast lag insoweit überall bei dem Beklagten. Von diesem ist gar nicht behauptet worden, daß dem Kläger diese Verhältnisse bekannt gewesen seien, oder daß er selbst ihm darüber irgend welche nähere Mitteilungen gemacht habe. Das Berufungsgericht sieht ... als erwiesen an, daß der Beklagte, als ihm der Kläger zuerst Geld anbot, sich zunächst gegen dessen Annahme gesträubt und dabei geäußert habe, er wisse nicht, ob und wann er das ihm angebotene Darlehn werde zurückzahlen können. Auf der anderen Seite unterstellt es mit Rücksicht auf das, was der Kläger bezüglich der Auffassung, die er von den Vermögensverhältnissen des Beklagten gehabt habe, behauptet und unter Zeugenbeweis gestellt hatte, als möglich, daß er der Meinung gewesen sein möge, der Beklagte sei durch die von ihm bisher erlittenen Verluste noch nicht verarmt, verfüge vielmehr in der Heimat noch über Mittel." (Es folgen Ausführungen dahin, daß diese Feststellungen nicht ausreichten, die Handlungsweise des Klägers als gegen die guten Sitten verstoßend anzusehen.)

90. Zur näheren Bestimmung der Voraussetzungen, unter denen die Zeugnisverweigerung eines Rechtsanwaltes nach § 383 Abs. 1 Nr. 5 Z.P.O. für rechtmäßig zu erklären ist.

VI. Zivilsenat. Beschl. v. 30. Januar 1908 i. S. M. & M. (Kl.) w. v. W. Wwe. (Bekl.). Beschw.-Rep. VI. 6/08.

I. Oberlandesgericht Posen.

Gründe:

„Der Rechtsanwalt Dr. C. zu Berlin war von der Klägerin als Zeuge benannt worden und sollte nach dem Beweisbeschlusse des Oberlandesgerichtes vom 21. März 1907 darüber vernommen werden, ob die Beklagte und ihr verstorbener Ehemann dem Rittergutspächter H. Kr. ursprünglich vorgeschlagen haben, von seiner Schuld an die Klägerin jährlich 2000 *M* abzuzahlen, ob diese Abzahlungen aber der Klägerin zu gering gewesen seien, und sie vielmehr jährliche Abzahlungen von 3500 *M* verlangt habe, ob eine Einigung der Parteien dahin zustande gekommen sei, daß zwar Kr. jährlich 3500 *M* abzahlen sollte, die Beklagte und ihr verstorbener Ehemann aber als Bürgen in keinem Jahre für mehr als 2000 *M* aufkommen, daß sie aber trotzdem für die ganze, 14550 *M* betragende Schuld des Kr. an die Klägerin mit der Maßgabe haften sollten, daß die ganze Schuld ihnen gegenüber in jährliche Teilbeträge von 2000 *M* zerfallen sollte, während gegenüber dem Hauptschuldner jährlich 3500 *M* fällig würden. Vor dem Amtsgerichte Berlin-Mitte als ersuchtem Richter erklärte der Dr. C. im Termine vom 24. April 1907, daß er gemäß § 383 Abs. 1 Nr. 5 Z.P.O. zunächst seine Aussage verweigere. Nachdem die Beklagte auf gerichtliche Anfrage es abgelehnt hatte, den Zeugen von seiner Verpflichtung zur Verschwiegenheit zu entbinden, lud das Oberlandesgericht diesen und die beiden Parteien auf den 21. November 1907 zur mündlichen Verhandlung über die Rechtmäßigkeit der Zeugnisverweigerung. Im Verhandlungstermine erschienen zwar die Parteien, aber nicht der Zeuge, und erging darauf das ... Zwischenurteil, durch welches die Zeugnisverweigerung für gerechtfertigt erklärt wurde.

Die hiergegen von der Klägerin eingelegte sofortige Beschwerde ist auch mit Rücksicht auf die in § 577 Abs. 2 Z.P.O. gesetzte Notfrist für zulässig zu erachten, da der Zeuge in der von ihm eingeforderten Gegenerklärung nicht behauptet hat, daß vor den nachgewiesenen Zustellungen vom 18. und 24. Dezember 1907 schon eine andere Zustellung des Zwischenurteiles zwischen ihm und der Klägerin stattgefunden habe, und da die Einlegung der Beschwerde am 30. Dezember 1907 erfolgt ist. ...

Die ... Beschwerde erwies sich auch als ... begründet. Der Zeuge hatte zur Rechtfertigung seiner Weigerung nur auf § 383 Abs. 1 Nr. 5 Z.P.O. Bezug genommen. Damit hatte er erklärt, er weigere sich, weil er über Tatsachen aussagen solle, die ihm als Rechtsanwalt anvertraut seien, und die er deshalb geheim zu halten verpflichtet sei. Näher substantiiert hatte er diese Behauptung nicht, ebensowenig etwas zu ihrer Glaubhaftmachung beigebracht, die nach § 386 Abs. 1 Z.P.O. ihm oblag. Es kam daher darauf an, ob die Behauptung nach dem, was sonst aus den Prozeßvorkommnissen sich ergab, ohne weiteres glaubhaft war. In dieser Beziehung war aus dem Tatbestande des Urteiles erster Instanz gar nichts zu entnehmen, weil sich dort nichts weiter als die einfache Benennung des Dr. C. als Zeugen von seiten der Klägerin verzeichnet findet. Auch aus dem Inhalte des vom Oberlandesgerichte formulierten Beweissatzes war nicht das Mindeste für den vom Zeugen angegebenen Befreiungsgrund zu folgern; denn er konnte das, wonach er gefragt werden sollte, möglicherweise aus eigener Wahrnehmung wissen, auch ohne von der Beklagten als Rechtsanwalt zugezogen worden zu sein. Allerdings hatte nun freilich die Klägerin in der Berufungsinstanz nicht nur in ihrem vorbereitenden Schriftsatze vom 6. März 1907 und daher wahrscheinlich auch in der mündlichen Verhandlung vom 21. März 1907 jene Zeugenbenennung wiederholt mit dem Zusatze: „der den Schein" (nämlich die Urkunde Bl. 3) „für die Bürgen entworfen hat", sondern sie muß auch, sei es in der eben erwähnten mündlichen Verhandlung, sei es in derjenigen vom 21. November 1907, angegeben haben, daß der Zeuge die Bürgschaftserklärung nach den Angaben und Vereinbarungen der Parteien entworfen habe; denn dies wird im Tatbestande des angefochtenen Zwischenurteiles als feststehend erwähnt. Soweit diese Tatsache erheblich sein sollte, wäre sie mit zu berücksichtigen, selbst wenn sie zuerst in der mündlichen Verhandlung vom 21. November 1907 vorgebracht sein sollte; denn obwohl nach § 389 Abs. 3 Z.P.O. bei einer solchen Verhandlung neue Tatsachen, die nicht schon vorher in der in § 386 Abs. 1, bzw. in § 389 Abs. 1 das. bezeichneten Weise schriftlich fixiert sind, nicht geltend gemacht werden dürfen, so ist damit doch nicht ausgeschlossen, eine dem Vorbringenden selbst nachteilige tatsächliche Erklärung gegen ihn zu verwerten. Aber auch die sonach in Betracht zu ziehende aus dem Tatbestande des angefochtenen Urteiles zu entnehmende Tatsache ließ den Weigerungsgrund des Zeugen noch nicht als glaubhaft erscheinen, schon deshalb nicht, weil nichts darüber vorlag, in wessen Auftrage der Zeuge die fragliche Urkunde entworfen habe. Das Oberlandesgericht sagt in den Entscheidungsgründen freilich: „im Auftrage der Parteien", aber ohne daß für diese Annahme in den Prozeßvorgängen irgend eine Grundlage gegeben wäre. Es geht aber sogar noch weiter und nimmt an, daß der Zeuge von der Beklagten in seiner Eigenschaft als Rechtsanwalt in dieser Angelegenheit um Rat und Beistand angegangen gewesen sei; dies ist auch der eigentliche Entscheidungsgrund. Sogar in rechtlicher Beziehung könnte man zweifeln, ob dieser ausreichte, um die durchgreifende Weigerung, irgend etwas zu dem Beweisthema auszusagen, zu rechtfertigen; jedenfalls aber schwebte jene Annahme in tatsächlicher Beziehung ganz in der

Luft, weil weder der Zeuge selbst, noch eine der Parteien eine solche Anführung gemacht hatte. Schon deswegen hätte das Zwischenurteil nicht aufrecht erhalten werden können; vgl. Entsch. des R.G.'s in Zivils. Bd. 54 S. 326.

Es kommt nun aber noch hinzu, daß in der gegenwärtigen Instanz der Zeuge in seiner in beachtlicher Form ... abgegebenen Gegenerklärung selbst angegeben hat, er habe in der ganzen Angelegenheit nur im Auftrage und als Bevollmächtigter des Hauptschuldners Kr. gehandelt und in dieser Eigenschaft auch die diesem erwünschte Bürgschaftsurkunde entworfen. Soweit diese Angabe ihm selbst nachteilig ist, ist sie trotz des Schlußsatzes des § 389 Z.P.O. ohne weiteres der Entscheidung zugrunde zu legen, teils nach dem schon oben Bemerkten, teils aber auch weil durch die eben erwähnte Bestimmung die Anwendung des § 570 Z.P.O. für die Beschwerdeinstanz nicht ausgeschlossen wird, was natürlich beiden Parteien gegenüber Anwendung findet. Nun ist es aber bei dieser Sachlage ganz zweifellos, daß der vom Zeugen geltend gemachte Weigerungsgrund nicht zutrifft; denn es ist nicht abzusehen, aus welchem Grunde er seinem Auftraggeber Kr. zur Geheimhaltung der fraglichen Vorgänge verpflichtet sein sollte, die lediglich für das gegenseitige Rechtsverhältnis dritter Personen, der jetzigen Parteien, Bedeutung haben.

Aus diesen Gründen mußte, unter Aufhebung des Zwischenurteiles, die Zeugnisverweigerung für ungerechtfertigt erklärt werden." ...

91. Ist die Klage aus § 945 Z.P.O. gegeben, wenn zur Zeit der Anordnung des Arrestes — über dessen Rechtmäßigkeit im Arrestverfahren nicht entschieden ist — der zu sichernde Anspruch bestand, auch dargetan ist, daß zur Zeit der Anordnung des Arrestes die Besorgnis der Vereitelung oder wesentlichen Erschwerung der Vollstreckung des Urteiles als glaubhaft gemacht und deshalb als vorliegend zu erachten gewesen ist, sich aber durch spätere Ermittelungen ergeben hat, daß die Besorgnis auf Irrtum beruhte?

Z.P.O. § 945.

II. Zivilsenat. Urt. v. 31. Januar 1908 i. S. M. (Bekl. u. Widerkl.) w. N. & Co. (Kl. u. Widerbekl.). Rep. II. 330/07.

I. Landgericht Dresden.
II. Oberlandesgericht daselbst.

Auf Gesuch der Klägerin wurden gegen den Beklagten wegen mehrerer Forderungen zwei Arrestbefehle, unter Abhängigmachung von Sicherheitsleistung, erlassen. Der Beklagte erhob gegen beide Arrestbefehle, auf Grund deren die Klägerin eine Forderung des Beklagten hatte pfänden lassen, Widerspruch. In der mündlichen Verhandlung ist es infolge eines von den Parteien abgeschlossenen Vergleichs, inhalts dessen (unter anderem) die Arrestbefehle als aufgehoben gelten sollten, zu einer Entscheidung über die Rechtmäßigkeit des Arrestes nicht gekommen. In dem sodann wegen eines Restbetrages der klägerischen Hauptforderung anhängig gewordenen Rechtsstreite machte der Beklagte einen Schadensersatzanspruch aus § 945 Z.P.O. mit der Behauptung geltend, daß die Anordnung der Arreste von Anfang an ungerechtfertigt gewesen sei. Der Anspruch wurde vom Landgerichte für unbegründet, vom Berufungsrichter dem Grunde nach für gerechtfertigt erachtet. Auf die Revision der Klägerin wurde dieses Urteil aufgehoben, und die Sache zur anderweiten Verhandlung und Entscheidung in die Berufungsinstanz zurückverwiesen; es wurde dabei zugleich die in dem landgerichtlichen Urteile zum Ausdrucke gebrachte Auffassung mißbilligt, daß ein Anspruch aus § 945 Z.P.O., sofern die Unrechtmäßigkeit der Anordnung des Arrestes nicht anderweit feststehe, nur dann begründet sein könne, wenn im Widerspruchsverfahren ein den Arrest aufhebendes Urteil ergangen sei, und es wurde ausgesprochen, daß es bei der erneuten Verhandlung wesentlich darauf ankomme, ob nach Lage der Verhältnisse in Wirklichkeit die in Frage stehenden beiden Arreste von vornherein ungerechtfertigt gewesen seien, oder ob deren Anordnung als gerechtfertigt anzusehen sei. In dem nunmehr erlassenen Berufungsurteil wurde verneint, daß sich die Anordnung der Arreste als von Anfang an ungerechtfertigt erwiesen habe, und deshalb der Schadensersatzanspruch des Beklagten für unbegründet erklärt. Die hiergegen eingelegte Revision wurde zurückgewiesen aus folgenden

Gründen:

„Der Berufungsrichter hat, dem reichsgerichtlichen Urteile vom 19. Februar 1907 entsprechend, geprüft, ob in Wirklichkeit die Anordnung der beiden Arreste vom 17. und vom 24. August 1904 von Anfang an ungerechtfertigt, oder ob deren Anordnung vielmehr gerechtfertigt gewesen sei. Der Berufungsrichter hat dabei zunächst festgestellt, daß die den Arresten zugrunde gelegten Ansprüche zur Zeit der Anordnung der Arreste (im wesentlichen) bestanden, und dabei ausgeführt, daß die damalige Betagtheit der Ansprüche der Zulässigkeit der Arreste nicht entgegengestanden habe. Weiter nimmt der Berufungsrichter an, daß auch ein Arrestgrund im Sinne des § 917 Z.P.O. vorgelegen habe, und er ist so zur Verneinung der den Schadensersatzanspruch des Beklagten aus § 945 Z.P.O. bedingenden Frage gelangt, ob sich die Anordnung der Arreste als von Anfang an ungerechtfertigt erwiesen habe.

Was zunächst die Feststellungen und Ausführungen hinsichtlich der den Arresten zugrunde liegenden Ansprüche anlangt, so lassen dieselben irgend welchen Rechtsirrtum nicht erkennen, und sind auch Rügen in dieser Beziehung mit der Revision nicht erhoben. Es steht deshalb zweifelsfrei fest, daß es an den durch die Arreste zu sichernden Ansprüchen nicht gemangelt hat, und die Arreste nach dieser Richtung hin jedenfalls nicht ungerechtfertigt gewesen sind.

Die weitere Feststellung des Berufungsrichters, daß auch ein Arrestgrund gegeben gewesen sei, ist vom Beklagten, Revisionskläger, als auf Rechtsirrtum beruhend angegriffen; sie ist von dem Berufungsrichter in folgender Weise begründet: an die vom Gesetzgeber in § 917 geforderte Besorgnis sei ein objektiver Maßstab zu legen: geschützt solle nur werden eine Besorgnis, die sich als das Ergebnis der Prüfung eines verständigen, ruhigen Mannes darstelle. Im vorliegenden Falle sei das Gesamtbild, das sich aus den der Klägerin zu Gebote stehenden Ermittelungen ergeben habe, ein so ungünstiges gewesen, daß auch ein sorgfältiger und nüchtern prüfender Beurteiler von einer Arrestgefahr habe ausgehen dürfen. Es sei dadurch insbesondere die Annahme gerechtfertigt gewesen, daß der Beklagte sein Geschäft nachlässig und leichtfertig betreibe, daß er seine finanziellen Mittel für außergeschäftliche Zwecke verwende, und daß durch dieses auffällige Gebahren voraussichtlich ein die Nichtbefriedigung seiner Gläubiger verursachender Zusammenbruch seines Geschäfts werde herbeigeführt werden. Dem Beklagten könne zugegeben werden, daß sich diese Besorgnis schließlich nicht als gerechtfertigt erwiesen habe; die Geschäftslage des Beklagten sei tatsächlich so gewesen, daß er seinen Verbindlichkeiten nachkommen konnte und auch ohne den Arrest nachgekommen wäre; es könne auch nach den dermaligen Ermittelungen nicht angenommen werden, daß sein Geschäftsbetrieb und sein sonstiges Verhalten tatsächlich leichtfertig und die Gläubiger gefährdend gewesen sei. Aber dies sei unerheblich. Die Klage aus § 945 sei nur dann begründet, wenn bei der Anordnung des Arrestes keine Besorgnis im Sinne des § 917 gegeben war. Hier sei sie gegeben gewesen; denn die den Beteiligten zu Gebote stehenden Wahrnehmungen seien so eigenartig und auffällig gewesen, daß auch ein sorgfältig und nüchtern prüfender Mann eine Gefährdung des Anspruchs habe annehmen dürfen. Wenn aber der Gläubiger befugt gewesen sei, einen Arrestbefehl zu erwirken und der mit der Sache befaßte Arrestrichter — dem (wie der Berufungsrichter an einer anderen Stelle seiner Ausführungen sagt) eine erhebliche Gefährdung für sehr wahrscheinlich gelten mußte — verpflichtet gewesen sei, den Arrest zu erlassen, so könne von einer Schadensersatzklage aus § 945 auch dann nicht die Rede sein, wenn sich die hinterher die Arrestmaßregel rechtfertigende Besorgnis als unbegründet erweise.

Demgegenüber hat der Revisionskläger ausgeführt: die Schadensersatzpflicht aus § 945 Z.P.O. sei unabhängig von einem Verschulden des Gläubigers. Der Berufungsrichter stelle fest, die Besorgnis, es werde schließlich ein die Nichtbefriedigung der Gläubiger verursachender Zusammenbruch des Geschäftes des Beklagten herbeigeführt werden, habe sich nicht als gerechtfertigt erwiesen; damit aber sei das objektive Nichtvorhandensein eines Arrestgrundes dargetan, und die Schadensersatzpflicht des Gläubigers begründet. Der gute Glaube und die von dem Berufungsrichter angenommene subjektiv gerechtfertigte Befürchtung des Gläubigers schließe seine Schadensersatzpflicht nicht aus.

Diese Ausführungen vermögen das Berufungsurteil nicht zu erschüttern. Es ist freilich unbedenklich zutreffend, daß ein Verschulden des Arrestgläubigers keine Voraussetzung der Ersatzklage aus § 945 Z.P.O. bildet; davon geht auch der Berufungsrichter offensichtlich aus. Auch das ist anzuerkennen, daß der bloße gute Glaube und die bloß subjektive Befürchtung eines Gläubigers zur Begründung einer Besorgnis im Sinne des § 917 nicht ausreichen und die Klage aus § 945 nicht ausschließen. Auch letzteres verkennt der Berufungsrichter nicht; er legt vielmehr an die in § 917 als Voraussetzung für den Arrest erforderte Besorgnis, daß ohne dessen Verhängung die Vollstreckung des Urteiles vereitelt oder wesentlich erschwert werden würde, einen objektiven Maßstab an, und er bezeichnet sie zutreffend als die Besorgnis eines verständigen, ruhigen Mannes auf Grund eingehender, gewissenhafter Prüfung des vorliegenden Tatsachenmaterials; er stellt weiter fest, daß die den Beteiligten zu Gebote stehenden Wahrnehmungen so eigenartige und auffallende gewesen seien, daß auch ein sorgfältig prüfender Mann eine Gefährdung habe annehmen dürfen, und daß der Richter bei der Lage der Sache zur Zeit der Anordnung der Arreste verpflichtet gewesen sei, sie zu erlassen. Deshalb verneint der Berufungsrichter die Schadensersatzpflicht aus § 945, wiewohl sich die Besorgnis „schließlich nicht als gerechtfertigt", „hinterher als unbegründet" erwiesen habe, und nach den dermaligen (d. i. den späteren) Ermittelungen nicht angenommen werden könne, daß das Verhalten des Beklagten ein die Gläubiger gefährdendes gewesen sei.

Der rechtlichen Auffassung des Berufungsrichters ist beizutreten. Besorgnis ist eine Vorstellung, die aus gegebenen Tatsachen eine Folgerung hinsichtlich des Eintrittes künftiger Ereignisse zieht. Eine Besorgnis im Sinne des § 917 ist gegeben, wenn solche Tatsachen vorliegen, daß aus ihnen für einen ruhig und vernünftig abwägenden Menschen, insbesondere für den Richter, die Gefährdung der künftigen Zwangsvollstreckung gegeben erscheint. Der Arrest findet gegen zu befürchtende Veränderungen in der gegenwärtigen Vermögenslage des Schuldners statt; der Gläubiger soll geschützt werden gegen Ereignisse, in Ansehung deren wahrscheinlich ist, daß sie künftig eintreten werden. Auch in der Vergangenheit liegende Tatsachen können die Besorgnis für künftige Vereitelung oder Erschwerung der Zwangsvollstreckung erwecken. Im vorliegenden Falle ist zur Zeit des Erlasses der Arrestbefehle eine Besorgnis in dem vorstehend bezeichneten Sinne als begründet zu erachten gewesen; die Anordnung der Arreste war daher nicht ungerechtfertigt. Wenn sich nachher die Besorgnis als eine unbegründete erwiesen hat, so ist dies nicht von Bedeutung. Ob Ereignisse, deren Eintritt zu befürchten ist, später tatsächlich eintreten werden, steht immer dahin; wesentlich ist nur, daß nahe liegende Gründe für ihren Eintritt sprachen. Der § 917 Z.P.O.

verlangt nicht, daß ohne die Verhängung des Arrestes die Vollstreckung des Urteils vereitelt oder wesentlich erschwert werden würde, sondern nur, daß ohne die Verhängung eine solche Vereitelung oder Erschwerung zu besorgen ist. Das kann aber nur nach dem Zeitpunkte des Erlasses bemessen werden.

Nun soll freilich im vorliegenden Falle die Besorgnis der Gefährdung der Gläubiger auch insofern eine irrige gewesen sein, als nach den späteren Ermittelungen nicht anzunehmen ist, daß das Verhalten des Beklagten tatsächlich leichtfertig und die Gläubiger gefährdend gewesen wäre; es sollen also nach den späteren Ermittelungen die Tatsachen, die die Besorgnis der Gefährdung der Gläubiger nahe legten und wahrscheinlich machten, in Wahrheit nicht vorhanden, nicht wahr gewesen sein. Aber auch dies muß für unerheblich erachtet werden. In der in Frage kommenden Zeit waren sie, da sie glaubhaft gemacht waren, in Betracht zu ziehen, und es mußte mit ihnen gerechnet werden; sie begründeten die Besorgnis des § 917 und sie lassen deswegen die angeordneten Arreste als rechtmäßig, und nicht als von Anfang an ungerechtfertigt erscheinen. Nur bei „von Anfang an ungerechtfertigten" Arresten (oder einstweiligen Verfügungen) ist die Klage aus § 945 gegeben. In dieser Beziehung noch weiter zu gehen und den Fall, wenn die Besorgnis der Gefährdung eine irrige gewesen ist, wegen objektiven Fehlens des Arrestgrundes, dem anderen Falle völlig gleichzustellen, wenn ein zu sichernder Anspruch fehlte, ist durch den Wortlaut des § 945 nicht geboten. Der wesentliche Unterschied zwischen der Natur des Arrestgrundes als einer auf Schlußfolgerungen beruhenden Vorstellung des Menschen über den Lauf künftiger Dinge, und der Natur des Anspruches, als eines Rechtes, dessen Bestehen oder Nichtbestehen objektiv gewiß ist, stehen einer solchen völligen Gleichstellung des sich später ergebenden, objektiv fehlenden Arrestgrundes und des Fehlens des Anspruches, sowie einer ausdehnenden Auslegung des § 945 entgegen.

Die Entstehungsgeschichte des § 945 spricht ebenfalls nicht für die Anwendbarkeit des § 945 auf Fälle der hier erörterten Art. Der Paragraph ist entstanden aus den Beratungen der Kommission für die 2. Lesung des Entwurfes des Bürgerlichen Gesetzbuches. Es wurde dort beantragt, zur Ergänzung der Zivilprozeßordnung als § 813a die Vorschrift aufzunehmen (Protokolle der Kommission Bd. 2 S. 671/72): „Wird ein vollzogener Arrest nach § 805 oder 806 Abs. 2 aufgehoben oder abgeändert, oder fällt er weg, weil der Hauptanspruch als unbegründet erkannt wird, so" ... (soll Schadensersatzpflicht eintreten). Nach Annahme des Antrages (a. a. O. S. 679) wurde beantragt (S. 724, S. 725), den § 813a zu fassen: „Wird ein vollzogener Arrest wegen zur Zeit der Anordnung ermangelnder Rechtmäßigkeit oder auf Grund der Bestimmung in § 806 Abs. 2 ganz oder teilweise aufgehoben, oder fällt er weg, weil der Hauptanspruch als unbegründet anerkannt wird, so" (2c). Dieser letztere Antrag wurde nun zwar zugunsten eines die Haftpflicht erweiternden, dem jetzigen § 945 in seinem Wortlaute („Erweist sich die Anordnung eines Arrestes oder einer einstweiligen Verfügung als von Anfang an ungerechtfertigt" 2c) genau entsprechenden Antrages zurückgezogen, und dieser erweiterte Antrag wurde angenommen und ist Gesetz geworden.

A. a. O. S. 724/725; Begründung der Novelle zur Zivilprozeßordnung S. 192; Kommissionsbericht über die Novelle zur Zivilprozeßordnung S. 170 flg., bei Hahn-Mugdan Bd. 8 S. 173 und S. 391 flg.

Die Materialien lassen aber nicht erkennen, daß, nachdem vorher (abgesehen von den Fällen der §§ 805, 806 Abs. 2 Z.P.O. a. F.) die Schadensersatzpflicht augenscheinlich nur für den Fall gegeben werden sollte, wenn der Hauptanspruch als unbegründet erkannt wird, nunmehr diese Schadensersatzpflicht auch auf den Fall hat ausgedehnt werden sollen, wenn in dem Arrestverfahren die Besorgnis der Gefährdung der Zwangsvollstreckung nach der Lage der Sache zutreffend und rechtmäßig angenommen war, sich aber in einem späteren Verfahren nachträglich die Besorgnis als eine irrige darstellt.

Die Bestimmung des § 945 steht, worüber auch die angeführten Materialien keinen Zweifel lassen, nach ihrem inneren, gesetzgeberischen Grunde im Zusammenhange mit den Bestimmungen, die bei Erlassung der Novelle zur Zivilprozeßordnung in den §§ 302 Abs. 4 Satz 3, 600 Abs. 2, 717 Abs. 2 Aufnahme gefunden haben; in allen diesen Fällen handelt es sich immer darum, daß ein Anspruch als vorhanden angenommen war, obwohl ein solcher nicht bestand; daß jemand als Gläubiger zur Vornahme von Zwangsvollstreckungen zwecks Erzwingung der Erfüllung einer geschuldeten Leistung für berechtigt erklärt war, obwohl er nicht Gläubiger war, und ihm eine Leistung nicht zustand. Diesen Fällen steht es in der Tat gleich, wenn jemand, dem eine Forderung nicht zustand, auf Grund eines Arrestes gegen seinen angeblichen Schuldner vorgegangen ist; ein solcher Arrest ist immer von Anfang an ungerechtfertigt, und es greift die Schadensersatzpflicht aus demselben Grunde und in derselben Weise Platz wie in den Fällen der §§ 302, 600, 717. Ganz anders liegt es aber, wenn der Anspruch besteht, und nach den für das Arrestverfahren geltenden Bestimmungen auch dessen Sicherung für angezeigt und rechtmäßig zu erachten gewesen ist. Deshalb ist auch aus den Bestimmungen der §§ 302, 600, 717 nichts für Fälle der hier in Frage stehenden Art und für die Anwendbarkeit des § 945 auf Fälle dieser Art zu entnehmen." ...

92. Kann der Untermieter im Konkurse des Untervermieters einen Schadensersatzanspruch als Masseschuld geltend machen, wenn der Untermietvertrag dadurch vorzeitig sein Ende erreicht, daß der Hauptmietvertrag im Wege des § 19 K.O. aufgelöst wird?

K.O. §§ 19, 21, 26, 59, 126.
Zw.V.G. § 57.
B.G.B. § 556 Abs. 3.

III. Zivilsenat. Urt. v. 31. Januar 1908 i. S. B. (Kl.) w. F. F. & Co. Konkursverw. (Bekl.). Rep. III. 245/07.

I. Landgericht Offenburg.
II. Oberlandesgericht Karlsruhe.

Der Kläger hatte von der Firma F. F. & Co. in O. mittels Pachtvertrages vom 15. November 1903 eine Gerberei mit Lohmühle, Zurichterei, Kontor und allen sonstigen Gebäulichkeiten, einschließlich Wasserkraft, Dampfeinrichtung, Maschinen und Geräte, auf zehn Jahre, vom 15. November 1903 bis zum 15. November 1913, gepachtet. Die Gerberei gehörte dem Kaufmanne Franz F. jr. in O. von dem sie die Firma F. F. & Co. ihrerseits gepachtet hatte. Über das Vermögen des Inhabers der Firma F. F. & Co. wurde am 9. November 1905 das Konkursverfahren eröffnet. Zu dieser Zeit war die Gerberei dem Kläger längst überlassen. Der Konkursverwalter schloß mit dem Hauptverpächter Franz F. jr. am 23. November 1905 einen Vertrag, durch den der Hauptpachtvertrag über die Gerberei aufgehoben wurde. Einer vom Konkursverwalter am 26. November 1905 auch dem Kläger gegenüber ausgesprochenen Kündigung des Unterpachtvertrages widersprach dieser unter Berufung auf § 21 K.O. Die Verhandlungen zwischen Franz F. jr. und dem Kläger über den Abschluß eines neuen Pachtvertrages scheiterten. Im Juli 1906 hat der Kläger auf Verlangen von Franz F. jr. die Gerberei geräumt.

Er verlangt mit der Klage Schadensersatz wegen Nichterfüllung des noch bis zum 15. November 1913 laufenden Pachtvertrages, und zwar Zahlung von 14000 *M* aus der Konkursmasse als Masseschuld.

Beide Vorinstanzen haben die Klage abgewiesen. Die Revision ist zurückgewiesen worden aus folgenden

Gründen:

„Der Kläger verlangt mit der vorliegenden Klage Zahlung von Schadensersatz wegen Nichterfüllung eines Pachtvertrages und begehrt diese Zahlung aus der Konkursmasse als Masseschuld. Das Berufungsgericht hat es unentschieden gelassen, ob dem Kläger überhaupt ein Anspruch auf Schadensersatz erwachsen sei; es hat die Klage abgewiesen, weil jedenfalls keine Masseschuld begründet sein würde. Dieser Entscheidung war im Ergebnis beizutreten. Wenn es sich als richtig erweist, daß aus der Nichterfüllung des Pachtvertrages dem Kläger keine Masseforderung erwachsen ist, so würde er mit einem etwaigen Entschädigungsanspruche, als einer bloßen Konkursforderung, auf den in § 12 K.O. vorgezeichneten Weg der Teilnahme am Konkurse angewiesen sein, eine Befriedigung außerhalb des Konkursverfahrens durch Klage auf Zahlung der vollen Entschädigung aus der Konkursmasse nicht verlangen können.

Nach § 59 K.O. sind Masseschulden:

1. die Ansprüche, welche aus Geschäften oder Handlungen des Konkursverwalters entstehen;

2. die Ansprüche aus zweiseitigen Verträgen, deren Erfüllung zur Konkursmasse verlangt wird oder für die Zeit nach der Eröffnung des Verfahrens erfolgen muß;
3. die Ansprüche aus einer rechtlosen Bereicherung der Masse.

Von diesen Fällen kommt der dritte, wie ohne weiteres klar ist, nicht in Betracht. Der Kläger hat sich auf die Nr. 1 und 2 des § 59 berufen. Nach dem unstreitigen Sachverhalte ist die Nichterfüllung des Pachtvertrages zwischen den Parteien darauf zurückzuführen, daß der Konkursverwalter durch Vertrag mit dem Eigentümer des in Unterpacht gegebenen Grundstückes den Hauptpachtvertrag aufgehoben hat. Die Nichterfüllung des Unterpachtvertrages beruht also auf einer Handlung des Konkursverwalters, und ein daraus etwa entstandener Anspruch auf Schadloshaltung würde aus einer Handlung des Konkursverwalters entstanden sein. Der Fall des § 59 Nr. 1 läge demnach an sich vor. Was nun § 59 Nr. 2 anlangt, so ist es allerdings richtig, daß der Pachtvertrag zwischen den Parteien einen zweiseitigen Vertrag darstellt, dessen Erfüllung gemäß § 21 K.O. für die Zeit nach der Konkurseröffnung zur Konkursmasse erfolgen mußte. Fraglich bleibt aber, ob trotz dieses Sachverhaltes § 59 Nr. 2 um deswillen nicht angewendet werden kann, weil der mit der Klage verfolgte Anspruch nicht die Erfüllung des Pachtvertrages zum Gegenstande hat, sondern eine Entschädigung wegen Nichterfüllung betrifft (vgl. Entsch. des R.G.'s in Zivils. Bd. 32 S. 1 flg.). Indessen kann diese Frage hier unentschieden bleiben, weil im gegebenen Falle, auch wenn an sich der Tatbestand des § 59 Nr. 2, ebenso wie der des § 59 Nr. 1, vorliegen sollte, doch die Entstehung einer Masseschuld durch das Eingreifen der Bestimmung in § 26 K.O. ausgeschlossen wird, wonach eine Forderung wegen Nichterfüllung einer Verbindlichkeit, die infolge der Eröffnung des Konkursverfahrens eintritt, nur als Konkursforderung geltend gemacht werden kann. Denn es muß mit dem Gerichte erster Instanz angenommen werden, daß die Nichterfüllung des Pachtvertrages des Klägers mit der Firma F. F. & Co. in der Tat eine Folge der Konkurseröffnung im Sinne des § 26 gewesen ist, weil die Aufhebung des Hauptpachtvertrages, die die Nichterfüllung des Unterpachtvertrages nach sich zog, vom Konkursverwalter und dem Eigentümer des Pachtgegenstandes durch Ausübung der ihnen in § 19 K.O. beigelegten Befugnisse herbeigeführt worden ist.

Richtig ist, daß der Unterpachtvertrag des Klägers gemäß § 21 Abs. 1 K.O. seine Wirksamkeit auch nach der Konkurseröffnung der Konkursmasse gegenüber behielt, also durch die Konkurseröffnung unmittelbar nicht berührt wurde. Damit ist aber nicht ausgeschlossen, daß er durch die Einwirkung des § 19 mittelbar infolge der Konkurseröffnung sein Ende erreichen könnte. Und es ist allgemein anerkannt, daß § 26 auch dann Anwendung findet, wenn die Nichterfüllung einer Verbindlichkeit nur mittelbar eine Folge der Konkurseröffnung ist (vgl. Motive zum Entwurf der K.O. S. 93; Jaeger, K.O. § 26 Anm. 9 und 19). Als Fälle solcher mittelbaren Einwirkung der Konkurseröffnung im Sinne des § 26 werden in der Rechtslehre allgemein angeführt: die Ablehnung der Vertragserfüllung durch den Konkursverwalter nach § 17, die vorzeitige Kündigung nach den §§ 19 und 22, die Veräußerung mit nachfolgender Kündigung des Erwerbers gemäß § 21 Abs. 3 K.O. Zuzugeben ist, daß diese Fälle von dem im gegenwärtigen Streite vorliegenden Falle insofern eine rechtliche Verschiedenheit aufweisen, als bei ihnen die Nichterfüllung des Vertrages die Folge einer im Gesetze ausdrücklich ausgesprochenen konkursrechtlichen Sondernorm ist, während im Falle des vom Gemeinschuldner als Vermieter abgeschlossenen Untermietvertrages zwar die vorzeitige Aufhebung des Hauptmietvertrages auf der im Konkursrechte begründeten Sondernorm beruht, die Einwirkung auf den Untermietvertrag aber erst durch das allgemeine bürgerliche Recht zur Geltung kommt. Trotzdem liegt auch im letzteren Falle eine mittelbare Folge der Konkurseröffnung vor, weil die Wirkung des im allgemeinen bürgerlichen Rechte begründeten Rechtssatzes, hier des § 556 Abs. 3 B.G.B., erst durch die konkursrechtliche Sondernorm des § 19 ermöglicht wird.

Gegen diese Auffassung kann man nicht, wie es der Kläger in der Berufungsinstanz getan hat, anführen, daß nach ihr § 21 Abs. 1 in jedem Falle einer Untermiete unanwendbar werde, daß §§ 19 und 21 sich mit gleicher Kraft gegenüberstünden, eine gesetzliche Anordnung aber, die dem § 19 das Übergewicht verleihe, fehle. Der § 21 behält seine Wirkung für alle Fälle der Untermiete, in denen es nicht zu einer Aufhebung des Hauptmietvertrages kommt. Der Zweck und der

Inhalt der gesetzlichen Vorschriften läßt aber überhaupt erkennen, daß dem § 19 gegenüber dem § 21 Abs. 1, wenn beide im Falle der Untermiete zusammentreffen, das Übergewicht beizulegen ist. Der Mietvertrag ist zwar unter den Voraussetzungen des § 21 Abs. 1 auch der Konkursmasse gegenüber wirksam. Das Recht des Mieters dauert auch für die Zeit nach der Konkurseröffnung fort. Für den Fall nun, der die Regel bildet, daß der Gemeinschuldner der Eigentümer des vermieteten Grundstückes ist, hat das Gesetz das Recht des Mieters gewissen Einschränkungen unterworfen, ohne die das allgemeine Interesse aller Gläubiger, das in einer wirtschaftlich möglichst vorteilhaften Durchführung des Konkurses besteht, Schaden leiden würde. Der Konkursverwalter hat nach § 126 K.O. das Recht, das vermietete Grundstück im Wege der Zwangsversteigerung veräußern zu lassen. Eine solche Zwangsversteigerung hat zur Folge, daß der Mieter, obgleich er an sich den § 21 Abs. 1 für sich hat, das Grundstück räumen muß, wenn der Ersteher gemäß § 57 Zw.V.G. den Mietvertrag kündigt. Dieselbe Wirkung hat nach § 21 Abs. 3 K.O. eine freiwillige Veräußerung, die der Konkursverwalter vornimmt. Diese Einschränkungen der in § 21 Abs. 1 ausgesprochenen Rechtsfolge dienen dem Zwecke, einer möglichst vorteilhaften Verwertung des zur Konkursmasse gehörigen Grundvermögens den Weg zu ebnen. Und deshalb ist auch der auf Grund der §§ 126 und 21 Abs. 3 K.O. in Verbindung mit § 57 Zw.V.G. aus seinem Rechte entsetzte Mieter nach einstimmiger Meinung darauf angewiesen, seine etwaigen Entschädigungsansprüche als Konkursforderung geltend zu machen.

Vgl. die Kommentare zur K.O. von Jaeger § 21 Anm. 22, § 59 Anm. 4; Petersen u. Kleinfeller § 21 Bem. 9; Wilmowski-Kurlbaum § 59 Bem. 4; Wolff § 21 Anm. 7.

Ebenso dient aber auch das außerordentliche Kündigungsrecht des Konkursverwalters, von dem § 19 handelt, den allgemeinen Interessen der Gläubiger, dem Zwecke, das Vermögen des Gemeinschuldners möglichst hoch zu verwerten und deshalb dem entgegenstehende Mietverträge zu lösen (Entsch. des R.G.'s in Zivils. Bd. 56 S. 247). Wie der Konkursverwalter durch Mietverträge über Grundstücke des Gemeinschuldners, die nach § 21 an sich bestehen bleiben, nicht gehindert werden soll, diese Grundstücke im Interesse aller Gläubiger vorteilhaft zu verwerten, so darf er auch nicht durch Untermietverträge über Sachen, die der Gemeinschuldner seinerseits gemietet hatte, gehindert werden, drückende und der Masse nachteilige Mietverpflichtungen im Rahmen des § 19 zu lösen. Die wirtschaftlichen Ziele des § 19 würden aber nicht erreicht werden, wenn der Untermieter, der nach Auflösung des Hauptmietvertrages gemäß § 556 Abs. 3 B.G.B. den Mietgegenstand herausgeben muß, seinen Ersatzanspruch als Masseschuld geltend machen könnte. Wollte man dies zulassen, so würde sich das eigentümliche Ergebnis herausstellen, daß sich der Mieter, der ein dem Gemeinschuldner eigentümlich gehöriges Grundstück gemietet hat und infolge der Veräußerung des Grundstückes durch den Konkursverwalter aus dem Grundstücke weichen muß, wegen seiner Entschädigungsforderung mit der Konkursdividende begnügen muß, der Mieter aber, der ein dem Gemeinschuldner von dritter Seite vermietetes Grundstück gemietet hat und infolge der Auflösung des Hauptmietvertrages das Grundstück räumen muß, seine volle Entschädigung aus der Konkursmasse entnehmen könnte. Daß dieses Ergebnis dem Willen des Gesetzes entspräche, kann nicht angenommen werden. Es wird vermieden, wenn man die durch § 19 mittelbar herbeigeführte Nichterfüllung des Untermietvertrages in gleicher Weise, wie die durch § 126 oder § 21 Abs. 3 herbeigeführte Nichterfüllung eines Hauptmietvertrages, der Vorschrift des § 26 unterstellt. Nicht zu bezweifeln ist allerdings, daß durch die Bestimmung des § 19 die Stellung des Untermieters in umfassenderer Weise beschränkt wird, als durch die Bestimmungen des § 126 oder § 21 Abs. 3 die Stellung eines Mieters, der vom Gemeinschuldner als dem Eigentümer gemietet hat. Dies beruht auf der Verschiedenheit der gesetzlichen Anordnungen.

Auf Grund der vorstehenden Erwägungen muß der Satz anerkannt werden, daß die durch die Ausübung der Kündigungsbefugnis des § 19 erzielte Auflösung des Hauptmietvertrages und die dadurch herbeigeführte Nichterfüllung des Untermietvertrages mittelbar eine Folge der Konkurseröffnung im Sinne von § 26 K.O. ist, und daß deshalb daraus nicht eine Masseschuld, sondern nur eine Konkursforderung entstehen kann.

Im vorliegenden Falle ist nun der Hauptpachtvertrag nicht durch Kündigung und Ablauf der Kündigungsfrist zu Ende gegangen, sondern durch einen Vertrag des Konkursverwalters mit dem Eigentümer des Grundstückes aufgehoben worden. Diese besondere Gestaltung kann aber die Anwendung des § 26 nicht ausschließen, weil auch der vom Konkursverwalter geschlossene Aufhebungsvertrag als eine Verwirklichung der ihm in § 19 beigelegten Befugnis, den Vertrag vorzeitig zur Aufhebung zu bringen, angesehen werden muß. Das Wesentliche der in § 19 enthaltenen konkursrechtlichen Sonderbestimmung ist das in Satz 1 ganz allgemein festgesetzte Kündigungsrecht, das Recht, den Vertrag vorzeitig aufzuheben. Diese Möglichkeit ist die mit der Konkurseröffnung verbundene Folge. Die in Satz 2 bezeichneten gesetzlichen oder vertragsmäßigen Kündigungsfristen haben mit der grundsätzlichen Rechtsänderung nichts zu tun; sie sollen nur die wirtschaftlichen Interessen des Gemeinschuldners und der anderen Vertragspartei in bezug auf künftige anderweite Maßnahmen angemessen schützen. Es behält also § 26 auch für das vorliegende Sachverhältnis seine Bedeutung, und daraus folgt, daß der erhobene Masseanspruch dem Kläger nicht zusteht." ...

93. Ist die Bestellung des Nießbrauches an einem Grundstücke als Mittel zur Tilgung persönlicher Schulden zulässig?
B.G.B. §§ 1090, 1030, 99, 100.

V. Zivilsenat. Urt. v. 3. Februar 1908 i. S. K. (Bekl.) w. W. (Kl.). Rep. V. 261/07.

I. Landgericht Elberfeld.
II. Oberlandesgericht Düsseldorf.

Dem Kläger ist von seinem Schuldner wegen einer Forderung von 3000 *M* der „Nießbrauch" an drei Häusern bestellt worden. Der Beklagte ließ aus einem gegen den Schuldner erwirkten vollstreckbaren Titel den Mietern der Häuser die Benachrichtigung zugehen, daß die Pfändung der Mieten bevorstehe. Der Kläger erhob Klage und beantragte, die Zwangsvollstreckung in die dem Nießbrauch unterworfenen Mieteinkünfte für unzulässig zu erklären. Das Landgericht erkannte nach diesem Antrage. Das Oberlandesgericht wies die Berufung zurück; ebenso das Reichsgericht die Revision.

Aus den Gründen:

„Die drei Häuser sind offensichtlich sämtlich Zinshäuser. Daß aus ihnen neben den Mietzinsen noch andere Nutzungen gezogen werden, ist aus den Feststellungen der Vorinstanzen nicht zu entnehmen und erscheint ausgeschlossen. Das dem Kläger eingeräumte Recht umfaßt hiernach tatsächlich, wie unbedenklich auch nach dem Willen der Vertragsteile, die gesamten Nutzungen; es hat zum Gegenstande nicht bloß bestimmte einzelne Nutzungen, sondern das vollständige Nutzungsrecht an der Sache. Damit ist die vom Berufungsgerichte vertretene Auffassung, daß bloß eine beschränkte persönliche Dienstbarkeit nach § 1090 flg. B.G.B. vorliege, ausgeschlossen. Das Recht stellt sich als Nießbrauch nach §§ 1030 flg. dar, und dem entspricht sowohl der Wortlaut des Vertrages als auch der Wortlaut der Eintragung im Grundbuche. Die Besonderheit des Falles liegt darin, daß vorliegend nach dem zugrunde liegenden obligatorischen Vertrage der Nießbrauch vom Grundstückseigentümer einem antichretischen Zwecke dienstbar gemacht, daß er als Mittel zur Tilgung persönlicher Schulden benutzt worden ist. Allein dies ist — Turnau u. Förster, Bd. 1 S. 679 — nicht unzulässig. Allerdings ist die Antichrese, die man für ein veraltetes und abgestorbenes Rechtsinstitut — Motive Bd. 3 S. 628 — erachtete, in das Bürgerliche Gesetzbuch nicht aufgenommen; dies aber hindert nicht, daß andere Rechtsinstitute, soweit dies mit ihrem Wesen vereinbar ist, zur Erzielung eines gleichen oder ähnlichen Erfolges benutzt werden. Unzulässig erscheint dies nur dann, wenn mit der Wahl der Rechtsform ein Erfolg bezweckt wird, den das Gesetz mißbilligt, und den es verhüten will. Ein solcher Fall lag der von der Revision in Bezug genommenen Entscheidung des R.G.'s in Bd. 44 S. 108 zugrunde; er trifft aber vorliegend nicht zu, wo der Zweck des Geschäfts lediglich die Tilgung einer rechtlich einwandfreien Forderung ist.

Die Revision hat nun freilich Bedenken auch noch nach anderer Richtung hin erhoben. Sie macht unter Hinweis auf die Entscheidung des R.G.'s in Bd. 60 S. 317 geltend, daß der Wille der Vertragsteile überhaupt nicht auf die Begründung eines Rechts unmittelbar an der Sache, sondern nur auf Abtretung der Mietzinsen mit der

Verpflichtung ihrer Verwendung zu einem bestimmten Zwecke gerichtet gewesen sei. Dieser Auffassung kann indes nicht beigepflichtet werden. Bestellt ist der Nießbrauch durch das dingliche (abstrakte) Geschäft; hierdurch wurde das Nutzungsrecht unmittelbar an der Sache begründet, und zu den Nutzungen zählen nach §§ 99, 100 B.G.B. auch die Mietzinsen. Zu unterscheiden von dem dinglichen ist der diesem zugrunde liegende obligatorische Vertrag (der Kausalvertrag). Nach ihm, und nur nach ihm, bestimmt sich die Frage der Verwendung der Nutzungen, und insoweit sind der Vertragsfreiheit keine weiteren Schranken gezogen, als sie sich aus dem Gesetze und insbesondere aus den für den Nießbrauch geltenden zwingenden Normen ergeben. Eine andere Auffassung liegt auch dem Urteile Entsch. in Zivils. Bd. 60 S. 317 nicht zugrunde. Der Inhalt des Vertrages steht mit zwingenden Vorschriften des Gesetzes nirgends in Widerspruch, und es kann insbesondere auch die Bestimmung des Vertrages nicht beanstandet werden, daß die Mieteinkünfte außer zur Tilgung der Forderung des Klägers auch noch zur Tilgung der Forderung eines anderen Gläubigers zu verwenden sind. Der Kläger konnte sich hierzu obligatorisch nicht minder verpflichten, als zur Herausgabe eines Teils der Einkünfte an den Schuldner selbst; das dingliche Recht zur alleinigen Verfügung über die Mieten wurde dadurch nicht berührt."

---

94. 1. Findet § 55 Abs. 2 Zw.V.G. Anwendung, wenn der Dritte sein Recht auf die Zubehörstücke nicht nach Maßgabe des § 37 Nr. 5 desselben Gesetzes geltend gemacht, sondern nur im Versteigerungstermine angemeldet, das Vollstreckungsgericht aber auf Grund der Anmeldung im Zuschlagsbeschlusse ausgesprochen hat, daß das Recht dem Ersteher gegenüber bestehen bleiben solle?

2. Ist die einem Zuschlagsbeschlusse gegebene Auslegung in der Revisionsinstanz frei nachzuprüfen?

V. Zivilsenat. Urt. v. 3. Februar 1908 i. S. K. (Kl.) w. K. (Bekl.). Rep. V. 234/07.

I. Landgericht Detmold.
II. Oberlandesgericht Celle.

Bei der Zwangsversteigerung des Kolonats Nr. 2 in M. meldete der Kläger sein auf Kauf und Übergabe gestütztes Eigentum an dem Hofinventar im Versteigerungstermin an. Infolgedessen erging der Zuschlagsbeschluß, durch den das Grundstück dem Beklagten als Meistbietendem zugeschlagen wurde, mit dem Zusatz, daß der Anspruch des Anmelders auf Herausgabe des gesamten Hofinventars dem Ersteher gegenüber bestehen bleibe. Demnächst verlangte der Kläger im Prozeßwege vom Beklagten die Herausgabe des Inventars, eventuell Wertersatz. Der erste Richter wies die Klage ab. Die Berufung des Klägers blieb ohne Erfolg. Auf die Revision des Klägers ist das Berufungsurteil aufgehoben worden aus folgenden

Gründen:

„Der Berufungsrichter geht zutreffend davon aus, daß es nach § 55 Abs. 2 Zw.V.G., um Zubehörstücke eines zur Zwangsversteigerung kommenden Grundstücks von der Mitversteigerung auszuschließen, nicht genügt, das Recht auf die Gegenstände im Versteigerungstermine anzumelden, daß vielmehr wer ihre Ausschließung von der Versteigerung herbeiführen will, rechtzeitig einen Beschluß des Prozeß- oder Vollstreckungsgerichts gemäß §§ 771 Abs. 3, 769 Z.P.O., der die einstweilige Einstellung des Zwangsvollstreckungsverfahrens bezüglich der fraglichen Zubehörstücke anordnet, erwirken muß, und daß, wenn dies nicht geschehen ist, trotz der etwa erfolgten Anmeldung des Rechts auf die Gegenstände und trotz der Kenntnis, die der Ersteher durch diese Anmeldung oder auf sonstige Weise von dem Bestehen des Rechts erlangt hat, der Zuschlag des Grundstückes zugleich auch kraft des Gesetzes das Eigentum an den fraglichen Gegenständen auf den Ersteher mitüberträgt.

Diese Grundsätze bringt der Berufungsrichter auch auf den vorliegenden Fall zur Anwendung. Er führt aus, der in dem Zuschlagsbeschlusse enthaltene Vermerk, auf den der Kläger seinen Herausgabeanspruch im gegenwärtigen Prozeß stütze, sei, entsprechend der nach Ausweis des Versteigerungsprotokolls erfolgten bloßen Anmeldung des klägerischen Rechts, ein bloßer Vorbehalt dieses Rechts. Er besage nur, daß es dem Kläger unbenommen bleiben solle, seinen etwaigen Anspruch auf Herausgabe des Inventars trotz des Zuschlages gegen den Ersteher geltend zu machen, daß aber an sich der Zuschlag auch auf das vom Kläger beanspruchte Inventar sich erstrecken solle....

Dem Angriffe der Revision, der sich gegen diese Ausführungen richtet, konnte der Erfolg nicht versagt werden. Es fragt sich zunächst, ob in der Annahme des Berufungsrichters, daß das Vollstreckungsgericht durch die Erwähnung des klägerischen Rechts in der Formel des Zuschlagsbeschlusses etwas weiteres als einen bloßen Vorbehalt nicht habe aussprechen wollen, eine die Nachprüfung in der Revisionsinstanz ausschließende tatsächliche Feststellung im Sinne des § 561 Z.P.O. liegt. Das war zu verneinen. Allerdings ist der erkennende Senat in dem Urteil vom 10. Oktober 1899, Entsch. des R.G.'s in Zivils. Bd. 45 S. 331, sowie vorher bereits in dem Urteil vom 21. Januar 1891, Jurist. Wochenschr. S. 127 Nr. 27, davon ausgegangen, daß der in der Erlassung des Zuschlagsurteils (-beschlusses) sich kundgebende Wille des Vollstreckungsrichters, anders als die Tätigkeit des Spruchrichters, nicht einen Erkenntnisakt darstelle, der lediglich das vorhandene und als vorhanden gefundene Recht zwischen den Parteien deklariere, vielmehr insofern, als er einen bestehenden Rechtszustand ändere und einen neuen schaffe, die Natur eines konstitutiven Willensaktes habe, und daß er daher hinsichtlich seiner Auslegung und deren Nachprüfung in der Revisionsinstanz mit dem Vertragswillen der Parteien auf eine Stufe gestellt werden müsse. Damals handelte es sich indessen um Feststellung des Sinnes und der Bedeutung besonderer Versteigerungsbedingungen, die abweichend von den gesetzlichen von den Beteiligten festgesetzt und in den Zuschlagsbeschluß aufgenommen worden waren, so daß der Streit die Auslegung des Beschlusses nur mittelbar, unmittelbar dagegen die bei der Versteigerung abgegebenen Parteierklärungen betraf. Dementsprechend ist denn auch am Schlusse des zitierten Urteils ausdrücklich hervorgehoben, daß die *rechtliche Tragweite* des in der Zuschlagsentscheidung bekundeten Willens des Vollstreckungsrichters der freien Nachprüfung des Revisionsgerichts unterliege. Der letztere Fall aber ist gegenwärtig gegeben. Denn die Versteigerung hat, wie das Versteigerungsprotokoll besagt, nach den *gesetzlichen* Versteigerungsbedingungen stattgefunden, und es ist mithin nur die Frage zu entscheiden, mit welcher Wirkung der Vollstreckungsrichter das klägerische Recht dadurch, daß er es der Anmeldung gemäß im Zuschlagsbeschlusse berücksichtigte, zur Geltung hat bringen wollen. Dieser Wille ist, da der Zuschlagsbeschluß, unbeschadet seines im übrigen von dem Urteil des Spruchrichters abweichenden Charakters, gleich diesem eine der Rechtskraft fähige gerichtliche Entscheidung darstellt (§§ 96, 108 Abs. 2, 116 Zw.V.G.), für die Gestaltung der infolge des Zuschlags zwischen den Beteiligten eintretenden Rechtswirkungen unbedingt maßgebend. Es kommt dabei nichts darauf an, ob er sich mit dem Gesetze in Einklang befindet, oder grobe Rechtsverstöße enthält. Denn auch im letzteren Falle ist Abhilfe durch rechtzeitige Anfechtung des Zuschlagsbeschlusses mit der sofortigen Beschwerde möglich. Unterlassen die Beteiligten dies, so müssen sie die daraus sich ergebende gesetzwidrige Gestaltung ihrer gegenseitigen Rechtsbeziehungen gegen sich gelten lassen. Nachträgliche Korrektur im Prozeßwege ist ausgeschlossen.

Vgl. das Urteil des erkennenden Senats vom 16. Juni 1906, Rep. V. 594/05.

Für den vorliegenden Fall kann der Auffassung des Berufungsrichters, daß der Vollstreckungsrichter das Hofinventar dem Beklagten als Ersteher unbedingt habe zuschlagen wollen, und daß demgegenüber die gleichzeitig zugunsten des Klägers hinzugefügte Einschränkung einen bloßen Vorbehalt bedeute, der als solcher allerdings der rechtlichen Wirkung entbehren würde,

vgl. Entsch. des R.G.'s in Zivils. Bd. 39 S. 293; Jurist. Wochenschr. Jahrg. 1901 S. 467 Nr. 19,

nicht beigetreten werden." (Dies wird näher ausgeführt.) . . .

---

95. Finden auf den Verkauf eines Geschäftes unter Vorbehalt des Eigentums an den mitverkauften körperlichen Gegenständen § 455 B.G.B. und § 5 des Gesetzes, betr. die Abzahlungsgeschäfte, vom 16. Mai 1894 bezüglich des Rücktrittes von dem Vertrage Anwendung?

II. Zivilsenat. Urt. v. 4. Februar 1908 i. S. Konkursmasse M. (Kl.) w. L. (Bekl.). Rep. II. 425/07.

I. Landgericht Hamburg.
II. Oberlandesgericht daselbst.

Die Frage wurde verneint.

Aus den Gründen:

„Gemäß schriftlichem Vertrage vom 20. Mai 1902 verkaufte der Beklagte sein Geschäft „Café de l'Europe" in Hamburg . . . mit dem gesamten im Betriebe befindlichen Inventar und Mobiliar dem jetzigen Gemeinschuldner M. Mit Genehmigung der Vermieterin Hôtel de l'Europe, G. m. b. H., trat der Ankäufer als Untermieter in den Mietvertrag bezüglich der Geschäftsräume ein unter Fortdauer der Haftung des Beklagten für die Miete. Der in näher bestimmten Raten zahlbare Kaufpreis betrug 125000 ℳ. Bis zur völligen Abtragung des Kaufpreises behielt sich der Beklagte das Eigentumsrecht an den verkauften Gegenständen vor. Der Kaufpreis war bis auf 30000 ℳ getilgt, als M. am 3. Februar 1906 in Konkurs geriet. Wegen Nichtzahlung der am 2. Januar 1906 fälligen Miete kündigte die Vermieterin am 29. Januar 1906 sowohl dem M. als auch dem Beklagten. Dem Verlangen der Vermieterin entsprechend, übergab der Konkursverwalter am 8. Februar 1906 die Geschäftsräume nebst Inventar „für das Hôtel de l'Europe, welche Gesellschaft von M. die Räumung verlangt" hatte, dem Beklagten, behielt sich hierbei aber alle Rechte an den eingebrachten Sachen vor und verlangte die Herausgabe des Inventars. Der Beklagte, der zwischenzeitlich einen neuen Mietvertrag mit der Vermieterin abgeschlossen hatte, setzte sodann den Betrieb des Geschäftes am Tage der Übergabe mit dem bisherigen Inventar fort, brachte das dazu gehörige Mobiliar am folgenden Tage zum Teil in ein anderes von ihm betriebenes Café in St. Pauli, benutzte den übrigen Teil im Café de l'Europe weiter und verkaufte diesen mit dem Geschäfte am 1. Januar 1907 an einen neuen Wirt, angeblich für mehrere hundert Mark. Auf eine weitere Aufforderung des Konkursverwalters vom 16. Februar 1906 zur Herausgabe des Inventars antwortete er, daß er die Herausgabe des Inventars ablehne, da die Konkursmasse kein Recht darauf habe.

Auf Grund der Ausführung, der Beklagte sei im Sinne von §§ 455, 346 B.G.B., sowie des Gesetzes, betr. die Abzahlungsgeschäfte, vom 16. Mai 1894 von dem mit dem Gemeinschuldner abgeschlossenen Vertrage zurückgetreten, verlangte der Konkursverwalter mit der Klage u. a. Rückgewähr des gezahlten Kaufpreises unter Abzug eines angemessenen Betrages als Vergütung für Überlassung, Benutzung und

Abnutzung der Kaufgegenstände, in Höhe von 77000 *M*. Der Klaganspruch wurde in beiden Instanzen für unbegründet erachtet.

Das Berufungsgericht verneinte sowohl ein Rücktrittsrecht, als auch den Rücktritt des Beklagten. In ersterer Hinsicht führte es aus, der Beklagte habe sich nur das Eigentum an den verkauften Gegenständen vorbehalten, aber kein Rücktrittsrecht ausbedungen. Ein gesetzliches Rücktrittsrecht aber habe ihm weder nach § 455 B.G.B. noch nach § 5 des Gesetzes, betreffend die Abzahlungsgeschäfte, vom 16. Mai 1894 zugestanden. Schon diese Erwägungen rechtfertigen die angefochtene Entscheidung, ohne daß es noch auf die weiteren Ausführungen des Berufungsgerichtes ankommt.

... Dem Berufungsgerichte ist unbedenklich darin beizutreten, daß auf einen Vertrag der vorliegenden Art weder § 455 B.G.B. noch § 5 des bezogenen Gesetzes anwendbar ist. Der § 455 B.G.B. enthält nämlich keine für den Kauf allgemein geltende Bestimmung. Vielmehr bezieht er sich schon nach dem klaren Wortlaute bloß auf den Verkauf beweglicher Sachen und schließt damit seine Anwendbarkeit auf den Verkauf von Grundstücken aus. In Abweichung von § 455, wonach der Eigentumsvorbehalt im Zweifel die Bedeutung der Eigentumsübertragung unter der aufschiebenden Bedingung vollständiger Preiszahlung hat, bestimmt denn auch § 925 Abs. 2 B.G.B. ausdrücklich, daß eine Auflassung, die unter einer Bedingung oder einer Zeitbestimmung erfolgt, unwirksam ist. Ferner setzt der § 455 einen Eigentumsvorbehalt voraus. Ein Eigentumsvorbehalt ist aber nur bei Sachen im Sinne von körperlichen Gegenständen möglich (§ 90 B.G.B.), mithin bei einem Vertrage nicht möglich, der die Übertragung eines Geschäftes als Ganzen, als eines Inbegriffes der dazu gehörigen Sachen, Rechte, unkörperlichen Werte und hauptsächlich der Kundschaft zum Gegenstande hat. Ein solcher Vertrag, der über ein Geschäft als ein zusammengehöriges Ganze abgeschlossen wird, kann jedenfalls, was das hier allein in Betracht kommende Rücktrittsrecht betrifft, auch nur einheitlich beurteilt werden, und es geht nicht an, ihn in seine Bestandteile zu zerlegen und die einzelnen Teile einer verschiedenen Beurteilung zu unterwerfen, je nachdem sie körperliche Gegenstände, oder Rechte, oder unkörperliche Werte sind. Noch weniger geht es an, die für den Verkauf beweglicher Sachen geltenden besonderen Grundsätze einheitlich auf den ganzen Vertrag anzuwenden ohne Rücksicht darauf, ob sich die mit dem geschäftlichen Unternehmen verbundene Aussicht auf Verdienst, wie es nach den Feststellungen des Berufungsgerichtes im vorliegenden Falle zutrifft, als die Hauptsache darstellt, und die das Inventar bildenden körperlichen Gegenstände von bloß nebensächlicher Bedeutung sind. In einem Falle dieser Art ist der Eigentumsvorbehalt wirksam nur in betreff der mitverkauften körperlichen Gegenstände, und zwar in dem Sinne, daß der Verkäufer sie bei Nichtzahlung des Preises, ohne von dem Kaufe abzugehen und die empfangenen Abschlagszahlungen zurückgeben zu müssen, zurückfordern kann und zur Wiederherausgabe nur erst gegen Zahlung des rückständigen Preises verpflichtet ist. Nur darf diese Befugnis nicht zu einer ungerechtfertigten Bereicherung führen. Mit der gegenwärtigen, die Sonderbestimmung des § 455 B.G.B. betreffenden Entscheidung weicht der erkennende Senat nicht ab von seiner in den Urteilen vom 13. März 1906 (Entsch. in Zivils. Bd. 63 S. 57) und vom 15. November 1907, Rep. II. 283/07, vertretenen Auffassung, daß die allgemeinen Grundsätze über Kauf (§§ 459 flg. B.G.B.) analog auch auf den Kauf eines Geschäftes anwendbar sind.

Dieselben Gründe, welche die Anwendbarkeit des § 455 B.G.B. ausschließen, stehen auch der des § 5 des bezogenen Gesetzes entgegen. Hierzu kommt noch der besondere Grund, daß sich dieses Gesetz so wohl nach seinem Wortlaute als auch nach seinem Grunde und Zwecke, abgesehen von dem hier nicht in Betracht kommenden § 6, lediglich auf den Verkauf einer dem Käufer übergebenen beweglichen Sache bezieht. Es verfolgt die sozialpolitische Tendenz, zum Schutze der wirtschaftlich Schwachen Mißständen, die gerade auf dem Gebiete des Abzahlungsverkehres bezüglich beweglicher Sachen hervorgetreten waren, insbesondere der Ausbeutung der wirtschaftlichen Schwäche ihrer Kunden von seiten der Abzahlungsverkäufer, zu steuern. Als ein Sondergesetz mit eigenartiger Zweckbestimmung ist es auf bewegliche Sachen, deren Übergabe stattgefunden hat, als den eigentlichen Gegenstand seines Anwendungsbereiches zu beschränken, und eine analoge Anwendung seiner Bestimmungen, die von den allgemeinen Vorschriften des Bürgerlichen Gesetzbuches abweichen, auf dem Gegenstande nach anders geartete Verträge, insbesondere auf den vorliegenden Fall, ausgeschlossen. Dies gilt insbesondere von

§ 5 a. a. O., der zur Verhütung einer Umgehung der §§ 1 und 2, in Abweichung von § 349 B.G.B., eine Fiktion aufstellt und dem Umstande, daß der Verkäufer die Sache auf Grund des Eigentumsvorbehaltes zurücknimmt, unter allen Umständen die Bedeutung eines Rücktrittes vom Vertrage beimißt, also auch für den allerdings nicht häufigen, nach den Feststellungen des Berufungsgerichtes aber auch bei dem Beklagten zutreffenden Fall, daß der Verkäufer die Sache bloß zur Sicherung seines Eigentumes und ohne die Absicht, vom Vertrage zurückzutreten, zurücknimmt.

Stand hiernach dem Beklagten ein Rücktrittsrecht nicht zu, so war ein Rücktritt vom Vertrage seinerseits ausgeschlossen. Damit zerfällt die Grundlage für die Klage, die den Rücktritt des Beklagten vom Vertrage zur Voraussetzung hat und die Rückzahlung des auf Grund desselben gezahlten Kaufpreises bezweckt." ...

96. Zum Begriffe der verbotenen Eigenmacht.
B.G.B. § 858.

VII. Zivilsenat. Urt. v. 7. Februar 1908 i. S. St.-L. (Bekl.) w. G. (Kl.). Rep. VII. 466/07.

I. Landgericht III Berlin.
II. Kammergericht daselbst.

Die Klägerin, die ein Speditionsgeschäft in Berlin betrieb, behauptete, sie habe von der Speditionsfirma R. J. in Paris und der Firma R. F. T. in Paris und Berlin den Auftrag erhalten, ein näher bezeichnetes, ihr aus Paris mit der Eisenbahn zugehendes Automobil an die Beklagte Zug um Zug gegen Zahlung des Restkaufpreises und der Fracht- und Zollkosten im Gesamtbetrage von 6296 *M* abzuliefern. Mit dieser Ablieferung habe sie nach Ankunft des Automobils ihren Angestellten H. beauftragt, der das Automobil vor die Villa der Beklagten gebracht habe; diese habe durch verbotene Eigenmacht den Besitz des Automobils ohne Zahlung erlangt. Auf Antrag der Klägerin war durch einstweilige Verfügung des Landgerichts vom 26. November 1906 der Beklagten aufgegeben worden, das Automobil an einen von der Klägerin zu beauftragenden Gerichtsvollzieher zwecks einstweiliger Verwahrung herauszugeben oder diesem Gerichtsvollzieher entweder 6296 ℳ bar zu zahlen, oder die Zahlung dieser Summe an die Klägerin nachzuweisen. Nachdem die Beklagte gegen diese einstweilige Verfügung Widerspruch erhoben hatte, hat das Landgericht auf deren Aufhebung erkannt. Dieses Urteil ist auf Berufung der Klägerin durch das Kammergericht dahin abgeändert worden, daß die einstweilige Verfügung mit einer hier nicht in Betracht kommenden Maßgabe aufrecht erhalten wurde. Die Revision der Beklagten ist zurückgewiesen worden aus folgenden

Gründen:

„Auszugehen ist von der durch das Berufungsgericht festgestellten, von der Beklagten auch nicht bestrittenen Tatsache, daß die Klägerin, der das Automobil als beauftragter Spediteurin von Paris aus zugesandt worden war, und die es durch ihren Angestellten H. auf dem Packhof in Berlin in Empfang genommen hatte, hierdurch Besitzerin des Fahrzeuges geworden ist. H. war ihr Besitzdiener (§ 855 B.G.B.).

Das Berufungsgericht hat als glaubhaft gemacht angenommen, daß vor der Ankunft des H. mit dem Fahrzeuge in Grunewald die Beklagte von der Klägerin die Mitteilung erhalten hatte, die Ablieferung werde nur gegen Zahlung der 6296 ℳ erfolgen. Die Revision beanstandet diese Annahme, weil es dafür an einer prozeßgerechten Grundlage, ja selbst an einer entsprechenden Behauptung der Klägerin fehle. Diese Rüge kann keinen Erfolg haben. Nach dem vom Berufungsrichter in Bezug genommenen Tatbestande des landgerichtlichen Urteiles ging das Vorbringen der Klägerin dahin: daß „nach Ankunft des Automobils in Berlin und vorheriger Benachrichtigung der Beklagten" H. (in Begleitung des T.) das Fahrzeug vor die Villa der Beklagten gebracht habe. Diese Behauptung durfte der Berufungsrichter in dem Zusammenhange, in dem sie vorgebracht war, dahin auffassen, daß damit eine von der Klägerin ausgegangene Benachrichtigung gemeint war, und daß diese inhaltlich dem der Klägerin erteilten Auftrage entsprochen, also namentlich auch zum Ausdrucke gebracht habe, daß die Ablieferung Zug um Zug gegen die erwähnte Zahlung erfolgen solle. An dem von der Revision vermißten Vorbringen der Klägerin fehlte es somit keineswegs. Und wenn der Berufungsrichter die in jenem Sinne aufgefaßte Behauptung der Klägerin auf Grund kaufmännischer Gepflogenheiten ohne besondere Glaubhaftmachungsmittel als glaubhaft ansah, so kann hierin eine Überschreitung der dem Richter prozeßordnungsmäßig eingeräumten Befugnisse (vgl. § 286 Z.P.O.) nicht gefunden werden. Auch hat die Beklagte, wie der Berufungsrichter als festgestellt oder doch als glaubhaft gemacht annimmt, aus dem übereinstimmenden Verhalten des H. und des T. bei der Vorführung des Fahrzeuges erfahren, daß dieses damals im Besitze der Klägerin war, und daß sie an die Klägerin (zu Händen des H.) die geforderte Summe zu zahlen hatte, wenn sie mit deren Willen den Besitz des Fahrzeuges erlangen wollte. Zudem übersieht die Revision, daß es nicht darauf ankommen kann, ob die Beklagte jene Benachrichtigung von der Klägerin, und ob sie sie überhaupt erhalten hatte. Die Klägerin hatte, das ergibt sich aus dem ihr erteilten Auftrage, auf dessen Ausführung ihre Absicht gerichtet war, den Willen, sich des Besitzes an dem Fahrzeuge zugunsten der Beklagten nicht anders als gegen die Zahlung zu entschlagen. Verschaffte sich die Beklagte, indem sie nach beendeter Probefahrt die Entfernung des Fahrzeuges durch Schließung des Torweges verhindern ließ und den H. zum Verlassen ihres Grundstückes veranlaßte, auch die Mitnahme des Fahrzeuges ausdrücklich verbot, dessen Besitz ohne die Zahlung, so entzog sie der Klägerin den Besitz ohne deren Willen. Dieser objektive Tatbestand genügt für den Begriff der verbotenen Eigenmacht (§ 858 B.G.B.). Auf den guten oder bösen Glauben der Beklagten kommt es nicht an. Selbst wenn sie guten Glaubens das (tatsächlich fehlende) Einverständnis des bisherigen Besitzers angenommen hätte, würde hierdurch an dem Vorhandensein der verbotenen Eigenmacht nichts geändert werden (Urteil des erkennenden Senates vom 3. Mai 1904, Jurist. Wochenschr. 1904 S. 361 Nr. 18).

Hiernach kann Äußerungen, die etwa T., der nicht als Beauftragter der Klägerin, sondern lediglich als Begleiter des H. mit erschienen war, der Beklagten gegenüber getan hat und deren Nichtberücksichtigung die Revision ebenfalls rügt, irgendwelche Bedeutung im Verhältnisse zwischen den Parteien nicht beigemessen werden. Nicht T., sondern die Klägerin war der bisherige Besitzer. Hätte selbst die Beklagte irrigerweise angenommen, daß T.

bisher den Besitz gehabt habe, so könnte hierdurch und durch Äußerungen des T. nichts an der entscheidenden Tatsache geändert werden, daß die Beklagte durch ihr Verhalten in Wahrheit der Klägerin den Besitz ohne deren Willen entzog, also dieser gegenüber fehlerhaft besaß. Daraus ergab sich der Anspruch auf Wiedereinräumung des Besitzes (§ 861 B.G.B.), zu dessen Sicherung die einstweilige Verfügung erlassen ist.

Von den gerügten prozessualen Verstößen kann demnach so wenig wie von einer fehlerhaften Beurteilung des Rechtsbegriffes der verbotenen Eigenmacht die Rede sein." ...

97. Ist die Anwendung der Tarifst. 56 zum preußischen Stempelsteuergesetze vom 31. Juli 1895 (Schenkungsstempel) grundsätzlich ausgeschlossen, wenn zwischen Gläubiger und Schuldner vereinbart ist, daß die Rückzahlung der Schuld lediglich in das Ermessen des Schuldners gestellt, und die Forderung weder klagbar noch abtretbar noch verzinslich sein solle?

VII. Zivilsenat. Urt. v. 7. Februar 1908 i. S. preuß. Fiskus (Bekl.) w. S.'sche Testamentsvollstrecker (Kl.). Rep. VII. 187/07.

I. Landgericht I Berlin.
II. Kammergericht daselbst.

Der verstorbene Rentner Martin S. hatte in einem Nachtrage zu seinem Testamente vom 2. Mai 1904 bestimmt: „An meinen Freund N. habe ich eine anerkannte Forderung von 53440,95 M. Ich stelle auch hier fest, daß ich mit ihm eine Vereinbarung getroffen habe, nach welcher die Rückzahlung nur in Höhe von 30000 M beansprucht werden darf. Bezüglich des Restes ist die Rückzahlung vollständig dem Belieben des N. überlassen". Auf die Vereinbarung bezogen sich die von dem Schuldner N. ausgestellten Schriftstücke vom 4. Februar 1902, in deren einem er sich zur Rückzahlung von 30000 M verpflichtete, sobald es seine Vermögensverhältnisse gestatten.

Das andere lautete: „Aus der Abrechnung vom 11. Januar d. J. bin ich Herrn Martin S. . . . einen Betrag von 53440,95 ℳ schuldig geworden, und habe heute über einen Teilbetrag von 30000 ℳ ein Schuldanerkenntnis gegeben. Laut Abrede mit dem Gläubiger ist die Rückzahlung der Restschuld von 23440,95 ℳ in mein Ermessen gestellt, sobald dies meine Verhältnisse gestatten. Unter allen Umständen ist bezüglich dieser Restschuld der Klageweg ausgeschlossen, darf diese nicht an einen Dritten zediert werden, und werden keine Zinsen berechnet". Der Beklagte forderte, indem er die Erklärung in dem Testamentsnachtrage als Beurkundung einer Schenkung ansah, gemäß Tarifst. 56 zum preußischen Stempelgesetze vom 31. Juli 1895 den achtprozentigen Stempel, den die Kläger auch entrichteten, demnächst aber im Rechtswege nebst Zinsen zurückverlangten. Die Vorinstanzen verurteilten den Beklagten nach dem Klagantrage. Dieser legte Revision ein, der auch stattgegeben wurde.

Gründe:

„Der Berufungsrichter erachtet die Erhebung des Schenkungsstempels nach Tarifst. 56 zum preußischen Stempelsteuergesetze deshalb für ausgeschlossen, weil kein Erlaß der Forderung des Erblassers gegen den Kaufmann N. vorliege. Es ist richtig, daß der Tatbestand eines — unentgeltlichen — Erlasses nach § 397 B.G.B. mit der Wirkung des Erlöschens des Schuldverhältnisses von Rechts wegen nicht gegeben ist. Damit ist aber nicht ohne weiteres der Begriff der Schenkung im Sinne der angeführten Tarifstelle, als einer in der Absicht der Bereicherung vorgenommenen und auch den Empfänger bereichernden, unentgeltlichen Zuwendung, beseitigt. Es ist zwischen dem Gläubiger und dem Schuldner in Ansehung des hier in Betracht kommenden Betrages von 23440,95 ℳ vereinbart, daß die Geltendmachung dieser Forderung dauernd ausgeschlossen, daß sie nicht abtretbar und nicht verzinslich sein, und daß ihre Bezahlung schlechthin in das Ermessen des Schuldners gestellt sein solle. Während für den anderen Teil der Forderung ein sog. Besserungsschein gegeben und ihm damit die Klagbarkeit bei Eintritt einer Bedingung, nämlich sobald die Vermögensverhältnisse des Schuldners sich günstiger gestalten, gesichert ist, hat sich durch die Vereinbarung der Beteiligten die Rechtslage hinsichtlich des Restes wesentlich ungünstiger für den Gläubiger und wesentlich günstiger für den Schuldner gestaltet. Dem letzteren ist eine Einrede erwachsen, die ihn dauernd zur Verweigerung der Leistung berechtigt. Er würde, wenn er für seine Verbindlichkeit eine Hypothek oder ein Pfand bestellt hätte, vom Gläubiger den Verzicht auf die Hypothek oder die Rückgabe des Pfandes verlangen können (§§ 1169, 1254 B.G.B.). Die Forderung ist in der bezeichneten Höhe weder zur Aufrechnung, noch zur Ausübung des Zurückbehaltungsrechtes geeignet. Es verhält sich ähnlich wie bei der Spiel- oder Wettschuld (§ 762 B.G.B.). Nur eine natürliche Verbindlichkeit besteht noch mit der Wirkung, daß sie erfüllbar, und mithin die Rückforderung ausgeschlossen ist, wenn der Schuldner freiwillig zahlt. Insofern ist das bisherige Schuldverhältnis nicht völlig dem Gebiete des Rechtes entrückt, und dieser Umstand kann für die Frage der Bewertung der durch die Parteiabrede (pactum de non petendo) eingetretenen Vermögensverschiebung von Bedeutung sein. Es läßt sich aber nicht sagen, daß es an einer solchen überhaupt fehle. Das Vermögen des Gläubigers ist insofern gemindert, als er anstatt einer klagbaren, der Sicherung zugänglichen Forderung nur noch die Aussicht hat, möglicherweise, wenn es dem Schuldner beliebt, befriedigt zu werden, eine Aussicht, die, weil vom Rechte nicht gewährleistet, keinesfalls zum vollen Betrage der Forderung unter die Aktiva des Vermögens des Gläubigers aufgenommen werden kann. Andrerseits erfährt aber das Vermögen des Schuldners einen Zuwachs, indem er die mit der peremtorischen Einrede der Unklagbarkeit (im weitesten Sinne) behaftete Forderung nicht unter die Passiva einzustellen braucht; sie vermehrt so wenig in seinem Konkurse die Schuldenmasse, wie im Konkurse des Gläubigers die Teilungsmasse. Ob die Bereicherung des Schuldners im Hinblick darauf, daß eine natürliche Verbindlichkeit zurückbleibt, deren Erfüllung keine Schenkung ist, auf den vollen Betrag der Forderung geschätzt werden darf, ist eine andere, dem Tatsachengebiete angehörende Frage. Grundsätzlich ist die Anwendung der Tarifst. 56 auf Fälle der vorliegenden Art nicht ausgeschlossen. Wie hoch der Wert der Schenkung zu bemessen, und also der Stempel zu berechnen ist, muß der Prüfung des Berufungsrichters überlassen bleiben, der sich auch noch nicht über die von den Klägern bestrittene Frage ausgesprochen hat, ob mit der Erklärung des Erblassers in seinem Testamentsnachtrage die Beurkundung einer Schenkung beabsichtigt gewesen ist. Das Berufungsurteil war demgemäß wegen der auch von der Revision gerügten Verletzung der Tarifst. 56 aufzuheben, und die Sache zur anderweiten Verhandlung und Entscheidung in die Vorinstanz zurückzuverweisen."

---

98. Ausbeutung der geistigen Minderwertigkeit und Beschränktheit einer Person als Verstoß gegen die guten Sitten.

B.G.B. § 138.

V. Zivilsenat. Urt. v. 12. Februar 1908 i. S. L. (Bekl.) w. B. u. Gen. (Kl.). Rep. V. 264/07.

I. Landgericht Münster.
II. Oberlandesgericht Hamm.

Der Vater und Erblasser der Kläger hatte sein Kolonat an den Beklagten verkauft und aufgelassen. Die Kläger fochten beide Verträge als nichtig an. Sie behaupteten, ihr Erblasser sei damals unzurechnungsfähig gewesen, jedenfalls aber habe der Beklagte sich eines Verstoßes gegen die guten Sitten schuldig gemacht, indem er einen geistig in hohem Grade minderwertigen Menschen dazu bestimmt habe, ihm die Besitzung zu weniger als einem Drittel des wirklichen Wertes zu übertragen. Das Landgericht und das Oberlandesgericht erklärten die beiden Verträge für nichtig und verurteilten den Beklagten das Kolonat an die Kläger wieder aufzulassen. Die Revision wurde zurückgewiesen.

Aus den Gründen:

„Nach der Feststellung des Berufungsgerichts ist der Erblasser der Kläger ein in sehr hohem Grade geistig minderwertiger und beschränkter Mensch gewesen. Es ist ferner festgestellt, daß gegenüber dem Kaufpreise von nur 16500 *M* der Wert der Besitzung 53884 *M* betragen hat. Der Beklagte hat sowohl diesen Wert der Besitzung als auch jene geistige Minderwertigkeit des Eigentümers gekannt, und er ist sich auch bewußt gewesen, daß nur die geistige Beschränktheit des Vertragsgegners es ihm ermöglichte, den außergewöhnlichen Vorteil zu erlangen. Bei dieser Sachlage ist die Anwendung des § 138 B.G.B. rechtlich bedenkenfrei. Das

Gesetz sieht einen Verstoß gegen die guten Sitten schon in der Ausbeutung der bloßen „Unerfahrenheit“; die Ausbeutung der geistigen Minderwertigkeit und Beschränktheit eines Menschen enthält unbedenklich einen Verstoß gegen die guten Sitten noch in weit höherem Maße.“ ...

99. Haftung des Bankiers für empfehlende Äußerungen bei Abschluß eines Unterkonsortialvertrages.

I. Zivilsenat. Urt. v. 12. Februar 1908 i. S. J. W. Söhne (Bekl.) w. S. O. & Co. (Kl.). Rep. I. 212/07.

I. Landgericht Bonn.
II. Oberlandesgericht Cöln.

Gegen Ende des Jahres 1900 beschlossen Aufsichtsrat und Generalversammlung des H., Elektrizitäts-Aktiengesellschaft in Cöln, die Beschaffung neuer Geldmittel durch Erhöhung des Grundkapitals und durch Ausgabe von Obligationen. Zu dem Konsortium, das sich zu diesem Zwecke bildete, gehörte auch die klagende Bankfirma. Am 20. November 1900 traf ihr Gesellschafter, Frh. v. O., mit J. W., dem Teilhaber der verklagten Firma, eine Vereinbarung, wonach die Klägerin der Beklagten eine Unterbeteiligung zu Originalbedingungen überließ. Dabei äußerte v. O., der H. sei gut, der Kursrückgang der Aktien sei nur eine vorübergehende, auf die allgemeine Finanzlage zurückzuführende Erscheinung, H. werde voraussichtlich 7 % Dividende verteilen, das Konsortialgeschäft werde sich glatt abwickeln und einen schönen Nutzen abwerfen. Bald darauf wurde die Vereinbarung dahin geändert, daß die Beklagte eine gewisse Anzahl neuer Aktien und Obligationen zu bestimmten Kursen fest übernahm. Die Emission mißlang fast vollständig. Als die Klägerin nach Empfang verschiedener Abschlagszahlungen den bedungenen Rest einforderte, beantragte die Beklagte Abweisung der Klage und verlangte widerklagend die Abschlagsleistungen zurück. Sie machte geltend, Frh. v. O. habe sie arglistig über die Finanzlage des H. getäuscht; jedenfalls habe er bei Empfehlung der Unterkonsortialbeteiligung die Sorgfalt eines ordentlichen Bankiers außer acht gelassen.

Beide vordere Instanzen erkannten zuungunsten der Beklagten. Die Revision wurde zurückgewiesen, soweit es sich um die Frage der Sorgfaltspflicht handelt, aus folgenden

Gründen:

„Eine Haftung der Klägerin wegen einer Fahrlässigkeit, die sich der Frh. v. O. bei Empfehlung des Geschäfts vom 20. November 1900 hätte zuschulden kommen lassen, ist vom Berufungsgerichte mit Recht verneint. Nach § 676 B.G.B. verpflichtet die Empfehlung nur dann zum Schadensersatze, wenn sich dies aus einem Vertragsverhältnis oder einer unerlaubten Handlung ergibt. Dabei ist die unerlaubte Handlung nur als Verstoß gegen § 826 B.G.B., mithin als wissentlich falsche Auskunft, denkbar. Anlangend das Vertragsverhältnis, so war hier ein Vertrag, dessen eigentlichen Inhalt die Ratserteilung bildete, zwischen den Parteien nicht geschlossen. Ebensowenig bestand zwischen ihnen eine dauernde Geschäftsverbindung, wie sie nach der Rechtsprechung des Reichsgerichts (Entsch. in Zivils. 27 S. 118, Jurist. Wochenschr. 1903 S. 151 Nr. 7) als Grundlage einer Vertragshaftung genügt. . . .

Auch darin läßt sich der Revision nicht beitreten, daß die Empfehlung als Nebenleistung zu dem am 20. November 1900 vereinbarten Vertrage aufgefaßt werden könnte. Die Revision glaubt hiermit den Rechtssatz anzuwenden, der vom Reichsgerichte in der Entscheidung Bd. 42 S. 125 formuliert und seitdem öfter ausgesprochen ist. Aber die bisher abgeurteilten Fälle lagen anders als der jetzige. Der Unterkonsortialvertrag der Parteien war, gleich dem Hauptkonsortium, eine Gelegenheitsgesellschaft zu dem Zwecke, den Vorteil der Begebung neuer Werte über einen bestimmten Kurs hinaus den Gesellschaftern nach Maßgabe ihrer Beteiligung zuzuwenden.

Vgl. Entsch. des R.G.'s in Zivils. Bd. 21 S. 68, Bd. 26 S. 52.

Das Reichsgericht hat stets daran festgehalten, daß, wenn sich Rat und Empfehlung mit einem prinzipalen Rechtsverhältnis als Ganzes zusammenschließen, auch die rechtliche Beurteilung nach den Regeln des Hauptgeschäfts erfolgen muß.

Vgl. Jurist. Wochenschr. 1905 S. 503 Nr. 35.

Danach stände die Klägerin gemäß dem Gesellschaftsrecht des § 708 B.G.B. nur für diejenige Sorgfalt ein, die sie in eigenen Angelegenheiten anzuwenden pflegt. In der Tat würde es grundlos sein, vor

Abschluß des Vertrages einen schärferen Maßstab anzulegen, als in der späteren Zeit. Schon dieses Ergebnis — Haftung eines Bankiers für unrichtigen Rat in den Grenzen der culpa in concreto — müßte auffallend erscheinen. Die nähere Betrachtung läßt denn auch erkennen, daß die Verhältnisse verschieden sind. Bei den früheren Urteilen handelte es sich um den Fall, daß ein Kunde von dem Bankier Wertpapiere, sei es als Anlage, oder zur Spekulation, beziehen will. Der Bankier, der zu diesem Behufe Rat erteilt, ordnet sich den einseitigen Interessen des Kunden unter und leistet ihm einen Dienst, für den er im Kaufpreise oder in der Provision das Entgelt bekommt. Ganz anders, wenn er den Kunden auffordert, an seiner, des Bankiers, Spekulation teilzunehmen. Auch wo, wie bei der Unterkonsortialbeteiligung, dem Bankier allein die Geschäftsführung obliegt, kann von einem Indienststellen für die Interessen des Kunden nicht die Rede sein. Beide stehen nebeneinander; beider Interessen fallen zusammen. Ein Entgelt aber in dem Sinne wie beim Kauf- oder Kommissionsvertrage fließt dem Bankier nicht zu. Will man den Vorteil, der ihm dadurch erwächst, daß der Kunde bei Mißglücken der Spekulation einen Teil des Verlustes auf sich nehmen muß, als Gegenleistung für die Einbuße betrachten, die er im entgegengesetzten Falle durch den Zwang zur Teilung des Gewinnes erfährt, so hat das doch mit der Gegenleistung eines Käufers nichts zu tun. Es ist ausgeschlossen, jenen Vorteil als Vergütung zu denken, wodurch die geleistete Empfehlung mit abgegolten würde." . . .

---

100. Ist es unzulässig, bei bestehender Verwaltungsgemeinschaft eine Miteigentumsgemeinschaft der Eheleute auf einseitigen Antrag des Ehemannes durch Zwangsversteigerung aufzuheben?

B.G.B. §§ 749, 753, 1363 flg.

V. Zivilsenat. Urt. v. 12. Februar 1908 i. S. R. Ehefr. (Kl.) w. R. (Bekl.). Rep. V. 516/07.

I. Landgericht Torgau.
II. Oberlandesgericht Naumburg a. S.

Die Parteien waren seit dem 27. März 1887 in kinderloser Ehe verheiratet und hatten früher ihren ehelichen Wohnsitz in T., wo sie im gesetzlichen Güterstande der Verwaltungsgemeinschaft lebten. Im Jahre 1894 erwarben sie gemeinschaftlich das Grundstück T. Bd. X Bl. 288, bestehend aus einem Hausgrundstück in der kleinen Weberstraße Nr. 3 und zwei Ackerplänen Nr. 245 und 314. Nach Angabe der Klägerin sollte das Grundstück einen Ruhesitz im Alter bilden; nach der Behauptung des Beklagten sollten durch den Erwerb Streitigkeiten mit den Vermietern und Mitbewohnern, wie sie früher in den Mietswohnungen die Klägerin hervorgerufen haben soll, vermieden werden. Am 23. Juli 1903 hat der Beklagte seinen Wohnsitz nach L. verlegt, während die Klägerin auf dem Grundstücke in T. verblieben ist. Eine Unterhaltsklage der Frau ist abgewiesen worden; eine Klage des Ehemannes auf Herstellung der häuslichen Gemeinschaft hat dieser nach ungünstigem Ausfall der Beweisaufnahme zurückgenommen.

Auf Antrag des Beklagten ist dann durch Beschluß des Amtsgerichtes in T. vom 3. Juli 1906 die Zwangsversteigerung des Grundstückes zum Zwecke der Aufhebung der Gemeinschaft angeordnet und im Beschwerdewege aufrecht erhalten worden. Die auf den Weg der Klage verwiesene Ehefrau hat hierauf mit dem Antrage geklagt,

die Zwangsversteigerung zur Aufhebung der Gemeinschaft für unberechtigt zu erklären und aufzuheben.

Das Landgericht hat jedoch die Klage abgewiesen, und das Oberlandesgericht die Berufung zurückgewiesen. Auch die Revision hatte keinen Erfolg, aus folgenden

Gründen:

„Der Berufungsrichter erachtet, ebenso wie das Landgericht, an sich die §§ 749, 753 B.G.B. für anwendbar; während jedoch das Landgericht in dem gemeinsamen Erwerbe des Grundstückes eine stillschweigende, während des Bestehens der Ehe die Teilung ausschließende Vereinbarung im Sinne des § 749 Abs. 2 B.G.B. erblickte und nur deshalb zur Abweisung der Klage gelangte, weil es in der tatsächlichen Trennung der Eheleute einen wichtigen die Aufhebung der Gemeinschaft rechtfertigenden Grund im Sinne der erwähnten Gesetzesvorschrift finden zu müssen glaubte, hat das Berufungsgericht das Vorhandensein einer Vereinbarung über die Ausschließung der Teilung überhaupt verneint. Die Ausführung der Klägerin, daß der Antrag auf

Zwangsversteigerung zugleich eine Verfügung über den Anteil der Klägerin enthalte, und daß der Beklagte in stehender Ehe nach § 1375 B.G.B. dazu nicht befugt sei, hatte das Landgericht zwar grundsätzlich gebilligt, die Folgen daraus jedoch nicht gezogen; das Berufungsgericht hat sie als unrichtig verworfen, indem es darauf hinweist, daß der Antrag auf Zwangsversteigerung zum Zwecke der Teilung jedem Miteigentümer zustehe und eine Verfügung über die Anteile anderer Miteigentümer nicht enthalte.

Nun ist so viel jedenfalls richtig, daß nach Art. 45 preuß. Ausf.-Ges. zum B.G.B. und nach den Artt. 181, 173 Einf.-Ges. zum B.G.B. die Vorschriften des Bürgerlichen Gesetzbuches über das gesetzliche eheliche Güterrecht und über das Miteigentum nach Bruchteilen an sich anwendbar sind. Auch die Anwendung auf den vorliegenden Fall aber kann, wenn man absieht von der tatsächlichen, in der Revisionsinstanz nicht anfechtbaren Feststellung, daß eine Vereinbarung im Sinne des § 749 Abs. 2 B.G.B. nicht vorliege, als irrtümlich nicht bezeichnet werden. Denn irgend eine Vorschrift, die beim Mangel der erwähnten Vereinbarung dem Manne die Verfügung über seinen Miteigentumsanteil an dem streitigen Grundstücke und dessen Versilberung nach Maßgabe des § 753 B.G.B. verwehrte (§ 741 B.G.B.), ist in dem Gesetze, insbesondere auch in den Bestimmungen über das gesetzliche eheliche Güterrecht, nicht enthalten. Wenn die Revision auf § 1375 B.G.B. hinweist, so kann in dieser Beziehung dem Berufungsrichter nur beigetreten werden. Der Antrag auf Aufhebung der Miteigentumsgemeinschaft nach § 753 B.G.B. enthält, wie in anderen Fällen, so auch im vorliegenden, keine Verfügung über den Anteil des andern Miteigentümers. Er setzt auch nicht, wie die Revision geltend macht, die Einwilligung des andern Miteigentümers zur Vornahme der Teilung voraus; denn das Recht, die Aufhebung der Gemeinschaft zu verlangen, steht nach § 749 B.G.B. jedem Miteigentümer unabhängig von der Entschließung der anderen Miteigentümer zu. Der Anteil der Frau gehört zwar zum eingebrachten Gute und unterliegt als solcher der Verwaltung des Mannes; es könnte deshalb die Frage entstehen, wie es mit der Wahrnehmung der Rechte der Frau in dem Zwangsversteigerungsverfahren zu halten sei; doch kann es einem gegründeten Bedenken nicht unterliegen, daß der vorliegende Fall dem der §§ 1407 Ziffer 2, 1412 B.G.B. gleichzustellen, und daß die Klägerin danach auch ohne weitere Zustimmung des Beklagten zur Wahrnehmung ihrer Rechte in dem Zwangsversteigerungsverfahren befugt ist.

Vgl. auch Eccius, in Gruchot's Beiträgen Bd. 47 S. 632 flg., insbesondere S. 636, 637 flg."

---

101. Ist die in § 30 Abs. 3 des Patentgesetzes vorgesehene Androhung der Zurücknahme des Patentes durch Rechtsmittel anfechtbar?

I. Zivilsenat. Urt. v. 12. Februar 1908 i. S. H. (Bekl.) w. W. u. Gen. (Kl.). Rep. I. 474/07.

I. Patentamt.

Das Kaiserliche Patentamt hatte dem Beklagten aufgegeben: den Klägerinnen die Erlaubnis zur Benutzung der durch Patent Nr. 74943 unter Schutz gestellten Erfindung behufs Ausführung des Patentes Nr. 130982 gegen eine jedesmalige Lizenzgebühr von 40 *M* . . . und gegen eine nach Maßgabe der §§ 232, 234 B.G.B. zu bestellende Sicherheit von 2000 *M* binnen einer Frist von sechs Wochen zu erteilen, widrigenfalls das Patent Nr. 74943 zurückgenommen werden würde.

Gegen diese Entscheidung legte der Beklagte Berufung ein, die vom Reichsgerichte als unzulässig verworfen wurde.

Aus den Gründen:

„Über die Frage, ob und in welcher Weise die Androhung anfechtbar ist, die § 30 Abs. 3 des Patentgesetzes vom 7. April 1891 (§ 29 Abs. 3 des Gesetzes vom 25. Mai 1877) vorsieht, wird in der patentrechtlichen Literatur seit Bestehen eines deutschen Patentgesetzes gestritten. Die überwiegende Mehrzahl der Bearbeiter fassen sie als eine prozeßleitende Verfügung auf, an die das Patentamt und im Falle des § 13 der Verordnung vom 6. Dezember 1891 das Reichsgericht bei der demnächst über den Zurücknahmeanspruch zu treffenden Entscheidung nicht gebunden sei.

Vgl. Kohler, Handbuch S. 848; Seligsohn, Patentgesetz 3. Aufl. § 30 Nr. 11 S. 353; Kent, Patentgesetz § 30 Nr. 63; Allfeld,

Gewerbliches Urheberrecht, Patentgesetz § 30 Anm. 7 S. 259; Robolski, Patentrecht S. 190; Kaiser, Patentgesetz § 30 Anm. 8; Schmid, Reichsgesetze zum Schutze des gewerblichen Eigentumes S. 188.

In der früheren Bearbeitung (Patentrecht S. 407) hatte Kohler angenommen, daß der „Beschluß" der Androhung durch Beschwerde an die Beschwerdeabteilung des Patentamtes anfechtbar sei. Die gleiche Ansicht vertreten Rosenthal, Patentgesetz § 30 Nr. 21, § 16 Nr. 4 und Gareis, Patentgesetz S. 240, wogegen Klostermann, Patentgesetz S. 247, die von dem Patentamte ausgesprochene Entscheidung für eine durch Berufung an das Reichsgericht anfechtbare Entscheidung erklärt. In neuerer Zeit hat Isay, Patentgesetz § 30 Anm. 22, die Androhung für ein bedingtes Endurteil erklärt, das, wenn vom Patentamte erlassen, selbständig mit der Berufung anfechtbar sei. Der gleichen Ansicht ist Damme, Handbuch des deutschen Patentrechtes S. 484.

Die Frage muß aus den Bestimmungen des § 30 Abs. 3 und des § 33 Abs. 1 des Patentgesetzes gelöst werden. Nach § 30 Abs. 3 muß der dem Zurücknahmeantrage entsprechenden „Entscheidung" eine Androhung vorausgehen. Diese Androhung ist keine Entscheidung im Sinne des Gesetzes: sie hat nur die Aufgabe, die Entscheidung vorzubereiten, und erschöpft nach keiner Richtung den Zurücknahmeanspruch; sie entscheidet daher auch nicht materiell über das zwischen den Parteien bestehende Streitverhältnis. Eben deshalb kann sie auch von dem Patentamte zurückgenommen oder geändert werden. Bei der auf den Zurücknahmeantrag demnächst ergehenden Entscheidung ist das Patentamt an sie nicht gebunden. Es kann mit Rücksicht auf eine inzwischen eingetretene Veränderung der Verhältnisse oder zufolge einer abweichenden Beurteilung des Streitverhältnisses zu einer anderen Rechtsauffassung gelangen, als sie in der Androhung zum Ausdrucke gekommen ist. Die Entscheidung, gegen die nach § 33 Abs. 1 des Patentgesetzes die Berufung an das Reichsgericht stattfindet, ist das über den Zurücknahmeantrag ergehende Erkenntnis, das ihn je nach Sachlage entweder anerkennt, oder für erledigt erklärt, oder zurückweist.

Es kann nicht zugegeben werden, daß bei dieser dem Sinne und Wortlaute des Gesetzes entsprechenden Auslegung die Rechte des

Patentinhabers gefährdet werden. Welches Verhalten gegenüber der Androhung für ihn geboten ist, braucht hier nicht entschieden zu werden; dies wird sich nur nach der konkreten Lage der Verhältnisse beurteilen lassen. Sei es daß der Patentinhaber, der den Klaganspruch bestreitet, die Lizenz, der Androhung entsprechend, aber unter Vorbehalt seiner Rechte erteilt, sei es daß er der Androhung Ungehorsam entgegensetzt: in jedem Falle ist ihm durch die demnächstige Verhandlung nach Ablauf der in der Androhung gesetzten Frist und durch die gegen die Entscheidung des Patentamtes über den Zurücknahmeantrag zulässige Berufung die Möglichkeit zur vollen Wahrung und Geltendmachung seines Standpunktes gegeben." ...

102. Ist der Anspruch auf die sog. Ausfuhrvergütung, die auf Grund einer gemäß der §§ 13, 18 des preußischen Kommunalabgabengesetzes vom 14. Juli 1893 erlassenen Biersteuerordnung von der Gemeinde zu entrichten ist, im Rechtswege verfolgbar?

VII. Zivilsenat. Urt. v. 14. Februar 1908 i. S. Sch. (Kl.) w. Stadt S. (Bekl.). Rep. VII. 155/07.

I. Landgericht Posen.
II. Oberlandesgericht daselbst.

Seit dem 1. Januar 1901 galt in der Stadt S. eine auf Grund der §§ 13, 18 des preußischen Kommunalabgabengesetzes vom 14. Juli 1893 (G.S. S. 252) erlassene Biersteuerordnung, nach der von jedem in den Gemeindebezirk eingeführten Hektoliter Bier eine Steuer von 65 ₰ erhoben wurde. Der § 11 der Steuerordnung lautet: „Den im § 9 bezeichneten Händlern" — nämlich solchen, die sich mit dem Kaufe von Bier zum Weiterverkauf und Ausschank befassen und ein sog. Lagerbuch führen — „wird für das von ihnen nach dem Inkrafttreten dieser Steuerordnung in den Gemeindebezirk eingeführte und versteuerte Bier, sofern sie dasselbe aus dem Gemeindebezirke ohne voraufgegangene Vermischung mit anderen Bieren oder mit Wasser oder sonstigen Stoffen wieder ausführen, die nachweislich gezahlte Steuer voll vergütet ..." Nach der bis dahin in Kraft gebliebenen Biersteuerordnung vom 22. Januar 1895 betrug die Ausfuhrvergütung nur 40 ₰ für das Hektoliter. Dem Kläger, einem Händler im Sinne des § 11 der neuen Biersteuerordnung, waren in der Zeit vom 1. Januar 1901 bis zum 1. Mai 1906 bei den monatlichen mit dem Steuereinnehmer gehaltenen Abrechnungen nur 40 ₰ Ausfuhrvergütung angerechnet worden. Er wollte von der neuen Biersteuerordnung erst im Mai 1906 Kenntnis erhalten haben. Mit der Klage forderte er die volle Ausfuhrvergütung, zunächst zu einem Teilbetrage von 500 ℳ. Die Beklagte begehrte Abweisung der Klage, indem sie unter Verweigerung der Einlassung zur Hauptsache die Einrede der Unzulässigkeit des Rechtsweges erhob. Das Landgericht verwarf diese Einrede. Das Oberlandesgericht erkannte abändernd auf Abweisung der Klage wegen Unzulässigkeit des Rechtsweges. Der Kläger hat Revision eingelegt, die indessen zurückgewiesen wurde.

Gründe:

„Nach den im Gebiete des preußischen Rechts herrschenden Grundsätzen ist in Ansehung der Verbindlichkeit zur Entrichtung allgemeiner öffentlicher Anlagen und Abgaben der Rechtsweg ausgeschlossen. Maßgebend sind immer noch im wesentlichen die Vorschriften des § 78 A.L.R. II. 14, der §§ 36, 41 der Verordnung vom 26. Dezember 1808 und der Kabinettsorder vom 4. Dezember 1831 (Entsch. des R.G.'s in Zivils. Bd. 60 S. 353). Zu den dem Rechtswege verschlossenen Abgaben gehören nach feststehender Rechtsprechung auch die Gemeindeabgaben (Entsch. des R.G.'s in Zivils. Bd. 49 S. 220 und die dort angeführten Urteile). Für sie sind durch § 160 Abs. 1 des Zuständigkeitsgesetzes vom 1. August 1883 auch die durch § 79 A.L.R. II. 14 und durch die §§ 9, 10 des Gesetzes vom 24. Mai 1861 zugelassenen Ausnahmefälle, in denen die Anrufung des ordentlichen Richters gestattet war, beseitigt. Die Rechtsmittel gegen die Heranziehung (Veranlagung) zu Gemeindeabgaben sind durch die §§ 69 flg. des Kommunalabgabengesetzes vom 14. Juli 1893 geregelt. Es ist ferner vom Reichsgerichte daran festgehalten worden, daß die Frage der Abgabenpflicht nicht etwa dadurch zur Entscheidung im Rechtswege gebracht werden kann, daß Klage auf Rückzahlung der entrichteten Abgabe aus dem Grunde der Zahlung einer Nichtschuld oder der ungerechtfertigten Bereicherung erhoben wird; der Streit über jene Pflicht gehört überhaupt nicht vor die ordentlichen Gerichte (Entsch. des R.G.'s in Zivils. Bd. 60 S. 353, 354, Bd. 25 S. 302, Bd. 32 S. 345). In Beachtung dieser Grundsätze hat der Berufungsrichter mit Recht angenommen, daß für die vorliegende Sache der Rechtsweg unzulässig sei. Er legt die — irrevisible — Biersteuerordnung der verklagten Stadtgemeinde vom 18. Oktober 1900 dahin aus, daß nur das in den Gemeindebezirk eingeführte und dort verbleibende Bier endgültig steuerpflichtig sei, und daß es sich bei der zunächst unterschiedslos erfolgten Besteuerung des eingeführten Bieres nur um eine Kontrolmaßregel handle.

Daraus ergibt sich, daß der auch in der Revisionsinstanz festgehaltene Standpunkt des Klägers, demzufolge der Anspruch auf Rückvergütung der Steuer ein selbständiger, mit der Ausfuhr des Bieres entstehender Anspruch sei, unhaltbar ist. Der Kläger, der behauptet, daß ihm die Ausfuhrvergütung nach § 11 der Steuerordnung gebühre, fordert damit die gezahlte Steuer zurück; er macht geltend, daß kraft der öffentlichrechtlichen Normen der Steuerordnung die Gemeinde nicht berechtigt sei, die vorläufig erhobene Steuer zu behalten, daß der Steueranspruch durch die Tatsache der Wiederausfuhr des Bieres erloschen sei. Diese Tatsache erzeugt keinen neuen Anspruch privatrechtlicher Natur gegen die Gemeinde; sie bedeutet lediglich den Eintritt der Bedingung, mit dem entschieden ist, daß die Abgabepflicht sich erledigt hat, und daß deshalb die Gemeinde zur Erstattung des Empfangenen verbunden ist. Der Streit betrifft also immer die Verbindlichkeit zur Entrichtung der Steuer, und es macht keinen Unterschied, daß sie als sog. Ausfuhrvergütung mit dem Vorbringen zurückgefordert wird, daß der Grund für die Zahlung weggefallen sei. Die Ausfuhrvergütung ist ihrem Wesen nach nichts anderes, als die Wiedererstattung der unter dem gesetzlichen Vorbehalte des Verbleibes des Bieres in der Gemeinde gezahlten Steuer. Wenn für diese Steuer der Rechtsweg nicht stattfindet, so muß das gleiche für die Ausfuhrvergütung gelten, bei der dieselbe Frage, nämlich die der endgültigen Abgabenpflicht, dem Richter unterbreitet wird. Dies wird vollends klar, wenn man den möglichen Fall setzt, daß die Einfuhrsteuer zur Zeit der Wiederausfuhr noch nicht bezahlt war, und nun der Gemeinde wegen der erfolgten Ausfuhr das Recht zur Einziehung der Steuer bestritten wird. Hier kann von einer Erledigung der Sache im Rechtswege keine Rede sein. Rechtlich verhält es sich aber auch nicht anders im gegenwärtigen Fall, in dem die bezahlte Steuer als Ausfuhrvergütung zurückgefordert wird."

---

103. Verstößt ein Vertrag zwischen zwei angeblich Bewucherten, durch den der eine sich verpflichtet, dem andern einen Teil des von diesem auf das Wuchergeschäft Gezahlten zu erstatten, gegen die guten Sitten?

B.G.B. § 138.

VII. Zivilsenat. Urt. v. 14. Februar 1908 i. S. F. (Bekl.) w. H. (Kl.). Rep. VII. 240/07.

I. Landgericht I Berlin.
II. Kammergericht daselbst.

Die Parteien sowie der Fabrikant L. und der Kaufmann K. schlossen am 1. März 1903 ein Abkommen, das in seinen hier zu berücksichtigenden Teilen dahin lautet:

„§ 1.

Herr L. hat drei Akzepte über je 2000 *M* pr. 28. Februar, 28. Mai und 28. August cr. akzeptiert von F. (dem Beklagten), ausgestellt und giriert von H. (dem Kläger) und weiter giriert von K., begeben . . . Herr L. . . . verpflichtet sich, die beiden Wechsel pr. 28. Mai und 28. August aus eigenen Mitteln einzulösen . . . Herr H. dahingegen löst das Akzept pr. 28. Februar cr. ein. . . .

Herr Zahnarzt F. verpflichtet sich, an Herrn H. die Hälfte derjenigen Summe zu erstatten, die letzterer auf Grund der in diesem Paragraphen erwähnten Transaktionen etwa zahlen sollte; insbesondere verpflichtet er sich, an Herrn H. 1000 *M*, als die Hälfte derjenigen Summe zu erstatten, welche Herr H. zur Einlösung des eingangs erwähnten Akzepts von 2000 *M*, fällig am 28. Februar cr., geleistet hat.

§ 2.

Herr K. hat Wechsel im Gesamtbetrage von 6000 *M* . . . von den Herren H. und F. akzeptiert, bzw. ausgestellt und giriert erhalten und weiter begeben. Die Herren H. und F. wollten diese Wechsel einlösen, wiewohl Herr K., wie er hiermit anerkennt, nur allein zur Einlösung verpflichtet ist. Herr K. verpflichtet sich demnach, den Herren H. und F. diejenigen Beträge zu erstatten, welche dieselben etwa aus der Einlösung der vorgedachten Akzepte zahlen sollten. . . .

Herr F. verpflichtet sich, Herrn H. die Hälfte desjenigen Betrages zu erstatten, den er auf Grund der in diesem § 2 eingegangenen Verbindlichkeiten etwa zahlen sollte."

Der Kläger hatte auf die in § 2 bezeichneten Wechsel, die an die Firma C. & Co. weiter begeben und von dieser eingeklagt waren, 4077,20 ℳ gezahlt. Er klagte gegen F. mit dem Antrag, ihn zur Zahlung von 1000 ℳ nebst 4 Prozent Zinsen seit dem 28. Februar 1903 und von 2038,50 ℳ nebst 4 Prozent Zinsen seit dem 15. April 1904 zu verurteilen. Der Beklagte beantragte Abweisung der Klage. Er machte namentlich geltend, daß die Verbindlichkeiten, deren Tilgung der Vertrag habe dienen sollen, wucherischer Natur gewesen seien. Der Justizrat P. habe ihm aber gesagt, sie seien wirksam, und habe ihn durch die Drohung mit einer Anzeige bei der Staatsanwaltschaft zur Unterzeichnung des Schriftstückes bestimmt. Das Landgericht verurteilte den Beklagten nach dem Klagantrag, und das Kammergericht wies seine Berufung zurück. Auch die Revision ist zurückgewiesen worden.

Gründe:

„In der mündlichen Verhandlung ist nur der Angriff aufrecht erhalten worden, daß der Berufungsrichter zu Unrecht den Einwand aus den §§ 123, 823 B.G.B. verworfen habe. Allein der Angriff scheitert an der nicht angefochtenen Feststellung des Berufungsrichters, daß der Beklagte durch die angebliche Drohung des Justizrats P. mit einer Strafanzeige **nicht** zur Eingehung des Vertrages vom 1. März 1903 bestimmt worden sei. Sonstige, von Amts wegen zu berücksichtigende Bedenken haben sich bei der Prüfung des Berufungsurteils nicht ergeben. Namentlich verstößt der Vertrag, auf den der Kläger seine Ansprüche stützt, nicht, wie in der schriftlichen Revisionsbegründung angedeutet war, gegen den § 138 B.G.B. Sollte auch das dem Wechselzuge zugrunde liegende Geschäft wucherischer Natur und deshalb nichtig sein, und sollte diese Nichtigkeit auch dem dritten

Wechselinhaber gegenüber geltend gemacht werden können, so handelt es sich doch bei dem Abkommen zwischen den Parteien nicht um ein Wuchergeschäft oder um eine sonstwie gegen die guten Sitten verstoßende Übereinkunft, sondern um einen Vertrag zwischen den angeblich Bewucherten. Es ist nicht ersichtlich, inwiefern es unsittlich sein soll, wenn sich der eine von zwei durch Wucher Geschädigten dem anderen gegenüber verpflichtet, einen Teil des von diesem Gezahlten zu erstatten. Die Parteien waren Wechselsolidarschuldner, die im Verhältnisse zueinander die Wechselschulden je zur Hälfte tilgen wollten. Hat der Kläger das Ganze bezahlt, so kann der Beklagte die Erstattung des auf seinen Anteil fallenden Betrages nicht deshalb verweigern, weil die Wechsel durch ein Wuchergeschäft zustande gekommen sind. Es verhält sich ähnlich, wie bei dem Auftrage zur Zahlung einer Wucherschuld; der Auftraggeber kann dem Beauftragten, der den Auftrag ausgeführt und gezahlt hat, nicht entgegenhalten, daß er zu nichts verpflichtet gewesen sei. Möglicherweise sind Rückforderungs- oder Ersatzansprüche aus dem Wuchergeschäft zu begründen. Dadurch wird die Verbindlichkeit des Beklagten nicht berührt, zunächst dem Kläger die Hälfte der verauslagten Summe zu erstatten und den Vertrag zu erfüllen; seine Verurteilung ist nicht zu beanstanden."

---

104. Ist die Nr. 11 der preuß. Ministerial-Verordnung vom 10. August 1901 (Ministerial-Blatt für Handels- und Gewerbe-Verwaltung S. 184) rechtsgültig?

III. Zivilsenat. Urt. v. 14. Februar 1908 i. S. J. (Bekl.) w. K. K. Akt.-Ges. (Kl.). Rep. III. 376/07.

I. Landgericht I Berlin.
II. Kammergericht daselbst.

Die obige Frage ist bejaht aus folgenden

Gründen:

„Es handelt sich für die Entscheidung im gegenwärtigen Prozeß allein um die Frage, ob die auf Grund des § 38 Gew.O. vom

26. Juli 1900 von dem preußischen Minister für Handel und Gewerbe erlassene Verordnung vom 10. August 1901, die in Nr. 11 bestimmt, daß der Gesindevermieter oder Stellenvermittler auf Verlangen des Dienstberechtigten die Vermittlungsgebühr zurückzuzahlen hat, wenn der zur Dienstleistung Verpflichtete die Stellung nicht antritt, gegenüber dem § 652 B.G.B. rechtsgültig ist.

Das Berufungsgericht hat diese Frage bejaht, und die dagegen gerichtete Revision kann als begründet nicht anerkannt werden. Zutreffend führt das Berufungsgericht aus, daß die Ministerialverordnung auf Grund der Novelle zur Gewerbeordnung vom 30. Juni 1900 erlassen sei und sich als Ausführungsverordnung zu dieser darstelle. Ihre Kraft beruhe daher auf dem Reichsrecht und habe mit diesem gleiche Bedeutung. Das wird an sich von der Revision auch nicht bestritten; sie meint nur, daß mit der Nr. 11 die den Zentralbehörden vom Reichsgesetz erteilte Ermächtigung überschritten sei, da sich nicht annehmen lasse, daß in der Gewerbeordnung auch privatrechtliche Rechtsverhältnisse geregelt werden sollten, und daß unter den in § 38 Gew.O. gebrauchten Worten „Befugnisse und Verpflichtungen" nicht auch privatrechtliche „Rechte und Pflichten" gemeint seien. Das Berufungsgericht hat aber bereits darauf hingewiesen, daß in der Gewerbeordnung mehrfach, z. B. in § 26, auch privatrechtliche Vorschriften enthalten sind; und daß diese auch von der Ermächtigung des § 38 nicht ausgeschlossen sein sollen, ergibt sich besonders aus dessen Entstehungsgeschichte.

In der Begründung der Novelle (S. 16) heißt es: „Nach den gemachten Erfahrungen kann auf einen Erfolg nur gerechnet werden, wenn durch eine Änderung des Gesetzes die Möglichkeit gewährt wird, nicht nur in den äußeren Hergang der Stellenvermittlung regelnd einzugreifen, sondern auch *sachlich* über den Umfang der Rechte und *Pflichten* der Stellenvermittler zu bestimmen."... „Der Entwurf will daher den Landesregierungen die Vollmacht geben,... die *Rechte* und *Pflichten* dieser Gewerbetreibenden den Behörden wie dem *Publikum* gegenüber festzustellen." Aus dieser Begründung ergibt sich, wie auch das Berufungsgericht annimmt, als gesetzgeberischer Zweck der Novelle, auch durch Eingreifen in das privatrechtliche Mäklervertragsverhältnis der Stellenvermittler und Gesindevermieter die bei der Stellenvermittlung zutage getretenen Mißstände zu beseitigen. Wenn die Revision zum Nachweise, daß nur an polizeiliche Regelungen, nicht aber an Eingriffe in das Privatrecht gedacht sei, auf die in den Motiven aufgeführten Beispiele der einer Regelung bedürftigen Fälle hinweist, so ergeben diese gerade das Gegenteil; so namentlich das wünschenswerte Verbot doppelter (d. h. von dem Dienstberechtigten und dem Dienstverpflichteten zu zahlender) Provisionsgebühren, wodurch ganz ähnlich, wie im vorliegenden Fall § 652 berührt wird, direkt in § 654 B.G.B. eingegriffen wird. Es liegt ferner auf der Hand, daß der in den Motiven erwähnte Zweck, der Verleitung zum Kontraktbruch entgegenzutreten, am besten durch die Bestimmung der Nr. 11 erreicht wird. Aus der mitgeteilten Begründung des Entwurfs zu § 38 ergibt sich ferner, daß die Worte „Befugnisse und Verpflichtungen" als identisch mit „Rechten und Pflichten" gebraucht sind. Wenn die Revision endlich noch als sonderbar darzustellen versuchte, daß nach der von ihr bekämpften Ansicht zwar das Reichsrecht, nicht aber das Landesrecht von den Zentralbehörden abgeändert werden könnte, so ist darin Auffallendes in keiner Weise zu finden, da ein Eingriff in die Landesgesetze überhaupt nicht beabsichtigt war.

Nach alledem stellt sich die Nr. 11 der Verordnung als ein nach keiner Richtung hin zu beanstandendes privatrechtliches Spezialgesetz dar, das die Dispositivnorm des § 652 B.G.B. für das in Frage stehende Sondergebiet der Stellenvermittlung ausschließt."

105. Verletzt der Vormundschaftsrichter, der die Nachprüfung ordnungsgemäß beschaffter Anlegung des Mündelgeldes nicht alsbald, sondern erst bei Ablegung der jährlichen Vormundschaftsrechnung vornimmt, die ihm dem Mündel gegenüber obliegende Amtspflicht?

III. Zivilsenat. Urt. v. 21. Februar 1908 i. S. sächs. Fiskus (Bekl.) w. Fl. (Kl.). Rep. III. 292/07.

I. Landgericht Dresden.
II. Oberlandesgericht daselbst.

Dem wegen Geisteskrankheit entmündigten Kläger war vom Amtsgerichte Pirna der Steinbruchsbesitzer und Schiffer No. als Vormund, der Bäckermeister Ni. als Gegenvormund bestellt worden. Zum Vermögen des Klägers gehörte ein Einlagebuch der Pirnaer Landsparkasse, das, mit Sperrvermerk versehen, am 1. Dezember 1900 eine Einlage von 1391,88 *M* ohne die Zinsen seit dem 1. Januar 1900 aufwies. Am erstgenannten Tage hatte No. dem Vormundschaftsgerichte das Einlagebuch vorgelegt, die Einlage samt Zinsen freigegeben erhalten und anderweitige Anlegung des Geldes in der Pirnaer Stadtsparkasse sowie Vorlegung des neuen Buches zugesagt, nachdem er die Einlage des alten zur Vermeidung eines Zinsverlustes nach Neujahr 1901 erhoben haben werde. Am 24. Februar 1901 hatte er, nachdem er die fällige vom Vormundschaftsgericht als richtig befundene Vormundschaftsrechnung am 2. desselben Monats eingereicht hatte, auf den Namen des Klägers 1000 *M* bei der städtischen Sparkasse auf Sparkassenbuch eingezahlt. Er hatte jedoch diesen Betrag nebst 17 *M* Zinsen nach und nach, und zwar bis zum 24. Januar 1902, bis auf 37 *M* erhoben und jedenfalls zum Belaufe von 700 *M* für sich verwandt. Am 5. Februar 1902 erschien No. freiwillig bei dem Vormundschaftsgericht mit der Bitte, die für das Jahr 1901 fällige Vormundschaftsrechnung wieder durch einen Gerichtsbeamten anfertigen zu lassen; am 17. April 1902 gab er, bei unterschriftlicher Vollziehung der Rechnung zur Vorlegung des Sparkassenbuchs aufgefordert, die Erklärung ab, er habe es nicht mitgebracht und von dem Buche den Bestand von 700 *M* für sich verwendet.

Der Kläger fordert Ersatz dieses Betrages von dem Beklagten mit der Behauptung, daß die Veruntreuung des Vormundes nur durch fahrlässige Verletzung der Aufsichtspflicht des Vormundschaftsgerichts ermöglicht sei. Der Beklagte nahm in erster Linie die fahrlässige Verletzung in Abrede und beantagte Klagabweisung. Das Landgericht wies die Klage ab; das Oberlandesgericht verurteilte den Beklagten nach dem Klagantrag. Der Revision wurde stattgegeben aus folgenden

Gründen:

„Die Annahme des Berufungsgerichts, daß der Vormundschaftsrichter die ihm obliegende Amtspflicht fahrlässigerweise dadurch verletzt habe, daß die Nachprüfung anderweitig gesetzmäßig beschaffter Anlegung der gekündigten Spareinlage von ihm nicht alsbald nach dem zur Auszahlung bestimmten Termin, dem 1. März 1901, vorgenommen, sondern bis zur Legung der Jahresrechnung im Februar 1902 verschoben ist, findet in dem festgestellten Sachverhältnis keine ausreichende Unterlage.

Die in § 1837 B.G.B. getroffene Bestimmung, nach der das Vormundschaftsgericht über die gesamte Tätigkeit des Vormundes und des Gegenvormundes die Aufsicht zu führen hat, ergibt allerdings die Pflicht des Gerichts, von Amts wegen die ordnungsmäßige Führung der Vermögensverwaltung, die das Gesetz dem Vormund in die Hand gelegt hat, zu kontrolieren und insonderheit die Beobachtung der dem Vormund für seine Verwaltung gegebenen gesetzlichen Vorschriften bei Anlegung von Mündelgeld zu überwachen. Allein diese dem Vormundschaftsgericht obliegende Aufsichtsführung hat nicht zur Folge, daß das Gericht den Vormund, der im Laufe des Rechnungsjahres Mündelgeld anzulegen hat, vor Legung der gemäß § 1840 B.G.B. zu beschaffenden Jahresrechnung zum Nachweise gesetzmäßig bewirkter Anlegung grundsätzlich anhalten muß. Diese Folge ist um so weniger zu ziehen, als nicht allein das Gesetz die Vorlegung der Belege dem Vormunde nur bei der jährlichen Rechnungslegung zur Pflicht macht, sondern auch weil es die ordnungsgemäße Führung der Vermögensverwaltung mit sich bringt, daß der Vormund zur Anlegung von Mündelgeld schreitet, ohne daß das Vormundschaftsgericht von der erforderlich gewordenen Anlegung des Geldes vor Legung der Rechnung bei Ablauf des Rechnungsjahres überhaupt Kenntnis erlangt, der durch besondere Umstände früher erlangten Kenntnis aber eine maßgebende Bedeutung nicht beigelegt werden darf. Zwar ist der Vormundschaftsrichter gemäß § 1839 B.G.B. befugt, nach seinem Ermessen jederzeit über die Führung der Vormundschaft vom Vormund sowie vom Gegenvormund Auskunft einzufordern; aber diese Befugnis kann an sich die Pflicht, den Nachweis gesetzmäßig ausgeführter Anlegung des Mündelgeldes vor Legung der Jahresrechnung einzufordern, nicht ohne weiteres begründen, namentlich nicht allein deshalb, weil der Vormundschaftsrichter von dem Erforderlichsein der Anlegung Kenntnis hatte.

Die Hinausschiebung der Prüfung, ob das Mündelgeld vorschriftsgemäß angelegt und ob im Falle der Anlegung nach § 1807 Abs. 1 Nr. 5 B.G.B. der Sperrvermerk von der Sparkasse erwirkt sei, bis zu dem Termin, an dem die Jahresrechnung von dem Vormund zu legen ist, kann nach dem gegenwärtigen Stande der Gesetzgebung, die sich in dieser Beziehung dem Prinzip des gemeinen Rechtes und der Preußischen Vormundschafts-Ordnung angeschlossen hat, dem Vormundschaftsrichter zur Fahrlässigkeit nur unter der Voraussetzung angerechnet werden, daß besondere Umstände hinzugetreten sind, die nach vernünftigem Ermessen Mißtrauen in die Zuverlässigkeit des Vormundes zu erregen geeignet waren und folgeweise zu früherem Eingreifen Anlaß geben mußten. Der Eintritt derartiger Umstände ist nach dem im angefochtenen Urteil festgestellten Sachverhältnis indes nicht anzunehmen. Dazu läßt sich namentlich nicht die Tatsache rechnen, daß Vormund wie Gegenvormund Leute einfachen Standes waren, ebensowenig, daß sie tatsächlich nicht in der Lage gewesen sind, dem Mündel verursachte Vermögensschäden aus eigenen Mitteln zu ersetzen. Daß sie sich nicht in wohlgeordneten Verhältnissen befunden haben, ist ohne Belang, solange nicht feststeht, daß der Vormundschaftsrichter davon Kunde gehabt hat oder haben mußte. Davon aber ist nicht die Rede. So wenig solche Kunde behauptet ist, so wenig ist eine Pflicht des Vormundschaftsrichters, der nach dem Bürgerlichen Gesetzbuch Vormund wie Gegenvormund auf Vorschlag des Gemeindewaisenrats auswählt, zur Anstellung eingehender Nachforschungen in dieser Beziehung weder an sich noch nach den vorliegenden Verhältnissen anzuerkennen. In der Bezeichnung des Vormundes als Steinbruchbesitzers und Schiffers, des Gegenvormundes als Bäckermeisters ist ein Grund, ihre Zuverlässigkeit in Ansehung der Erfüllung ihrer Vormundschaftspflichten von vornherein in Zweifel zu ziehen, nicht zu finden. Daran ändert der Umstand nichts, daß das Institut des Gegenvormundes, wie das Berufungsgericht hervorhebt, zur damaligen Zeit in Sachsen noch neu und sein Pflichtenkreis im einzelnen noch nicht ins Volksbewußtsein übergegangen war. Der Pflichtenkreis des Vormundschaftsgerichtes, der ihm nach dem Gesetz oblag, ward dadurch nicht erweitert.

Endlich läßt sich auch die Tatsache, daß der Vormund am 1. Dezember 1900, als er das von der Landsparkasse ausgestellte Sparkassenbuch des Klägers dem Gericht vorlegte und die Freigabe erhielt, die Zusage erteilt hat, das nach vorzunehmender

Kündigung demnächst zur Auszahlung gelangende Geld bei der Stadtsparkasse anzulegen und das neue Buch vorzulegen, nicht verwerten, um dem Vormundschaftsrichter daraus, daß er die Prüfung gesetzmäßig beschaffter Anlegung hinausgeschoben hat, den Vorwurf fahrlässiger Verletzung seiner Amtspflicht zu machen, und zwar auch dann nicht, wenn er, wie es in den Entscheidungsgründen des angefochtenen Urteils heißt, die Vorlegung des Buches sich hatte zusagen lassen, ersichtlich zu dem Zweck, um seiner Verpflichtung zur Überwachung der Sperrung genügen zu können.

Bestand den obigen Ausführungen zufolge an sich nicht die Pflicht des Vormundschaftsrichters, die ordnungsmäßige Anlegung des Mündelgeldes bei der Stadtsparkasse vor Ablauf des mit dem Februar 1902 endigenden Rechnungsjahres einer Prüfung zu unterziehen, dann ist solche auch nicht durch die gedachte Zusage des Vormundes, oder durch die Veranlassung derselben von seiten des Richters erwachsen. Ist dies aber nicht der Fall, dann kann allein in Frage kommen, ob die Nichterfüllung der Zusage den Verdacht ordnungswidrigen Verhaltens bei Anlegung des Geldes erregen mußte. Dies ist zu verneinen, um so mehr als nach dem festgestellten Sachverhältnis weder der Vormund, noch der Gegenvormund bislang einen Grund zur Anzweiflung seiner Zuverlässigkeit gegeben hatte, und zur derzeitigen Vorlegung gesetzliche Pflicht nicht bestand. Ist hiernach dem Vormundschaftsrichter fahrlässige Verletzung der Amtspflicht nicht nachgewiesen, so mangelt dem erhobenen Schadensersatzanspruch die Grundlage." ...

---

106. 1. Ist die Vorschrift des § 407 B.G.B. zugunsten des von der Forderungsübertragung nichts wissenden Schuldners auch dann anwendbar, wenn er dem Gläubiger von der Schuldübernahme eines Dritten nach §§ 416 daselbst Mitteilung macht?

2. Kann die vorerwähnte Mitteilung wirksam auch durch einen Geschäftsführer ohne Auftrag geschehen?

B.G.B. §§ 407, 416, 180, 177, 184, 1156.

V. Zivilsenat. Urt. v. 22. Februar 1908 i. S. M. (Bekl.) w. W. H. Akt.-Ges. (Kl.). Rep. V. 274/07.

I. Landgericht III Berlin.
II. Kammergericht daselbst.

Der Beklagte war zugleich persönlicher Schuldner der auf seinem Grundstück für den Nebenintervenienten B. eingetragenen Hypothek zu 40000 *M*, wovon infolge B.'scher Abtretung ein Teilbetrag zu 17000 *M* ohne Benachrichtigung des Beklagten im Grundbuch auf die Klägerin überschrieben worden war. Das verpfändete Grundstück wurde vom Beklagten an H. und St., von denen die Hypothek übernommen wurde, verkauft und auf sie am 10. Dezember 1903 im Grundbuch umgeschrieben. Der Beklagte wollte diese Veräußerung und Schuldübernahme am 30. Juni 1904 dem B. nach Vorschrift von § 416 B.G.B. mitgeteilt haben und behauptete weiter, daß B. diese Anzeige am 6. oder 7. Juli 1904 an die Klägerin weitergegeben, er selbst aber keinerlei Antwort darauf erhalten habe. Trotz dieser Einwendungen wurde er jedoch auf die Klage hin zur Bezahlung der unstreitig fälligen 17000 *M* nebst 5% Zinsen seit dem 1. Juli 1906 verurteilt, und seine Berufung vom Kammergericht zurückgewiesen, weil der § 416 B.G.B. streng anzuwenden sei, und dagegen die §§ 407 und 415 nicht in Betracht kämen.

Auf Revision des Beklagten wurde durch Versäumnisurteil das Berufungsurteil aufgehoben, und die Sache zurückverwiesen.

Aus den Gründen:

... „Der erst später bei den Gesetzgebungsarbeiten zum Zwecke der Erleichterung der Befreiung des Veräußerers von seiner Schuld eingeschaltete § 416 hat die gleichfalls zugunsten des Schuldners gegebene Vorschrift in § 407 B.G.B., wonach der Schuldner, wenn er von der Forderungsübertragung keine Kenntnis hat, den alten Gläubiger noch als den wirklichen Gläubiger betrachten darf, nicht eingeschränkt. Er spricht nur im allgemeinen von Mitteilung der Schuldübernahme an den Gläubiger, ohne etwa ausdrücklich zu bestimmen, daß darunter nur der aus dem Grundbuch oder dem Hypothekenbrief ersichtliche Gläubiger zu verstehen sei. In diesem Sinne kann der § 416 auch nicht ausgelegt werden. Bei Briefhypotheken ist dem Schuldner keinesfalls zu jeder Zeit ohne weiteres Kenntnis davon zuzumuten, wer sein jetziger Gläubiger sei, und der § 1156 B.G.B. schließt bei Abtretung von Briefhypotheken nur in Ansehung der

Hypothek, nicht aber hinsichtlich der persönlichen Schuld die Anwendung der §§ 406 bis 408 aus.

Zweifelhafter könnte die Frage bei Hypotheken, für die Briefbildung ausgeschlossen ist, erscheinen, weil ihre Abtretung in das Grundbuch einzutragen und dort zu ersehen ist, weil überdies nach § 55 G.B.O. mit der Ergänzung hierzu vom 14. Juni 1905 (R.G.Bl. S. 707) von jeder Eintragung im Grundbuch dem dadurch Betroffenen Nachricht gegeben werden soll, und man somit folgern könnte, daß § 416 bei Buchhypotheken unter dem Gläubiger den aus dem Grundbuch ersichtlichen Gläubiger verstehen wollte. Aber auch diese Schlußfolgerung ist unzulässig. Der Gesetzgeber konnte keinesfalls voraussetzen, daß der erwähnten Sollvorschrift in jedem Einzelfalle überhaupt oder doch rechtzeitig vor dem Eintritt einer Schuldübernahme oder ihrer Mitteilung genügt ist, wie denn auch in vorliegender Sache zuletzt unbestritten blieb, daß dem jetzigen Beklagten keine grundbuchamtliche Nachricht von der Abtretung und Überschreibung der 17000 ℳ zugegangen ist. Die vom Vorderrichter angenommene Verpflichtung des Schuldners, sich vor Erlassung der Mitteilung nach § 416 durch Grundbucheinsicht darüber zu vergewissern, wer sein dermaliger Gläubiger sei, kann nicht anerkannt werden (vgl. Entsch. des R.G.'s in Zivils. Bd. 61 S. 245, Bd. 60 S. 33).

Muß sonach der Begriff des Gläubigers im Sinne des angezogenen § 416 als ein allgemeiner, nicht eingeschränkter angesehen werden, so ergibt sich daraus, daß im Falle einer vor der Veräußerung und Schuldübernahme geschehenen Forderungsübertragung die Anwendung des § 407 B.G.B. nicht ausgeschlossen sein kann. Mag man auch die, mit dem I. Zivilsenate des Reichsgerichts (Urteil Rep. I. 605/06 vom 12. Oktober 1907, Jurist. Wochenschr. S. 831[1]) wohl zu bejahende Frage, ob schon die einseitige Mitteilung nach § 416 eine Willenserklärung, ein Rechtsgeschäft im Sinne des § 407 sei, auf sich beruhen lassen, so bildet sie doch ein solches jedenfalls zusammen mit dem Verhalten des Gläubigers nach empfangener Mitteilung, mit seiner Genehmigung oder Nichtgenehmigung der Schuldübernahme oder seinem als Genehmigung geltenden halbjährigen Stillschweigen, und dieses Rechtsgeschäft zwischen Schuldner und

[1] Inzwischen abgedruckt in diesem Bande S. 8. D. E.

altem Gläubiger muß der neue Gläubiger nach letztbezeichneter Gesetzesstelle gegen sich gelten lassen, sofern der Schuldner nicht auf irgend einem Wege sichere Kenntnis von dem Forderungsübergang erlangt hatte.

Ist also die bestrittene Behauptung des Beklagten richtig, daß er am 30. Juni 1904 dem früheren Gläubiger B. vorschriftsmäßige Mitteilung vom Übergange des Grundstückseigentums an H. und St. und von deren Schuldübernahme gemacht habe, und hat der Beklagte zuvor und, wie ausdrücklich beigesetzt werden muß, auch nachher innerhalb der halbjährigen Frist nichts Sicheres vom Übergange der 17000 ℳ auf die Klägerin erfahren, so ist er im Wege des § 416 von seiner persönlichen Schuld an B. mit Wirksamkeit auch der Klägerin gegenüber befreit worden, da die andere Voraussetzung des § 416, das halbjährige Stillschweigen B.'s, unbestritten ist. Wenn der Beklagte zwar nicht schon bis zum 30. Juni 1904, wohl aber später noch vor Ablauf des auf die Mitteilung an B. folgenden halben Jahres vom Übergange der 17000 ℳ auf die Klägerin sichere Kenntnis irgendwie erlangt hat, wofür die Klägerin behauptungs- und beweispflichtig wäre, so konnte die Mitteilung der Schuldübernahme an den alten Gläubiger B. nicht genügen, mußte vielmehr an die Klägerin selbst erfolgen, da dem Beklagten die Wohltat des § 407 Abs. 1 B.G.B. nur bei Unkenntnis des Forderungsübergangs und für deren Zeitdauer zukommen kann. Vorsorglich hat der Beklagte eine solche Mitteilung an die Klägerin selbst, nämlich die Weitergabe der dem B. zugegangenen Benachrichtigung durch B. an die Klägerin, für den 5. oder 6. Juli 1904 behauptet. Mit Unrecht sprechen beide Vorderrichter dieser Behauptung jede Bedeutung ab. Zwar für den Fall, daß der Beklagte bis zum Ablaufe der halbjährigen Erklärungsfrist für den Gläubiger keinerlei sichere Kenntnis von Übertragung der 17000 ℳ erlangt hat, fehlt ihr solche Bedeutung, weil in diesem Falle nach dem Vorstehenden die Mitteilung an den ursprünglichen Gläubiger genügen mußte. Sollte aber der Beklagte schon vor jener behaupteten Weitergabe oder nachher innerhalb der halbjährigen Erklärungsfrist sichere Kenntnis von der Abtretung erlangt haben, so wäre die Weitergabe selbst erheblich. Die Halbjahresfrist würde dann von der Zeit der Weitergabe der Mitteilung an die Klägerin an gelaufen sein.

Es kann gegen Beachtung jener Weitergabe mit den Vorderrichtern nicht eingewendet werden, daß § 416 streng äußerlich die Mitteilung des Veräußerers selbst erfordere. Allerdings muß der Veräußerer die Mitteilung machen, und gilt die Benachrichtigung durch den Erwerber nicht; aber ein Verbot der Vertretung des Veräußerers durch eine andere Person enthält der § 416 nicht, und es müssen auf die Frage der Zulässigkeit und Wirksamkeit einer solchen Stellvertretung die allgemeinen Gesetzesbestimmungen Anwendung finden. Hiernach kann es zunächst keinem Zweifel unterliegen, daß sich der Veräußerer für die Mitteilung nach § 164 eines Bevollmächtigten bedienen kann; aber ebenso unbedenklich ist es, daß die Mitteilung durch einen Geschäftsführer ohne Auftrag mit nachträglicher Genehmigung des Veräußerers gemäß §§ 180, 177 B.G.B. unter den dort geforderten Voraussetzungen gültig erfolgen kann. An der nach § 184 Abs. 1 rückwirkenden nachträglichen Genehmigung einer etwaigen Geschäftsführung B.'s durch den Beklagten kann nicht gezweifelt werden, und es wäre daher gegebenenfalls nur festzustellen, daß B. Vertretungsmacht für den Beklagten ausdrücklich oder stillschweigend behauptet, und die Klägerin sie nicht beanstandet hat, oder daß diese damit einverstanden war, daß B. ohne Vertretungsmacht für den Beklagten handelte.

Zur Prüfung dieser in zweiter Reihe erheblichen Fragen, in erster Reihe aber zur Verhandlung und Entscheidung über die bestrittene und bisher unerwiesen gebliebene Mitteilung vom 30. Juni 1904 an B. selbst, die den in § 416 Abs. 2 vorgeschriebenen Inhalt gehabt haben müßte, ist, unter Aufhebung des Berufungsurteils und unter weiterer Anwendung der §§ 565, 557, 331, 91 Z.P.O., die Sache an das Berufungsgericht zurückzuverweisen."

---

107. Darf das Vormundschaftsgericht die Rechtshilfe eines auswärtigen Amtsgerichts dafür in Anspruch nehmen, daß dieses den außerehelichen Erzeuger eines bevormundeten Kindes vorlädt und ihn über die Anerkennung der Vaterschaft, über die Verpflichtung zur Entrichtung von Unterhaltsbeträgen sowie über seine Unterwerfung unter die sofortige Zwangsvollstreckung vernimmt?

Fr.G.Ges. §§ 1, 2, 167.
G.V.G. § 160.
B.G.B. §§ 1837 flg.

IV. Zivilsenat. Beschl. v. 27. Februar 1908 i. S. M. Vormundsch. Beschw.-Rep. IV. 50/08.

I. Amtsgericht Hofgeismar.
II. Oberlandesgericht Kassel.

Auf Antrag des Vormundes der bei dem Amtsgericht in Sonneberg bevormundeten Anna M. ersuchte das genannte Amtsgericht am 16. Dezember 1907 das Amtsgericht in Hofgeismar, den als Erzeuger des Mündels von dem Vormunde bezeichneten Dragoner S. in Hofgeismar über die Anerkennung der Vaterschaft, die Zahlung von Alimenten in bestimmtem Jahresbetrage, sowie darüber gerichtlich zu vernehmen, daß er sich wegen dieser Verpflichtung der sofortigen Zwangsvollstreckung unterwerfe. Das Amtsgericht in Hofgeismar lehnte das Ersuchen ab. Das ersuchende Gericht trug auf Entscheidung des Oberlandesgerichts an. Dieses erteilte dem Amtsgericht in Hofgeismar zwar die Anweisung, dem Ersuchen insoweit stattzugeben, als es sich um die Vernehmung des S. über die Anerkennung der Vaterschaft handele, hielt dagegen die amtsgerichtliche Ablehnung im übrigen für gerechtfertigt, weil die Vernehmung des unehelichen Vaters über seine Unterhaltsverbindlichkeit überhaupt, insbesondere aber dann, wenn darüber eine vollstreckbare Urkunde aufgenommen werden solle, nicht im gesetzlichen Geschäftsbereiche des Vormundschaftsgerichts liege. Sie könne daher weder im Sinne des § 2 des Ges. ü. d. Angel. d. freiw. Ger. noch auch im Sinne des zwischen Preußen und Sachsen-Meiningen abgeschlossenen Staatsvertrages vom 2. Mai 1859 den Gegenstand eines Rechtshilfegesuches bilden.

Gegen diesen Teil der Entscheidung des Oberlandesgerichts erhob das Amtsgericht in Sonneberg Beschwerde. Das Reichsgericht gab dem Amtsgericht in Hofgeismar auf, dem Rechtshilfegesuch im vollen Umfange zu entsprechen.

Gründe:

„Der entscheidende Senat ist zwar in einem gleichliegenden Falle (Rep. IV. 34/08) durch Beschluß vom 30. Januar 1908 dem Oberlandesgericht in Kassel beigetreten; er hat ein Rechtshilfegesuch des nämlichen Inhalts insoweit, als dem ersuchten Gericht eine über die Anerkennung der Vaterschaft hinausgehende Vernehmung angesonnen wurde unter Hinweis auf seinen Beschluß vom 28. April 1904 (Entsch. des R.G.'s in Zivils. Bd. 57 S. 396 flg.) für unzulässig gehalten. Bei nochmaliger Erwägung konnte diese Ansicht nicht aufrecht erhalten werden.

Vormundschaftssachen gehören zu den Angelegenheiten der freiwilligen Gerichtsbarkeit, die den Gerichten durch die Reichsgesetzgebung übertragen sind. Die Befugnis der Vormundschaftsgerichte, in solchen Sachen die Rechtshilfe anderer Gerichte in Anspruch zu nehmen, ist an und für sich durch § 2 des Ges. ü. d. Angel. d. freiw. Ger. in Verbindung mit § 1 gegeben; sie ist übrigens durch § 194 Abs. 4 desselben Gesetzes auch auf nicht gerichtliche Vormundschaftsbehörden ausgedehnt, soweit die Landesgesetzgebung von der ihr durch Art. 147 Einf.-Ges. zum B.G.B. und durch § 190 Ges. ü. d. Angel. d. freiw. Ger. eingeräumten Ermächtigung Gebrauch gemacht hat. Wenn das Gericht, bei dem die Vormundschaftssache anhängig ist, auf Antrag des Vormundes an den ihm benannten Erzeuger von sich aus eine Vorladung erläßt und bei seinem Erscheinen selbst zur Vernehmung schreitet, so darf nicht bezweifelt werden, daß es damit in den Grenzen der vormundschaftsgerichtlichen Obliegenheiten handelt. Daß sich das Gericht, sofern es darum angegangen wird, der Beurkundung eines den Mündel angehenden Rechtsgeschäfts etwa aus dem Grunde entziehen könnte, weil ihm die Verpflichtung hierzu zwar nach der allgemeinen Vorschrift des § 167 Abs. 1 Ges. ü. d. Angel. d. freiw. Ger., nicht aber auch in seiner Eigenschaft als Vormundschaftsgericht obläge, ist von vornherein als abwegig von der Hand zu weisen. In Frage kann nur kommen, ob etwa die Vorladung des benannten Erzeugers und die protokollarische Feststellung seiner Erklärungen, wenn er die Anerkennung der Vaterschaft oder der Schuldverpflichtung ablehnt, über den Bereich einer vormundschaftsgerichtlichen Tätigkeit hinausgehen. Nun bildet aber bei der Bevormundung eines unehelichen Kindes die Feststellung der Vaterschaft und die Klarstellung der Unterhaltspflicht im positiven oder negativen Sinne ein vormundschaftliches Geschäft von solcher Wichtigkeit, daß es oft die ganze Lebenslage des Mündels beeinflußt. Mag darum die Fürsorge des Vormundschaftsgerichts auch zunächst nur darauf zu richten sein, daß die deswegen nötigen Schritte vom Vormunde unternommen werden (§ 1837 B.G.B.), so schließt dies immerhin nicht aus, daß der Vormundschaftsrichter je nach Lage des Falles den Bemühungen des Vormundes seine Unterstützung zuteil werden läßt. Er fördert damit gleichzeitig die eigenen richterlichen Dienstgeschäfte insofern, als er die Vermögenslage des Mündels fortdauernd im Auge zu behalten hat (§§ 1802, 1840 flg., 1843 B.G.B.). Jedenfalls entspricht es dem Grundgedanken der öffentlichrechtlichen Regelung des gesamten Vormundschaftswesens weit mehr, wenn der Vormundschaftsrichter einer derartigen Bitte des Vormundes gegenüber sich entgegenkommend zeigt, als wenn er ihr unter Verkennung der Pflicht, zum Wohle des Mündels auch von seiner Seite sachlich beizutragen, mit dem Versuche begegnet, seine Amtstätigkeit nach Gesichtspunkten des formalen Rechtes in möglichst engen Schranken zu halten. Um einen Eingriff in die Verwaltungstätigkeit und eine Beeinträchtigung der Selbständigkeit des Vormundes handelt es sich dabei ebensowenig, wie um eine gesetzwidrige Entlastung des Vormundes durch die richterliche Mühwaltung.

Offenbar auf einer gleichen Auffassung beruhen die von der preußischen Justizverwaltung eingeführten Formulare, die nach einer Mitteilung von Weizsäcker und Lorenz aus den Beratungen einer von dem Justizministerium und dem Reichsjustizamte eingesetzten gemeinsamen Kommission hervorgegangen sind. Sie weisen die preußischen Vormundschaftsgerichte nicht nur darauf hin, den benannten Erzeuger des unehelichen Kindes mit dem Bemerken vorzuladen, daß er im Falle des Ausbleibens die Klage auf Unterhaltsgewährung zu erwarten habe (Ladungsformulare Nr. 30 und 31), sondern ihn auch über sämtliche Punkte des hier in Betracht kommenden Rechtshilfegesuches zu vernehmen (Verhandlungsformular Nr. 32).

Vgl. Weizsäcker und Lorenz, Formularbuch für die freiwillige Gerichtsbarkeit S. I und S. 47 flg. sowie die Erläuterungen S. 48 Anm. 2 und S. 49 Anm. 4.

In dem gleichen Umfang aber, wie der Vormundschaftsrichter befugt ist, zum Besten des Mündels eine eigene Amtstätigkeit zu entfalten, steht es ihm auch zu, die Rechtshilfe auswärtiger Gerichte in Anspruch zu nehmen, wenn ihm durch die örtliche Abgrenzung der Gerichtsbezirke die unmittelbare Erledigung der für zweckmäßig erachteten gerichtlichen Akte unmöglich gemacht oder doch wesentlich erschwert ist. Die sachliche Nachprüfung der Zweckmäßigkeitserwägungen des ersuchenden Gerichtes steht dabei dem ersuchten Gerichte nicht zu.

Das Oberlandesgericht ist selbst bereits dahin gelangt, in Übereinstimmung mit dem in der Beschwerdesache (Rep. IV. 386/07) ergangenen Beschlusse des Senats vom 11. November 1907 die Weigerung des ersuchten Gerichtes, soweit sich das Ersuchen auf die Vorladung des benannten Erzeugers und die Vernehmung über die Anerkennung der Vaterschaft bezieht, für unbegründet zu erklären. Welchen Zweck und welchen zwingenden Grund es aber haben könnte, mit der Vernehmung einzuhalten, wenn die bei der Erörterung kaum zu umgehende und dabei oft im Vordergrunde der beiderseitigen Interessen stehende Unterhaltsfrage zur Sprache kommen sollte, läßt sich nicht erkennen. In dem Rechtshilfefalle des Beschlusses vom 28. April 1904 (Entsch. des R.G.'s in Zivils. Bd. 57 S. 396 flg.) vermochte sich das ersuchte Gericht wenigstens darauf zu berufen, daß ihm durch eine landesgesetzliche Ausführungsvorschrift die Aufnahme vollstreckbarer Schuldurkunden verwehrt sei. Ein solcher Hinderungsgrund (§ 159 Abs. 2 G.V.G.) besteht im gegebenen Falle nicht. Auch damit kann die teilweise Versagung der Rechtshilfe nicht begründet werden, daß, wenn es zu einer Anerkennung der Schuldverpflichtung kommt, diese rechtsgeschäftliche Erklärung des Vaters als solche trotz der Bestimmung des § 1714 B.G.B. einer gerichtlichen oder notariellen Beurkundung nicht unter allen Umständen bedarf. Der darauf gestützte Entscheidungsgrund des Oberlandesgerichts versagt überdies insoweit, als eine Unterwerfung unter die sofortige Zwangsvollstreckung beurkundet werden soll, angesichts des § 794 Nr. 5 Z.P.O. und des § 167 Abs. 1 Ges. ü. d. Angel. der freiw. Ger., überhaupt.

Auf die Frage, ob die Verpflichtung zur Gewährung der Rechtshilfe dem ersuchten Gericht auch nach den Bestimmungen des zwischen Preußen und Sachsen-Meiningen abgeschlossenen Staatsvertrages vom 2. Mai 1859 (G.S. S. 221) in Verbindung mit der Ministerialerklärung vom 18. April 1868 (G.S. S. 363) obliegt, und ob über das Bestehen einer derartigen Verpflichtung gemäß § 160 Abs. 1 G.V.G. das Reichsgericht gleichfalls zu entscheiden hat, brauchte hiernach nicht eingegangen zu werden. Materiell ergab sich vielmehr schon aus den reichsgesetzlichen Bestimmungen allein die Notwendigkeit einer Abänderung des angefochtenen Beschlusses."

108. 1. Kann ein Pfandrecht an beweglichen Sachen entstehen, wenn die Übergabe der Pfandstücke unter Einwilligung des Gläubigers von seiten des Verpfänders an den Prokuristen des Verpfänders als den Besitzdiener des Gläubigers erfolgt?

2. Inwieweit ist, insbesondere im Falle des Ersatzes einzelner Pfandstücke durch andere gleichartige Stücke, die Fortdauer des Besitzes für das Weiterbestehen des Pfandrechtes erforderlich?

3. Welche Bedeutung hat es für das Bestehen des Pfandrechtes, wenn die Pfandsachen mit pfandfreien Sachen des Verpfänders untrennbar vermischt werden?

B.G.B. §§ 181, 947, 948, 949, 1205.

VII. Zivilsenat. Urt. v. 13. März 1908 i. S. E. R. Konkurs (Bekl.) w. M. Bankverein (Kl.). Rep. VII. 256/07.

I. Landgericht Hannover.
II. Oberlandesgericht Celle.

Der Kläger verlangte vom verklagten Konkursverwalter die Zahlung des im Einverständnis der Parteien hinterlegten Erlöses von 250 Sack Weizen, die zur Zeit der Konkurseröffnung im Schuppen des Gemeinschuldners lagerten, und an denen der Kläger ein Pfandrecht geltend machte. Das Landgericht wies die Klage ab, weil mangels Nachweises der Übergabe des Pfandes an den Pfandgläubiger ein Pfandrecht nicht entstanden sei. Auf die Berufung des Klägers wurde der Beklagte zur Zahlung des eingeklagten Betrages von 3407,10 ℳ verurteilt. Auf die Revision des Beklagten wurde das Berufungsurteil aufgehoben, und die Sache in die Vorinstanz zurückverwiesen, aus folgenden

Gründen:

„Der Berufungsrichter gelangt zur Verurteilung des Beklagten deshalb, weil er annimmt, für den Kläger sei ein gültiges Pfandrecht an den im Bahnschuppen gelagerten 150 Sack und 100 Sack Weizen entstanden, und dieses Pfandrecht sei hinterher nicht erloschen. Die erste Annahme läßt einen Rechtsirrtum nicht erkennen. Die für die Entstehung des Pfandrechtes nach § 1205 B.G.B. erforderliche Einigung des Eigentümers des Weizens, der Firma E. R., und des Gläubigers (Klägers) dahin, daß diesem das Pfandrecht zustehen solle, findet der Berufungsrichter in der Ausstellung und Aushändigung der beiden Lagerscheine. . . ." (Das wird näher ausgeführt und gebilligt.) „Auch die erforderliche Übergabe des Weizens an den Kläger ist vom Berufungsrichter ausreichend festgestellt. Nach der Aussage des Zeugen G. ist folgendes erwiesen. E. R. (der Gemeinschuldner) und der Kläger hatten sich dahin geeinigt, daß G. als Pfandverwahrer den Weizen für den Kläger in Pfandbesitz nehmen und verwahren solle. Der Weizen wurde dann der Abrede gemäß dem G. übergeben und von diesem in dem durch die Firma E. R. gemieteten Bahnschuppen gelagert, dessen Schlüssel dem G. übergeben wurde. Im Bahnschuppen befand sich zwar auch der Firma E. R. gehöriges pfandfreies Getreide; der Zugang zu diesem war aber der Firma nur möglich, wenn sie sich wegen Herausgabe des Schlüssels an G. wendete. Durch das Zusammenwirken der Firma E. R. und des G. ist hiernach der Erfolg eingetreten, daß G. für sich allein die tatsächliche Gewalt über den Weizen erlangt hatte, die Übergabe an ihn also erfolgt war. Er übte diese tatsächliche Gewalt nicht für sich selbst, sondern nur für den Kläger aus und er hat sich in der Urkunde vom 29. Dezember 1902 noch besonders verpflichtet, den Weizen in sicherem Gewahrsam zu halten, für sicheren Verschluß der Lagerräume Sorge zu tragen und ihn nur auf Verfügung des Klägers auszuliefern. Hieraus ergibt sich, daß G. nur Besitzdiener des Klägers im Sinne des § 855 B.G.B., Pfandbesitzer aber der Kläger war.

Die rechtliche Möglichkeit, den Besitz des Weizens zugunsten des Klägers zu ergreifen, war für G. nicht dadurch ausgeschlossen, daß er gleichzeitig Kollektivprokurist der Firma E. R. war, so daß er die Übergabe als Vertreter des Klägers an diese mit sich selbst als Vertreter dieser Firma vollzog. Denn die Rechtswirksamkeit einer derartigen Vornahme von Rechtsgeschäften mit sich selbst ist nach § 181 B.G.B. dann nicht ausgeschlossen, wenn dem Vertreter diese doppelte Vertretung gestattet ist. Das trifft aber hier zu, da alle Beteiligten damit einverstanden waren, daß G. bei der Übergabe der Vertreter beider Teile war. Die Entstehung des Pfandrechts wäre freilich ausgeschlossen, wenn nicht ein Prokurist, sondern der Inhaber der Firma die tatsächliche Gewalt über den Weizen behalten hätte. Von einer wirklichen Übergabe der Pfandsache könnte dann nicht die Rede sein, da in diesem Falle der

Besitz bei der Verpfänderin verblieben wäre. Der Prokurist aber bleibt eine von dem Inhaber der Firma verschiedene Rechtsperson, mag er auch befugt sein, in dessen Namen und für dessen Rechnung das Handelsgeschäft zu betreiben und per procura die Firma zu zeichnen.

Die weitere Annahme des Berufungsrichters, das Fortbestehen des Pfandrechtes bis zur Veräußerung des Weizens sei dargetan, ist aber mit den bisher getroffenen tatsächlichen Feststellungen rechtlich nicht vereinbar. Der Zeuge G. bekundet: es habe verschiedentlich ein Umtausch von verpfändetem Getreide mit anderem Getreide stattgefunden. Wenn es sich dabei um Getreide gehandelt habe, das für den Kläger verpfändet war, so sei jedesmal die Genehmigung zu solchem Umtausche vom Kläger eingeholt und erteilt worden. In solchen Fällen habe er, G., sich dann jedesmal von dem Ab- und Zugange der umgetauschten Getreidemengen überzeugt. Der Berufungsrichter stellt nicht fest, daß die im jetzigen Prozeß in Betracht kommenden 150 Sack und 100 Sack nicht von einem derartigen Umtausch betroffen worden seien. Es ist daher zugunsten der Revision zu unterstellen, daß auch diese 250 Sack im Einverständnisse des Klägers durch andere 250 Sack ersetzt worden sind. Dadurch schieden die herausgegebenen 250 Sack aus der Pfandhaftung aus. Denn wenn auch bloßer Verlust des Besitzes der Pfandsache für den Pfandgläubiger noch nicht das Erlöschen des Pfandrechtes zur Folge hat (vgl. Motive zum B.G.B. Bd. 3 S. 839), so erlischt dieses doch nach § 1253 Abs. 2 B.G.B. dann, wenn der Pfandgläubiger das Pfand dem Verpfänder zurückgibt, und eine solche Rückgabe wird nach Abs. 2 daselbst als erfolgt vermutet, wenn das Pfand im Besitze des Verpfänders ist. Einer Rückgabe des Pfandes steht es aber gleich, wenn der Pfandgläubiger, wie hier, gestattet, daß der verpfändete Weizen durch den Verpfänder zu freier Verfügung fortgenommen und durch anderen Weizen ersetzt wird. Der zum Ersatz gegebene, bisher pfandfreie Weizen tritt nicht ohne weiteres in den Pfandverband ein; an ihm entsteht vielmehr das Pfandrecht erst, wenn es nach den Vorschriften der §§ 1205 flg. B.G.B. begründet wird. Die erforderliche Einigung der Firma E. R. und des Klägers ist hier vorhanden. Daß aber auch die Übergabe zu Pfandbesitz an den Kläger oder für ihn an G. erfolgt sei, hat der Berufungsrichter nicht festgestellt. Er hält selbst für erwiesen, daß sich die Schlüssel zum Bahnschuppen in den letzten Monaten vor der Konkurseröffnung nicht mehr regelmäßig im Besitze des G. und seines Beauftragten W., vielmehr in den Händen anderer Angestellten der Firma E. R. befunden haben. Mag nun auch hierdurch nicht das Erlöschen des Pfandrechtes an dem im Bahnschuppen lagernden bereits ordnungsmäßig verpfändeten Weizen verursacht worden sein, da das Verhalten des G. noch nicht als eine Rückgabe dieses im Schuppen lagernden Weizens angesehen werden muß, so ist doch nicht anzuerkennen, daß eine Übergabe des zum Ersatze dienenden Weizens an G. zum Pfandbesitze erfolgt ist, wenn etwa die Einlagerung dieses Weizens im Bahnschuppen zwar mit Wissen und Willen des G., aber zu einer Zeit geschah, zu der G. nicht im Besitze der Schlüssel zu den Pfandräumen war, also auch nicht die tatsächliche Gewalt über diese Räume und ihren Inhalt ausübte. Das ist um so mehr anzunehmen, als im Bahnschuppen verpfändetes und pfandfreies Getreide lagerte, und nach der Aussage des Zeugen R. zur Zeit der späteren Konkurseröffnung im Bahnschuppen der gepfändete Weizen in keiner Weise von dem pfandfreien Weizen äußerlich getrennt war. Einer Sonderung des zum Ersatze eingelagerten, zu verpfändenden Weizens von dem übrigen pfandfreien Getreide bedurfte es aber mindestens, um einen Sonderbesitz des G. für den Kläger zu schaffen; denn der pfandfreie Weizen stand damals nicht unter der tatsächlichen Gewalt des G., der weder im Besitze der Schlüssel zum Bahnschuppen war, noch eine Gewalt über diesen Weizen für den Kläger ausüben wollte. G. bekundet zwar, in Fällen des Umtausches verpfändeten Weizens habe er sich jedesmal von dem Ab- und Zugange der umgetauschten Getreidemengen „überzeugt"; hierin kann jedoch für sich allein eine zur Besitzergreifung geeignete Handlung nicht erblickt werden. Das Berufungsurteil mußte daher aufgehoben, und die Sache in die Vorinstanz zurückverwiesen werden zur Prüfung, ob die ursprünglich auf Grund der beiden Lagerscheine eingelagerten 150 Sack und 100 Sack Weizen zur Zeit der Veräußerung des Weizens behufs Hinterlegung des Erlöses noch als solche gesondert vorhanden waren, und soweit sie durch anderen Weizen ersetzt waren, ob eine Übergabe dieses Weizens zu Pfandbesitz an G. sich feststellen läßt.

Unbegründet ist der Angriff der Revision, der dahin geht, auch das wirksam bestellte Pfandrecht des Klägers sei dadurch erloschen, daß der verpfändete Weizen mit dem im Bahnschuppen lagernden unverpfändeten Weizen der Firma E. R. untrennbar vermischt worden sei. Eine „Rückgabe" des verpfändeten Weizens an die Firma E. R. könnte in einer solchen Vermischung nur unter besonderen, hier nicht dargetanen Umständen erblickt werden. Für den Fall der Vermischung beweglicher Sachen, die verschiedenen Eigentümern gehören, bestimmt im übrigen § 949 B.G.B., daß, wenn hierbei das Einzeleigentum nach §§ 946 bis 948 daselbst erlischt und durch Miteigentum der früheren Alleineigentümer ersetzt wird, zwar die sonstigen an der Sache bestehenden Rechte erlöschen, aber an dem Miteigentumsanteile fortbestehen, der an die Stelle der Sache tritt. Dieselben Grundsätze müssen entsprechend um so mehr dann angewendet werden, wenn, wie hier, Sachen desselben Eigentümers vermischt werden. Das war auch im § 896 des ersten Entwurfes zum Bürgerlichen Gesetzbuche ausdrücklich angeordnet; diese Vorschrift ist aber von der mit ihr sachlich einverstanden gewesenen zweiten Kommission gestrichen worden, weil sie sich von selbst verstehe, und weil die Beibehaltung der Vorschrift an dieser Stelle zu Mißverständnissen führen könne (Protokolle Bd. 3 S. 244 zu IV). Hat hiernach eine Vermischung des gepfändeten Weizens mit pfandfreiem Weizen der Firma E. R. stattgefunden, so tritt für das Pfandrecht des Klägers an die Stelle des verpfändet gewesenen Weizens ein dem Verhältnis seines Wertes zu dem Werte des übrigen Weizens entsprechender Bruchteil der Gesamtmenge des Weizens." ...

---

109. 1. Ist die Anwartschaft auf ein aufschiebend bedingtes Erbschaftsvermächtnis (Universalfideikommiß) während schwebender Bedingung pfändbar?

2. Unterliegt eine Verfügung des Bedachten über das Vermächtnis während schwebender Bedingung der Gläubigeranfechtung?

VII. Zivilsenat. Urt. v. 17. März 1908 i. S. Br. Bank (Kl.) w. Sch. u. Gen. (Bekl.). Rep. VII. 179/07.

I. Landgericht Braunschweig.
II. Oberlandesgericht daselbst.

Der im Jahre 1898 verstorbene A. O. hatte seine Ehefrau zur alleinigen Erbin eingesetzt und weiter bestimmt, daß bei deren Tode ein Drittel des Überrestes (und im Falle ihrer Wiederverheiratung die Hälfte des Nachlasses) an seine Schwester H. Sch., geborene O., fallen solle. Im Jahre 1900, als die Witwe O. noch lebte, trat die Ehefrau H. Sch. ihren Erbanspruch am Nachlasse ihres Bruders an ihre beiden Töchter, die Beklagten, schenkungsweise ab. Die Rechtsvorgängerin der Klägerin ließ später wegen einer vollstreckbaren bedeutenden Forderung gegen die Ehefrau H. Sch. „deren Anspruch gegen die Witwe und Erbin ihres Bruders A. O. auf Herausgabe eines Drittels dessen, was beim Tode der Witwe O. von dem Nachlasse des A. O. vorhanden sein wird", gerichtlich pfänden und sich zur Einziehung überweisen. Erst nach Jahren erhielt die Klägerin Kenntnis von der erwähnten Abtretung, die sie dann auf Grund des § 3 des Anfechtungsgesetzes vom 20. Mai 1898 anfocht.

Beide Vorinstanzen wiesen die Klage ab. Auf die Revision der Klägerin wurde das Berufungsurteil aufgehoben aus folgenden

Gründen:

„Die von der Klägerin angefochtene Rechtshandlung ihrer Schuldnerin, der Ehefrau H. Sch., besteht in der von der Schuldnerin am 29. Mai 1900 erklärten schenkungsweisen Abtretung ihres „Erbanspruches am Nachlasse ihres Bruders A. O. in Höhe von 33000 *M*" an ihre Töchter, die Beklagten. Gemeint ist unstreitig nicht ein Anspruch in bestimmter Höhe, sondern der auf dem Testamente des schon 1898 verstorbenen A. O. beruhende Anspruch der Schuldnerin auf Herausgabe eines Drittels des Nachlaßüberrestes beim Tode der Witwe des Erblassers. Der von der Wiederverheiratung der Witwe O. abhängige höhere Anspruch auf die Hälfte des Nachlasses kann hier außer Betracht bleiben, da die Beteiligten selbst diesen Anspruch wegen voraussichtlichen Nichteintrittes der Bedingung als gegenstandslos ansehen. Das Berufungsgericht hat die Klage deshalb abgewiesen, weil es an einer durch die angefochtene Rechtshandlung bewirkten Benachteiligung der Gläubiger fehle, da kein der Pfändung unterliegender Bestandteil aus dem Vermögen der Mutter der Beklagten weggegeben sei. Im Hinblick auf Zeit und Ort des Ablebens des Erblassers handle es sich um ein nach gemeinem Rechte zu beurteilendes Erbschaftsvermächtnis (Universalfideikommiß), das die Ehefrau Sch. erhalten solle, wenn sie den Tod der Witwe O. erlebe. Das Vermächtnis sei also ein bedingtes, das bis zum Eintritte der Bedingung dem Bedachten kein bedingtes Recht, sondern nur eine tatsächliche Aussicht auf das Vermächtnis gewähre, deshalb keinen Bestandteil des Vermögens des Bedachten und keinen Gegenstand der Zwangsvollstreckung gegen ihn bilde. Die Abtretung einer solchen bloßen Aussicht möge sich formell als Veräußerung darstellen, materiell stehe sie der Ablehnung eines Erwerbs gleich.

Diese Erwägungen sind nicht frei von Rechtsirrtum. Zutreffend ist die Entscheidung hinsichtlich des anzuwendenden Rechts. Nicht unbedenklich ist dagegen schon die Annahme, der Anspruch der Ehefrau Sch. sei ein bedingter, bedingt dadurch, daß sie das Ableben ihrer Schwägerin, der Witwe O., erlebe. Diese Annahme kann sachlich richtig sein, und sie würde deshalb, da ein Revisionsangriff deswegen nicht erhoben ist, vielmehr die Klägerin selbst von der gleichen Auffassung ausgeht, unbeanstandet bleiben können. Sie kann aber auch unrichtig sein, und da, wie sich zeigen wird, das Berufungsurteil aus anderen Gründen aufzuheben ist, so kann es zur Klärung der Sach- und Rechtslage beitragen, wenn hier auf folgendes aufmerksam gemacht wird.

Die Anordnung des Erblassers, daß der mit einem Vermächtnisse Bedachte das Vermächtnis erst beim Ableben des Erben erhalten solle, enthält an sich nur eine Zeitbestimmung, eine Hinausschiebung des Erwerbs; mit der Frage, ob dem Bedachten das Vermächtnis nur unter der Bedingung zugewendet sein soll, daß er den Zeitpunkt der Fälligkeit erlebt, hat die Anordnung unmittelbar nichts zu tun. Natürlich kann der Erblasser die Zuwendung auch von der erwähnten Bedingung abhängig machen; sein desfallsiger Wille bedarf aber der Feststellung, und die Feststellung der näheren Begründung. Vorliegendenfalls läßt sich mangels jeder näheren Begründung nicht erkennen, ob das Berufungsgericht mit der Annahme eines bedingten Vermächtnisses eine tatsächliche Feststellung treffen, oder eine Rechtsansicht aussprechen wollte. Es drängt sich die Vermutung auf, daß letzteres der Fall ist, und daß das Berufungsgericht davon ausgeht, die Anordnung der Herausgabe des Erbschaftsvermächtnisses erst beim Tode des Erben enthalte von selbst und notwendig die Setzung der mehrerwähnten Bedingung. Diese Annahme wäre rechtsirrig. Wäre sie richtig, so müßte jede betagte Zuwendung zugleich in dem bezeichneten Sinne bedingt sein. Rechtlich kann es keinen Unterschied begründen, ob der Bedachte das Vermächtnis sechs Monate oder sechs Jahre nach dem Erbfall, oder beim Tode des Erben oder eines Dritten erhalten soll. Denn einerseits tritt der letztere Zeitpunkt ebenso gewiß ein, wie ein bestimmter Kalendertag; anderseits ist es gleichermaßen ungewiß, ob der Bedachte einen bestimmten Kalendertag, wie ob er den Tod eines anderen erlebt. Das Reichsgericht hat sich denn auch schon früher (vgl. Urteil des III. Senats vom 6. Dezember 1889, Entsch. des R.G.'s in Zivils. Bd. 25 S. 138) dahin ausgesprochen, daß durch die Festsetzung, das Vermächtnis solle erst nach dem Tode des überlebenden Ehegatten zur Auszahlung kommen, noch nicht ohne weiteres darüber entschieden sei, ob bis dahin das Vermächtnis ein aufschiebend bedingtes, oder ob nur dessen Auszahlung befristet sein solle; das eine wie das andere könne dem Willen des Erblassers entsprechen. Damit stimmt auch die Vorschrift in § 2108 Abs. 2 B.G.B. überein, wonach das Recht des Nacherben in der Zwischenzeit zwischen dem Erbfall und dem Nacherbfall vererblich ist, sofern nicht ein anderer Wille des Erblassers anzunehmen ist. Demnach bildet die besprochene Frage für die künftige Entscheidung eine noch offene Tatfrage.

Aber auch wenn man bei Nachprüfung des angefochtenen Urteils ein bedingtes Erbschaftsvermächtnis zugrunde legt, so führt dies keineswegs zu dem Ergebnisse, daß durch die angefochtene Abtretung nichts aus dem Vermögen der Ehefrau Sch. weggegeben sei. Das Berufungsgericht stellt den abgetretenen Anspruch auf gleiche Linie mit einer „nur als möglich vorausgesetzten künftigen Forderung, der es noch an einer Grundlage fehlt, und die vielleicht gar nicht entstehen wird". Hierin zeigt sich der zur Aufhebung des Berufungsurteils führende Rechtsirrtum. Der in einer letztwilligen Verfügung Bedachte hat, solange der Testator lebt, in der Tat nur eine bloße Hoffnung oder Aussicht; es fehlt an jeder rechtlichen Gebundenheit des Erblassers oder seiner Erben oder des Nachlasses dem Bedachten gegenüber. Anders mit dem Eintritt des Erbfalls. Nunmehr ist nicht nur die letztwillige Verfügung endgültig und unwiderruflich, sondern sie tritt jetzt auch nach außen in Kraft und Wirksamkeit, und damit ist die bis dahin fehlende rechtliche Beziehung des Bedachten zum Nachlasse geschaffen, die von der bloßen Erwerbshoffnung oder -aussicht zur rechtlich gesicherten Anwartschaft führende Brücke hergestellt. Die Erwerbsaussicht des Bedachten ist nicht mehr einer künftigen Forderung vergleichbar, der es noch an einer Grundlage fehlt, sondern einer Forderung, deren rechtliche Grundlage bereits unabänderlich feststeht, und deren Entstehung nur noch von einer künftigen ungewissen Tatsache abhängt, also einer aufschiebend bedingten Forderung. Der einzige erhebliche Unterschied zwischen dem aufschiebend bedingten Erbschaftsvermächtnis und einer beliebigen, auf Vertrag beruhenden aufschiebend bedingten Forderung liegt in der Unvererblichkeit des Vermächtnisses während schwebender Bedingung, die auf positiver Gesetzesvorschrift beruht (l. 5 pr., l. 13, 14 § 3 Dig. quando dies legat. 36, 2; vgl. auch § 2074 B.G.B.). Dieser Umstand ist indes nicht geeignet, in bezug auf Abtretbarkeit und Pfändbarkeit eine verschiedene Beurteilung und Behandlung des bedingten Erbschaftsvermächtnisses und einer bedingten Forderung zu rechtfertigen. Dies um so weniger, als auch eine auf Vertrag oder sonstigem Rechtsgrunde beruhende Forderung, die dem Gläubiger unter der aufschiebenden Bedingung zusteht, daß er einen gewissen Zeitpunkt erlebe, nach der Natur dieser Bedingung niemals als bedingte vererblich sein kann. Denn entweder erlebt der Gläubiger den Zeitpunkt, dann steht ihm die Forderung unbedingt und natürlich auch unbedingt vererblich zu, oder er erlebt ihn nicht, dann ist die Forderung wegen Ausfalles der Bedingung überhaupt nicht zur Entstehung gelangt. Diese Erwägungen führen dazu, nicht nur die Abtretbarkeit des bedingten Erbschaftsvermächtnisses zu bejahen, wie dies auch schon der III. Zivilsenat des Reichsgerichts in seinem Urteile vom 20. März 1883 (Entsch. des R.G.'s in Zivils. Bd. 8 S. 189 flg.) unter ausführlicher Begründung getan, sondern auch dessen Pfändbarkeit.

Für die Frage, ob die Klägerin einen Grund und ein Recht hat, zum Schutze ihres Pfändungspfandrechts die Abtretung des gepfändeten Anspruchs an die Beklagten anzufechten, kommen noch weitere Gesichtspunkte in Betracht. Das Berufungsgericht meint, wenn die in der Wissenschaft überwiegend angenommene, vom Reichsgericht gebilligte Abtretbarkeit künftiger Forderungen so begründet werde, daß die Forderung dann, wenn sie entstehen werde, unmittelbar auf den Zessionar übergehe, so sei damit anerkannt, daß im Augenblick der Abtretung solcher Forderungen eine Vermögensverschiebung noch nicht stattfinde. Für die Abtretung solcher künftigen Forderungen, für die noch keine rechtliche Grundlage besteht, mag dies zutreffen; für die Abtretung aufschiebend bedingter Forderungen trifft es nicht zu. Freilich befindet sich während des Schwebens der Bedingung die Forderung, das vollwirksame, unbedingte Recht, noch nicht im Vermögen des bedingt Berechtigten, wohl aber die bedingte Forderung, die rechtlich gesicherte und geschützte, abtretbare und pfändbare Anwartschaft auf das Recht. Diese Anwartschaft bildet einen Vermögensgegenstand und hat schon jetzt einen Vermögenswert, der schon mit der Abtretung, und nicht erst mit dem Eintritte der Bedingung aus dem Vermögen des Zedenten ausscheidet. Die (unbedingte) Forderung selbst erwirbt der Zessionar allerdings erst mit dem Eintritte der Bedingung, weil sie erst da zur Entstehung gelangt; vom Zedenten aber hat er sie nicht erst in diesem Zeitpunkte, sondern schon durch die Abtretung erworben. Als anfechtbare Rechtshandlung erscheint ausschließlich die Abtretung. Die Abtretung entzieht dem bisherigen (bedingten) Gläubiger das Recht der Verfügung über die Forderung, und ebenso seinen Gläubigern die ohne die Abtretung gegebene Möglichkeit der Pfändung; es muß deshalb auch die Anfechtung der Abtretung schon vor dem Eintritte der Bedingung möglich sein.

Der erkennende Senat hat auch die vom Berufungsgerichte nicht weiter geprüfte Frage erwogen, ob der Ehefrau Sch. trotz der Abtretung das Recht verblieben ist, seinerzeit beim Ableben ihrer Schwägerin das dann anfallende Erbschaftsvermächtnis auszuschlagen, und ob etwa dieser Umstand der Zulässigkeit der Anfechtung entgegensteht. Die Frage bedarf nicht der Entscheidung. Für den Bedachten selbst verliert selbstverständlich die Forderung aus dem bedingten Vermächtnisse dadurch nicht an Wert, daß ihm das Recht der Ausschlagung verbleibt; unzweifelhaft dagegen für den Zessionar oder den Pfändungspfandgläubiger. Gegenstandslos wird sie aber auch für diese Beteiligten nicht. Denn einmal ist es keineswegs gewiß, daß der Bedachte die Zuwendung ausschlagen wird; sodann aber kommt die Anfechtung der Ausschlagung in Frage. Die Forderung des Vermächtnisnehmers kommt nach gemeinem Recht wie nach den §§ 2176, 2177 B.G.B. mit dem Anfall unmittelbar zur Entstehung; die nachträgliche Ausschlagung ist nicht Ablehnung eines angetragenen Erwerbs, sondern Verzicht auf ein erworbenes Recht. Dieser Verzicht kann nach dem Rechte des Bürgerlichen Gesetzbuchs von den Gläubigern des Verzichtenden nicht angefochten werden, wie der erkennende Senat in bezug auf Erbschaften in seinem Urteile vom 17. April 1903 (Entsch. des R.G.'s in Zivils. Bd. 54 S. 289) eingehend dargelegt hat. Anders nach früherem Recht. Soweit nach solchem der Erwerb sich kraft Rechtens mit dem Anfall vollzieht, nimmt sowohl die Wissenschaft (vgl. Jaeger, Konkursordnung § 9 Anm. 3) wie die Rechtsprechung die Anfechtbarkeit der Ausschlagung an (Entsch. des R.G.'s in Zivils. Bd. 28 S. 136).

Es kann deshalb, wenn man unterstellt, daß der Ehefrau Sch. das Recht zur Ausschlagung des Vermächtnisses verblieben sei, daraus ein durchschlagender Grund gegen die Zulässigkeit der Anfechtung der Abtretung nicht entnommen werden."

---

110. Kann ein Vertrag über den Ausschluß der Tierhalterhaftung nur dann festgestellt werden, wenn sich annehmen läßt, daß die Beteiligten an den Eintritt eines Tierschadens gedacht haben? B.G.B. §§ 833, 133, 157.

IV. Zivilsenat. Urt. v. 19. März 1908 i. S. B. (Bekl.) w. W. (Kl.). Rep. IV. 322/07.

I. Landgericht Rottweil.
II. Oberlandesgericht Stuttgart.

Die Ehefrau des Klägers erlitt am 5. Februar 1906 einen Unfall. Der Beklagte, ihr Nachbar, hatte sie zur Heimfahrt vom Markt in seinen Schlitten aufgenommen. Als der Beklagte einem anderen Gefährt vorfahren wollte, drängte das Pferd plötzlich nach der Seite, sodaß der Schlitten die Straßenböschung herabfiel.

Der Kläger forderte Ersatz des ihm und seiner Frau durch den Unfall erwachsenen Schadens. Das Landgericht wies die Klage ab, weil die Ehefrau des Klägers und der Beklagte darüber einig gewesen seien, daß der Beklagte, indem er die unentgeltliche Mitfahrt gestattete, zu nichts weiterem, auch nicht zur Tragung der mit der Beförderung verbundenen Tiergefahr, verpflichtet sein solle. Auf Berufung des Klägers erklärte das Oberlandesgericht den Klaganspruch dem Grunde nach für gerechtfertigt. Das Reichsgericht hat der Revision des Beklagten stattgegeben.

Aus den Gründen:

„Die Entscheidung des Berufungsgerichts beruht auf folgenden Gründen:

„Ohne Frage ist es zulässig, die Haftung aus § 833 B.G.B. durch Vertrag auszuschließen; eine solche Vereinbarung kann auch stillschweigend getroffen werden; die Annahme, eine solche Vereinbarung sei getroffen worden, mag z. B. im Verhältnis zwischen Tierhalter und Trainer gerechtfertigt sein. Im vorliegenden Fall aber ist sie abzulehnen. Jeder Vertrag, auch ein stillschweigend geschlossener, setzt Willenseinigung oder Willensübereinstimmung der Vertragschließenden in betreff der maßgebenden Gesichtspunkte voraus; solche Willensübereinstimmung kann aber nur da angenommen werden, wo sich feststellen oder unterstellen läßt, die Beteiligten haben an den angeblich stillschweigend geregelten Fall gedacht und seien übereinstimmend davon ausgegangen, dieser Fall solle, wenn er eintrete, gewisse Rechtsfolgen haben (oder die gesetzlichen Rechtsfolgen **nicht** haben). Gerade hieran fehlt es im vorliegenden Fall völlig. Nichts spricht dafür, daß Beklagter oder die Frau des Klägers — oder gar beide — an die Möglichkeit gedacht haben, es könnte ein Fall des § 833, eine Verletzung der Frau des Klägers durch das Pferd des Beklagten, eintreten. Die überwiegende Wahrscheinlichkeit spricht vielmehr dafür, daß kein Teil hieran gedacht hat. Ist dem aber so, so läßt sich auch nicht unterstellen, der übereinstimmende Wille der beiden Beteiligten sei dahin gegangen, die Haftung des Beklagten für eine etwaige Verletzung der Frau des Klägers durch das Pferd des Beklagten auszuschließen. Ob die Beteiligten eine solche Vereinbarung (ausdrücklich oder stillschweigend) getroffen hätten, wenn sie den fraglichen Fall ins Auge gefaßt hätten, ist völlig ungewiß, übrigens rechtlich unerheblich. Eine stillschweigende Vereinbarung der Beteiligten des

Inhaltes, daß eine Haftung des Beklagten aus § 833 ausgeschlossen sein solle, einen Verzicht der Frau des Klägers auf die ihr nach § 833 zustehenden Rechte anzunehmen, ist bei der gegebenen Sachlage eine reine Fiktion, die dem wahren Sachverhalte, dem wirklichen Willen der Parteien, der (soviel man sieht) in der fraglichen Richtung sich eben in keiner Weise betätigt hat, Gewalt antut. Mag auch das Ergebnis, daß in einem derartigen Falle der Tierhalter den Verletzten zu entschädigen hat, unter Umständen unbillig und unangemessen erscheinen, so kann dies doch den Richter nicht veranlassen oder berechtigen, das Gesetz dessen klarem Inhalte zuwider umzudeuten oder ihm durch die völlig grund- und bodenlose Unterstellung eines stillschweigend abgeschlossenen Vertrages oder Verzichtes die Spitze abzubrechen. Abhilfe kann hier vielmehr nur, falls es einer solchen bedarf, durch eine entsprechende Änderung des Gesetzes geschaffen werden."

Mit Recht rügt die Revision, daß die Erwägungen des Berufungsgerichts auf Gesetzesverletzung beruhen. Der Berufungsrichter irrt, wenn er ausführt, eine Vereinbarung über den Ausschluß der Tierhalter-Haftung könne nur da angenommen werden, wo sich feststellen oder unterstellen lasse, die Beteiligten hätten an den Eintritt des Tierschadens gedacht und darin übereingestimmt, daß ein solches Ereignis gewisse Rechtsfolgen haben solle. Die Auffassung des Berufungsgerichts ist zu eng; sie wird den Vorschriften der §§ 133, 157 B.G.B. nicht gerecht. Bei der Auslegung von Willenserklärungen kommt es darauf, was die Beteiligten nur gedacht, nicht auch kundgegeben haben, nicht an. Maßgebend ist der erklärte Wille. Als Willenserklärung aber sind zu berücksichtigen nicht bloß die Worte, die gewechselt werden, sondern das ganze Verhalten der Beteiligten. Aus dem, was die Beteiligten ausdrücklich oder stillschweigend erklärt haben, muß unter Berücksichtigung der Umstände, unter denen sie handelten, entnommen werden, was sie gewollt haben. Häufig sind die Erklärungen unvollständig, erstrecken sich insbesondere nicht auf alle Einzelheiten. Zur Ermittelung des Willens kann es genügen, wenn die leitenden Gesichtspunkte feststehen. Soweit nicht ein anderer Wille kundgegeben ist, darf angenommen werden, daß die Beteiligten die Einzelheiten so geregelt wissen wollten, wie es der allgemeinen Anschauung bei einem Verkehre zwischen billig denkenden Menschen unter den besonderen Umständen des jeweiligen Falles entspricht. Der Richter hat nicht die Aufgabe, den nicht geäußerten Willen der Beteiligten zu ergründen, sondern dem Willen Geltung zu verschaffen, der nach Maßgabe dieser Grundsätze als erklärt anzusehen ist. Es kann zugegeben werden, daß, wenn Willenserklärungen in der bezeichneten Weise ausgelegt werden, es sich dabei nicht immer um eine Auslegung im streng wissenschaftlichen Sinne, sondern in manchen Beziehungen um eine Ergänzung des fehlenden Willens handelt; allein in diesem Sinne spricht auch das Gesetz (§ 157 B.G.B.) von Auslegung der Verträge (vgl. Komm.-Protok. Bd. 1 S. 625).

Wenn, wie das Berufungsgericht anzunehmen scheint, die Frau des Klägers lediglich gefragt hat: „Darf ich mitfahren?", und der Beklagte die Frage mit „Ja" beantwortete, so war die Möglichkeit gegeben, daß eine Reihe von Streitpunkten auftauchte, für die der Richter die Entscheidung nur in den Umständen des Falles finden kann. Es kann in einem solchen Falle streitig werden, ob die Mitfahrt unentgeltlich erfolgt, ob der Fuhrbesitzer verpflichtet sei, den Fahrgast an das Ziel der Reise zu bringen, u. a. Daß die Fahrt unentgeltlich sei, kann in solchen Fällen aus den Umständen zu entnehmen sein, auch wenn es sich um ein Lohnfuhrwerk handelt. Nicht anders verhält es sich mit dem Ausschluß der Tierhalterhaftung. Es kann unter Umständen als selbstverständlich erscheinen, daher als stillschweigend vereinbart zu erachten sein, daß ein Fuhrbesitzer, der eine unentgeltliche Mitfahrt gestattet, von der Haftung für die besondere Gefahr befreit sei, welcher derjenige sich aussetzt, der seine Person dem Fuhrwerk anvertraut. Ob die Umstände eine solche Annahme rechtfertigen, das zu entscheiden ist Sache des Tatrichters.

Der Berufungsrichter hat diese rechtlichen Gesichtspunkte bei seiner Entscheidung verkannt." . . .

Register.

Die beigesetzten Zahlen beziehen sich auf die Seiten.

A. Sachregister.

D

E

F

W

Z

B. Gesetzesregister.

1. Reichsgesetze.

a. Bürgerliches Gesetzbuch.

b. Einführungsgesetz zum Bürgerlichen Gesetzbuch.

c. Handelsgesetzbuch von 1897.

d. Zivilprozeßordnung von 1898.

2. Französisches Recht.

Code civil.

3. Landesrecht.

Preußen.

a. Allgemeines Landrecht.

b. Einzelne Gesetze und Verordnungen.

C. Chronologische Zusammenstellung der Entscheidungen.

Zusammenstellung

der

im siebenundsechzigsten Bande, der neuen Folge siebzehnten Bande

mitgeteilten Entscheidungen

nach

Oberlandesgerichtsbezirken.

Augsburg . . . 77.
Berlin . . . . . 1. 2. 11. 12. 13. 19. 24. 30. 31. 32. 41. 42. 43. 44. 46. 49. 54. 55. 59. 66. 74. 76. 78. 85. 96. 97. 103. 104. 106.
Braunschweig . 109.
Breslau . . . . 8. 14. 23. 53. 62. 64. 68. 70. 82.
Celle . . . . 7. 38. 58. 61. 81. 94. 108.
Colmar . . . . . 83.
Cöln . . . . . . 6. 33. 39. 48. 51. 52. 99.
Darmstadt . . . 80. 86.
Dresden . . . . 15. 21. 34. 60. 91 105.
Düsseldorf . . . 4. 63. 73. 93.
Frankfurt a. M. 27.
Hamburg . . . . 5. 22. 25. 35. 36. 37. 40. 65. 75. 88. 95.
Hamm . . . . . . 16. 20. 50. 56. 71. 79. 87. 98.
Jena . . . . . . 47.
Karlsruhe . . . 92.
Kassel . . . . . . 107.
Königsberg . . 72.
Marienwerder 57.
München . . . . 9. 17. 89.
Naumburg . . . 3. 18. 29. 69. 100.
Nürnberg . . . . 26.
Oldenburg . . . 84.
Posen . . . . . . 67. 90. 102.
Rostock . . . . . 28.
Stuttgart . . . . 10. 45. 110.

Patentamt . . . . 101.

Berichtigungen.

Achter Band.

S 440 Sp. 1 Z. 4 v. o. nicht 105, sondern 195.

Siebenundzwanzigster Band.

S 213 Z. 13 v. o. statt „Leistung" lies „Zuständigkeit".

Sechsundsechzigster Band.

S 377 Z. 11 u. 12 v. u. streiche „von diesem Standpunkt aus".
„ 441 Sp. 2 Z. 14 v. o. lies „376" statt „396".

Siebenundsechzigster Band.

S 148 Z. 8 v. u. lies „110/07" statt „213/06".

FSC
www.fsc.org
MIX
Papier | Fördert gute Waldnutzung
FSC® C083411

Kolibri 360 GmbH
Ferdinand-Jühlke-Straße 7
99095 Erfurt, Deutschland
produktsicherheit@kolibri360.de